清史列传

简体字本

王钟翰 点校

清史列傳

卷九～卷一七

中华书局

清史列传卷九

大臣画一传档正编六

吴兴祚

吴兴祚,汉军正红旗人。顺治七年,以贡生授江西萍乡知县。再任山西大宁知县。十八年,迁沂州知州。寻以驿务迟误降调。康熙二年,补江南无锡县知县。十三年八月,迁行人司行人,[一]仍留任。十四年四月,漕运总督帅颜保疏陈:"兴祚莅任后,清厘钱粮,代输前任历年逋赋,积弊一清;又招徕流民复业,捐给牛种,升科四千二百馀亩;又立法征漕,仓场肃清,尽除折勒之弊。"列疏保题,吏部以吴兴祚有本任未完漕项停升之例,议驳。奉旨:"吴兴祚准照该督所荐行。"

十五年,升福建按察使。时逆藩耿精忠降,诏命仍留靖南王爵,率所属官兵进剿海寇逆贼朱统锠。先是,受耿精忠枚远将军伪印,闻精忠已降,遂自称宜春王,盘踞贵溪,为江、浙、闽三省大患。兴祚抵任，轻骑至光泽，招抚伪都督陈隆、施廷宇等，统锱窜入江浒山。兴祚计令投诚之伪总兵蔡淑佯回贼营为内应，随遣陈隆率所部导大军直捣贼穴，败朱统锱子朱义潜、侄朱义质，贼势大蹙。伪总兵冯珩等缚朱统锱以献，获其伪殄远将军银印，降伪官一百八员、兵九千馀。

　　十七年正月，擢福建巡抚。时海贼郑锦以台湾为窟穴，厦门为门户，分遣其伪帅刘国轩等窥伺漳、泉、兴三府。兴祚始受事，漳、泉属县相继告陷，泉州被困日久。七月，兴祚率标兵由兴化陆路进剿，抵仙游县，伪总兵黄球等拥众数千，结连沿山土贼万馀，屯踞白鸽岭。兴祚分兵三道，自当中路，与贼遇，自辰至酉，贼殊死战，不退。我兵从旁奋击，遂夺取白鸽岭关口，斩级六百馀，堕崖溺水死者无算，贼大溃。复追败于岭头湾，克复永春县城，遂遣兵分左右翼进剿，再复德化县城。贼帅刘国轩闻风遁去，寻仍以巨舰数百出没于赤澳、黄崎诸处。[二]兴祚遣发水师总兵林贤等扬帆出海，游击王祚昌、徐德济，通判陈君翼，同知陈子威等乘风前进，千总陈春、张景咸等以火箭飞射，三路夹攻，贼大溃，焚沉贼船六十馀，擒斩贼众六千馀，焚溺死者不可胜计。兴祚谓欲绝海寇全藉水师，疏请增募水师二万，诏从所请。十八年，[三]兴祚遣驿传道王国泰等招降伪总兵蔡冲珊、林忠等三百八十五员、兵丁万二千五百馀人，招回岛民男妇一千二百人，得其伪关防、札谕、印记无算，获船六十有七，分拨水师营。是年，叙功，晋秩一品。

　　十九年正月，兴祚疏言："郑逆盘踞厦门，沿海数千里受其荼毒。臣自去冬新造战船工竣，水师提督万正色分配将士，由闽安镇驾出大洋操演,惟视旧存大小船艘修理工毕,江南炮手齐集,即行配驾,相机进剿。若过二月,风汛转南,我师反在下风,难以制胜。今郑逆悉调贼兵,厚集海坛,距我驻师之地咫尺相对。恐贼船一得顺风,肆出侵犯,我师必抽回内港,以逆其锋,沿海各汛更滋扰累。莫若乘风势利便,先攻海坛,毁贼门户,并水陆夹攻,以分贼势。今议以水师攻取海坛,臣统标兵赴同安,会同总督、将军调度陆兵,配驾八桨船,由海仓、松屿、浔尾、石浔,分路进取厦门。”疏下王大臣会议,如所请行。于是兴祚自泉州港会同宁海将军拉哈达、总兵王英等赴同安,进取厦门。贼将分踞沔洲、浔尾二处要口,〔四〕兴祚发红衣炮攻克之,直趋厦门,斩溺无算,贼大败,溃散,遂克厦门。复遣兵取金门,馀贼悉窜台湾。兴祚因请留澳民防守,蠲免荒田粮,减关税课,提督万正色亦疏请于海澄、厦门等十四处设镇分防,上命兵部侍郎温岱前往会同详阅定议。温岱至闽,姚启圣与言克复海坛时,正色与伪总督朱天贵密约投诚,然后进兵,并无杀贼攻克之处。温岱回京,兵部据其言入奏。上谕曰:“进剿海贼一事,吴兴祚、万正色会同定议,志靖海氛,不俟荷兰舟师,乘机进取。正色领水师先行出洋,〔五〕兴祚率陆兵声援,驱除海逆,迅奏肤功,不得以朱天贵密约投诚,谓冒滥军功,仍即行议叙。”〔六〕二十年四月,予骑都尉又一云骑尉世职。

时海贼郑锦死,奉诏乘机规定澎湖、台湾,以原任右都督施琅熟悉海寇情形,充水师提督,克期进师。施琅疏称:“巡抚吴兴祚决意进兵,臣职领水师,理应独任,且未奉督抚同进之旨。”奉诏吴兴祚有刑名钱粮之任,不必进剿。

　　二十一年正月,擢两广总督。兴祚履任,疏言:"粤民受逆藩数十年之害,利在锱铢,如盐埠一项,额课一十四万有奇。此盖千百商民凑合资本行运,逆藩以盐为利薮,强占盐田场埠,盐课无出,商民并累。此粤民受困之一端也。广属渡税三百八十馀处,逆藩兵卒罗踞津口,重加税钱,又不许增船分载,往往人多载重,渡民被溺。此又粤民受困之一端也。粤货至境,旧有'落地税'名目,逆藩创立税总店,铜、锡、铁、木之属,已纳税者,重加税敛。下至鸡、豚、蔬、果,一概截抽。此又粤民受困之一端也。渔课旧额,通省五千四百馀两。藩役委官重敛,苛征税银巨万。此又粤民受困之一端也。至市舶一项,原与民无害。奸徒沈上达乘禁海之日,番舶不至,勾结亡命,私造大船出洋为市。今廷议许番船自来,在香山澳与商民陆地贸易。内地之民既不出洋,仍与海禁无害,然照旧抽税,以资国用。伏读恩诏有云:'逆贼盘踞地方,横征税课,该督抚查明,悉行除免。'粤东一省,如盐埠、渡税、总店、渔课四项,或应豁免,宜听部议施行。"奉旨,悉行除免。

　　二十二年,又疏请分驻广东两镇官兵:左镇统陆兵一千、水兵二千,驻扎广州,分防要汛;右镇统陆兵三千,驻扎韶州,居中调度,分防连阳、英清各要汛。事下兵部。又疏奏:"旧例广西南、太、思三府俱食廉盐,郁林等府俱食高盐,折运良便。后因盐田尽迁,改销梧引。今高、廉二府盐田既复,请仍旧例,改食高盐,路近价贱,有便于民。"部议如所请行。又奏请广州沿海地亩,招民耕种。上谕曰:"前因海寇未靖,故令迁界。今若令民耕种、采捕,甚有益于沿海之民。浙、闽等省亦宜有之。尔部遣大臣一员前往,展界宜限期,详阅确议,毋误来春耕作之期。"二十五年,疏论:"潮州水师官兵,向裁归潮镇水师统辖。今开洋贸易,恐宵小潜踪,应以澄海协达濠营水汛官兵改归南澳水师镇统辖。其南澳与碣石海汛相近,令互相联络,以密稽防。"部议允行。

初,两粤钱法不行,兴祚疏请拨铜设炉鼓铸。二十八年六月,给事中钱晋锡、御史王君诏疏劾兴祚鼓铸浮冒,部议降三级调用。奉特旨:"吴兴祚效力行间,悉知军务,着以副都统用。"三十一年十二月,奉命以副都统镇大同右卫。三十四年六月,兵部疏劾右卫将军希福等不收八旗拨送马匹,以致虚糜钱粮,议希福革职,吴兴祚降三级调用,从之。时上亲征噶尔丹,兴祚奉旨于沙克所坐台。三十六年,奉旨复原官。二月,以病卒。孙吴奕曾袭封骑都尉又一云骑尉世职。

【校勘记】

〔一〕迁行人司行人 原脱下"行人"二字。满传卷二二叶三四上同。今据耆献类征卷一五三叶四二上补。

〔二〕寻仍以巨舰数百出没于赤澳黄崎诸处 "澳"原误作"屿"。满传卷二二叶三六上,及耆献类征卷一五三叶四二下均同。今据仁录卷七七叶八上改。

〔三〕十八年 "十八年"原误作"七月"。满传卷二二叶三六上,及耆献类征卷一五三叶四三上均同。今据仁录卷八〇叶八下改。

〔四〕贼将分踞汭洲浔尾二处要口 "汭"原作"汭",形似而讹。今据仁录卷八九叶八上改。按满传卷二二叶三七下,及耆献类征卷一五三叶四四上均不误。

〔五〕正色领水师先行出洋　原脱“领”字。满传卷二二叶三八上，及
　　　耆献类征卷一五三叶四四上均同。今据仁录卷九四叶一二上补。

〔六〕仍即行议叙　“行”原误作“与”。满传卷二二叶三八上，及耆献
　　　类征卷一五三叶四四下均同。今据仁录卷九四叶一二上改。

马如龙

马如龙，陕西绥德州人。康熙十四年四月，陕西提督王辅臣
叛于宁羌，副将朱龙应之，陷延安，绥德州失守。如龙以十一年
举人，倡义纠乡勇，据山立寨，贼至，屡却之。贼诱以葭州知州伪
札，如龙杀其使，贼惊去。五月，平逆将军毕力克图兵至，如龙呈
首伪札，从破贼，复绥德州。毕力克图以闻，并请以如龙署绥德
州知州。陕西总督哈占亦以如龙忠贞自矢，不受伪札，且能倡义
拒贼，题请优叙。部议以绥德铨补有人，如龙应以知州先用。十
六年，授直隶滦州知州。十七年，以查得滦州隐地，议内升。十
九年，迁户部员外郎。二十年，迁刑部郎中。二十二年，授浙江
北新关税务监督。

二十四年，迁杭州府知府。二十八年三月，特旨授浙江按察
使。如龙访治豪民王友声、王宗玉、潘质卿等，伏其辜。海贼杨
士玉窜海岛，自号将军，连土贼胡茂、金昌祐、毛国标等，横劫商
船。如龙设法擒治，首从俱置之法。浙江巡抚张鹏翮、闽浙总督
兴永朝先后据牒以闻。二十九年，迁浙江布政使。先是，如龙任
按察使时，〔一〕于覆审永嘉县知县申奇美、温州府知府汪爌侵蚀
钱粮一案，扶同详覆，总督兴永朝并疏参，部议以如龙徇庇，降五
级抵销。嗣给事中郭浑劾如龙欺朦溺职，应革任。上以如龙于

此案有无情弊,可否留任,命兴永朝明白具奏。至是,永朝覆奏如龙于前参议处外无他弊,应免议,上允之。

三十一年六月,擢江西巡抚。十月,疏言:"江省常平仓米八万一千四百馀石,新例在处卖米买谷,以免湮烂。但时价贵贱难预定,请将旧贮米于春间概行出借,秋收时每米一石收谷二石还仓。"十二月,疏言:"江西各州县士民愿每熟田一亩捐谷四合积贮,计捐谷十一万九千五百馀石。请令州县贮仓,照钱粮盘查。"三十二年二月,疏言:"饶州府浮梁县景德镇烧造瓷器,贫民就工趁食,五方杂处,奸良莫辨。镇距县远,四面皆水,难于稽察。向只设巡检一,未能控制。请以饶州府同知移驻。"诸疏入,俱下部议行。三十八年,陛见,赐御书"老成清望"匾额。三十九年八月,左都御史王泽弘以湖口设关甚险,宜设九江旧关具奏。部议令巡抚会同监督议奏,如龙疏言:"九江大姑塘一带,水消皆成陆地,舟泊湖心,危险甚于湖口。查湖之北岸,向无避风处,故患溺。臣履任初,即于虹桥港内疏塘,可容舟二百。近年来较前稍安,但水涸则船不能进。今若于塘外筑石堤以御西风,并浚塘深阔,使通江水,且容多船,或船大不能进口,即令税员轻舟渡江收税。计筑堤浚塘费不过万金,可久安无患,较九江为便。"疏入,敕两江总督阿山察看议奏。嗣阿山履勘,请照如龙所题,并分设九江一口,统于湖口关,诏如议行。

十月,江南道御史张廷梅疏劾如龙于南丰职员万贵致万祝元落沟殒命一案,只据署按察使刘荫枢后详朦题,与督臣题疏互异,徇庇溺职,命如龙明白回奏。如龙覆疏言:"万贵一案,臣以刘荫枢问拟失当,驳令确审。后据刘荫枢招详,以审出真情,照例承问官免议,是以未行题参。但未将驳诘初招叙入,致与督臣题疏互异。请赐罢斥。"上原之。四十年二月,复以老病乞休,得旨:"马如龙虽年老,居官尚好,着行文阿山问彼病势如何,及能否办事,具奏。"十二月,卒,赐祭葬如例。

【校勘记】

〔一〕如龙任按察使时　原脱"使"字。汉传卷一四叶三八上,及耆献类征卷一六一叶五下均同。今据上文云"二十八年三月,特旨授浙江按察使"补。

傅拉塔

傅拉塔,满洲镶黄旗人,姓伊尔根觉罗氏。康熙九年,由笔帖式授内阁中书。十七年,迁内阁侍读。十九年,授山东道御史。时海寇未平,福建提督万正色以总兵吴定方等攻夺贼船,擒贼十一人,疏请议叙。部议以所获有本汛奸人出境贸易者,不准所请。傅拉塔疏言:"内地奸民与海贼勾通往来,既就擒获,不议叙官弁,恐巡缉懈怠,且有受贿隐纵诸弊,非所以安民弭盗。请敕部酌定章程。"得旨,奸民出海贸易,情罪重大,其本汛拿获者,亦应议叙,著为令。

二十五年,授陕西布政使。明年三月,内擢左副都御史。七月,迁工部右侍郎。十月,以商人采输楠木,工部监收迟延,议降调。上念傅拉塔在部未久,且旧任布政使颇优,宽免之。十一月,转左侍郎。二十七年二月,命同礼部侍郎多奇往云南察审提督万正色与总兵王珍互讦事,既启行,调吏部右侍郎。四月,授两江总督。傅拉塔至云南，鞫讯得实，万正色与王珍论罪有差。

七月，傅拉塔陛辞往江南，谕曰："尔此行当洁己奉公。前任两江总督无如于成龙者，尔效其所行可矣。"先是，赣县民控告知县刘瀚芳私征银米十馀万，并蠹役不法事，总督董讷发司道集勘。傅拉塔甫抵任，劾布政使多弘安、按察使吴延贵、赣南道钟有德于吏役婪赃事，不即勘鞫，迁延岁馀，复从轻定拟，曲为庇护，请敕部严议。多弘安及延贵、有德并罢任。二十八年，上南巡，谕："江、浙为人文之地，入学额数，应酌量加增。"下督抚详议。傅拉塔会同浙江总督王骘议，就大、中、小各学取入原额每二名加增一名。

二十九年二月，淮、徐所属饥，傅拉塔先发常平仓积谷赈恤，入奏，称旨。五月，疏劾大学士徐元文、原任刑部尚书徐乾学纵子弟招摇纳贿，争利害民，巡抚洪之杰徇私袒庇事。得旨，免究劾款，令元文休致回籍。沭阳县民周廷鉴叩阍讼降职侍郎胡简敬占产诬良，巡抚洪之杰瞻徇状。傅拉塔奉命勘鞫，得实，简敬及其子弟治罪有差，之杰革职。先是，给事中何楷奏定科举额数，部议每中举人一名，准生员六十名应试。是年八月，傅拉塔署巡抚，监临乡试。明年，疏言："臣于去年署巡抚事，入场之际，儒生千百成群，以未得预试，环向泣诉。臣以定额不敢私增，慰谕散去。第江南士子每科应试者，俱万有馀人。今限以额数，减去三分之二，担囊负笈而来，不得观光场屋，一展所长，殊甚悯惜。若得广增科举之额，必当益加砥砺，以副作人之化。"疏下部议，增六十名为百名。

三十二年，广东巡抚江有良、巡盐太常寺少卿沙拜互讦，命傅拉塔赴广东察勘,得受赃不法各状,江有良、沙拜俱革职。三十三年四月,疏言:"淮、扬所属多板荒田,抚臣宋荦曾疏请缓征,部议未允。臣履亩详勘,盐城、高邮等州县因遇水灾,业户逋逃者众。今田有涸出之名,人无耕种之实。小民积困之馀,熟田额粮尚多悬欠,何能代赔盈万之荒赋?倘拘责地保,里邻逃亡益多。是使熟田尽变荒田,于国课毫无裨益。请恩赐蠲除,则逃户闻风怀归,安居乐业矣。"部议水浸之田业已涸出,不准蠲赋。上特谕曰:"粮从地出,地为水浸,若征钱粮,则于民甚苦。此水浸之田粮,皆令免征。"

闰五月,卒于官。遗疏上,得旨:"傅拉塔宣力年久,简用总督以来,廉洁自持,实心奉职,懋著勤劳。其从优议恤。"复谕大学士等曰:"两江总督居官善者,自于成龙以来,惟傅拉塔一人能和而不流,不畏权势,爱恤军民,深副朝廷委任之意。"特遣太仆寺卿杨舒赴江宁致祭,传谕江南官弁士民曰:"尔等悲感伤痛,朕亦闻知。向来在外官员溘逝,从来未有此遣祭之例也!"寻部议赐祭葬,命加祭一次,赠太子太保,谥清端。

给骑都尉世职,以其子双喜袭。两江士民为建祠于江宁。四十四年,驾幸江宁,经雨花台,上指其祠曰:"傅拉塔居官甚优,大有气节。人虽被劾,无衔怨者。"特赐额曰"两江遗爱"。世宗宪皇帝雍正十年,入祀贤良祠。

杨素蕴

杨素蕴,陕西宜君人。顺治九年进士。十年,授直隶东明知县。十六年二月,世祖章皇帝诏吏部行取推官、知县考选御史,素蕴以在任多纪录,两经荐举,预选。十七年六月,授四川道御史。七月,疏言:"臣言官也,宜以言为事。然今天下所患者,正在乎议论多而成功少。中外大小臣工,苟且偷安,怠玩成习,虽屡经天语申饬,言官条奏,总视为纸上之空言,终未有勉图之实迹。国家建官分职,各有所职之事。诚能人人振起精神,事事勿因循推诿,司举劾者以进贤、退不肖为务;筹财用者以赡军裕民食为先;任封疆者制镇将之跋扈,靖寇盗之妖氛;理刑狱者弗容凶恶漏网,不使良善含冤,则平天下无馀事。更愿皇上推诚御物,肃大闲而宽小眚,俾人人得展才见长,是尤端本澄源之要道也。"疏入,报闻。

　　十一月,疏劾:"吴三桂以分巡上湖南道胡允等十员题补云南各道,并奉差部员亦在其内,深足骇异。爵禄者天下之大柄,纲纪者国家之大防。前此经略用人,奉有吏、兵二部不得掣肘之旨,亦惟以军前效用及所辖五省各官酌量题请,从未闻敢以别省不相干涉之处,及现任京官,公然坐缺定衔者也。且疏称求于滇省,既苦索骏之无良;求于远方,又恐叱驭之不速。则湖南、四川去滇犹近,若京师、山东、江南距滇不下万里,不知其所谓远者将更在何方?皇上特假便宜,不过许其就近调补耳。若尽天下之官不分内外,不论远近,皆可择而取之,则何如归其权于吏部铨授,为名正而言顺。纵或云、贵新经开辟,料理乏人,诸臣才品为藩臣所素知,亦宜请旨令吏部签补。乃径行拟用,不亦轻名器而亵国体乎?古来人臣忠邪之分,莫不起于一念之敬肆。在藩臣扬历有年,[一]自应熟谙大体。此举即从封疆起见,未必别有深心;然而防微杜渐,当慎于几先。祈申饬藩臣,嗣后惟力图进取,加意绥辑。一切威福大权,俱宜禀自朝廷,则君恩臣谊两尽其善矣。"疏下部知之。

十八年,圣祖仁皇帝御极,素蕴外转川北道。时吴三桂将追剿明桂王朱由榔于缅甸,见素蕴前奏恶之,上疏诋其意含隐射,语伏危机,诏素蕴回奏。素蕴奏"防微杜渐",古今通义。部议以含糊巧饰,应降调,遂罢归。

康熙十三年三月,尚书郝惟讷、冀如锡,侍郎杨永宁交章荐之,惟讷言:"素蕴昔劾吴三桂专擅,云'当防微杜渐',在当日反状未形,似属杞忧。由今观之,则素蕴先见甚明,且为国直陈,奋不自顾,其刚肠正气,实有大过人者! 亟宜优录。"得旨,发湖广军前,以原品用,会丁忧。既服阕,乃赴军前,总督蔡毓荣奏补湖广学道,部议不准,令以现办军务参议道题补。十七年二月,蔡毓荣疏言:"大兵进剿叛贼杨来嘉、洪福等,襄阳为咽喉重地,全恃守道督率所属,供办军需,接应往来兵马。现任下荆南道黄隆才力不及,应降调,必得精明强固如素蕴者,始克胜任。"于是授下荆南道。二十一年,迁山西学道。二十四年,任满,与江西学道高璜、福建学道丁慈、云南学道邹峄、贵州学道钱捷俱以公明尤著,为督抚保举,吏部议加一级,以参政道先用。素蕴独得旨内升京堂,遂授通政使司参议。荐迁奉天府府丞、顺天府府尹。

二十六年,授安徽巡抚。二十七年七月,疏言:"各省驿站钱粮,初因军兴充饷,减四留六,旋奉诏复二。惟安徽以前抚臣薛柱斗疏称所属驿马既经裁省,无需增复停止。今湖广裁兵夏逢龙等煽乱,大兵进剿,羽檄星驰,急须分设腰站,增添夫马,请如各省复二例,以应复额银五万四千馀两,仍充驿费。"又疏言:

"旧设抚标护卫兵五十名、马五十匹,原在标兵一千五百步九马一额数,中经前抚臣薛柱斗奏裁停补,岁省银一千八百六十两、米一百八十石。今湖广裁兵蠢动,皖城与为邻近,请如旧充补,以实标营而资缓急。"疏并得旨允行。

十月,调湖广巡抚。二十八年九月,疏言:"武昌、荆州、汉阳、安陆等府所属三十二州县,夏旱为灾,入秋又旱,民食维艰,钱粮难办,请概予蠲免。"上遣户部郎中舒淑、员外郎金达善往同督勘,奉诏蠲免二十九州县本年及来年额征。当舒淑等初至武昌时,素蕴令布政使于养志随总督丁思孔会勘,越数日,疏言:"臣入夏受暑泄泻,入冬沉重,骨立形消,精神短少,医药罔功。恳祈恩准解任,归里调养。"谕责其不亲勘灾荒,托病求罢,令革职回籍。后卒于家。

【校勘记】

〔一〕在藩臣扬历有年　"扬"原作"敭",形似而讹。汉传卷七叶五〇下同。今据耆献类征卷一五四叶三七上改。

黄梧　　子芳度　　侄芳世　芳泰

黄梧,福建平和人。明亡,海贼郑成功加以伪总兵职,令率众守海澄。世祖章皇帝顺治十三年七月,梧斩伪总兵华栋等,率众以海澄县投诚。大将军郑亲王世子济度奏入,得旨,与敕印,封为海澄公。十四年八月,总督李率泰奏增梧标兵,合原额共足四千名,仍驻漳州,弹压闽南。九月,梧同李率泰与提督马得功、都统郎赛水陆并进,昼夜攻击,连破七城,遂克闽安镇。十五年二月,叙功,赐甲胄、貂裘等物。寻因捐造战舰一百,加太子太保。

先是,梧封海澄公,敕印未至,即移牒总督李率泰言:"郑成功飘泊海岸,往来靡定。欲扑灭之,非熟悉情形者不能。敬举所知,有委署都督施琅者,仇贼甚深,知彼知己,胸有成算。其输款本朝已久,一出受事,即著微劳;且智勇兼优,忠诚素矢。宜假以事权,俾尽展所长,与梧戮力驰驱,必能翦除海孽。"又牒言:"郑逆猖獗,全借内地接济。福宁沙埕为木植、丝棉所出;晋江之福前所,同江之鼎美、高浦为油麻、钉铁所出;海澄县之南溪,漳州之佛潭桥为柴米之薮。至闽、粤错壤,则饶平县之黄冈,澄海之南洋,米粟山积,土宄阴为转输。赍粤粮,养闽寇,最为大患。宜先就接济之地,设法严禁。"又条列剿灭郑逆五策:"一曰驻海滨以堵登岸。成功乘春收之时,散遣伪将四出派饷,深入内地。官军驻扎城内,尾后相追,贼已饱飏。应分驻重兵于福兴、泉、漳滨海要地,往来驰剿,则贼不敢登岸矣。二曰造小船以图中左。成功恃中左为三窟,盈盈隔水,一苇可航,而陆地将弁殊无问津之意,故负固至今。请于漳州港口多造八桨小船,伺潮渡海。成功恐惧,必尽撤各伪镇,护其巢穴,身不敢离中左半步。我师压水而阵,广布招抚,兼用间谍,不出两月,内变必作,成功可坐擒也。三曰清叛产以裕招徕。郑逆及各伪镇产业,多诡托他姓掌管,梧颇知其详。应奏请敕下督抚,会同梧遍行察出,所收租税永充兵饷。今海上诸伪镇愿附者多,当事蒿目乏饷而不敢收。此项既清,即以叛产招叛兵,于以解散成功党与易易矣。四曰锄五商以绝接济。成功于山海两路各设五大商,为之行财射利。梧在海上,素所熟识。近且潜住郡城,为其子弟营谋乡举邑庠为护身之符。其实阴通禁货,漏泄虚实,贻害莫大。应奏请敕下督抚严提正罪,庶内宄清而接济之根可拔矣。五曰划贼坟以快众愤。成功父子残害生灵,实戾气所钟。闻其石井祖墓,风水最险,舆论咸谓宜划掘,以破贼旺气,且快人心,亦惩恶之一端也。"梧又密牒李率泰言:"成功父芝龙虽经禁锢,尚未伏诛,天下人心以为朝廷欲留之以抚其子。自海澄内隶以来,成功势力已绌,犹借其父赍书下海,扬言抚局已成,致沿海人情摇惑,诸伪镇之欲投诚者反多观望,官军亦未敢尽力蕲除。必速诛芝龙,则海上联翩投诚,而独夫坐擒矣。"

李率泰先后以梧所建议疏闻,施琅得擢用,申严海禁,移兵驻防,增造战舰。梧偕施琅会同提督马得功、总兵苏明赴晋江县之大觉山,南安县之覆船山、橄榄山、金坑山,划毁芝龙父祖及先世坟五。芝龙初得旨流徙尚阳堡,寻伏诛。成功亦病死,伪都督万义、万禄、杨学皋、陈莽,伪戎政总督陈辉,伪平南将军颜立勋,伪总兵何义、林明、黄昌、黄义、余期英等先后就梧招抚,相率来降。圣祖仁皇帝康熙二年十月,进剿厦门,靖南王耿继茂出浔尾,梧同李率泰出蒿屿,督水陆官兵击败贼众,斩获无算,遂克厦门、金门、浯屿三岛。十二月,耿继茂奏贼遁铜山,时值隆冬,未便进兵,令梧统兵驻云霄,相机堵剿。三年二月,梧遣镇海生员陈克峻入铜山,招降伪伯周全斌、伪都督陈升。四月,招降伪侯黄廷,伪都督何政、许贞、李思忠等,遂同耿继茂、李率泰,提督王进功乘夜渡海,拔铜山,焚其巢穴。成功子郑锦窜走台湾。

六年三月,疏言:"臣自纳土归诚而后,窃计报恩必先灭贼,而灭贼必先用抚。故一面随征闽安，一面阴行间谍。十二年中，共招抚过伪官二百馀员、兵数万馀名，节经题报，有蒙赐封侯、伯且世袭者。惟臣之公爵未知何等及承袭次数，乞敕部定议。"得旨，下部议，以实心效力，著有劳绩，封一等公，袭十二次。七年四月，疏言："臣标有给衔支俸者二百馀人，铨授无期，投闲可惜。乞察其弓马材技，敕部录用。有年老愿归农者，令地方官安插得所。其有愿终依臣标者，亦另立一册，于臣标遇缺充补。"事下部议行。寻廷议裁汰各省额兵，列奏梧投诚时原带官六十馀员、兵一千二百名，后续增归诚愿隶梧标下者官二百馀员、兵三千八百名。今沿海俱有额兵防守，除梧自带兵一千二百名，酌留官三十员，其馀自带官三十馀员，并归诚愿隶梧标官二百馀员、兵三千八百名，俱令移驻河南。十三年三月，逆藩耿精忠叛应吴三桂，使人持逆书招梧。值梧方病疽，恚卒，年五十有七。

子芳度阳以梧命答精忠，而阴募兵自守，凡两月馀，得壮士六千。遂斩精忠所置伪都督刘豹等，誓师登陴。以蜡丸函疏，遣官黄蓝间道驰赍，是年八月至京。得旨："海澄公黄梧自海上归诚，殚竭忠荩，镇守岩疆，劳绩茂著。今闻溘逝，深用轸恻！应从优议恤。黄芳度设计全城，擒斩伪将，具见能继父志，即令承袭公爵。今大兵由浙江、江西、广东三路进闽，黄芳度侦何路先到，可与迎会合剿。"

十一月，芳度疏言："漳州介耿、郑两逆之间，独力难守，不得不百计图全。自八月以来，坚与耿拒，伪与郑和，因得阴行召募，以练成劲旅万人，分布漳城及龙溪等五县，自守之势颇成。九月间耿逆遣兵来犯，臣率众迎击，擒斩无算。观二逆构怨已深，势必俱败。诚得粤省大兵克潮之后，乘胜进取，臣当率师迎会，迅奏扫除之功。"十四年五月，疏言："臣拒耿饵郑，设为固守万全之计，已历一载有馀。近二逆通好，臣谋已泄。郑逆遂撤回各伪总兵，蜂聚海澄，备粮缮器。臣揣其狡谋不测，若南行则不利于粤；拥兵留澄，则不利于漳：二者皆为封疆之患。臣乃于闰五月初三日，宣布皇上屡颁恩旨，及平南亲王照会密札，遣总兵杨壮猷等扼守平和，并令臣兄芳泰带兵赴粤接引大兵。郑逆闻之，率众来围，昼夜攻击。臣连次出兵，斩贼将黄鼎新、卢英等。但臣孤城缺饷，百计难支。计粤路援师旦夕可至，伏乞皇上密敕浙江、江西两路大兵迅速进发，俾二逆不能相顾，臣可会合奏功。"七月，疏言："漳州自五月被围，日夜对垒，至七月，贼兵益集，攻城愈急。赖将士用命，奋力堵御，西、南、北三门尽竖贼梯，东门城堞，炮毁三十馀丈。郑逆亲督贼万馀来攻，臣率将士死战，用火器歼贼无算。贼仍环围不退，城中兵单粮缺，恐日久变生，乞谕趣大兵速进。"三疏并得旨嘉奖，趣统兵大将军速即应援，并拨近地钱粮接济。

十月，漳州城中粮尽，芳度督众死守，叛将吴淑引贼陷城。芳度率兵巷战，力竭，赴开元寺投井死，年二十有五。贼戕其尸，母赵氏、妻李氏自缢死。从父枢，从兄芳名，亲弟芳声、芳祐并遇害，期功男女从死者三十馀人。贼又掘梧棺毁尸，副将蔡隆，游击朱武，外委张琼、戴邻、陈谦俱骂贼死。事闻，得旨："海澄公黄芳度矢志忠贞，保守孤城，剿杀逆贼，屡建奇功。叛将通贼陷城，阖家殉难，以尽臣节，深可悯恻！可优赠王爵，谥以忠勇，照多罗郡王例，遣大臣致祭。"蔡隆、朱武、张琼、戴邻、陈谦赠官有差。

梧兄子芳世，先于康熙元年赍梧疏入觐，留京，授一等侍卫。及黄蓝赍芳度疏告急，芳世自陈："生长闽疆，深知道里情形，乞随大兵由广东进援。"诏以芳世为福建随征总兵官，谕曰："尔在朕左右十有馀年，凡事谙练，娴习弓马。特授此职，宜勉力图功，以副擢用。"芳世至粤，随援兵前进。会芳度遣芳泰自围中冲出，与芳世合兵，连破数城，距漳州两日程。芳度战殁，诏以芳世袭海澄公爵。

十五年二月，芳世兄弟俱在广东，为叛镇马雄等诱附吴逆，不从，乘间脱走，由三水至四会，入山谷中，昼伏夜行。十一月，至江西信丰，遣黄蓝赍疏具陈陷贼始末，上嘉芳世不肯从逆，间关冒险，全节来归，加太子太保，仍镇守漳州。黄蓝由参将擢充海澄总兵官，并令驰赴康亲王军前，俟漳、泉恢复，收集海澄公散失官兵，镇守汛地。十六年三月，芳世疏言："臣叔梧已故之身，遭贼残毁，请与芳度一体议恤。至臣叔枢，骂贼而死，臣弟芳名、芳声并奋力守城，同日见害，并请议恤。"得旨，赠梧太保，赐谥忠恪；芳名、芳声赠太常少卿；枢赠按察司佥事：各予难荫，赐芳世蟒袍、弓矢、鞍马。传谕曰："卿由粤东进剿，忽遭兵变，孤身涉险而出，可见忠贞不贰，颠沛不改其守。"

十七年三月，海贼将刘国轩、吴淑率贼众数万犯海澄，芳世与总督郎廷相、副都统孟安等连败之于观音山、柜山头、石码城等处。[一]贼退犯漳州，芳世复同郎廷相、孟安统标兵奋力堵剿，斩伪将洪杰等，歼贼甚众。又山贼蔡寅冒称朱三太子与海逆勾通，蔓延流毒。芳世与营总都巴等击败之于天宝山，斩其伪提督杨宁等，得旨嘉奖。四月，疏言："漳州乱后，臣叔梧、弟芳度所辖官兵,俱已离散。臣渐次收集,共得四千八百馀,选补本标五营六百名,此外无额可补。窃思此项官兵遇变,矢志一心报效。今海氛未靖,岂可听其离散?乞汰留三千,照经制给饷,另立三营,付臣弟芳泰管辖,分扼漳浦,以资调遣。"部议芳泰已补授京口右路总兵官,此项官兵如所请定为三千,即令芳世自委标员管辖,俟剿灭贼寇后,再行裁减。

未几,芳世病卒,遗疏言:"逆仇未灭,区区此心,赍恨无穷。窃思封疆尚有紧要数大事:其一,水师战船不可不备。额船二百,业已在省兴造。今沿海皆有贼船出没,不可不以习练之兵配此额船。宜即多募水兵,使之操练。其一,投诚官兵不可不收。今逆党虽炽,其中固有向仁慕义、倾心归附者,急当厚给俸饷,以示招徕。再闽疆自甲寅乱后,受害已惨,而漳州之惨更甚。近来山海交讧,如平和、漳浦等十馀县,处处蹂躏。臣愿大师底定之后,皇上严饬有司轻徭薄赋,苏此残黎,以固疆圉。至臣弟芳度阖家殉难,不遗一孤,臣子黄溥年才九岁,臣弟芳泰久历戎行,备尝险阻,祈圣恩准与承袭公爵,效力疆场,以继臣犬马未竟之志。"谕曰:"黄芳世侍从有年,才猷素著。镇守岩疆,屡建奇功。勤事以死,深可悯惜!下部议恤。"赠少保,赐祭葬,谥忠襄,命芳泰袭爵。

时海贼陷平和,芳泰遣参将吕孝德攻复之,斩贼将陈志等及兵千馀。寻总督姚启圣疏言:"芳泰年少懦弱,标兵八千不能管辖,或裁减兵额,或移驻内地。"部议令芳泰来京,上曰:"黄芳泰乃功臣之嗣,迁移来京,乃保全至意。可令沿途应付驿站食用。"芳泰疏请暂驻汀州,为兄芳度营葬。启圣复奏:"海澄公标下旧兵,闻芳泰在汀州,皆奔依之。贼首刘国轩系汀州人,今在汀在漳,多冒充公府之人,良顽莫辨,有司不敢过问。况伪将吴淑兄弟曾害芳度,闻芳泰在汀州,不敢来漳投顺。请敕芳泰速离闽省。"十八年十月,芳泰抵都,疏言:"臣年三十三,久经行阵,不为幼弱。兵民冒充,有司何不察究? 臣离漳已十阅月,吴淑不闻投诚。督臣无计办贼,以臣借口。臣当此壮年,正竭力报效之秋,乞得仍驻海疆,驰驱督剿,以报主恩。"上慰谕之。

二十二年,允其回籍营葬。二十九年三月,卒于里。请以子应缵嗣芳度后,袭爵。四十九年,应缵为芳泰请恤,议令闽省有司察核。上曰:"耿精忠叛时,黄芳泰乘间至广东请兵。值尚之信叛,芳泰同其兄芳世及巡抚杨熙力战而出,实心效力,朕知之甚明。可即议恤。"赠太子少保,赐祭葬如例。今上乾隆三年四月,应缵为芳泰请谥,部议不准,特旨赐谥襄愍。三十二年六月,谕廷臣曰:"海澄公黄芳度阖门尽节,忠荩可嘉! 业经准袭公爵十二次,以酬义烈。因思绿旗世职,向无承袭罔替之例。但如黄芳度之捐躯授命,大义炳然,自应破格施恩,赏延于世,以昭褒忠盛典。特加恩准其世袭罔替。"

【校勘记】

〔一〕石码城等处　"城"原误作"村"。汉传卷一〇叶一一上,及耆献类征卷一七〇叶八下均同。今据仁录卷七二叶一五上改。

施琅

施琅,福建晋江人。初为明总兵郑芝龙部下左冲锋。世祖章皇帝顺治三年十一月,大军定福建,琅随郑芝龙投诚,遂随大军征广东,剿平顺德、东莞、三水、新宁等县。郑芝龙归京师,其子成功窜居海岛,屡诱琅助己剽掠,琅不从。其父大宣、弟显及子一侄一,皆为成功戕害。十三年,琅随定远大将军世子济度击败郑成功贼众于福州,授同安副将。寻迁总兵官,仍驻同安。

圣祖仁皇帝康熙元年,擢水师提督。时郑成功已死,其子锦纠众窥伺海澄。二年八月,琅遣守备汪明等剿击贼船于海门,斩贼将林维,获其船及器械。十月,靖南王耿继茂、总督李率泰等攻克厦门,贼众乘船遁。琅率所募荷兰国夹板船邀击之,毙贼千馀,乘胜克浯屿、金门二岛。叙功,加右都督。三年,加授靖海将军。七年,琅密陈:"郑逆负嵎海上,虽戢翼敛迹,未敢突犯,而沿海不宁,朝廷两次招抚,尚梗顽如故。若恣其生聚,是养痈也,宜急剿之。"疏上,召至京,面询方略,琅言:"贼兵不满数万,战船不过数百,郑锦智勇俱无,各伪镇亦皆碌碌。若先取澎湖以扼其吭,贼势立绌。倘复负固,则重师泊台湾港口,而别以奇兵分袭南路打狗港及北路文港海翁堀。贼分则力薄,合则势蹙,台湾计日可平。"事下部议,以风涛莫测,难必制胜,寝其奏。于是裁水师提督,授琅内大臣,隶镶黄旗汉军。

二十年七月,内阁学士李光地奏:"郑锦已死,子克塽幼,部下争权,征之必克。"因荐琅素习海上情形,上遂授琅福建水师提督,加太子太保。谕之曰:"海寇一日不靖,则民生一日不宁。尔当相机进取,以副委任。"琅至军,疏言:"贼船久泊澎湖,悉力固守。冬春之际,飓风时发,我舟骤难过洋。臣现在练习水师,又遣间谍通臣旧时部曲,使为内应。一俟风便,可获全胜。"二十一年四月,给事中孙蕙疏言征台湾宜缓。七月,彗星见,诏臣工指陈时务。户部尚书梁清标谓:"天下太平,凡事不宜开端,当以安静为主。"上因命暂停进剿台湾。九月,琅疏言:"臣于水师营中已简精兵二万馀、战船三百,足破灭海寇。请令督抚趣办粮饷给臣军,而独任臣以讨贼,无拘时日。但遇风利,即可进兵。"诏如所请行。琅旋复请调陆路官兵随征,并从之。

时郑克塽虽仍其祖父伪爵,称延平王,凡事皆决之伪武平侯刘国轩、伪忠诚伯冯锡范,共恃海道险阻。致书总督姚启圣言:"克塽愿称臣入贡,不剃发、登岸,如琉球、高丽例。"启圣以奏,上不许,趣琅进师。二十二年六月,琅由桐山攻克花屿、猫屿、草屿,乘南风进泊八罩。国轩据澎湖,凡缘岸可登处,筑短墙,置腰铳,环二十馀里为壁垒。琅遣署游击蓝理以鸟船进攻,贼船乘潮四合。琅乘楼船冲突贼阵,流矢伤目,以帕渍血,督战益力。总兵吴英继之,斩贼将及贼兵三千馀人,克虎井、桶盘二屿。旋以百船分别东西,遣总兵陈蟒、魏明、董义、康玉率兵东指鸡笼屿四角山,西指牛心湾,以分贼势。琅自督五十六船分八队,以八十船继后,扬帆直捣,贼悉众来拒。我师联络齐进,总兵林贤、朱天贵突入贼阵,八队踊跃奋呼,东西两路夹攻,波涛腾沸,自辰至申,焚贼船百馀,毙贼将及兵卒万馀人,遂取澎湖。国轩乘小船遁归台湾,与克塽及冯锡范等皆震慑无措,乃遣使乞降。琅为奏请,上许之。八月,琅统兵自澎湖入鹿耳门,至台湾,克塽率属剃发迎于水次,缴伪延平王金印,台湾平。

上谕吏、兵二部曰:"向来海寇窜据台湾,出没岛屿,窥伺内地,扰害生民。虽屡经剿抚,馀孽犹存,沿海地方,烽烟时警。迩者滇、黔底定,逆贼削平,惟海外一隅,尚梗王化。爰以进剿方略,咨询廷议,咸谓海洋险远,风涛莫测,驰驱制胜,难计万全。朕念海氛不靖,则沿海兵民弗获休息,特简施琅为福建水师提督,前往相度机宜,整兵进征。施琅忠勇性存,韬钤夙裕,兼能洞悉海外形势,力任克期可奏荡平。遂训练水师,整顿战舰,扬帆冒险,直抵澎湖,鏖战立功,大败贼众,克取要地,立奏肤功。馀众溃逃,台湾慑服兵威,乞降请命,已经纳土登岸,听候安插。自明朝以来,逋诛贼寇,始克殄除,濒海远疆,自兹宁谧。此皆施琅矢心报国,大展壮猷,筹画周详,布置允当,建兹伟伐,宜需殊恩。施琅着加授靖海将军,封为靖海侯,世袭罔替,以示酬庸。遣侍卫赍御用袍及诸服物赐之。"琅疏言:"臣蒙特简,征剿海贼。受命之初,窃意藉此可雪父弟子侄仇恨。迨审量贼中情形,要当服其心,又不敢因私仇而致多伤生命。幸仗圣主威德,克成厥功。且大海风涛,尤赖各镇臣吴英、林贤等及协营将弁同心鏖战,臣又何敢贪为己力?兹荷恩加授靖海将军,为荣已极;乃锡封侯爵,世袭罔替,则不惟分所难当,深恐武夫福薄,弗克庇及子孙。前此在内大臣之列,蒙赐戴翎,自离阙下,梦想时萦。伏乞皇上收回靖海侯世袭之成命,仍恩赐戴翎,俾有生之年虽远在万里,犹如侍从班行,日觐天颜,臣愿足矣。"疏上,谕勿辞,馀下部议。部臣言在外将军、提、镇,无议准给翎之例,上特旨赐戴孔雀翎。

遣侍郎苏拜往福建,与督抚及琅议善后事宜。[一]时有议迁其人、弃其地者。十二月,琅疏言:"明季设澎水标于金门,出汛至澎湖而止。台湾原属化外,土番杂处,未入版图。然其时中国之民潜往,生聚于其间,已不下万人。郑芝龙为海寇时,以为巢穴。及崇祯元年，郑芝龙就抚，借与红毛为互市之所，红毛遂联结土番，招纳内地民，成一海外之国，渐作边患。至顺治十八年，海逆郑成功攻破之，盘踞其地。纠集亡命，胁诱土番，荼毒海疆，窥伺南北，侵犯江、浙。传及其孙克塽，积数十年。一旦畏天威，怀圣德，纳土归命。此诚天佑皇上，以未辟之方舆，资东南之保障，永绝海滨之祸患。岂人力所能致？善后之计，尤宜周详。若弃其地、迁其人，以有限之船，渡无限之民，非阅数年，难以报竣。倘渡载不尽，窜匿山谷，所谓藉寇兵而赍盗粮也。且此地原为红毛所有，无时不在垂涎，乘隙复踞，必窃窥内地，鼓惑人心，重以夹板船之精坚，海外无敌，沿海诸省断难晏然无虞。至时复勤师远征，恐未易见效。如仅守澎湖，则孤悬汪洋之中，土地单薄，远隔金门、厦门，岂不受制于彼而能一朝居哉？部臣苏拜、抚臣金鋐等以未履其地，莫敢担承。臣伏思海氛既靖，汰内地溢设之官兵，分防两处：台湾设总兵一员、水师副将一员，陆营参将二员、兵八千名；澎湖设水师副将一员、兵二千名。初无添兵增饷之费，已足以固守，其总制、参、游等官，定以三年或二年转升内地，谁不勉力竭忠？其地正赋杂粮，暂行蠲免。现在一万之兵，仍给全饷。三年后开征济用，即不尽资内地转输。盖筹天下之形势，必期万全。台湾虽在外岛，实关四省要害，无论彼中耕种，犹少资兵食，固当议留；即不为红毛荒壤，必藉内地挽运，亦断断乎其不可弃。我朝兵力比于前代何等强盛，昔年封疆大臣无经国远猷，矢志图贼，狃于目前苟安，尽迁五省边地以避寇患，致贼势愈炽而民生颠沛。往事不臧，致延祸及今，重遗宵旰之忧。臣荷恩高厚，年六十有馀，频虑报称无由，熟审其地形势，若今日不言，后来倘或滋蔓难图,皇上必责臣缄默,臣罪又何能自逭?窃谓弃之必酿成大祸,留之诚永固边隅。会议之际,难尽其辞。不避冒渎,自行详细披陈,并绘台湾地图,恭呈御览。事关封疆重大,伏祈乾断施行。"疏入,下议政王大臣等会议,仍未即决。上召询廷臣,大学士李霨奏应如琅请。寻侍郎苏拜与总督姚启圣等亦从琅议,请设总兵等官及水陆兵,并设三县、一府、一巡道,上允行。

琅又同苏拜等疏言纳土归诚之郑克塽应携族属,刘国轩、冯锡范应携家口,同明裔朱恒等俱令赴京,伪武职一千六百有奇、伪文职四百有奇,应候部议;降兵四万馀人,或入伍,或归农,各听其便。诏授郑克塽公衔,刘国轩、冯锡范伯衔,俱隶上三旗,其馀伪官及明裔朱恒等,命于附近各省安插垦荒。

二十四年三月,琅疏言:"虑事必计其久远,防患在图于未然。迩者海禁既开,设关差,定税额,沿海商民,增造多船,飘洋贸易,捕采纷纷,水师汛防,无从稽察。据中军参将张旺报称刘仕明缯船出口,给有官票,往吕宋经纪,载货无多,附搭人数一百三十三名。一船如此,馀概可知。弗为设法立规,节次搭载而往,恐内地贫乏人民,俱为引去。以台湾难民,尚荷皇上德意,移入内地安插。今内地之人,反听其相引而之外国,殊非善固邦本之法。即观外国进贡之船,人数有限,岂肯遗留一人在我中土?更考历代以来,备防外国,甚为严密。今虽许其贸易,亦须有制,不可过纵。况新造贸易之船,皆轻快牢固,炮械全备,倍于水师战舰。倘或奸徒窃发,借其舟楫,攘其资本,恐致蔓延。盖天下东南之形势,在海而不在陆。陆地之为患也有形,海外之藏奸也莫测。且台湾、澎湖新辟,远隔汪洋,虽有汛守官兵,一遭阻截,声息难通。其时必复议禁止贸易采捕,宁惟负我皇上子养亿兆之德意,将东南环海地方,不又仰廑宸衷顾虑哉?皇朝定鼎四十馀年,偶有梗化之区,精骑一到,莫不降服。独此海氛,积年负抗,调发劳费,动关亿万。幸蒙睿断,航海征剿,甫尔荡定,而四省尽弛海禁,出入无忌。臣在闽言闽,当此未然深知情弊,伏乞敕部行令督抚各将通省之内,凡可兴贩外国各港门,议定船数,每船酌定人数,其采捕渔船,亦设法使互相稽察,以杜泛逸海外,则祸患不萌,疆隅永以宁谧矣。"疏上,会监督闽海税务郎中伍什巴请令防守海口官员稽察各船,有关口照票者放行,无则拿报,上命左都御史达哈塔往会琅确议。旋议令关口稽核船数、人数,仍归督、抚、提、镇责成汛员防范。

是年,琅疏请恤赏进剿澎湖伤亡及受伤兵丁,部议令地方官再行察核。上曰:"此等贫兵早给一日恤赏,使得早受一日实惠,此后一概速行议给。"

二十七年七月,琅入觐,赐朝服。先是,二十三年七月,内阁学士锡住奉使福建还,上询及陆路提督万正色品行若何,锡住以忠厚和平对,上曰:"万正色前督水师时,奏台湾断不可取。朕见其不能济事,故将施琅替换,令其勉力进剿,一战而克。二人今相睦否?"锡住奏曰:"二人阳为合好,阴相嫉妒。"上曰:"施琅居官如何?"锡住奏:"善用兵。但行事微觉好胜。"至是,上谕施琅曰:"尔前为内大臣十有三年,当时因尔闽人,尚有轻尔者。惟朕深知尔,待尔甚厚。其后三逆反叛,虐我赤子,旋经次第平定。惟有海寇游魂,潜据台湾,尚为闽害。欲除此寇,非尔不可。爰断自朕衷,特加擢用。尔果能竭力尽心,不负任使。举六十年难

靖之寇,殄灭无馀,诚尔之功也。迩来或有言尔恃功骄傲者,朕
亦颇闻之。今尔来京,又有言当留尔勿遣者。朕思寇乱之际,尚
用尔勿疑,况天下已平,反疑尔勿遣耶?今命尔复任,自此宜益
加敬慎,以保功名。从来功高者,往往不克保全终始,皆由未能
敬慎之故。尔其勉之!更须和辑兵民,使地方安静,以副朕爱兵
恤民,并保全功臣之意。"施琅奏曰:"臣年力已衰,封疆重大,恐
精神不堪。"上曰:"为将尚智不尚力,朕用尔亦智耳,岂在手足
之力乎?"三十五年三月,卒于官,年七十有六。赠太子少傅,赐
祭葬如典礼,谥襄壮。

　　子世绹,仕至漕运总督;世骠,仕至福建提督;世范,袭三等
侯。世宗宪皇帝雍正十年,以施琅入祀贤良祠。

【校勘记】

〔一〕与督抚及琅议善后事宜　"事宜"原误作"计",不成辞。满传卷
　　二二叶七下同。今据耆献类征卷一七六叶一〇上改。

　　万正色

　　万正色,福建晋江人。由行伍起家。康熙三年,以招抚海贼
陈灿等有功,授陕西兴安游击。十二年,逆藩吴三桂反,四川叛
应之,正色随西安将军瓦尔喀进征。叛贼谭弘等据阳平关,遣贼
党拒战,正色率兵击败之于野狐岭,攻克阳平关。擢山西平鲁路
参将,寻授岳州水师总兵官。时岳州久为三桂所踞,立桩木于洞
庭之套河峡,阻我进剿。十七年三月,正色率舟师乘夜入乱苇
中,尽拔其桩木,屡击却贼众。既而贼将江义、巴养元、杜辉等驾

船二百馀犯柳林嘴,正色偕游击唐善等击毁贼船,歼贼无算。

是年,三桂死于衡州,正色为反间计,遣千总魏士曾赍书分致贼将十有四人于岳州城,为伪总统吴应麒所得,士曾遇害。应麒旋杀贼将之为所致书者数人,贼众内溃,伪总统陈华、李超、王度冲来降。应麒遁,大军遂复岳州。正色为魏士曾请恤,得旨:"魏士曾心存报国,直抵贼营,离间贼党,身被杀害,殊可悯恻!下部优恤。"赠守备,荫子卫千总。十八年,正色以追叙恢复阳平关功,加衔左都督。

时康亲王杰书征福建,逆藩耿精忠降,而海贼郑锦犹踞金门、厦门,陷海澄。正色自以闽人素悉海上情形,陈水陆战守机宜,言:"闽地负山枕海,贼踪出没无常。今宜择官兵习于陆路者,分布要害,使贼不得登岸;精于水战者,率战舰自万安镇诸处顺流攻击,直抵金门,塞海澄以断其归路。贼自厦门来援者,则从金门掩击。更请敕文武诸臣蠲除沿海边地杂派、差役,使民安居乐业,不致穷而投贼。又设法招抚,善为安置,则投诚日多,贼党日散。"疏入,诏曰:"万正色剿寇洞庭,著有劳绩。今岳州、长沙诸处悉已恢复,无烦水师。且万正色闽人,稔知水性,兹剿灭海寇之际,从优加太子少保,调为福建水师总兵,率所部官兵克期速赴闽中。至日即以所条奏事宜,与大将军康亲王等会议酌行。"是年,擢水师提督。时议调船荷兰国进取厦门,正色疏言:"荷兰国船迟速莫必,转盼三四月间南风一作,〔一〕即难前进。今新旧鸟船俱集,〔二〕臣与抚臣吴兴祚决计进讨。臣率水师直攻海坛,兴祚率陆兵为声援。"上是之。

十九年正月,正色进征海坛,分前锋为六队,亲统巨舰继之;

又以轻舟绕出其左右，并力夹攻，以炮击沉战舰，溺水死者三千余人，遂取海坛。伪将军朱天贵等遁南日、湄州诸澳。正色追蹑至平海澳，天贵闻风遁崇武。正色自平海南下，贼迎战，正色率兵掩击，大败之，斩伪总兵吴丙、伪副将林勋等。会将军拉哈达、总督姚启圣、巡抚吴兴祚、提督杨捷等并力夹攻，遂取厦门。天贵来降，郑锦窜台湾。三月，正色疏言："海岛澄清，实借风潮利顺。相传莆田县林愿之女，自宋时肇显灵异；明永乐中，建庙龙江，封为'天妃'，列在祀典。迩者臣率舟师渡海，虔申祷告。方征崇武时，贼恃南风扬帆直逼，忽风从西发，我师欢呼奋进，遂以败贼。是固国家之福，亦由明神默佑。乞赐敕封，以隆昭报。"疏下部议，如永乐七年封"天妃"故事，遣礼部官祭告。四月，正色疏请分兵镇守滨海要地，上命兵部侍郎温岱前往会议。寻诏铜山、厦门诸处量设总兵以下等官，留水师二万人分镇之。初，海坛既克，有旨下部议叙，温岱至福州，总督姚启圣与言海坛之役，正色先遣人与朱天贵密约投诚，乃进兵取彼空地，无攻击殪贼之事。及温岱还京，兵部奏正色冒功，不应议叙。上曰："万正色志靖海氛，不俟荷兰国船，领水师先行出洋，驱逐海逆，克奏肤功。遵前旨议叙。"于是部议予骑都尉世职。

　　二十年六月，改福建陆路提督。二十五年，调云南提督。二十六年十月，鹤庆总兵王珍劾正色纵幕客家人，借军政造册名，索各营将弁银数千两。正色亦劾珍侵挪捐造甲胄银二千余两。诏正色与珍驰驿至京质问。云南总督范承勋复劾正色婪取财贿、侵蚀兵粮诸款，上遣侍郎多奇、傅拉塔往云南察取众证，下部定谳：王珍侵挪事，辨释，别以诬良为盗，拟徒，收赎；正色纳贿侵蚀事,鞫实,论绞。得旨:"万正色久历行阵,劳绩甚多,从宽免死。着革去提督,仍留世职。"三十年四月,卒。子吉祥,袭职。

【校勘记】

〔一〕荷兰国船迟速莫必转盼三四月间南风一作　原脱"国"字,又"三四"误作"二三"。汉传卷二叶二七上,及耆献类征卷一七四叶三九上均同。今据仁录卷八八叶二四上补改。

〔二〕今新旧鸟船俱集　"鸟"原作"乌",形似而讹。汉传卷二叶二七下,及耆献类征卷一七四叶三九上均同。今据仁录卷六九叶二下改。参卷三多罗贝勒芬古传校勘记〔一〕。

拉哈达

拉哈达,满洲镶黄旗人,姓钮祜禄,尚书彻尔格第五子也。初任侍卫。兄法固达袭父骑都尉兼云骑尉世职。世祖章皇帝顺治七年,因其祖额亦都以来,世有劳绩,晋三等轻车都尉。寻卒。

拉哈达袭职。两遇恩诏,晋至一等轻车都尉。十七年,授兵部督捕侍郎。十八年,擢工部尚书,列议政大臣。圣祖仁皇帝康熙三年,授镶黄旗蒙古都统。八年,调本旗满洲都统。十三年四月,授镇东将军,驻防兖州。时逆藩耿精忠叛应吴三桂,犯浙江。拉哈达甫至兖州,奉谕曰:"杭州为浙江要地,以尔素有才能,遣往暂理杭州将军印务。"并谕以"浙江一应军务,与平南将军赉塔、总督李之芳等公同商酌,毋分彼此"。七月,贼自温、处犯金华,拉哈达遣副都统沃申偕副将陈世凯等迎击,大败之,擒斩伪都督阎标等,及其伪官百十馀、兵七千馀。时贼分犯黄岩、台州,宁波、绍兴俱骚动,提督塞白哩屡疏告急。上既命康亲王杰书为大将军,统师赴浙,贝子傅拉塔为宁海将军,分兵赴台州援剿;复诏康亲王未至之先,援剿事宜俱听赉塔与拉哈达商酌以行。及康亲王至金华,上命副都统雅塔哩署杭州将军,拉哈达仍以都统赴康亲王军前,参赞军务。十四年五月,拉哈达分兵击贼于处州,复松阳、宣平二县。

　　十五年九月,随康亲王进征福建,耿精忠乞降。时海贼郑锦踞漳、泉、兴化,贼将许耀率贼三万逼福州,营于乌龙江之南小门山、真凤山,拉哈达率兵渡江奋击,夺其营十四,追奔四十馀里,擒伪总兵四、伪副将以下三十馀人。十二月,授宁海将军。十六年,同赉塔进剿兴化,连破贼营二十六,斩伪总督赵得胜,复兴化,伪总兵郭维藩以仙游降。许耀窜泉州,据城拒守,拉哈达乘夜进围之,漏未尽,梯城入,斩许耀及伪总兵、伪副将等。泉州平,遂复漳州及海澄等十县,沿途招降贼将四百二十二员、兵四千一百七十名。移师征潮州,叛镇刘进忠迎降,拉哈达还福州。十七年四月,郑锦之伪总统刘国轩陷平和,犯海澄,拉哈达遣副都统瑚图等击贼于碧落泉、潜石山、河湾及红蕉寨、葛布山,皆有斩获。贼断江东桥及长泰、同安诸小径,我师不能进,海澄遂陷,副都统穆赫林、提督段应举死之。漳平、同安、惠安相继失守,贼复犯泉州。诏责拉哈达不急援海澄,俟事平论罪,严趣其御贼泉州。拉哈达欲由长泰大路进,值江水泛涨,泥泞难行。时侍读学士李光地丁忧家居,遣人来迎,请为向导,拉哈达遂率兵由南靖之苍峰岭、朝天岭至漳平,招降在城之伪总兵黄瑞标、张胜等,及伪官二十馀、兵四百有奇。复逾石桂岭,趋安溪,进薄泉州,贼乃窜遁。十八年,拉哈达遣游击赵云剿贼于泉州之臭涂澳,斩五百余级,焚其寨。先是,贼逼泉州,于沿海东石地筑城掘壕,扼金门、厦门要害。至是,拉哈达遣副都统沃申率兵攻之,水陆并进,冒枪炮登城,斩伪参将、游击数员,擒伪总兵陈深及贼众百六十余人,余贼溺死者无算,获其伪印及船炮、器械。十九年,拉哈达同巡抚吴兴祚由同安港口进至浔尾,招降贼寨。分兵径渡,拉哈达居中,吴兴祚由左,总兵王英由右,直趋厦门,而赍塔与总督姚启圣,提督万正色、杨捷,总兵黄大来等皆如期至。三面合击,贼不能支,遂克之。随遣兵趋金门,伪总兵吴国俊等迎降,郑锦遁台湾。诏康亲王还京,拉哈达与副都统马思文率兵千人守福州。〔一〕

　　二十一年八月,上以进取台湾有绿旗兵及驻防汉军足用,满洲兵可撤,命拉哈达率之还京。二十二年,王大臣等议拉哈达陷海澄时不能救援,应降世职为三等轻车都尉,罢都统任;上念其随康亲王平闽有劳绩,且久任都统,能称其职,宽免革任。二十四年,以老病致任。四十二年七月,卒,年七十有七。予祭葬如例。子博雅柱袭。

【校勘记】

〔一〕拉哈达与副都统马思文率兵千人守福州　"思"原误作"忠"。今据仁录卷七五叶一下改。按满传卷一五叶三七上,及耆献类征卷二七八叶一八上均不误。

杨捷

杨捷,先世家扬州,以军籍为义州人。捷初为明裨将。世祖章皇帝顺治元年,率众投诚,授山西抚标中军游击。二年,岢岚州土贼高九英等聚众剽掠,捷奉巡抚马国柱檄,擒斩贼众,毁其巢。国柱既任山西总督,请以捷为中军参将,寻擢副将。四年,大兵既定广东,诏捷率宣化、大同兵三千移镇。五年二月,次池州,值江西总兵金声桓、广东总兵李成栋相继叛,征南大将军谭泰请以捷驻防九江,会剿声桓,上允所请,授捷为九江总兵官。旋率兵复都昌,获伪官余应桂等斩之。[一]江西平。叙功,予云骑尉世职。十年,随靖南将军喀喀穆剿灭广东叛镇郝尚久,复潮州。

十一年,改陕西兴安总兵官。经略洪承畴疏留原镇。是年冬,加右都督衔,充福建随征右路总兵官。十二年,叙复潮州功,晋左都督。时海贼郑成功肆扰福建郡邑,捷请克期增修漳浦城垣,以固守御。尝剿贼云霄、铜山诸处,所向克捷。十六年,擢江南提督。会郑成功突陷镇江,窥江宁,特加捷太子少保,充江南随征左路总兵官,统江西将校及兵三千防剿。十七年,奉旨驻扬州,防江北要汛。十八年,署庐凤提督。寻调山东提督,驻青州。土贼于七败窜入海,捷缉其党五十馀人,皆伏诛。圣祖仁皇帝康熙四年,并山东总督于直隶,移提督驻济南。七年,河南提督许天宠以裁缺改山东,命捷候缺。九年,许天宠迁銮仪使,仍以捷补授。

十二年,调江南提督。十五年,海贼郑锦犯乍浦,捷遣参将白可受等往剿,获其船,俘斩无算。十七年,郑锦犯漳州,陷海澄。上以捷谋勇兼优,成效素著,调福建提督,兼辖水陆,特晋少保兼太子太保,并谕捷携绿旗兵之愿往者随征。捷因疏言:"臣前随征福建,剿贼云霄、铜山间,深知闽中土兵弗肯力战用命。臣自在江南提督,召募材健,至松江训练有年,堪资战守。拟选三千名,并择游击、守备数员以备任用。"上允之。捷至福州,闻贼犯泉州,即统兵趋惠安,贼不敢抗,皆溃遁,遂复惠安城。伪总统刘国轩见我师甚盛,因断洛阳桥,留贼数千及船百馀拒守,而自集海船为遁计;又以贼三千馀踞陈山坝,阻我师。捷遣游击李琏等袭破陈山坝,而令总兵黄大来与副都统禅布等会师洛阳桥南,两路夹击,以炮破其船,贼大败,遁去。泉州平。时贼将王一鹏复窥惠安,捷令总兵张韬往剿,捕斩略尽。馀党叶明、纪朝佐等出没德化、永春间,伪总兵萧武等聚艘泊湄州,窥兴化。捷复遣将防守策应,而自移师赴漳州,同副都统吉尔塔布等败国轩于江东桥,又分屯驻柯坑山、凤山、万松关诸险隘;别遣将守榴山寨,以扼冲要。

先是,捷甫莅任,即请别设水师提督,使己得尽力陆路,专心剿御。至是,得旨:"杨捷自简任以来,著有劳绩,授为昭武将军,管福建陆路提督事。"十八年,国轩以贼众劫榴山寨,并欲夺江东桥,捷会平南将军赉塔等分兵为两翼,左右夹击,大败之于下坑山及欧溪头,斩贼千馀,获甲仗无算。十九年,国轩纠贼屯狮子山,又联络远近贼寨,以为声援。捷亲率精锐剿平乌屿诸寨,复以高浦与厦门相对,为海滨要地,驻营设兵,留标将防御,断贼归路;而自与总督姚启圣、总兵黄大来等分下玉洲、三汊、石码等处十九寨。复统兵进攻海澄,伪总兵苏侃以城降;遂乘胜取厦门,贼聚舰迎敌,我师以巨炮毁其舰,奋兵疾击,贼溺死者无算,馀党相率投诚。金门、厦门悉平。国轩自铜山窜入台湾。捷疏请回驻泉州,得旨俞允。

　　于是年九月以老病求罢,命仍任江南提督,谕曰:"卿效力岩疆,功绩茂著,以闽地湿热,与卿病体不宜,调为江南提督,不必求罢。"明年,叙复海澄功,晋世职三等轻车都尉,准袭四次。捷驻松江年久,以病乞休者再,俱奉温旨慰留。二十九年,卒于官,年七十有四。赠太傅,谥敏壮。孙铸袭职,入籍扬州卫。

【校勘记】

〔一〕获伪官余应桂等斩之　"桂"原作"柱",形似而讹。汉传卷二叶
　　一下,及耆献类征卷二七四叶三〇上均同。今据章录卷四一叶二
　　四上改。

　徐治都

　　徐治都,汉军正白旗人,二等男徐大贵之子也。初任佐领,兼参领。圣祖仁皇帝康熙七年,擢直隶天津总兵。八年,调湖广彝陵总兵。十三年正月,逆藩吴三桂陷湖南沅州,治都率兵赴援。旋以四川巡抚罗森、总兵谭弘等叛应吴逆,治都奉诏自常德回守彝陵。三月,叛镇杨来嘉、刘之复等拥众数万,乘舟犯彝陵,治都率兵扑剿,贼众登岸诱我兵往敌。旋以飞棹猝薄城下,治都布置严密,水陆为犄角之势,击却贼众。八月,杨来嘉纠党踞南漳各寨,分路出犯,治都同襄阳总兵刘成龙率兵合剿,斩杀过半。上嘉治都久守冲要,下部议叙,加左都督衔。初,治都赴援常德,其妻许氏闻邻境兵民多从逆,权以治都令约镇标将弁,抚慰士卒,晓以大义,并脱簪珥服饰,以资犒劳。彝陵右濒江,总兵官廨

在江滨。十五年四月,贼众驾船数百来犯,治都沿江堵截,贼突逼官廨,枪炮齐发,许氏中炮死。湖广总督蔡毓荣、提督桑额合疏以闻,具述治都矢志忠贞、奋不顾家状。

十八年三月,擢湖广提督。四月,伪将军王凤岐拥贼众踞巫山,上虑江水泛涨时,贼乘虚突犯彝陵、荆州,命治都严行堵御。七月,疏言:"彝陵一隅,为楚、蜀咽喉。今贼踞巫、夔上游,呼吸可至。宜速修五板战舰一百,并招募土著水手,操练娴熟,令彝陵镇臣胡世英统领,以备水路防剿。臣同襄阳总兵刘成龙前赴归州、兴安、巴东形势之地,相机进剿。"事下所司议行。诏治都同四川总督杨茂勋统舟师往夔州、重庆。十九年正月,师至巫山,杨来嘉、王凤岐与伪总兵王存仁集贼众万馀,负险自固。我师奋勇夺山隘,贼众奔溃,复以数骑突犯,治都挥刀力战,败之。杨来嘉弃马越山而遁,王凤岐就擒,阵斩三千馀级,复巫山县城;乘胜规取夔州,伪将军刘之卫、伪总兵瞿洪陞开关纳款,遂复夔州府城。叛镇谭弘遣子伪将军谭天秘率伪总兵谭地晋、谭地陞缴敕印,诣军门降。治都奉诏还守彝陵、荆州诸处。九月,谭弘、谭天秘等复叛,泸州、叙州俱陷,夔州震动。治都同镇安将军噶尔汉统兵溯江而上,分军三队击贼,阵擒贼总兵易文奇,进抵下关城,贼众望风胆落,弃关而遁,追斩甚众,馀贼奔入云阳。二十年,进征云阳,屡挫贼锋,擒伪总兵向旭晖。时谭弘死,谭天秘势穷,窜遁万县。梁山、忠州悉平。叙功,晋阶四等。

二十七年,湖广督标裁兵夏逢龙纠众倡乱,据武昌城。治都赴剿,至应城县,遇贼众,击却之,随驻军应城。贼众环逼,治都分兵内外夹击,贼大溃,奔德安。逢龙聚贼众齐赴京口,以伪总兵杨兆先潜袭我军后路，治都侦知贼情，水陆严戒。既而蒲圻兵缚杨兆先赴军前降，馀贼鼓噪来犯，复乘北风排巨舰二十顺流下，水师严整，不敢近，遂泊龙川矶下，登岸冲我营垒。我军奋勇迎击，昼夜鏖战，斩杀殆尽。逢龙势穷，合贼众驾船泊鲤鱼潦地方，〔一〕欲待我军出敌，乘虚犯我绿营。治都遣参将郑兴、都司杨明锦协力防御，自统战舰沿江施枪炮，焚毁贼船。贼旋犯我陆营，复战却之，斩七百馀级，溺水死者无算。伪总兵胡耀乾及伪文武等官以城降。治都入武昌，抚军民。逢龙窜黄州。会振武将军瓦岱统八旗兵至，闻武昌贼溃，追至黄州，伪总兵赵得等至军前投诚。黄冈生员宜畏生擒逢龙以献，磔于市。武昌、黄州悉平。徐治都报捷，得旨嘉奖，赐戴孔雀翎。叙功，予云骑尉世职。三十二年三月，入觐，赐御用冠服。三十三年，诏嘉其劳绩茂著，视提督孙思克、施琅之例，特授为镇平将军，仍管提督事。三十六年闰三月，卒，年六十有七。赠太子少保，赐祭葬如典礼，谥襄毅。

长子永泰，先于康熙十九年袭徐大贵二等男；次子永平，袭云骑尉世职。

【校勘记】

〔一〕合贼众驾船泊鲤鱼潦地方　原脱"方"字。满传卷二〇叶二〇下，及耆献类征卷二七二叶七上均同。今据仁录卷一三六叶一四上补。

瓦岱

瓦岱，满洲镶黄旗人，姓钮祜禄氏，额亦都之孙也。父敖德，太宗文皇帝天聪八年，分额亦都旧辖人户，益以新附瑚尔哈部众，授敖德世管佐领。寻兼任参领。屡从征有功。世祖章皇帝顺治二年，叙功，予骑都尉世职。遇恩诏，荐晋二等轻车都尉。十四年，卒，长子谟尔珲袭。

　　瓦岱，敖德第三子也。初任侍卫。寻授护军统领。圣祖仁皇帝康熙十三年，逆藩耿精忠叛应吴三桂，由福建掠江西，瓦岱署护军统领，随安亲王岳乐往讨。十四年三月，击贼于抚州钟家岭，面中创，仍率兵击退贼众之乘夜犯营者。伪都督易明、伪总兵李茂桂分路来犯，俱战却之；又败贼众于瑞州府北山，招降东乡县贼。城既复，移兵征建昌，伪将军邵连登率贼数百，水陆迎战。瓦岱与定南将军希尔根分兵列阵山下，贼踞山以拒。瓦岱从山左鸣角仰攻，擒斩无算。连登中矢殪，馀贼溃奔，截其归路，获贼船六千馀，复建昌城；乘胜围新城县，率兵树云梯，先登，克之。十五年三月，随安亲王讨吴三桂，逆党夏国相以万馀众踞萍乡县之来龙山，瓦岱偕诸将分道进击，贼败遁，遂复县城。进征湖南，屡败贼众。十八年，大军复长沙、衡州、宝庆，并规复武冈，渡紫阳河，贼营分踞渡口，诸军直前攻战。瓦岱引兵绕出贼营后夹击，贼溃遁，追斩二百馀级，擒伪都司一，复连败贼众于双井铺及枫木岭，湖南郡邑相继底定。瓦岱随安亲王还京，授护军统领。叙功，予云骑尉世职。二十一年，授江宁将军。二十三年，驾幸江宁，赐御用袍，并银千两。二十四年十月，授镶黄旗满洲都统，以博霁代为将军。上谕之曰："前此将军、副都统与地方官各不相能。自遣瓦岱为将军，众志克谐，彼此和协，尔当效之！"瓦岱既至京，列议政大臣。

二十七年二月，命为振武将军，统兵赴湖北剿叛贼夏逢龙等。师至黄州，伪总兵赵得等出城降。黄冈生员宜畏生以逢龙献，磔于军前。贼平，班师。三十年十月，命为定北将军，率兵出张家口赴图拉，追剿噶尔丹，至克鲁伦河，侦贼众远去，乃还。三十一年二月，上允理藩院请，于边外达勒鄂莫、瑚尔鄂莫诸处垦种，派内务府各庄屯及八旗诸王庄屯丁壮往耕，命瓦岱同都统班达尔沙等管理，谕以"善为经营，及时广播油麦、大麦、糜黍诸种，深耕勤耨，俾多收获"。十月，以督耕不勤，田禾无收，部议降一级，遂罢任，削去云骑尉。寻卒于家。

叶映榴

叶映榴，江南上海人。顺治十八年进士，改庶吉士。时方严绅衿抗粮罪，映榴以江南奏报举人册内有名，呈请议处，降二级调用。康熙三年，补国子监博士。九年，迁户部主事。十一年，充陕西乡试副考官。次年，迁本部员外郎。十三年，迁礼部郎中。十五年，监督赣关税务。十七年，擢陕西按察司佥事，提督学政。试竣，巡抚鄂恺奏举公明，部核以道员先用。二十四年，授湖广粮储道。

二十七年五月，督标裁兵夏逢龙倡乱，巡抚柯永升御贼被创，自缢；降调按察使丁炜弃家奔安庆。时映榴署布政使，贼迫授伪职，映榴绐以无杀掠百姓，三日后当如所言；乃令其妻奉母自水沟出避难，以司道等印五付其仆叶华林，向所过衙门呈缴；遂缮遗疏，朝服望阙谢恩讫，升公座骂贼，拔佩刀自刎。疏略曰："臣一介竖儒，幸中进士。叨沐皇上高厚深恩，历擢今职。尝以

洁己奉公,自矢夙夜,但愧才具庸劣,未效寸长。兹值裁兵<u>夏逢</u>
<u>龙</u>倡乱,劫夺抚臣敕印,并分兵围臣衙门,露刃逼胁。臣幼读诗
书,粗知节义,虽斧锧在前,岂肯丧耻偷生? 伊时即欲率同妻女
阖门殉节,第念臣母年七十有六,在臣任所;臣长子<u>叶舞</u>远在原
籍;其馀二子尚未成童,茕茕孤孽,死将安归? 因遣妻女奉母潜
逃。臣如微服匿影,或可幸免以图后效。伏念臣守土之官也,城
存与存,城亡与亡,义所当然。今勉尽一死,以报国恩。所恨事
起仓卒,既不能先事绸缪,默消反侧;复不能临期捍御,独守孤
城。上辜三十载之皇恩,下弃七旬馀之老母,君亲两负,死有馀
惭。虽么么小丑,指日扫灭,不能忍死须臾以睹荡平也。"上览疏
毕,谕曰:"凡地方官,城存与存,城亡与亡者,乃人臣之分。[一]近
有<u>武昌</u>兵乱,<u>叶映榴</u>守义不屈,詈贼自刎。阅其遗奏,五内伤悼。
王大臣等其共听之!"因令展读奏疏,闻者莫不感泣。遂谕吏、礼
二部曰:"<u>叶映榴</u>值裁兵鼓噪,抗志不屈,捐生殉难,忠节可嘉!
今览遗疏,情词惨烈,朕心深为恻然,不忍披阅! 应从优赐恤,以
表忠贞。"部议赠通政使,荫一子入监,特赠工部右侍郎,赐祭葬
如典礼。

　　次年二月,上南巡,<u>叶舞</u>迎驾谢恩,谕扈从诸臣曰:"当楚省
兵哗之际,<u>叶映榴</u>尽节捐躯,朕心深切悯恤! 特诏所司优赠亚
卿,兼予恤荫。今巡幸<u>江南</u>,见其子<u>叶舞</u>迎伏道左,弥增轸恻!
应特予谥,以彰异数。"遂御书"忠节"二字赐之。四十二年,<u>湖</u>
<u>北</u>巡抚<u>年遐龄</u>请建祠于<u>武昌</u>,赐御书"丹心炳册"额。三十三
年,<u>江南</u>学政<u>胡润</u>请许<u>映榴</u>后裔自行建祠<u>上海</u>,有司春秋致祭,
从之。<u>雍正</u>二年,入祀昭忠祠。

子勇,官广州知府。

【校勘记】

〔一〕城亡与亡者乃人臣之分　原脱"者乃"二字。汉传卷一二叶一六下,及耆献类征卷三四五叶一八上均同。今据仁录卷一三六叶一八下补。

伊桑阿

伊桑阿,满洲正黄旗人,先世居瓦尔喀,姓伊尔根觉罗氏。顺治九年进士,由礼部六品笔帖式授主事。圣祖仁皇帝康熙三年,授票本员外郎。七年,授刑部郎中。十二年八月,迁内阁侍读学士。十月,擢内阁学士。明年十二月,充经筵讲官。十四年十一月,擢礼部右侍郎,寻调户部右侍郎。十五年十月,命同工部尚书冀如锡往视淮、扬等处河工。十六年四月,转户部左侍郎,寻擢工部尚书。八月,调户部尚书。

时逆藩吴三桂踞湖南反,诏制鸟船、沙船,〔一〕由岳州入洞庭横亘湖中,以断贼粮道。因敕伊桑阿赴江南督造。明年,复偕刑部侍郎禅塔海赴茶陵督造战舰。二十一年,淮、黄溃决,敕伊桑阿往勘,兼筹海运事宜。伊桑阿疏言:"黄河运道,非独输挽天庾,即商贾百货,赖以通达,国家在所必治。若海运先需造船,所费不赀;且胶、莱诸河淤塞已久,开通匪易,似属难行。"上是其言。是年冬,俄罗斯犯边,伊桑阿奉命往宁古塔督修战船。明年六月,调吏部尚书。二十三年四月,旱,命同大学士王熙等清理刑部系囚。九月,扈跸南巡,奉谕阅视海口。伊桑阿疏言:"车路、串场诸河及白驹、丁溪、草堰诸口,宜敕河臣靳辅详阅地势,挑浚深阔,使高邮诸州县减水坝、运河水口引流入海。"上以靳辅督理黄河堤岸,势难兼顾海口,命安徽按察使于成龙分董其事。二十四年五月,调兵部尚书。明年,转礼部尚书。

二十七年,授文华殿大学士,兼吏部尚书。寻充纂修三朝国史总裁官。三十五年三月,命兼管兵部尚书事。六月,以台站马匹多毙,部臣不预严饬,又不劾奏,部议伊桑阿应革职,得旨,从宽降三级留任。三十六年,上亲征噶尔丹,命伊桑阿往宁夏安设驿站。寻同大学士阿兰泰充平定朔漠方略总裁官。

三十七年,以年老乞休,上谕阿兰泰曰:"伊桑阿厚重老成,宣力年久。尔二人自任阁务以来,凡事推诚布公,不惟朕知之,天下无不知者。伊桑阿虽以年老求罢,朕不忍令去也。"四十一年,复以疾乞休,得旨:"卿品行端凝,才识敏练,勤劳岁久,倚毗正殷。今以老病乞休,情词恳切,准以原官致仕。仍着加意调摄,以副朕笃念老臣至意。"四十二年七月,卒,年六十有六。遗疏上,得旨:"伊桑阿历练老成,效力年久,简任机务,镇静和平,实心任职。自请告以来,尚期优游颐养,长享升平,用副眷注。忽闻溘逝,朕心深为轸悼!下部议恤。"赐祭葬如典礼,谥文端。今上乾隆十二年,同大学士马齐入祀贤良祠。

【校勘记】

〔一〕时逆藩吴三桂踞湖南反诏制鸟船沙船　"反"原误作"有",又"鸟"误作"乌"。耆献类征卷六叶九上同。今据仁录卷四四叶一二下改。按满传卷一六叶三〇下,"鸟"字不误而"反"误作"文"。

阿兰泰

阿兰泰,满洲镶蓝旗人,姓富察氏。初任兵部笔帖式。累迁职方司郎中。圣祖仁皇帝康熙十九年,议政王大臣等疏荐:"阿兰泰练习部务,自吴三桂叛后,专司军机文檄,日夕勤劳,详慎无误。请予议叙。"得旨,以三品卿用。二十年三月,擢光禄寺卿。五月,迁内阁学士。明年,充平定三逆方略副总裁官,兼充明史总裁官,教习庶吉士。二十二年,擢兵部侍郎,兼管佐领。明年二月,上欲厘定户部鼓铸章程,察除积弊,特命阿兰泰同吏部侍郎陈廷敬、刑部侍郎佛伦、副都御史马世济管理钱法。

二十五年六月,擢左都御史。十一月,上阅平定三逆方略,摘论赞舛错,谕大学士曰:"平逆始末,阿兰泰知之甚详。尔等可与彼酌改,务令记事得实。"二十六年二月,迁工部尚书。十月,以商人采输楠木,工部监收迟延,部臣并应降调。上念阿兰泰任事未久,贷之。二十七年二月,调兵部尚书,五月,调吏部。二十八年闰三月,上以雨泽愆期,命阿兰泰同尚书徐元文覆审刑部狱囚,奏减罪可矜疑者四十五人。二十九年四月,[一]充三朝国史总裁官。五月,擢武英殿大学士。三十一年,陕西饥,阿兰泰遵谕同河道总督靳辅议运江、淮粮石,自黄河溯西安,以备积贮。

明年,噶尔丹侵扰哈密,上命饬兵预备,阿兰泰与领侍卫内大臣索额图等议增拨京兵一千及陕西督标兵三千,付甘肃提督孙思克,相机剿御。三十三年,复议噶尔丹逼近图拉,请遣右卫驻守大臣费扬古、郎坦等往剿。寻以逆酋远遁,奏撤塞外新增驿站,诏费扬古还军归化。郎坦兵亦旋罢。明年,上出古北口巡历塞外,命阿兰泰留京综理章奏。三十五年二月,上亲征噶尔丹于克鲁伦河,阿兰泰仍留京,与尚书马齐、佛伦直宿禁城。九月,随驾出归化城,驻跸黄河西界,经理军务。十月,以扈从劳,赐内厩马一,奉命赴右卫恤赏随征官兵。奏免大同及满洲、蒙古、汉军借支银两,俱称旨。三十六年六月,充平定朔漠方略总裁官。八月,噶尔丹之台吉丹济拉来降,上驻跸翰特穆尔岭,御毡幄,屏左右,召丹济拉入见。阿兰泰引郎中阿尔法随入侍,上命之出。及丹济拉退,召阿兰泰谕曰:"尔偕降人入,以防不测,此意甚善。朕令尔出,欲推诚以示不疑耳。"

三十七年,阿兰泰同大学士伊桑阿以年老善忘,奏请简员办理阁务,上曰:"大学士最为重任,必平坦雍和、任事谨慎者,方为称职。至于记事,学士可分任之。"三十八年五月,因伊桑阿乞休,谕阿兰泰曰:"尔与伊桑阿自任阁务以来,凡事推诚布公,不惟朕知之,天下无不知者。虽以年老求罢,朕不忍令去也。"九月,病剧,上欲临视,遣皇子先往,而阿兰泰已卒。为辍朝一日,赐银二千两,命皇子及内大臣往奠茶酒。谕廷臣曰:"阿兰泰宣力年久,懋著勤劳,存心端诚,持守廉洁。应赠少保兼太子太保。"予祭葬如典礼,谥文清。四十六年十月,上与大学士马齐评论内阁旧臣,称"阿兰泰能强记,且善于办事"云。世宗宪皇帝雍正十年,入祀贤良祠。

子富宁安,亦仕至大学士,别有传。

【校勘记】

〔一〕二十九年四月　原脱"二十九年"四字。满传卷一六叶五七下,及耆献类征卷一二叶二八下均同。今据仁录卷一四五叶一一下补。

张英

张英,江南桐城人。圣祖仁皇帝康熙六年进士,改庶吉士。旋丁父忧,回籍。十一年,授编修。十二年,充日讲起居注官。十五年,迁左春坊左谕德。

十六年二月,迁翰林院侍讲学士。九月,同掌院学士喇沙里、陈廷敬奉谕曰:"尔等每日进讲,启导朕心,甚有裨益。嗣后天气渐寒,特赐尔等貂皮各五十张、表里缎各二十匹。"十月,谕大学士等曰:"朕不时观书写字,欲选择翰林侍左右,讲究文义。伊等在外城,宣召难以即至。着于城内拨给闲房,在内侍从。"寻命英直南书房,赐第西安门内。十八年,转侍读学士。十九年四月,谕吏部曰:"朕万几之暇,留心经史,虽逊志时敏,夙夜孜孜,而研究阐发,良资讲幄之功。日讲起居注各官,俱以学行优长,简备顾问,所纂讲义,典确精详,深裨治理。侍读学士张英供奉内廷,日侍左右,恪恭匪懈,勤慎可嘉! 尔部从优议叙。"寻允部议,讲官叶芳蔼、沈荃等加衔有差,英授翰林院学士,兼礼部侍郎衔。二十年二月,以葬父乞假,谕曰:"尔素性醇朴,侍从有年,朝夕讲筵,恪恭尽职。兹因尔父未葬,具疏请假,朕念人子至情,忠孝一理,准假南旋,特赐白金五百两、表缎二十疋。既旌尔勤劳,兼资墓田之用。尔其钦悉朕惓惓至意。"又谕礼部如英品级,予其父秉彝恤典。二十五年三月,授翰林院掌院学士,[一]兼礼部侍郎衔。四月,命教习庶吉士。闰四月,与内阁学士徐乾学并谕称"学问淹通,宜留办文章之事",令吏部勿开列巡抚。十二月,迁兵部右侍郎。二十六年正月,同内阁学士韩菼奏进纂成孝经衍义,得旨颁发。六月,调礼部右侍郎,兼翰林院掌院学士衔。九月,转左,仍兼翰林院掌院学士衔,又兼管詹事府詹事事。〔二〕十一月,充经筵讲官。

二十七年正月,给事中陈世安疏劾:"英与礼部尚书张士甄、侍郎王飏昌遇孝庄章皇后大丧,不亲督司员检阅旧章,一切典礼令司员具稿赍送满堂官起奏,不会同详慎参订;或屡请不至,即至亦默无一言。间有朝臣造问恭祭时日、跪送仪文、斋宿旧例,茫然辄谢不知。偷安自便,阘冗无能,请严加处分,以警瘝旷。"命自行回奏。寻奏:"臣士甄、飏昌每日在午门前齐集,臣英朝夕在永康门外,兼有奉旨与翰林院同办之事,俱未敢偷安。凡典礼有应稽旧章者,亲率司员检阅;有应满、汉堂官公同商酌者,未曾推诿,并无屡请不至之事。至恭祭日期、跪送仪文及斋宿之例,一经奉旨,即知会所司,俱遵行无误,亦未曾有朝臣相问,对以未知也。惟是臣等素无才能,乞赐处分,为不职者戒。"疏下吏部察议,以未与满堂官同在一处商稿启奏,应各降五级调用,得旨,从宽留任。

二十八年十二月,擢工部尚书,仍兼管詹事府。二十九年六月,兼翰林院掌院学士,并管詹事府事。七月,调礼部尚书,仍兼翰林院掌院学士。十月,以编修杨瑄撰拟阵亡都统公佟国纲祭文,引用悖谬,英看阅不详审改正,部议降四级调用。得旨,革去礼部尚书,仍管翰林院、詹事府事。三十年六月,教习庶吉士。三十一年十月,复礼部尚书,兼管翰、詹如故。三十三年三月,以编修黄叔琳、庶吉士狄亿等十一人试国书生疏,谕责教习不严,下部察议,应革职。得旨,张英从宽降三级留任。旋与掌院学士常书同奉命教习庶吉士。三十五年,上亲征噶尔丹,至拖讷山,凯旋,英同常书奏请赐观御制亲征朔漠纪略,俾得敬慎编摹,垂诸简册,从之。先后充国史、一统志、渊鉴类函、政治典训、平定朔漠方略总裁官。三十六年三月,同尚书熊赐履为会试正考官。七月,以老病乞休,得旨慰留。十月,辞兼管翰林院、詹事府事,允之。三十八年十一月,授文华殿大学士,兼礼部尚书。

　　四十年十月,乞休,得旨:“卿才品优长,宣力已久。及任机务,恪勤益励,眷倚方殷。览奏,以衰病乞休,情词恳切,准以原官致仕。”濒行,赐宴畅春园,谕部令沿途驿递应付,毋限常额。先是,御书“笃素堂”匾额以赐,英名其所著为笃素堂文集。四十四年,逢上南巡,迎驾淮安,叠奉御书“谦益堂”、“葆静”匾额,并联幅画卷、银千两以赐。随至江宁,上将旋跸,以在籍臣庶吁请旨留一日,英复奏请,得旨:“念老臣恳求谆切,准再留一日启行。”四十六年,迎驾清江浦,仍随至江宁,赐御书对联、“世恩堂”匾额及书籍、人参,亦允英奏请,多留一日。四十七年九月,卒于家,年七十有二。遗疏至,得旨:“张英久侍讲幄,简任机密,老成勤慎,始终不渝。予告后,朕念其衰年,屡谕旨令勉加调摄。忽闻病逝,深切轸悼!下部议恤。”赐祭葬加等,谥曰文端。世宗宪皇帝御极,赠太子太傅。雍正八年,入祀贤良祠。今上御极,晋赠太傅。

　　子廷玉,官至大学士,别有传。

【校勘记】

〔一〕授翰林院掌院学士　原脱"掌院"二字。汉传卷七叶四三下，及
　　耆献类征卷九叶二九下均同。今据仁录卷一二五叶八下至九上
　　补。下同。

〔二〕又兼管詹事府詹事事　原脱末一"事"字。汉传卷七叶四四上，
　　及耆献类征卷九叶三〇上均同。今据仁录卷一三一叶一一上补。

吴琠

吴琠，字伯美，山西沁州人也。顺治十六年进士，选授河南
确山县知县。邑遭明季流寇残破，琠抚循招徕户口，垦田岁益，
以方略捕获盗魁戴腾宇，杖杀之。大军征云南，邑当孔道，舆马
粮饷，先事严办而民不烦。康熙十三年，以卓异入为吏部主事，
历升郎中。十六年，升鸿胪寺少卿。寻转光禄寺卿、通政司右参
议。二十年，特擢为右通政。二十一年，任太仆寺卿。

越三月，擢左副都御史。请复敕督抚巡方，疏曰："令甲，督
抚于命下之日，即不许见客。莅任，守令不得参谒。上官凡有举
劾，不过据道府揭报及胥吏访闻，爱憎毁誉，真伪相乱，督抚无由
知。革火耗而火耗愈盛，禁私派而私派愈增。请敕直省督抚亲
历各属，体验采访。或谓督抚巡方，劳扰百姓。夫督抚贤则必能
禁送迎、却供应；如其不肖，虽端坐会城，而暮夜之馈送踵至矣。
岂独巡方足以劳民哉？"又疏曰："巡抚及巡、守道无一旅之卫，
而提、镇各建高牙。前日抚臣如马雄镇，道臣如陈启泰，虽怀忠
秉义，空拳莫施。向使各有兵马，奚至束手？宜及此时急复旧
制，使巡抚，巡、守道仍各管兵马，减提督增总兵，分一镇为数镇，

以听督抚节制,则无尾大不掉之患矣。"二十八年四月,调任兵部右侍郎。

十月,命巡抚湖北。湖北自裁兵之变,黠猾率指仇人为贼党,株连不已。琠概不究讯,惩其妄讦者,人心大定。淬励所属郡县,俾为良吏,怙终则纠绳无少贷。陕西饥,流民入湖北,令有司分赈,全活数万人。三十一年,上念陕西西安雨水不调,襄阳地近西安,命截留湖北漕米十万石贮荆州备赈。既而命以荆州兵船载运至襄阳,琠与粮道王道熙议,以:"兵船湾泊大江,必下到汉口,溯流西上,到泽口接替上行,方抵襄阳,计程二千馀里。今原运漕船将次撤回,莫若乘夏水,令原船顺道运赴襄阳,仅七百馀里。即以便宜行,具奏。"疏入,上嘉之。八月,以内忧去任,赙赗一无所受,曰:"非吾母志也!"

三十三年四月,湖广总督员缺,上以吴琠有守有才,特用为湖广总督。三十四年,奉旨酌裁湖广额兵,琠区画得宜,人情帖然。武冈州牧激民为变,立捕其为首者置之法,而劾罢州牧。故事,土司见州县吏,不敢抗礼,后大吏稍稍优遇之,渐以陆夷。琠至,馈遗不纳,饬谒见长吏如故事,无敢肆者。奏增湖广乡试解额,上命并增各省解额。

三十五年六月,升左都御史。既视事,自戒曰:"昔贤有言:'司风纪者,当养人廉耻,不专以弹劾为能。'吾谬掌台端,要在正己率属。其可见事风生,以亵宪体乎?"三十六年,充会试总裁。是岁五月,上北征回銮,顾迎驾诸臣,褒左都御史吴琠及河道总督张鹏翮居官之廉。翌日,又谕诸臣曰:"吴琠居官,无论是其属官非其属官,及所参革之人,皆以为清官、好官,百姓亦莫不感服。"阅数日，以琠为刑部尚书，而以鹏翮为左都御史。三十七年七月，进保和殿大学士，兼刑部尚书。琠熟于朝廷故事，中外章奏可否，见辄洞然，其有往事可援据者，虽久而不忘。奏对皆竭忱悃，上每称善。所荐引皆廉能吏。三十九年，会试，琠以右臂偏枯引疾，特命为总裁官。六月，御书"风度端凝"额赐之。四十一年，具疏乞休，大学士伊桑阿代为奏请，上曰："吴琠为人诚实，岂可听之去？"尝以御临米芾千字文赐琠，题其后曰："吴琠为人宽厚和平，持己清廉。先任封疆，文武军民受其实惠者，至今颂之。朝中之事，面折廷诤，必得其正。朕甚重之，故书于后以纪其能得大臣之体。"四十四年，卒于任。

　　琠居政府，室无妾媵，口不言清。每语任外吏者曰："地有远迩，俗有淳浇，然爱财惜命，民情则一。能体此念，自为良吏矣。"遗疏入，上遣重臣奠茶酒，予祭葬如典礼，谥文端。所司奏大学士缺，上以琠丧未归，悬缺弗补，谕曰："朕心不忍！"翰林院奏所撰祭文，谕曰："大学士吴琠好处甚多。"敕改撰其文，有曰"洁己奉公，正身率属。总宪纲而丰裁卓立，掌邦禁而谳狱持平。慎以居躬，清能容物"云。雍正十年，诏入贤良祠崇祀。

　　子时谦，康熙三十三年进士，次时讷、时谏、时咏。

吴正治

　　吴正治，湖广江夏人。顺治五年进士，改庶吉士。八年八月，授内翰林国史院编修。[一]十一年八月，充顺天乡试副考官。十月，丁母忧。十五年正月，起补原官。二月，迁右庶子。五月，特简翰林官十五人外转，正治预焉。六月，授江西南昌道。十六年闰三月,迁陕西按察使。十七年三月,以正治由翰林官外转,练习有年,诏内升。五月,授工部侍郎,八月,调刑部。康熙五年七月,请假省亲。七年十月,补工部左侍郎。八年二月,丁父忧归。十年五月,补兵部督捕左侍郎。十一年十一月,充经筵讲官。

十二年二月,擢都察院左都御史。三月,疏言:"缉逃事例,首严窝隐:一有容留,虽亲如父子,但经隔宿,即照例治罪,使小民父子视若仇雠;一经投止,立时拿解,若系三次在逃之犯,解到必当拟绞,是甘心置之死地而不恤也。伏思律有'亲属互相容隐'之条,惟叛逆者不用此律。夫逃人乃旗下家人之事,情弊与叛逆轻重悬殊,在律原无'父子不准容隐'之语。今纵不便从宽,亦当稍为分别。请嗣后遇有父子窝逃,被旁人举发者,逃犯照常治罪,免坐窝隐。若容留逾旬,父子首报解部者,逃犯照自首例减罪,则首报者多,逃人易获。朝廷之法与天性之恩两不相悖矣。"又疏言:"今岁雨泽愆期,皇上恤民念切,方事祈祷;而甘霖旋应,小民正可服勤农业,不宜以得已之役,致妨民务。近者枢臣勒布奉命,会同直隶巡抚金世德,酌设玉田、滦州、霸州、雄县驻防旗兵,因议盖造营房。伏思鼠窃剽掠,有地方文武各官捕治,不烦添设旗兵。若成群大盗,又非仅添数十旗兵遂可扑灭。虽设兵原以安民,而愚民无知,一旦骤闻添设,未免心生疑畏。至于盖造营房,纵不至占取民屋,而工作方兴,未免劳民动众。应暂停止,俟秋成农隙时,酌量举行。"疏并下部议,从之。

五月,迁工部尚书。九月,调礼部尚书。十三年三月,应诏举廉能,疏荐原任给事中周体观、原任知州侯绍岐,下部议,起

用。十五年,充会试正考官。十八年三月,正治自陈乞罢,谕嘉
其"端勤诚慎",慰留之。二十年十月,授武英殿大学士。时重
修太祖高皇帝实录,编辑三朝圣训、大清会典、一统志、平定三逆
方略,正治并充总裁官。二十五年,实录告成,加太子太傅。二
十六年正月,乞休,命以原官致仕。三十年闰七月,卒于家,年七
十有四。赐祭葬如例,谥文僖。

【校勘记】

〔一〕授内翰林国史院编修　原脱"内翰林"三字,又"院"误作"馆"。
　　　汉传卷一〇叶三八下,及耆献类征卷六叶一上均同。今据章录卷
　　　五九叶三上补改。

陈廷敬

陈廷敬,山西泽州人。顺治十五年进士,改庶吉士。初名
敬,以是科馆选有同姓名者,奏改廷敬。十八年,充会试同考官,
寻授秘书院检讨。康熙元年,告假归省。四年,补原官。八年,
迁国子监司业。荐陞侍讲学士。十一年,充日讲起居注官。十
二年,转侍读学士,充武会试副考官。十四年,迁詹事。十五年,
擢内阁学士,充经筵讲官。十六年正月,改翰林院掌院学士,教
习庶吉士。九月,同掌院学士喇沙里、侍讲学士张英奉谕曰:"尔
等每日进讲,启迪朕心,甚有裨益。嗣后天气渐寒,特赐尔等貂
皮各五十张、表里缎各二疋。"十七年正月,诏举博学鸿儒,廷敬
荐原任主事汪琬,召试一等,授编修。七月,廷敬偕侍读学士叶
方蔼入直南书房。十一月,丁母忧,上遣学士二员慰问,赍赐奠

茶酒。谕礼部曰:"陈廷敬侍从勤劳,其母准照学士品级赐恤。"
二十年,服阕,补原官。二十一年,充会试副考官。时副都御史
余国柱以滇南平定,请厘定乐章。礼部、翰林院会议,郊坛宗庙
仍循顺治元年之旧,朝会燕飨宜更定。廷敬撰拟十四章,旨下所
司肄习。二十二年,迁礼部右侍郎,寻转左。

二十三年正月,调吏部右侍郎,管理户部钱法。八月,疏言:
"自古铸钱时轻时重,未有数十年而不改易者。今日民所不便,
莫过于钱价。向日每银一两,易钱一千。今则仅得八九百,[一]
其故由毁钱作铜。夫销毁制钱,其罪至重。然而不能禁者,厚利
之所在也。银一两仅买铜七斤,而销钱一千,得铜八斤十二两。
奸人以为射利之捷径,钱安得不日少而日疵乎?顺治十年,因钱
价贱壅滞,改旧重一钱者为一钱二分五厘,十七年又增重为一钱
四分,所以杜私铸也。今禁私铸而私铸自如,应改重为轻,则毁
钱之弊不禁自绝。近来产铜之地,收税过重,致开采寥寥,并宜
停其收税,听民开采,则铜日多而钱价益平矣。"疏下部议行。

九月,擢左都御史。二十四年正月,疏言:"贪廉者治理之大
关,奢俭者贪廉之根柢。欲教以廉,先使之俭。古者衣冠、舆马、
服饰、器用之具,婚丧之礼,贱不得逾贵,小不得加大。今或等威
未辨,奢俭之风未除,机丝所织花草虫鱼,时新时异。贫者循旧
而见嗤,富者即新而无厌,转相慕效,积以成风。由是富者黩货
无已,贫者耻其不如,冒利触禁。其始由于不俭,其继至于不廉。
好尚嗜欲之中,于人心犹水之失堤防,而莫知所止。乞敕下廷臣
博考旧章,官员士庶冠服、衣裘、饰用之制,婚丧之礼,有宜更定
者,斟酌损益,务合于中。制度既定,罔敢凌越,则节俭之风,庶

可渐致。”疏下王大臣议，谓仪制久颁，无庸更定。得旨：“服饰诸项，久经定例禁饬。近见习俗奢靡，应用僭滥者甚多，[二]皆因所司视为具文。嗣后须切实奉行，务须返朴还淳，恪循法制，以副朕敦本务实、崇尚节俭至意。”

九月，疏言：“水旱凶荒，尧、汤之世不能尽无。惟备及于豫，而赒当其急，故民恃以无恐。臣维报免灾荒，圣意之所垂念者，敢献其末议。如山东省去年九月题报济宁、海丰、沾化水灾情形，户部议覆行，令委官踏勘。十一月，以踏勘成灾分数，应蠲钱粮册结具题，户部议覆行，令分晰地亩高下。今年四月，以并无捏报分数具题，户部覆准蠲免。德音下逮，近省已逾半年，远省将不止一载，如此其迟回者，所行之例则然耳。臣愚谓被灾分数，即见地亩高下，既有册结可据，即宜具覆豁免。上宣圣主勤民之意，下慰小民望泽之心，中不使猾吏奸胥缘为弊窦，勿循旧例为便。”疏下部议，令嗣后巡抚题报情形后，速分晰高下具题，户部覆核无舛，即准其蠲免。

又疏言：“督抚之职在察吏，察吏欲令民安，非明于击断之为能尽其职也。必先严禁令，谨科条使民迁善远罪。至于刑清政简之为能尽其职也，孔子不云乎：‘上教之不行，罪不在民也。’故欲使民不犯法而刑辟衰止，莫先于行上之教；欲行上之教，緊惟督抚是问。督抚曰：‘是将在群吏。’夫吏果廉能，无敢有加派火耗，毋敢黩货于词讼，毋敢朘削夫富民，然后一意行上之教而民不罹于刑。今吏或不能，诚有罪焉；然非尽吏之罪也，上官廉则吏自不敢为贪，上官贪则吏虽欲为廉而不可得。凡所为加派、火耗、黩货、朘削，日以曲事上官之不暇，而又何有于行上之教，使民不罹于刑？虽吏勉强行之，而民习见吏之所为多不法也，曰：'是恶能教我，谁其从之？'是教之不行，刑之不止，吏为之也。吏之为之者，督抚使之然也。方今要务在于督抚得人。为督抚者不以利欲动其心，然后能正身以董吏；吏不以曲事上官为心，然后能加意于民。民可徐得其养，养立而后教可行。历代以来，有讲读律令之法，皆周礼之遗意，为教民之要务。我皇上圣谕十六条颁行已久，而乡村山谷之民，至今尚有未知者。宜通饬督抚，凡保荐府、州、县官，必确察其无加派火耗，无黩货词讼，无朘削富民，每月吉集众讲解上谕、实心奉行者，为开具事迹所最先。如保荐不实，加严处分，俾知功令之重在此。顾名思义，触目惊心，以导群吏，而皇上之考察督抚，则以洁己教吏，吏得一心养民、教民为称职。使贤者知勉，而否者知惧，洗涤旧染，以几刑清政简，仰副圣主惓惓求治之心。"

疏并下部，如所请通饬督抚，嗣后保举开列实迹，以无加派火耗等事为第一条，实心奉行上谕每月吉聚众讲解为第二条；如保举不实，督抚降二级调用，司道府降三级调用，定为例。又疏劾："云南巡抚王继文当凯旋大兵在滇之时，动支库银采买米石、草束；及凯旋后，以所存米抵给本省官俸，所存草抵给驿站前后银数。赢缩相悬，即非侵没入己，而亏损库银，几至百万，溺职不忠，何以自解？"疏下部严察，以抵给官俸驿站银数，继文尚未题销，责令改照采买原数具题。

二十五年闰四月，同学士徐乾学奉旨："览卿等奏进鉴古辑览，具见尽心编纂，博采考订，劝戒昭然，有裨治化。朕心深为嘉悦！书留览。"时纂辑三朝圣训、政治典训、平定三逆方略、皇舆表、一统志、明史,廷敬并充总裁官。九月,迁工部尚书,二十六年二月,调户部,九月,调吏部。二十七年二月,法司逮问贪黩劾罢之湖广巡抚张汧,因汧未被劾时曾遣人赍银赴京,诘其行贿何人,初以分馈甚众,不能悉数。既而抵出尚书徐乾学、少詹事高士奇及廷敬,会奉谕此案若严审,牵连人多,就已经审实者即可完结,于是置弗问。并详徐乾学、高士奇传。廷敬疏言:"臣无他才能,惟早夜兢兢,思自淬励,不徇亲党,不阿友朋。上恐辜圣主殊恩,下欲全微臣小节。乃至积有疑衅,飞语中伤。如张汧一案者,汧虽臣戚,泾渭自分,嫌疑之际,尤臣所慎。汧既败溃,遂疑及臣,积疑成恨,语涉诬染。假使臣稍有私于汧,为之庇护,则汧必深德于臣,岂肯扳连? 幸蒙圣明洞照,一付盈庭公论,使臣心迹可白,名节得全。破脑剖心,未足为报。独念臣备位于朝,宜择所处,讵可抱戾,犹厕班行? 自被谤以来,神志摧沮,事多健忘,奏对失其常度,虽皇上不加谴责,而臣心实难自安。且臣父年八十有一,倚闾悬望,伏乞圣心怜悯,准与回籍。"得旨:"览卿奏,情词恳切,准以原官解任。其修书总裁等项,着照旧管理。"

二十九年二月,起为左都御史。四月,疏言:"臣再领台班,每告诫科道官,凡有建白,不许豫闻于堂官僚友,以滋指使嘱托之弊。如中外臣僚,果有奸贪不法,因革事宜,果有纪纲关系者,则当切实指陈;否则与其生事以塞责,不若省事而择言,盖毛举细故,剔摘成例,驯至刻薄烦碎,无裨圣朝宽大经久之规。诚能持重养锐,言不轻发而必当,使不肖之徒有所警戒顾忌,不敢恣意为非,此所谓省事而择言。乞天语申饬科道官,勿以无补之言琐渎。臣又念条奏贵乎简明,近见冗词多而论事之言反少。我皇上圣学圣治，丰功懿德，日盛月新，史官书之，儒臣纪之，而且万方讴歌，海外颂祷，亦何待言官于条奏建白之时，缀述数端？既不足以扬盛美之万一，兼乖辞尚体要之义，致烦乙览，必厌薄之，特圣度优容，不加诘责耳。祈敕此后勿蹈习前弊，多引烦词，如有不遵，量加处分，庶几息便僻之风，而作謇谔之气矣。"疏入，报闻。又谕曰："科道官所奏之事，是否可行，自有裁定。若必大事方令建言，致进言者少，非所以集众思广忠益也。"

七月，迁工部尚书。三十一年八月，丁父忧，得旨慰恤如例。三十三年十一月，授户部尚书。三十八年十一月，调吏部尚书。四十二年二月，充会试正考官。四月，授文渊阁大学士，兼吏部尚书。四十四年正月，赐以诗，题云："览皇清文渊阁大学士陈廷敬作各体诗，清雅醇厚，非积字累句之初学所能窥也。故作五言近体一律，以表风度。"四月，上南巡，召试举、贡、生、监于杭州、苏州、江宁，廷敬与大学士张玉书、掌院学士揆叙奉命阅卷。四十九年十一月，以耳疾乞休，允之。五十年五月，大学士张玉书卒，李光地疾未愈，诏廷敬入直办事。

五十一年三月，病剧，遣太医院诊视。四月，卒。命皇三子允祉率大臣侍卫奠酒，给银一千两治丧。令各部院满、汉大臣各往吊，御制挽诗云"世传诗赋重"。又云"国典玉衡平"。谕内阁及礼部曰："陈廷敬夙侍讲幄，简任纶扉，恪慎清勤，始终一节。学问淹洽，文采优长。予告之后，朕眷注尤殷。留京修书，仍预机务。尚期长享遐龄，以承宠渥。遽尔病逝，深为轸恻！其察例议恤。"赐祭葬如典礼，加祭一次，谥曰文贞。

【校勘记】

〔一〕今则仅得八九百　原脱"八"字。汉传卷五叶二一上,及耆献类
　　征卷七叶八下均同。今据仁录卷一一六叶一九上补。

〔二〕应用僭滥者甚多　"滥"原误作"乱"。汉传卷五叶二二下,及耆
　　献类征卷七叶九下均同。今据仁录卷一二〇叶八下改。

李天馥

李天馥,河南永城人。顺治十五年进士,改庶吉士。十八
年,散馆,授检讨。康熙七年,丁父忧。十年,服阕,补原官。十
一年,充顺天武乡试副考官。寻迁国子监司业,晋翰林院侍讲。
十四年,迁侍讲学士。十五年正月,转侍读学士。十月,充日讲
起居注官。十二月,迁詹事府少詹事。十六年,擢内阁学士。十
八年正月,充经筵讲官。九月,充武会试正考官。十九年四月,
雨泽愆期,特旨偕大学士明珠等会同三法司详鞫已结重案,减等
发落。二十年,擢户部左侍郎。二十一年,充会试副考官。二十
三年,转吏部。二十四年,充政治典训副总裁。

二十七年,擢工部尚书。三月,上召总河靳辅、巡抚于成龙
面询河工事宜,辅以"高家堰外筑重堤截水,使出清口,不令归下
河,淮、扬七州县被灾之田可出。若开浚下河,恐有海水倒注之
患"。成龙以"修下河开海口,遵特旨行。今高家堰修筑重堤,
停开海口,纵上流水不至,而秋霖暴涨,天长、六合等处水无所
泄,海口仍应开"。二人各坚执一说,上命会同九卿详议,天馥寻
议下河海口当开,高家堰重堤宜停,上从之。五月,调刑部。十
二月,调兵部。二十九年,吏部行取知县,以科道用,命大臣各举

所知。天馥举三河县知县彭鹏、灵寿县知县陆陇其居官有声,谕曰:"陆陇其、彭鹏服官廉介,朕所素知,俱准行取。"三十年,转吏部。三十一年,授武英殿大学士。三十二年,丁母忧,回籍。三十四年,以原官入阁办事。三十六年,充平定朔漠方略总裁。

三十八年七月,疾,上遣内阁学士特默德及太医官三员存问,赐尚方药物。十月,卒。遗疏入,得旨:"李天馥简任机务,效力有年,勤慎素著。忽闻溘逝,朕心深为轸恻!着遣散秩大臣一员、侍卫十员往奠茶酒,应得恤典,察例具奏。"寻赐祭葬如例,谥文定。

子孚青,康熙十八年进士,官编修。

徐元文

徐元文,江南昆山人。初冒姓陆,后复本姓。顺治十六年一甲一名进士,授修撰。圣祖仁皇帝初御极,元文以名列江南逋赋籍中,降銮仪卫经历。乞假归里,辩释其事,得旨,复修撰。康熙八年,充陕西乡试正考官。寻迁秘书院侍读。九年,擢国子监祭酒,充经筵讲官。先是,世祖章皇帝诏天下选诸生文行兼优者,与乡试副榜贡生咸于国子监肄业。康熙元年给事中晏楚南奏停乡试副榜,而优生亦久不复举。至是,元文同监臣札禄等疏请敕学政间岁一举优生乡试,仍取副榜,俾辟雍多经明行修之士;又请定八旗官学生,与荫监生并用笔帖式之例,顺天乡试广监生中式之额。疏皆下部议行。

十三年,擢内阁学士,充重修太宗文皇帝实录副总裁。十四年,改翰林院掌院学士,充日讲起居注官。上尝谕元文及诸讲官曰："经书屡经进讲,朕心熟晓。通鉴一书,事关前代得失,甚有裨于治道,宜次第进讲。"元文请就朱子纲目中择事之尤要者,采取先儒之论,参以臆断,演绎发挥,按期进讲。是岁,元文奉命教习庶吉士,时其兄秉义以一甲三名进士授编修,尚未散馆;元文因疏辞教习,上特谕秉义勿预教习,弗允辞。十五年冬,丁母忧,归。十八年,召为明史监修总裁官。元文既至,疏荐明给事中李清、耆儒黄宗羲二人,宜延致访问,或老疾不能就道,令有司录所著以上;又以史馆需人,荐曾举博学鸿儒之未赴试者曹溶、汪懋麟、黄虞稷、姜宸英四人及教习贡生万言共襄编纂:上俱允所请。寻补内阁学士。上以元文旧由内阁学士改掌院学士,因谕阁臣曰:"内阁与翰林官不妨互为调用,其行坐之处,以进衙门先后定次第。"

　　十九年,擢都察院左都御史,疏言:"逆藩吴三桂甘心反叛,遗孽旦夕伏诛。凡胁从之众,恩许自新,若仍留本土,既非永久之规,而移调他方,亦多迁徙之费。统以别将,则疑猜未化,终涉危嫌;摄之归旗,则放恣既久,猝难检束。请以应补职及入伍者,与绿旗将弁一例录用,馀俱分遣为民,则俸饷既减,军需益渐裕矣。至耿精忠、尚之信、孙延龄旧隶将弁,尤宜解散,勿仍藩旗名目。"又言:"闽、粤两逆藩虽已翦除,而夙日占夺民利、干纪害政之事,如盐埠、牙行、市舶、渔课、渡税诸类,恐官司营伍或有一二因袭,则闾阎积困终不能一旦豁除。乞严饬督抚实力禁革。吴逆荼毒生民,滇南受祸尤酷。藩庄、藩田责军民输租,较旧额加十有馀倍。广设矿厂,擅铜铅之利。其横征苛敛,未可悉数。今大兵势若雷霆,滇民望救水火,宜豫敕将军、督抚入境日,即为蠲除。"

又疏言:"安民察吏,责在督抚。其抚绥无术之处分,宜依例劾治。一切小事罣误,并量与宽贷。俾得早作夜思,图其重且大者,不致苟且塞责。藩臬两司贪污,督抚不纠劾,宜以徇庇论。"又言:"旧例,大计卓异之藩臬两司赴京,许条陈事宜,由通政司奏进。请嗣后于入觐时,自行陈奏,皇上亲加谘访,可以鉴其才能之高下,兼可知督抚所举之当否。"又请饬禁外省丁忧官迟报讣期,不即奔丧,及士大夫丧中听乐,易衣从吉诸薄俗。又请申严虚捏田亩加粮、徇纵窝贩人口条例。疏并下部议行。先后劾奏福建总督姚启圣纵恣谲诈、杭州副都统高国相纵兵虐民、两淮巡盐御史堪泰徇庇贪官、候补御史萧鸣凤蔑礼轻狂等事,皆谳鞫得实,惟启圣辩释。二十二年冬,九卿会推道员王垓、胡悉宁为湖北按察使,上以二人才具平庸诘问,覆奏元文倡举,下部议降三级调用。

二十六年,仍授原官,充经筵讲官。疏请:"申明御史责成,无论掌道与否,分派各道理事;凡法司会勘重案,及各省揭帖有无疑窦,限三日说堂;刑部现审重案,先移送供词查核,然后定稿;巡城御史与旗人词讼,旧例概弗审理,今旗人移居城外者多,如系所管之地,应一体审理。"疏下部,并议行。又劾两淮巡盐御史陶式玉秽鄙乖张,官箴有玷,式玉遂罢任。是年十二月,元文迁刑部尚书,旋调户部。先是,御史郭琇劾罢大学士余国柱,悬缺未补,二十八年五月,授元文为文华殿大学士。会翰林院掌院学士李光地调授通政使,[一]吏部开列应升各员以奏,谕曰:"翰林掌院必文学淹通,众所推服者,始克胜任。凡翰林撰拟之文,亦须掌院删润成章。明代大学士有兼管之例,徐元文着兼管翰林院事。"时纂修平定三逆方略、政治典训、一统志,命元文并充总裁官。

九月,左副都御史许三礼劾元文兄乾学既解尚书任,[二]不即归里,与亲家高士奇招摇纳贿;元文入阁办事后,收江苏按察使李国亮贺礼银五千两,致有"去了余秦桧,来了徐严嵩"及"五方宝物归东海,万国金珠贡澹人"之谣。疏详乾学传。元文奏辩曰:"三礼因参臣兄乾学不实,知吏部已议降调,遂诬列臣兄多款,并诬及臣,谓曾收李国亮贺仪五千两。臣与国亮虽曾相识,初无交涉。三礼以不根之词,横肆污蔑,即使孤竹复生,何难指为盗跖? 圣明在上,必能洞察其诬,国亮、三礼皆可互质也。臣初入阁时,曾闻有人黏贴谤纸,此乃忌嫉臣兄弟者,布散流言,以图倾陷耳。夫匿名榜帖,律禁至重。又屡奉严谕申饬,地方不行察拿,有处分定例。三礼既佐理宪纲,闻知正宜痛疾,乃公然引入奏章,指为证据,则三礼必深知造谤之人与匿帖所由来矣。总之,臣兄弟直道自处,不免招尤,而不悦臣兄弟者,遂欲一网尽之。三礼向者考选之后,曾请执弟子礼。臣以于义不可,始终拒之。今于数日间,忽而诬臣兄,又忽而诬臣,殊难测亿。臣荷恩深重,一旦为人排击,致无影之辞,溷入圣听,蹈踬惶恐,何地自容? 伏祈皇上立赐罢斥,庶臣心稍安。"疏入,报闻。二十九年四月,诏修三朝国史,以大学士王熙为监修总裁官,大学士伊桑阿、阿兰泰、梁清标及元文为总裁官。

五月,两江总督傅拉塔疏劾之曰:"凡为人臣,宜感戴上恩,不负养育。乃有不遵法度,彼此施威,朋比背恩,以官职为生理,公然受贿,扰害地方。如巡抚洪之杰、原任刑部尚书徐乾学、大学士徐元文并伊等子侄秽迹,谨胪列陈之:一、康熙二十八年,徐元文升任大学士,洪之杰谄媚,制金字大匾一方、旗杆二根,旗上金镌'瑞协金瓯,泰开玉烛'八字,委督粮同知姚应凤赍至徐元文门前树立,复送贺仪一万两,徐元文之子举人徐树本亲收。一、康熙二十八年,原任松江府知府赵宁投拜徐元文门下,馈银一千两,徐元文之侄徐树屏、徐树敏亲收。一、康熙二十八年,苏、松、常三府采买青蓝布解部,以少价买多,支销银一万四千馀两,洪之杰、赵宁、徐树本等分肥。一、徐元文之子徐树声,自京到巡抚衙门,称有要紧密信。因开门稍迟,喝打门吏。洪之杰听闻,忙即大开中门,鸣锣击鼓作乐迎进,衙役路人皆为耻笑。一、洪之杰于康熙二十八年因重犯减等案内,部议革职,蒙皇上宽宥,降级留任;而元文、乾学冒恩以为己力,洪之杰将银二万两,令原任松江府知府赵宁送徐树本收。一、康熙二十八年,阊门外居民钦涞、钦鼎丞彼此争讼,徐树敏见钦鼎丞家裕,嘱托巡抚令钦涞、钦宸枢控告,诈钦鼎丞银一千两,交与伊家人徐孔昭、李孔章兑收。一、徐树声兄弟前往苏州府承天寺内,瞰琅山房恶僧等富厚,诈银一千两,嘱巡抚止留琅山房之僧,馀房僧尽皆驱逐。后被逐之僧及众百姓为留恶僧,反将好僧逐出,公愤怨憾。一、徐树本唆王缉植之母告同县监生李端匏久不葬亲,诈得李端匏银四百两。一、康熙二十九年,葑门外果子行陆云椿、韩云若二人为争行业买卖,徐树本诡令伊亲汤机先、汤在治生理,勒得陆云椿银二百四十两。一、徐树屏庇护光棍徐长民,将徐长民仇家生员黄中坚声言必受其害,吓诈黄中坚银四千两,田抵六百两。

又将黄中坚交与光棍徐长民被殴折指。一、徐树声、徐树本等将伊银米自六月放出于民,十月交收,起息银每两五六钱、米每石五六斗,重利刻剥,贫民不能偿还,即差家人打骂,贫民难受,致将妻子典卖,畏其势力,不敢告理。一、徐乾学、徐元文将伊子侄田地均填入别人名下,每年拖欠钱粮,不管官员议处,以势欺压,终不完纳。所以昆山县知县总为钱粮革职降级,不得升任者多。一、徐乾学于本年三月内回籍,即于四月内欲沽名誉,嘱托苏州府贡监胡三锡、周邻诗等违例建造长生祠堂在于虎丘山上,赴巡抚衙门具控,抚中军游击杨铉收送巡抚洪之杰。一、徐树本、树声、树屏、树敏家人徐孔昭、高彬甫、吴汉周、曹尔玉、苏云生、金正昌等往来苏城,轮番更替,马吊演剧,无虚昼夜。勒索昆山知县船夫,承揽大小衙门事件。苏州府城东有毛上列,西城有黄圣微,阊门外有顾思诚,处处差遣打听有业之人控告信息,苏州民人称为拉纤摆渡船,怨憾切齿,无可奈何。总之,元文等至富至贵,尚不知足,以皇上之仁恩,邀为己力,招摇权势,恐吓通省官民,颠倒是非,得受银钱;又纵放如虎如狼子侄、家人,出入大小衙门,扰害地方;又复唆使争讼,重利累民,收恶徒为羽翼,世世相扶以图富贵,而地方之大臣如巡抚洪之杰又趋附势力,献媚应付。有司皆畏,无不逢迎,官既逢迎,而累及小民矣。若臣畏惧伊等亲友门生之众,于其犯法害民,至奸至暴,不行题参,有负圣主养育重恩,难免大罪矣。"疏入,得旨,所参各款从宽免其审明,徐元文着休致回籍。

三十年七月,元文卒于家,年五十有八。所著有含经堂集。

【校勘记】

〔一〕会翰林院掌院学士李光地调授通政使　"使"下原衍一"司"。耆
　　献类征卷八叶三下同。今据仁录卷一四一叶二上删。按汉传卷
　　三叶二〇上不衍。

〔二〕九月左副都御史许三礼劾元文兄乾学既解尚书任　"九"上原衍
　　"二十八年"四字，又脱"左"字。汉传卷三叶二〇上、下，及耆献
　　类征卷八叶四上均同。今据仁录卷一四一叶二上下及卷一四二
　　叶一六下删补。

王掞

王掞，江南太仓人。康熙九年进士，改庶吉士，散馆授编修。
十四年，充山东乡试正考官。十五年，迁左赞善，寻因病回籍。
二十三年，补右赞善，提督浙江学政。二十五年，疏参署龙泉令
茅国玺违例擅投公文内藏印揭开荐武童周琚，请敕部严处，以肃
学政。得旨嘉奖，国玺论罪如律。二十六年，任满，遵例以剔除
十弊疏闻，并奏亲发学租以赈贫生，劝建义学以兴俊秀，责重禀
结以防代倩，慎录科举以杜滥收等状，命回京供职，寻迁侍讲。

二十八年四月，转侍读。六月，迁侍讲学士。二十九年，充
顺天乡试正考官。三十年二月，转侍读学士。十一月，擢内阁学
士。三十三年六月，迁户部右侍郎。九月，充武会试正考官。三
十六年，充经筵讲官。三十七年，转左。三十八年五月，调吏部。
十二月，奉命偕尚书范承勋、王鸿绪等监修高家堰堤工。三十九
年，回京。四十三年十月，授刑部尚书。十二月，河工告成，议
叙，加五级。四十四年，以审拟温处道黄钟行贿作弊一案，误将

应革职之吏部郎中陈汝弼拟绞,降二级留任。四十七年,调工部。四十九年四月,调兵部。十一月,调礼部。五十一年,晋文渊阁大学士。五十二年三月,恭庆万寿,赐冠服。八月,充会试正考官。五十六年三月,充纂修玉牒副总裁官。五十七年,揆同大学士马齐等议上孝惠章皇后尊谥,书写脱误,部议降三级调用,谕从宽留任。

先是,揆倡议请立皇太子,御史陈嘉猷等因连名入奏,谕揆等毋为名起见。六十年,群臣请举庆典,诏弗允。御史陶彝等复请建储,上手书谕旨谕诸王大臣曰:[一]“六十年大庆,大学士王揆等不悦。以朕衰迈,谓宜建储,欲放出二阿哥。伊等借此邀荣,万一有事,其视清朝之安危休戚,必且谓与我汉人何涉。似此凶顽愚昧,一无所知,不顾身命宗族,干犯叛逆之罪而行者亦不少。王揆以伊祖王锡爵在明神宗时力奏建储之事为荣,常夸耀于人,不知羞耻。王锡爵极力奏立泰昌,在位未及两月,天启庸懦稚子,承继统绪,魏忠贤等擅权。至愍帝不能保守,明祚遂亡。当时全不知孟子所云‘以天下与人易,为天下得人难’之义,故立泰昌耳。亡国之贼王锡爵不能辞其罪也,应剖棺斩首,以祭神宗之陵。神宗有灵,必为首肯。王锡爵行事,同时之人亦甚恶之,故作词曲极肆诋詈。至我朝,其孙又入叛党,受伪札付,称为总兵,不久被擒,朕宥其殄灭九族之罪,止戮其身,别无株连。乃王揆不思图报,妄行陈奏,其负恩可知矣。二阿哥两次立为皇太子,教训数十年,不能成就。朕为宗社及朕身计,故严行禁锢,所以不杀者,恐如汉武帝之后悔,致后人滋其口舌也。朕并无可悔之处,现今时常遣人存问,赉赐佳物,其子朕为抚养。

凡此皆为父之私情，〔二〕不能自已，所谓姑息之爱，人何得因此生疑耶？王锡爵已灭明朝，王掞又欲摇动本朝，如此奸贼，朕隐而不发，可乎？朕并无诛戮大臣之意，大臣自取其死，朕亦无如之何。朕御极六十年，庆贺典礼非不可受，深知此等事，故坚辞不允。朕中心愤懑，众人虚诳请行庆典，朕岂肯屑为此乎？"〔三〕

于是廷臣奏言："王掞身受圣恩，至重至厚，屡加擢用至大学士，乃背负鸿恩，结党营私，将国家最大之事应候乾断者，两次妄行陈奏。至使陶彝等纷纷入奏，请革职治罪。"得旨："朕所降谕旨，尔等可持示王掞，再行具奏。"寻奏："臣等传旨询问王掞，又不据实认罪，巧饰虚辞，请即革职锁拿，重治其罪。"疏入留中。越日，上发疏出谕大学士等曰："王掞等妄行陈奏，俱云为国为君。现今西陲用兵，为人臣者正宜灭此朝食，此系目前显然效力之处。八旗文官俱以章京派往，伊等虽系汉官，有何不可？将伊等暂停议罪，着于此番军前照旗员例委署额外章京，遣往效力。王掞年老，着伊子詹事王奕清代往。"〔四〕

雍正元年，以老乞休，得旨："卿才品优长，宣力年久，恪勤尽职，倚毗正殷。今乞休，情辞恳切，着以原品休致。"寻疏请归里，诏弗允。三月，上欲推恩大臣子弟，部臣遵旨通列应得荫生之人，因及掞，谕曰："朕即位，王掞即具奏退避，不必赏给。"三年，谕大学士等曰："原任大学士王掞先每向人言，曾在圣祖前奏免苏、松浮粮，未蒙允行。朕于宫中一一查阅，并无此奏。王掞受恩遇数十年，官至台辅，而于此事欲自沽美名，背恩负义。伊子王奕清发往军前，不思效力，乃谄附年羹尧恳其奏令回京；伊次子王奕鸿原系情愿赴军前效力，〔五〕亦贿嘱年羹尧请以道员补用:朕均未允。王掞何所见闻朕于年羹尧惟言是听,而为此奸巧之举? 甚属可恶! 着将王奕鸿发往军前与王奕清一处效力。"六年,掞卒。

乾隆元年,召其子奕清还京,命以原官管少詹事。二年,奕清为父吁请赐恤,谕曰:"原任大学士王掞当日不能深知圣祖默定储位之心,冒昧渎奏,固属不合;但伊身居政府,为国本起见,尚属分所应言。今朕垂念旧臣,加恩宥过,可补给应得恤典。"寻赐祭葬如例。

【校勘记】

〔一〕上手书谕旨谕诸王大臣曰　原脱"谕旨"二字。汉传卷一三叶一三下,及耆献类征卷一一叶二五上均同。今据仁录卷二九一叶二五下补。

〔二〕凡此皆为父之私情　"为父"原误作"父子"。耆献类征卷一一叶二五下同。今据仁录卷二九一叶二七下改。按汉传卷一三叶一五上不误。

〔三〕朕岂肯屑为此乎　原脱"屑"字。汉传卷一三叶一五上、下,及耆献类征卷一一叶二六上均同。今据仁录卷二九一叶二八下补。

〔四〕着伊子詹事王奕清代往　"奕"原误作"燮"。汉传卷一三叶一七下,及耆献类征卷一一叶二六下均同。今据仁录卷二九一叶三〇上改。下同。

〔五〕伊次子王奕鸿原系情愿赴军前效力　"奕"原误作"燮"。汉传卷一三叶一七上、下,及耆献类征卷一一叶二七上均同。今据永宪录(一九五九年中华书局出版,下同。)页二九三改。下同。

叶方蔼

叶方蔼,江南昆山人。顺治十六年一甲三名进士,授编修。康熙十二年,充日讲起居注官。十四年三月,迁国子监司业。五月,授侍讲,仍充日讲起居注官。十月,充顺天武乡试副考官。十一月,上以宋儒周敦颐太极图义理精奥,实前贤所未发,命方蔼撰太极图论。十五年正月,迁左庶子。五月,授侍讲学士。十六年正月,充孝经衍义总裁。四月,转侍读学士。十七年二月,充鉴古辑览、皇舆表总裁。五月,充经筵讲官。七月,入直南书房。十二月,迁翰林院掌院学士,兼礼部侍郎。

十八年二月,充会试副考官。五月,教习庶吉士,并充明史总裁。十九年四月,尚书讲义成,方蔼奏请颁发,得旨:"尚书纪载帝王道法,关切治理,讲幄诸臣讲解明晰,深于典学有裨。即刊刻颁行。"又谕日讲起居注各官俱从优议叙。五月,加方蔼礼部尚书衔。十月,上亲讲易经噬嗑卦辞,方蔼与讲官库勒纳进所撰乾、坤二卦总论,上览毕,曰:"卦爻之义,原各不同。即如噬嗑一卦,中四爻主用刑者言,初上二爻主受刑者言,必得总论发挥,方觉全卦之义了然。[一]诸卦可依此撰进。"二十年,迁刑部右侍郎。

二十一年四月,卒。特遣刑部右侍郎库勒纳、侍卫常保奠茶酒,赐白金二百两。谕曰:"叶方蔼简侍讲幄年久,启沃有益,茂著勤劳。着从优恩恤。"寻议加祭一次,谥文敏。

【校勘记】

〔一〕方觉全卦之义了然　“觉”原误作“举”。汉传卷一三叶七下，及
　　耆献类征卷五一叶二八下均同。今据仁录卷九二叶二三上、
　　下改。

励杜讷

励杜讷，直隶静海人。初以杜姓为生员。康熙二年，纂世祖
章皇帝实录，选善书之士，杜讷试第一，赴馆缮录。告成，议叙，
授福建福宁州州同，命留南书房行走，食六品俸。十九年四月，
优叙内廷讲官学士叶方蔼等，授杜讷编修。旋充日讲起居注官。
二十一年，授励姓。二十四年三月，上命杜讷日侍点阅纲鉴。二
十五年三月，与学士张英同侍点阅纲目全编。十二月，以御批通
鉴纲目竣，疏言：“皇上点阅载籍，无间严寒溽暑，即巡幸驻跸，命
臣捧简进阅，一如禁廷披览之际。评论古帝王政治得失、文武张
弛，及进退人才、邪正消长，与夫诸儒旧说聚讼者，亲加剖决，悉
归至当。请颁发圣谕，宣示史馆，以发涑水所未详，补紫阳之弗
逮。”得旨：“励杜讷朝夕侍从，勤劳可嘉！所奏，着礼部翰林院
会同议奏。”如所请。二十七年，迁右赞善，二十八年，转左。二
十九年，迁侍讲，改光禄寺少卿。三十六年，迁通政司参议。三
十七年七月，迁太仆寺卿。九月，迁宗人府府丞。

三十九年十一月，迁都察院左副都御史。十二月，疏言：“督
抚大吏，朝廷畀以百馀城吏治、数千里民生，责任至重。若托词
镇静，渐成悠忽，所综理不过期会簿书，难保无忝封疆之寄。请
敕诸督抚年终汇奏若何察吏安民、兴利除弊，以备清览。或开注

不实,治以欺罔之罪。庶诸臣时时警勉,不敢优游草率,贻误地方。其所辖之藩司专掌钱谷,臬司专掌刑名,州县之钱粮有无亏空,定案之爰书有无驳审,详实并列,则藩臬之优劣亦无遁情。"下部议,从之。又疏言:"提镇责任匪轻。迩来保送引见将弁,时有骑射甚劣并年老之员,屡经特旨甄别。臣思典戎要务,首在考察将弁,何至徇庇姑容?请敕下该部将各提镇所属引见不称旨之员,汇册进呈,伏候圣裁,并定处分,庶提镇咸知谨懔,而将备亦难尸素苟容。"诏下部通行严饬。

四十二年四月,擢刑部右侍郎。十月,卒于任,年七十有六。赐恤如例,特给全葬。后二年,上驻跸静海,谕曰:"原任侍郎励杜讷向在南书房效力,二十馀年,为人敬慎勤劳,并无过失。应予谥。"御书"文恪"二字赐其家。雍正元年,追赠礼部尚书。八年,入祀贤良祠。十三年九月,今上御极,加赠太子太傅。

子廷仪,官刑部尚书;孙宗万,官刑部侍郎。

韩菼

韩菼,江南长洲人。康熙十二年,会试、殿试皆第一,授修撰。旋充日讲起居注官。十月,召至起居注馆作太极图说。越三日,谕以所作时文二首进呈。明日,复命悉呈平日文稿,又召至弘德殿讲大学。先是,世祖章皇帝命纂修孝经衍义,未及成。至是,上诏儒臣蒐辑,以菼专任纂修事。得凡例、目录一卷,经旨总要二卷,衍义一百卷。十四年,典顺天乡试。十五年,迁右赞善,次年三月,转左。十月,迁侍讲。十七年十月,典顺天武乡试。十八年,乞假回籍。二十三年九月,补原官,寻转侍读。二十四年二月,上考试翰林,亲加详阅,葵列名第二。寻迁侍讲学士。三月,擢内阁学士。二十六年,复以病乞假回籍。三十四年七月,召至京,充一统志总裁。越二月,擢礼部右侍郎,兼翰林院掌院学士。三十八年,调吏部右侍郎。

三十九年,充经筵讲官。擢礼部尚书,教习庶吉士,仍着兼掌院学士如故。上尝谕大臣曰:"韩菼天下才,风度好,奏对亦诚实。"又谕:"韩菼学问优长,文章古雅,前代所仅有也。"又谕:"韩菼所撰文,能道朕意中事。"六月,上以翰林官有极贫者,作何施恩;且职司文翰,更无他事;学道缺出,应与郎中并差,命院臣会同内阁议奏。菼等议:"各省学道缺,翰林官自侍读以下开列职名,仰候钦定。其贫者月给银三两。"上俞允之。四十一年十二月,疏言:"秩宗要任,所掌俱大典攸关,非精强敏练莫称。臣素无政事才,又半在直庐供奉,顾此失彼,必致旷误。特吁请圣恩,解臣部务。方今翰林诸臣,皇上培养鼓舞,济济多才。臣学殖久荒,腼颜为长,亦当引退。但受知过深,未展报效。现今臣掌院事,供奉一切文字记注,与教习庶吉士外,臣所领平定朔漠方略、[一]政治典训、一统志,并律例各馆,必以分身部务,编辑稽迟。如蒙圣度包容,不以臣不才,专待罪翰林,臣当一心纂述,竭尽微劳,以少答知遇。"得旨:"卿才品优长,简任秩宗,正资料理。着照旧供职,不必以衰病求解部务。"并赐"笃志经学,润色鸿业"匾额。

四十二年十二月,以病求免,得旨:"韩菼以工于时文,屡经擢用,至礼部尚书。前掌翰林院事时,于庶吉士并不勤加教习,每日率领饮酒,以致庶吉士皆疏于学习。至九卿会议之处,不为国事直言,惟事瞻徇,所行殊不逮其所学。今自知其非,引病求罢,殊属不合。着仍留原任。严饬行。"四十三年四月,再疏乞解任,上仍慰留之。八月,卒于官,年六十有八,赐祭葬如例。乾隆十七年二月,上谕内阁曰:"故礼部尚书韩菼生平种学绩文,湛深经术,其所撰制义清真雅正,实开风气之先,足为艺林楷则。从前未邀易名之典,今着加恩追谥,用示褒荣。"寻赐谥曰文懿。〔二〕

【校勘记】

〔一〕臣所领平定朔漠方略 原脱"方略"二字。汉传卷一一叶一四上,及耆献类征卷五八叶二上均同。今据清史稿册一五页四二七三艺文志二纪事本末类补。

〔二〕寻赐谥曰文懿 原脱"寻"字。汉传卷一一叶一五上,及耆献类征卷五八叶二下均同。今据纯录卷四〇八叶七下至八上补。

王士禛

王士禛,〔一〕山东新城人。顺治十五年进士。十六年,授扬州府推官。圣祖仁皇帝康熙三年,总督郎廷佐、巡抚张尚贤疏荐其品端才敏,奉职最勤;总河朱之锡亦以委盘河库,综核精详,协助堤工,剔除蠹弊。疏荐下部叙录,内升礼部主事,迁本部员外郎。八年,司榷清江关,还,迁户部郎中。十一年,充四川乡试正考官,还,丁母忧。十五年六月,仍补户部郎中。十七年正月,召对懋勤殿,谕吏部曰:"王士禛诗文兼优,以翰林用。"遂授侍讲。二月,转侍读。十月,充顺天武乡试正考官。

十九年十二月,迁国子监祭酒。二十二年十月,同司业刘芳喆疏言："自汉高帝时以太牢祀孔子，至唐、宋、元而隆以王号；明化、治间尊以八佾、十二笾豆。其改大祀而为中祀，则嘉靖九年张璁之议，谓孔子生未得位不当舞八佾。不知以位言之，非但不得舞八佾，并不得舞六佾。乃前代尊崇之有加无已者，以道德不以位也。且礼：祭从生者，以天子而祀其师，自当用天子礼乐。乞敕礼臣与廷臣详议笾豆乐舞之制。"又疏言："从祀诸贤、诸儒名号位次，尚宜厘正。如十哲之位，自明嘉靖间议去封爵之后，称冉子者凡三，未有辨别。两庑诸贤、诸儒从祀者也，至有明一代，理学肇自霍州学正曹端，其学以诚敬为主，礼部尚书章懋由博返约，敛华就实，国子监祭酒蔡清所著蒙引尤见穷理之功，礼部侍郎吕楠、左春芳，赞善罗洪先，刑部侍郎吕坤操履笃实，咸有著书，发明圣道，此明儒之当从祀者也。有绛州贡生辛全生，值明末力以正学为己任，著书甚富，以时代稍近，未敢轻议。乞敕进遗书，或可仰裨圣学之万一。"又疏言："国子监所贮十三经注疏、二十一史版，刊自明初，至崇祯十二年修补后，迄今四十馀载，不免漫漶残缺，宜及时鸠工修补。并敕江南督抚察访前明南监经、史版，如未散佚，即行令学臣收贮儒学尊经阁中，以嘉惠来学。"四疏并下部议，部臣以笾豆乐舞名号、位次，应俟颁发会典，遵循增祀诸儒，及征进遗书，均俟明史告成核定。其经、史南北版修补、收贮事，如所请行。

二十三年十月，迁少詹事。十一月，奉命祭告南海。二十四年，请假归里，旋丁父忧。二十九年正月，补原官。三月，迁都察院左副都御史。寻充经筵讲官、国史副总裁。十月，迁兵部督捕侍郎。三十年二月，充会试副考官。三十一年八月，调户部右侍郎,三十三年六月,转左,充渊鉴类函总裁。三十五年正月,奉命祭告西岳西镇江渎。三十七年七月,擢左都御史。三十八年六月,御史郭金城奏裁冗员事,下吏部同都察院酌定应留御史员数,士禛言:"御史二十四员,必不可减。"从之。十一月,迁刑部尚书。四十年四月,请假迁葬,上谕廷臣曰:"山东人偏执好胜者多,惟王士禛则否。其作诗甚佳。居家除读书外,别无他事。可给假五月,不必开缺。"十月,仍赴京任事。

　　四十三年七月,步军统领托合齐以宛平县民薛应元控诉捐纳通判王五、太医院吏目吴谦,送刑部治罪。刑部奏王五逼索私债,纵仆斗殴,革通判职;吴谦不知情,免议。得旨,下三法司严审,王五系已革工部匠役改名,捐纳通判,屡逞凶毙命,应斩;吴谦同谋诈索,应绞;原审未得实之部臣,降革有差。士禛降三级调用。九月,左都御史舒辂等奏据革职刑部司员孙叔贻、关福、席尔璊赴诉原审王五、吴谦先以取定口供,续派办稿,有云南司主事马世泰嘱开脱吴谦,是以但拟王五流徙,士禛同侍郎陈论谓一流徙、一免议,轻重太觉悬殊,令改稿,乃改流徙为褫革,请旨集质,复得王府护卫色尔弼以开脱吴谦嘱长史穆尔泰转嘱马世泰状,各论罪如律。士禛与陈论辩未受嘱,坐瞻徇,革职。

　　四十九年十二月,诏加恩公事罣误、年臻耄耋在籍诸臣,复士禛尚书衔。五十年五月,卒于家,年七十有八。所著有带经堂集、皇华纪闻、池北偶谈、香祖笔记、居易录、分甘馀话、粤行三志、秦蜀驿程、陇蜀馀闻、渔洋诗话、国朝谥法考诸书。

　　兄士禄,顺治十六年进士,官考功司员外郎;士祜,康熙八年进士:并能诗,士禛为编录成集。

今上乾隆三十年四月,谕阁臣曰:"原任刑部尚书王士禛积学工诗,在本朝诸人中,流派较正。从前未邀易名之典,宜示褒荣,以为稽古者劝。其察例议谥。"赐谥文简。其名久作士正,三十九年十一月,谕曰:"王士正之名,原因恭避庙讳而改。但所改'正'字,与原名音太不相近,恐流传日久,后世几不复知为何人。今改为士禛,庶与其弟兄行派不致混淆。凡各馆书籍记载,俱一体照改。"

【校勘记】

〔一〕王士禛　按王士禛原名王士禛,见进士题名录页一八,顺治十五年戊戌科第二甲第三十六名。又按王士禛一作王士正,清世宗讳改,见仁录卷一一二叶三〇上。今据纯录卷九七二叶三上、下乾隆三十九年谕"着改为王士禛",不再回改。

宋荦

宋荦,河南商丘人,大学士宋权之子。世祖章皇帝顺治四年,荦年十四,应诏以大臣子列侍卫,逾岁考试,注铨通判。圣祖仁皇帝康熙三年,授湖广黄州通判。八年,丁母忧。十六年,补理藩院院判。十七年,迁刑部员外郎,出榷赣关,还迁本部郎中。二十二年,授直隶通永道。二十六年二月,擢山东按察使。十月,迁江苏布政使,司库亏银三十六万六千馀两,荦揭报督抚察劾,前布政使刘鼎、章钦文二人分追完补。二十七年二月,荦以钱局铜斤旧系各关采买,每斤定价一钱,康熙二十三年令湖广、江西、安徽、江苏动支芦课购买,每斤定价六分五厘,江苏非产铜之地,越江西、湖广各关购买,每斤至一钱六七分,较定价昂贵过半。牒请巡抚田雯奏停采买。部议不准,得旨再议,仍照各关每斤一钱例行。

四月,擢江西巡抚。六月,行至彭泽,闻江西抚镇标兵赴湖广会剿叛贼夏逢龙,次九江,以乏饷哗。荦檄发湖口县库银一千两,委道员赍给行月军粮,众兵乃前进。荦至南昌甫数日,有首告旧裁督标兵李美玉、袁大相散布号纸,煽诱三千馀人,谋劫仓库,连合夏逢龙者。荦遣游击赵永吉擒至,鞫实,即斩以徇众。疏言:“擒获叛犯李美玉、袁大相谋劫仓库,合伙湖广,供吐确凿,即押赴市曹正法,以慰人心,以安反侧。其煽诱多人,未经指实,应免深究。”事下所司知之。十月,疏言:“江西每年采买竹木、紫竹,取给于饶州,猫竹通派于阖省,檀楠木轮解于南康、九江。名虽官捐,其实累民。请嗣后动支正帑,并严禁借端掯勒等弊。”又报宁州、宜春等十二州县夏末徂秋亢阳不雨,兼之螟螣为虐,委令各府确勘轻重分数,请蠲十分之二三。

十二月,疏言:“各省在监罪囚,俱有支给口粮之例,虽起解囚徒,向无额设钱粮。伏读康熙二十六年恩诏:‘凡解部及递解外省各犯,按程给与口粮。’仰见圣慈矜恻,无微不周。江右路当孔道,解部及递解各犯,络绎不绝,应给何项粮米,尚未有部文。请照囚粮之例,亦在常平仓内交给,按日行五十里为一程,每犯一名日给米一升。其道里远者逐程加给。”二十八年四月,疏言:“近奉谕旨,藩库于年终奏销时,巡抚躬自察盘。如有亏空,立行纠参。法严且密,诚万世可遵也。惟是粮、驿二道,各有经收支放,既不在藩库之内,为巡抚察盘所不及;而各府库内,亦有收贮钱粮。似应一并清厘,请于每年奏销,及离任之日,二道责成藩司察盘,知府责成道员察盘,可永杜侵挪亏空之弊。"三十年三月,疏言:"近来在外汉军文武官员解任裁缺者,并其家口概催归旗,既立限期,复令取经过州县印结,逐程递送,点验家口,竟与罪犯相似。所当区别定例,凡因赃私黜革及侵挪钱粮解部比追者,仍逐程递送取结;其丁忧降调裁缺候补等员,免其递送取结,止给到京定限咨文,自知违限处分,不敢后期,益感戴皇仁体恤矣。"诸疏并下部议行。

三十一年六月,调江苏巡抚。三十五年七月,疏报苏、松所属沿海地因六月朔遇飓风骤雨,潮水泛溢,田舍被淹,俱经地方抚绥,劝谕补种,惟崇明县田荡被淹,勘确成灾。九月,疏报江宁府属之六合、上元、句容,松江府属之上海,镇江府属之丹徒七月内山水陡发,秋禾俱淹,请照例蠲免,并动支贮谷赈恤饥民。又疏报淮、扬、徐三属二十州县及三卫滨河之地,值秋雨连绵,黄、淮交涨,田地俱沉水底,其被灾十分田亩额赋,请破格全蠲,并移江宁仓米十万石,镇江截留漕米九万五千馀石,凤阳仓麦六万六千馀石,散赈。事并得旨允行。三十八年二月,上南巡,至苏州,御书"怀抱清朗"、"仁惠诚民"两匾额赐之。四十二年三月,南巡回銮,谕嘉其居官安静。四十四年四月,驻跸苏州,赐"福"、"寿"二大字,题云:"江宁巡抚宋荦年逾古稀,步履壮健,故特书'福'、'寿'二字赐之。"又允荦请御书"世有令仪"以额其家祠。荦在任三逢巡幸,叠蒙宠锡无数,详见奏谢疏中。

先是,请豁吴县太湖旁坍地一千七十馀亩,额粮一百八十石、银一百七十两有奇。户部议湖旁坍没数逾十顷,似有虚捏,驳令详察。至是，复以积年沉水额赋难征覆请，得旨，允豁除。五月，疏言：苏、松、常、镇四府州县有本任经征钱粮完及九分以上，因接征前任旧欠不完，概行降调者，请改为降留。部议不准，命九卿等再议，准留任一年催征，如仍不完，乃调用。十一月，内升吏部尚书。

四十七年闰三月，以衰老乞罢，上曰："宋荦才品优长，前者巡抚江西，敬慎持己，加意爱民。在任十有四年，地方相安无事，简秉铨衡，正资料理。览奏，以衰老求罢，情词恳切，着以原官致仕。"濒行，赐诗，有云"久任封疆事，苏台净点尘"。五十三年三月，赴京祝圣寿，诏加太子少师，赐诗有"世家耆德自天全"之句。九月，卒于家，年八十。遗疏至，得旨："宋荦宣力年久，敬慎自持，勤劳素著。予告以来，尚期优游颐养，忽闻溘逝，深为轸恻！下部议恤。"赐祭葬如例。

汤右曾

汤右曾，浙江仁和人。康熙二十七年进士，改庶吉士，授编修。三十五年，充贵州乡试正考官。三十九年四月，拣选编修、检讨为科道，右曾与焉，遂授刑科给事中。十二月，两广总督石琳奏琼州生黎出犯宝亭营，伤害兵丁，由文武各员娄索起衅。上命侍郎凯音布、学士邵希穆往勘，右曾因疏言："臣阅揭帖，有琼州文武官遣人往黎岗，采取花梨、沉香，滋扰起衅多款。总督石琳、巡抚萧永藻、提督殷化行平时毫不觉察，恣其贪毒，且黎人拒斗事，起于上年十二月，迟至一载，始行题报。其扶同掩饰，希图欺隐可知。若不严加处分，恐效尤贻误。"疏入，得旨，令石琳、萧永藻、殷化行回奏。各自引罪,下部察议,降级有差。

四十年正月,右曾疏言:"臣昔在翰林,曾充三馆纂修官,而在政治典训馆为最久。伏见皇上敬天法祖,勤政爱民,盛德大业,备具此书。内外大小臣工,咸有天语丁宁,提撕警觉,以至国家礼乐、兵刑、典章制度,下及民间日用饮食,纤悉周详。请敕刊颁行天下。又臣昔常分直内廷,幸获仰窥御制文集,穷千圣之精微,汇百家之体制,上阐道统,下该治法,尽善尽美,亘古未有。今儒臣校对缮写将竣,祈赐刊发,以慰四海想望,以垂万世准则。"疏下所司知之。

四十一年三月,转户科掌印给事中。九月,疏言:"伏读上谕,制钱铸小以来,私铸仍不止,令九卿确议。欲使钱法流通,便民剔弊也。旬日聚议,大抵谓应改铸大钱,其旧铸小钱,二年之后,概行销毁。臣以为改铸大钱,诚宜仰遵圣谕,若销毁小钱,民间必致惊扰。大户贮钱多者,其苦无论矣;小户或一二千文以为资本,上养父母,下畜妻子;甚至肩挑负贩之人,不过四五百文,终年衣食其中,一旦废置不用,则贫乏失所。即谓暂许行使一二年,始行禁断,民间知二年之后,此钱不用,谁肯行使? 既不行使,失业必多。至谓官照定价收作废铜,则钱价贵而铜价贱,贵者忽变而为贱,贫民已恐苦累,又况收受之际,吏胥揣勒,奸弊丛生。今户、工二部现存制钱八十四万串有奇,若销毁则工料耗折甚多,二年中铸出新钱,不过一百万串有奇,岂能遍及各省? 新钱无多,而旧钱已毁,奸民乘间图利,恐私铸愈繁,钱法愈坏,是乃万万不可者。古者患钱重,则改轻而仍不废重,为子权母而行;患钱轻,则改重而亦不废轻,为母权子而行。今宜仿此遗意,令新铸重钱，每串作银一两，而旧铸轻钱，每串作银七钱，并听行使。积至岁月既久，大钱流通，则小钱自不行矣。"疏下九卿、詹事、科道会议，照康熙二十三年定例，每文重一钱四分，如右曾所请并行弗禁。

四十二年，充会试副考官。四十四年，提督河南学政。四十七年九月，河南巡抚汪灏疏述："右曾在任三年，至公至明，杜绝请托，无论生童正案，从不染指分毫；即告顶游学，亦未尝稍存苟且。至于敷教，则宽严相济，取士则尽拔孤寒。其清勤自励之衷，真能以皇上之诰诫为心。"疏下部知之。会吏科以内升外转届期请，诏予右曾内升。寻疏言："岁科两试，遍历各郡，陕州与叶县旧为中学，各取进十二名。今户口额赋倍于旧，为大学之信阳州、内乡县，请改为大学，取进十五名。"疏下部议，从之。四十八年，升奉天府丞。四十九年，迁光禄寺卿。五十年，累转太常寺卿、通政使。

五十一年四月，授翰林院掌院学士，充日讲起居注官。五十二年四月，充经筵讲官。五月，擢吏部右侍郎，兼翰林院掌院学士。先后教习壬辰、癸巳、乙未、戊戌、辛丑五科庶吉士。六十年六月，谕九卿等曰："汤右曾在九卿会议处颇多言，所荐之人亦过多，着解退吏部侍郎。其学问尚优，可专管翰林院掌院学士事。"十月，疾剧，遣太医诊视。六十一年正月，卒，年六十有七。所著有怀清堂集。

清史列传卷十

大臣画一传档正编七

麻勒吉

麻勒吉,满洲正黄旗人,姓瓜尔佳氏。先世居苏完,有达邦阿者,当太祖高皇帝时来归,麻勒吉其曾孙也。世祖章皇帝顺治八年,定满洲、蒙古与汉军、汉人分试之制,麻勒吉以翻译取中举人。明年,会试第一名,殿试一甲一名,授修撰。十年五月,上谕吏部曰:"修撰麻勒吉同庶吉士教习,有志向学,兼通满、汉文义,其气度亦老成。遇侍读学士缺,即行推补。"于是遂授弘文院侍讲学士。十一年,擢弘文院学士。十二年,始设日讲官,以麻勒吉同学士胡兆龙等充之。旋同学士禅岱、胡兆龙、李霨教习庶吉士。时编纂太祖、太宗圣训,又诏删订历代通鉴,并充副总裁。十四年九月,充经筵讲官。

时伪秦王孙可望赴经略洪承畴军纳款,诏封为义王,麻勒吉充正使,偕副使胡兆龙、奇彻伯赍敕印至湖南,遂携可望入觐。初,麻勒吉与直隶山东河南总督张玄锡同官学士有年;[一]及使还,遇于顺德,呵辱之。玄锡愤懑,是夕引佩刀自刎,不殊。巡抚董天机取其手书入奏,疏有"上官过客,苛索陵虐"语。上遣学士哲库纳、侍郎霍达等往察其事。玄锡复疏言:"正使麻勒吉于候迎时面斥失仪,又责以前此南行不一出迎,且云:'在南方时,洪经略日有馈遗,何等尽礼!'臣当使臣启行时,方往阅登、莱海汛,势难舍未竟之事,来而复往,其苛求已可概见。又副使奇彻伯索臣驼骡,臣因贿赂干禁,不与,其蓄怒自难解释。此臣所以引佩仓皇也。"疏入,得旨:"张玄锡以总督大臣轻生自刎,必有逼迫情由,朕早鉴及,故特行详察。览奏,具悉实情。麻勒吉等奉命出使,敢于逼迫大臣,任意妄行,深负委任之意。九卿科道会勘,从重议处。"玄锡寻以集质至京,谳未竟,宿于僧寺,自缢死。九卿等以麻勒吉、胡兆龙、奇彻伯沿途受馈,复借端苛索,逼总督自尽,均应革职、籍没议奏。诏从宽削加级,追夺诰敕,降二级留任。

十六年六月,上以云南新辟,发帑金三十万两,分赈贫民,命麻勒吉同尚书伊图、左都御史能图往董其事。寻奉命同能图察奏大军取永昌后贝勒尚善等纵兵扰民状,为之辩释。十七年四月,又奉命同学士石图往云南会商进剿明桂王朱由榔机宜,还奏。七月,安亲王岳乐等覆勘贝勒尚善等兵入永昌城掠民妇女事,得实。麻勒吉与能图并坐徇隐,罢任、罚锾。十八年正月,命以原衔入直。七月,授秘书院学士。康熙三年,同学士章云鹭教习庶吉士。五年,擢刑部侍郎。

七年十二月，授江南江西总督。九年，疏言："淮、扬二府属丈量亏缺田地，有坍没已久者，请永行蠲免岁赋；有新被水淹者，暂予停征。"又言："五月间淮、黄暴涨，湖水泛溢，田亩庐舍被淹者多。请以正项钱粮赈济灾民。"时苏州、松江二府频遭水患，布政使慕天颜议浚刘河淤道二十九里，浚吴淞江使复旧规，建闸以时蓄泄；麻勒吉与巡抚玛祜疏请以漕折银十四万两充费：并得旨俞允。十年四月，京口将军李显贵、镇江府知府刘元辅为驻防兵丁讦告侵冒钱粮，上遣侍郎勒德洪往勘，得实。麻勒吉以不先举发，逮问。江南百姓赴京吁留，给事中姚文然疏述以闻，并言麻勒吉情罪轻重，尚待确讯，宜释锁系，得旨俞允。部议降二级调用，复得旨仍回原任。八月，疏言："州县繁简不同，人才短长各异，或才具有馀，谙达吏事，而适当简僻，其精神力量无所施展；或抚字为怀，廉洁自守，而骤膺繁剧，拮据不逮，终于颠蹶。请酌行调繁调简之法，俾人地相宜以尽器使之道。"疏下部议，以州县改调，恐开趋避之端，寝其事。十二年，遇计典，部院察议麻勒吉复任总督后，未见勤勉，应降二级调用。寻降补兵部督捕理事官。

十六年，命赴简亲王喇布军，招抚叛附吴三桂之孙延龄、马雄等。十八年，奉诏率兵镇守桂林。先是，孙延龄为广西将军，所辖将士皆旧隶定南王孔有德者。及孙延龄为吴三桂从孙世琮所杀，其部将刘彦明、徐洪镇、徐上达等率部众归顺。至是，诏麻勒吉统辖之，麻勒吉奏授彦明、洪镇等都统、副都统有差。寻以巡抚傅弘烈率兵讨贼，诏麻勒吉摄巡抚事。十九年，大兵由广西进征云南，麻勒吉奉诏筹运军饷。时吴三桂伪将军黄明来降，麻勒吉奏请录用,诏授援剿总兵。黄明仍叛遁,诏麻勒吉与偏沅巡抚韩世琦会剿。麻勒吉寻以黄明为苗人所杀疏报。二十一年,撤定南藩属分隶八旗汉军,麻勒吉率之还京。

二十三年,授提督九门步军统领。二十八年三月,卒。三十七年,黄明为贵州参将上官斌、广西游击田国玺等擒获于大乐山苗峒,伏诛。部议麻勒吉前此妄报,追革原官。

【校勘记】

〔一〕麻勒吉与直隶山东河南总督张玄锡同官学士有年　原脱“山东河南”四字。满传卷一五叶八下,及耆献类征卷一五四叶二六上均同。今据章录卷一一七叶二上补。

　　郎廷相

郎廷相,汉军镶黄旗人。父熙载,以军功授三等轻车都尉。崇德元年,长子廷辅袭。次子廷佐,仕至江南江西福建总督,自有传。

廷相其三子也,由监生授钦天监笔帖式。顺治十一年,迁宗人府副理事官。十二年,补佐领。十三年闰五月,迁刑部理事官。十一月,擢河南左布政使。康熙二年,调四川左布政使。八年,命为河南巡抚。九年,疏言:“宋儒程颢、程颐裔有世袭五经博士二员,流寇乱后,绝袭。查有程颢嫡裔程宗昌,程颐嫡裔程延祀,应袭。”从之。十一年,丁母忧,回旗守制。十四年,服阕,授江西巡抚。

寻,定远大将军安亲王岳乐军前奏以江西布政使佟国正授巡抚,上谕廷相候补。是时逆藩耿精忠据福建反,廷相兄廷佐奉命总督福建,道梗驻浙江金华,随康亲王杰书督理军务,十五年六月,卒于军,上即擢用廷相为福建总督。会精忠降,馀党已平,而海寇郑成功、山贼朱寅屡犯郡县,十六年八月,同提督段应举、副都督瑚图剿朱寅伪将军李复贵于同安,大破之,生擒复贵。九月,同总兵魏茂等剿贼长泰县天柱山,戮三百馀,擒成功伪副将孙公等,〔一〕其伪总督林凤等俱审;进剿东埭、塔潭等处,戮伪将军吴田,贼远遁。十月,朱寅勾海寇劫掠,势甚张。廷相遣海澄镇总兵官黄蓝等会大兵分三路进剿,至灌口、杨坑,大败贼众,夺营七,阵斩千馀,擒寅伪将谢良、杨德等六十馀人。十七年三月,疏言:“海澄为漳、泉门户。今海逆登岸,窃据玉州等寨,复分路犯石码、江东桥诸处。臣同副都统瑚图、海澄公黄芳世议发满、汉兵往援,但漳属地广兵单,防御难周。请敕康亲王发兵援剿。”得旨:“海贼分路侵犯,宜亟发援师。大将军康亲王速增遣大兵,与郎廷相、黄芳世协力固守漳州、海澄诸处,剿灭海寇。”闰三月,朱寅复拥众数万踞天宝山,阻我饷道。廷相遣兵同芳世进剿,连败贼众,斩伪提督杨宁等三十六人,擒贼弁百二十馀,阵斩贼二千九百馀级,夺营二十四。四月,疏奏:“海寇势日炽,结山贼互相应援。臣标下止二千五百,所在告警,不敷调用。请增兵二千五百,设五营统辖,以资剿御。”从之。

　　时贼党尚众,出没不常,屡复屡陷。至是年五月,上以廷相庸懦无才,不能速殄逆贼,有负简用,着解任。二十五年,命管理船厂事务。二十七年,卒。

【校勘记】

〔一〕擒成功伪副将孙公等 "公"原作"恭",音近而误。耆献类征卷
一五一叶二八上同。今据仁录卷六九叶五上改。按满传卷三五
叶一六下不误。

赵祥星

赵祥星,汉军正白旗人。顺治五年,由贡生授山西赵城县知
县,再任直隶任县。十三年十一月,行取,奉旨以御史用。十四
年,补福建道监察御史,巡视中城。十五年二月,命巡察会试外
场,疏言:"考试第一场,以四书文为重。乞皇上钦定三题,密封
发内帘。其馀诸题,仍令考官照旧拟出。庶关节难通,弊端尽
塞。"部议从之。

十月,巡按湖南。十六年八月,疏言:"衡阳等州、县、卫,自
顺治十一年至十五年,一切透支挪移款项,造册咨部覆核,应即
严追;其现存仓库银米,责令起解。庶官吏知儆,军民有赖。"十
一月,疏言:"宝庆府之武冈州与靖州之绥宁、通道二县,皆山多
岭险,地近瑶、苗。现在汛防乏人,请于中、右两路或宝庆协及沅
州镇标拨兵分防,实未雨绸缪之急务。"均下所司议行。十七年
七月,差满,考核,计清厘挪移等项银四万八千馀两,垦荒田三千
九十馀顷,奉旨,赵祥星准回道管事。十月,掌山东道监察御史。
十八年三月,疏言:"辇毂下纲纪肃清,而棍徒招摇生事,应责司
坊官挨户稽察,并设循环簿,朔望赴五城御史查验,以杜奸宄。"
得旨:"京城重大之地,恶棍挟诈官长,肆行扰害,殊属可恶。以
后实系光棍,俱照强盗例治罪。馀如所奏。"康熙元年正月,疏

言："江南省上江、下江学道二员，湖广湖北、湖南学道二员，应裁并归一。"部议如所请。是年，巡视两浙盐政。二年八月，任满回京，授工科给事中。荐迁顺天府府丞。十二年六月，迁通政司右通政，八月，转左通政。寻迁大理寺卿。

十一月，擢山东巡抚。时军兴需费，祥星以暂裁通省存留支给等银二十馀万两充饷，先后具奏，均奉旨嘉奖。寻授为兵部右侍郎。祥星又清厘山东隐漏地亩四万一千馀顷，照例起科。议叙兵部尚书，晋正一品衔，俱留巡抚任。十七年正月，署山东提督。十八年正月，疏言："去岁雨泽愆期，秋成歉薄。除现在赈济外，请将常平仓谷、赎锾，动支接赈。"得旨允之。

三月，自陈部议以不谨应革职，奉旨，赵祥星着革职，仍留任。七月，上谕应行应革事宜，着部院科道及各省督抚条奏，吏科给事中李宗孔疏参："祥星已经议革，仍留原任，岂能顿改前非？请即予处分。"奉旨着解任。三十二年六月，卒。

陶岱

陶岱，满洲正蓝旗人，姓瓜尔佳氏。由主事历迁户部郎中。康熙三十三年二月，上以积贮米谷有裨民食，命截留山东漕米二万石，从天津海运至三岔口，交盛京户部收贮，命陶岱督运。谕曰："此路易行，但不可欲速。船户习知水性、风势，必须相风势而行，毋坚执己见。其一路水势、地形，详悉识之。此路既开，日后运米事，可无难矣。"

寻迁内阁侍读学士。六月，擢内阁学士。八月，山东巡抚桑额疏请以登州等处米从天津运三岔口。谕曰："前运米至盛京，大有裨益。学士陶岱现在天津，着将天津现存之五万石米，由海口运至三岔口之处，会同地方官议奏。"陶岱以天津现存米四千石、谷三万六千石，以谷易米，不敷五万石之数，议将近河州县现存捐输米内，拨足五万石运往。得旨："近河州县粮米，着停止起运。俟明春河南、山东两省漕米到后，截留五万石运送。"三十五年二月，奉命以海运至盛京之米给散科尔沁之贫乏者。六月，迁户部右侍郎，寻转左。三十六年，调吏部右侍郎。三十七年二月，上以朝鲜告饥，吁请于中江开市贸谷。命陶岱运米三万石往朝鲜，以万石赉之，二万石平粜。七月，疏言："臣于四月进中江，将赏米万石分赈。其二万石交户部侍郎贝和诺监视贸易。国王李焞具表谢。"章下所司，御制海运赈济朝鲜记以纪其事〔一〕。

　　三十八年五月，署两江总督。八月，奏言："圣主南巡省视，惟恐民贫艰食，截留漕米十万石，照时价减粜之，贮十万石备缓急。前因淮、扬等处米贵，请将留贮米动用四万石，照前减粜，荷蒙俞允。今淮、扬等处小民仍艰粒食，且督修河工人等群聚，需米甚多。请将所馀米六万石照前减价发粜。"疏入，格于部议，特允所请。三十九年正月，疏免泗州、盱眙地丁等项钱粮。

　　寻授仓场侍郎。四十年，以漕船由外河运至石坝，致抵通迟误，陶岱不将经纪勒索旗丁事审奏，部议降一级，罚俸一年。谕曰："陶岱向署两江总督，声名甚劣。既受仓场侍郎，仍不改前辙，非可任用之人。着降五级随带行走。"寻卒。

【校勘记】

〔一〕御制海运赈济朝鲜记以纪其事　原脱"赈济"二字，又"记"误作

“诗”。满传卷三三叶一九上，及耆献类征卷六五叶一八下均同。
今据仁录卷一八九叶三下补改。

钱珏

钱珏〔一〕，浙江长兴人。康熙十六年，由举人授陕西泾阳县
知县。二十年，行取，以御史用。二十二年，补广西道监察御史，
寻巡视东城。二十三年，疏言：“刑具乃民命所关，凡笞、杖、枷、
杻俱有一定尺寸，在外有司，当画一遵守。无如日久玩弛，随意
滥用，致毙多命。请凡郡县衙门以刑具轻重、长短、广狭之数，刊
木榜晓谕。如违，督抚提参。”得旨：“通行内外问刑衙门，严加
申饬，故违者治罪。”二十四年二月，疏言：“秦、蜀、浙、闽、滇、黔、
楚、粤投诚，实繁有徒。请敕部详议，凡直省安置地方，通查人
数：愿在他乡入籍者，编入保甲，开明某府、州、县，现居某处，作
何生理；愿屯田者，给以牛种，派田开垦；愿为兵者，补入营伍；其
有愿归故土者，准回籍安置。皆令管官造册报部，务使投诚人不
致流离失所。”下部议行。五月，疏言：“陋弊相沿，莫如山西火
耗，每征钱粮，有司收耗入己，司、道、府、厅又多方需索，不得不
加派民间，每两加至三四钱不等。晋抚穆尔赛纠劾无闻。臣采
访至确，亟请禁止，以苏一方之困。”得旨，九卿严确议奏。寻议，
穆尔赛不能察核，应降三级，并嫁女索属员礼物，藩司那鼎收银
坐扣平头等款，请提京严审，上允之。寻九卿鞫讯得实，穆尔赛、
那鼎等俱论如法。

二十五年，特擢左佥都御史。二十六年正月，迁顺天府尹。
二月，授山东巡抚。四月，疏言：“德州常、丰二仓向有各州县额

解米石,以备驻德官兵及支放各营月米,并过往官兵口粮。各属解仓各营赴领,道远费繁,应改于就近州县兑支;有不敷者,估价折给。至临清营岁支米石,无就近兑收之州县,应照时价题明折给,自行采买。其德州额米,仍照征以备过往官兵之用。则民无转输之劳,兵无马驮之苦,且节席草、脚价等费,请自本年始定为例。”下部议,从之。二十八年三月,奏言:“疯病杀人,虽有追银埋葬之例,但被杀者无辜可悯。应令亲属将患疯人锁锢在家,无亲属者责成同居并邻佑人;如有疏虞,治以放纵之罪。”部议疏纵者照不应重律杖八十,从之。先是,元圣周公累代崇祀,未定章程。三十年,上东巡,始命葺庙,供祭田。至是,珏疏言:“周公庙祭祀礼乐,与庙户、佃户,请照颜子例酌给。”下九卿议,寻议周公庙应设赞礼生二十名,庙户十、佃户十。传旨准行。

九月,御史张星法劾珏贪黩劣迹,上命珏明白回奏。时御史盛符升先以密书报珏,词涉郭琇。珏上疏自辩,言左都御史郭琇与太常寺少卿赵仑等曾致书于珏,嘱荐即墨令高上达、成山卫教授孙熙等,未之允;挟嫌,使星法诬劾。命法司鞫讯,以星法诬珏,琇等致书嘱荐事实,均革职、拟杖。特旨免星法罪,降二级留任;以琇素鲠直,降五级调用;仑等革职,流奉天;符升不合寄书,降二级调用;珏既得私书,不即举首,以原官解任。三十年四月,革职县丞谭明命控前任潍县知县朱敦厚婪赃事,命巡抚佛伦勘鞫。佛伦奏敦厚婪赃,前抚钱珏事经审实,因授意刑部尚书徐乾学赇书徇情销案,请议处。部议革珏职。四十年,上以御史等徒为空言,论及珏曰:“曩者钱珏曾为大言,及用至大吏,不能自践其语,品亦不端,又曾参巡抚穆尔赛贪婪;及身任巡抚,并无胜于穆尔赛之处。大言又何益哉?"四十二年,珏卒。

【校勘记】

〔一〕钱珏　"珏"原误作"钰"。耆献类征卷一六二叶一上同。今据仁
　　录卷一一九叶一六下改。按汉传卷一四叶四上不误;而三十三种
　　清代传记综合引得(一九五九年上海影印本,以下简称传记引
　　得)页三八七,钱珏条下云:"见钱钰",又页三八八,钱钰条下云:
　　"钰又作珏",均非是。

徐乾学　弟秉义

徐乾学,江南昆山人。康熙九年一甲三名进士,授编修。十
一年,充顺天乡试副考官。以给事中杨雍建劾奏副榜遗取汉军
卷,与正考官修撰蔡启僔并降一级调用。十四年,援例捐复原
级,仍任编修。寻迁左春坊左赞善,充日讲起居注官。二十一
年,充明史总裁官。二十二年,迁翰林院侍讲。二十三年,迁侍
讲学士。

时乾学之弟元文以左都御史降调候补,其子树声与乾学子
树屏并中顺天乡试。圣祖仁皇帝以是科取中南皿卷皆江南、浙
江,而湖广、江西、福建无一人,下九卿、詹事、科道磨勘,举出文
理悖谬者一名,文体不正者树屏等三名,字句疵累者树声等八
名,请与正副考官谕德秦松龄、编修王沛恩,同考官主事张雄、中
书王镎等,并褫革严究情弊。得旨:"此次取中各卷,显有情弊,
姑从宽免究。其文理悖谬、文体不正四名,及徐元文之子,并革
去举人,馀照例议处。"是年十二月,乾学迁詹事。二十四年正

月,召试翰詹诸臣于保和殿,乾学列上等第一,谕奖乾学暨侍读韩菼、编修孙岳颁、侍讲归允肃、编修乔莱等五人学问优长,文章古雅,优加赏赉。乾学旋奉命直南书房,擢内阁学士,充大清会典、一统志副总裁,教习庶吉士。

时海贼初平,户部郎中色楞额往福建稽察鼓铸,疏请禁用明代旧钱,户部尚书科尔坤、余国柱等议如所请。上以询内阁诸臣,乾学言:"自古皆新旧兼行,以从民便。若设例禁,恐滋烦扰。"因考自汉至明故事,为议以献。谕曰:"旧钱流布,不止福建一省,他省亦皆有也。若骤为禁止,恐不肖之徒,借端生事,贻害平民。色楞额所奏不准行。"会有诏购采遗书,乾学以宋、元经解十种,李焘续资治通鉴长编及唐开元礼,或缮写,或仍古本,综其体要,条列奏进。得旨:"所奏进藏书善本,足资考订,俱留览。"二十五年,谕吏部曰:"学士徐乾学、张英学问淹通,宜留办文章之事,嗣后勿开列巡抚。"寻授礼部侍郎,充经筵讲官。二十六年九月,擢左都御史。〔一〕二十七年二月,充会试正考官,即于是月迁刑部尚书。

乾学初任左都御史,即劾罢江西巡抚安世鼎,劝诸御史风闻言事,遇会议会推,与尚书科尔坤、佛伦等多龃龉。其会议河工、屯田事也,同尚书张玉书言屯田所占民间地亩应归旧业,科尔坤、佛伦弗从;御史陆祖修因疏劾科尔坤、佛伦等偏祖河臣靳辅,不顾公议。御史郭琇亦劾靳辅兴屯累民,敕罢靳辅任。先是,命侍郎色楞额往湖广鞫上荆南道祖泽深被劾各款,并察巡抚张汧有无秽迹,色楞额于劾款悉为开释,又不察劾张汧。御史陈紫芝旋劾张汧贪黩,命左副都御史开音布往会直隶巡抚于成龙、〔二〕

山西巡抚马齐覆审。既鞫实，张汧、祖泽深婪索事，复得祖泽深交结大学士余国柱为嘱色楞额徇庇及张汧未被劾时，遣人赴京行贿状，下法司严议核拟。时余国柱因御史郭琇劾其与大学士明珠、尚书佛伦等营私附和，已罢归，法司请檄追质问，并鞫诘张汧行贿何人，汧以分馈甚众，不能悉数抵塞。既而指出乾学，上命免余国柱质问，复谕曰："此案严审牵连人多，就已经审实者即可拟罪，勿令滋蔓。"于是色楞额、张汧、祖泽深论罪如律，事遂寝。互详高士奇传。

乾学寻乞罢，疏言："臣蒙特达之知，感激矢报。职掌所系，务殚区区。苞苴馈遗，一切禁绝。近者前任楚抚张汧横肆污蔑，只缘臣为宪长，拒其币问，是以衔恨诬扳。幸皇上鉴臣悃愊，当众臣传问，汧供语参差，驾虚凿空，良心难掩，随即自吐实情。然非圣明在上，是非几至混淆。此臣所以感戴高深，日夜陨涕者也。臣备位卿僚，仍为贪吏诬构，皇上覆载之仁，不加谴斥，臣复何颜出入禁近？有玷清班，反躬劾责，不能自已。伏冀圣慈，放归田里。"疏入，得旨："览奏，情辞恳切，准以原官解任。其修书总裁等项，着照旧管理。"二十八年，乾学弟元文任大学士，子树毅由中书考选御史。时解任修书、少詹事高士奇丁忧在籍，左都御史王鸿绪为左都御史郭琇疏劾植党营私、招摇撞骗诸款，得旨休致。事详士奇、鸿绪传。

左副都御史许三礼疏劾乾学曰：[三]"圣主必需贤佐，惩贪不外远奸。大小臣工幸逢圣主，应为贤臣。乃有原任刑部尚书徐乾学者，不顾品行，律身不严，致被罪臣张汧所供。皇上宽仁不加谴责，即宜引咎自退，乞命归里，又复优柔系恋，潜住长安，乘留修史为名,出入禁廷,与高士奇相为表里。物议沸腾,即无官守,落得招摇纳贿、‘五方宝物归东海’之谣所自来也。其子试御史徐树毂不遵成例,朦胧与考,明有所恃。独其弟徐秉义文行兼优,实系当代伟人;原任礼部尚书熊赐履理学醇儒,可称千古人品。臣职居言路,知而不言,即为不忠。俯采舆论,直陈贤奸。乞即召用熊赐履、徐秉义以佐盛治。徐乾学既无好事业,焉有好文章?应逐出史馆,以示远奸。徐树毂,尚书之子,中堂之侄,身为御史,太觉招摇,应调部属,以遵成例。臣不避嫌怨,披沥直陈。”得旨:“所参事情,着徐乾学明白回奏。熊赐履原系简任大臣,朕所深知,已经起用,现在丁忧。许三礼请即召用,殊属不谙,着饬行。”乾学回奏曰:“宪臣谓臣律身不严,致罪臣张汧所供。臣若果受张汧一钱,臣甘寸磔。只以臣为台长,闻张汧狼藉,屡向僚属斥言其非。汧知而恨臣,遂肆诬蔑,业蒙皇上洞鉴。臣以性不谐俗,遭人嫉忌,具疏恳归田里,蒙恩准解部务,仍领各馆总裁,早夜编摩。每隔数日入直,与高士奇等共订书史,校雠御选古文,此外一无干涉。臣在任之日,尚且严绝苞苴,岂解任以后,反行招摇纳贿?宪臣忽云‘潜住’,忽云‘招摇’,皆臣所惶惑不解者。臣子树毂考选,经吏部及臣弟元文奏明。其时大臣子弟与考者,不止臣子一人,特恩简用,安得朦胧?皆由臣平时好讲忠孝大义,言论时或激切,易以招尤,乞赐罢斥归田,并罢臣子官职,以安愚分。”疏并下部察议,以所劾招摇纳贿皆无实据,即所劾朦胧考选,亦不详确,许三礼应降二级调用。

议甫上,三礼复疏劾乾学曰:“三品以上大臣子弟不得考选科道成例,遵行已久,无敢紊越。今乾学回奏,指称吏部题请,阁臣奏明,以钳制言官。要知皇上之留乾学者,留于史馆办事,岂留潜地招摇,物议沸腾? 阁臣之奏明者,不过奏避阅卷之嫌疑,岂有题破历来之定例? 乾学雕琢字眼,粉饰要旨,欲坐臣以指参不实,而使徐树毅仍居御史之职。明欲肇衅开端,紊乱国制,专擅之渐,不可不防。更奇者,乾学律身不严,教子无方,秽迹昭著,有案可据;尚敢肆口狂言,好讲忠孝大义,希图簧惑圣聪。不得不列款纠参,恳乞穷究:一、乾学于丁卯乡试、戊辰会试,在外招摇门生亲戚有名文士,各与关节,务期中试。有苏州府贡生何焯往来乾学门下,深悉其弊,特作会试墨卷序文,刊刻发卖,寓言讥刺。乾学闻知,即向书铺将序抽毁,刻板焚化,嘱托江苏巡抚访拿何焯,至今未结。一、乾学发本银十万两交盐商项景元,于扬州贸易,每月三分起利。本年七月间,令伊孙婿史姓、家人李湘押同景元于八月二十四日到京算帐,共结本利一十六万馀两。又布商程天石新领乾学本银十万两,现在大蒋家胡同开张当铺。其馀银号、钱店,发本放债,违禁取利,怨声满道。一、乾学以门生李国亮为江苏按察使,代为料理。国亮差刘管家送银一万两,交乾学管家吴子彦、吴子章收。遇节送银四百两,小礼银四十两,生日送银一千两,吴子彦为张汧事发逃回,吴子彦胞弟子章收。伊弟元文入阁办事,国亮差刘管家送贺礼银五千两,交吴子章收缴。一、乾学认光棍徐紫贤、徐紫书二人为侄,通同扯纤,得赃累万。徐紫贤、徐紫书现造烂面胡同花园、房屋。书办之子,一朝富贵,胡为乎来,乾学之赃半出其手。一、乾学因弟拜相后,与亲家高士奇更加招摇,以致有‘去了余秦桧,来了徐严嵩’,‘乾学似庞涓,是他大长兄’之谣,又有‘五方宝物归东海,万国金珠贡澹人'之对,京城三尺童子皆知。若乾学果能严绝苞苴,如此丑语,何不加之他人,而独加之乾学耶?一、乾学遣弟徐宏基遍游各省抽丰,克剥民膏,独于河南磁州、彰德等处,久恋一载有馀,放赌宿妓,良民受害,怨声载道。一、乾学买宪臣傅感丁在京房屋一所,价银六千馀两,买学士孙在丰在京房屋一所,价银一千五百两,买慕天颜无锡县田一万顷,京城绳匠胡同与横街新造房屋甚多,不能枚举。苏州、太仓、昆山、吴县、长洲、常熟、吴江等州县俱系徐府房屋、田地。一、乾学子侄徐树屏、徐树声于甲子科夤缘中式,弊发黜革,行止有亏,莫此为甚。以上各款,百未尽一。乾学身受国恩,乃敢植桃李于一门,播腹心于九州,横行聚敛,不顾枉直,顺之则生,逆之则死。势倾中外,权重当时,朝纲可紊,成例可灭。伏乞皇上立赐处分,国家幸甚!万民幸甚!"疏入,得旨:"许三礼身为言官,凡有纠劾,当据实一并指陈,乃于交部议处后,复列款具奏,明系图免己罪,着严饬行。"命免许三礼调用,仍留任。

是年十一月,乾学疏言:"臣年六十,精神衰耗,只以受恩深重,依恋徘徊。宪臣许三礼前因议先贤先儒坐位,其言不合经典,臣与九卿奏对之时,斥言其非。本以公事相争,不谓触其私怒,捏造事款,逞忿劾臣。幸圣主洞烛幽隐,臣欣荷再生。但臣方寸靡宁,不能复事铅椠,且恐因循居此,更有无端弹射。乞恩终始矜全,俾得保其衰病之身,归省先臣邱陇,庶身心闲暇。愿比古人书局自随之义,屏迹编摩,少报万一。"得旨:"卿学问淹博,总裁各馆书史,著有勤劳。览奏,请归省墓,情辞恳切,准假回籍,书籍着随带编辑。"明年二月,陛辞,赐御书"光焰万丈"

匾额。

　　五月，两江总督傅拉塔劾乾学于三月内回籍，即于四月内欲沽名誉，嘱托苏州府贡监等具呈巡抚洪之杰，建造生祠于虎丘山上。平日纵其子树敏、树屏与元文之子树声、树本交结洪之杰，借势招摇，竞利害民，乞敕部严拟。语详元文传。圣祖命元文休致，劾款免究。三十年，山东巡抚佛伦鞫潍县知县朱敦厚加收火耗事，劾乾学曾致书前任巡抚钱珏徇庇敦厚，部议乾学与珏均革职。先是，乾学未罢归时，嘉定知县闻在上为县民告发私派事，革任究拟，阅二年不结。至是，按察使高承爵穷诘闻在上追忆未告发时因徐树敏声言私派有干功令，曾以赃银二千两馈之，至告发追还。论树敏吓诈取财，应绞。江宁巡抚郑端因疏劾休致左都御史王鸿绪曾受闻在上馈银五百两，为之设计私派，亦于告发后追还，应与不约束子弟之徐乾学并敕部严议。部议乾学已革职，免议；王鸿绪应令总督审供定议。寻奉诏，严戒内外各官私怨交寻，牵连报复。于是释鸿绪弗问，乾学子树敏亦赎罪。三十三年七月，谕大学士于翰林官员内奏举长于文章、学问超卓者，大学士王熙、张玉书等荐乾学与王鸿绪、高士奇。得旨："徐乾学等着来京修书。徐乾学之弟徐秉义学问亦优，并着来京。"乾学未闻命，于四月疾卒，年六十有四。所著有澹园集、读礼通考诸书。遗疏进其所纂一统志，下所司察收。

　　弟秉义，康熙十二年一甲三名进士。十四年，充浙江乡试正考官。二十一年，迁右春坊右中允。寻乞假归里。乾学既卒后，又召补原官。累迁侍读庶子、少詹事。三十八年，迁詹事。三十九年，擢礼部侍郎，旋调吏部，皆兼管詹事府。是年，充武会试正考官。明年,充经筵讲官。四十一年,以前同刑部侍郎绥色克往讯陕西粮盐道黄明受贿情事,拟罪失当,部议革职,命仍以翰林官用。后补詹事,充顺天乡试正考官。明年,迁内阁学士。四十三年,乞休,归。四十四年,圣祖南巡,赐御书"恭谨老成"匾额。五十年四月,卒于家,年七十有九,赐祭葬如例。

【校勘记】

〔一〕擢左都御史　原脱"左"字。汉传卷三叶三下,及耆献类征卷五七叶二上均同。今据仁录卷一三一叶八下补。

〔二〕命左副都御史开音布往会直隶巡抚于成龙　原脱"左"字。汉传卷三叶四上,及耆献类征卷五七叶二下均同。今据仁录卷一三一叶二一上补。

〔三〕左副都御史许三礼疏劾乾学曰　原脱"左"字。汉传卷三叶六上,及耆献类征卷五七叶三下均同。今据仁录卷一四二叶一六下补。下同。

高士奇

高士奇,浙江钱塘人。初由监生充书写序班,供奉内廷,授詹事府录事。迁内阁中书,食六品俸,赐居西安门内。康熙十七年,圣祖仁皇帝赐敕曰:"尔在内办事有年,凡密谕及朕所览讲章、诗文等件,纂辑书写甚多。特赐表里十疋、银五百两,以旌尔之勤劳。"十九年,谕吏部曰:"高士奇学问淹通,居职勤慎。供奉有年,应授为翰林院,从优议叙。"部议授为额外翰林院侍讲。二十年六月,奉敕曰:"尔内直以来,勤慎尽诚,夙夜匪懈。近日闻尔偶得暑病,特赐颐养之资,尔当安慰自怡,辅以医药。"二十二年,补侍读,充日讲起居注官。二十三年,迁右春坊右庶子,寻擢翰林院侍讲学士。二十四年,转侍读学士,充大清一统志副总裁官。二十六年,迁詹事府少詹事。

二十七年,法司逮问贪黩劾罢之巡抚张汧,因汧未被劾时曾遣人赍银赴京,诘其行贿何人,初以分馈甚众,不能悉数抵塞。既而指出士奇,会奉谕:"此案若严审,牵连人多,就已经审实者即可拟罪,勿令滋蔓。"于是置弗问。互详徐乾学传。士奇因疏言:"臣等编摩纂辑,惟在直庐;宣谕奏对,悉经中使。非进讲外,或数月不觐天颜,从未于政事有所干涉。此不独臣士奇为然,从前入直诸臣,如熊赐履、叶方蔼、张玉书、孙在丰、王士祯、朱彝尊等;近今同事诸臣,如陈廷敬、徐乾学、王鸿绪、张英、励杜讷等:莫不皆然也。至于人物之臧否,事务之利弊,皇上明见万里,洞澈隐微,素未蒙皇上询及,臣何敢轻进一言?独是供奉日久,嫌疑日滋,考之古昔儒臣,侍从禁密,恒难调于众口。即今张汧无端疑怨,含沙污蔑,臣将无以自明。幸赖圣明在上,诬构难施。张汧旋即自吐真情,臣心始得大白。但禁廷清秘,职任綦严,来兹萋斐,实幸圣恩,岂容仍玷清班?伏乞赐归田里。"疏入,得旨:"览所奏,情辞恳切,准以原官解任。其修书副总裁等项,着照旧管理。"二十八年春,从上南巡至杭州,驾幸士奇之西溪山庄,赐御书"竹窗"匾额。

九月,左都御史郭琇疏劾之曰:"皇上宵旰勤劳,励精图治,用人行政,皆出睿裁,未尝纤毫假手左右。乃有植党营私、招摇撞骗,如原任少詹事高士奇、原任左都御史王鸿绪等表里为奸,〔一〕恣肆于光天化日之下,罪有可诛,罄竹难悉。试约略陈之:高士奇出身微贱,其始也徒步来京,觅馆为生。〔二〕皇上因其字学颇工,不拘资格,擢补翰林;令入南书房供奉,不过使之考订文章,原未假之与闻政事。为士奇者,即当竭力奉公,以报君恩于万一。计不出此,而日思结纳谄附大臣,揽事招权以图分肥。凡内外大小臣工,无不知有士奇之名。夫办事南书房者,先后岂止一人,而他人之声名总未著闻,何士奇一人办事,而声名赫奕,乃至如此? 是其罪之可诛者,一也。久之羽翼既多,遂自立门户,结王鸿绪为死党,科臣何楷为义兄弟,翰林陈元龙为叔侄,鸿绪胞兄王顼龄为子女姻亲,俱寄以腹心,在外招揽。凡督、抚、藩、臬、道、府、厅、县,以及在内之大小卿员,皆王鸿绪、何楷等为之居停哄骗,而夤缘照管者,馈至成千累万;即不属党护者,亦有常例,名之曰'平安钱'。然而人之肯为贿赂者,盖士奇供奉日久,势焰日张,人皆谓之曰'门路真',而士奇遂自忘乎其为撞骗,亦居之不疑,曰'我之门路真'。是士奇等之奸贪坏法,全无顾忌,其罪之可诛者,二也。光棍俞子易在京肆横有年,惟恐事发,潜通直隶天津、山东洛口地方,有虎坊桥瓦房六十馀间,价值八千金,馈送士奇,求托照拂。此外顺城门外斜街,并各处房屋,总令心腹出名置买,何楷代为收租。打磨场士奇之亲家陈元师、伙计陈季芳开张缎号,寄顿各处贿银,资本约至四十馀万。又于本乡平湖县置田产千顷,大兴土木,修整花园杭州西溪,广置田宅苏、松、淮、扬。王鸿绪等与之合伙生理,又不下百馀万。窃思以觅馆糊口之穷儒,而今忽为数百万之富翁,试问金从何来? 无非取给于各官。然官从何来? 非侵国帑即剥民膏。夫以国帑民膏而填无厌之溪壑,是士奇等真国之蠹而民之贼也,其罪之可诛者,三也。皇上圣明洞悉其罪,止因各馆史书编纂未完,着解任竣事。矜全之恩至矣极矣,士奇乃不思改过自新,仍怙恶不悛。当圣驾南巡时,上谕严戒馈送,定以军法治罪,谁敢不遵?惟士奇与王鸿绪愍不畏死,即淮、扬等处,王鸿绪招揽府厅各官,约馈万金,潜遗士奇。淮、扬如此,他处又不知如何索诈矣。是士奇等欺君灭法,背公行私,其罪之可诛者,四也。更可骇者,王鸿绪、陈元龙鼎甲出身,亦俨然士林之翘楚,竟不顾清议,为人作垄断而不以为耻,且依媚大臣无所不至,即人之所不屑为者,亦甘心为之而不以为辱。苟图富贵,伤败名教,岂不玷朝班而羞当世之士哉?总之,高士奇、王鸿绪、陈元龙、何楷、王顼龄等豺狼其性,蛇蝎其心,鬼蜮其形。畏势者既观望而不敢言,趋利者复拥戴而不肯言。臣若不言,有负圣恩,臣罪滋大。故不避嫌怨,仰请皇上立赐罢谴,明正典刑,人心快甚!天下幸甚!"疏入,得旨:"高士奇、王鸿绪、何楷、陈元龙、王顼龄俱着休致回籍。"

时解任尚书徐乾学管修书总裁事,左副都御史许三礼以士奇既奉旨回籍,乾学亦不应留京,疏劾乾学、士奇为子女姻亲,其招摇纳贿,相为表里,有"五方宝物归东海,万国金珠贡澹人"之谣。疏下吏部,以所劾无据,寝议。乾学寻以省墓回籍。三十三年,命大学士于翰林官员内奏举长于文章、学问超卓者,大学士王熙、张玉书等荐乾学、鸿绪及士奇,并召来京修书。士奇既至,仍直南书房。三十六年,以养母乞归,特授詹事府詹事,允其请。四十一年,授礼部侍郎,以母老未赴。

四十三年,圣祖南巡,士奇于淮安迎驾,扈跸至杭州;及回鋆,随至京,优赉以归。是年六月,卒于家。遗疏至,得旨:"高士奇简侍内廷,勤劳岁久。忽闻在籍病逝,朕心深为轸恻!下部议恤。"部臣议士奇未赴侍郎任,例予祭一次。圣祖命加级全葬。子舆时为庶吉士,特旨授编修。四十四年,谕大学士张玉书等曰:"原任礼部侍郎高士奇在内廷供奉有年,其品级不应予谥。朕轸念旧臣,原任刑部侍郎励杜讷,已照侍郎沈荃例予谥。今士奇亦应予谥,以示特恩。"士奇于是赐谥文恪。所著有经进文稿,天禄识馀,读书笔记,扈从日录,随辇集,城北集,苑西集,清吟堂集,春秋地名考略,左传、国语辑注诸书。

【校勘记】

〔一〕原任左都御史王鸿绪等表里为奸　原脱"原任"二字。汉传卷三
　　　叶二九上,及耆献类征卷六〇叶一六上均同。今据仁录卷一四二
　　　叶七补。下同。

〔二〕觅馆为生　"生"原误作"主"。今据本卷王鸿绪传郭琇同疏改。
　　　按汉传卷三叶二九上,及耆献类征卷六〇叶一六下均不误。

王鸿绪

王鸿绪,江南娄县人。康熙十二年一甲二名进士,授编修。初名度心,因父名广心,奏改今名。十四年,充顺天乡试副考官。十六年,充日讲起居注官,授左春坊左赞善。十八年,迁翰林侍讲。十九年,圣祖仁皇帝谕奖奉职勤劳诸讲官,加鸿绪侍读学士衔。

时湖广有朱方旦者,自号二眉山人,聚徒横议。造中说补,

谓中道在两眉之间、山根之上，又自诩前知，与人决休咎。初为湖广巡抚董国兴以左道惑众劾奏，逮至京，得旨宽释。及逆藩吴三桂反，顺承郡王勒尔锦统师驻荆州，方旦以占验出入军营，巡抚张朝珍称为奇异神人。圣祖密谕勒尔锦军机大事勿为蛊惑，方旦乃往江南、浙江。二十年七月，鸿绪得方旦所刻中质秘书，遂以奏进，指摘其与徒问答语，有诬罔君上、悖逆圣道、摇惑民心三大罪，言："方旦拥妻妾，广田宅，为子纳官，交结势要。其所造中说补不外坐功炼气之术，而妖党互相标榜，谓'今之眉山，古之尼山'。方旦亦全无畏忌，居之不疑，刊书流播。向在荆州军前，煽惑兵事。后复遍游江、浙，乘舆张盖，徒党如云。远近奔走，祈问吉凶，常聚至数千人。辄以小信小惠勾连入教，虽汉之张角，元之刘福通，亦不过以是术酿乱。臣叨恩侍从，本无言责，因见邪教横行，不胜愤激，具疏纠劾。"得旨："朱方旦以市井匪人，妄言休咎，诡立邪说，招致羽党，诬罔悖逆，摇惑民心，情罪重大。此疏所劾俱实，着湖广巡抚严拿究拟。在外督抚不先究治，在内言官未曾纠劾，并严行申饬。"方旦寻论斩，伏法。

二十一年，鸿绪转侍读，充明史总裁官。二十二年九月，迁庶子。十二月，擢内阁学士，充大清会典副总裁。二十三年九月，擢户部右侍郎。二十四年，充会试正考官。二十五年四月，疏请回籍治本生母丧，得旨赐祭。二十六年三月，擢左都御史。七月，疏劾广东巡抚李士桢昏愦贪劣，于曾从吴逆之潮州府知府林杭学保举清廉。诏士桢回奏，士桢以年老昏愦自引咎，部议士桢休致、杭学革任。

会灵台郎董汉臣上疏论时事，以谕教元良、慎简宰执为言，御史陶式玉劾汉臣摭拾浮词，欺世盗名，请逮治。疏下内阁，集九卿议。议未决，奉特旨免议。鸿绪疏言：“钦天监灵台郎、博士等官，无知蒙昧者多，皆由其始不择流品，星卜屠沽之徒粗识数字，便得滥竽。授官之后，又不专心学习，勉尽职掌，惟行险侥幸，希图迁擢。请敕下考试，分别去留。”疏下礼部议行，董汉臣及博士贾文然等十五人并以词理舛误黜革。时尚书汤斌为太子讲官，先是九卿集议董汉臣罪，斌有“惭对董汉臣”语。至是，鸿绪同左都御史璙丹，副都御史徐元珙、郑重等劾斌务名鲜实，并追论其于江宁巡抚去任，巧饰文告，以博虚誉。圣祖素重斌操守清廉，置弗问。

九月，鸿绪丁父忧，归里。二十八年九月，鸿绪将服满，尚未赴补，左都御史郭琇疏劾之曰：“皇上宵旰勤劳，励精图治，用人行政，皆出睿裁，未尝纤毫假手左右。乃有植党营私，招摇撞骗，如原任少詹事高士奇、原任左都御史王鸿绪等，表里为奸，恣肆于光天化日之下。罪有可诛，罄竹难悉，试约略陈之：高士奇出身微贱，其始也徒步来京，觅馆为生。皇上因其字学颇工，不拘资格，擢补翰林，令入南书房供奉，不过使之考订文章，原未假之与闻政事。为士奇者，即当竭力奉公，以报君恩于万一。计不出此，而日思结纳，谄附大臣，揽事招权，以图分肥。凡内外大小臣工，无不知有士奇之名。夫办事南书房者，先后岂止一人，而他人之声名皆未著闻，何士奇一人办事，而声名赫奕乃至如此？是其罪之可诛者一也。久之羽翼既多，遂自立门户，结王鸿绪为死党，科臣何楷为义兄弟，翰林陈元龙为叔侄，鸿绪胞兄王顼龄为子女姻亲，俱寄以腹心，在外招揽。凡督、抚、藩、臬、道、府、厅、县以及在内之大小卿员,皆王鸿绪、何楷等为之居停哄骗;而夤缘照管者,馈至成千累万,即不属党护者,亦有常例,名之曰'平安钱'。然而人之肯为贿赂者,盖士奇供奉日久,势焰日张,人皆谓之曰'门路真';而士奇遂自忘乎其为撞骗,亦居之不疑,曰'我之门路真'。是士奇等之奸贪坏法,全无顾忌,其罪之可诛者二也。光棍俞子易在京肆横有年,惟恐事发,潜遁直隶天津、山东洛口地方。有虎坊桥瓦房六十馀间,价值八千金,馈送士奇,求托照拂。此外顺城门外斜街并各处房屋,总令心腹出名置买,何楷代为收租。打磨场士奇之亲家陈元师、伙计陈季芳开张缎号,寄顿各处贿银,资本约计四十馀万。又于本乡平湖县置田产千顷,大兴土木,修整花园杭州西溪,广置田宅苏、松、淮、扬。王鸿绪等与之合伙生理,又不下百馀万。窃思以觅馆糊口之穷儒,而今忽为数百万之富翁,试问金从何来?无非取给于各官。然官从何来?非侵国帑即剥民膏。夫以国帑民膏而填无厌之溪壑,是士奇等真国之蠹而民之贼也,其罪之可诛者三也。皇上圣明洞悉其罪,止因各馆史书编纂未完,着解任竣事,矜全之恩至矣极矣!士奇乃不思改过自新,仍怙恶不悛。当圣驾南巡时,上谕严戒馈送,定以军法治罪,谁敢不遵?惟士奇与王鸿绪慁不畏死,即淮、扬等处,王鸿绪招揽府厅各官,约馈万金,潜遗士奇。淮、扬如此,他处又不知如何诈索矣。是士奇等欺君灭法,背公行私,其罪之可诛者四也。更可骇者,王鸿绪、陈元龙鼎甲出身,亦俨然士林之翘楚,竟不顾清议,为人作垄断而不以为耻,且依媚大臣无所不至。即人之所不屑为者,亦甘心为之而不以为辱。苟图富贵,伤败名教,岂不玷朝班而羞当世之士哉?总之,高士奇、王鸿绪、陈元龙、何楷、王顼龄等豺狼其性,蛇蝎其心,鬼蜮其形。畏势者既观望而不敢言,趋利者复拥戴而不肯言。臣若不言,有负圣恩,臣罪滋大。故不避嫌怨,仰请皇上立赐罢谴,明正典刑。人心快甚！天下幸甚！”疏入,得旨,高士奇、王鸿绪、何楷、陈元龙、王顼龄俱着休致回籍。

时解任尚书徐乾学管修书总裁事,旋为左副都御史许三礼所劾,乞归;复以山东巡抚佛伦劾其曾嘱前任巡抚钱珏徇庇潍县知县朱敦厚革职事,详乾学传。三十年,江宁巡抚郑端鞫嘉定知县闻在上为县民告发私派事,先由按察使高承爵等讯结,闻在上曾以赃银二千两分给声言私派有干功令之举人徐树敏,至告发,乃退还,论树敏恐吓取财,应绞;及郑端覆讯众证,复得闻在上以赃银五百两馈送松江王总宪,亦于告发后退还状。乃疏劾之曰:“举人徐树敏即原任刑部尚书徐乾学之子也,松江王总宪即原任左都御史王鸿绪也。一为司寇,一为总宪,富贵已极,虽被论闲住,当一饭不忘君恩,洁身自好,约束子弟,使乡里仰其德行,后进奉为典型;乃不思自反,专以招揽纳贿为事,蚕食乡井为心,而且忌刻阴毒,狡猾反覆,士民则效,风俗薄恶,其未曾败露者,不敢以风影入告。今闻在上一案,乾学纵子行诈,鸿绪竟染赃银,修身教家之道已亏,有玷大臣名节,而司拟止及乾学之子,不敢发鸿绪之奸,殊非法纪之平。乞敕部将乾学、鸿绪严加议处,以儆官邪。臣非不知乾学、鸿绪各立门户,交结势要,内外声气,无不通透,言出祸随;但臣既受国恩,惟知有皇上,不知其他。倘奸邪得除,而士风民俗同归于厚,彼虽巧于中伤,圣明在上,臣亦不敢他顾矣。”疏下部察议,以乾学已革职,免议;鸿绪应令总督审供定议。

郑端复疏劾鸿绪曰："闻在上私派一案，据粮里口供，闻在上系鸿绪投拜门生。私派之时，闻在上先到鸿绪处商量，鸿绪为之设计。恃其奸谋势力，屡审漏网。臣题参后，部覆奉旨，交督臣审供定议。为鸿绪者，自应静听质审，乃敢串通原供犯官闻在上等，欲图改供，从中暗行调度。若不严惩，将来绅棍效尤，必至毫无忌惮。仰请敕革王鸿绪职衔，与一干人犯交与督臣亲审定拟，勿发下司，致令如前徇情畏势，中其奸谋。所关于风俗人心非浅鲜矣。"疏下部，严察议奏。

寻谕曰："朕崇尚德教，蠲涤烦苛。凡大小诸臣，素经拔擢者，咸思恩礼下逮，曲全始终。即或因事放归，罢黜罢斥，仍令各安田里，乐业遂生。乃近见各官内外间，有彼此倾轧，伐异党同，私怨交寻，牵连报复；或己所衔恨，而反嘱人代纠，阴为主使；或意所欲言，而不直指其事，巧陷术中。虽业已解职投闲，仍复吹求不已，株连逮于子弟，颠覆及于身家。甚且市井奸民，亦得借端陵侮，蔑纪伤化，不可胜言。朕总揽几务，已三十年，此等情态，知之最悉。夫谗谮娼嫉之害，历代皆有，而明末为甚。公家之事，置若罔闻，而分树党援，飞诬排陷，迄无虚日。朕于此等背公误国之人，深切痛恨。自今已往，内外大小诸臣，应仰体朕怀，各端心术，尽蠲私忿，共矢公忠。倘仍执迷不悟，复蹈前非，朕将穷极根株，悉坐以交结朋党之罪。"时鸿绪就质，诏至，得释。

三十三年，命大学士于翰林官员内举奏长于文章、学问超卓者，大学士王熙、张玉书等荐鸿绪与徐乾学、高士奇，并召来京修书。三十八年，授工部尚书。三十九年，奉命同尚书范承勋监修高家堰堤工。寻以与河督张鹏翮持议不协,撤回。四十二年,充经筵讲官。四十三年,以开浚京城河道,浮销经费,坐失察,部议革职,得旨留任。寻以浚河工竣,予开复。四十七年,调户部尚书。四十八年,以附和内大臣阿灵阿、侍郎揆叙等议,奏改立皇太子事,奉谕切责,以原品休致。五十二年,遇万寿覃恩,疏请封典荫生,下部议,以非现任不准。得旨,凡原品解任之员停其荫生,俱给与封典。

五十三年,疏言:"臣旧居馆职,奉命为明史总裁官,与汤斌、徐乾学、叶方蔼互相参订,仅成数卷。及臣回籍多年,恩召重领史局,而前此纂辑诸臣罕有存者。惟大学士张玉书为监修,尚书陈廷敬为总裁,各专一类:玉书任志,廷敬任本纪,臣任列传。因臣原衔食俸,比二臣得有馀暇,删繁就简,正谬订讹,如是数年,汇分成帙;而大学士熊赐履续奉监修之命,檄臣列传诸稿,备录奏进。玉书、廷敬暨臣皆未参阅,臣恐传稿尚多舛误,自蒙恩归田,欲图报称,因重理旧编,搜残补阙,荟萃其全,复经五载,成列传二百八卷。其间是非邪正,悉据已成公论,不敢稍逞私臆。但年代久远,传闻异辞,臣未敢自信为是。谨缮写全稿,赍呈御鉴,宣付史馆,以备参考。"得旨,下明史馆察收。

五十四年,复召来京修书。五十七年,大学士王掞监修省方盛典,奏荐鸿绪学问素优,堪任编辑,命为承修总裁官。六十年,尚书田从典、侍郎张伯行、左副都御史李绂为会试副考官,[一]既发榜,有下第举人喧哗李绂之门。御史舒库入告,以绂不自奏闻,部议革职,发永定河工效力。鸿绪奉命同大学士王顼龄、学士阿克敦等磨勘取中卷,得文理疵谬者十二人,三年后再令会试。<u>雍正</u>元年八月，卒于<u>京</u>。礼部循例议恤，<u>世宗宪皇帝</u>命勿予谥。

今上<u>乾隆</u>四十年三月，谕曰："国史馆进呈所纂<u>王鸿绪</u>列传，于左都御史<u>郭琇</u>劾鸿绪与<u>高士奇</u>招纳贿赂等案，仅叙大略，而<u>郭琇</u>原疏未经载入，恐传于后世，其不知<u>鸿绪</u>辈之罪状者，妄疑一劾即去，或有屈抑；其知者又疑秉史笔之人，意存袒护，不肯显暴其短，岂朕特命另修史传之意乎？夫<u>王鸿绪</u>、<u>高士奇</u>与<u>明珠</u>、<u>徐乾学</u>诸人，当时互为党援，交通营纳，众所共知。如<u>郭琇</u>所劾诸事，并不为枉，而我皇祖不加穷究，仅予罢退，盖于<u>明珠</u>念其曾有襄办讨平吴逆之劳，而<u>王鸿绪</u>、<u>高士奇</u>诸人则因文学尚优，宣力史馆。是以屡下明诏，剀切晓谕，曲予矜全，实由我皇祖圣德。然即以诸人事迹而论，虽有交结纳贿之私，亦止于暗为关照，不至势焰薰灼，生杀擅专，如前<u>明</u><u>严嵩</u>辈之肆奸蠹国、陷害正人，此亦人所共知也。即如<u>郭琇</u>参劾<u>明珠</u>、王鸿绪诸人，后旋经皇祖特加任用，未闻有能稍事排挤者。即其后<u>郭琇</u>于总督任内因他事罢官，亦由其自取，并非诸人之所能媒蘖，〔二〕又实由我皇祖圣明。是<u>郭琇</u>原疏，于诸人被劾款迹，皆当据事直书，不必稍为删节，即使天下后世晓然于<u>王鸿绪</u>辈之罪状如此，<u>郭琇</u>之鲠直如此，其后之自取罪戾如此，并敬悉我皇祖之仁智并用、措置得中又如此。既可令海内传为美谈，且足令朝臣共知鉴戒，其于世道人心甚为有益，何必曲存隐讳乎？其<u>明珠</u>本传前已降旨改修外，着交该馆总裁将<u>王鸿绪</u>、<u>徐乾学</u>、<u>高士奇</u>等列传覆加核订，所有<u>郭琇</u>等原劾诸疏，悉载入传内，另缮呈览。其馀有类此者，并着一体详载，以示大公，而昭传信焉。"〔三〕

【校勘记】

〔一〕左副都御史李级为会试副考官　原脱"左"与下"副"二字。汉传
　　卷二叶六五上,及耆献类征卷五八叶二二下均同。今据仁录卷二
　　九一叶八上补。

〔二〕并非诸人之所能媒蘗　"蘗"原作"孽",形似而讹。汉传卷二叶
　　六六下同。今据纯录卷九七九叶一一上改。按耆献类征卷五八
　　叶二三下作"蘗",亦误。

〔三〕而昭传信焉　"昭"原误作"诏"。今据纯录卷九七九叶一一下
　　改。按汉传卷二叶六七下,及耆献类征卷五八叶二四上均不误。

王顼龄　弟九龄

　　王顼龄,江南华亭人。由康熙十五年进士授太常寺博士。
十八年,诏举博学鸿儒,吏部尚书郝惟讷荐顼龄诗词风雅,品谊
端醇,召试一等,授编修,纂修明史。二十年,充日讲起居注官、
顺天武乡试副考官。二十一年正月上元节,上御乾清宫,赐大学
士等宴,仿柏梁体赋诗,顼龄与焉。二十二年二月,充平定三逆
方略纂修官。十月,迁右赞善。二十三年四月,迁侍讲,充福建
乡试正考官。十一月,提督四川学政。二十五年三月,丁母忧,
服阕,补原官。二十八年四月,转侍读。六月,迁侍讲学士。

　　九月,左都御史郭琇劾少詹事高士奇与顼龄弟左都御史鸿
绪植党营私,顼龄结士奇为婚姻,不顾清议,为之纳贿请托。上
命顼龄偕士奇、鸿绪并休致。十月,诏顼龄留原任。三十年八
月,转侍读学士。寻丁父忧。三十六年,起补原官,复充日讲起
居注官。十一月,迁少詹事。三十九年,迁宗人府府丞。四十二

年五月,擢礼部右侍郎,四十三年二月,转左。是年,圣驾南巡,幸顼龄第秀甲园,赐御书"蒸霞"匾额。四十六年,上南巡阅河,复幸秀甲园。五十一年五月,调吏部左侍郎。十月,充经筵讲官。五十二年五月,擢工部尚书。八月,充恩科会试正考官。五十四年二月,充会试正考官。寻充书经传说汇纂总裁。五十五年四月,因祈雨不到,降三级留任,革恩诏所得荫生。五十七年九月,授武英殿大学士。雍正元年癸卯,诏开乡会恩科,顼龄以康熙癸卯举人得重与鹿鸣宴。五月,上垂念耆旧大臣,加顼龄太子太傅。九月,以老乞休,得旨:"卿品行端凝,学问渊博,典章政事,经历最多。圣祖简任机务以来,镇静和平,实心任职,勤劳岁久。卿系先帝旧臣,正欲藉资赞襄,以臻上治,着照旧供职。"二年六月,再疏乞休,上复慰留,并谕内阁曰:"皇考简用之人,如因衰老休致,朕心不忍。王顼龄年迈之人,间时行走可也。"〔一〕

三年七月,患病,命御医诊视,赐参饵,令加意调摄。八月,卒,年八十有四。谕曰:"王顼龄系圣祖仁皇帝擢用大臣,宣力多年,和平安静。简任机务,慎恪自持。朕即位以来,特加恩眷。伊去岁以年老乞休,朕念皇考时大臣无几,每见伊等,心甚怆然!不忍遽允所请,降旨慰留。待三年后,始行予告。继闻伊告病,即遣医诊视,赐药调理,望其渐次得痊。不意竟至溘逝,岂朕体恤旧臣之意有未诚耶? 朕心甚为伤悼! 特赠太傅,恩予赐恤,加祭二次,并辍朝一日。官员有系伊门生者,令其素服持丧。各部院汉官俱令前往祭送,以副朕惓惓老成、加恩耆旧至意。"赐祭葬,谥文恭。

弟九龄,康熙二十一年进士,由庶吉士改授编修。二十四年,充政治典训纂修官。二十五年,以病乞假回籍。二十七年,入京供职。三十年,迁左参议,寻丁父忧。三十三年,服阕,补右参议。旋迁侍讲学士。三十四年,充日讲起居注官。三十六年,充武会试副考官。十月,迁少詹事。三十八年,迁金都御史。三十九年,充会试副考官。七月,擢内阁学士。四十三年二月,擢礼部右侍郎。时项龄转礼部左侍郎,疏请回避,调兵部右侍郎,十月,转左。寻调吏部右侍郎,四十五年四月,转左。四十六年十二月,授都察院左都御史。四十八年十二月,卒于官。赐祭葬如例。鸿绪自有传。

【校勘记】

〔一〕间时行走可也　“间”原作“閒”,形似而讹。耆献类征卷一二叶二二下同。今据宪录卷二一叶六下改。按汉传卷一一叶五〇上不误。

高尔位

高尔位,汉军正黄旗人。父勋,明锦州卫副将,从总兵祖大寿投诚。

尔位,顺治四年举人。初任直隶南和知县。九年四月,行取,授监察御史。十月,巡按陕西。十一年四月,奏言:"迩来奸徒营谋,委署州县佐贰。昔之衙蠹地棍,今之典史,职虽卑而有父母之呼,兼有巡捕之责。无职而官,非该管道府受贿,因何滥委?如任县典史杨显耀等,概系积蠹快皂恶棍,钻营代捕,小民莫敢谁何。请敕部行督抚确查充委官,一并重处。再州县乏员,本府厅官夤缘委署,在府官待为同堂,曲徇优容,新任钳口结舌,一惟唯唯。至如州县积蠹事露,钻之府厅;府厅衙蠹不法,钻之司道。恃衙门为藏奸之薮,视小民为网中之鱼。统祈天语申饬,今后州县乏员,万不能候新旧交代者,须择才品俱优之隔府官暂署。如贪污不法,道府立参,徇纵连坐。各省大小衙门及在京五城积蠹,概行革去。"并得旨允行。

六月,巡视中城,奏言:"官喂驿马,州县中十无一二,民应者十八九。乡愚不能自应,倩之驿棍,勒索遂意,然后代应。遇军机传报,使客邮符竟无一马。驿棍逃避,仍拘民应。更可异者,府、厅、司、道、总兵私遣员役,皆骑驿马,虽屡奉严纶,而官役私牌日行州县,不敢不应,又不敢册报,甚至私牌内有擅批上司免报者。请今后一应纸票及过往参谒各官,统禁骑驿马,非兵部火牌勘合,不许滥应。违者驿传道揭部,请旨重惩。各省州县驿马、里马,照赋役额设协济银两,或邻封协银,于每季终出毫不累民甘结,报部科查。照有仍前者,许科道纠参;不发觉者,连坐。更有请者,直隶真、顺、广、大等八府属解运芝麻、棉花二项,脚费数倍,大为民害,伏乞敕部照陕省汇解药材例,责成本府不经民手。"部议从之。

十二年六月,巡按山西。十三年六月,条奏:"晋省凤弊:一、司、道、府、厅衙蠹犯赃,本官失察,应议处;一、州县到任十日内,查前任起存钱粮,毋得逾定限,道府徇隐者连坐;一、见货抽税,不得以无货而包税,无铺而纳课,致商贾裹足。年有丰歉,以有馀补不足。"并下部议行。十四年十月,奏:"请布、按监司内升,未任事之先,皇上亲试,观其年貌,询其政事,才识兼优者令任事;年力衰迈、平常者,别用。"下部知之。十五年七月,遵旨条奏:"兴利除害事宜:一、赍奏县驿马上,不许擅用大小皮包,以恤驿困;一、升迁大小官员不许预调夫马,衙役不许出境迎接;一、学臣考试,进黜之数,不可太悬,每考必确访学霸数名,按律究拟。"并下部议行。

十月,巡视两淮盐政。十六年六月,海寇郑成功犯瓜洲,尔位出扬州城护解盐课银,为总督亢得时所劾。上谕:"高尔位身为御史,闻警即当率属护守。乃贼尚未至,先借端出城,致令百姓惊逃,深为可恶。令解任,该督抚严察具奏。"十七年五月,总漕蔡士英奏:"尔位于十六年六月十六日起解课银十四万两,次日贼陷瓜洲,即出城送至高邮,于二十日回扬。贼锋甚炽,恐致不虞。于二十二日罄发库项十一万两,遣运判郭显功押解进京。旧例原无盐院亲送之条,缘乏兵护解,亲送至淮安,至七月二十四日回扬。"下吏部会同都察院议。寻以尔位虽无城守责,但闻警当协守城池,乃以送盐课为词,两次出城,应议处;事在赦前,免议。得旨俞允。

康熙三年三月,内迁顺天府府丞。四年,兼理崇文门税务。十七年,迁通政使。十九年正月,授左佥都御史。十二月,迁奉天府府尹。二十二年,擢刑部右侍郎,二十三年,转左。二十五年,丁母忧。二十八年,服阕,补刑部左侍郎,兼管右侍郎事。二十九年三月,授佐领。三十年正月,以疾乞休,谕照旧供职。六月,擢工部尚书。十月,以疏浚京城河道浮估,降补通政司参议,命以所降之级休致。四十年十二月,卒,年七十有七。

张玉书

张玉书，江南丹徒人。父九徵，顺治九年进士，官至河南提学佥事。

玉书，以顺治十八年进士，改庶吉士。康熙三年，授翰林院编修。十五年，擢国子监司业，旋转侍讲。历左、右庶子，充日讲起居注官。十九年五月，以进讲称旨，敕部议叙，加詹事府詹事衔，加一级。六月，升侍讲学士。二十年，擢内阁学士，充经筵讲官。二十一年十月，教习庶吉士。二十二年十二月，迁礼部侍郎，兼翰林院掌院学士。二十三年，丁父忧，特遣内阁学士王鸿绪至邸寓奠茶酒。二十六年，服阕，特升刑部尚书。

二十七年五月，开音布监督高邮州石工，奏请闭塞支河口为中河蓄水。圣祖仁皇帝命玉书偕图纳前往勘视，并遍阅毛城铺、高家堰以及海口诸处情形，详加审度具奏。濒行，上谓玉书曰："此行是非可否，当秉公陈奏，不可效熊一潇托故推诿也。"玉书叩头领训。先是，开音布奏参高邮州河员擅开减水三坝，请议处。比玉书至，即驰奏："河员开坝，乃循旧例应开，无罪。开音布不加详核，遽行渎奏，请议处。"八月，阅河工讫，还京。疏言："奉命勘阅河形，黄河西岸出水颇高。年来大水，未曾溢岸，则河身淤塞之说非也。海口岸宽二三里，河流飞迅入海，绝无阻滞。诸减水坝应如旧闭塞。其现在挑浚各工，劳而无益，应请停止。惟是中河一道，利济舟楫，得此免涉黄河百八十里之险，殊关紧要。但形势逼近黄河，既不可挑宽，而太狭又不能容纳运河及骆马湖之水。臣勘萧家渡、杨家庄、新庄口有冲决旧河之处，请饬河臣增建减水坝,相时宣泄,则中河舟楫可以长通。惟于中河浅窄之处,酌量挑浚支河口,应如开音布所奏,永行闭塞。"奏入,上均如所议。是年十二月,特旨差玉书往浙江按理事件。是月,调礼部尚书。

　　二十八年二月,上南巡,驻跸苏州府。玉书自浙江还,复命。杭州将军郭丕奏:"民人杜光遇控于抚臣金鋐,陈兵丁扰民十款,有'百姓生则倒悬,死无安土'之语。金鋐行藩司李之粹查讯,之粹遽咨臣请出示禁,理合据实陈奏。"玉书奉敕确查。至是,复奏云:"遍查并无杜光遇其人,实由抚臣金鋐捏造虚款,暨藩司李之粹迎合附会,情罪非轻,应按律问罪。"二十九年,授文华殿大学士,兼户部尚书。三十年冬,命阅河工,与图纳偕行。三十一年正月,还,绘图以进。时河臣靳辅请于高家堰增筑小堤,上问玉书:"高家堰水势如何? 另筑小堤果有益否?"玉书奏云:"曩者黄涨时,淮流被逼,故洪泽湖水视昔为高。今拟筑小堤之处,去高家堰不远。河湖水涨,即高家堰之大堤且不可保,岂小堤之可卫? 筑之无益,不如其已。"上问:"宿迁一带民生若何?"玉书奏:"小民沐圣主忧勤,甚为得所。"上欣悦。玉书又疏:"高家堰一带河工,惟史家刮至周桥最为冲要,不急于此处重设堤防,虽多筑堤数重,无益也。臣度史家刮至周桥约一万四百馀丈,宜烦圣虑,饬河臣迅速加筑至三官庙。诸口俟其篾缆垂朽,改用石,以期永久。即现在石工,亦须加土拥护。此今日河工急务也。目今高家堰拟筑小堤之处,惟令河臣每届岁修,亲勘情形,题报可耳。"上深以为然。

　　三十五年,[一]圣祖仁皇帝亲征厄鲁特噶尔丹,驾临克鲁伦河,噶尔丹闻风奔窜。敕大将军伯费扬古扼要路邀战,斩杀几尽。噶尔丹仅以身免。时玉书从征沙漠,预参帷幄之议。上曰:"朕爱养元元,以率土乂安为念。兹噶尔丹扰乱边疆,不容不行剿灭。朕亲率大军出塞,贼闻风远遁,大将军伯费扬古等又复奋勇杀贼,擒斩无算。从此边境宁谧,永享升平之福。"玉书奉王公以下文武百僚贺表以进,行庆贺礼。三十六年六月,充平定朔漠方略正总裁官。三十七年七月,丁母艰,赐奠,御书"松荫堂"额赐之,为其母刘氏身后光也。

三十八年,圣祖仁皇帝南巡,玉书跪迎道左,赏赐有加。时上亲酹明太祖陵,大书"治隆唐宋"四字,即命玉书从两郡王奉安陵庙。三十九年,服未阕,奉诏来京,入阁办事。时河臣张鹏翮奏河工事宜,上问玉书,奏对甚悉,乃降旨谕张鹏翮:"昨问大学士张玉书,据称河水尚大,高家堰俱为湖水所侵。如是,则泗州、盱眙安得不被水灾?河身之浅深,以洪泽湖水之高下为验。今闻洪泽湖之水比甲子年尚高数尺,可见河身未曾刷深,恐高家堰之堤,过此以往,未可知也。"四十年三月,扈从圣驾南巡,赐银千两,并皇舆表等物。四月,驻跸苏州府,命偕学士揆叙考试诸郡举贡生员,阅卷呈览,得汪泰来等五十三人。寻驻跸江宁府,又偕揆叙等阅卷呈览,得钱荣世等五人。及御舟次高资港,玉书奏曰:"前去京江不远,臣之敝庐在焉。若城中无驻翠华之地,舆情虽切,未敢恭迎御辇入城。恳请行幸江天寺,多留数日,与亲临铁瓮城无异也。"得旨:"张玉书恳求谆切,姑再留一日,后日起行。"闰四月初一日,于宝塔湾行在赐宸翰一幅。

四十六年,河臣张鹏翮请开溜淮套河,恭恳圣驾亲临相度。

二月,圣祖仁皇帝自京起跸。及御舟泊清河口,上亲往武家墩周视良久,见所树竿之处多属民冢,非掘冢不能开浚,上恻然,乃召见河臣张鹏翮,极斥其请开溜淮套之非。张鹏翮语塞,叩头请罪。玉书奏曰:"向者老人白英曾有引汶水分南北流之议,策之善也。不若别作坝引汶水通漕,其下流专以淮水敌黄,黄水趋海,此万世之利也。"上善其言,谕鹏翮曰:"明代黄水强而淮水弱,今则淮强而黄弱矣。与其开溜淮套无益之河,曷若将洪泽湖出水之处,力行挑浚,令其宽深,使清水愈加畅流。至蒋家坝天然坝一带,旧有河形,宜更加挑浚,使通小河,不难运料,商民可以通行漕船挽运,利亦不浅也。"

四十九年,玉书以疾乞休,有旨慰留。五十年五月,从上幸热河,甫至,疾作,数遣御医调治,不能起,未及缮遗本而卒。卒之日,赐帑金千两,经纪丧事。又遣内务府监制棺椁帐幔,沿途拨夫役护送至京。奉上谕:"张玉书耆旧老臣,久任机务,直亮清勤,倚任方殷。今忽病逝,深加轸念! 应得恤典,着察例具奏。"御赐挽章,亲书颁发,加赠太子太保,谥文贞。五十二年二月,奉旨:"大学士张玉书久任机务,小心恪慎,懋著勤劳,朕追念难忘。伊惟有一子张逸少,着从优升翰林院侍读学士,以示朕眷笃旧臣之意。"

玉书二十岁登仕籍,蒙圣祖仁皇帝知遇之隆,凡五十年,殁年七十。

【校勘记】

〔一〕三十五年　"三"原误作"二"。汉传卷八叶五五下,及耆献类征卷九叶八下均同。今据仁录卷一七〇叶八上改。

李光地

李光地,福建安溪人。康熙九年进士,改庶吉士,授编修。十二年,充会试同考官,寻以省亲乞假归。

十三年,逆藩耿精忠叛,海贼郑锦乘虚入泉州,胁耿精忠修好,觊久踞其地。光地奉亲避匿山谷间,锦与精忠并遣人诱之降,光地以死固拒。十四年五月,密疏陈破贼机宜,言:"臣自二贼构乱以来,遁逃山谷中。贼遣人延致再三,臣以死固拒,幸未污清节以辱朝廷。然踪迹屡危,尚未知草莽孤臣能再瞻天日与否? 虫蚁微命,不敢自惜。惟事机缓急,安危所系,未尝不魂飞情切,谨冒险求彻天听。伏惟八闽疆宇褊小,粮税稀薄,自二贼割据,诛求鞭扑,民间之膏髓无复存者。粮尽兵疲,而贼之势已穷矣。南来大兵,诚宜以急攻为主,不可假以岁月,恐生他变。然所谓攻之急者,不可不审也。耿逆方悉力于仙霞、杉关,郑贼亦并命于漳、潮之界,惟汀州小路与赣州接壤,贼所置守御不过千百疲卒。窃闻大兵分道南来,皆于贼兵多处尽力鏖战,而不知出奇以捣其虚,此计之失也。臣度仙霞连浙江,杉关连江西,漳、潮连广东,此三方者,本地守土之兵自足以控制之。其汀州一路,宜因贼防之疏,选精兵万人或五六千人,诈为入广之兵,道经赣州,遂转而向汀州,为程七八日耳。二贼闻急趋救,非月馀不至,则大军入闽久矣。此所谓避实击虚,迅雷不及掩耳也。贼方悉兵外拒,内地府、州、县尽致空虚,大军果从汀州小路横贯其腹,则三路之贼不战自溃。且漳州守臣黄芳度婴城固守,以待大军,此不可以不急救,而汀、漳相近,接应尤极便易。伏乞密饬领兵官侦谍虚实,随机取效,仍恐小路崎岖,更须使乡兵在大军之前,步兵又在马兵之前,庶几万全,惟皇上裁决施行。"时道路梗阻,置疏蜡丸中,遣家僮夏泽间道出杉关赴京,因同里内阁学士富鸿基奏入。圣祖仁皇帝谕大学士等曰:"编修李光地不肯从逆,避入山中。具疏遣人前来,密陈地方机宜。具见矢志忠贞,深为可嘉!下兵部录其疏,令领兵大臣等知之。"

时广东叛乱,大兵在江西者,阻守赣州、南安,未能入闽;惟在浙江者,屡败贼兵,由衢州进克仙霞关,遂复建宁、延平,[一]耿精忠乞降。康亲王杰书驻师福州,令都统拉哈达、赉塔等进剿海贼,并访问光地。十六年正月,拉哈达复泉州,知光地离安溪县七十里,结寨而居。遣人以所奉上谕宣示之,光地往见拉哈达于漳州军营。拉哈达白之康亲王,王以"光地寨遭贼乱,颠沛不渝,矢志为国,始终不肯从逆,以全名义,应予表扬。"疏闻,下部从优议叙。部议于额外升为侍讲学士来京任事,遇额缺扣抵。得旨,李光地着于额外升为侍读学士。九月,光地行至福州,丁父忧归。

十七年闰三月,同安贼蔡寅诡拥明裔,以白布缠头为号,结众万馀,掠安溪。光地募乡勇百馀人,扼险防御,戒诸乡人毋资贼粮。贼饥困解去。六月,郑锦之伪总统刘国轩等陷海澄、漳平、同安、惠安等县,复犯泉州,断万安、江东二桥,南北援绝,泉州几不守。光地使善泅者从水关入,勉慰以坚守无恐,援兵即至;分遣兄弟亲戚迎宁海将军拉哈达、巡抚吴兴祚两路兵。时拉哈达驻师漳州,值江水泛涨,长泰大路阻隔,导之由漳平安溪小路。光地之叔李日煜率乡勇百馀,芟辟荆棘,以木接护冲圮窄岸,其溜深马难涉者,筑浮桥以待。光地自出迎十里外,具牛羊鸡豚等物,馈劳大军,又倡率里人输送米粮。大军遄行无阻,直达泉州。贼惊骇,窜入海。拉哈达具疏详述光地志切灭贼、接济军需状,得旨:"李光地当闽省变乱之初,〔二〕殚竭忠贞。今又遣人迎接大兵,指引道路,修平险隘,搭造浮桥,馈送食物,率领民兵备办粮米,供给兵丁口粮。矢志灭贼,实心为国,深为可嘉!着从优议叙。"寻允部议,授为学士,服满赴京,遇缺即补。

十二月,光地疏言:"前者蒙皇上念孤臣三载蒙难之艰,及万里献书之悃,闽疆甫定,递录微臣。臣行至途中而闻讣,衔哀守制,更遭贼乱。臣自知与贼义不俱生,鼓励宗亲毁家纾难。幸而封疆元戎赴援之速,臣亲叔日煜率乡兵百馀人度石珠岭,迎将军拉哈达之兵于漳平;亲弟光垤、光垠等以乡兵千人度白鸽岭,迎巡抚吴兴祚之兵于永春。乃将帅仰奉威灵,拯百万垂危之命,延及臣家,微臣其何功之有哉?伏读旨意,据将军拉哈达题叙之疏,授臣学士。俯伏之馀,震惧陨越。以将军拉哈达率满、汉万馀之兵,行朝天、石珠岭鸟道之险,马瘏仆痛,千里赴难,推美于臣,而臣俨然遂蒙优叙。典虽至渥,心则何安?又念臣资质蠢愚,了无才藻,独从少为六经、性理章句之学,粗有伦绪。自壬子、癸丑间以翰林编修,簪笔侍从,尔时固已仰承圣训。每自念此生得以章句末学,执经敷义,少佐高深,此臣之愿也。至于馆阁学士之职,主于赞画枢机,分裁文献,自非老成知军国大体及有文章声望者不能称也。臣年才三十馀,筮仕日浅,典故未谙,文采不赡,岂宜冒昧而服大僚?近年以来,未有具疏辞官之例;然离职家居,而再次超擢,亦当代仅行之旷典。臣岂敢拘于成格,受爵不让？况臣在制未终,身犹凶人,不敢服其命服,以拜朝命。伏乞俯允所请,先录战守文武绅士之勋,使微臣终制赴阙,仍以讲读之官,仰侍清光,披衍经义,庶微臣无不度德之讥,朝廷有不僭赏之美。"疏入,奉谕:"已有成命,着即祗遵,不必辞。"

十九年八月,至京,谕不必候缺,即任内阁学士。光地奏郑锦已死,子克塽幼,部下争权,宜急取之,且言素习海上情形之内大臣施琅可任,上从其言。详见施琅传。光地又疏言:"耿精忠罪状显著,诸王大臣等正在会议渠魁当治,胁从当宽,皇上自有睿裁,无俟微臣置喙。惟是臣旧同官原任编修陈梦雷者,当耿逆之变,家居省会,有七旬父母,不能脱逃。及贼以令箭白刃逼胁伊父,梦雷遂为所折,勒授编修,固辞触怒,改降户曹员外,托病支吾。律以抗节捐躯之义,其罪固不能辞矣。独其不忘君父之苦心,经臣两次遣人到省密约,真知确见,有不敢不言者。当耿逆初变,臣遁迹深山,欲得贼中虚实,密报消息。臣叔日煌潜到其家探听,梦雷涕泣,言隐忍偷生,罪当万死;然一息尚存,当布散流言,离其将帅,散其人心,庶几报国家万一。臣叔回述此语,臣知其心之未丧也。至十四年正月,耿、郑二贼连和,臣闻国家方行招抚之令,因遣人往约其或劝谕耿逆归诚,或播流言离间二贼之好,使大兵得乘机进取。梦雷言贼势空虚,屡欲差人抵江、浙军前迎请大兵,奈关口盘诘难往,因详语各路虚实,令归报臣。此臣密约两次,知其心实有可原者也。比臣入京,始闻因变乱阻隔,讹传不一,有逆党希图卸担、信口诬捏者,甚有因藩下伪学士陈昉姓名误指为陈梦雷者。今皇上削平叛乱,明正是非,使陈梦雷果为伪学士,甘心从逆,是狗彘之流,臣虽手刃之市朝,尚有馀恨。今大兵凯旋在即,陈梦雷托病被降情节,亲王、将军一一可问。至两次受臣密约,皆在患难之中,冒死往来之迹,非容旁人质证。臣若缄密不言,其谁能知之?臣断不敢为朋友而欺君父,伏惟睿鉴。"疏下吏部,以陈梦雷归正后不即赴京,业经革职,寝议。寻法司议磔耿精忠,拟陈梦雷从逆应斩,得旨,从宽免死。

二十一年五月,光地乞假送母回里,二十五年七月,赴京,仍命不必候缺,即任原官。十月,授翰林院掌院学士,充日讲起居注官,兼充经筵讲官。二十六年正月,教习庶吉士。三月,以母病乞归省,命悬缺以待。二十七年四月,至京,礼部劾奏光地在途迁延,以三品卿员弗及叩谒孝庄文皇后梓宫,请交吏部议处。吏部议降五级调用,得旨宽免。

初,光地陛辞,奏对,谓侍读学士德格勒学博文优。逾月,德格勒同尚书陈廷敬、汤斌,侍郎徐乾学等召试乾清宫,上阅卷毕,谕曰:"评论古人易,评论时人难。如德格勒每评论时人学问,朕心不以为然,故召尔等面试,妍媸优劣,今已判然。人之学问原有一定分量,真伪易明。若徒肆议论,则不自量矣。"未几,德格勒为掌院学士,库呀讷以私抹记注事劾罢,论罪。至是,命廷臣诘问光地,光地自咎愚迷妄奏,乞赐处分。上曰:"李光地前奏'德格勒所学甚博,文章甚优,善占易卦'。德格勒又称:'李光地若以总督、提督任用,令同伊母赴任,则来;若于别处任用,必不肯来。'因伊等互相奏陈,欲辨其真伪优劣,特加考试。迨将德格勒治罪,又有称德格勒被朕左右之人诬陷冤枉坐罪者。今李光地至,朕欲明白此事,故令询问。据称德格勒所作之文,全无文气,甚属陋劣,应治李光地妄奏之罪。但李光地前为学士时,凡议事不委曲从人，台湾之役，众人皆言不可取，独李光地以为必可取，此其所长。除妄奏德格勒外，别无妄奏之处。姑从宽免罪，令仍为学士。嗣后勿再妄冀外任，并希图回籍，宜痛加省改，勉力尽职。"

九月，充武会试正考官。二十八年五月，改通政使。十二月，擢兵部右侍郎。三十年二月，充会试副考官。九月，同侍郎博霁、徐廷玺奉命与原任河道总督靳辅往视黄河应修险工。三十一年正月，绘图还奏。详见靳辅传。三十三年正月，提督顺天学政。四月，闻母丧，得旨："提督顺天学政，关系紧要。李光地特行简用，着在任守制。"光地疏言："苫块馀生，重荷圣恩之厚，圣知之深，敢不以残喘自效。顾虫蚁微情，乞给假治丧，往返九月，于本年十二月抵任，并日夜之力，岁、科两试可以看阅周详，报竣无误。"御史沈恺曾、杨敬儒交章论劾，一言："光地诚以君命为重，当于三年考毕之后，回籍终制。乃闻其请假九月，即使星夜奔驰，将来岁、科两试，势必潦草塞责。况九月以后，亲丧未远，遂忍绛帐锦衣，谈笑论文乎？"一言："皇上作人念殷，故暂为行权计。然在皇上不妨行权，在大臣必当守经。为光地者哀吁再三，圣意未有不俯允者。乃竟以治丧九月为请，方今王道荡平，属在武臣，尚许回籍守制，况敦诗说礼之大臣，岂可腼颜充位？"是日，命光地仍遵前旨行。

翼日，给事中彭鹏劾之曰："光地闵罹母丧，宜哀痛沥情，得请乃已，然后圣主择人取士之心，以光地固辞而弥见；光地为子奔丧之孝，得圣主俞允而益彰。忽以三年之通丧，请为九月之给假，于礼则悖，于情则乖，于词则不顺。圣德含容，不忍明斥其

罪。臣以为宜留者一，不可留者十。光地由翰林骤跻学士、侍
郎，原因蜡丸封表，上达宸聪，完节常经，独蒙异数。正当借此教
育士类，使真才辈出，仰答主恩；而有母讣至，奉旨留任，盖报称
之心切而哀痛之情微。其宜留者此耳。臣以为不可留者何？伏
读上谕十六章，首曰敦孝弟以重人伦。督学风化之表也，不乞守
制而请给假，非所以体上谕教孝意也。此光地之不可留者，一
也。臣前任三河知县，恭逢太皇太后梓宫经临，伏见校尉换班，
圣躬护视，天颜哀瘁，至今追慕真诚，亘古仁孝，臣民皆当则效。
此光地之不可留者，二也。光地与臣同乡，臣踽踽凉凉，岁一二
至。独闻其母讣，即刻趋吊，听其号泣，惨若婴儿，想彼肝肠寸寸
断矣。勉强衡文，必多恍惚。此光地之不可留者，三也。先遭闽
变，颇矢忠贞，未闻不孝而能忠者也。请假九月之疏出，天下皆
议其后，并叹其先。此光地之不可留者，四也。弗请守制，清议
沸腾。有绝不赴吊者，以谈理讲道如光地，为珪为璋，倏忽瓦裂。
此光地之不可留者，五也。光地疏称荷圣知之深，残喘自效，请
假九个月，不误学差。金谓九月大功服，谈言微刺。此光地之不
可留者，六也。定例，生童匿丧应试，褫革严处。万一犯者起而
诘曰：'侍郎衰绖何至此？'光地何辞以对？此光地之不可留者，
七也。学校所以教天下之为臣思忠，为子思孝，故登其堂曰明
伦。光地以不祥之身，俨然而登，奈桥门环视何？此光地之不可
留者，八也。本年正月，皇上面议诸臣于礼义廉耻难进易退，三
申意焉。试问光地今日礼乎，义乎？进退难易之谓何？悖圣训
而失本心。此光地之不可留者，九也。度光地之心，必曰'君命
也，谊何敢辞'？臣闻宋臣富弼母丧，五起之固辞，且曰：'起复

金革之变礼,不可施于平世。'仁宗许之,纲目大书以垂训后世。
又宋孝宗起复刘珙,六疏固辞,发明曰:'纲目书固辞,予之也。'
我皇上尧、舜比隆,教孝教忠,必无有辞之而弗允者矣。此光地
之不可留者,十也。数日之内,长安道上,无不指光地为贪位而
忘亲,司文而丧行,大损其生平。是在皇上神其用、重其罚,加之
意而已。"疏入,传旨询问。

　　鹏又疏言:"皇上令光地在任守制,或以此试光地耳。光地
深文厚貌,道仁道义,言忠言孝,一试诸此,而生平心术品行,若
犀燃镜照而无遁形。皇上所以留之之意,臣鹏愚戆不能知。使
光地而亦不知,贪恋苟且,而姑为此给假九月之请,外以欺人则
为丧心;若光地而早已自知,诡随狡诈,而姑为此给假九月之请,
内以欺己则为挟术。夫为人子而甘于丧心,为人臣而敢于挟术,
两者均罪,光地必居一焉。以此赴任不可,以此回籍尤不可。盖
回籍则母死有知,恨其不诚,当必阴厄;而赴任,则士生至性,愤
其衔恤,谁甘面从?嗟乎,光地当闻命而绝不一辞,则忍于留矣。
皇上即罚其忍,使之在京守制,以动其市朝若挞之羞;光地忘通
丧而假易以暂,则安于久矣。皇上即罚其安,使之离任终丧,以
为道学败露之耻。臣与光地家居各郡,然皆闽产也。今若此人
人切齿,桑梓汗颜。伏乞皇上察光地患得患失之情,破光地若去
若就之局,不许赴任,不许回籍。春秋诛心,如臣所请。万一光
地依然督学,则光地得售其术,故哀其辞曰:'九月且弗获命,况
三年乎?'而蚩蚩者亦曰:'是欲终之而不可得也,下售其术,上
受其名。'臣鹏实拊膺疾首,前疏光地十不可留,如稍有涉私,是
责光地以不孝,而先自蹈于不忠。所以跪听传旨,一一沥呜以头

抢地,呜咽而不能自已也。"疏入,与前疏并下九卿议,令光地解任,不准回籍,在京守制。三十五年,服阕,仍命任顺天学政。三十六年,授工部左侍郎,留任学政。

三十七年十二月,授直隶巡抚。三十八年二月,奉谕曰:"漳河与滹沱河故道原各自入海,今两水合流,所以其势泛滥。可否开通漳河故道引入运河,于运河之东别挑一河,使之赴海,着李光地阅视再奏。"四月,光地疏言:"阅视漳河现分为三:一支自广平县经魏县、元城县,至山东馆陶县入卫水归运;一支俗名老漳河,自山东丘县东北经南宫等县,与完固口合流,至鲍家嘴而归运;一支俗名小漳河,自丘县西北经广宗、巨鹿二县合于滏河,又经束鹿县、冀州合于滹沱河。由卫水至献县完固口复分为两支:[三]小支与老漳河合流至鲍家嘴;大支复经河间、大城、静海三县入子牙河而归淀,皆分流入运。其入卫之河与老漳河各有散漫浅平之处,应酌量挑浚。其完固口小支河应筑鸡嘴坝及拦河坝逼水入河,至静海县,田地淹没,因向年开广福楼及闾留二庄之故,若竟堵诸口,又有碍西堤,应俟水退后暂堵,来春水涸,于闾留二庄水出处,挑河筑堤,束水归淀,则静海县田地不致淹没,而大城等州县堤岸均无妨碍矣。"诏如所请行。光地寻疏报大名、广平、真定、河间四府属州县凡滹沱河、漳河经流之处,开浚疏通,由馆陶入老漳河与单家桥支流合,以分子牙河之势,至鲍家嘴归运。又言霸州、永清、宛平、良乡、固安、高阳、献县因疏浚新河,挑挖堆土,共占去民地一百三十九顷有奇,请开除此后钱粮。下部议覆,从其言。

六月,疏言:"通州附近六州县额设红剥船六百只,每船给地十顷,以为运丁赡养之费。倘遇水旱,收入既寡,岂能常令其修船雇夫,与民地同一被灾而未得蠲免?请嗣后视民地一体沾恩蠲免。"下部议不准。得旨:"此红剥船地亩若遇灾伤,着与民地一例蠲免。"三十九年二月,疏言:"积弊因循,未有甚于亏空者,不可不立法清厘。凡杂项不入奏销案内钱粮,责成盘查上司,与正项一例盘查。向例以年终为限,嗣后应自十一月起,至次年奏销以前止,果无亏缺,逐项出具保结,否即立行结报。如挪移银至五千两以上,或粮米至六千石以上者,拟流,不准折赎及援赦减免,庶知畏威法而仓库加谨。"疏下部议行。

　　七月,上以大臣子弟遇科场考试取中者多,诏另编字号,不致妨孤寒进身之路。时给事中满普、〔四〕御史郑维孜各条陈科场积弊,总督郭琇条陈学校弊端,并下九卿等详议。既定议,命录示光地及总督张鹏翮、郭琇,巡抚彭鹏,谕曰:"四臣皆持行清廉,李光地为学院时,官声最好。今阅九卿等所议,果否得当?如何方能除去弊端,永远可守?各抒已见具奏。"光地疏言:"皇上垂念大臣官员子弟,夤缘幸进,恐妨贫寒之路,特谕另编字号,均数额收。仰见天地无私,不遗侧陋,洵足永远遵守。至点名授卷后,即入号房,不许出号行走,及逾墙混乱,俱应如所议,以塞弊端者也。臣又推广三条:一、势要勒收关节,许考官据实出首,即与优升,则不惟无所惧,而且有所劝,可慑营竞者之心;一、贡院墙垣卑矮,巡绰及瞭望守门军役,无一非受赂传递之人,若漫无防检,势必收受之卷,半属假伪,乞敕外帘监试,嗣后务精密严肃,尽绝弊窦;一、数科以来,乡会试场中用儒士八人,以充分卷扣数、填名书榜之役,某卷入某房,既可暗行其奸,而考官声气不接者,亦皆此辈往来联络之。近经言官论列裁去,部覆未准。臣深知此辈积惯作弊,宜永行革逐,临期行文各衙门保送缮写书手应用。此三者科场之事,臣管见所及也。至于学校弊端,九卿议如督臣郭琇所奏,严定处分矣,臣亦推广四条:一、学臣职司文教,遇点差之时,宜经御试,择其议论有本者差遣;一、教官未选之前,宜令督抚会同学臣考验,若岁贡之年老目昏及捐纳人员之文理不顺者,均给衔休致,年未壮者令至三十岁以外再行考验,其现任人员亦按此会同澄汰;一、生员虽有干己之事,止许子弟家人代告,自贿卖者多,专以为护身之具,不读书,无行义,保官告官,抗粮包粮,兴灭词状,武断乡曲,甚至窝盗藏奸,故贿卖生员之弊,不但孤寒为之不伸,而风俗因以潜坏也。今学臣纳贿处分已定严例,而生员恶习亦宜惩禁,乞敕礼部推广旧时卧碑,详明剀切,作为诚条,令学校师生恪谨遵守;一、迩来学臣率多苟且从事,致士子荒经蔑古,虽四书本经不能记忆成诵,仅读时文百十篇,剽袭雷同,侥幸终身,殊非国家作养成就之道。前岁旨下学臣,使童子入学,兼用小学论一篇,其时幼稚,见闻一新,胸中顿明古义,此以正学诱人之明验也。然书不熟记,终非己得,宜令学臣于考校之日,有能熟诵经书、小学,讲解四书者,文理粗成,便与录取。如更能成诵三经以至五经者,更与补廪,以示鼓励,庶几人崇经学,稍助圣世文明之化。又童生既令熟习小学,以端幼志,生员及科场论题专出孝经,每重复雷同,似当兼命性理、纲目,以励宏通者也。”疏入,仍下九卿等与张鹏翮、郭琇、彭鹏三疏参合定议,乡试另编官字号,以民卷九、官卷一为额,论题以太极图说、通书、西铭、正蒙一并命题。馀详张鹏翮、郭琇、彭鹏传。

　　四十二年四月，谕大学士等曰："李光地自任直隶巡抚以来，每年雨水调顺，五谷丰登，官吏兵民无不心服。今吏部尚书缺出，即令补授，仍管直隶巡抚事。"四十三年三月，给事中黄鼎楣、汤右曾、许志进、宋骏业、王原等合疏劾之曰："去岁直隶报灾州县二十馀处，据巡抚李光地疏内，或称开仓赈济，或称减价平粜，务使民沾实惠。臣等窃计直属百姓，自必安抚有方，不致流移失所。乃近见河间饥民散入京畿者甚多，我皇上曲轸民依，特令八旗王、贝勒、满、汉大臣设厂数十处，分行赈济。光地身为抚臣，漫无经理，疏内所称'民沾实惠'，俱属空言。尤可异者，宁津县被灾更重，流亡更多，荷蒙皇上至圣至明，无微不照，特敕抚臣前往察勘；而光地去岁竟不报灾，仅于题参知县陈大经疏内称宁津颇有水灾，匿重为轻，并不将被灾人民逃散情形据实陈奏。圣恩高厚，不加谴责，复谕光地选贤能官员将河间饥民领还原籍，仍给籽粮，不致仳离失所；而光地目击流亡，不闻出一筹画，碌碌素餐，虚文巧饰。若非皇上宵旰忧勤，多方拯救，止恃光地之抚绥，则流散之民不将尽填沟壑乎？光地身膺重任，上荷圣主之殊恩，不能报称；下视生民之疾苦，罔知拊循。臣等合词纠参，请严加处分，以为大吏膜视民生之戒。"疏下光地回奏，光地奏："去岁河间等府属被水，勘明成灾州县三十馀处，陆续照例题请蠲免钱粮，分别灾伤轻重，将仓粮散赈出借；又设立粥厂二十馀处，自去岁十一月起，至今未停，无论远近饥民、贫民，皆许就食。其流散者，饬地方官分道招令还乡。臣安敢稍涉懈怠，以负皇上委任？然安集无术，犹有贫民如许散入京城，此臣及地方官之罪，无可辩者也。至宁津地方,先经知县陈大经以去年大半丰收,仅有低洼一面乡村被淹,不照例申详被水轻重,乃以合县田禾通算,谓不及成灾,竟不通报。及十月中,臣扈驾西巡,由真定回署,路遇天津县民人,询知情形,即劾罢陈大经疏中,声明'宁津颇有水灾,而老病废职,申报不时,抚恤无实'。是臣劾陈大经原因其报灾不时,抚恤无实,非专劾其老病。所云'颇有水灾'者,亦是臣询访所得情形,非敢匿重为轻也。其时即饬知府及署知县煮粥赈济,加意招徕,然人民既不能悉归本业,致有流移。臣与地方官之罪,又无可辞者也。臣上荷殊恩,不能报称,诚如科臣所云'乞严赐处分',以儆庸碌,以重畿疆。臣不胜悚惶待罪。"疏入,得旨,不必引咎。光地又奏:"臣谬膺直抚重任,五年之内,恭荷皇上指诲,幸免过愆,并无功绩。去年四月,仰荷特恩,补授吏部尚书,仍管直抚事。臣自知非分,夙夜战兢,果然福极祸生,遂逢灾眚。去秋所属河间等处,遭罹水淹,实臣政无善状,躬蹈非几之所致。臣虽极力拯救,而安插无术,以致贫民流移入京,上厪圣怀,不即治臣之罪,谕令委官招回原籍,无废农务。臣跪读之下,恭绎圣言,宽大和平,而微臣循省思咎,终宵达旦,愧恨不复欲生。臣本庸才,遭逢恩盼,锡赍迥出寻常。一有罪戾,亦宜从重处分,以为叨蒙尸位者戒。况六官首职,难以久虚;九列崇班,从无兼领。臣今若惧罪隐忍不言,则厚颜腼面,不独外无以示吏民,且内无以对妻子。伏乞天恩另简贤能,补授吏部尚书,使臣落职待罪,效力郊圻,穷思毕精,以赎愆过,庶心稍安而分可尽。"疏入,得旨,如前。寻谕大学士等曰:"李光地居官有何可议? 惟常为门生所诳,或其人口讲道学,彼即信之。夫道学岂易言哉?

若徒托之空言而无实事,则何益之有?"

八月,御史吕履恒劾奏光地于秋审之事任意断决,上以光地依律审拟,非任意断决,命发还吕履恒奏。时给事中王原又劾奏文选司郎中陈汝弼因光地举荐,由刑部调吏部,初犹矫饰顾名,近则专擅恣纵,有婪赃情弊。下都察院察议,革汝弼职,交刑部鞫讯。刑部定谳,计赃论绞。上曰:"人有荐陈汝弼之贤能者,故朕简于众郎中内特授选司郎中。如受贿是实,即置之于法,以为众戒。若未经受贿,则应宽之,令再审。"寻覆奏,受贿有据,应立绞。上察知供证非实,下议政大臣、九卿等确核,得刑讯选人逼供行贿状,命免陈汝弼罪,原审诸臣革降有差。王原以有嘱托私书为汝弼举首,革职。四十四年六月,光地疏劾革职云南布政司张霖假称奉旨,贩卖私盐,得银百六十馀万两。得旨,即令光地审拟,霖论斩,家产入官。十一月,谕吏部曰:"李光地居官甚好,才品俱优。授尚书年久,着升为文渊阁大学士。"调河南巡抚赵弘燮为直隶巡抚。

四十七年十一月,上以废皇太子允礽狂疾渐愈,欲复立之,命诸大臣集议保奏。尚书王鸿绪附和内大臣阿灵阿等,保奏皇八子允禩,上切责之。谕询李光地曰:"前召尔入内,曾有陈奏,今日何无一言?"光地奏:"前者皇上问臣废皇太子病如何医治,方可全好。臣曾奏言:'徐徐调治,天下之福。'臣未尝告诸臣也。"四十八年,充会试正考官。四十九年九月,太原总兵马见伯请御选武经七书颁行,上曰:"武经七书,朕俱阅过,其书甚难。所言火攻水战,皆是虚文。若依其言行之,断无胜理;且有符咒、占验、风云等说,适足启小人邪心。今日若欲另纂一书,而此时又非修武书之时。"光地奏云:"令习武者读左传即佳。"上曰:"左传浮夸,昔人曾议之。不若于武经七书内分别出题,并以论语、孟子一并出题也。"五十二年三月,赐千叟宴于畅春园,光地得优赉。

五十四年六月,疏言:"臣前以疮毒发体乞休,奉谕以内阁老臣雕零,令臣勉加调摄,药饵食物,赐赉频仍,枯株败柎,复得更生。万寿节后,臣复申前请,又因垂念理学绪微,经书说杂,特加删辑,以惠万世。御纂朱子全书,继以群经、性理诸编,皆烦圣心裁定。臣所承修,系易经、性理,猥以浅劣末学,二三年间,荷皇上殷勤指诲,字酌句议,缕析毫分。每一经校正,能使愚蒙顿开。臣上幸先圣前贤之复光,下喜暮年馀生之有觉,是以黾勉从事,忘疾病之在身,知其有重于区区之躯命者,而不敢自爱也。今禀承笔削二书,将次告成。俯念臣年七十有四,古人悬车,于数已过;而且痼疾缠绵,每奏对多失仪节,圣主哀矜,往往令人扶掖,而臣何敢自安乎?又臣父殁于闽乱之时,窆封浅土;臣母之殁,因臣在京守制,久未合祔。十馀年来,臣长子、臣妻、臣媳相继沦丧;臣孙幼小,未能襄事。臣以草霜风烛之龄,前期不能自料。诚恐臣身已极于宠耀,而泉下未逮乎哀荣。乌犊私情,难免凄恻。故敢渎恳,允臣休致,庶微臣得遵止足之戒,而稍尽骨肉之恩。伏念人生所难值者太平之世,所难逢者尧舜之君。臣身受特达之知,心迹无间,日聆至精之论,道法亲承,则千百年来未有如臣之幸者。臣闻父老扶杖以观化,葵藿倾叶以向阳。臣之遭时如此,受恩如此,其乐观熙皞而倾心圣明,曾是野人园花之不如乎?抱诚结恋,虽梦寐不敢忘君,实不获已而引年求退,伏乞圣主哀而谅之。"疏入,得旨:"卿才品优长,文学素裕,宽宏休容,得大臣之体。自简任机务以来,恪共清慎,益著勤劳。今虽以老病乞休,朕眷注方殷,何忍允其所请?正资倚毗,共乐升平。奈泉壤骨肉之分,亦系一生之要事。暂给假二年,事完即来京办事,以副朕笃念老臣至意。"又赐以诗,有"协恭惟得老成儒,味道经书翊庙谟"之句。

五十六年四月,[五]至京,奉命勘阅大学士王掞等所纂春秋传说及检讨张照等所辑篆字经文。五十七年正月,内阁议上孝惠章皇后尊谥,疏中未书章皇后,部议降三级调用,得旨宽免。五月,卒于官,年七十有七。是时,上驻跸热河,谕阁臣曰:"李光地屡经求退,其奏折已呈览数次。因大学士王掞患病告假,故暂止其奏。俟王掞到阁时,令其具本奏请,并非李光地贪恋官职,而借以为名也。前折衷心毕露,甚是详明。今览遗本,因陡染重疾,辞不达意,深可悯悼!"遣恒亲王允祺率内大臣、侍卫往奠茶酒,给银一千两,令工部尚书徐元梦护其丧。谕部臣曰:"李光地久任讲幄,简任纶扉,谨慎清勤,始终如一。且学问渊博,研究经籍,讲求象数,虚心请益。知之最真无有如朕者,知朕亦无有过于李光地者。倚任方殷,忽闻患病溘逝,朕心深为轸恻!所有应得恤典,该部察例具奏。"赐祭葬如典礼,谥曰文贞。世宗宪皇帝雍正元年,追恤圣祖朝宣力效忠大臣,赠光地太子太傅。十年,入祀贤良祠。

【校勘记】

〔一〕遂复建宁延平 "平"原误作"安"。汉传卷六叶三下,及耆献类征卷一○叶二下均同。今据仁录卷六三叶一六下改。

〔二〕李光地当闽省变乱之初　"变"原误作"交"。今据仁录卷七八叶
　　　二上改。按汉传卷六叶五上,及耆献类征卷一〇叶三下均不误。

〔三〕由卫水至献县完固口复分为两支　"卫"原误作"衡"。汉传卷六
　　　叶一八下,及耆献类征卷一〇叶一〇下均同。今据仁录卷一九三
　　　叶一〇上改。按本传下文有"其入卫之河"一语,亦可参证。

〔四〕时给事中满普　"普"原作"晋",形似而讹。汉传卷六叶二〇下,
　　　及耆献类征卷一〇叶一一下均同。今据仁录卷二〇〇叶九上改。

〔五〕五十六年四月　"六"原误作"四"。汉传卷六叶三三上,及耆献
　　　类征卷一〇叶一八下均同。今据清史稿册三三页九八九九李光
　　　地传改。

萨布素

　　萨布素,满洲镶黄旗人,姓富察氏。其四世祖充顺巴本,太
祖高皇帝时,由岳克通鄂城率丁壮屯吉林,遂家焉。

　　萨布素初由领催授骁骑校,迁协领,皆在吉林。康熙十六年
四月,圣祖仁皇帝以长白山为本朝肇迹发祥,宜崇秩祀,敕遣内
大臣觉罗武默讷、侍卫费耀色、塞护礼、[一]索鼐等前往瞻视。六
月,至吉林,欲选曾往者导引,弗可得。宁古塔将军巴海令协领
萨布素率兵二百,携三月粮以随。循温德亨河陆行七日,至卓隆
鄂河,复乘舟,由幹努呼河逆流二日,至佛多和河,顺流一日,抵
讷殷,陆路为林木所阻。翌日,萨布素率兵伐木开路,行三十馀
里,陟山巅,升树而望。又行数里,登高峰望之,遣人还告武默讷
望见片片白光,即长白山,计相距止百里馀矣。武默讷等后一日
至,复开路行一日,诘朝又行,云雾塞径,恍惚闻鹤鸣六七声。寻

声疾走,因得鹿蹊,密林丛翳,进至山麓,跪诵敕旨毕,云雾忽开,有路半山石砌若平台,五峰环拱,南一峰稍下如门,山水左流为松花江,右流为大小讷殷河,中潭不流者周三十馀里。由潭边陟山五十馀丈,香树纷郁,黄花灿烂,遍地积雪,即向所望见片片白光也。萨布素曰:“此地人迹罕到,不宜久留。”遂叩拜而返。至山麓,有群鹿自山奔坠,时伫立视者七人,鹿适介其七。萨布素谓武默讷曰:“此山灵所赠也!”令从者挈之以行,不数十步,回首瞻望,已云雾弥山矣。仍由讷殷行十五日,乃还吉林。八月,武默讷等入奏,敕礼臣详议尊封长白山之神,秩祀如岳镇。自是春秋望祭于吉林城西南九里温德亨山,永著为典。

　　十七年八月,擢萨布素宁古塔副都统。二十一年八月,上遣副都统郎坦、朋春率兵赴黑龙江。时俄罗斯人来边境者,咸称为罗刹。郎坦、朋春奉谕曰:“罗刹犯我黑龙江边境,昔曾发兵进讨,未获翦除。近又侵入精奇哩江诸处,恃雅克萨城为巢穴,蔓延益甚。尔等往偕宁古塔副都统萨布素率兵至达呼尔、索伦,遣人赴尼布楚,谕以捕鹿之故。因详视陆路近远、[二]沿黑龙江行围,径薄雅克萨城下,勘其居址、形势。度罗刹断不敢出战,若以食物来馈,可受而量答之。其自黑龙江至额苏哩舟行水路,及额苏哩通宁古塔之路,择随行之参领、侍卫同萨布素往视。”十二月,郎坦、朋春还奏雅克萨城易取状,上命建木城于黑龙江、呼玛尔二处,调宁古塔兵一千五百往驻。造船舰,运炮具,以萨布素同将军巴海统之。

　　二十二年四月,萨布素与巴海奏言:“黑龙江、呼玛尔距雅克萨城尚远,若驻兵两处,则势分道阻;且过雅克萨有尼布楚等城,罗刹倘水陆运粮增兵救援，更难为计。宜乘其积贮未备，[三]速行征剿。一俟造船毕，度七月初旬能抵雅克萨，即统兵直薄城下。"疏下议政王大臣议，如所请。上以所议七月进攻，未协机宜，令再议。因谕曰："宁古塔兵未谙行军纪律，将军与副都统分管，又不能齐心，巴海可留守吉林，萨布素同宁古塔副都统瓦礼祜领兵前往。俟抵彼相度形势，奏请酌行。"寻允王大臣议额苏哩在黑龙江、呼玛尔之间，可以藏船，且有田陇旧迹，宜建立木城。令萨布素、瓦礼祜统兵驻守。七月，索伦总管博克等招降罗刹三十一人，诏赏其头目二人衣帽，赴萨布素军前效力。九月，命前锋统领郎坦会商驻兵事宜。寻奏言："额苏哩今年七月即经霜雪，若于来秋移宁古塔兵往驻，恐地寒霜早，诸谷不获，难以糊口。应就近移达呼尔兵五百人，先于来春赴额苏哩耕种，量其秋收，再以宁古塔三千馀兵分为三部，更番驻防。"上曰："兵丁频事更番，必致困苦，非长久计。宜在黑龙江建城永戍，豫备炮具、船舰，设斥堠，计程置驿。有警则乘蒙古马驰击，常时按程以行，由水路陆续运粮积贮黑龙江，仍设将军、副都统领之。"

十月，调萨布素为黑龙江将军。十一月，疏言："罗刹来归之宜番、鄂噶番、席图颁三人，效力勤劳，宜与新投诚之吉礼过哩、鄂佛那西等酌给官职，以示鼓励。"得旨，授宜番骁骑校，馀授七品官，其新投诚之鄂佛那西等赐袭帽，令驰驿赴萨布素军前，[四]酌遣招抚。二十三年五月，疏报营总鄂罗顺抵罗刹界，遣宜番等招抚二十一人以归。七月，疏请今年暂停攻剿，俟来年四月进兵。上曰："前遣侍卫关保传谕萨布素率水陆兵丁，刈罗刹所种田禾，则雅克萨城自困。萨布素亦言罗刹田禾应行踏毁。今乃奏请暂停,是坐失机宜矣。"萨布素寻以坐失误军机,上疏请罪。上以萨布素现在领兵进剿,谕部俟事竣察议;命都统瓦山、侍郎果丕与萨布素会议师期。二十四年正月,奏言:"我兵四月秒水陆并进,攻雅克萨城。倘万难攻取,则刈其田禾。"上谕王大臣曰:"萨布素所奏四月进兵,不过刈取田禾,事必无成。此皆谪遣黑龙江狂悖之人,〔五〕从中阻议,不欲事成;而萨布素出身微贱,高视若辈,不敢有违。用兵所关甚巨,宜周详筹画,期于必克。倘谋事草率,罗刹将益肆猖狂矣。"乃命都统朋春、銮仪使侯林兴珠、〔六〕台湾投诚左都督何佑分率八旗、绿旗兵丁及藤牌兵赴黑龙江会剿。五月,抵雅克萨,遣人以书谕之,不从。萨布素同朋春等军其城南,集战船于城东南,列红衣炮于城北,将夹攻之,先积柴城下为焚城状。城中大惊,其头目额里克舍穷蹙乞降。先是,萨布素屡奉谕行军不可多行杀戮。至是,朋春宣上恩德,额里克舍垂涕稽颡谢,引六百馀人徙去。我军毁雅克萨城。捷闻,谕议政王大臣曰:"大兵迅速征行,破四十年盘踞之罗刹于数日之间,获雅克萨城,克奏厥绩。萨布素向来逗遛不进兵之罪,概从宽免。至雅克萨城虽已克取,防御决不可疏。应于何地驻兵弹压,其速议具奏。"寻允所议以副都统温岱、纳秦驻守黑龙江,〔七〕萨布素移驻墨尔根,建城防御。

　　二十五年正月,萨布素奏:"遣人往侦罗刹复至雅克萨,筑城盘踞。请于冰消时,督修战舰,相机进剿。"谕曰:"罗刹复筑雅克萨城,若不速行扑剿,势必积粮坚守,图之不易。其令萨布素暂停墨尔根处兵迁移家口,速修船舰,统宁古塔等处兵,赴黑龙江城,酌留盛京兵守之。所部二千人,攻取雅克萨城。"寻命副都统郎坦、班达尔沙领兵会剿。八月,奏言:"臣等遵旨围雅克萨城,已三面掘壕筑垒,壕外置木桩、鹿角,分汛防御,城西对江,另设一军,于未流澌时,泊船东西两岸,令堵尼布楚援兵。至流澌时,即藏船上流之港内,以资守御。军中马匹有疲羸者,请半发黑龙江,半发墨尔根,驻防兵饲秣。"得旨,如所请行。九月,俄罗斯察罕汗遣使上疏纳款,乞撤雅克萨之围。上谕以别遣使来议地界,命萨布素撤围城兵,列舰结营。寻以俄罗斯使臣费耀多啰等已抵喀尔喀土谢图汗境,诏萨布素还驻墨尔根。又以噶尔丹侵掠喀尔喀,传谕费耀多啰等按期定议。二十八年四月,费耀多啰等至尼布楚,诏调黑龙江兵一千五百随内大臣索额图等赴尼布楚定议,令俄罗斯自毁雅克萨城,徙其人去,以格尔必齐河北岸为彼界,立碑垂示久远。二十九年,萨布素奏以前此索伦总管安珠瑚等所种官田二千馀亩,分给墨尔根兵丁屯种。三十一年,同宁古塔将军佟宝奏建齐齐哈尔城及伯都讷木城,以科尔沁献进之锡伯、卦尔察、达呼尔壮丁万四千有奇分驻二城,〔八〕编佐领,隶上三旗,并设防守尉、防御等官。〔九〕

　　三十四年,遵旨陈奏进剿噶尔丹豫备事宜,言:"兴安岭北形胜之地,索约尔济山为最。已遣熟识路径官兵自盛京、吉林、墨尔根三路度至山远近,分置程站,其无水处,掘井以待。若山之东北呼伦贝尔诸处有警,则与臣驻军之地近,即率墨尔根兵先进,吉林、盛京兵继之;若山之西乌勒辉诸处有警,则盛京兵先进,臣率部下兵及吉林兵继之:皆会于索约尔济山以待。"上可其奏,又谕曰:"闻噶尔丹顺克鲁伦河而至,萨布素速即远行侦探;倘贼犯车臣汗地,听酌量御剿,即蹑其尾以进。"

三十五年二月,上亲征噶尔丹,由独石口出中路,大将军费扬古由归化城出西路,命萨布素扼其东路。谕领侍卫内大臣等曰:"近闻噶尔丹将欲东行,故令萨布素整兵设侦,防其窜逸。所派盛京、宁古塔兵及科尔沁兵,以萨布素总辖。凡口外所报军务,悉使知之。"萨布素寻奏言各路调集之兵,于四月初由索约尔济山刻期进克鲁伦河。四月,上亲临克鲁伦河,噶尔丹西窜,为费扬古所败。萨布素奉诏就喀尔喀河附近,择好水草处秣马。六月,命率兵一千移驻科图,馀皆遣还。七月,诏分所部兵五百隶费扬古军。三十六年正月,召还京。寻令仍回原任。九月,疏报沿河被水之十八庄,请以旧贮粮米按丁散给。上曰:"萨布素前曾奏称收贮粮米三万馀石,年久渐朽,与其积之腐烂,何若散之为有益。且出陈可济军粮,易新易于收贮。其如所请行。"

初,边境有墨尔哲勒氏屯长,累世输贡。康熙十年,其屯长扎努喀布克托请率众内移,宁古塔将军巴海安辑之墨尔根,编四十佐领,号为新满洲。三十四年,萨布素奏于墨尔根两翼各立一学,设助教官,选新满洲及锡伯、索伦、达呼尔每佐领下幼童一名,教习书艺。是为黑龙江建学之始。上尝问萨布素:"免死罪犯聚集黑龙江,虑生事否?"萨布素奏言:"凶徒俱分给新满洲为奴,势孤力散,恶不能逞。"至是,上忆其言,以谕大学士等曰:"人命所关重大,朕数年以来,凡盗案止诛首恶,其从犯俱免死发遣黑龙江。每虑聚集或至生事,曾问及萨布素。据所云,则不惟全活甚众,且新满洲亦资益良多矣。"三十七年四月,奏锡伯、达呼尔佐领阿穆瑚朗、巴琳等旷误防哨,谕曰:"萨布素任黑龙江将军年久,谙练地方事务,亦得军民之心。锡伯、达呼尔编入佐领,已数年矣,理合遵行禁令,今旷误防哨,不可不严加处分。佐领阿穆瑚朗、巴琳俱革职,交萨布素惩治。嗣后若有此等不遵法纪者,令萨布素酌量治罪以闻。"九月,上巡幸吉林,谕大学士等曰:"萨布素授任以来,为国效力,训练士卒,平定罗刹,勤劳可嘉!其予一等轻车都尉世职,并以朕御袍及缨纬,于众前宣谕赐之。"

三十八年,黑龙江副都统关保为其所劾,罢之;协领都尔岱讦告滥用驿站车马诸款,萨布素以讦告在劾罢后陈奏。上以关保未任副都统时,久为侍卫,谕大学士等曰:"萨布素办事明敏,然器局卑琐,朕巡幸吉林,每见其逢迎近侍。朕听政多年,何事未历,金壬端良,夫岂不辨? 彼近侍何能为? 关保各款俱实,料萨布素不能袒护,可即令其察审。"寻覆奏察审关保疲劳驿站,拟革职枷责,命从宽降五级调用。

三十九年五月,萨布素奏黑龙江屯堡因灾荒积欠米石,请俱俟丰年陆续交仓。得旨:"前因罗刹侵扰内地,是以驻兵黑龙江,设立官堡,遣员屯粮,原欲多积米石,厚备军储。仍令革任总督蔡毓荣经理十二堡,萨布素曾奏其皆有成效。后因其十二堡荒弃无收,复请停止屯种,将壮丁改归驿站,其馀官堡通课日多,并从前贮存仓米,支散无馀,致驻防兵饷匮乏。萨布素难辞其咎,令明白回奏。"八月,奏言:"官屯耕种虽未失时,而地气早寒,秋霜损稼,又累经水旱,不能交纳官粮,兵丁糊口无资。因以旧存仓米,按丁支放,由臣庸劣,不能远谋所致。至前奏蔡毓荣所管十二屯堡停止耕种,罪实难辞。今请以齐齐哈尔、墨尔根驻防兵每年轮派五百人遣往锡伯等处耕种官田,督令未及霜降,悉行收获。夏秋间以船贮谷运至齐齐哈尔仓收存。其所买耕牛、田器、籽种,先于备存俸饷内支用,俟次年收获日,扣还归款,则粮储裕而兵饷可充。"疏下户部察议,寻议锡伯诸处屯种事宜,应如所请行。其以蔡毓荣荒废之屯地妄报成效,实属瞻徇,又以贮存谷石混行给散,不能严饬兵丁屯种应粮,应令赔偿通谷一千二百三十馀石归仓,并请旨严加治罪。上命侍郎满丕等前往察讯。四十年正月,满丕等奏萨布素徇私捏报屯种,浮支仓谷,应斩。得旨,免死革任,并革去一等轻车都尉世职,在佐领上行走。寻授散秩大臣。未几,卒。

【校勘记】

〔一〕侍卫费耀色塞护礼　"护"原作"获",形似而讹。满传卷二四叶一下,及耆献类征卷二七八叶一上均同。今据长白征存录(清宣统二年排印本)卷二上叶三上改。

〔二〕因详视陆路近远　"近远"原误作"进达"。满传卷二四叶三下,及耆献类征卷二七八叶二下均同。今据仁录卷一〇四叶九下改。

〔三〕宜乘其积贮未备　"备"原误作"便"。满传卷二四叶四上,及耆献类征卷二七八叶二下均同。今据仁录卷一〇九叶七下改。

〔四〕令驰驿赴萨布素军前　"驰"原误作"驻"。满传卷二四叶六上同。今据仁录卷一一三叶一〇上改。按耆献类征卷二七八叶三下不误。

〔五〕此皆谪遣黑龙江狂悖之人　"谪"原误作"商"。满传卷二四叶六下,及耆献类征卷二七八叶四上均同。今据仁录卷一一九叶五下改。

〔六〕銮仪使侯林兴珠　原脱"侯"字。满传卷二四叶七上,及耆献类征卷二七八叶四上均同。今据仁录卷一一九叶一二下补。

〔七〕纳秦驻守黑龙江 "秦"原作"泰",形似而讹。满传卷二四叶八上,及耆献类征卷二七八叶四下均同。今据仁录卷一二二叶一四下改。

〔八〕达呼尔壮丁万四千有奇分驻二城 "达"原误作"哈"。满传卷二四叶九下同。今据耆献类征卷二七八叶五下改。按仁录卷一五五叶七下作"打虎儿",同名异译耳。

〔九〕并设防守尉防御等官 原脱"尉"字。满传卷二四叶九下,及耆献类征卷二七八叶五下均同。今据仁录卷一五五叶八上补。

郎坦

郎坦,满洲正白旗人,姓瓜尔佳氏,内大臣武拜之子也。年十四,任三等侍卫。世祖章皇帝顺治六年,迁二等侍卫。随端重亲王博洛征叛镇姜瓖,师次浑源州城,围之。贼渡濠来犯,郎坦射其酋,贯心而殪,遂败贼众。师还,擢一等侍卫。八年,以武拜附和内大臣洛什等造言构衅获罪,并革郎坦任。九年,恩授三等侍卫,寻复一等侍卫。圣祖仁皇帝康熙二年,代父管佐领,迁护军参领。随定西将军图海征流贼李来亨等于湖广茅麓山,同护军参领叶楚赫深入贼巢,擒伪官十一人。四年,袭父一等子爵,仍任一等侍卫。十二年,京城有邪教陈三道等设坛惑众,郎坦率诸侍卫逮系之。十三年,奉命行边捕获逃盗张飞腿等于板城。十九年,擢正白旗蒙古副都统。明年,调本旗满洲副都统。

二十一年八月,上以俄罗斯屡扰黑龙江边境,久踞雅克萨地,命郎坦同副都统朋春率兵沿黑龙江行猎,觇雅克萨情形,相度水陆往来远近。十二月,疏言:"俄罗斯久踞雅克萨,恃有木城,若发兵三千,携红衣炮二十具,即可攻取。陆行自兴安岭以往,虽无险山,而林木丛杂,途径仄隘。冬雪之时,沙结冰坚,夏日遇雨,泥深淤阻,惟轻装可行。水程自雅克萨还至爱浑城,于黑龙江顺流行船,仅需半月,观两岸悉可纤挽;若逆流行船,约须三月。视从陆倍,期于运粮饷军器辎重为便。现有大船四十、小船二十六,宜增造小船五十馀。"奏入,诏宁古塔将军巴海等造船备炮,择要地驻守,暂缓进兵。二十二年二月,擢郎坦前锋统领。九月,命往会黑龙江将军萨卜素酌议驻兵额素哩事宜,还奏额素哩今年七月即经霜雪,来年宜乘春和时,以宁古塔诸处兵分为三班,更番往驻。上以更番戍守,非久长策,不允行。二十三年,甄别八旗管兵官员之弗胜任者,罢郎坦前锋统领,以子爵随旗行走。

　　二十四年正月,都统朋春同台湾投诚左都督何佑率兵征雅克萨,[一]副都统班达尔沙、护军统领佟宝为参政,郎坦以副都统衔随征。师既行,上遣侍卫往谕朋春曰:"朕以仁治天下,素不嗜杀。尔其严谕将士,毋违朕旨。以我兵马精强,器械坚利,俄罗斯势不能敌,必献地归诚。尔时勿杀一人,俾还故土,宣朕柔远至意。"五月,师薄雅克萨城,朋春、班达尔沙等军其城南,何佑等集战船于城东南,潜进红衣炮于城北,与副都统温岱等将夹攻之,先集柴城下为焚城状。其城长额里克舍乞降,郎坦宣恩谕宥其罪,额里克舍稽颡谢,引六百馀人徙去。其愿来内附者,巴什里等四十五人挈妻子,及前此被掠之索伦、达呼尔户口百馀,俱随大军还。奉诏安插内地,毁其木城。郎坦与议政王大臣等会议镇守事宜,议于墨尔根筑城驻兵。是年冬,俄罗斯复踞雅克萨筑城。明年二月，命同班达尔沙携炮，率藤牌兵百，往会黑龙江将军萨布素进征。旋奉诏以郎坦谙悉地形，即令参赞军务。六月，师薄其城，凿壕筑垒，四面列围。贼出拒，阻击，败之，斩额里克舍。寻以俄罗斯察罕汗遣使诣阙谢罪，请释雅克萨围。上命以别遣使来议地界，诏释围，退驻查克丹待之。寻还驻宁古塔。明年，擢郎坦正白旗蒙古都统。二十八年，俄罗斯议界使人费耀多啰等至尼布楚，上遣领侍卫内大臣索额图等同郎坦往议，以格尔必齐河及额尔固讷河为界，毁雅克萨城，令其人徙去。是年，调正白旗满洲都统。

二十九年，古北口外突聚群盗，劫掠屯庄，郎坦奉命偕侍卫赫济尔亨等督石匣城、古北口官兵捕剿，出喜峰口，追及之龙须门，盗以鸟枪抗御，逃踞山顶，掷石拒阻，伤害绿旗兵三人、从役一人，赫济尔亨率兵发矢，殪十馀盗，复分兵山坡，绕后截击，斩四十馀盗，无一脱者。郎坦还奏群盗逞凶伤害兵丁，侍卫及众官兵奋勇击斩状，下部议恤赏、纪录有差。

三十年正月，上以噶尔丹肆掠喀尔喀，逼我边境，授郎坦安北将军，驻防大同。二月，疏请出边驻喀喇穆伦，以侦贼情，申严边备。诏暂驻归化城。七月，命同副都统硕鼐、参领素丹等勘阅宁夏、延绥、西宁沿边进兵道路以闻。三十一年，擢领侍卫内大臣，兼火器营总管，列议政大臣。三十二年，授昭武将军，率兵驻甘州。八月，擒获哈密回人之输税厄鲁特者，讯知噶尔丹所在，请于来春率兵进剿。疏下王大臣等议，以噶尔丹已遣使乞宥罪，止之。三十三年三月，上以宁夏近贺兰山，为边隘要地，谕郎坦率兵移驻，与甘肃提督孙思克分侦噶尔丹及其侄策妄阿喇布坦构衅事，遇有边警，会商御剿。七月，上闻噶尔丹将逼图拉，谕郎坦熟练边情，移兵图拉御剿。寻以图拉无警还京，仍任领侍卫内大臣，预议政。

三十四年五月，命往盛京察视边隘，至杀虎口，疾剧，遣太医往视。六月，卒，年六十有二。榇至通州，遣侍卫四人奠茶酒，赐祭葬如例。子拉忻，袭爵。

【校勘记】

〔一〕都统朋春同台湾投诚左都督何佑率兵征雅克萨　"佑"原作"祐"，形似而讹。满传卷一七叶六一上，及耆献类征卷二七五叶四四上均同。今据仁录卷一一九叶五下改。下同。按本卷萨布素传何佑不误。

佟国纲

佟国纲，满洲镶黄旗人，姓佟佳氏，都统佟图赖长子。初隶汉军，管佐领，任一等侍卫。圣祖仁皇帝康熙元年，袭父三等子。寻任内大臣。十四年，察哈尔布尔尼作乱，上命抚远大将军信郡王鄂扎统师讨之，授国纲安北将军，往镇宣府。贼平，乃还。十六年，因佟图赖为孝康章皇后之父，追赠一等公，以国纲袭。二十年，授镶黄旗汉军都统。二十二年，充教习鸟枪兵丁总管。二十七年，疏言："臣先世因在抚顺，倡率明人来归，故隶汉军。其初实系满洲，曾蒙太祖高皇帝谕令与佟佳氏之巴都哩、蒙阿图诸大臣考订支派，叙明族谱。今请仍归满洲。"事下部议，以佟姓官职众多，应仍留汉军。现任国纲本支准改入满洲。

是年,俄罗斯遣使费耀多啰等至尼布楚请定边界,上命国纲同内大臣索额图等往议。既抵色稜额,因噶尔丹侵掠喀尔喀,[一]召还,令遣人晓谕费耀多啰等缓期,得其复书奏闻。明年四月,同索额图等往尼布楚定议,以额尔固讷河及格尔必齐河为界,立碑垂示久远。二十九年七月,命抚远大将军裕亲王福全征噶尔丹,以国纲参赞军务。八月朔,师次乌兰布通,噶尔丹于隔岸林中卧驼于前,而兵伏其后。国纲率兵奋勇进击,贼突发鸟枪,国纲中创,遂殁于阵。榇至京,命皇子及内大臣侍卫迎奠茶酒;及将葬,谕领侍卫内大臣曰:“佟国纲为国效力,忽尔阵亡。每一思之,痛不能已!必须一视其丧,朕心庶几少慰。”国纲弟国维及诸臣叩阻再三,乃命诸皇子及上三旗大臣、侍卫、部院大臣皆往送,赐祭葬如典礼,谥忠勇。以长子鄂伦岱袭一等公;其阵亡所得之骑都尉又一云骑尉世职,以第三子夸岱袭。世宗宪皇帝时,赠国纲太傅,入祀昭忠祠,并敕立家庙。

【校勘记】

〔一〕因噶尔丹侵掠喀尔喀 “因”原作“固”,形似而讹。满传卷二〇叶三七上,及耆献类征卷三四五叶二八下均同。今据仁录卷一三五叶一六上改。

萨穆哈

萨穆哈,满洲正黄旗人,姓吴雅氏。顺治十二年进士,授户部主事。十五年,迁本部员外郎。

康熙十二年九月,圣祖仁皇帝允吴三桂撤藩,命萨穆哈偕郎中党务礼、席兰泰,主事辛珠,笔帖式萨尔图等赴贵州,豫备大船刍粟。谕曰:"向来驿地困苦,今则更甚矣。尔往,慎勿骚扰,亦无故迟误也。"既至黔,吴三桂阴与藩下都统吴应麒等谋反。十二月,云贵总督甘文焜得从贼提督李本深招降贵州巡抚曹申吉逆书,遂告知萨穆哈及党务礼等,趣令赴京入奏,并请湖广援兵。萨穆哈驰抵镇远,镇远官吏已得吴三桂伪檄,不给驿马。萨穆哈语党务礼曰:"偕行人众而马不给,欲勿迟,势有不能,恐误事。吾二人可驰往前途易马。"遂与党务礼先至沅州,乘驿疾驰十有一昼夜至京,备陈吴三桂叛逆,云南巡抚朱国治遇害,及甘文焜请兵赴援状。上命前锋统领硕岱率兵驰守荆州,敕遣王、贝勒、大臣统师进讨。先是,席兰泰乏马,自镇远乘小舟至常德,乃得乘驿,较萨穆哈、党务礼迟七日至京。辛珠、萨尔图在贵阳不及行,并死于贼。甘文焜因贵阳难守,率十馀骑至镇远,叛将江义以兵阻之,自刭死。事详甘文焜传。十三年二月,萨穆哈迁刑部郎中。十四年六月,命吏部优叙告变功,萨穆哈、党务礼、席兰泰并应升光禄、太仆寺卿。〔一〕

　　十五年二月,授萨穆哈太仆寺卿。十六年二月,迁内阁学士。六月,擢户部右侍郎,寻转左。十八年正月,奉命察赈山东,奏言:"东省岁饥,青州、济南、兖州所属为最苦。支给德州、临清二仓米石,运价不赀,且恐不能速至。臣与抚臣赵祥星议就近截留济宁州漕粮五万四千馀石,即行散赈。其距水稍远州县,先酌给银两,均不至乏食。"疏入,报闻。明年五月,疏言:"臣屡奉简命,所过直省州县,间有借称送差,科派民财,深滋扰累。请嗣后除事关重大,仍特遣部院官员外,其馀概停差遣部员,交各督抚办理。"得旨:"萨穆哈奏州县借称送差,科敛百姓,所见最真。部院大臣奉差出外,本非得已,其借端科敛之州县,应严行禁止。"下九卿、詹事、科道会议,寻奏州县科敛俱照贪官例议罪,其失察上司并交部议处。七月,调吏部左侍郎。

二十年五月,擢左都御史。十二月,迁工部尚书。二十一年五月,奉命察视石景山至卢沟桥石堤,奏言:"石景山堤内本系官地,自康熙元年招民开垦荒田十顷,以致侵损堤根。请敕户部豁免所征粮银,仍饬卢沟桥都司巡察,毋令再行耕种践踏。如遇雨水冲坍,并令随时详请报部修理。"从之。明年十一月,山西地震,命萨穆哈察视。十二月,奏崞县、忻州、定襄、五台、代州及振武卫被灾尤重,请发帑赈济。得旨:"山西新经地震,虽遣官察赈,其崞县等处地丁钱粮,仍分别蠲免,以示轸恤。"二十三年正月,上甄别部院大臣,以萨穆哈黾勉供职,部务渐觉整理,谕奖之,复所降级。

二十四年十一月,河道总督靳辅请于高邮、宝应诸州县下河筑堤束水以注海,按察使于成龙请开浚海口故道,〔二〕大学士、九卿议从靳辅。上询问日讲官之籍隶江南者侍读乔莱,是成龙议,力言靳辅奏不可行。上曰:"乡官之议如此,〔三〕未知百姓如何?浚河原以救民。其令尚书萨穆哈及学士穆成额速往淮安,〔四〕会同漕运总督徐旭龄、巡抚汤斌详问地方父老,有利无害,方可举行。"二十五年二月,萨穆哈还奏:"详问居民,佥言从于成龙议,则积水难施工力;从靳辅议,则水中亦难取土:请并暂停。"上谕曰:"海口不浚,则泛溢之水无归;浚之,使水有所泄,淹浸田亩可以涸出。"令萨穆哈与于成龙同九卿再议。寻以成龙言,欲开海口,必修治串场河,费至百馀万两,九卿奏停之。是年,汤斌入为礼部尚书,奏言:"开浚海口,原以水大暂停。若竟中辍,万一再遇水灾,下流诸城付之巨浸矣。向曾与萨穆哈言之。"上召问萨穆哈,奏曰:"臣等会勘海口,七州县人民各陈地方情形,语言不一。择其通达事体者每州县十人,询以利害,皆以开浚为不便。故暂从舆论。"上曰:"尔意此河可以开浚否?"奏曰:"大堤恐不能筑。若将下河高阜陆续疏通,使积水入海,似亦可行。"仍下大学士、九卿议,如于成龙前奏行。特命内阁学士孙在丰督浚之,谕曰:"下河众议应开,萨穆哈何独以为不可?"下部议,以回奏失实,革职。得旨,在佐领行走。寻授步军翼尉。

三十二年,仍擢工部尚书。三十九年三月,召工部堂官谕曰:"淮、扬百姓久罹水患,亟宜拯救,此系尔等专责。近日河工徒费帑银,毫无裨益。推原弊端,皆在尔部。凡河臣启奏,恐干部驳,随即遣人营求,尔部鲜不受其请托者。若此弊不除,黄运河何由奏绩?"萨穆哈奏曰:"臣等即当遵旨严禁。"上曰:"岂止严禁他人,即尔等亦宜改悔。"九月,工部上本年杂项报销册,复以估计浮多具题,档案不开细数,及委员多瞻徇请托之弊,传旨申饬。并谕萨穆哈曰:"尔部丛弊甚多,每给发工银,司员多侵蚀入己。尔在部年久,岂得诿为不知? 尔当自为身计。"是月,萨穆哈以老病乞休,得旨:"萨穆哈在职四十馀年,部务何以不知? 弊端何以不悉? 乃历年碌碌,帑金皆致虚糜。及奉严旨,遂欲借端离任,虚伪巧诈已极! 着革职,仍令稽察工部弊端,一一举出。倘仍前执谬,朕不能宽贷也。"

四十三年正月,谕内务府大臣曰:"去岁京城内外河道,支领

帑银甚多,修筑甚少,朕早已闻知。尔等携工部册档,往工所察
勘核估具奏。"寻奏外河监督色克图领修二十六处,止修十处,蚀
银一万五千馀两;内河监督鄂尔吉纳领修六处,止修二处,侵蚀
银三千馀两。工部堂司官未经详察,辄将帑银给发,并请议罪。
事下都察院、刑部审拟,色克图、鄂尔吉纳并论斩,工部堂司官分
别拟罪有差。萨穆哈收受色克图马匹,又从家人索匠役银三百
两,事发后始给还,拟绞候。五月,法司复奏前任监督噶楚哈、图
木岱、彭腾翊等侵帑罪状,噶楚哈等揭各堂官皆受贿,萨穆哈历
收银二千三百馀两,请旨严鞫。萨穆哈以年老衰颓,负恩亏帑,
愿将家财还项吁请。是月,以病卒于狱。应追银两,令其子
完缴。

【校勘记】

〔一〕太仆寺卿　"寺"原误作"等"。满传卷二三叶一八下,及耆献类
　　　征卷五〇叶五下均同。今据仁录卷五六叶一下改。

〔二〕按察使于成龙请开浚海口故道　"使"下原衍一"司"字。满传卷
　　　二三叶二〇下,及耆献类征卷五〇叶七上均同。今据仁录卷一二
　　　三叶一〇下删。

〔三〕乡官之议如此　"乡"原误作"讲"。耆献类征卷五〇叶七上同。
　　　今据满传卷二三叶二〇下改。按仁录卷一二三叶一三上作
　　　"绅",正是"乡官"之意。

〔四〕其令尚书萨穆哈及学士穆成额速往淮安　"安"原误作"阳"。满
　　　传卷二三叶二一上同。今据仁录卷一二三叶一三上改。按耆献
　　　类征卷五〇叶七上作"淮扬",亦误。

郭琇

郭琇，山东即墨人。康熙九年进士。十八年，授吴江县知县。二十五年，江苏巡抚汤斌疏荐琇居心恬淡，莅事精锐，堪膺迁擢。部臣以琇催征银粮未完，议驳。圣祖仁皇帝特谕部臣如斌所请，遂行取，考选，授江南道御史。

时河道总督靳辅请停下河挑浚工程，别筑高家堰重堤，以为屯田，谓可增岁收数万。直隶巡抚于成龙于安徽按察使任内，曾督修河工。至是承旨询问，因奏下河宜挑不宜停，重堤宜罢不宜筑。尚书佛伦等奉命往勘，议从靳辅奏。二十七年正月，琇劾靳辅治河无功，偏听幕客陈潢阻挠下河开浚。诏九卿察议，未上，靳辅入觐，上令辅与大学士、九卿、科道会议河工事宜。琇复奏辅派累扰民，实为民害。上曰："屯田害民，靳辅纵百喙亦难辞矣。"寻如九卿议，罢靳辅任，革陈潢职衔，予杖流。

二月，擢琇任左佥都御史。[一]先是，琇具疏劾大学士明珠、余国柱结党行私，背公纳贿，兼及尚书佛伦、侍郎傅拉塔等会议会推，附和要索，复及靳辅与明珠、余国柱等交通声气，糜帑分肥状，请加严谴。于是明珠等罢任、降用有差。事详明珠传。三月，迁太常寺卿。十月，擢内阁学士。二十八年三月，充经筵讲官，授吏部左侍郎。五月，擢左都御史。九月，疏劾原任少詹事高士奇与原任左都御史王鸿绪表里为奸，[二]植党招摇，给事中何楷，翰林陈元龙、王顼龄依附坏法状，得旨，高士奇、王鸿绪、何楷、陈元龙、王顼龄俱着休致回籍。十月，御史张星法劾山东巡抚钱珏贪黩劣迹，珏奏辨所劾悉诬，由琇曾致书于珏，嘱荐即墨令<u>高上达</u>等未允，<u>琇</u>挟嫌，使<u>星法</u>诬劾，事下法司鞫讯。未定谳，<u>琇</u>奏左都御史<u>马齐</u>于会讯时多方锻炼，必欲坐以指使诬劾之罪，上责<u>琇</u>疑揣法司。寻法司以<u>星法</u>诬珏，拟革职；<u>琇</u>致书嘱荐事实，应革职，拟杖折赎。奏上，<u>星法</u>降二级留任。上念<u>琇</u>平时鲠直敢言，从宽免革职治罪，降五级调用。

二十九年四月，吏部推补<u>琇</u>通政司参议，上命改推。<u>琇</u>以所降之级休致。八月，<u>江宁</u>巡抚<u>洪之杰</u>以<u>吴江县</u>亏空漕项，事涉前任，<u>琇</u>应赴质，牒<u>山东</u>巡抚<u>佛伦</u>。<u>佛伦</u>因劾<u>琇</u>休致，违例逗留，希图复用，请革职逮治；又劾<u>琇</u>伯父<u>郭尔印</u>系<u>明</u>季御史<u>黄宗昌</u>家奴。<u>琇</u>父<u>郭景昌</u>原名<u>尔标</u>，曾入贼党，伏法。<u>琇</u>私改父名，滥请封典，应予追夺。部议应如<u>佛伦</u>所请，并革<u>琇</u>顶带，逮赴<u>江宁</u>勘治。于是<u>琇</u>坐侵收运船饭米二千三百馀石事发弥补罪，部议充军，得旨宽免。

三十八年三月，<u>圣祖</u>南巡，<u>琇</u>迎驾于<u>德州</u>。上回銮，谕大学士<u>阿兰泰</u>等曰："原任左都御史<u>郭琇</u>前为<u>吴江</u>令，居官甚善，百姓至今感颂。其人有胆量，无朋比，可授为<u>湖广</u>总督，令驰驿赴任。"<u>琇</u>既至，以<u>黄州</u>、<u>武昌</u>二府属兵米二万七千石有奇，运给<u>荆州</u>、<u>郧阳</u>诸汛，地隔千馀里，岁费挽输不赀，疏请改为折色。<u>江夏</u>等十三县有故<u>明</u>藩产，田瘠赋重，数倍民粮，请复照民粮一例起征。<u>江夏</u>、<u>嘉鱼</u>、<u>汉阳</u>三县濒<u>江</u>地亩，积岁水啮土陷，有赋无田，并请豁免地租三百馀顷。悉得旨允行。三十九年正月，入觐，具疏讼冤，曰："臣本生父<u>郭景昌</u>，系即<u>墨县</u>庠生，伯父<u>郭尔印</u>无嗣，臣例得继为后。臣于<u>康熙</u>十五年丁艰，有册可据。邑匪<u>郭尔标</u>之事，合邑皆知，伊无妻室，安得有子？不知<u>佛伦</u>前日何所闻而捏为无稽,诬蔑臣父,陷臣欺饰?部臣不俟行查,辄令追缴封轴,乞敕廷臣详察。”时佛伦已任大学士,上诘问佛伦,以误疑郭尔印为郭尔标昆弟,举报舛错对。命仍予琇诰轴。

二月,琇陛辞,奏:“清丈地亩,以武昌道庄揖、衡永郴道董承恩、长沙府知府王益曾三员才堪委任。但湖南地广民稀,是以民多逃避,不能完课,恐清查后钱粮较前差减。”上曰:“约减几何?”琇以大约减十分之三对,上曰:“果于民有益,所减虽倍于此,亦所不惜!若不清丈,以荒田派征钱粮,有累穷黎,断不可也。此事綦重,尔具疏来,照所请行。”三月,琇复条陈三事:一、修筑堤塍,严定处分;一、无用粮船,宜停修造;一、苗地官员,通融调补。又疏禁楚地陋弊八条:钱粮摊费包收之弊,宜除;陋规杂派之多,宜去;征粮之滚单,宜行;讼棍,宜治;滥刑,宜革;捕役诬盗,宜饬;尸亲抄掠,宜禁;强族阻葬,宜惩。上以所奏情事,前任未及陈奏,琇莅任实心除弊,特旨褒嘉,并从所请。五月,请肃清学政,禁棚规,严贿赂。七月,疏奏湖南积谷一百万四千八百石有奇,请五分积谷,五分碾米贮仓,以平米价。十一月,与河道总督张鹏翮等遵旨议奏科场事宜,[三]琇请定官卷中额各省在监应试者,责成祭酒力行考课之法。部议并从之。时红苗梗化,参将朱绂剿抚事竣。琇陈善后之策,分设汛守,建立哨台,禁民私贩火药,与苗民为婚,每月三日听苗民互市,限时集散,敕旨勒石,永为遵守;又请以沅州总兵移驻镇筸。上悉报可。

会河南巡抚徐潮陛辞,谕以“如郭琇、张鹏翮等所行,则不独为当今之名臣,即后世亦可取重”。四十年二月,琇以病乞休,温旨慰留之。寻谕曰:“郭琇病甚,欲思一人代之,不可得。果能如郭琇者,有几人耶?"先是,给事中马士芳劾湖广布政使任风厚卧病已久,巡抚年遐龄徇庇不举劾。遐龄以与督臣郭琇矢公矢慎,察厘有司,任风厚实非病废,回奏。至是,风厚陛见,年尚未衰,谕曰:"郭琇居官清洁,而办事公正。如任风厚果不堪任使,郭琇岂肯徇庇耶?"四月,奏拨常平仓米给荆州兵饷。六月,请以极边游击、守备听提督选补;又请增湖广乡试中额十三名,照江南例。下部议,并从之。

　　八月,琇以病不能支,再疏求罢,复温旨慰留之。九月,以委员摘督催不力之参革黄梅县令李锦印,县民闭城拒官,保留。旧任御史左必蕃劾琇既失察于前,复不能弹压于后,难胜总督之任。部议应罢职,得旨:"郭琇丈量地亩事尚未竣,俟事竣之日,再行具奏。"四十一年九月,镇篁生员李定等叩阍,奏红苗任意杀掠,总督、巡抚讳匿不报。又给事中宋骏业劾琇向骛虚声,近益衰废,持禄养痾,应请惩治。诏侍郎傅继祖、甘国枢,浙江巡抚赵申乔驰驿前往湖南察审。值琇报清丈事竣,附陈病废,不能视事,乞赐罢斥。奏至,得旨:"郭琇原系有罪革职之人,特旨起用,授为总督。初陛见时,朕询问地方情形,辄奏称楚地易治。于丈量地亩,复言刻期可以告竣。今丈量一事,时日甚久,始行题覆。红苗屡肆抢掠,杀伤兵民,匿不奏闻,亦漫无筹画。又所属知府许锡龄揭报知县李锦亏空钱粮,郭琇不加详察,轻率题参,委官署印,以致百姓妄行聚众,擅闭城门,临时又不能禁戢。此皆大负职掌,所行俱与所言不符。着明白回奏。"琇以老病昏庸,失于觉察,回奏,自请治罪。初,红苗出犯镇篁村,掳掠户口,游击沈长禄率兵往剿,回至大梅山,红苗冲出,守备许邦垣、千总孙清及兵丁十馀名俱陷苗寨,长禄赎归,讳败不报。又副将朱绂报称苗子就抚投诚,琇据词入奏,其事属虚。至是,继祖等奉命往勘,得实,琇与提督林本植并坐徇隐。四十二年四月,上从部议,革琇及本植职。

五十四年三月,琇卒于家,年七十有八。五十五年,入祀乡贤。乾隆四年,祀吴江县名宦。

【校勘记】

〔一〕擢琇任左金都御史　原脱"左"字。耆献类征卷一六〇叶三四下同。今据仁录卷一三四叶一三上补。按汉传卷二叶六下不脱。

〔二〕疏劾原任少詹事高士奇与原任左都御史王鸿绪表里为奸　原脱上"原任"二字。汉传卷二叶七上,及耆献类征卷一六〇叶三四下均同。今据仁录卷一四二叶六下补。

〔三〕与河道总督张鹏翮等遵旨议奏科场事宜　"河道总督"原颠倒作"总督河道"。汉传卷二叶一一上,及耆献类征卷一六〇叶三六下均同。今据仁录卷二〇二叶七下改正。

彭鹏

彭鹏,福建莆田人。顺治十七年举人。逆藩耿精忠据福建反,逼鹏就伪职,鹏坚拒不从。康熙二十三年,授三河县知县。二十七年十月,圣祖仁皇帝巡幸畿甸,召问鹏不从耿逆及在籍、在官状,命侍卫赉银三百两。谕曰:"尔居官清正,不受民钱,特赉银三百两,以养尔廉,胜视民间数万两多矣!"二十八年四月,顺天府尹许三礼劾鹏于县民控告命案,不行详报。上命直隶巡抚于成龙察核，成龙以鹏讯无证据、尚在缉凶覆奏。部议鹏革职，得旨，从宽，改为降二级留任。嗣复以缉盗不获，积至降十三级调用，皆得旨从宽留任。二十九年正月，命九卿列荐贤能，鹏为尚书李天馥奏荐，与嘉定知县陆陇其等并行取，得旨，以科员用。假归，逾年，授工科给事中。

三十二年二月，同日上三疏，言秦、晋、豫三省有司不恤民。先是，陕西西安、凤翔及山西平阳等处岁歉，上发帑赈济，又命河南运米十万石给陕西。至是，以鹏疏下所司确议，令鹏指实再奏。鹏复指泾阳知县刘桂扣克籽粒，闻喜、夏县匿灾未报，猗氏知县李澍敲毙灾黎，磁州署知州陈成郊滥派运价，夏邑知县尚崇震派银包运，南阳知府朱璘暧昧分肥等事，命各巡抚察审，不皆实，议处如例。鹏得旨宽免。三十三年四月，劾顺天学政李光地闻命在任守制，不哀痛，力请终丧，仅乞假九月，悖理乖情，应罚令离任，留京终制。疏下九卿议，从之。详李光地传。

初，鹏疏劾："癸酉科顺天乡试第一名举人李仙湄闱墨刊本，考官删改过多；一百八名杨文铎文理荒谬，磨勘之给事中马士芳有通贿情弊，伏乞亲讯。如臣言欺罔，请斧劈臣头，半悬国门，半悬顺天府学。"疏下九卿、詹事、科道察议，以李仙湄闱墨刊本，系坊肆刊卖，非考官徐倬、彭殿元删改；杨文铎卷磨勘有疵，罚停一科，别无情弊。鹏奏涉虚，且狂妄不敬，应革职。上命鹏明白回奏。鹏奏："会议诸臣听徐倬、彭殿元欺饰支吾，曲为之辞，反以臣疏中'斧劈臣头'语为狂妄，请'亲讯'为不敬。臣身犯众恶，乞赐罢黜。"上命免鹏处分，徐倬、彭殿元休致。至是，鹏犹以论杨文铎文与廷臣忿争。闰五月，奉旨解任，以原品顶带效力江南河工。三十六年五月,召补刑科给事中。三十七年二月,授贵州按察使。

三十八年四月,擢广西巡抚。既抵任,劾罢加派科敛之贺县知县喻兆绅、贪酷之荔浦知县叶之荤。三十九年七月,湖广总督郭琇请除学政积弊,给事中慕琛、满普,御史郑惟孜等条奏顺天乡试事宜,九卿未尽议行,谕直隶巡抚李光地、河道总督张鹏翮与郭琇及鹏并行己清廉,命录示原奏、原议,各抒所见,勿瞻徇情面。鹏疏言:"学政积弊,督臣郭琇激切胪陈,请严督抚处分,廷臣议依定例行。夫学政贪赃,革职提问;督抚需索陋规,比照贪赃。定例已久,特未尝行之耳。敢请皇上赦既往,遏将来,敕颁榜文,缕晰条分,犯某律者毋赦,干某条者不宥。学臣入境,恭捧宣读,自督抚以下文武官跪听,临之以天威,悚之以刑罚,庶可挽回积弊。至台臣请令各省监生回籍乡试,九卿等以成均空虚为虑。夫成均首在兴行,重在作人,非为侥幸科名而设。监生遇乡试之期始至,或有甫至息肩,仍驰而南,台臣亦痛切言之。成均岂以斯为有无轻重?应责成祭酒、司业就坐监读书者讲习以序,经义治事考课有程。又于八旗官学外,如汉、唐皇亲贵戚,添设太学,培树桢干。各省学臣亦择有行有文之廪、增、附生,送入成均,何虑空虚?至若典试主司以及会闱同考,进士举人同一科甲,应请尽数开列,恭候钦点,人多而甲乙未定,可杜预揣营谋诸弊。科臣言察封坐号,以防换卷。臣窃以换卷多在入门暗约、出号交卷时,严稽于此,自应消沮矣。科臣又言各官子弟照朝考汉军例,皇上亲试,亲信内大臣监试。夫内大臣既称亲信,可以监试,岂不可以主试?所当另立考场,严绝代笔。期仍三朝,夜以继日。文章付诸公阅,去取恭听睿裁。如或混珠黩货,是自求祸也,必明罚之。"疏入,仍下九卿、詹事、科道汇核定议。互详李光地、郭琇、张鹏翮传。时河南巡抚徐潮之任,上谕之曰:"尔能如张鹏翮、李光地、郭琇、彭鹏所行,则不但为当今名臣,即后世亦可取重矣。"

十二月,调广东巡抚。四十年二月,鹏候代,疏言:"本朝武科乡会并试,如悬鹄而较射,中者固踊跃奋兴,不中者亦甘心奔走其间,消磨岁月而不自觉。此国家宾兴大典,实寓驾驭微权。惟粤西向以人数无多停试,今各学武生有一千数百,所当开以功名之门,使之不自暴弃。请自壬午年始,举行武科。"又疏言:"旧例,买生铜熟铁解京。康熙二十九年,以粤西不产铜铁,奉旨免解熟铁五万斤,欢声载道。其生铜二万斤,应请一例恩免。"并从之。又疏言:"粤西州县借端私派,巧立名色,曰'均平'。臣到任以来,已将贺县、荔浦、怀集、武缘各贪令劾罢示儆。前此州县大者派银三千两,中、下一二千两。不肖官吏先征均平而后征正课,甚有均平征收入己,遇有公事,另行科派。其不派均平者,又取盈于火耗,有明加、暗加、偏针、脱圈等弊。且均平一项,费于公事者十之一二,费于馈送者十之六七。如臣未入境之先,购备抚署器物,皆出之此。臣同司道当堂发还,使自悔艾。今欲剔厘凤弊,实苏民困,必于州县稍养其廉。乞敕于征粮之内,明收加一火耗,一切陋规概行禁止。"疏下部议,加派严行禁止,明收火耗不准行。时萧永藻赴广西巡抚任,上谕以"彭鹏在广西居官颇好,尔可以效彼所行"。又谕大学士等曰:"彭鹏人材亦甚壮健,前任三河县时,但闻有贼,即带刀乘马,亲往擒拿,毫无畏惧,朕深知之。”

八月，御史王度昭疏劾：“鹏前抚广西，受藩司教化新欺蒙，不即纠劾亏帑，待离任时始奏，而又掩护其半。广东粮道张天觉改征兵米，比照时价，浮销九十馀万两。经户部驳追。皇上令鹏察奏，正当直穷到底，[一]乃鹏偏听曾经讦奏贪庸之道员何汉英等议，以张天觉署理藩司。此兵粮一案，必由藩司查明转详，以天觉署藩司，是直以天觉察天觉。又据鹏劾藩司鲁超亏空，鲁超未任之先署印者天觉，今鲁超病故而复署之。有彼此庇护担承之弊。”上命鹏明白回奏，鹏疏言：“臣劾教化新亏空库银五万九千馀两，及臣去任，按察使卢崇义护巡抚，续劾教化新亏空四万四千馀两。王度昭谓臣‘欺蒙’，谓臣‘掩护’，巧舌如簧。不思卢崇义疏内所开正杂各项，与臣疏内所开总数无异。臣先同卢崇义盘查，除亏空五万九千馀两外，实存五十二万七千馀两。教化新敢于盘查后再为侵挪，卢崇义知之熟矣，故作朦胧。王度昭耳食眼听，遂以‘参半掩半’诬臣，谁实主之？孰令昏之？耳目之官忍为此乎？粤西奏销例，应于四十年五月。臣先于三十九年十一月盘查，必严必谨。王度昭何得纠臣离任始奏？臣抚粤东，以布政使鲁超称病详请展限，司库难以猝盘，情辞概见，指参鲁超病故，按察使张仲信称臬务繁冗，两顾必误，坚辞再三，与副使道李华之、孙明忠，佥事道何汉英，盐运使陆曾公议会详，保荐粮道张天觉堪以委署，臣叙详具题。旋据张天觉亲赴司库盘查亏空银十一万二千三百八十二两，具疏题参。臣于鲁超生前死后，不必假借，王度昭何得纠臣委粮道庇护担承留未了之案？至广东改征兵米一项，由康熙三十年起，臣通饬各属穷源究委，而各属谬执前事,依样粉本。甚如雷、琼两府只字不报,臣已据张天觉揭报题参,一面申饬各属速检成案,以凭察奏。王度昭奚为纠臣以不即直穷到底?臣委张天觉署藩司,出于司道公议,王度昭独云偏信何汉英不及按察使张仲信。盖王度昭曾任云南浪穹县,张仲信向为上官,又荐主也;不及肇高道李华之,盖与家居同邑,又戚属也。且称何汉英贪庸,曾经讦奏,又不据事指名,藏头露尾,恫疑虚喝,岂待揭其肺腑而后见哉?王度昭职司耳目,先自失其本心,奈何反以不知何心劾臣?事关言路涉私,所望皇上怜臣孤特,鉴臣朴拙,将广东、广西各疏敕下九卿察议,则黑白分而泾渭立见矣。"疏入,得旨:"朕于科道,许其风闻入告,专为广开言路,使督抚以下等官知所警戒。纠劾不实,例有处分。至于被劾之人,具疏回奏,止应辨晰是非,不应支离牵引。彭鹏为言官时,亦曾劾人。今为王度昭所劾,理应止以切己之事剖晰奏明,今乃讦奏王度昭,谓其曲庇亲戚,而其间所有夙怨,又未指出实据。彭鹏虽操守清廉,居官亦善,此回奏反覆渎陈,辞气不胜忿激,粗戾已极,着严饬行。"

十二月,疏言:"前任抚臣萧永藻请以粤东改征兵米之半,照赋役全书原则征银,奉旨令臣查奏。又督臣石琳因康熙二十七年以后改征兵米,较估报时价浮多,屡经部驳,催饬扣追,具疏请免部议,俟臣奏明再核。臣惟粤东向因兵食浩繁,改额赋之征银为征米,谨就本年秋冬米价计之,二十二万六千九百馀两之额银,改征二十一万六千三百七十馀石之兵米,少银七万三千馀两,应令本年经管各官如数追扣存库。嗣后各州县额赋,仍照原则全行征银,其兵米采买拨给。"四十一年十一月,疏言:"户部以二十七年至三十九年改征兵米,计价较多,行令追完。臣检核原委,此十三载丰歉不同,米价低昂无定,民皆遵由单输纳,一旦重追,民之转徙靡常,官之去故非一,必不能完。从前督抚诸臣恐采买迟误,又恐米石止许报销银七钱,故未议复征银征米。臣于十四年适逢岁熟,奏明追扣存库。嗣后征银采买,每年节省七万三千两。此臣不敢苟且因循之实心,亦不忍按年重追之流毒,乞恩概与免追。”疏并得旨俞允。四十二年二月,疏言:“粤东向因钱价日贱,以所存钱搭放官俸役食十之三,铺兵一役,每名每日止得银一分一厘零,不敷糊口。请自今支给全银,留钱搭放别项,官俸役食扣银候拨,于钱粮毫无亏损,而苦役资生有赖,益广皇仁。”事下部议行。

四十三年正月,卒于官,年六十有八。遗疏至,得旨:“彭鹏自为县令,以至巡抚,居官皆善。伊所属大小官员,从未有因亲友分别看视,诚为实心供职,克尽勤劳。忽闻溘逝,朕心深为轸恻! 应得恤典,察例具奏。”赐祭葬如例。后祀广东名宦。

【校勘记】

〔一〕正当直穷到底　“穷”原误作“躬”,不成辞。耆献类征卷一五七叶二〇下及二二上同。今据汉传卷八叶二八上改;但同卷叶二六上作“躬”,误。

清史列传卷十一

大臣画一传档正编八

费扬古

费扬古,满洲正白旗人,姓栋鄂氏,内大臣鄂硕之子也。世祖章皇帝顺治十五年,袭父三等伯爵。圣祖仁皇帝康熙十三年,随安亲王岳乐率兵赴江西讨逆藩吴三桂,委署营总。时贼将黄乃忠纠贼万馀,自长沙犯袁州,费扬古与副都统沃赫、总兵赵应奎等击败之,擒伪官童圣功,复万载县城。十五年,击走贼将夏国相于萍乡,毁寨十二,进围长沙,屡战皆捷。十八年,败贼将吴国贵于武冈。凯旋,纪功,擢领侍卫内大臣,兼火器营总管,列议政大臣。

二十八年,命颁赍喀尔喀左翼土谢图汗。二十九年,上以噶尔丹劫掠喀尔喀,又数扰我边境,授裕亲王福全抚远大将军,费扬古往科尔沁调兵随征,参赞军事。是年八月,击败噶尔丹于乌兰布通。三十二年,命费扬古为安北将军,驻归化城。三十三年五月,噶尔丹使人至归化城,言欲入贡。费扬古侦其踵至者,男妇几二千人,遣兵迎问,且止之。驰疏请旨,上知噶尔丹阳为修好,潜蓄窥探意,命侍郎满丕谕责其使,遣之还。七月,闻噶尔丹将逼图拉,诏费扬古同右卫将军希福率兵往御。希福请益兵,上责希福遇事疑沮,令勿偕往。谕大学士等曰:"费扬古勋旧大臣,今驻防归化城,军民皆心服,于此事无不能办也。"寻以图拉无警,虑噶尔丹将趋归化城,诏费扬古旋师。三十四年七月,噶尔丹至哈密,费扬古率兵往御,噶尔丹由图拉河西窜去。十月,授右卫将军,仍兼管归化城将军事。十一月,疏言:"闻噶尔丹踞巴颜乌兰,距归化城约二千里。宜集兵运粮,于来年二月往剿。"诏授为抚远大将军,召入觐,授方略。

三十五年二月,以黑龙江将军萨卜素率兵出东路,命费扬古集兵归化城出西路,振武将军孙思克率甘肃兵,西安将军博霁率陕西兵,会期并进。上亲统大军出中路。四月,费扬古至察罕和硕,噶尔丹驱贼众趋克鲁伦河,东路兵未至科图,而上已由科图进次什巴尔台近压贼境。五月三日,费扬古师至图拉,疏言:"西路有草之地,为贼所焚。我军每迁道秣马,又遇雨,粮运迟滞。师行七十馀日,人困马疲。乞上缓军以待。"会噶尔丹望见御营于克鲁伦河,大惊,奔窜。上密谕费扬古邀击,亲督大军蹑追,至拖讷山驻跸。费扬古闻噶尔丹遁归特勒尔济,[一]遂遣前锋统领硕岱,副都统阿南达、阿迪等率兵先往挑战,且战且却,诱至昭莫多;复分兵三队,东则满洲、汉军及察哈尔兵倚山列阵,西则右卫、大同及喀尔喀兵沿河列阵,而使将军孙思克率绿旗兵居中;

并遵上方略，令官兵皆步战，俟贼势披靡，乃上马冲击。时噶尔丹率众几万人，我军分队迎战，自未至酉，斩级二千馀，贼皆溃奔；乘夜追逐三十馀里，生擒数百人，获马驼、牛羊、庐帐、器械无算。噶尔丹引数骑远窜。费扬古令阿南达赍奏驰报御营，召询其详，阿南达奏曰：“噶尔丹闻上亲征，心胆俱裂，且不虞我兵绝其去路，突然交战，擒斩过半，伤毙山谷者相枕藉。噶尔丹之妻亦受戮，其部众来降者又二千馀人。费扬古恐语涉矜张，故疏内约略言之。”上乃班师，留费扬古驻守科图。

七月，奉诏由科图移驻喀尔喀郡王善巴游牧地，甫至，噶尔丹潜使台吉丹济拉率千五百人来掠喀尔喀牲畜、糗粮。费扬古遣副都统祖良璧御却之，追击至翁锦，贼败遁。费扬古寻以马疲，移军喀喇穆伦。会噶尔丹使其宰桑格类固英等来请纳款，上再幸塞外，驻跸栋斯拉，命费扬古驰赴黄河西界行在。入对，谕及昭莫多之战，“势如破竹，实为可嘉”。费扬古奏曰：“军中机务，皆遵上密谕，以冀成功。西路官兵，闻圣驾先临克鲁伦河，无不踊跃奋勉。噶尔丹之败衄，皆睿谟神武，震以军威，追之穷蹙所致。臣不能生擒以献，罪也。”上曰：“观来降台吉等及格类固英之言，噶尔丹穷蹙是实。朕意不忍悉加屠戮，欲招降其众，抚而活之。”[二]费扬古奏曰：“圣意实非臣等愚昧所能测，真天地好生之仁也。”翌日，赐御佩囊鞬弓矢，遣还军营。三十六年正月，阿南达自肃州奏报哈密回人擒献噶尔丹之子塞卜腾巴尔珠尔等，上以其疏录示费扬古，赐胙肉、鹿尾、关东鱼等物。谕曰：“时当上元令节，众蒙古及投诚厄鲁特齐集畅春园，适阿南达疏至，众皆喜悦。尔独居边塞，不得在朕左右，殊深轸念。故以阿南达疏示知,并赐物,问尔无恙,即如与尔相见也。"

　　二月,上幸宁夏,诏费扬古密筹进剿噶尔丹。费扬古疏请罢大将军任,随领兵将军出征,上不允所请,令便宜调遣兵马以行。上由黄河西岸驻跸达拉布隆,颁赐上驷院马五十、骆驼十。费扬古进次萨奇尔巴勒哈逊。时厄鲁特部众降者相继,丹济拉亦遣人纳款,言噶尔丹已死,欲携骸骨及其子女,并率三百户来归。费扬古以闻。上回銮,留费扬古驻师察罕诺尔,以待丹济拉。六月,丹济拉至哈密,费扬古有疾,诏昭武将军马思喀代统其兵。费扬古还京,仍任领侍卫内大臣,晋封一等公。费扬古以噶尔丹虽死,非系生擒,疏辞封爵。得旨,宜遵成命,毋固辞。谕大学士等曰:"塞外情形,不可臆度,必身历其境,乃有确见。昔朕欲亲征噶尔丹,众皆不欲,惟费扬古密抒谋略,与朕意合,遂悉以西路官兵令其统领进兵。道路辽远,兼乏水草,乃全无顾虑,直抵昭莫多,奋扬军威,俾奸狡积寇挫衄大败。累年以来,统兵诸将未有能过之者!"又谕曰:"朕屡出征,知为将甚难,固不可急,亦不可缓。费扬古惟相机调遣,缓急合宜,是以济事。"

　　四十年六月,上幸索约勒济,费扬古扈从。中途疾作,上停跸一日,亲往视疾,赐御帐、蟒缎、鞍马等物,银五千两,遣内大臣侍卫等护送还家。寻卒,赐祭葬如典礼,谥襄壮。以其子辰泰袭一等侯兼一云骑尉。世宗宪皇帝雍正十年,入祀贤良祠。

【校勘记】

〔一〕费扬古闻噶尔丹遁归特勒尔济　"勒"上原衍一"呼"字,下脱一
　　"尔"字。满传卷一七叶三七上,及耆献类征卷二六六叶一三下

均同。今据仁录卷一七三叶二四上删补。

〔二〕抚而活之 "活"原作"治",形似而讹。满传卷一七叶三九下,及耆献类征卷二六六叶一四下均同。今据仁录卷一七八叶一五上改。

孙思克

孙思克,汉军正白旗人,三等男孙得功次子。初任王府护卫。世祖章皇帝顺治八年二月,管佐领。六月,授刑部理事官。十一年六月,迁参领。十三年,考满,荫一子入监。寻随大军由湖南进征贵州、云南,屡立战功。圣祖仁皇帝康熙二年正月,擢甘肃总兵官。五年三月,同提督张勇疏言:"厄鲁特蒙古僻处海隅,虽通西藏,亦荒徼绝塞,非有肥饶地土资生。朝廷曲示招徕,准开市口贸易,且以境内数十万之番族,令每年输纳驼马、牛羊与彼。为厄鲁特蒙古者,理应感戴皇上,钤束部落,各安边境。乃墨尔根台吉等狼心不改,鹰眼未化,蚁聚蜂屯于祁连山上,纵牧内地之大草滩。去冬不遵抚慰,抗拒于定羌庙,为官兵击退,稍挫其锋,犹不悛改,狂肆愈甚。声言纠合部落,一股直入河州、临洮、巩昌,一股进逼西宁,一股分犯凉州,狡谋叵测。宜迅速创惩,方可议修筑而严固守。"得旨,下廷臣密议,以兵端不可轻动,令严防边境,仍抚恤番人,以和其心。于是思克偕张勇修筑边墙,自扁都口西水关起,至嘉峪关止。六年八月,内地住牧黄城儿、〔一〕大草滩各处之厄鲁特蒙古,尽数徙去。思克至南山各隘,相度冲险,拨兵固御。总督卢崇峻疏闻,下部知之。

十三年六月,谕奖效力边疆有年,下部议加衔右都督。是冬,平凉提督王辅臣叛应吴三桂,临、巩诸郡相继从逆,兰州危急。思克遣游击刘衍等移兵协防,自统兵进攻苦水洋,值兰州已失守,乃驻河西,寻回凉州。十四年五月,疏言:"前因督臣哈占定议南北两路兵同时进剿,将军张勇、总兵王进宝等从金城关渡河,规复兰州,思克自凉州领标兵由阿坝红水芦塘索桥人迹不到之草地,结筏渡河,规复靖远一路。幸赖天威遐播,靖远周围三百里城堡皆已纳款。正拟趋固原,会大兵于平凉,不料西海蒙古墨尔根台吉等已从山口入内地,与官兵拒敌,副将陈达伤亡。臣留参将刘选胜等守靖远,由草地渡河回凉州,以保河西根本重地。墨尔根台吉引众出口,而甘州所属之高台与红崖、梨园等堡,有黄番头目入口抢掠,合数千馀骑,攻围暖泉、顺德诸堡。臣即自凉赴甘,番族乃远窜。因将军张勇约期会剿王辅臣,复渡河而东。因草地往来兵丁劳苦,十倍他镇,乞恩加犒赏。"得旨:"往来防剿,具见忠荩,兵丁各加犒赏。"

闰五月,同张勇等围巩昌。时定西大将军贝勒洞鄂围秦州,城中贼屡出犯,其逆党自四川至者,结寨秦州南山上,日益猖獗。洞鄂檄思克率兵二千驻秦州西,贼势乃穷。伪总兵陈万策、伪道马肇升赴思克营乞降,伪总兵巴三纲遁,遂复秦州,南山贼溃窜。思克同振武将军佛尼勒等追击于阎关,败之;乘胜克礼县,复败贼于西和,夺门入,斩伪官三十,清水、伏羌等县皆复。乃赴巩昌会剿,遣降将陈万策等入城晓谕,伪道陈台孙、总兵陈可等以巩昌十七州县降。河东悉定。八月,会剿平凉,思克由静宁、隆德进,击走贼将李国梁,阵斩贼兵五百馀,生擒伪守备一、千总二,复靖宁州。进次华亭,伪副将高鼎率将弁二十八、兵一千馀迎降,遂抵平凉,与大军合。十五年三月,贝勒洞鄂奏言:"大军围平凉半载,贼屡出犯,思克标兵徒步当先,败贼于南山者四,败伪总兵蔡元于城北者四;又九处设伏,败贼于南门。伪总兵文姓引贼二千掩袭掘壕,阻思克军,挥兵急击,贼遂退复逼者三,俱败之。剿泾州白起寨伪副将李茂,思克先至寨下,遣领旗李锦先登,擒李茂,斩贼数十,又败贼于南山、甲子峪及马营子、麻布岭诸处,宜酌示鼓励,纪功叙录。"

五月,随抚远大将军图海破贼于虎山墩,王辅臣穷蹙乞降。思克还凉州。八月,谕部臣曰:"自逆贼变乱以来,奸徒附和,侵扰地方。大兵未集,人心不无动摇。张勇、王进宝、孙思克一闻兰州之变,即率兵剿杀贼众,收复城邑,其功甚大。及大兵攻取平凉,复同心协力,展布谋猷,兼以训练士卒,忠义素孚,故能身先行阵,所向克捷,朕甚嘉之!于军功议叙之外,应从优加恩,孙思克升为凉州提督,并授一等轻车都尉世职。"十月,疏言:"全秦底定,仰仗天威,臣何功可录?蒙皇上溢格优升,复授世职。臣即粉身碎骨,万不敢辞。五月虎山墩之战,随大将军图海相度地形,并侦通固原路径。贼伏兵万馀,猝起来犯,臣率领队兵奋战,追击十馀里。虽败贼众,而贼刀砍臣右臂,伤筋及骨,迄今阅五月,已成残疾。乞假解任回旗。"得旨:"卿久镇岩疆,剿除贼寇,奋勇克敌,屡建战功。新简提督,正资料理,不必求罢。"十六年四月,汇叙前此军功,晋三等男。

时噶尔丹侵西北诸蒙古,其济农等为所败,突入沿边寨内扰居民,思克同张勇以兵驱逐,乃徙去。十八年七月,上敕图海调思克与提督赵良栋等剿贼汉中、兴安,图海奏九月初旬,四路进发,思克与将军毕力克图由略阳进。会有诏因京师地震,令内外大臣各抒所见。思克疏言:"汉中、兴安皆崇山叠岭,势险路纡,逆贼盘踞有年,又刳断各路要口,我兵未能长驱直入。贼兵爬山越岭,如履平地,稔知小路曲径,潜蹑我后,以绝饷道,为害滋甚。大将军图海定议四路进兵,虽分贼势,终忧兵单。绿旗兵每人止有一马,常需驮载甲胄、器械、马料,不足,羸瘦甚多。步兵背负棉甲、干粮,不皆强壮,惟满洲劲旅堪恃,第为数亦无多。若各路调取,又恐秦省三边地逼番夷,秋高马肥,乘机思逞。不若今秋暂缓进兵,拣选各营强壮饲秣马匹。俟来春二三月间,塞外草尚未生,水泉尚涸,番夷不敢内犯之时,多调边兵以资战守。秦地大半皆山,土瘠民贫,不产秔稻,所种惟麦豆之属。向有捐纳一项,稍裕军需,今已停止,专事采买,用民负载驮运。雇赁之价,数倍于应输之赋。各路需饷甚多,山径狭隘,挽运维艰。或照向年捐例转输协济,亦宜缓期熟计,俾士马得以饱腾。况出征官兵,闻京师地震,倾坏房屋,压毙人口,各有内顾之忧。俟来春人心稍定,兵粮俱足,再议进兵未为晚也。"

疏入,上命学士拉萨礼至凉州宣谕诘问曰:[二]"陕西绿旗兵,较之各省,向推精锐。贼能跋涉山岭,我兵何独不能?汉中、兴安久为内地,满、汉大兵经行熟悉,孙思克何得视同绝域,荒诞其辞?凡将帅用兵,前进冲锋,后顾饷道,自有一定机宜。倘以贼间道潜来、断绝饷道为忧,怯懦不前,则永无破贼之日矣。各省绿旗兵皆只给一马,越境征剿粤东、粤西、闽、楚诸处,今又进定滇、黔,较之平定境内汉、兴,劳逸何如耶?凡将军、提镇募兵时,必选精壮,毋得滥收充数,定例严明。如果兵非强壮,难以应用,则孙思克平日所司何事？ 满洲兵在陕西者亦不少,且有大将军图海筹画周详,何得妄称单弱？ 正值秋成凉爽,各处贼寇大败,震惊之馀,不速行平荡,反欲于来春青黄不接之时进取,设或二三月间进取之后,四五月间番夷马肥思逞,又将若之何？ 粤东、粤西山岭亦多,何曾预备粮饷？ 官兵岂有止食稻米、不食他粟之理？ 陕西数年以来,未曾劳民转运,汉、兴虽多险阻,非隔省可比。 今恐挽运累民,来春又谁为挽运耶？ 当逆贼败遁之时,急令进兵者,正为早定地方,以安百姓耳。 今以挽运维艰、请开事例为词,其规避进兵明甚。 八旗官兵世受渥恩,不特房屋倾圮,无足重轻,即赴汤蹈火,谊亦难辞,何得妄言人情忧虑？ 孙思克封疆大臣,前者陕西境内沦陷,即应议处,念同大军进剿,宥过计功,加不次之擢,给世袭之官,当捐躯报国,自请破贼安疆。 乃身任提督,统辖全师,不思奋力前进,反煽惑人心,饰词妄奏,深负朕恩。 速行诘取供词。”思克乃自引罪,拉萨礼还奏,得旨,俟事平日再议。

十一月,思克与毕力克图败贼众于阶州、文县、成县,进驻沔县,诏思克还凉州。 寻以总督哈占请移驻庄浪,防守河东、河西。二十年三月,庆阳贼渠耿飞倡乱,纠叛番达尔嘉济农等犯河州,思克与张勇剿平之。二十二年四月,追论前奏缓进兵罪,革三等男爵及提督,仍留总兵任。二十三年六月,迁甘肃提督。二十八年三月,北套生番犯内地,掠锡喇伟古尔番族,思克督兵截阻,斩获其众。二十九年十月,出使西域学士达瑚、郎中桑格归,至嘉峪关外为西海阿奇罗卜藏所劫。思克闻报,即遣游击朱应祥计赚其宰桑,质于关内,始反我使臣;别遣副将潘育龙、游击韩成等捣其巢穴,斩馘四百馀,阿奇罗卜藏遁。复遣人赴西海诘问各台吉,责偿所掠物,各台吉惧,罄阿奇罗卜藏所有以偿。思克奏请免其穷治,谕嘉尽心筹画,区处合宜,如所请行。

三十年二月,疏言:"肃州一协,去甘州五百里、凉州一千里,极边之地,外逼西海、北套、哈密诸部,内则番族插帐,与民杂处。噶尔丹巢穴,离边月馀程,其侄策妄阿喇布坦现在西套驻牧,虽叔侄为仇,恐将来复合,有侵夺西海之举。嘉峪关外系其必由之路,所设副将,威望不尊,兵马不满一千,不足以资控御。调兵接应,缓不济急,不可不作先事未然之防。请设总兵一员、兵三千,以固边圉,庶可渐消窥伺。又甘肃地瘠民贫,一切布种收获,与腹地迥别,一年一收,纵遇丰年,输将国赋之外,仅赡八口,并无盖藏。本地兵马粮料不敷供支,节年折价,已苦无处籴买,万一征调云屯,何以接济? 宜于河西要地,屯积粮草,以备战守。但本地无粮可买,挽运又恐劳民,惟捐输是赖,而本地富庶之家有限,请无论本省别省官民,一例捐纳加级、纪录、职监,俟边储稍充,即行停止。"九卿议,从之。三十一年三月,诏嘉久著劳绩,加太子少保,予骑都尉世职。五月,疏报遣总兵潘育龙等追来降复叛之番众于库列图岭,斩级四十馀,擒百二十人。请将叛首齐奇克正法,宥其从人妻子解京。上免齐奇克死,令安插内地。十一月,自陈乞休,优旨慰留,加振武将军衔。

三十二年二月,命内大臣郎岱领京营兵至宁夏,同思克驻防,即以思克为参赞,探噶尔丹声息。三十三年正月,疏报:"巴图尔额尔克济农之弟博济于三十年间叛逃,复带部落窥边,经臣遣兵同总兵柯彩出边击败。今闻其兄蒙恩安插贺兰山,并以博

济逃后被获人口发往收养，自悔前罪，率所属男妇百馀来投。"诏
与巴图尔额尔克济农同驻牧。三十五年二月，上亲征噶尔丹由
中路，命抚远大将军费扬古由西路进，思克率陕西兵出宁夏至翁
金地，与费扬古会。五月，上驻跸克鲁伦河，噶尔丹闻驾亲临，仓
皇遁去。费扬古邀击之于昭莫多，思克率绿旗兵居中，与东西二
军并力迎战，自未至酉，斩级俘获无算。追逐三十馀里，噶尔丹
引数骑远窜。捷奏至，奉谕褒奖，召赴京，命侍卫迎劳，赐袍褂、
帽靴等物，并御制诗篇，有"鹰扬资远略，宿望在西陲"之句。入
觐畅春园，赐御书"绥怀堂"额及端罩、四团龙补服、孔雀翎朝
帽、朝衣、朝珠、鞍马，并给随带官兵粮料，命赴肃州驻兵，探噶尔
丹往哈密声息。三十七年，叙昭莫多战功，加一云骑尉。

　　三十九年二月，以病乞休，遣御医及兵部官往视，仍命留任
调养。是月，卒。诏从优议恤，赠太子太保，赐祭葬如例，谥襄
武。七月，榇还，命皇长子前往奠醊，赐鞍马、银二千两。谕廷臣
曰："闻孙思克丧回时，自甘州至潼关，沿途军民无不号泣相送。
若平昔居官不善，何以得此？诚可谓将军矣！"复谕兵部曰："孙
思克谋勇素裕，居官甚优，久镇岩疆，允称良将。给还前所革世
职。"部议并为一等男，加一云骑尉，以其子承运袭。世宗宪皇帝
雍正十年，入祀贤良祠。今上乾隆三十二年，以思克当吴三桂反
叛及噶尔丹犯边时，懋著劳绩，其一等男爵，诏予世袭罔替。

【校勘记】

〔一〕内地住牧黄城儿　"住"原作"往"，形似而讹。满传卷二六叶四
　　五下，及耆献类征卷二七七叶一一下均同。今据仁录卷二三叶二

九上改。

〔二〕上命学士拉萨礼至凉州宣谕诘问曰　"萨"原误作"隆"。满传卷
　　二六叶五一上,及耆献类征卷二七七叶一四下均同。今据仁录卷
　　八四叶九上改。下同。

珠满

珠满,满洲正白旗人,姓瓜尔佳氏,先世居乌拉。祖多和伦,
国初来归,从征锦州、广宁有功,授云骑尉。次子额赫玛瑚,以三
等侍卫随安南将军宗室洛托征海贼郑成功,进攻厦门,力战阵
亡。圣祖仁皇帝康熙二年正月,恤赠云骑尉,无子。

珠满其兄子也,袭其职。十三年,署参领,随大军征江西。
时逆藩耿精忠叛应吴三桂,遣贼党犯南康,珠满随征南将军尼雅
翰等击败之,又败伪总兵庄姓、朱姓于沔津。十五年,随大军规
复吉安,破贼众于惶恐滩。十六年三月,随镇南将军莽依图往广
东,入韶州,吴逆遣伪将军马宝等渡河来犯,大军分队拒之。珠
满由右翼奋战,连破贼营,马宝等突围宵遁。十八年六月,随莽
依图进剿广西,由横州至南宁,击贼将吴世琮于新村西山,大破
之,遂解南宁之围。十九年六月,随莽依图讨叛贼马承荫于柳
州,路经陶登,败其党范齐韩、詹仰等援兵。是冬,随征南大将军
赖塔征云南。二十年正月,击贼将何继祖、王弘勋等于石门坎,
夺其隘口,贼退据黄草坝,二月,克之。遂进征云南省城,阵斩伪
将军胡国柄等。七月,复随都统希福等追击贼将马宝、巴养元于
乌木山,贼溃遁,乞降。是年,云南平,凯旋。二十五年七月,叙
功,晋骑都尉兼一云骑尉。二十七年六月,授三等侍卫。二十九

年三月，授护军参领。三十年正月，兼管火器营事。六月，调前锋参领。

三十六年六月，擢荆州副都统。三十九年十二月，奉命同副都统阿济礼率荆州兵二千会剿四川逆蛮。比至，都统满丕、提督唐希顺等已复打箭炉，遂驻师鸦陇江防守。四十一年六月，撤兵还荆州。九月，镇筸红苗作乱，上命尚书锡勒达，副都统图师海、徐九如统师剿抚，谕以珠满久于用兵，凡事与商酌而行。十一月，抚降三百一寨，惟天星一寨仍负固，锡勒达与提督俞益谟等分四路追剿，珠满领兵协应，攻克燕芦寨，斩戮无算，馀寨悉平。叙功一级。

四十五年二月，擢江宁将军。四十六年三月，上南巡至江宁，赐紫貂冠服及良马。是年，卒于官，赐祭葬如例。明年，吏部请以其子撒木贝袭骑都尉兼一云骑尉，得旨："珠满人才壮健，行间劳绩茂著，人所共知。自简用将军，倚畀正切。委任未久，忽闻淹逝，深可悯恻！所有世职，着再加一云骑尉，授为三等轻车都尉，予伊子撒木贝承袭。"

硕岱

硕岱，满洲正白旗人，姓喜塔喇氏。先世居尼雅满山，有昂郭都哩巴颜者，当太祖高皇帝时来归。

硕岱其五世孙也。世祖章皇帝顺治六年，以二等侍卫兼参领，随睿亲王多尔衮讨大同叛镇姜瓖，复浑源州。九年三月，上幸南苑，硕岱与一等伯巴什泰及蒙古侍卫素尼并从，素尼猝拔刀杀巴什泰，硕岱即举所执长枪击素尼，立仆，擒之，置诸法。上嘉其勇敢,予骑都尉兼一云骑尉世职。十三年,授护军参领。十五年,随征南将军卓卜特,由广西征贵州。时明桂王朱由榔之将李定国、李成蛟等分踞黔西要隘,硕岱率兵渡盘江,击败成蛟于凉水井,复击败定国于双河口。十六年,大军攻云南,追剿定国至腾越,硕岱遇伏于磨盘山,力战克捷。十八年,山东土贼于七踞栖霞县之岠嵎山作乱,硕岱随靖东将军济什哈往剿,斩获贼党无算。于七窜入海。圣祖仁皇帝康熙六年,擢前锋统领。

十二年冬,[一]逆藩吴三桂反,上以荆州地当冲要,命硕岱领前锋兵先诸军进发,固守荆州,俟诸军继至再进据常德,以遏贼势。十三年正月,硕岱至荆州。二月,贼陷常德及澧州,犯宜昌。时顺承郡王勒尔锦统大军至,硕岱奉诏参赞军务,同护军统领额斯泰等援宜昌,击却贼将刘之复、陶继智等。十四年十二月,谕责顺承郡王驻荆州久,未能恢复湖南郡邑,罢硕岱参赞。十六年,安亲王岳乐自江西进围长沙,硕岱随征南将军穆占、都统宜里布等移兵助攻,取道岳州韶冈河,遇贼艘四十馀运粮至,击取之;进围长沙数月,贼负固不下,诏穆占移师规取衡州。硕岱随穆占征茶陵,贼弃城遁攸县。硕岱同宜里布率兵追剿,贼据河岸拒战,我兵奋击,贼溃奔,遂复攸县。十七年,随穆占恢复郴州、永兴、桂阳、兴宁,还驻郴州。贼将马宝、胡国柱等犯永兴,硕岱率兵往援,战失利,都统宜里布、护军统领哈克三殁于阵,副都统托岱、宜思恭等还郴州。硕岱弃营入永兴城,穆占奏劾之,诏免逮系,令立功赎罪。时贼势猖獗,屡逼犯永兴,硕岱同前锋统领萨克察等婴城固守。逾三月,吴三桂死,贼乃遁去。十八年,大军复宝庆、武冈,撤八旗兵三之一还京,硕岱同内大臣阿密达等率以行。既至京,追议永兴战败,罢任,革世职。

二十九年,起为正白旗满洲副都统。三十年,随定北将军瓦岱征噶尔丹,至克鲁伦河,侦贼众远去,旋师。三十四年十月,同都统噶尔玛率兵驻大同。三十五年正月,上亲征噶尔丹,统师出中路,以抚远大将军费扬古出西路。费扬古请选大同所驻护军二百八十人为前锋,诏以硕岱署前锋统领,率之往。四月,上统师击噶尔丹于克鲁伦河,噶尔丹闻风惊遁。时硕岱与费扬古并在图拉,上度贼必遁往西路,先传谕费扬古邀贼。费扬古侦贼至特埒尔济口,令硕岱率前锋挑战,且战且却,诱至昭莫多,合围奋击,斩获无算。噶尔丹引数骑远窜。师旋,擢硕岱内大臣。叙功,予云骑尉世职。上念其劳绩素著,命复前所革世职,晋为三等轻车都尉。

五十一年,卒,年八十有四,赐祭葬如例。以其第三子纳丹珠袭职,第四子海绥于雍正七年以护军校随大将军傅尔丹征准噶尔,九年,击贼于和通呼尔哈诺尔,力战阵亡,议恤,予云骑尉世职,子沙通阿袭。

【校勘记】

〔一〕十二年冬　“二”原误作“三”。满传卷一三叶三三上,及耆献类征卷二七九叶二一下均同。今据仁录卷四四叶一二下改。

马际伯　弟见伯　觊伯

马际伯,甘肃宁夏人。父玉,官游击。际伯由行伍于康熙十八年,随宁夏提督赵良栋征逆藩吴三桂叛党,复略阳,贼遁阳平关,追败之。以功,加一等授千总。十九年,进征四川,夺小关山,复建昌。二十年,云南平。下部议叙,授参将衔。三十五年,随振武将军孙思克征噶尔丹,大败之于昭莫多。叙功,授副将衔。三十六年,授宁夏镇标前营游击。随宁夏总兵殷化行追击噶尔丹至洪郭罗阿济尔罕,[一]撤兵回汛。三十八年,迁灵州营参将,寻迁督标中军副将。四十一年,川陕总督觉罗华显荐举卓异,擢四川建昌总兵。四十三年六月,丁母忧。四川巡抚能泰以建昌镇属士民弁兵呈称:"际伯严饬汛防,俾番贼敛迹,地方安堵。倡同府卫捐资月课,禁兵丁霸夺行市,廉洁自持,日用物俱给现价,军民爱戴。吁请以际伯留建昌总兵任。"命在任守制。四十六年,陛见,调西宁镇总兵,赐孔雀翎及鞍马。四十九年,以失察阶州西固堡境外番族杀伤寨民,并戕官兵,部议降二级,戴罪图功。五十年,授四川提督。五十一年,卒。四川总督能泰以闻,谕曰:"马际伯简任提督,正资料理,忽闻溘逝,朕甚悯恻!应得恤典,察例具奏。"寻议赠右都督,赐祭葬如例,谥襄毅。弟三人:见伯、显伯、觊伯。

见伯,康熙三十年武进士。三十六年,随殷化行剿噶尔丹至洪郭罗阿济尔罕。叙功,以守备补用。三十七年,授直隶真定协标右营守备。三十八年,迁直隶抚标中军游击。三十九年,迁云南督标中军副将。四十二年,擢山西太原总兵。上西巡,赐御书"三军挟纩"额,并貂褂蟒袍等物。四十三年,丁母忧,命在任守制。四十七年,疏言:"鸟枪久奉禁例,今商民尚有私用者。请令民间鸟枪缴官,如有必需处,止许长一尺五寸,刊某地某人姓名,违者治罪。硝磺乃火器所用,应严禁私卖。"均如所请。四十八年,上幸五台,见伯迎驾,赐孔雀翎。四十九年九月,以弁兵内通晓文义者,奉特旨入乡会武闱应试。见伯疏陈三事:"一、武经七书注解互异,请敕儒臣选定一部颁行;一、文庙祭祀,文臣自驿丞以上,皆得陪祭,武臣惟副将以上方准陪祭,请一体行礼;一、武生于中式后,能讲明论语书旨,再准出仕。"疏入,部臣议驳。上谕大学士等曰:"马见伯此奏,亦是。武经七书,朕俱阅过,其文义驳杂,不能皆合正道。孟子云'仁者无敌',又云:'天时不如地利,地利不如人和。与其用权谋行私,曷若以王道行仁义之为愈也。'朕曾躬历行间,深知用兵之道,如七书所言,安可尽用耶?今于七书中,作何分别出题,及增用论语、孟子出题之处,另议。至条奏祭祀文庙,令同城武弁与文臣一体行礼,于理甚合。着照所请行。"嗣经九卿议覆武生武童试论二篇,第一篇于论语、孟子中命题,二篇于孙子、吴子、司马法中命题;武会试试论二篇,策一篇。五十四年正月,调直隶天津总兵。五月,大军剿策妄阿喇布坦,见伯请领兵赴西路协剿,得旨俞允。五十八年,擢陕西固原提督。五十九年正月,上授贝子延信为平逆将军,率兵进藏,以见伯参赞军务。三月,连败策零敦多卜于齐诺郭勒、绰马喇等处。十月,凯旋,师次打箭炉,见伯病卒。遗疏入,谕曰:"马见伯简任提督,率领各营官兵,参赞军务,实心效力,劳绩懋著。忽闻病逝,深为轸恻!应得恤典,察例具奏。"寻赐祭葬如例。

显伯,初名英,由把总历官云南永泰协副将。

觐伯,康熙四十二年武进士,选三等侍卫。四十七年,授巡捕南营参将。五十一年,迁山西杀虎口副将。五十四年,策妄阿喇布坦扰哈密,觐伯率兵赴推河侦御。六十一年七月,擢大同镇总兵,仍留军前。雍正元年六月,回任。九月,陛见,赐孔雀翎。十月,奉旨赴甘州,驻防山丹卫。二年四月,撤兵还汛。三年正月,疏奏:"改隶营制事宜:一、杀虎口副将原辖之北楼东路二营参将归大同总兵辖;一、山阴路原辖之井坪城守备归平鲁路,[二]朔州城守备归宁武营,乃河堡把总归老官营,[三]俱归杀虎口副将辖;一、平鲁路参将归杀虎口副将辖,其平鲁路属之破虎堡弁兵分隶助马路辖;一、利民路参将移驻宁武,为宁武营参将,其利民路参将中军守备改为利民营守备,宁武营守备改为参将中军守备,并增拨利民路把总一隶之。"均如所请行。二月,谕曰:"尔于前陛见时,朕曾面谕诸事,听巡抚诺敏教导。近闻尔等俱听年羹尧指示,殊为不是。此举干系尔等功名,嗣后诸事当与署巡抚伊都立商酌而行。"五月,追议前在军营因细事与将军等争竞,奉旨革职,发往鄂尔坤、图拉管辖屯田兵效力。五年十月,奏献瑞麦一茎十五穗,谕曰:"今岁各省俱产嘉禾,顷马觌伯复献瑞麦。朕观自古帝王,本不以祥瑞为尚。因今岁为遵行耤田典礼之初,即获感召天和,是以特为表著。但恐地方有司未必深悉朕心,或借端粉饰,致有隐匿旱潦,不以上闻者,着将雍正五年以后各省所产嘉禾停其进献。"乾隆元年,觌伯卒于军营。

【校勘记】

〔一〕随宁夏总兵殷化行追击噶尔丹至洪郭罗阿济尔罕　"郭"原误作"敦"。汉传卷一六叶四六上及叶四七上同。今据仁录卷一八三叶一三下改。下同。

〔二〕山阴路原辖之井坪城守备归平鲁路　"坪"原误作"埵"。汉传卷一六叶五〇下同。今据宪录卷二八叶一〇上改。

〔三〕乃河堡把总归老官营　原脱"河"字。今据宪录卷二八叶一〇下

补。按汉传卷一六叶五〇下不脱。

赫寿

赫寿,满洲正黄旗人,姓舒穆禄氏。初由笔帖式授内阁中书,迁内阁侍读。康熙二十四年,迁工科给事中。寻转刑科,兼管广善库。四十三年,迁内阁侍读学士。旋授内阁学士。四十五年四月,兼管太仆寺。十二月,授礼部右侍郎,仍兼内阁行走。明年,充经筵讲官。四十七年,迁户部左侍郎。寻调吏部左侍郎。四十八年正月,命往西藏协同内阁学士拉都珲办事。

四十九年十二月,擢漕运总督。五十年八月,疏言:"江西、湖广两省漕粮给军副米,经御史王谦吉条奏,应如河南、浙江两省例,部议令臣会同各督抚定议。按旧制,江西、湖广、浙江正兑漕米,每石加耗米四斗;改兑漕米,每石加耗米自四斗递减至二斗二升不等:以为运丁盘浅、起剥、蒸折、晒飏之费。皆因程途有远近,所以征给有多寡,因地制宜,军民相安已久,未可轻事更张。"从之。十月,疏言:"江、浙漕船抵通,积年挂欠甚多,皆由水次出兑时以银折米,运丁沿途既乏副米,辄侵用正米,致抵通交仓亏缺。宜于兑米水次,令监兑官坐守,粮道亲履稽察,务须正耗行月并搭运冬米,概行兑足上船,如有折银情弊,州县官照私自改折漕粮例革职,仍追米归款失察之监兑官及粮道,分别议处。又江南省粮船三千五百馀,浙江省粮船一千三百馀,前后开行,相去千有馀里。每省派通判一员,首尾不能兼管,请嗣后江

南派七员，浙江派三员，押船抵通。以无挂欠分别加级、降级，积至三次实升、实降。其兑次开行时，即令监兑官督押抵淮。如在淮盘验短少，惩责旗丁，留其子第一人，令于产米处购买足数，雇船赶交押运官。如仍短少，将监兑官题参。其押运千总，定例每帮二员，轮押实止一员，领运或有事故，势必以一员领两帮，恐难兼顾。请拣发在部候选千总三四十员，遇缺派署。向来千总押运全完，例止加衔，偶有挂欠，即行革职，人心未免隳阻。嗣后有押运积年挂欠之帮，而二运全完押运，其次挂欠之帮，而三运全完押运，旧无挂欠之帮而五运全完者，请予即升。其驾运旗丁，向来每船开报一名，或挂欠留通进比，则回空无正丁。请嗣后每船于本丁兄弟子侄内增报副丁，令十船正副丁连环保结，能举首盗干、盗卖等弊者，酌量给赏。如隐匿不举，一丁治罪，九丁责惩。其旗丁向由卫守备报充，嗣后应令千总先具保结，加以府厅等官察验，方准充当。其粮船过淮，本定限三月以内，而从前并无按限过淮者，或迟至六月，致回空守冻，一年阻滞，年年迟延。请嗣后违限一二月者，仍照例处分；二月以上者，计日不计月分别议处。"疏下户部会同九卿、詹事、科道议，皆如所请行。

五十一年，巡抚张伯行疏劾总督噶礼会审科场作弊一案，有通同贿卖隐情，弗严究确供，尚书张鹏翮因其子为噶礼属员，瞻顾掣肘。噶礼亦疏劾张伯行翻驳命盗案件，不能清理各款，并得旨解任质讯，谕九卿等曰："此案察审实难，若令满大臣审，则以为徇庇满洲；若令汉大臣审，则以为徇庇汉人。张伯行劾噶礼，连及张鹏翮，意欲使之回避。今可令张鹏翮会同赫寿从公审理。"寻会奏张伯行诬劾噶礼贿卖举人，应革职，赎徒；噶礼劾张伯行不能清理案件，是实，馀以会衔题咨旧事苟劾，应降一级留任。上切责张鹏翮、赫寿掩饰和解，瞻徇率结，遣尚书穆和伦、张廷枢前往再谳。详见噶礼、张伯行传。下九卿核议，以噶礼、张伯行不和衷任事，互相讦参，玷大臣职，均应褫革。诏张伯行仍留原任，噶礼依议革职。九月，以赫寿代噶礼为江南江西总督。五十三年，张伯行劾奏布政使牟钦元，以交通海贼之上海县人张令涛为幕友，得旨，革牟钦元职，下赫寿察审。赫寿以搜捕弗获、且海中无贼入奏。诏张鹏翮同副都御史阿锡鼐往勘。五十四年五月，覆奏张伯行虚捏诬陷，请革职质讯，诏从之，以赫寿暂署江宁巡抚。十月，丁母忧，上以江宁、安徽两巡抚俱新授，未莅事，命赫寿在任守制。

　　五十六年四月，内迁理藩院尚书。七月，靖逆将军富宁安奏："拿获策妄阿喇布坦哨卒二人，问之，云：'策妄阿喇布坦与俄罗斯、哈萨克、布鲁特皆为仇敌，拉藏汗之子娶策妄阿喇布坦之女三年，已经生子。达赖喇嘛、班禅及拉藏之使俱在策妄阿喇布坦处，闻布木之子策凌敦多卜、托卜齐、都噶尔、三都克等率兵六千，去年往阿里克处，助拉藏汗征布鲁克巴，至今未回。'"上命赫寿以富宁安所奏，宣谕拉藏汗。赫寿遵上旨致书拉藏汗，言："策妄阿喇布坦狡诈多端，甚不可信。我蒙皇上恩授理藩院尚书，念昔时曾到尔处，汗甚爱敬我，故作书相告。"拉藏汗得书，寻奏策妄阿喇布坦遣兵踞喀木、卫、藏地，请敕发大兵，即为策应。诏西安将军额伦特等集兵救援。详见额伦特传。五十八年九月，赫寿卒，赐祭葬如例。

佟国维

佟国维,满洲镶黄旗人,都统佟图赖次子。顺治十七年,任一等侍卫。圣祖仁皇帝康熙九年,授内大臣。十二年冬,逆藩吴三桂反,其子吴应熊居京师。明年春,逆党谋为不轨,以红帽为号。国维发其事,奉命率侍卫三十人至大佛寺,擒缚十数人,械送刑部,鞫实伏法。二十一年,授领侍卫内大臣。寻列议政大臣。二十八年,因国维为孝懿仁皇后之父,封一等公。

二十九年七月,大军征噶尔丹,命国维参赞军务。八月,次乌兰布通。国维与兄都统佟国纲并率左翼兵进击,国纲循河岸战殁,国维由山腰绕贼后击之,溃遁。师还,以噶尔丹既败,不率兵追剿,部议革职,得旨,罢议政,降四级留任。三十五年,上亲征噶尔丹,国维从,甫出独石口,以驼载迟滞,疏于管摄,自请处分,上贳之。三十六年,复从上征噶尔丹,至宁夏,闻噶尔丹窜死,上回銮。叙前随征功,复所降四级。四十三年,诏赈山东流民之就食京师者,以国维同内大臣明珠等监赈。寻以年老解任。

四十八年正月,召国维与诸大臣并集,传旨诘问曰:"前因有人为皇太子条奏,朕降朱笔谕旨示诸大臣,[一]尔曾奏称:'皇上办事精明,天下人无不知晓,断无错误之处。此事于圣躬关系甚大,若日后易于措处,祈速赐睿断;或日后难于措处,亦祈赐睿断。总之将原定主意熟虑施行为善。'尔系解任之人,此事与尔无涉,乃身先众人启奏,是何心哉?"国维奏曰:"臣虽以庸愚解任,蒙皇上优厚。因圣体违和,冀望速愈,故奏请速定其事。今奉明旨询问,实无词以对。"奏入,奉谕曰:"将来诚如尔言,朕有难于措处,自不必言。众人亦将谓尔所奏果是矣,若朕无难措处,到彼时自知之耳。人其可怀私仇而妄言乎?"明日,复谕曰:"尔年老之人,屡向朕所遣人云:'每日祝天求佛,愿皇上万岁。'朕思自五帝以至今日,尚未及万载,朕何敢侈望及此? 此皆以荒诞不经之谈欺朕,朕不信也。尔既有祈望朕躬易于措处之言,嗣后惟笃念朕躬,不于诸皇子中结为党羽,谓皆系吾君之子,一体看视,不有所依附而陷害其馀,即俾朕躬易于措处之要务也。"

二月,又谕曰:"尔前此'易于措处'、'难于措处'等语,竟似舍命陈奏。尔乃国舅、大臣,[二] 荣贵极矣! 年已老迈,子孙甚多。若欲舍命,则见朕之病势渐增,即当亲身入内,奏云:'医生等既可入内,我又何不可入?'亲身领医生诊看,昼夜侍奉汤药,使朕病得痊,方可称为实心。乃漠不相关,并未尝念及朕躬。朕仍赖皇太子及诸皇子昼夜侍奉,率领医人诊看,进药调理。仰蒙上天护佑,今已痊愈。由是观之,尔并非实心,乃置身两可,意谓皇上若获痊愈,我仍沾禄食,苟且度日;倘有不测,则皇太子将何所往,必合我言矣。此非尔之本意乎? 皇太子允礽前染疯疾,朕为国家而拘禁之。后详察被人镇魇之处,将镇魇物,俱令掘去,其事乃明。今调理痊愈,始行释放。朕将此情由,俱曾朱笔书出,详悉谕诸大臣。今譬有人因染疯狂,持刀斫人,安可不行拘执? 若已痊愈,亦安可不行释放而必欲杀之乎? 朕拘执皇太子时,并无他意。殊不知尔之肆出大言,激烈陈奏者,系何心也? 诸大臣之情状,朕已知之,不过碌碌素餐,全无知识,一闻尔所奏之言,众皆恐惧,欲立允禩为皇太子,而列名保奏矣。朕临御既久,安享太平,并无难处之事。臣庶托赖朕躬,亦各安逸得所。

今因尔所奏之言，及群下小人就中捏造言词，所以大臣侍卫官员等俱终日忧虑，若无生路者，此事关系甚重。乱臣贼子，自古有之。今观众人情状，果中尔所奏日后难于措处之言矣。尔闻外边匪类妄言，理应禁止，尔乃倡造大言，惊骇众心，有是理乎？尔既舍命陈奏，必有确见，其何以令朕躬及皇太子、诸皇子志意安舒，不致殷忧，亦可明白陈奏。朕特降此旨，非欲诛尔也。因众皆忧虑，须事明后，众心乃可定。尔当体念朕心，若怀藏私意，别有作为，天必诛之。"国维奏曰："臣前所奏之言，俱载在档案，今并不推诿。众人因臣大言妄奏，皆畏惧列名，致贻圣体及皇太子、诸皇子之忧，臣罪莫大，皇上虽怜悯不诛，臣何颜生斯世？祈速赐诛戮以示众。"奏入，复奉谕曰："朕今特为安抚群下，降旨申明，非欲有所诛戮也。尔前启奏时，外间匪类不知其故，因甚赞尔云：'如此方谓之国舅大臣，不惧死亡，敢行陈奏。'今尔之情形毕露，人将谓尔为何如人耶？洵可耻之极矣！朕若诛尔，似类沽名。朕今断不诛尔，其坦怀勿惧。但不可卸责于朕躬。观尔迷妄之状，〔三〕其亦被人镇魇欤？"

五十八年正月，卒，赐祭葬如例。世宗宪皇帝雍正元年，赠太傅，谥端纯。子隆科多，袭一等公，别有传。

【校勘记】

〔一〕朕降朱笔谕旨示诸大臣　"诸"原误作"谕"。满传卷二○叶三九下，及耆献类征卷二八一叶二上均同。今据仁录卷二三六叶七下改。

〔二〕尔乃国舅大臣　"舅"原误作"家"。满传卷二○叶四一上，及耆献类征卷二八一叶二下均同。今据仁录卷二三六叶二三下改。
下同。

〔三〕观尔迷妄之状　"状"原误作"言"。满传卷二○叶四三下,及耆
　　献类征卷二八一叶四上均同。今据仁录卷二三六叶二七上改。

温达

　　温达,满洲镶黄旗人,姓费莫氏。由笔帖式授都察院都事,
迁户部员外郎。康熙十九年,授陕西道御史。二十五年,迁吏科
给事中。三十三年,兼管佐领。三十四年,授兵部督捕右理事
官。三十五年二月,圣祖仁皇帝亲征噶尔丹,温达奉命随皇七子
允祐、都统噶尔玛等管理镶白旗大营。〔一〕明年冬,擢内阁学士。
三十八年,授户部侍郎。四十年三月,命往山、陕察验驿站马匹,
还奏:"由大同府至保德州、〔二〕花马池及肃州、凉州、西宁、庄浪、
兰州等处,视膘肥善驰之马,悉加烙印;疲瘦者通饬换补,并牒巡
抚严劾官属之喂饲失宜及侵蚀滋弊者。"得旨,报闻。

　　十月,列议政大臣。十一月,云贵总督巴锡疏劾游击高鉴审
理讼案捏饰,并劾提督李芳述牒咨徇隐;李芳述亦劾巴锡置咨弗
覆,未会稿遽题,有违成例。部议令巡抚察审,上曰:"李芳述在
西宁时,甚有声名。此事似曲在总督,巡抚未必从公。着遣侍郎
温达前往审察。"明年二月,调吏部侍郎。寻还奏高鉴罪应徒,巴
锡应降级,李芳述应罚俸。九月,擢左都御史。四十二年,复奉
命往贵州鞫威宁总兵孟大志克减兵饷事,得实,论罪如律。四十
三年,迁工部尚书。四十五年三月,充经筵讲官。十月,调吏部
尚书,谕曰:"朕因吏部事务紧要,特简任尔。凡铨选已有定例,

当遵例而行。其介在两可者,时或滋弊,宜加意体察。"

四十六年十二月,授<u>文华殿</u>大学士。时纂修本朝国史、<u>政治典训</u>、<u>平定朔漠方略</u>、<u>大清一统志</u>、<u>明史</u>,并充总裁官。五十年十月,命八旗及部院大臣举笃行孝义之人,因谕曰:"孝者百行之首,尔等不可谓无灼知。如大学士<u>温达</u>,尚书<u>穆和伦</u>、<u>富宁阿</u>之孝,不但众人俱知,即朕亦深知之也。"五十二年,御制七言律诗以赐,有"自少存心敦孝友"之句。五十三年正月,乞休,得旨:"卿耆旧老臣,才品素著。自简任机务以来,恪慎和平,实心尽职,勤劳岁久,倚毗正殷。览奏,以衰老乞休,情词恳切,准以原官致仕。"十二月,谕曰:"<u>温达</u>虽年老告退,尚自康健,着仍任大学士。"五十四年四月,疾,遣太医院诊视,赐药饵。五月,卒。遗疏上,得旨:"<u>温达</u>久任机务,宽厚简静,懋著勤劳。予告之后,朕眷注尤殷,仍起办事。正期长享遐龄,以承宠渥,遽尔病逝,深切轸悼! 下部议恤。"命皇子及大臣二员、侍卫二十员奠茶酒,赐祭葬如典礼,谥<u>文简</u>。

【校勘记】

〔一〕温达奉命随皇七子允祐都统噶尔玛等管理镶白旗大营　"祐"原作"祜",形似而讹;又"噶"误作"都","白"误作"黄"。<u>满传</u>卷一八叶五八下,及<u>耆献类征</u>卷一二叶三二上均同。今据<u>仁录</u>卷一七一叶一三下改。

〔二〕由大同府至保德州　原脱"保"字。<u>满传</u>卷一八叶五八下,及<u>耆献类征</u>卷一二叶三二上均同。今据<u>仁录</u>卷二〇三叶二一上补。

张鹏翮

张鹏翮,四川遂宁人。康熙九年进士,选庶吉士,改刑部主事,迁员外郎。寻迁礼部郎中。十四年八月,充顺天乡试同考官。十五年二月,充会试同考官。十九年,授苏州府知府。旋丁母忧,二十二年,服阕,补兖州府知府。二十四年,授河东盐运使。二十五年十月,内迁通政司右参议。十一月,转兵部督捕右理事官。二十七年,俄罗斯察罕扰边,我兵困之于雅克萨城,悔罪乞恩。鹏翮奉使同内大臣索额图、都统佟国纲、给事中陈世安等往定界。事竣还,擢大理寺少卿。

二十八年二月,擢浙江巡抚。二十九年,疏言:"定海自建县设官,民人渐集,捍卫必赖城垣,教化必资学校,仓储监狱亦须建立,庶足壮观瞻而副规制。"诏允所请。三十二年,疏言:"浙省夏杪始雨,田虽补种,获米未能坚实,难供漕粮。诸将明年轮蠲之粮,于今岁免征。"又言"绍兴府属之馀姚、上虞、嵊县,台州府属之临海、太平,旱后复遇飓风霆雨,漂没田庐,并请赈济。"从之。三十三年,疏言:"出洋贸易,船必需地方官印烙给票,方准携带军器。恐日久弊生,内地商民在外国造船,携带军器,难以稽察,请严禁。"部议从之。初,鹏翮奏浙省绅民愿每亩捐谷四合,力不能者听之。至是,又奏杭、嘉等府上年秋收歉薄,请劝输之谷暂免一年。上谕:"昨岁浙省被灾州县,方照例蠲豁,并移免漕粮,岂有仍强令捐输之理? 张鹏翮于原题'力不能输听从其便'之语,自相矛盾。下部严加议处。"寻部议革职,特旨宽免,降五级留任。寻擢兵部右侍郎,命提督江南学政。三十六年五月，迁左都御史，[一]疏言："淮、扬上年被水，及今春夏之交，百姓栖止堤上，以鱼虾、野菜为食。兹见江苏巡抚宋荦揭称盐城、山阳、高邮、泰州、兴化、宝应六州县积水未消，加以霪雨连绵，麦禾未种，现委道员查勘。臣思此六州县被灾既重，本地仓谷去年支赈无馀，今秋成绝望，该抚并未声明作何拯救。伏祈皇上敕该督抚，或拨邻郡仓谷，或捐官役俸工，买米赈济。"下部议行。三十七年七月，迁刑部尚书。

十一月，授江南江西总督。三十八年春，上南巡，阅视河工毕，命鹏翮扈从入京，赐朝服、鞍马、弓矢。先是，鹏翮同刑部尚书傅拉塔察审陕西侵蚀贫民籽粒银两一案，经户部题覆，上谕大学士曰："傅拉塔畏人怀怨，草率具覆，张鹏翮于此事亦稍罢软。"六月，命复同傅拉塔赴陕西详审，并原任陕西巡抚布喀控川陕总督吴赫侵蚀，及吴赫与原任宁夏道吴秉谦互参等案。鹏翮等审得醴泉知县张鸣远、泾县知县刘桂等因公挪用同州知州蔺佳选、[二]蒲城知县关琇、韩城知县王宗旦皆侵蚀入己，布喀控吴赫侵蚀籽粒银，及秉谦控吴赫浮开草料价值事，均虚；吴赫参吴秉谦收受属员馈送属实，馀系捏款诬参，均拟罪如律。三十九年正月，回京，上问鹏翮曰："署总督事席尔达居官如何？"奏曰："居官颇优。"上又问："巡抚贝和诺较巴锡何如？"奏曰："巴锡为人郑重，贝和诺临事精详。"上谓大学士等曰："张鹏翮前往陕西，朕留心察访，果一介不取，天下廉吏无出其右者！"

三月，调河道总督，谕曰："清黄相会之处，所关最要。黄水高，故清水不得通泄，以致泛溢。今使清水何以得出，河身何以得深，尔宜效力。"鹏翮疏陈："一、撤协理河务徐廷玺，以专总河之任;一、撤河工随带人员,以免糜帑;一、工部与河臣事关一体,请敕部臣毋以不应查驳事从中阻挠。"下部议行。四月,疏言:"臣过云梯关,阅拦黄坝,巍然如山,中间一线之细如注,下流不畅,无怪上流之溃决也。于拦黄坝上流,计黄河水面,宽八十三丈馀,则拦黄坝亦应照丈尺拆挑,一律宽深,方足宣泄。亟堵马家港,使水势不至旁泄。俟黄水大涨,开新挑之河,资其畅流,冲刷淤垫,则黄水入海,自能畅达。"又言:"清口为淮、黄交汇处,目今粮艘北上,河身淤垫,竟成平陆。独有黄河入运河,臣相度形势,黄河比裴家场引河身高,〔三〕烂泥浅引河地多活沙,即开浚深通,黄水大长,清水不能相敌。应于张福口开引河一千五十丈,深丈馀,宽十丈,引清水于黄河口相近处入运,使之畅达,庶可敌黄,并建闸以时启闭。"又言:"人字河自金湾闸至孔家渡,为河之腰络,至芒稻山分为二派,又名芒稻河两岸既狭,又有土岭二处。今湖水方盛,应多集夫掘使畅流,水口下有芒稻闸,年久塌坏,矶心颇高,宜另建以防江潮。又凤皇桥引河从桥口至胡家楼,河水绝流,宜加浚引水从王家楼入运盐河,汇入芒稻河。又双桥、湾头二河,现今同入芒稻河,底亦浅,应于冬月浚使深通,其湾头闸、雁翅塌陷,〔四〕宜及时修砌。此三处之水,俱相继入芒稻河,流十八里入江。现在委员分修克期竣工。"诸疏俱下部议行。

五月,疏言:"臣遵旨看视海口,将拦黄坝拆去,河身开浚深通。四月二十一日起至五月初九日工竣,水势畅流入海。且自动工以来,潮恬风静,得以施工。工甫毕,即长水二尺,以资开放。此皆我皇上轸念民生,至诚上孚,海神效灵所致。请将拦黄坝之称,赐名大通口,并建海神庙以答神庥。"得旨,俞允。寻上谕大学士曰:"前张鹏翮赴任时,朕即指示以必毁拦黄坝,挑浚芒稻河、人字河。今毁去拦黄坝,而清水遂出;浚通海口,而河势亦稍减。观此则河工大可望也。观张鹏翮奏章,词简而意明,其办事精详可知矣。朕昔与彼闲论时,彼曾云:'在浙八年,每岁钱粮并无缺欠,今蒙朝廷擢用之恩,无可仰报,惟勉令江南钱粮每岁必期完结。'朕尚止之云:'尔勿轻出此言。'迄今思之,彼固有成见也。"

是月,上命员外郎拖抗拖和、中书张古礼驰驿往,令鹏翮将河工修理情形入奏。鹏翮疏陈十九款:"一、修工苇柴,多产海滨。旧有运料河自清江浦起至海口止,年久淤塞,应加浚深,便转运。一、清水会黄入海,关键全在六坝,而六坝最要者,尤在夏家桥一坝,以全湖水势趋此故也。今夏水方盛,若急于堵塞,则高家堰危险可虞,且湖水汹涌,恐旋塞旋冲,虚费帑金。应俟水落堵塞,庶为万全。一、高家堰容纳七十二处山河之水,古人设坝,原以泄异涨之水,非似泄平槽之水也。今冬六坝闭后,来年挑浚,黄、淮并涨,宣泄湖水,非坝不可。前河臣于成龙改六坝为四滚水坝,臣相度地势相去不远,宜并为三,就原有之草字河、塘漕河为引河,并筑顺水堤,则田庐无淹没之虞。一、武家墩至小黄庄一带,临河旧有石堤,仅出水面二三尺,必须加高。一、古沟至六坝以下,俱系土堤,宜改石以省岁修。一、清河县运口至高邮州界首里河,频年黄水入运,以致河身日高,水涨往往溃决,宜加浚。一、高邮、宝应、江都西岸土石堤工,多为湖水啮侵,俟冬时兴工。一、高邮城南石坝五改为四滚水坝,下开引河,使水有去路。一、归仁堤临河石工罅漏，现饬补砌。一、运口至滨海两岸堤工，必须加培高宽，〔五〕以资捍御。一、王家营引河饬革职道冯佑作速挑浚深通，准其赎罪。一、新改中河堤岸单薄，水涨可虞，应勒限修筑完固。一、王家营减水大坝应酌开十丈馀，泄黄河漫水，由盐河出。一、桃源县黄河南岸堤工近长湖一带土堤四千二百馀丈，应加培高厚。一、骆马湖口正对有竹络坝节宣黄、湖大涨，今黄河身高，去岁漫缺二次，黄河灌骆马湖口汇入中河，亟宜堵筑，以御黄水。一、王家堂缺口，〔六〕月堤单薄，应培修高厚，以作正堤。一、徐城对岸沙嘴挺入河心二里，应挑掘以杀大溜之势；郭家嘴旧有石工至北门迤西，臣率河员相度，自北至段家庄加砌石工，可保城池，且免岁修费；苏家山石嘴挺出河心，致韩家山溃逼徐城，应自杨家楼至段家庄筑月堤，以作重门之障。一、黄、运堤岸有领帑兴修者，有捐工兴修者，勒限完筑。一、徐、邳、睢宁、宿迁、桃源、清河、山阳、安东等州县黄河险工，应支岁修钱粮，进扫防护，饬河官当伏秋二汛昼夜防守。”疏入，诏下部速议行。

六月，又条奏：“河工九款：一、堤工宜坚筑加帮之堤，应将原堤夯杵，再加新土。创筑之堤，先将平地夯深，务期坚固。一、运河、中河因顶冲处溜急，恐伤土堤，是以排桩镶压，用整木柴。今用整料截开，粉饰外观。嗣后务与原估尺寸相符。一、湖河堤岸有马牙、梅花等桩，面里钉头等石，铁锭铁锔、米汁、柴灰等料，必依法修砌，方能永久。一、岁抢各工，不无虚冒牵混之弊。嗣后呈报险工，估计申详，如系假捏，即以谎报题参。一、挑河工程，务将挑出之土，堆于原估堤工，夯作成堤，以资捍御。不许将散土堆集,滋假冒之弊。一、平常工料,俱用龙尾扫,遇风浪立见塌卸,虚糜帑金,应行停止。一、河水顶冲处,对岸必有沙嘴挺出,此由河曲之故。从曲处挑引河,以杀水势,诚有如圣训指示者,而河员不即遵行,则以挑引河后必引大溜,始能成河;若水缓沙淤,例应赔修,因之人心畏缩。臣思河工不如式者,理应赔修;若实心任事,偶致淤垫者,应请圣恩豁免。一、实心任事之员,工成日,优叙即用;否则严加治罪。一、挑河筑堤,用夫动至数千,寒暑风雨,极其劳苦。工成日,应给印票,免其杂徭。以上各条,仰请天语申饬,勒石河干,永远遵行。"得旨:"览奏,河工弊端,详悉切要,极其周备。下九卿议。"寻议如所奏。上曰:"张鹏翮遇事精勤,从此久任河务,必能有益。"

九月,疏言:"前任河臣于成龙于四堡挑浚引河,由湖家沟出黄河。臣勘阅湖家沟迤东地势颇高,若在涵洞口至老堤头迤东出黄河,地势低洼。自涵洞口至九龙庙,现有旧河至黄河边止,可挑引河,于黄河缕堤出水之地,建造石闸,临河处,修筑草坝,以防黄水倒灌。再于归仁堤五堡建矶心石闸,于引河两岸筑束水堤,泄归仁堤之水出黄河,可以冲刷河身,保护田庐。"得旨:"张鹏翮所奏归仁堤修筑事宜,甚为合理。应及今年黄河水小兴工。"十月,疏言:"武家墩至小黄庄加砌石工,〔七〕旧桩多坏,必须拆修坚固。今于旧残石工上,叠柴压土,以为越坝,费省而工速。此工除拨银四十万两外,尚有不足银十八万六千二百四十八两有奇,请敕部拨给。"得旨:"着照该督所请。张鹏翮每事实能宣力,朕不之信将谁信耶?"又疏言:"新中河必全身挑浚,两岸子堤必全行培筑,需费颇多,而河头湾曲,粮艘经行不顺;旧中河自三义坝下至仲庄闸二十五里，[八]河身甚深，南岸河身散漫，难筑子堤，且距黄河最近。今议于三义坝将旧中河筑堤一道，改入新中河，则旧中河之上段与新中河之下段合为一河，粮艘通行无滞。"得旨："张鹏翮所议中河事宜，甚当。着照所奏行。"十二月，疏言："臣遵圣授方略，次第举行，先疏海口，水有归路，黄水不出岸矣。既挑芒稻河，引湖水入江，高邮、宝应等处水由地中行矣。再辟清口，开张福口、裴家场引河，淮水有出路矣。加修高家堰堵塞六坝，逼清水复归故道。今清水大半入黄，少半入运。一水两分，若有神助，请加河神封号。"下所司知之。

又疏言："黄水下流最溢处，无如安东便益门及韩家庄，两岸仅距六十馀丈，兼以时家马头至伊家庄河身过曲，沙洲逼溜，南北互有冲激，应于两处沙洲中开引河二，使黄流直下，以固城池。"又言："下河水势渐消，惟兴化积水，一时不能全退。臣相度形势，高邮、宝应、山阳、盐城之水，宜疏虾须二沟，引入朦胧河，以达于海。鲍家庄至白驹口，地高水壅，宜挑浚深通，引河由白驹场入海。再挑捞鱼港引河入海，挑老河口，引水入湖，挑滔子河，引水由苦水洋入海。如此，则水有去路，[九]积水可消矣。"并从之。是年，遵旨详议给事中慕琛条奏科场事宜，鹏翮奏："江、浙等省既编南卷，山、陕等省既编北卷，又将云南、贵州、四川、广西四省各编字号，卷数甚少，分晰太明，不肖者易通关节，应将四省编入南卷。至监生回籍乡试一段，臣思监生作弊，自有防之之法，平时责令祭酒力行考课，考课不缺者，准其入场；临时入监者不准，则弊无从出矣。"

四十年正月，疏言："臣按南河志，[一〇]清口至淮安，建有五闸,递相启闭,以防河淤;又虑水发湍急,难于启闭,则筑坝以遏之。每岁粮艘过尽,即于闸外筑坝,以遏横流。则是伏秋黄水倒灌,自古已然。今运河初浚,海水出黄,转盼伏秋二汛继至,即宣泄之道,不可不急筹也。今于张福口、裴家场中间,开大引河一道,并力敌黄。若黄水大发,则闭裴家场口门,使清水由文华寺入运河;倘运河水大,山阳一带由泾、涧二河泄水,宝应一带由子婴沟泄水,俱归射阳湖入海。高邮一带,仍由城南柏家墩二大坝泄水,江都一带,由人字河、凤凰桥等河泄水入江。若遇黄、淮并涨,清水由翟家坝、天然坝泄水,黄水由王家营减水坝入盐河,至平旺河入海。若粮船过完,黄水大发,则闭拦黄坝使不得倒灌,黄水不涨,则堵塞运河头坝,令清水全入黄河。〔一〕官民船照例盘坝,即古人设天妃闸之意也。"疏入,上嘉其得治河秘要。时江西巡抚马如龙以年老乞休,谕大学士曰:"马如龙虽年老,居官尚好。督抚之任,如张鹏翮、李光地,居官更有何议? 张鹏翮自到河工,在署之日甚少。每日乘马巡视堤岸,不惮劳苦,朕深知之。"三月,鹏翮以河工情形遣郎中王进楫入奏,上谕进楫曰:"尔往谕张鹏翮,高家堰须加意防守,必历夏秋至冬,清水照常流通,斯为有济于事。"鹏翮增筑高堰月堤及时家马头、童家营、陈家社、龙潭口、歪枝套、辛家荡、邢家河、马家港等处堤坝。寻洪泽湖溢,泗洲、盱眙被灾,上以修治善策询之鹏翮,并饬会同江南江西总督阿山详勘。寻,鹏翮奏:"泗洲、盱眙水灾,自古已然。即六坝全开,亦不能免。且自闭六坝,高邮、宝应、兴化、泰州、山阳、盐城等处,田地涸出,民得耕种,皆河伯效灵所致。"上曰:"堵塞六坝,乃前河臣于成龙题请,不自张鹏翮始。顷因泗洲、盱眙被水,令同阿山设法修治,作何赈济蠲租,并非欲开六坝救泗洲、盱眙之民,而令淮、扬百姓罹于水患也。张鹏翮奏章,昏瞆已甚,可将朕谕旨并张鹏翮奏章,刻示于淮安、扬州、泗洲、盱眙等处,令众人观看。"

四十一年正月,奏:"清河县陶庄闸南岸有挑水坝,溜入引河,直走北岸,逼近黄河缕堤,请筑戗堤,〔一二〕并将临河缕堤及护县堤工,皆加高厚;又于黄河南岸挑水坝西,添筑戗堤;并改建运口为石闸,以省烦费。""又因天妃闸塘基低洼,改筑运口草坝北,建大石闸,东西各筑纤堤,于旧堤冲破处,建草坝以固堤束水。清河县黄河南岸卞家庄之险工,当黄、淮二水交冲之处,内临积水深潭,中仅一线土堤,请改建石工。"下部议行。六月,桃源城西烟墩,黄水大涨,积水未退,堤根甚危。鹏翮加筑近城越堤,捍卫城垣。八月,疏言:"烟墩对岸沙滩,挺出河心,逼溜南行,恐被冲刷。请于邵家庄开引河,建草坝分水势。又颜家庄水势,逼射北岸,亦请开引河一道,则水顺流而险工不受冲矣。"上谕大学士等曰:"此本若饬部议,必致迟延,着即照所题行。"寻鹏翮题秋水情形,上曰:"览奏,挑水坝筑成,逼黄河大溜,直趣陶庄引河,循北岸而行,黄水从大通口畅出,海口极其深通,淮水从清口畅流敌黄,绝无黄流倒灌之患,高家堰堤工完固,加谨防守,经伏秋大汛,俱获无虞。运河之水由泾、涧、芒稻河、人字河分泄,各处工程亦皆保固。观此,则河工大有望矣。"

四十二年春,上南巡,周视河工,赐御制河臣箴、淮黄告成诗,并赐鹏翮父张烺"鲐背神清、颐养松龄"匾额。二月,上以山东泰安、沂州等州,新泰、蒙阴、郯城等县民饥,命漕运总督桑额以漕米二万石交鹏翮，选贤能官运至济宁州、兖州府等处，减价平粜；有应赈处，即行赈济。鹏翮委河臣程兆麟等动用仓谷二十八万馀石散赈，疏称将山东各官俸工补还。上命鹏翮与河员及山东巡抚以下各官分派，于四十三年、四十四年内赔完。嗣上复面责之曰："尔常以经义奏对，经义以本心为要。尔河工人员动用常平仓谷赈济，邀取名誉。及令抵偿，则委之山东官员，于心忍乎？"鹏翮叩首谢罪。十月，谕吏、工二部曰："张鹏翮在河数载，殚心宣力，不辞艰瘁，又清洁自持，朕心深为嘉悦。尔二部议叙具奏。"〔一三〕寻加太子太保。

四十四年二月，疏请修理徐州城外石堤，及山安黄河北岸三套堤工，建筑越堤，并从之。先是，康熙三十六年六月，时家马头河决，至三十九年五月，堵筑未就。鹏翮疏参山安同知佟世禄冒帑误工，应革职，追赔，诏鹏翮严讯。嗣世禄叩阍，诉鹏翮枉纵，交江南江西总督阿山、河南巡抚徐潮会审。阿山等以时家马头承修银两，应于佟世禄追赔；马家港东坝被冲，张鹏翮虽经题报，未将承修官赔补处声明，应令鹏翮与疏防等官均赔。未几，世禄复叩阍控诉，上遣户部尚书徐潮等覆审系诬参，世禄复职，鹏翮巧饰供词，失人臣礼，应革职。淮安道王谦附会山安同知裘陈佩欺隐，应罚赔，各拟杖徒。又工部侍郎赵世芳议鹏翮奏销钱粮浮冒十三万馀两，应交刑部治罪。九卿等以如所议奏，上曰："此案依前议。张鹏翮量甚窄，断不认错。河工钱粮，原不限数，一年水大，则所需者多，水小则所需者少。谓张鹏翮小有所取，亦未可知；谓以十三万两入己，必无之事也。河工恃乎用人，张鹏翮所用之人皆不胜事，故至如此耳。赵世芳奏事不公，本发还。"

三月，上南巡，谕鹏翮曰："朕至清口，见黄水倒灌，因以问尔。尔赧然不能答，反称不曾倒灌。此即尔毫不认错也。尔居官固好，却为王谦、张弼所欺。顷令河工应追钱粮，着佟世禄、王谦、张弼均赔，部议甚明。尔又奏请欲免其追赔，开捐纳以补原项。此特因王谦亦在数中，希图为之脱免耳。"鹏翮不能对，又谕曰："王谦为人刻薄，人人怨恨，尔却偏信，任其恣意妄行，以致人心不服。朕非不知尔在河工能任劳苦，但听信属员流于刻薄。从来大儒持身，当如光风霁月，何况大臣受朝廷委任，必须为国为民，事事皆有实济；若徒饮食菲薄，自表廉洁，于国事何益耶？"闰四月，御舟渡黄河，阅九里岗，嘉鹏翮修理得法，赐御制诗扇。七月，淮、黄并涨，古沟、唐埝、清水沟、韩家庄四溢，鹏翮疏入，得谕："今春朕谕张鹏翮大水时发，难以逆料，须昼夜防护。今古沟等处堤岸冲决，河工将有复坏之势。此事着九卿、科道速议具奏。寻议鹏翮不预筹开坝之期，力尽防险之法，应革职，带罪督修。谕令革职留任。于是鹏翮督率河员尽力堵塞，于九月次第竣工。四十五年十一月，疏言："黄河万里来源，汇聚百川，至清口与淮交会，总因众水归并一河，来源多而去路少。一时宣泄不及，所以两年水涨，堤工危险。臣率河员往来勘议，金云去路一畅，则来可容受。惟有遵旨预开鲍家营引河，俾黄河异涨，借此减泄，黄河一带工程可以保固。洪泽湖异涨，借此畅流，高家堰工程得平稳矣。再于中河横堤建草坝二，于鲍家营开引河处，建草坝一，相机启闭，中河亦不虞淤塞矣。"下部议从之。

初，鹏翮同江南江西总督阿山、漕运总督桑额奏开溜淮套河，屡请上亲临指示。四十六年二月，上阅视溜淮套，问鹏翮曰：

"尔何所见奏开溜淮套?"鹏翮奏曰:"先因降通判徐光启呈开溜淮套图样,臣与阿山、桑额会同具奏,恭请圣驾躬阅定夺。"上曰:"今日沿途阅视,见所列标竿错杂,问尔全然不知,河工系尔专责,不留心可乎?"鹏翮不能对,免冠叩首。上因顾诸臣曰:"阿山等奏称于溜淮套另开一河,出张福口,分淮水,免洪泽湖之异涨,保高家堰之危险,绘图进呈。今朕从清口至曹家庙,见地势甚高,不能直达清口,与图样迥别;且所立标竿,多在人坟墓之上。依此开河,不惟坏民田庐,甚至毁民坟冢。张鹏翮以读书人而为此残忍之事,读书何为?"又谕鹏翮曰:"奏溜淮套开河,非地方官希图射利,即河工官员妄冀升迁。至河工效力人员无一方正者,何故置留河上?"〔一四〕鹏翮奏曰:"臣误听小人,罪实难辞。"逾数日,上又严饬之,下九卿科道议罪。寻议鹏翮革职,阿山革任,桑额同安徽巡抚刘光美、江苏巡抚于准降五级调用。上谕大学士曰:"闻验视溜淮套之时,张鹏翮、桑额皆谓不可开,阿山强谓可开,公同奏请。着将阿山革任,张鹏翮去所加宫保,桑额降五级,刘光美、于准各降三级,俱从宽留任。"

四十七年九月,疏奏黄、运、湖、河修防平稳,得旨:"张鹏翮自任总河以来,朕指示修筑工程,殚心尽力,动用钱粮,绝无糜费。比年两河安晏,堤岸无虞,深为可嘉。所带革职,着与开复。应追银两,俱着豁免。"十月,内迁刑部尚书。四十八年二月,调户部尚书。四十九年正月,奉命往江南审布政使宜思恭兑收钱粮,勒索火耗,并收受属员馈送,得实,拟绞;巡抚于准并不纠劾,拟革职:从之。五十年三月,鹏翮以父逾八十,请假省亲。得旨:"卿简任司农,清勤恪慎,积弊削除,部务关系紧要。闻卿父精力尚健,不必急请归省。"五十一年十一月,复命赴江南审贿中举人程光奎、吴泌。时江苏巡抚张伯行疏参总督噶礼通同舞弊,于科场索银五十万两,噶礼亦砌款劾伯行,命鹏翮同总漕赫寿察审。寻奏副考官赵晋与吴泌、程光奎贿通关节,属实,拟罪如律。噶礼劾伯行不能清理案件,是实,馀属苛劾,应降一级留任。伯行劾噶礼索银,全虚,应革职,赎徒。上切责鹏翮等掩饰和解,命尚书穆和伦、张廷枢再往严审。事详伯行传。五十二年二月,充顺天乡试正考官。

十月,调吏部尚书。先是,张伯行疏劾布政使牟钦元匿通洋匪徒张令涛,上革钦元职,下总督赫寿察审。赫寿奏令涛与海贼合伙无证据,钦元署中亦无令涛。五十三年十月,上命鹏翮及副都御史阿锡鼐至江南审理。鹏翮等以伯行诬参具奏,上责鹏翮等不能尽心审明原委,令再详审。五十四年五月,鹏翮等参伯行巧饰奸欺,得旨:"张伯行着革职,看守审理。"七月,奏伯行自认诬参,应复钦元职,从之;又奏伯行诬陷良民,妄生异议,应斩,上命伯行免罪来京。详伯行传。十一月,丁父忧。时尚书富宁安剿策妄阿喇布坦,谕鹏翮暂留办部务,俟富宁安回京,再回籍守制。五十七年,充会试正考官。六十年,复充会试正考官。

会汶水旱涸,运道梗塞,奉旨往勘。疏言:"臣会同河道总督赵世显、巡抚李树德查勘,戴村坝遏汶水出南旺,南北分流济运,旧设玲珑、乱石、滚水三坝,年久汕刷,应补葺以资捍御。再山东运道,全赖汶、泗二水上流泉源接济。今天旱泉微,蜀山、马蹄、南旺诸水无多,臣等遵旨将坎河、鸡爪等泉疏浚,并严禁民间偷截灌田,补筑诸湖子堤,禁侵种,蓄湖水,毋致干涸。至南旺分水口,系南北分流水脊,[一五]为济运道要区。臣等遵旨妥办,浅于南则闭北闸,使分北之水归于南;浅于北则闭南闸,使分南之水归于北。留主事富明德、御史梅琭驻分水龙王庙,以时启闭。再于彭口内南岸建挑水坝一,北岸截去沙嘴,挑尽淤沙,使水挟沙畅流,直入微山湖,则蓄浅有资,运道自无阻滞。再查邳州邱家楼一带低洼之水,并无积滞,太行堤绵延数百里,其曹、单、丰、沛等县坍塌处,交河道总督及直隶、河南巡抚修筑。"下部知之。

九月,直隶总督赵弘燮奏河南武陟县黄、沁冲决堤岸,水溢至长垣等处;山东巡抚李树德奏河水泛溢,自直隶开州流入山东张秋等处,由盐河入海,致运河堤决,漕船阻滞。命鹏翮同总漕施世纶查勘。十二月,鹏翮等疏言:"臣等由山东张秋循流而上,查黄河决口在武陟县之钉船帮支河口,冲入詹家店之魏家庄及马营口。今副都御史牛钮、河南巡抚杨宗义于支河口筑拦水坝,魏家庄已经堵塞,马营口水已消落,指日成功。其引沁入运之处,臣相度地势,西北高而东南下,若引水直下,恐牵动全沁灌入堤内,而黄河直蹑其后,反觉无益。山东运道在张秋,则有沙河等水,分水龙王庙则有南旺等湖,济宁则有马场等湖,又有诸山泉,本可济运。只因湖堤残缺,民间窃种湖旁之地,未得潴水,而诸泉壅塞,又未疏通,以致漕船时患浅涩。臣等已交李树德筑堤蓄水,疏浚泉流,运道自可通利。"得旨:"回奏甚属明晰,即令照依所奏,不得稍有更改。"

六十一年十二月,加太子太傅。雍正元年二月,授文华殿大学士,[一六]赐御书"嘉谟伟量"匾额。六月,河南黄、沁漫溢,决马营口,奉命查筑。三年二月,进明臣邓钟所著筹海重编。未几,卒。遗疏入，得旨："张鹏翮秉性孤介，持躬廉洁。前任总河，懋著勤劳。入领铨曹，恪谨供职。因效力有年，简任机务。近值请假养疾，遣医诊视，必整肃衣冠，极其恭敬。忽闻溘逝，朕心深为轸悼！着加少保，于恤典定例外，再加祭一次。"谕致祭日，命大小汉堂官、给事中、御史齐集，赐全葬，谥文端。八年，诏祀贤良祠。

【校勘记】

〔一〕迁左都御史 "左"原误作"右"。汉传卷二二叶二下，及耆献类征卷一一叶二上均同。今据仁录卷一八三叶二七下至叶二八上改。

〔二〕同州知州蔺佳选 "蔺"原作"兰"，形似而讹。汉传卷二二叶四上同。今据仁录卷一九八叶四上、下改。按耆献类征卷一一叶二下不误。

〔三〕黄河比裴家场引河身高 "比"原作"北"，形似而讹。汉传卷二二叶五下，及耆献类征卷一一叶三下均同。今据仁录卷一九九叶四上改。

〔四〕其湾头闸雁翅塌陷 "头"原误作"河"，又"陷"误作"卸"。汉传卷二二叶六上，及耆献类征卷一一叶四上均同。今据仁录卷一九九叶三下改。

〔五〕必须加培高宽 "培"原作"倍"，形似而讹。汉传卷二二叶八下，及耆献类征卷一一叶五下均同。今据仁录卷一九九叶一七上改。按下文"应加培高厚"不误。

〔六〕王家堂缺口 "堂"原误作"营"。汉传卷二二叶九上同。今据仁录卷一九九叶一八上改。按耆献类征卷一一叶五下不误。

〔七〕武家墩至小黄庄加砌石工　原脱"石"字。汉传卷二二叶一二上，及耆献类征卷一一叶七下均同。今据仁录卷二○一叶二一下补。

〔八〕旧中河自三义坝下至仲庄闸二十五里　原脱"二"字。汉传卷二二叶一二下，及耆献类征卷一一叶七下均同。今据仁录卷二○一叶二二下补。

〔九〕挑滔子河引水由苦水洋入海如此则水有去路　"滔"原误作"稻"，又脱末一"水"字。汉传卷二二叶一三下至叶一四上，及耆献类征卷一一叶八下均同。今据仁录卷二○二叶二四上改补。

〔一○〕臣按南河志　"南河"原颠倒作"河南"。汉传卷二二叶一四上同。今据仁录卷二○三叶八下改正。按耆献类征卷一一叶八下不误。

〔一一〕令清水全入黄河　"令"原作"今"，形似而讹。汉传卷二二叶一五上，及耆献类征卷一一叶九上均同。今据仁录卷二○三叶一○上改。

〔一二〕请筑戗堤　"戗"原误作"创"。汉传卷二二叶一六下，及耆献类征卷一一叶一○上均同。今据仁录卷二○七叶一五上改。下同。

〔一三〕尔二部议叙具奏　原脱"二"字。汉传卷二二叶一九上，及耆献类征卷一一叶一一下均同。今据仁录卷二一三叶二一下补。按本传上文既云"谕吏、工二部"，则此"二"字不可省。

〔一四〕何故置留河上　"上"原误作"工"。汉传卷二二叶二三下，及耆献类征卷一一叶一三下均同。今据仁录卷二二八叶一四上改。

〔一五〕系南北分流水脊　原脱"脊"字。耆献类征卷一一叶一五下

同。今据仁录卷二九三叶一二上补。按汉传卷二二叶二六下
　　不脱。

〔一六〕授文华殿大学士　　"文华"原误作"武英"。汉传卷二二叶二八
　　下,及耆献类征卷一一叶一六下均同。今据宪录卷四叶二
　　上改。

　　蒋廷锡

　　蒋廷锡,江南常熟人。初由举人供奉内廷。康熙四十二年
三月,诏以举人汪灏、何焯与廷锡皆学问优长,会试下第,令一体
殿试,赐进士,改庶吉士。明年,未散馆,即授编修,历左、右春坊
赞善,迁侍讲、侍读、庶子、少詹事。五十六年五月,擢内阁学士。
六十年十二月,充经筵讲官。雍正元年三月,迁礼部右侍郎,仍
兼学士,赐诗有"在公勤夙夜,懋绩有贤声"之句。十二月,疏
言:"国家振兴文教,广黉序以居业,设廪膳以给养,沿习既久,视
为具文。生员经年未尝一至学宫,平居无亲师博习之教,则放荡
习成,匪僻行作。请敕学臣通饬府、州、县、卫教官,凡所管生员,
务立程课,令其时至学宫,面加考校,相与讲究经史,以检束身
心,勉修学行。学臣于岁、科考时,即以一学文章优劣,定此学教
职贤否。则教者勉为严师,学者亦奋兴矣。又会典载顺治九年
定乡设社学之制,以冒滥停止。请敕督抚令所属州县,凡大乡堡
立社学,择生员学优行端者充社师,量给廪饩。乡民子弟年十二
以上、二十以下有志学为文者听入,则党庠术序之法大备。"事下
部议,从之。二年五月,奏请续纂大清会典,即命为副总裁。

　　六月,调户部右侍郎,三年三月,转左。命与内务府总管来

保察阅京仓,覆奏开沟垫土、添桥架木各事宜,诏以铺灰避湿,恐米不可食,垫于砖下为宜,馀悉如议。七月,疏言:"漕运全资水利,宜通源节流,以济运道。一曰浚泉源。山东漕河资汶、济、洸、泗之水,而四水源皆微细,全赖泉源助成巨流。计一省之泉百有八十,其派有五,分水、天井、鲁桥、新河、沂水是也。其委同出一道,谓之泉河。河口旧设管泉分司,今虽裁汰,仍设泉夫。请饬有泉州县督率疏浚,盗遏者禁。又济、兖二府为济水伏流之地,若广为浚导,则散湮砂砾间者,随地涌见。应立法劝泉夫浚出新泉,优赏银米,岁终册报,即为州县课最。一曰开湖地。山东诸泉所汇,为湖十五,各建长础,设斗门为减水闸,以时启闭。漕溢则减漕以入湖,漕涸则启湖以济漕。[一]故诸湖名曰'水柜'。其后居民壅水占种,斗门闸坝遂渐坍塞,低洼多生菱草,积沙处高与漕河堤等,蓄泄无所。请察勘未耕之地,就低处悉行挑深,以复水柜之法,即挑出之土筑堤以束水柜。每湖开支河以承诸泉之入,益漕水之流,复建闸以时减放,庶几蓄泄得宜。一曰严筑坝开坝日期。按漕政考,山东运河每岁十月初筑坝,通流分泄诸湖,候来春二月冰泮,开坝受水,法至善也。但法久玩生,筑坝每在十一月中,未免过迟;正月初旬开坝,未免太早。请饬所司筑必十月望前,庶河水未合,便于施工;开必二月朔后,庶河水充盈,漕运商船皆利。一曰修筑坎河滩坝。山东运河惟赖汶水一派,分流南北济运。明宣德时,筑戴村坝于汶水南,以遏汶水入洸;建坎河石坝于汶水北,以节汶水归海。嘉靖时,总河侍郎万恭复堆积石滩,水溢则纵之归海,水平则留之入湖。嗣虽岁有修筑,但恐时久颓废,万一汶水北注,挟湖泉尽归大清河,则四百馀里之运道所关非小。请敕总河及巡抚相度形势，修复旧石滩，改建滚水石坝，以为蓄泄。"上命内阁学士何国宗等携仪器、舆图同总河齐苏勒、巡抚陈世倌履勘，应如廷锡奏，下九卿议行。

四年二月，迁户部尚书。八月，充顺天乡试正考官。既入闱，谕廷臣曰："数年来，蒋廷锡协同怡亲王允祥办理户部事务，秉公执正，厘剔诸弊，甚属尽心；而胥吏宵小徇私作弊之人，未必无嫉妒怀怨者。令蒋廷锡入闱典试，或乘此造作浮言，妄加谤议，亦未可定。科场关系大典，[二]若闱中阅卷，果有不公，许应试举子赴都察院控告奏闻。若有不轨之徒，假捏污蔑之词，以泄私忿而挠公事，则国法断难宽宥。着步军统领及顺天府尹、五城御史察访，查拿参奏，从重治罪。"十月，命兼管兵部尚书。十二月，丁母忧，谕内阁曰："蒋廷锡在内廷侍从二十馀年，恪慎勤劳。朕御极以来，凡交与部院事务，皆实心办理，明晰妥协。简任农曹，尤为称职。且素性笃于孝道，其母身享高年，蒋廷锡朝夕承欢，奉养惟谨。朕优眷大臣，推恩及于其母，时加存问，赐赍载颁。今闻其母淹逝，深为轸恻！特遣大臣前往，赐奠茶酒，加恩谕祭一次，照生前例给予一品太夫人封诰，并赐银一千两，为殡殓之资，以示教孝劝忠至意。"命廷锡在任守制，给假数月，奉母榇回籍，丧葬事毕来京。

六年三月，授文渊阁大学士，[三]仍兼理户部。六月，充纂修圣祖仁皇帝实录总裁。七年七月，赐第及"钧衡硕辅"额。十月，加太子太傅。八年二月，充会试正考官。八月，命同果亲王允礼总理三库事务。十月，谕嘉廷锡与大学士马尔赛、张廷玉等赞襄忠勤，赐一等轻车都尉世职。十年闰五月，卒于官，年六十有四。遗疏入,谕曰:"大学士蒋廷锡受圣祖仁皇帝知遇之恩,直内廷二十馀载。自朕即位,由学士升授侍郎,旋擢尚书,简命为大学士,才识优长,经猷明练。其总领度支,则谨慎出纳,厘剔弊端,于国计民生,均有裨益。其参赞机务,则恪谨小心,周详缜密。纶扉重地,倚赖方殷。上年忽患痰症,特遣良医调理,渐次获痊。今夏旧恙复发,每日两次以疾状奏闻。方期夙疾有瘳,岂料溘焉长逝,朕心伤悼!辍朝一日。其所用棺殓之属,俱颁自内府,[四]已命内大臣率领侍卫赐奠茶酒。其应得恤典,察例具奏。"赐祭葬加祭一坛,谥曰文肃。乾隆元年十二月,入祀乡贤。

　　子溥,官至大学士,自有传。

【校勘记】

〔一〕漕涸则启湖以济漕　上"漕"原误作"湖"。汉传卷一〇叶五五上同。今据耆献类征卷一六叶八上改。

〔二〕科场关系大典　"科场"原误作"场屋"。汉传卷一〇叶五七上,及耆献类征卷一六叶九上均同。今据宪录卷四七叶七下改。

〔三〕授文渊阁大学士　"文渊阁"原误作"文华殿"。汉传卷一〇叶五八上,及耆献类征卷一六叶九下均同。今据宪录卷六七叶一〇上改。

〔四〕俱颁自内府　"颁"原作"领",形似而讹。汉传卷一〇叶五九上,及耆献类征卷一六叶一〇上均同。今据宪录卷一二一叶一六下改。

顾八代

顾八代,满洲镶黄旗人,姓伊尔根觉罗氏。父顾纳禅,太宗文皇帝天聪九年,由闲散随征明大同,攻小石城,先登,赐号"巴图鲁",予骑都尉世职。寻任参领。世祖章皇帝遣师入山海关,及平定陕西、湖南、江南、浙江,顾纳禅皆在事有功,晋职三等轻车都尉,世袭罔替。卒,子顾苏袭,遇恩诏,晋二等轻车都尉,寻卒,子佛岳袭。

　　顾八代为顾纳禅次子。顺治十六年,以荫生充护军。随征云南,得功牌二。凯旋,授户部笔帖式。寻因佛岳卒无子,袭二等轻车都尉世职。擢任吏部文选司郎中。康熙十四年,圣祖仁皇帝御试旗员,列第一,改翰林院侍读学士。会逆藩吴三桂踞湖南,遣贼将掠广东、广西,镇南将军莽依图由江西进定广东,驻韶州。十六年六月,上命顾八代传谕莽依图规复广西,并授方略,即留营随征。顾八代既至,莽依图进驻梧州,屡击败贼将吴世琮等。

　　十八年,京察,掌院学士拉萨哩、叶方蔼以顾八代随征以来,能称厥职,以"政勤才长"注考,大学士索额图改注"浮躁"。传旨下部察议,吏部言浮躁例应降调,顾八代有世职,令随旗行走。寻莽依图疏言:"顾八代襄办军务,竭诚奋勉。三载以来,运筹决胜,动合机宜。请留军前委署副都统,参赞军务。"得旨,仍以原衔随征。十九年,广西定,莽依图卒于军。顾八代随平南大将军赉塔进征。二十年,师至云南,顾八代同参赞大臣穆占等与勇略将军赵良栋定攻取策,赉塔从之,遂殄灭逆孽吴世璠,平云南。凯旋,补侍讲学士。二十三年八月,直上书房。二十四年,擢内阁学士,充平定三逆方略副总裁官。二十五年,充经筵讲官。明年,授礼部侍郎。二十八年,擢本部尚书。三十二年九月,奉旨:

"顾八代因在内廷供奉有年,屡加擢用,荐至尚书。今观其人,不宜留任部院,[一]着革任,以世职随旗行走,仍直内廷。"三十七年,因病乞休。四十七年十二月,卒。

世宗宪皇帝雍正四年,谕曰:"原任礼部尚书顾八代品行端方,学术醇正。昔蒙皇考简用,服官有年。当征剿吴逆时,以学士协赞军务。从将军莽依图、赉塔等克复粤西、滇南,劳绩茂著,备承恩眷;且深知品学优长,足为模范,特命为朕兄弟之师。朕自幼与共朝夕,讲论忠孝大义,研究经书至理,肫诚周至,获益良多。嗣以公事讹误罢职,仍在内廷课读。数载抱疾闲居,戊子冬物故。朕亲临其丧,并遣人为之经理殡葬。本欲陈情于皇考之前,求加恩赐恤。值圣体违和,不敢渎奏。迄今回忆当年诵读情景,宛然如昨。老成旧学,时眷于怀。应优加赠恤,以展朕笃念师资、酬奖前劳之意。"寻允部议,复礼部尚书衔,加赠太傅,予祭葬如典礼,谥文端,立碑墓道。上复念其子孙甚贫,恩赏银一万两。八年七月,命建贤良祠于京师,特谕应入祀者满洲大臣五人,大学士图海、都统赉塔,次即顾八代及尚书玛尔汉、总河齐苏勒。

先是,顾八代乞休后,子顾俨袭,因销恩诏所加之职,改三等轻车都尉。雍正三年,由参领擢任镶黄旗汉军副都统。顾俨之子顾琮,别有传。

【校勘记】

〔一〕不宜留任部院　原脱"留任"二字。满传卷一九叶四三下,及耆献类征卷五一叶三五上均同。今据仁录卷一六〇叶一四上补。

徐潮

徐潮,浙江钱塘人。圣祖仁皇帝康熙十二年进士,由庶吉士授检讨。二十三年,迁赞善,充江南乡试正考官。荐陟谕德、庶子、少詹事、通政使。三十一年二月,授左副都御史。十月,擢工部右侍郎。三十三年,充会试副考官。三十四年五月,丁母忧。三十七年三月,起授刑部右侍郎,三十八年五月,转左。

三十九年九月,授河南巡抚,上谕之曰:"闻河南火耗甚重,州县亏空亦多,尔当严行禁止,并加意筹画。"潮奏:"臣亦闻豫省有几州县火耗最重,此外且有私派,臣当严行禁革。至州县亏空,臣惟洁己率属,宽养其力,使之逐渐自补,再不改悔,定行劾治。"四十年春,上巡幸畿甸,谕巡抚李光地曰:"直隶与河南、山东邻省,有文件往来之事。其巡抚贤否,尔必能知之。"光地以徐潮居官甚优奏。翌日,谕廷臣曰:"近日督抚李光地、张鹏翮、彭鹏、郭琇最优,徐潮在河南声名亦好。"

四十一年四月,刑部议偏沅巡抚金玺审讯宁远县盗犯关翰芳等四十馀名,应如原拟定罪。上曰:"此案人命众多,前有令他省巡抚鞫审之例,宁远县与河南相去不远,徐潮驰驿赴彼详审。"六月,奏盗首关四系广东人,与老鸦山等处瑶人情熟,借赍盗粮,纠伙行劫,至二百馀人,不无迫胁入伙。现今审明,关翰芳、马德隆二犯,[一]下手勒死宁远县民李如珍,应照原拟立斩枭示,其馀应并监候,俟缉获盗首关四质认明确后处决。既而偏沅巡抚赵申乔奏关四遁入八排瑶,遍缉无踪。现在监候之三十五犯,请照原议处决。得旨,俱免死发遣黑龙江。

　　先是，五经博士程祀请给二程子祭田，[二]部议未准行。上谕潮曰："程子宋之大儒，祀典不可有缺。但恐其子孙不肖，祭田或变鬻。应如何给与银两，俾程氏子孙永远奉祀。"潮奏："程颢、程颐共祀一祠，每年于春秋文庙附祭外，应别给其后嗣银四十两，俾展时祀，以仰副皇上隆礼先儒之至意。"从之。是年，勘奏归德府属之永城、虞城、夏邑三县被灾地亩一万七千六百五十三顷有奇，得旨，蠲赈有差。又疏言："三县外有地势略低，虽不成灾而收成歉薄者，至东作将兴、青黄不接之时，民生未免拮据。请以常平、义社等仓现储谷石暂减时价平粜，其无力籴买者，亦照旧例借给，俾得糊口，并资牛种之需。"又言："豫省于五六月间雨水过多，秋禾伤损，米价腾贵。请改应运漕粮二十五万石有奇为折色，庶民间米价不至日长。"均得旨俞允。

　　四十二年二月，上南巡，潮迎驾泰安，赐御书"懔矢清风"匾额、督抚箴一幅及冠服。三月，疏言："考城、柘城、温、登封四县，向因兵燹之馀，应试寥寥，定为小学，考取童生八名。今户口额赋，已倍于前，人才渐盛。请改为中学，考取童生十二名。"事下部议行。十二月，上西巡回銮，潮迎驾卫辉，御书"嵩高镇司屏翰，河洛波沛德音"对联、过孟津诗条幅以赐。四十三年正月，上以汾河、渭河皆与黄河相通，欲于河南贮积米谷，遇山、陕岁歉，运往赈济。恐经三门砥柱之险，水溜，船不能上，命潮同川、陕、山西督抚勘议。潮既与总督博霁等会勘三门砥柱，合疏以奏，又疏言："豫省汴河通淮故道有二：一由中牟县东经祥符等县，历宿迁而达于淮，久已淤塞；一由中牟县东南经尉氏等县，历太和而达于淮，亦因昔时淤垫，经元臣贾鲁修浚，今名贾鲁河。现在通流,但不深广,应于窄浅之处,量加挑浚。在贾鲁河外尚有支河,与黄河止隔一堤,地名花园,在郑州之北,曾经运送柳束,暂掘护堤,放船入黄。今支河久涸,旧迹尚存,若设法开浚,建闸设坝,以时启闭而通舟楫,诚商贾人民之大便。"得旨,如所请行。是年,御史李发甲奏:"山东荒歉,饥民有就食湖广、河南、直隶等省者,请谕各督抚令地方官安置得所。"上允所请,令各省遵办。潮奏:"豫省之开封、河南、汝宁等府所属二十八州县,有山左灾民男妇老幼一千五百八十馀人,令各州县给粮赡养。又恐地方官力有不继,倡捐谷石,在省会四门按日给散,以资饘粥。秋成时,并令按住址给与路费,关送原籍。"疏入,报闻。

十月,[三]内升户部尚书。先是,上擢直隶巡抚李光地为吏部尚书时,谕廷臣曰:"徐潮、李光地原系内任,历年亦久,早应擢用。因地方起见,暂留外任。伊等居官诚优,得大臣体。"至是,谕曰:"徐潮为巡抚甚好,平易得体,民无不称颂之者。"寻充经筵讲官。四十四年,上南巡,潮扈从,命同两江总督阿山审山安革职同知佟世禄控诉总河张鹏翮诬坐告冒帑误工,[四]罚赔银七万九千馀两,并令淮扬道王谦枉断拟杖事。潮覆奏:"佟世禄未曾冒帑误工,不应赔补,应复原职。张鹏翮偏执苛刻,删供枉断,应革职留任;王谦附会欺隐,应革职杖徒。"从之。四十五年四月,兼翰林院掌院学士。五月,教习庶吉士。是年,奉命兼理高家堰滚水坝,高邮车逻中坝及文华寺、涧河等工,分派各官挑河十万四千九百八十馀丈,筑堤长四万一千五百四十馀丈。四十六年,命赍帑监修武家坝天然坝、蒋家坝及挑河、建闸、筑堤诸工,先后报竣。四十七年四月,调吏部尚书,仍兼翰林院掌院学士。

四十九年二月,乞休,命以原官致仕。五十二年三月,赴京,得旨:"徐潮以庆祝远来京师,照伊原品与现任官一体给与荫生。"五十四年正月,在籍病卒,年六十有九。遗疏至,得旨:"徐潮服官年久,懋著勤劳。忽闻溘逝,朕心深为轸恻!"赐祭葬如例。世宗宪皇帝雍正十年,入祀贤良祠。今上乾隆九年,赐谥文敬。

子本,官至大学士,别有传。

【校勘记】

〔一〕关翰芳马德隆二犯　原脱"德"字。汉传卷九叶三〇下,及耆献类征卷五七叶三一下均同。今据仁录卷二〇八叶一四下补。

〔二〕五经博士程祀请给二程子祭田　"祀"上原衍一"延"字。汉传卷九叶三〇下,及耆献类征卷五七叶三二上均同。今据仁录卷二〇八叶二上删。

〔三〕十月　"十月"上原衍"四十三年"四字。汉传卷九叶三三下,及耆献类征卷五七叶三三下均同。今据仁录卷二一七叶一八上删。

〔四〕山安革职同知佟世禄控诉总河张鹏翮诬坐告冒帑误工　"山"原误作"淮"。汉传卷九叶三四上,及耆献类征卷五七叶三三下均同。今据仁录卷二二三叶六上改。

郭世隆

郭世隆,汉军镶红旗人。父洪臣,原籍汾州。世祖章皇帝顺治二年,英亲王阿济格统师至九江,收降明故将左良玉之子梦庚及部众,来京入旗,洪臣预焉。分辖降众为佐领。

圣祖仁皇帝康熙四年,世隆袭管佐领。八年,授礼部员外郎。二十五年,擢监察御史。二十七年,命赴盛京,察审福陵守兵赴诉其兄冤死事,得诬良刑逼自缢状,原审侍郎阿礼瑚及司员俱坐失实褫革。世隆还京,疏言:"盛京刑部凡已经告发事件,执法结断者甚少,夤缘和息者居多,以故曲直莫分,刁诬愈炽。近者旗人宜尔根控诉命案,先经私和,后复涉讼,仍不审结。乞敕严察此案私和之两造及听许之部员,究实情而肃法纪。"又疏言:"盛京凤凰城及山海关各设有迎送朝鲜之贡使五品官数员,每逢贡使至,以一员送迎,此外别无职守。且既有通事官,从凤凰城随行至京,沿途拨兵护送,料理食物、夫役、车辆。迎送官实属赘设,应行裁汰。"又疏言:"设官久任,以其能熟习民风土俗而去弊兴利也。若不肖之徒,往往以久任滋弊,如盗采人参,津有重典。惟不肖官弁,与奸民熟习,互相容隐,故弊窦弥多。每年报部采参之数不及千斤,而京师及各省货卖者不啻百倍。皆由开原边口纵奸民盗采,山海关又纵其私贩。宜分别故纵、失察,严定处分。其守口官员,与山海关城守尉,应每年更换,以清弊源。"疏并下部议行。又诏山海关官兵停止盛京将军管辖降调现任城守尉照张家口例,兵部选员更换。十月,擢内阁学士。是月,上谒孝陵,过通州,有山西礼县民诉知县万世纬、知府纪元爽取状,命世隆往会督抚察审。鞫实,万世纬贪婪科派,杖毙县民,论斩;纪元受贿举荐卓异,论绞。

二十九年四月,充国史副总裁。七月,直隶巡抚于成龙内升左都御史,以世隆代之。先是,户部奏镶红旗罢任安溪知县孙铺首福建巡抚张仲举、布政使张永茂催征恩免钱粮,侵隐入己,上遣郎中吴尔泰等往会总督兴永朝勘讯。既而上闻吴尔泰甫至,即拘讯知府六人,牵连州县官数十人,乃命世隆往。世隆至,则研讯司、府、州、县胥役数人,得张仲举与布政使张洐索取州县赋册,窜改撤销,赍解批回,重造司册,侵隐已征地丁额银,作民欠蠲免状;又张洐升湖广巡抚,亏帑三十馀万,因仲举前任湖广布政使亦亏帑,相约互抵,仲举抑勒道府捏具借帑印领结,按察使田庆曾令出结署事及张永茂受代,仲举闻张洐在湖广赃私败露,闽帑尚未补完,复截留府州县额支官俸役食,令庆曾给永茂,又令永茂加取各属赍解银火耗,代为弥补,诸左证悉合,遂先释前此吴尔泰拘讯牵连之府、州、县官回任,穷诘仲举、永茂、庆曾,各语塞;并孙镛控列杂赃,亦鞫实。仲举侵挪二十六万三千馀两,拟斩;永茂科敛一万七千馀两,拟绞;庆曾受贿二千二百两,拟徒:各追赃入官。被勒之属员及改造册档书吏,概免罪。疏入,上切责吴尔泰谬妄,革去郎中,发黑龙江效力。世隆疏下法司,如拟行。

九月,世隆将至巡抚任,谕曰:"凡接任好官者难,于成龙居官甚好,继之不易。尔系有才之人,当勤谨任事。"三十年二月,疏言:"直隶守、巡二道,分管通省钱粮、刑名,与各省布、按二司无异。应改部选为请旨简授。"上是其言,下部从之。是年,顺天、保定、真定、永平诸府属夏旱秋歉,诏世隆履勘抚绥。世隆察奏七十四州县本年及来年额赋,分别蠲缓,其受灾较重之霸州、文安、大城、永清、真定、井陉、获鹿、元氏、赞皇、高邑、临城、行唐、灵寿、宁晋十四州县发赈。四月,又遵谕详筹积贮之务,疏言："荒歉之岁，以每州县饥民万口为率，大口四合，小口二合，按名赈给。有五六千石之粮，可供半年之食。今直隶捐纳谷米一百三十万石有奇，应均拨收贮州县，大者存五千石，中者存四千石，小者存三千石，庶可随时变通赈济荒歉。常平仓米，今岁平粜六十三万二千石有奇，例应岁内买补，恐米价因之益昂，应展限来岁五月。其原粜之州县官，虽有升迁事故，亦令本员买还，以拨应贮之州县收仓，庶杜推诿。"疏下部议，从之。三十一年二月，疏言："奉天所属州县，连年大有，米谷赢馀。请敕山海关但禁大车装载，暂听旗人、民人肩挑驼负，进关转粜，则永平等处米价可以渐平。"疏下部议，自三月至八月，如所请行。

十一月，疏言："宣府向设镇道及十卫六厅，与各营分理钱粮、驿务，厅员限于佐领，营卫皆属武弁，政多捍格，宜裁六厅十卫，改设一府八县。"上是其言，下九卿详议。九卿议，令世隆分晰定拟。寻奏改宣武卫为宣化府，附郭前卫为宣化县，万全右卫为万全县，怀安卫为怀安县，蔚州卫为蔚县，龙门卫为龙门县，怀来卫为怀来县，赤城堡为赤城县，顺圣川西城为西宁县。三十二年四月，以真定路当孔道，地方辽阔，自裁去总兵后，分防弁兵甚少，奏移紫荆关副将驻真定，酌调各营马步兵二千，添设守备、千总、把总等官，分拨汛防。以龙泉关参将移驻紫荆关，以真定营游击移驻龙泉关。三十三年四月，以霸州等处因子牙河堤决，田亩被淹，已遵旨赈济平粜。其大城县赵扶村之南堤，青县之杨村堤至东子牙村堤，[一]雄县蒲淀、五百淀之东堤，请即修筑；又黑龙港河及王家口久经淤塞，请开浚深通。疏入，得旨俞允。

三十四年二月，擢闽浙总督。三十五年五月，疏言："闽省兵饷,岁需银一百三十万两有奇。本省额征仅一百万两有奇,向皆拨用杂税及浙江协饷。今雨泽愆期,民间荒歉,难以催征。请拨邻省帑银三十万两以为协饷,俟民力少舒,征补存贮,以备不时之需。”三十六年七月,疏言:“部臣以浙海关监督李雯请移宁波城外之关于镇海县,增设红毛馆,使洋船贸易,令臣会议。窃谓镇海县距宁波府城仅六十馀里,洋船既至镇海,即可直抵府城,移关设馆,于商民无所利益,仍旧为便。”三十七年四月,疏言:“泉州府向征落地盐税银一千五百九十两有奇,所属七县派引行盐征课五千五百八十两有奇。若依巡盐御史钟甲保奏改落地税为派引征课,又加引七县行盐,恐将来新引壅滞,盐价日昂,有累民户。请仍循定例。”疏并下部议,从之。

四十一年十月,调两广总督。四十二年七月,疏言:“粤东自南澳起,〔二〕经碣石镇至虎门协,海面二千馀里,〔三〕守汛辽阔,请增设兵船于遥对南澳之澄海协,以资巡防。海门一所,最为紧要,应移达濠营游击、守备、千总、把总驻扎,改为海门营,以海门所守备移为达濠营守备。甲子一所,乃险要海口,从前止设千总一员,应以镇左营移驻,与碣石镇联络防守。吴川营隔海百馀里,有硇州一岛,〔四〕宜以龙门协所属之乾体营兵,令白鸽寨守备、千总、把总统之,驻扎硇州,改为硇州营。白鸽寨即以千总管领。至平海、大鹏二所,逼近巨海,应专设二营。其顺德一镇,外有香山、虎门二协,〔五〕内有省会驻防兵,可裁去总兵官,止留游击为顺德营。改镇标左营为平海营,右营为大鹏营。”下部议如所请。四十三年四月,疏言:“前奏添造战船,俱经报竣,设立船兵,自南澳至龙门,令守备、千总、把总逐日带领巡哨,副将、参将、游击每月会巡一次,水师总兵春秋二季驾船二十分巡外洋至琼州。上年十一月至今年二月,先后击败贼众于沱宁外洋,沉贼船六,斗头角海面沉贼船一,琼南、万崖二处海面沉贼船二。"四十五年五月,疏报海洋巨盗蔡玉也等聚众劫掠商船,今已擒获,分别定拟斩流。得旨,遣刑部侍郎常绶往勘。覆奏蔡玉也等五人应立斩,部议世隆平时禁贼不严,及事发,又朦胧掩饰,应革职。于是罢任。

四十六年六月,起授湖广总督。四十七年十二月,条奏:"防守红苗三款:一、沿边安设塘汛,已经周密,惟盛华哨起至镇溪所一带,山高箐密,难于瞭望。应酌拨镇篁兵八百名,另设四营分驻。每日派官一员,带兵五十名游巡。一、旧日苗来内地,民往苗丛,每滋事端。今以塘汛为界址,苗除纳粮、买卖外,不得擅入塘汛之内,民亦不得擅出塘汛之外,违者治罪。一、内地奸民,与苗人结亲,至勾通为恶,不可究诘。嗣后如有前弊,应断离异。"下部议,从之。四十九年六月,疏劾祭告南岳之翰林院侍读学士陈壮履绕道嘉鱼滋扰驿站,得旨,降陈壮履为编修。十月,世隆内迁刑部尚书。五十年十月,以山西太原流匪陈四等六十馀人携妇女数十,乘马骡,由湖北往湖南、贵州,诡称赴云南开垦,索取州县口粮,劫掠商贾财物。世隆前任总督,不即察究,纵容滋蔓,革职罢任。

五十二年三月,遇万寿庆典,复原品。五十五年九月,卒,年七十有二。后祀直隶、福建、浙江、广东、广西、湖广等省名宦。

【校勘记】

〔一〕青县之杨村堤至东子牙村堤　原脱下一"村"字。满传卷二五叶
　　　二九上，及耆献类征卷五三叶三三上均同。今据仁录卷一六三叶
　　　三下补。

〔二〕四十二年七月疏言粤东自南澳起　"二"原误作"三"，又"自"误
　　　作"至"。满传卷二五叶三〇上同。今据仁录卷二一二叶二八下
　　　改。按耆献类征卷五三叶三四上不误。

〔三〕海面二千馀里　"千"原误作"十"。满传卷二五叶三〇上、下同。
　　　今据仁录卷二一二叶二八下改。按耆献类征卷五三叶三四上
　　　不误。

〔四〕有硇州一岛　"硇"原作"砳"，形似而讹。耆献类征卷五三叶三
　　　四上同。今据仁录卷二一二叶二九上改。按满传卷二五叶三〇
　　　下不误。下同。

〔五〕虎门二协　"虎"原误作"鹿"。满传卷二五叶三一上，及耆献类
　　　征卷五三叶三四下均同。今据仁录卷二一二叶二九上改。

　　　贝和诺　子马喇

　　　贝和诺，满洲正黄旗人，姓富察氏，尚书济席哈之孙也。圣
祖仁皇帝康熙二十七年，由工部笔帖式授户部主事。荐迁兵部
员外郎、户部郎中，兼佐领。三十四年十一月，〔一〕迁兵部督捕右
理事官，寻迁大理寺卿。

　　　三十五年二月，奉命往山东经理闸河。五月，总漕桑额奏：
"漕船尽过济宁，较上年早月馀，皆仰赖睿虑周详，豫遣卿臣贝和
诺封闸蓄水，启闭以时。"六月，贝和诺还奏漕船陆续抵通，上曰：
"遣官有益漕运，自后可仿行之。"七月，迁都察院左副都御史。

三十六年正月,擢户部侍郎。十一月,礼部奏朝鲜国王李焞以旱潦频仍,廪庾空乏,八路流离,请开市义州、中江贸谷。得旨:"览奏,朝鲜乞籴,朕心深为悯恻!可赏给米一万石,令侍郎陶岱督运前往;再运二万石,令侍郎贝和诺往中江监视贸易。"三十七年五月,事竣,李焞表谢"八路生灵赖得全活"。

十二月,〔二〕贝和诺授陕西巡抚。三十八年六月,疏言:"陕省兵民被恩抚恤,无微不周,准开事例,原期积贮充实,缓急足恃。臣抵任后,计原报捐纳米麦拨支兵粮等项,应存一百七十七万八千九百一十九石。今省仓及各州县实存十七万一千二百石有奇,亏缺一百六十万七千六百八十六石,不敢不据实陈明。"上命尚书傅拉塔、张鹏翮往同贝和诺察核。三十九年正月,覆奏:"原捐米麦分贮长安、永寿、华阴等县,因防霉烂,出粜三十八万二千八百九十馀石,现今籴补足数。此外俱系报捐之官生挂欠,今亦陆续完纳,尚少一百九万九千八百馀石,应开造报捐官生姓名及挂欠实数达部。俟完纳后,方准升迁考试,仍勒限严催。倘逾限不完,并议处经手各官。"事下部议,从之。三月,疏言:"汉兴道所辖,界连楚、蜀,幅员辽阔,最为紧要。请以议裁之神木道李杰就近调补。"疏入,谕部臣曰:"神木地方,朕前统领大兵经过,见田亩瘠薄,人民稀少,最为寒苦。然逼近蒙古,实属要地。前贝和诺奏裁神木道,今又以现任道员李杰题补汉兴道,是为李杰规避寒苦,希调善地。其严加议处。"部议降三级调用,得旨,从宽留任。

五月,调四川巡抚。十一月,命督理进剿炉蛮粮饷。四十一年四月,疏言:"打箭炉驻扎官兵,需用粮饷,宜豫为接济。请拨邻省银十万两来省，应期给发，扣捐本省知县以上各官俸银补项。”下部议如所请，上曰：“四川极边之地，官员度日维艰，免其扣捐俸银补项。”六月，疏言打箭炉、木鸦等处番民一万九千馀户归顺，应添设安抚使五员、副使二员，〔三〕土百户四十五员，以专管辖。”又疏言：“边末借茶资生，向来边民造办赏番茶包之外，听其将所馀运炉贸易。恐有营官阻挠，请给天全土司官引四千道，副土司官引一千六百道，定额征课。”闰六月，疏言：“各省重犯招册，久经达部。其秋审时，令造全招，又摘造节略，事属烦复。请嗣后秋审，以原供及督抚看语叙入册内，停止烦复造送。”十一月，疏言：“化林、松潘均属边地，素不产米。向来化林设兵尚少，故照建昌各营例折给。今兵众饷多，米价腾贵，请照松潘之例增价给发。”四十二年正月，疏言：“各省教职每学二员，独川省有五十七学，各设一员。请于威、茂等州，叙州府会川等卫添设训导一，温江等县添设教谕一，九姓司学添设教授一。”三月，疏言：“前抚臣于养志题明松潘、小河、叠溪三处收捐米谷，分贮备用。自三十八年迄今，松潘捐一千七百馀石，其小河、叠溪以道路险峻，输运维艰，罕赴捐纳，请停止收贮例。”四十三年正月，疏言：“川省行盐潼川、中江，山路崎岖，艰于陆运，额引壅滞难消。惟冰江小溪水运可通，请增给水引，商民交便。”诸疏并下部议行。二月，内迁兵部侍郎。

四十四年五月，擢云贵总督。四十五年六月，疏言：“新升广东布政使之云南按察使刘荫枢老成练达，清廉爱民，今现署云南布政使，请即以留补。”得旨，如所请。九月，擒获逆匪李天极、王枝叶等于富民县之响哨山。李天极者，昆明人，冒入广通县学，与临安府生员朱六菲造为符谶,以师宗州生员之子魏枝叶流荡不归,诱之诡托明桂王之孙,阳以王姓相呼。遇开化府卖药人杨春荣、蒙自县谈相人张平山、富民县演伎人杨起凤,同谋不轨,伪称文兴三年,以铅摹桂王之宝及诸伪印,散播总制、大将军、副总兵、都督金事等伪札,愿入党者,改装蓬头僧,或长发道士,潜期先掠广南,次掠开化,由蒙自劫省城,为督标弁兵首报,先后擒获李天极、王枝叶、杨春荣、杨起凤、张平山、朱六菲,请旨立斩,馀党流徙数人,首报者奖赏如例。四十六年十月,疏陈金、银、铜、锡等矿厂,岁征实数,户部以未较旧额加增议驳。上曰:"云南矿税,一年征银八万两零,用拨兵饷,数亦不少。若又令加增,有不致累民乎?着照原题议给。"

　　四十九年九月,内迁礼部尚书。五十年十月,以山西太原流匪陈四等六十馀人诡称赴云南开垦,携妇女,乘马骡,由陕西、湖广至贵阳。贝和诺前任总督,得布政使张建绩牒报,不即察究;仅令咨回原籍:降一级调用,诏依议。十一月,授盛京工部侍郎。五十七年十月,复礼部尚书。五十九年正月,以年老乞休,得旨慰留。六十年二月,卒于官,年七十有五。

　　子马喇,初袭管佐领,兼护军参领。世宗宪皇帝雍正元年三月,擢镶蓝旗蒙古副都统。十一月,调本旗满洲副都统。二年二月,授刑部侍郎,仍署副都统。十月,以审事滥施刑讯,不得实情,与尚书阿尔松阿、侍郎马尔齐哈并解任。三年正月,授正红旗满洲副都统。

　　五年正月,奉使西藏副都统宗室鄂齐奏西藏阿尔布巴、隆布鼐、扎尔鼐互相济恶,达赖喇嘛尚幼,恐为唆使与贝子康济鼐不睦,致生竞端。上赐马喇与内阁学士僧格各银千两,往驻西藏。
既而阿尔布巴戕害康济鼐,后藏颇罗鼐为报仇,马喇同僧格守护
达赖喇嘛于布达拉。六年五月,颇罗鼐率后藏兵九千至前藏,告
知马喇、僧格,令各庙寺喇嘛执阿尔布巴、隆布鼐、扎尔鼐拘禁,
待奉使西藏之尚书查郎阿等至,承制传集众喇嘛及番人诘讯阿
尔布巴等罪状。磔阿尔布巴、隆布鼐,斩扎尔鼐及阿尔布巴三
子、隆布鼐一子,发遣扎尔鼐二子及妻女给兵丁为奴。颇罗鼐还
后藏,诏颇罗鼐总管前后藏,移达赖喇嘛至里塘。七年二月,调
马喇镶蓝旗满洲副都统,留驻里塘,照看达赖喇嘛。六月,诏赏
银二千两,往西藏总理事务。八年十一月,擢护军统领。九年二
月,以在藏年久,诏赏银一千两,酌带防卫兵丁回京。

　　十二月,擢工部尚书。十年二月,署正红旗满洲都统。七
月,以不谙部务罢任。十一年正月,谕廷臣曰:“马喇前曾在藏办
事,熟谙彼处情形,着以副都统衔前往西藏,协同都统青保等办
事。”十三年八月,卒于藏,年六十有三。

【校勘记】

〔一〕三十四年十一月　“三”原误作“二”。满传卷二五叶三三上同。
　　　今据仁录卷一六九叶七上改。按耆献类征卷六二叶三五上不误。

〔二〕十二月　原脱“十”字。满传卷二五叶三四上,及耆献类征卷六
　　　二叶三五下均同。今据仁录卷一九一叶二五下补。

〔三〕副使二员　“二”原误作“五”。满传卷二五叶三六上,及耆献类
　　　征卷六二叶三六下均同。今据仁录卷二〇八叶二一上改。

博霁

博霁,满洲镶白旗人,姓巴雅拉氏。康熙十九年,由护卫授銮仪使。二十二年,擢镶白旗汉军都统。二十三年八月,迁镶白旗蒙古都统。九月,调镶白旗满洲都统。二十四年,授江宁将军。三十一年,调西安将军。三十五年二月,[一]抚远大将军费扬古奉命由西路剿噶尔丹,上命博霁统满洲兵自宁夏往会费扬古军。五月,大败噶尔丹于昭莫多。叙功,授云骑尉世职,准袭一次。十一月,上以噶尔丹窘迫必走哈密,命博霁择西安兵未出征人材强壮者,与将军孙思克同侦御。三十九年七月,上谕大学士等曰:"闻博霁自江宁赴西安时,军民哭送,直至浦口。彼若不善,何能如此? 诚可谓将军矣!"四十二年,圣驾西巡,阅西安官兵。上以博霁训练有方,赐御用囊鞭及弓矢,谕曰:"朕巡幸江南、浙江、盛京、乌喇等处,未有能及尔西安兵丁者。尔处官兵俱娴礼节,重和睦,尚廉耻,且人材壮健,骑射精练,深可嘉尚,慎勿令其变染恶习!"

四十三年正月,授四川陕西总督。先是,上西巡时,以河南府居各省之中,水路四达,应截留豫省漕粮储其地。间遇山、陕歉收,即可由黄河挽运。恐经三门砥柱,舟不能逆上。至是,命博霁偕陕西巡抚鄂海、河南巡抚徐潮、山西巡抚噶礼会勘三门砥柱。四月,合疏言:"臣等会勘三门,中流为神门,水势甚溜;南为鬼门,更汹涌;北为人门,势稍缓。三门之下为砥柱,再下二里卧虎滩。臣等用船载粮三十石,从卧虎滩挽上人门,[二]溜急滩多,行舟艰难。不如陆运便。豫省漕粮截留于河南府备贮,陆运至陕州西门外太阳渡上船,[三]计三百馀里,费较河路减。"下九卿议如所请。四十五年,疏言:"去岁秋时奉谕旨,念民间所用升斗大小不同,令部臣较铸平准颁行。臣已照式铸造,转发各属。但陕、甘收粮,旧用永丰仓斗,驻防兵粮亦以此支放,相沿已久。今以部颁新斗较量,一石计短少三斗。如以新斗收受,即以新斗放给,则十分之中已减三分。兵马粮料,不无艰窘。况陕、甘兵马较他省最多,倘有行走,全赖士饱马腾。查收受民粮时,尚有多收耗粮一项未革,请将此项耗粮永行禁革。百姓交粮,令照旧斗之数,以新斗交收;支给兵粮,亦照旧斗之数,以新斗量给。则耗粮革绝,民已乐输恐后,而陕甘满、汉十馀万兵丁,俱仰沐格外之恩矣。"下部议如所请,其永丰仓斗永行停止。

四十七年闰三月,卒。遗疏入,谕曰:"博霁久任将军,简授总督,效力有年。岩疆重寄,正资料理,忽闻溘逝,朕心深为轸恻!应得恤典,察例具奏。"寻赐祭葬如例。

嗣子宝山,袭云骑尉世职。宝山卒,停袭。

【校勘记】

〔一〕三十五年二月 "三"原误作"二"。满传卷三三叶一二上同。今据仁录卷一七〇叶八下改。按耆献类征卷一六二叶一五上不误。

〔二〕从卧虎滩挽上人门 "虎"原误作"龙"。满传卷三三叶一三下,及耆献类征卷一六二叶一六上均同。今据仁录卷二一五叶二一下改。

〔三〕豫省漕粮截留于河南府备贮陆运至陕州西门外太阳渡上船 原脱"府"字,又"太"上衍一"西"字。满传卷三三叶一三下,及耆献类征卷一六二叶一六上均同。今据仁录卷二一五叶二一下至叶二二上补删。

范承勋

范承勋,汉军镶黄旗人,大学士文程第三子,福建总督承谟弟。由荫生入国子监读书。康熙三年授工部员外郎。七年,迁刑部郎中。十二月,充大清会典纂修官。十六年,授江南道监察御史,巡视西城。疏请勒监生生员南籍冒北者归籍,从之。十八年,协理河南道事,疏言:"定例降调官果清廉,许督抚题留,惩劝兼用,革职与降调同一讵误而去留不同。请嗣后革职官果清廉爱民者,许一例题留,督抚滥举,严定处分。"又言:"八法以贪为首,贪吏仅罢薄谴,何惮不为? 请严饬承审官执法讯追,按律究拟,毋循庇塞责。"俱下部议行。十九年闰八月,奉旨甄别满洲、汉军科道不称职者,对品调用,承勋议留,特旨着去任,改补吏部郎中。

九月,川东贼谭弘叛据巫山,上命承勋同户部郎中额尔赫图驰赴彝陵,趣将军噶尔汉进兵。十一月,督湖广进蜀粮饷。二十年三月,弘死,其子天秘遁。提督徐治都进剿,以转饷艰,自万县还驻夔州。谕承勋乘川峡未涨,速运粮济军。四月,大军进定云南,复命趣噶尔汉军,仍兼理粮务。二十二年,回任监崇文门税务。二十三年五月,九卿、詹事、科道遵旨举清廉官,承勋与焉。八月,擢内阁学士。

二十四年三月,授广西巡抚,〔一〕陛辞,上曰:"尔父兄皆曾宣力于国,尔今为巡抚,钱粮刑名,虽系职任;其最要者,在洁己爱民。若听信幕客,沽名妄作,强不知以为知,欺人欺己,大为不可,尔宜戒之!"八月,奏免广西容县、郁林州追赔陷贼后无征银米。十一月,疏言:"广西旧存仓米二十馀万石,前虑朽蠹,议令全省暂折征收。恐馀粮销尽,遇歉兵食不足,请桂林、平乐二府征半折半,柳州府之宾州山险艰运,永行折征,馀仍征本色。"部议从之。

二十五年四月,擢云贵总督。十二月,疏言:"云南旧有援剿两协,左驻寻甸,右驻省城,用供迤东策应。请以右协移驻罗平州,而以原驻罗平州之广罗协移驻广西府,与广南营犄角,既联黔、滇,兼扼粤隘。其左协分驻之曲寻镇兵,酌拨川、黔要地防守。"部议如所请。二十六年六月,疏裁贵州十五卫、十所,以偏桥卫并入施秉县,兴隆卫并入黄平州,移州治于卫治;新添卫并入贵定县,移县治于卫治;定南所并入普定县,〔二〕普安卫并入普安州,安笼所并入安笼厅,乌撒卫并入威宁府,以贵州贵前二卫改设贵筑县,镇西、威清二卫、赫声、威武二所改设清镇县,平坝卫、柔远所改设安平县,安南卫改设安南县,敷勇卫、修文、濯灵、息烽、于襄四所改设修文县,永宁卫、普市所改设永宁县,毕节、赤水二卫改设毕节县。俱照所请行。十月,劾提督万正色婪贿侵饷,上命侍郎多奇、傅拉塔往鞫,得实,论绞。奉旨,万正色从宽免死,革提督任。

二十七年七月,湖广裁兵哗变,讹言四起,承勋严禁密缉。已而,寻甸协兵于是月十六夜胁众噪变,与营将格斗溃走,承勋擒叛首任二等八名;而省城营兵复谋于二十一日倡乱,承勋先期密擒叛首唐金等十三名,置之法。事闻,得旨嘉奖。八月,疏言:

"云南产铜、铅,先后设炉四十八,铸钱供军饷。向给全银,后因钱积,以银七钱三搭放,每千文抵银一两。鼓铸日增,钱价日减,千钱值银不过三四钱;又苦山险,赴领艰运费,请仍康熙二十一二年间例给全银,并停鼓铸。"议准给银减炉座之半。二十八年正月,番夷阿所杀土目鲁姐及其母、弟、妹九人,欲踞其地。有仆曰者克,以鲁姐妻瞿氏、幼子鲁聚走免,诸夷人扶为目。阿所投匿东川,结土妇安氏孙禄世豪,掠铁匠村、苦竹坝夷民牲畜,犯姜州堡。事闻,上命兵部郎中温葆会同承勋等往东川,檄安氏献阿所。至则诸夷与安氏擒阿所以献,斩之。

初,云南陷吴逆后,屯赋钱粮自康熙二十一年至二十七年压欠未完。十二月,承勋疏请分年带征,奉旨,全行蠲免。二十九年三月,疏言:"云南额征米麦,经前抚臣石琳题定夏税米石仍征本色,康熙二十七年秋粮半本半折,二十八九两年全折,三十年以后半本半折。查各府、州、县驻扎与分防兵多寡有无不同,而存贮与额编之米亦长短广隘多异,今若以二十九、三十两年一概夏税征本,秋粮全折半折,将有馀之仓因本年夏税本色、来年秋粮半本,而米愈盈不足之仓因本年秋粮全折、来年秋粮半折,而米愈绌,计莫若分别征收,使不需粮处变米为银,免滋朽蠹,需粮处即取给本地,不致病民病兵。"议从之。先是,提督马三奇以贵州三路峻险,拨运兵米脚价浮于正项,奏请折给。部议以有米兵少之处米价必贱,有兵米少之处米价必贵,殊难定例,令承勋会抚提察议。至是,承勋奏言:"每岁折征米二万石,若照有米处折给,则价贱,不敷兵丁转买,其苦在兵;照米少处折给,则价贵,而征输必倍,其苦又在民。惟斟酌损益,于秋成令各府照时价估算本折均搭给兵自买。"从之。三十一年三月，奏<u>云南永北协</u>为<u>永北镇</u>，裁副将，设总兵，并设中、左、右三营游击各一，其原设守备、千把总等官，改隶中营；再设左右两营守备各一、千把总各六。四月，奏添<u>大理府</u>城守游击一、守备一、千总二、把总四，均特旨俞允。七月，[三]奏请裁洱海营经制兵千名，并抽拨鹤丽镇、<u>寻沾营</u>兵各二百名，归<u>永北镇</u>，并裁<u>洱海营</u>参将、守备等官，议如所请。

三十二年十一月，上谒<u>孝陵</u>，<u>承勋</u>迎觐<u>米峪口</u>，谕曰："尔系<u>盛京</u>旧人，尔父兄累朝效力，尔兄又为国尽节。朕因见尔，思及尔兄，心为惨切。不见尔八九年矣，尔须发遂皓白如此！今因郊外寒冷，将朕貂帽、貂褂、白狐腋袍赐尔。此时更换，恐受风寒，明日可服之来谢恩。"赐御书"世济其美"匾额。三十三年三月，内迁都察院左都御史。

六月，<u>江南江西总督傅拉塔</u>卒，上谕："<u>两江</u>地方关系紧要，<u>范承勋</u>行事坚定，为人平易，着补授<u>江南江西</u>总督。"十一月，奏移<u>江南凤阳关</u>监督驻<u>正阳关</u>。三十四年二月，疏言："<u>江西</u>有漕粮四十八州县，除<u>南昌</u>、<u>新建</u>二县外，馀皆地处山僻，需小船载米至省交兑。粮艘向系民贴脚费，官为解运。嗣因州县恐涉私派，将此载入赋役全书。<u>康熙</u>二十六年，经漕臣题参，各省并无支给脚价，以违例照数扣追，今十载无一报完者。若官赔则已数更民赔，又原系民赔，岂可再令赔补？若将脚价停给，则僻处州县之漕，更虑迟误。请免追赔，以后仍听支给。"部议不准，得旨，如<u>承勋</u>所请。三月，疏言："<u>江南</u>下湿，仓谷易腐。请将<u>江苏</u>、<u>安徽</u>等州县捐积仓谷，于每岁青黄不接米贵时，以七分贮仓备赈，三分平粜。秋收，以粜银买谷还仓，递年出陈易新。"又言："江南财赋甲天下，州县催征不易，旧例接征催官照原参分数处分。请嗣后计续完多寡为轻重，如原参欠二分，今已征完一分，即改照未完一分例议处；原参欠一分，今已征完七八厘，即改照未完不及一分例议处。"又言："江宁驻防满、汉官兵，岁需粮十六万四千馀石，于南屯米内拨解；不敷，照时价折给。但各属征解南米在秋收后，而月粮自正月起支。急之，则民苦预输；缓之，则兵虞乏食。至改折之银，亦须二月开征，俟解到采买已在四五月间，而正二月粮无措，请将安徽所属捐积仓米提解十六万，充江宁现年兵饷，其秋征南米留作下年之用。自此得先征后给，递年相因，庶无应接不敷之患。更请将捐积仓米提十万石存贮省仓，值米贵时，减价平粜。"又言："江苏额征银米岁三百馀万，今各年未完多者二十馀万，少者十万有奇。按额计算，每岁所完已在九分以上，逋欠多系贫瘠下户。再漕项钱粮，自康熙十八年后积欠甚多，新旧同征，民力难应。请将苏州属县及安属六安、寿州、合肥、灵璧、虹县积欠地漕粮，分年带征，以纾民力。"诸疏均下部议行。

三十五年六月，疏言："官兵遇闰，添支之粮，江宁驻防于上下两江协解，京口八旗二营并水师三营，于镇属漕粮截留，不敷，再照例折给。查江安、苏松两道漕项，现有减存米，足敷支给，可免采买截留之烦。"部议从之。七月，请以省仓米十万石赈淮、扬、徐灾民，复请借京口留漕凤仓存麦接赈，得旨俱允行。三十八年十一月，授兵部尚书。三十九年三月，命同工部尚书王鸿绪监修高家堰堤工。寻以与河道总督张鹏翮议不协，撤回。四十三年四月,以老乞休,允之。十二月,河工告成,加太子太保,晋五级。五十三年二月,卒。遗疏入,上曰:"范承勋效力年久,敬慎自持,勤劳素著。予告以来,尚期优游颐养,以副眷怀。忽闻病逝,朕心深为轸恻!"予祭葬如例。

子时绎,累官至工部尚书。

【校勘记】

〔一〕授广西巡抚　"西"原误作"东"。满传卷三〇叶五〇上同。今据仁录卷一一九叶二四上改。按耆献类征卷五三叶二上不误。

〔二〕定南所并入普定县　上"定"原误作"安"。满传卷三〇叶五一下,及耆献类征卷五三叶二下均同。今据仁录卷一三〇叶二一下改。

〔三〕七月　"月"原误作"年"。满传卷三〇叶五四下同。今据仁录卷一五四叶二九下改。按耆献类征卷五三叶四下不误。

陈瑸

陈瑸,广东海康人。康熙三十三年进士。三十九年,授福建古田知县。四十一年,调台湾。四十二年,行取。四十四年,授刑部主事。四十五年,迁本部员外郎。四十六年,迁兵部郎中。四十八年,充会试同考官,即出任四川提学道。四十九年三月,圣祖仁皇帝诫饬四川官员加派恣肆,谕及瑸任学道操守清廉。十二月,福建巡抚张伯行以台湾厦门道乏员调补,疏述:"瑸旧任古田、台湾二县,廉能著称,舆情悦服,至今不忘。"上遂授瑸台湾厦门道。

五十三年十二月,超擢偏沅巡抚。五十四年九月,以横役累民,劾罢湘潭知县<u>王爰溱</u>,徇庇不揭之<u>长沙知府薛琳声</u>削三级。十月,疏言:"臣蒙恩超擢重任,数月以来,咨询利病,采听舆言,敢敷陈愚虑:一、禁加耗以苏民困。有司征收钱粮,敢于正额外加取分毫者,即计赃依律治罪;一、禁酷刑以重民命。夹棍重刑也,非命盗重情不得滥用,有司敢于户婚、田土细故夹讯者,即以酷刑论;一、粜积谷以济民食。<u>湖南</u>仓谷有存七粜三例,不若于青黄不接时尽数发粜,至秋收后买补还仓;一、置社仓以从民便。社仓与常平仓不同,常平仓设于城内,出纳俱官吏典守,止便于在城及离城一二十里之民,社仓分设村庄,民间举报殷实有德行老民掌管出纳,但止听民自捐,必寥寥无几;若按亩敛谷,又恐扰民。应令通省大小各官倡捐分贮,出示劝谕绅衿及好义富民,各量力捐入,有捐至五十石、一二百石者,分别给匾奖励,免其差徭。岁终以贮粟数目报明县官,其敛其散,听民自便,县官无预,则视常平仓为利更溥;一、崇节俭以惜民财。今人一入仕宦,于饮食、衣服、器用及交际往来,皆备极华侈,多所费必多所取。方面取之有司,有司取之小民,朘削无已。应申严奢侈之禁,凡为民牧,宜安俭朴,庶几寡求易足,留不尽于民间,且有以端移风易俗之本。一、禁馈送以肃官箴。每见下属馈送上司,至赃罪发觉,开款抵销。应申禁自府道以下,不许收受州县官馈送,使州县官有所顾忌,不敢横征科敛。一、先起运以清钱粮。州县额征钱粮,有起运、存留两项,定限四月完半,九月全完,先起运而后存留,概以来岁五月奏销前注明完欠分数为考成。应通饬各州县凡起运项下钱粮,务于本年岁内起运全完,庶于解部及月支兵

粮无误,而已征在官钱粮不致久贮州县库内,得任侵挪。一、隆
书院以兴文教。湖南岳麓书院创自宋时,为天下四大书院之一,
现今柱朽瓦裂,应即修整。容臣率同城各官量力捐费,宣布皇仁
雅化,俾士子感激奋励。一、饬武备以实营伍。海内承平之日
久,武备最易懈弛。应通行申饬,汰老弱,补虚额,整甲械,严汛
防,勤操演。许臣于所属地方,出其不意察阅点验,如有虚冒,即
会同提督镇劾奏。一、停开采以防民患。湖南郴州有开采一案,
抽税无几,破冒工本,招集游手,有废农业。应请永停,俾小民专
力于农、工、商贾之业以谋生,无致匪徒啸聚一隅,亦为未雨绸
缪,防微杜渐。以上十条,皆臣职分内应行事宜,敷陈请旨,俾得
凛遵天语,少逭愆尤。”疏入,上以条奏各款皆职分内事宜,谕令
躬行实践,勿骛虚名。

先是,瑸奏请入觐,允之。十二月,调瑸福建巡抚,谕廷臣
曰:“朕昨召陈瑸入见,细察其举动言语,实系清官。以海滨务农
之人,非世家大族,又无门生故旧,而天下之人莫不知其清,[一]
非有实行,岂能如此?而其才尚能办事,国家得此等人,实为祥
瑞,允宜从优表异,以鼓励清操。”五十五年四月,疏言:“臣赴任
时,至建阳县,有考亭书院,为先贤朱子晚年卜居故址。城外朱
子祠曾奉御赐匾额、对联悬挂前堂,而祠宇湫隘,用木板为墙壁,
宜易以砖石,与书院并改造轩爽。谨同督臣满保捐费,委员鸠
工。”又疏言:“朱子生于尤溪县郭外南溪之地,向亦建有专祠,
请赐匾额。”疏并报可,赐“文山毓哲”匾额于南溪祠。

七月,疏言:“防海贼之法,与防山贼不同。山贼之啸聚有
所,而海贼之出没靡常也。台湾、厦门之防海贼,又与沿海各边

不同；沿海边贼之患在突犯内境，而台湾海贼之患在剽掠海中也。夫啸聚有所，则在我或攻之以出其不意，或困之以待其自毙，或招之以诱其出降，而山贼可平；其在海中，不必连艅结队，攻之无可攻，以劫掠为生，三五游行，遇见孤艇，一口鲸吞。又有数日之粮，困之不能困，非二三十年前海贼有头目、有旗帜、有巢穴可比；招之无可招，自厦门出港，自台湾鹿耳门出港，同为商船，迨至洋中而某商船忽被劫矣。劫商船者即其同出港之商船，某船有某客、有某货物，并若干银钱，港内探听既真，本船引线有人，一至洋中，直如取诸其怀之易。故于台、厦防海贼，必定会哨之期，申护送之令，取连环之保。今提标水师有五营，澎湖水师有二营，台协水师有三营，各设有经制哨船，莫若三处各立本船旗帜，大书某营哨船字样于其上，每月会哨一次，彼此交旗为验。如由西路而去者，提标水哨至澎湖交旗，澎湖水哨至台协交旗，俱送台湾镇验准。由东路而来者，台协水哨至澎湖交旗，澎湖水哨至厦门交旗，俱送提督验准。某月若无哨旗交验，即察取派定某营官职名，某月海洋报有失事，即察取巡哨官职名，则会哨之法行矣。由厦门至澎湖，有七更水程，由澎湖至台湾有四更水程，载在舆志，以五十里为一更，不过五百里之程。倘故风信顺利，即二三日可到。今商船不宜零星放行，无论自厦去者，自台来者，候风信顺利，齐放二三十船出港，台、厦两汛各拨哨船三四护送，至澎湖交代，各取某日护送某商船自某汛出港，至某汛出无疏虞甘结，带回原汛，按月汇送督抚衙门。如无印信甘结，即以官船职名申报，则护送之法行矣。商船二三十同出港时，把口官逐一点明各船货物、搭客及器械填单，取各船连环保结。若洋中遇贼,必首尾相救;如不救,即以通同行劫究论,则连环保之法行矣。臣因商船被劫几无虚日,不胜惭惶,俯竭愚虑。"疏下部议,以防海已有定例,瑛所奏繁琐难行议覆。上是瑛所奏,下九卿再议,俱如所请行。

　　是年冬,总督满保入觐,瑛暂兼摄闽浙总督。奏请以闽省收捐谷石,应交巡抚公费银一万五千两,拨充公饷,部议如所请。上曰:"前督抚等奏以公费银两充拨兵饷,朕皆未允。间有谕令买谷预备散赈者,因系伊等应用之银,非正项钱粮。若准其充饷,恐日后竟同正项,不肖之人又于此外侵蚀索取矣。"下大学士会同九卿再议,令瑛遇本省应用之处拨给。寻瑛又以巡抚任一年支取司库馀平项下银六千五百馀两,为赏兵给役公用列奏,谕以"前旨甚明,非动用正项钱粮例,应奏销者毋琐屑具题"。五十六年二月,疏荐惠安知县田广运、永春知县陈璘、漳浦知县汪绅文、南平知县李丕煜、清流知县林甲、泰宁知县范廷谔、南靖知县靳树畹、平和知县郭廷彩、长汀知县张文炜、大田知县曹建标、福安知县严德泳、武平知县寿运煊等十二员,催科能寓抚字,不用重戥,不加火耗,无挪移亏空,起解钱粮,岁内全完,恳恩破格奖励。上曰:"此奏甚善。征收钱粮惟少加火耗,百姓易于输纳,钱粮断不至欠缺也。"田广运等俱下部议叙。

　　五十七年正月,疏言:"前臣以广东雷州府东洋塘堤岸,每为海潮泛溢,侵损民田,奏请修筑,部行两广总督杨琳勘估,需费五千三百馀两。窃思东洋塘界连海康、遂溪二县,堤岸辽阔,工程浩大,非五千三百馀金可修筑坚完。臣生长斯地,深知海潮之患,仰请圣恩,允以现贮司库之臣衙门公费银一万五千馀两内动支五千两,解交粤省督臣转发,添买木料、砖石,则费多工固,堤岸可得久远。臣与桑梓小民均沐圣恩浩荡于无既矣。"得旨如所请。闰月,以病剧乞回籍调理,上慰留之。十月,卒于官,年六十有三。

遗疏言:"闽省捐谷项下,应交臣衙门公费及馀平银二项,除支用外,现存司库银一万三千四百馀两。应令接印抚臣委员解京,充西师之费,以尽臣未尽之心。"得旨:"陈璸将伊应得银一万三千馀两,奏请充为兵费,内一万两可存藩库以充兵饷,其除三千零即赏给陈璸之子。"又谕大学士等曰:"陈璸居官甚优,操守极清。朕亦见有清官,然如伊者朕实未见,即从古清臣亦未必有如伊者。前在台湾道任内,所应得银三万两,俱于修理炮台等公事动用,署总督印务,应得银两亦未分毫入己。来京陛见时,曾奏称:'贪取一钱,即与百千万金无异。人所以贪取者,皆因艰于用度。臣初任知县,便不至穷苦,即一钱不取,衣食亦能充足'等语。今观其居官,实能践所奏之言,诚清廉中之卓绝者!似此不加表扬、赐恤,何以示劝?着追授礼部尚书,凡祭葬、立碑与谥,皆照尚书例,并荫一子入监读书,以示朕优礼清廉大臣之意。"寻赐谥清端。

广东巡抚杨宗仁以璸长子居隆、次子居诚并举人候选,请荫孙陈子温,部议从之。世宗宪皇帝雍正八年,入祀贤良祠。今上乾隆六年十月,恩赐其孙陈子良举人。十三年七月,以原荫之陈子温未仕而故,允部议补荫璸之孙陈子恭,授刑部员外郎,寻迁郎中,出任知府。

【校勘记】

〔一〕而天下之人莫不知其清　原脱"其"字,又"清"误作"情"。汉传
　　卷九叶二二上,及耆献类征卷六五叶九上均同。今据仁录卷一六
　　六叶一四下补改。

　　施世纶

　　施世纶,汉军镶黄旗人,靖海侯琅仲子。康熙二十四年,以
荫生授江南泰州知州。二十八年正月,以承修京口沙船迟误,部
议降调。督臣傅拉塔以世纶清廉公直题留,得旨:"施世纶居官
好,准留任。"三月,擢扬州知府。三十年八月,海潮骤涨,泰州范
公堤冲塌千九百馀丈,民田灶地多没。世纶牒请捐修。三十二
年,调江宁知府。三十五年,丁父忧,督臣范承勋以世纶舆情爱
戴,请在任守制。御史胡德迈特疏应行离任,遂归。连丁母忧,
岁馀,特旨授苏州知府,仍以终制辞,不赴。三十八年,服阕,授
江南淮扬道。〔一〕

　　四十年十月,湖南按察使员缺,大学士伊桑阿等以九卿保举
世纶入奏,谕曰:"施世纶朕深知之,其操守果廉。但遇事偏执,
百姓与生员讼,彼必庇护百姓;生员与缙绅讼,彼必护庇生员。
夫处事惟求得中,岂可偏私? 如施世纶者,委以钱谷之事,则相
宜耳。"十二月,迁湖南布政使。先是,议迁五开卫署于平屯,俾黎
平府专城而治。四十一年,世纶牒称:"五开卫界黔、粤,控蛮夷,
实为辰、沅、靖州之藩篱。明宣德年间,黔省黎平府数有苗患,爰
就卫城建府署,国朝因之。自康熙二十七年府卫官弁不和,始有
迁卫之议。平屯僻处一隅,不惟建造无资,孤立堪虞。若官军两

迁,一旦弃田园,坏庐舍,必致流离失所;若仅迁卫署,贡赋出纳,
遥辖最难。矧自明迄今,府卫同城,军兵相安无事。请仍旧便。"
议久不决,嗣总督喻成龙、巡抚赵申乔会疏以闻,特旨俞允。四十
二年,以衡州府之安仁、嘉禾、临武,永州府之江华,宝庆府之城
步,及郴州之桂阳,靖州之通道、天柱,向止训导一员,请添设教
谕。又永定、铜鼓二卫止设教授,绥宁、会同二邑止设教谕,俱请
添设训导。敕部议行。四十三年,调安徽布政使。

四十四年,迁太仆寺卿。四十五年二月,因湖南任内失察兵
掠当铺事,罢职。三月,特旨授顺天府尹,疏陈四款:一、禁五城
司坊擅理词讼;一、禁奸徒包揽捐纳;一、禁牙行霸占货物;一、禁
逐流娼歌宴。敕部议定为令。四十八年,授左副都御史,兼管府
尹事。四十九年,迁户部右侍郎,督理钱法。寻调总督仓场。五
十四年,奉命巡抚云南,会漕运总督缺员,即以世纶补授。先是,
漕运俱由瓜洲闸行,其闸下花园港乃漕艘停泊处。至是,江溜北
趋,花园港冲塌百馀丈。世纶移咨河臣,恐粮艘迟滞,权将绕城
河开坝行。

五十九年七月,上谕:"总漕施世纶居官素优,历年漕船俱催
趱全完,并无迟误。本年漕船已经过淮,更无他事。漕运印务暂
交与河道总督赵世显署理。施世纶速赴豫省,将河南府至西安
黄河挽运路径勘明具奏。陕西现存谷石数目,亦着查奏。今陕
西正值军兴之际,施世纶暂居陕西,协同总督鄂海办理。"世纶乃
溯上流,寻求古迹。九月,疏言:"河南府孟津县至陕州太阳
渡,[二]大小数十馀滩,纤路高低不等,或在河南,或在河北,惟圪
把窝、鱼林漆等处纤路,年久间有坍卸,其渑池以下水道,下水船

可载粮三百馀石,上水载及其半。渑池以上河高迅急,仅可挽数十石,由砥柱至三门神门,本无纤路,若小舟乘东南风,犹或可上,鬼门水势汹涌,土人从未行舟。惟人门稍缓,石崖凿有纤路,路旁凿有方眼,又有石鼻。臣愚以为石鼻可穿铁索,方眼可装木限,援手助力。观此,则从前挽运,其迹犹存,自陕州至西安府河水平稳,俱有挽运路径。臣谨绘图呈览。”又奏:“河南府至陕州三门,现在无船。请自河南府至陕州太阳渡三百馀里,用车运,计五日可到。每车可装谷八石,计谷二十万石,需车价银四万三千七百五十两。自太阳渡至西安府党家马头,河水平稳,水运为便,需运费银二万六千两。自党家马头至西安府仓二十里,又需车价银四千两。其贮谷口袋二十万馀,需价银三万两。共计银十万三千七百五十两,总于豫省支销,不令陕西接运。但运谷二十万石,止得米十万石,请令豫省以二谷易一米起运,则运价可省其半。若虑米难久贮,请照例出陈易新。”奏入,嘉其详悉,从之。十月,上谕:“陕西地方现有军务,又年岁歉收,总漕施世纶协同总督鄂海动支仓谷散赈。但地方官员大半悉在军前办事之人殊少,发帑金五十万,并陕西常平仓贮谷百三十馀万石,酌量动用,派部院司官往赈,交施世纶总管。”六十年四月,疏言:“陕西四月无雨,秋成可虑。豫省先运米十万石,督臣已借支驻防兵饷,所存无几。请饬豫省将后运米石运到平粜。再拨河南、湖广米各十万石,运至陕西存贮备用。”下部议如所请。

六月,命归淮南理漕事。六十一年四月,以病乞休,温旨慰留,令其子廷祥驰驿省视。五月,卒。遗疏入,请随父琅墓附葬闽省,上允之,谕曰:“施世纶简任总漕,清慎自持,勤劳素著。历年催趱无误,前因病请改任,方冀调理痊愈,以副眷怀。忽闻溘逝,深为轸恻。应得恤典,察例具奏。"寻赐祭葬如例。

【校勘记】

〔一〕授江南淮扬道　"扬"原误作"徐"。满传卷三〇叶二九上,及耆献类征卷一六三叶一〇上均同。今据仁录卷二〇六叶二一下改。

〔二〕河南府孟津县至陕州太阳渡　"州"原误作"西"。满传卷三〇叶三一下,及耆献类征卷一六三叶一一下均同。今据仁录卷二八九叶七下改。按下文"自河南府至陕州太阳渡"不误。

蓝理

蓝理,福建漳浦人。康熙十三年,耿精忠反,康亲王杰书为奉命将军,统师征之。理于浙江迎降,为向导,破伪都统曾养性于温州。十五年,随师入闽,授建宁游击。十七年,都统赍塔等败海贼于蜈蚣山,复长泰县,理在事有功。十八年,迁灌口营参将。十九年,贼将何祐领象屯乌屿,理随昭武将军、提督杨捷分三路夹击,大败之。总督姚启圣令理分兵守高浦,辞不赴;又以虚兵冒饷事为启圣所劾:奉旨革职,下部议罪,拟杖徒。理自请剿海贼赎罪,上允之,发台湾效力。二十一年,提督施琅奏署右营游击,委管舟师。部议以前经获罪,不准所请,特旨允行。

时琅统师进剿,贼将刘国轩分众拒守澎湖,理偕游击曾成等首先冲击,毁沉其舟,为飞炮所伤,裹创力战,自辰至午,杀贼殆尽,遂克澎湖。台湾平,叙功加左都督,以参将先用。寻丁忧,二十六年,服阕。引见,上谕兵部:"蓝理效力行间,著有劳绩,升授

副将。"补神木营副将。旋擢宣化镇总兵,挂镇朔将军印。二十
九年,调浙江定海镇。三十二年,以保奏闽省功加人员蔡明等不
合,部议降二级,以功二次抵销。四十二年,调天津镇,赐孔雀翎
及冠服,并御书"所向无敌"额。四十三年,以旧伤疾作,请解
任,上曰:"蓝理勇于军旅,勤劳懋著。自简任总兵,整饬营伍,和
辑兵民。览奏,虽旧疾屡作,医治即可痊愈。着照旧供职,不必
求罢。"并赐御医诊视。

四十五年三月,偕直隶巡抚赵弘燮请于直隶所属荒洼田地
开垦水田,上命理先于天津试垦,冬后奏闻。嗣内务府总管黑硕
子等奉旨往勘,以理所开垦稻田计百五十顷,入奏,报闻。六月,
擢福建陆路提督,御书"昼锦萱荣"额赐其母苏氏。四十六年,
上南巡,理迎驾于扬州,赐御书"勇壮简易"额,并衣一袭。四十
七年,丁母忧,奉旨在任守制。

五十年二月,盗首陈五显等纠众二千扰泉州永春、德化等县
界。六月,理始以五显潜匿山谷附近贼巢、村落安集如故入奏,
奉旨:"督、抚、提、镇平时不能恤民训兵,及事出又不能相机剿
抚。纵容盗贼骚扰地方,又不即行奏闻,转称百姓照常安集。凡
盗伙至三四十人,百姓尚且畏避,况数千人为盗,岂得谓百姓安
居旧业乎? 此系掩饰己过、巧行诳奏甚明。着该部严察议奏。"
寻议革职治罪,得旨:"蓝理前曾奏称:'福建地方有臣与水师提
督吴英料理,可保宁谧;倘犹有盗贼,臣无面目再觐天颜!'今盗
贼窃发,不能即行剿抚,迄今尚未尽获。且蓝理居官不端,殊为
溺职,着革职,从宽免交刑部。"先是,福建总督梁鼐面奏理贪劣,
克扣兵丁钱粮,贻害地方,上念其人材壮健,未治罪。至是,福建

巡抚觉罗满保会同浙闽总督范时崇劾理贪婪酷虐、流毒士民状，上命兵部侍郎觉罗和托等往审。寻奏理霸市抽税，婪赃累万，流毒已极，应斩立决。得旨："蓝理应依议处斩，但在台湾、澎湖对敌时，奋勇向前，曾著劳绩。着从宽免死，调取来京入旗。"

五十四年，大军分三路剿策妄阿喇布坦，理吁请赴军前效力，上以其骁勇，熟练军机，赐总兵衔，随都统穆尔赛协理北路军务。五十七年，以病回京。五十八年，卒。上追念理功，特旨免所追银，遣其妻子回原籍。

王新命

王新命，四川三台人。顺治四年，靖远大将军肃亲王豪格剿灭流贼张献忠，新命随官兵来归，隶镶蓝旗汉军。十七年，由翰林院笔帖式迁内阁中书。寻授兵部主事，迁员外郎。康熙十五年，迁刑部郎中。十七年，擢江西布政使。自逆藩吴三桂、耿精忠相继叛，分扰江西，民散地芜，新命设法劝谕于南昌等府、州、县、卫招抚丁口二十万二千有奇，劝垦田亩八万六千馀顷。巡抚佟国正据所报入奏，上嘉其实心任事。十八年，署江西巡抚。疏言："江西逃丁荒地，虽已招抚开垦。现在荒缺者过半，暂请开除额赋。"部议如所请。十九年，擢湖广巡抚。时逆贼谭弘犯夔州，谕新命防守巫山、巴东、夷陵等处要害，保护粮饷。二十年，奏言："楚省乡试中额，前因逆藩吴三桂扰乱湖南，曾改照中省取中。今湖南平定，应复额。"从之。二十二年，奏言："楚省漕粮向因留充兵饷，民纳盘运脚米，亦令折银，以济军需。今大兵尽撤，漕米起运，请复给民盘运脚米。"下部议行。二十三年正月，调江宁巡抚。五月,擢江南江西总督。二十六年三月,调浙闽总督。奏言:"闽省各营兵弁调防台湾、澎湖,所遗员缺,请于本省现任官弁中酌量调补。"部议从之。二十七年,调江南河道总督。二十八年正月,圣驾巡视河工,亲率扈从诸臣及新命阅中河至支河口,谕曰:"朕观此河狭隘,逼近黄河之岸,且自徐州北镇口闸所出黄水及微山湖、荆山口并骆马湖之水,皆入中河。若遇霪潦水涨,万一黄堤溃缺,中河、黄河必将混而为一。此中河开浚后,商民称便者,盖由免行黄河一百八十里之险耳。目前小利,安知长久有利否也?"新命奏言:"支河口止修一闸,而镇口闸、微山湖等处水甚大,倘遇霪潦必坏。若下草埽,随时启闭,于骆马湖口以竹络石作减水坝为捍御,令涨水归黄,酌存足用之水;再修筑禹王台以御入骆马湖之水,令归沭河,则中河无虞矣。"先是,尚书张玉书等于二十七年奉命勘河工覆奏后,谕令新命详勘议奏。至是,新命奏言:"运河、骆马湖水俱入中河,河狭难容。应将骆马湖减水三坝俱留遥堤之外,令由旧河入海,于萧家渡量留缺口,用竹络石酌水势高下堵塞宣泄,以免冲漫。又支河口汇微山湖、荆山口、彭河沂河、沭河、白马河,并镇口闸水,流入黄河之口,应仍听其流通;如水势浅阻,则建草坝闭塞,令全入中河,以济运道。又骆马湖入黄河之口,臣亲勘堤外湖口,水深二丈馀,难建坝。应用竹络石出水二三尺,成造堵塞。又沭河本东流,由沭阳入海,郯城东迎沭水之口,有禹王台。相传禹治水,引沭穿山而西,恐为郯害,故筑台以遏水势。及台毁于明世,沭水西流,会白马河、沂河入骆马湖,不惟沂、郯、邳、宿、峄各州县岁受淹没,而骆马湖、黄河亦愈泛滥,应于禹王台旧基亦用竹络石堵塞,内筑土堤断流,令由故道入海。"奏入,谕扈从诸臣会议。寻议骆马湖减水三坝应如张玉书等所奏,将二坝之水入中河,其一坝水令从遥堤外入海,馀俱如新命所请行。四月,疏言:"下河七邑民田久淹,臣详勘下河形同侧釜,丁溪、草堰、白驹等海口,诚泄水要道,自应速浚。惟是时届孟夏,伏水将至,白驹、草堰二工去海不远,应俟冬春间水退潮消,刻期兴作;丁溪口去海稍远,自沈家灶至捞鱼港及丁溪闸下,次第先挑;串场河为西来诸水汇归,丁溪、草堰、白驹等河入海之要道。所有应浚三十七里,已即时加浚。"下所司知之。三十一年,山东巡抚佛伦疏言:"原任运河同知陈良谟首告王新命勒取库银六万馀两,新命亦劾良谟欠库项五万馀两,请将新命调质。上遣户部尚书库勒纳、礼部尚书熊赐履往会审。寻讯新命及良谟并挪移库银属实,照例治罪。得旨,王新命等从宽免罪,着革职。三十七年二月,命往查保定府南河。三月,命同直隶巡抚于成龙详勘清河、漳河、浑河。三十八年,命管理永定河工,即扈跸巡视河堤,指授紧要应修工程。新命寻同直隶巡抚李光地奏请于南面遥堤内修治,若向外兴修,恐碍民居。得旨:"堤内俱属沙地,倘更壅淤,则低洼村庄尽在沙中矣。南堤之南,地势洼下,随势浚治。即以掘出之土筑堤,修治最易。且北堤三层,于河更有益。[一]尔等将河口修窄,渐次展宽,旁筑高堤,则水势迅疾,沙自不至停滞。若民居相近之处,宜委曲远移,或砌以石,令与庄村无碍。工竣后,朕亲视开放河水。"三十九年十月,上阅堤工,查验桩木不如式,令侍卫海青传谕新命及工部侍郎白硕色等曰:"自委尔等河工以来,并未陈奏一事。即桩木亦未如式深下。尔等果实心修筑,自正月至今,亲身监修，即每日里许，亦应告竣矣。京师相去止一日之程，其能欺朕耶？若再无成，朕必不轻恕。"十一月，[二]河工员外郎赫硕滋题参新命及白硕色河工草率，谕传新命等至内阁，与赫硕滋对质。新命以天寒土冻，岁内断难兴工，明春雨水前，必当修竣陈奏。谕曰："赫硕滋向在南河，意以此河比照黄河兴工。[三]不知南方地暖，尚可修筑，此河岂可与比？然伊等皆同事之人，明岁告竣则已，否则朕自有处分。"十二月，李光地参新命等诸事俱不实心效力，惟徇情面，无益河工；并劾其修河钱粮，多无着落。上命内阁学士法良、侍郎徐秉义同往查核。四十年二月，法良等议覆新命朦混亏空，得旨，王新命着交部严加议处。部议枷责，谕曰："议者轻矣！此事并非科道纠参，及诸臣察奏，俱朕亲行目睹者。王新命系革职之人，朕复起用，所行尚且如此，声名职分俱为有玷。若不置之重典，嗣后何所劝惩耶？着发回再议。"寻议新命监修误工，浮冒银万馀两，拟斩，监候。遇赦免。四十七年，卒。乾隆七年，奉旨，清查八旗汉军有愿改归原籍，及移居外省者，准其出旗为民。于是新命之孙武举王机，改归四川原籍。

【校勘记】

〔一〕于河更有益　"有益"原误作"隘"。满传卷三三叶九下同。今据仁录卷一九五叶一六下改。

〔二〕十一月　原脱"一"字。满传卷三三叶一〇上、下同。今据仁录卷二〇二叶二上补。

〔三〕意以此河比照黄河兴工　"此"原误作"北"。满传卷三三叶一〇下同。今据仁录卷二〇二叶三上改。下同。

清史列传卷十二

大臣画一传档正编九

舒兰

舒兰,满洲正红旗人,姓纳喇氏。父敦多哩,官至刑部侍郎,兼佐领。康熙二十六年六月,以审理盗案失实,革侍郎任。复以审理革职总督蔡毓荣罪案附和尚书希福从轻拟罪,由佐领降二级,发黑龙江效力。

舒兰初任理藩院笔帖式。三十四年,迁主事。三十八年,随侍郎满丕及都统乌达禅等招降巴尔瑚三千馀人,安驻察哈尔游牧地,编隶佐领。九月,巴尔瑚佐领额克图叛,害察哈尔副总管阿必达、骁骑校班第,掠马驼以遁。圣祖仁皇帝命喀尔喀公锡卜推、哈坦等领蒙古兵追剿,舒兰率谙察哈尔路径者四人,持檄传示蒙古诸贝勒、台吉,并派拨察哈尔、厄鲁特兵,随乌达禅会诸蒙古兵剿获贼渠。三十九年,迁内阁侍读。

　　四十三年三月，命同侍卫拉锡往穷黄河源，谕曰："河源虽名古尔班索里玛勒，其实发源之处，人迹罕到。尔等务直穷其源，察视河流，从何处入雪山边内。凡经流诸处，宜详阅之。"九月，还奏："臣等于四月初四日就道，五月十三日抵青海。十四日至库库布拉克，有贝勒色卜腾扎勒同行，〔一〕六月七日至鄂稜诺尔，周二百馀里。明日西行，至扎稜诺尔，周三百馀里。二诺尔相去可三十里许。明日至星宿海，蒙古名鄂敦塔拉。星宿海之源，小泉万亿，历历如星，众山环之。南有山曰古尔班图勒哈，西南有山曰布瑚珠勒赫，西有山曰巴尔布哈，北有山曰阿克塔齐勒，东北有山曰乌兰都什，蒙古总名曰库尔坤，即昆仑也。山东出自古尔班图勒哈者，西番名为噶尔玛塘，出自巴尔布哈者名噶尔玛楚木朗，出自阿克塔齐勒者名噶尔玛沁尼。三山之泉，溢为三支河，即古尔班索里玛勒也。三河东流，入扎稜诺尔，扎稜一支入鄂稜诺尔。黄河自鄂稜出，其他山泉与平地水泉，渊沦萦绕，不可胜数，悉归黄河东下。臣等于六月十一日自星宿海回程，舍故道，寻河流东南行二日，登哈尔吉山，见黄河折而东至库库陀罗海山，又南绕萨楚克山，复北流经巴尔陀罗海山之南。明日，达阿木尼玛勒占穆逊山，其山最高，云雾蔽之，不可端倪。蒙古人言长三百馀里，有九高峰，积冰终古不消，常雨雪，一月得晴仅三四日。臣等自此回行，又二日至锡喇库特勒，又南过僧库尔高岭，更百馀里，至黄河岸，见黄河自巴尔陀罗海山东北流，经归德堡之北，达喀山之南，从两山峡中流入兰州。〔二〕自京至星宿海，计七千六百馀里。宁夏之西由松山至星宿海，天气渐低，地势渐高，人气闭塞，故多喘息。谨绘图复命。"疏入，报闻。

　　是年,擢内阁侍读学士。寻谕大学士九卿等曰:"朕于古今山川名号,虽在边徼遐荒,必详考图籍,广询方言,务得其正。故遣使至<u>昆仑</u>诸处,目击详求,载入舆图。即如<u>黄河</u>之源,出西塞外<u>库尔坤山</u>之东,众泉涣散,不可胜数,望之灿如列星。<u>蒙古</u>谓之<u>鄂敦塔拉</u>,<u>西番</u>谓之<u>索里玛勒</u>,<u>中华</u>谓之<u>星宿海</u>,是为河源,汇为扎稜、鄂稜二泽。东南行,折北复东行,由<u>归德堡</u>、<u>积石关</u>入<u>兰州</u>,其原委可得而缕析也。"

　　四十四年,擢<u>舒兰</u>内阁学士。明年,命往<u>西藏</u>封<u>拉藏</u>为翊法恭顺汗。回<u>京</u>,得风疾,赐医诊视,并赐药饮,两阅月始痊。四十七年闰三月,疾复发,乞休,命解任调理。五十二年正月,病痊,补原官。三月,遇万寿庆典,复其父<u>敦多哩</u>侍郎原品。十一月,命<u>舒兰</u>兼管光禄寺卿。十二月,迁工部侍郎。明年,谕责<u>舒兰</u>"人甚糊涂,事多差错",降三级调用。五十九年,卒,年六十有八。

【校勘记】

〔一〕有贝勒色卜腾扎勒同行　原脱"同"字。<u>满传</u>卷二二叶一六上,及<u>耆献类征</u>卷六五叶四九下均同。今据<u>仁录</u>卷二一七叶一一上补。

〔二〕从两山峡中流入兰州　原脱"从"字。<u>满传</u>卷二二叶一七下,及<u>耆献类征</u>卷六五叶五〇下均同。今据<u>仁录</u>卷二一七叶一二下补。

　　祖良璧

　　<u>祖良璧</u>,<u>汉军</u>镶黄旗人。父<u>泽洪</u>,官吏部侍郎。以军功授三

等子,递加至一等子爵,自有传。

康熙九年,良璧继其兄良栋袭世职。十九年,授参领,兼佐领。二十九年,从裕亲王福全征噶尔丹,谍贼伏乌兰布通,阻河据林阜,结蛇阵自障。良璧随左翼由山腰奋击,大败贼众,覆其巢。三十年,擢西安副都统。三十五年二月,抚远大将军费扬古由西路剿噶尔丹,良璧请从军,上以西路军粮屯翁吉,命偕副都统席尔哈达留兵督运。六月,由巴罕厄里根赴纳喇特,遇风雨,牲畜道毙,不能前,以状闻。时噶尔丹已为费扬古所败,携其从子丹济拉由昭莫多西遁。上虑其劫翁吉粮,诏良璧速归翁吉,以所运米支给运丁,馀悉焚之。良璧得旨,驰还。九月,将护粮赴宁夏,丹济拉果率贼数千伏翁吉山谷中,侦我军半度,突出,良璧麾殿后兵力战,前军还击,贼大败,逐北二十馀里。上方闻丹济拉骤至,虑良璧势孤,及奏捷,优诏嘉奖。四十二年十一月,上西巡阅西安兵,谕大学士马齐曰:“满洲兵丁整肃,俱系将军、副都统训练所致,着各加一级。”十二月,调正蓝旗汉军副都统。

四十四年,上追念良璧翁吉破贼功,且人材亦优,擢福州将军,赐孔雀翎及蟒服、鞍马。四十六年,上南巡,良璧至清江浦迎驾。御书“兵民协辑”额及“四时常喜戈船静,千里须教壁垒新”联赐之,并衣一袭。四十九年三月,疏言:“康熙二十二年拨耿精忠藩下兵一千归上三旗,因闽省无正黄旗驻防,将应归正黄旗人改拨正蓝、镶白二旗。查驻防骁骑校等缺出,各旗藩下人皆得拣补。惟此项因系改拨,从未咨放,其中不无弓马可观之人,登进无阶,情殊可悯。请嗣后正蓝、镶白旗缺出,将改拨兵丁一体拔补。”部议从之。八月,以泉州、漳州等处旱歉奏,命侍郎塔进泰、李旭升会同江、浙两省督抚截留本年镇江漕米十万石，运至狼山，松江、湖州漕米各十万石，运至乍浦，令福建督抚等以战船转运赈灾。会总督梁鼐丁忧，特旨以良璧署理。五十二年，至京，恭庆万寿，赐冠服。寻遣还任。五十七年，卒。改世职为一等男兼一云骑尉，子应枢袭。

李　麟

李麟，陕西咸阳人。康熙十八年，由行伍随勇略将军赵良栋自四川进征逆孽吴世璠，克关山、象岭、三市卫、得胜桥等处，复云南省城，[一]下部议叙。二十七年，良栋遵旨核平云南功应加奖励人员，以麟"材技堪用，胆勇可取"保奏。部议以都司金书录用。三十五年五月，随振武将军孙思克击噶尔丹于昭莫多，大败之。叙功，授副将职衔。十一月，授直隶张家口右营游击。

三十八年，迁四川化林营参将。川省打箭炉旧属内地，上以西藏番部嗜茶，许藏内营官在炉管理土伯特贸易事。三十九年九月，营官喋吧昌侧集烈据炉地，并侵河东乌泥、若泥、岚州、喜庆、擦道等处，戕明正长河西土官蛇喏喳吧。川陕总督锡勒达奏请檄麟领化林营官兵驻炉弹压查拿。嗣喋吧昌侧集烈抗不令凶犯到官，复阻移炉官兵，屡犯内地。麟移兵渡炉，招安咱威、子牛、烹坝、魁梧四处。上命副都统满丕统荆州满兵进剿，并命四川提督唐希顺相机行事。十二月，希顺侦知哪吒顶与大冈两处有蛮兵四千馀，其咱威一路系入炉大道，喋吧昌侧集烈领蛮兵五千馀在磨西面及磨冈、二道水等处，议分兵三路进攻，一由子牛攻哪吒顶，一由烹坝攻大冈。希顺自领官兵攻磨冈，令麟顺炉水至哦可,绕磨西面后,夹攻磨冈。麟军夜迷失道,比明,反出磨西面前,遂争先攻蛮营,夺磨西面,连战五日,各路俱克捷。斩喋吧昌侧集烈,喇嘛、番民悉投顺,遂复打箭炉。四十年正月,希顺以捷闻,下部议叙。

嗣希顺追劾麟移兵赴炉时避险就易,驻咱威至失烹坝,又进征时令麟领兵由哦可绕磨西面,麟不由哦可,贻误军机。谕曰:"李麟人材壮健,马步射俱优,系朕简用之员。打箭炉未复之前,李麟曾呈报锡勒达应分三路进取,锡勒达据以具奏,载在打箭炉捷书甚明。今唐希顺劾李麟规避误机,着交锡勒达察议具奏。"嗣经锡勒达审讯"失守烹坝系守备陈大树懦怯无谋,应严加处分。麟虽不由哦可进,而从大路争先攻克蛮营,功过自可相抵,应给咨赴部另补"。疏入,上命满丕会同提督岳昇龙、巡抚贝和诺再议具奏。寻满丕等会鞫麟失察防守烹坝之守备陈大树应革职治罪,但烹坝旋即收复,又夺取磨西面,请免治罪,诏如所请。

四十一年,迁江西九江副将。四十四年,调湖广黄州副将。四十五年,调江南江西中军副将。四十九年,两江总督噶礼劾麟训练怠忽,弓马生疏,命解任。五十年,上行围塞外,麟以谢恩来京扈驾随围。五十二年,特授山东胶州副将。五十五年,擢登州总兵。

五十七年,策妄阿喇布坦扰西藏,命麟于所属内选精兵百,由宁夏赴军前。五十九年正月,命都统延信为平逆将军,率兵进藏,以麟参赞军务。四月,护送第六世达赖喇嘛进藏。八月,至沙克河,贼夜袭我营,击败之,连败贼于齐诺郭勒、绰玛喇等处。西藏平,麟率兵由拉里凯旋。六十年三月,授陕西固原提督。六月,疏言:"臣前进藏时,所领<u>山东</u>兵丁曾借司库银两,今中烟瘴死者百馀,故兵之父母妻子无依可悯;即生回<u>山东</u>者,俱效力疆场,亦属劳苦。请照恩赏<u>川</u>兵例,免其扣追。"特旨允行。

<u>雍正</u>元年,迁銮仪使。二年,追叙安<u>藏</u>功,加右都督,授骑都尉。三年,以老致仕。六年,卒。孙<u>彩</u>,现袭世职。

【校勘记】

〔一〕复云南省城 "复"原误作"得"。满<u>传</u>卷一四叶一五上同。今据<u>耆献类征</u>卷二八一叶四九上改。

赵申乔

<u>赵申乔</u>,<u>江南武进</u>人。<u>康熙</u>九年进士。二十年,授<u>商丘县</u>知县。二十五年八月,<u>圣祖仁皇帝</u>命行取直省贤能官,<u>申乔</u>预焉,奉旨以主事用。二十七年四月,授刑部主事。三十年三月,迁本部员外郎,以病假归。

四十年正月,以<u>直隶</u>巡抚<u>李光地</u>荐,特旨召见,谕大学士等曰:"<u>赵申乔</u>人甚敬慎,委以钱粮,断无苟且。着补<u>浙江</u>布政使。"〔一〕及陛辞,谕曰:"<u>浙</u>省财赋之区,自<u>张鹏翮</u>升任后,钱粮渐多朦混,惟秉公察核,不亏帑,不累民,方不负朕委任之意。布政使为一省表率,尔清廉,则属吏自皆守法。"明年正月,上曰:"<u>赵申乔</u>居官甚清,所有家人仅十三人,并无幕客,事皆躬亲。火耗分厘不取。昔伊陛辞奏云:'到任不做好官,请置重典。'今观其居官若此,能践其言矣。"即擢<u>浙江</u>巡抚。寻奏筑<u>钱塘江</u>口堤,修葺<u>禹陵</u>及增<u>浙江</u>举人中额,并从之。九月,<u>湖南镇篁</u>士民叩阍言

红苗肆行掳杀,地方官不究不报,给事中宋骏业因劾总督郭琇衰废、巡抚金玺庸懦、提督林本植昏耄,上命申乔往湖南会同侍郎傅继祖、甘国枢察勘。寻复奏红苗抢掠状,郭琇、金玺、林本植并坐讳匿黜罢。

十二月,调申乔偏沅巡抚。四十二年八月,同提督俞益谟疏请发兵征剿红苗。又奏言:"臣与督臣喻成龙令衡永道张士可赍檄赴镇篁苗洞,为先抚后剿之计,其归顺苗民已得二十馀寨。上命尚书席尔达等率荆州驻防兵,檄粤、黔、楚三省提督会同湖广督抚进剿。十二月,自龙椒洞至天星寨分路搜剿,斩馘千馀,降其寨三百馀,红苗悉平。移辰沅道驻镇其地。寻谕曰:"近征红苗,贵州提督李芳述亲冒炮铳,鼓众力战,连斫数寨。闻赵申乔亦甚强毅也。"先是,上南巡,申乔朝苏州府行在,上以湖南道远,而官吏私征加耗倍于他省,特颁谕旨申饬。申乔还,建上谕碑亭,勒石通衢,疏劾巴陵知县李可昌等勒派苛敛,革职治罪。四十五年,疏言清浪、平溪二卫僻处山隅,请改征本色为条银,以免运费。明年,又言:"漕运旗丁旧有耗赠及行月银米,[二] 于起运前预行给发,经给事中戴璠条奏,[三] 俟归次后始发,以防亏缺,部议通行。臣按湖南运道远于江、浙,而无耗赠,独恃行月银米,以资飞挽。今既扣存,穷丁不能涉远,必致误漕;且抵通后,即无亏缺,而事后补给,恐滋胥吏侵蚀诸弊。请仍照例给发。"上是之,着为令。又言:"全楚延袤数千里,介以洞庭之险,教职以寒士铨除赴任,率多逾限。请就湖南北分省选授。"下部议行。

四十七年九月,奉命赴湖北察审荆州府同知王侃等侵蚀木税,鞫实治罪。疏请裁港口渡私税,其荆关税务仍归部差管理。

又请以靖州属鸬鹚关税并入辰关征解，以杜侵渔。又言营兵给饷每于正月支领，时地丁尚未开征，州县挪移于一时，不得不预征于平日，官民交累，请以隔岁馀存米石拨给兵饷。并下部议行。是月，内阁学士宋大业祭告南岳归，劾申乔轻亵御书，下申乔回奏。寻奏言："大业前曾奉使至衡，索馈无厌。此次入楚，以南岳庙工馀银，札谕藩司董昭祚不必报部，而臣以解部充饷。以此捏词诬劾。"疏入，大业坐革职。明年八月，疏劾提督俞益谟抽取衡协兵丁食粮，至三十五名之多，[四]以致营伍空缺。上命益谟回奏。四十九年正月，益谟亦疏劾申乔苛刻，请并解任质讯，命尚书萧永藻赴楚察审。谕大学士曰："自赵申乔参俞益谟，武弁始知儆畏。今天下兵额缺，而空名食粮者多，所关非细故也。"七月，永藻以劾疏皆实回奏，上命俞益谟休致，而申乔得还职。

十二月，内升左都御史。寻谕曰："赵申乔任偏沅时甚清廉，但有性气，人皆畏其口直。与俞益谟互相讦参，彼时亦有以赵申乔为非者。朕细加察访，即彼所辖文武及陕西人，良心不昧，俱言俞益谟之非，无有言赵申乔为不是者。清官固所当惜，其言之不可行者朕亦不行，虽所言未当而并无私见，凡事皆实心办事。朕是以护惜之。"五十年五月，奏请刊部行则例。八月，充顺天乡试正考官。十月，疏劾编修戴名世所著南山集孑遗录有大逆语，下刑部鞫实，正法。十二月，疏言直省寺庙众多，易藏奸匪，请勒禁增建，从之。五十一年二月，充会试正考官。十一月，疏请禁营兵顶名食粮，以清虚伍。又言："奉旨普免各省地丁钱粮，惟潼关卫、大同府征收本色，不列蠲例；请援奉天、台湾例，一体蠲免。"并允所请行。五十二年四月，奉命赴广东平粜，因奏改电白县解运琼州等府兵米仍征折色,免涉海洋之险。及回京,奏潮州知府张应诏清廉,上擢应诏为两淮运使。十月,申乔迁户部尚书。五十三年七月,王庄庄头李必达具呈指圈沧州民地,直隶巡抚赵弘燮请于旗退地内另拨,部议不准。申乔上言沧州民地经奉旨停圈,请如抚臣议。十二月,商人马维屏呈请纳银万两交部,领大钱易小钱,送局改铸,下内务府、户部会议,将许之;申乔亦上言:"收换小钱,有司责也。商人图利,恐致借端扰民,请勿许。"皆特旨允之。

五十四年十月,山西巡抚苏克济疏劾太原知府赵凤诏受赃三十馀万两,请革职究拟;申乔以不能教子,致凤诏居官不肖,求赐罢斥。得旨:"朕礼遇大臣甚优,自始至终,无不期其保全。凡官员才守,靡不详察。朕曩巡狩至龙泉关,驻跸之日,曾面询赵凤诏:'噶礼居官何如?'赵凤诏奏称:'噶礼为山西第一清廉官。'朕以赵凤诏乃赵申乔之子,断不欺朕,因擢噶礼为江南总督。赵凤诏又以居官受贿,比之妇女失节。朕谕:'尔言虽鄙俚,能如此存心甚佳。'迨噶礼事败,朕以赵凤诏居官询尚书张鹏翮,而张鹏翮言其贪婪。近晋抚苏克济参奏赵凤诏受贿甚多。今阅赵申乔所奏,词意忿激,殊非大臣之体,着饬行,仍令在任供职。"凤诏寻以婪赃情实,斩决。

五十六年,户部奏销鼓铸错误,申乔革职留任。明年,复充会试副考官。五十九年三月,以衰疾乞休,上览奏,谕大学士曰:"赵申乔操守清廉,始终一辙,性虽躁急而为人朴直。年近八旬,〔五〕病势料难即愈。念系革职留任之员,可复还原职,仍令在任调理。其应赔之项,从宽免追。尔等速传此旨使其早知,庶服药可效也。"十一月,卒于官,年七十有七。赐祭葬如典礼,谥曰恭毅。

雍正元年正月,世宗宪皇帝以赵申乔与故大学士阿兰泰等并宣力效忠,恩赐追恤,赠太子太保。六年三月,湖广总督迈柱疏言赵申乔应分赔属员亏帑,得旨:"为督抚者,或操守不谨,勒索属员;或沽誉邀名,徇情宽纵。有此二者,属员亏空,当令分赔。如赵申乔当日居官,操守清廉,实心任事,毫不瞻徇情面,实大臣中之罕见者。若照例令其赔补,是清正任事之大臣,与贪鄙庸碌者同一处分,而子孙皆不免拖累,殊非激浊扬清之道。此项银两,不必追赔。倘赵申乔名下再有似此应赔之项,俱照此例宽免。"八年,诏入祀贤良祠。寻祀湖南、浙江名宦。

【校勘记】

〔一〕着补浙江布政使　"着补"原误作"遂授"。汉传卷五叶一一下,及耆献类征卷五四叶一上均同。今据仁录卷二○三叶四下改。

〔二〕漕运旗丁旧有耗赠及行月银米　"赠"原作"增",形似而讹。汉传卷五叶一三下同。今据仁录卷二二九叶八上改。按耆献类征卷五四叶二下不误。

〔三〕经给事中戴璠条奏　"璠"原误作"嵩"。汉传卷五叶一三下,及耆献类征卷五四叶二下均同。今据仁录卷二二九叶八上改。下同。

〔四〕至三十五名之多　"名"原误作"石"。汉传卷五叶一五上,及耆献类征卷五四叶三上均同。今据仁录卷二三九叶三上改。

〔五〕年近八旬　"近"原误作"经"。汉传卷五叶一八上,及耆献类征卷五四叶五上均同。今据仁录卷二八七叶二二上补。按赵申乔卒年七十有七,可证。

陈诜

陈诜,浙江海宁人。圣祖仁皇帝康熙二十五年七月,由举人授中书科中书舍人。二十八年五月,考选科道,六月,授吏科给事中。二十九年三月,疏言:"国子监额设礼生十名,所司不过唱赞起拜,三年期满,例得加等录用,其考职州同辄选授知县。夫知县膺百里民社之寄,与州同职任轻重悬殊。礼生既无课业,亦非劳勚,逾躐滥叨,实为幸窦。请令国子监嗣后以肄业贡监生轮直赞礼,裁汰原设缺额,以杜侥幸。"下部议,停止加等录用,仍留缺额,改照考定职衔选授。十二月,请终养归。三十六年十二月,补原官。

三十七年七月,疏劾贵州省请袭都匀正长官司迟至五年始题,似有揸勒需索情弊,请敕部令巡抚察究,分别议处,从之。八月,转刑科掌印给事中。十二月,疏言:"近见户部纠察运米挂欠一疏,有官员生监数百馀,俱应黜革拿解。如果皆系本身侵没,按律正典,夫复何辞?然臣闻捐纳初开,即有棍徒包揽,骤拥高资,穷奢极欲,包多纳少,包贵纳贱,包有纳无,包真纳假,诓人资本,倾人家业,私为子弟戚友充纳美官,而本人姓名反空悬无着。更有假捏名姓,购买微员杂职印结,向户部骗取红票,即于仓中领出米石,私行粜卖,本人全然不知。经户部题明,勒限完纳,其官员生监爱惜身名者,隐忍赔累,鬻产揭债,重复捐纳;或有被人骗负,不能再捐;或有竟不预闻,马牛无涉,忽遭提解,老少惊惶,路途餐宿,费出不赀,而恶棍反袖手旁观,哆然得计。似此神奸,岂容漏网？应通饬各省官员生监托人代捐，如骗累有据者，许其告理；并请饬法司，凡有告理，毋少宽纵，务使魑魅之徒，不得潜踪圣世，则国计民生均有裨益。"疏下部议，申严禁令。

三十九年十二月，疏言："淮、黄自古不两行，助黄刷沙之清水，亦不可分泄。黄水塞，清水不过一时之异涨，稍平即流。清水旁分流弱，黄水灌入淤沙，愈积愈高。迩者修归仁堤，开湖家沟，以出睢湖之水；闭六坝，帮筑高家堰，以出洪泽湖之水。此直借淮敌黄一定不易之经。然淮水分入运河者多，则敌黄仍弱。旧设天妃闸离淮、黄交会之处二百馀丈，南至清江浦共有五闸。重运到时，更迭启闭。重运一过，即下板锁断。官民船只，俱用车盘。是以淮之全力俱注于黄，其引入运河者，不过暂时资其济运耳。自改建草坝之后，无复闸板启闭，淮、黄尽趋运河，清江浦民居可危。宜复天妃闸旧制，使淮水易以蔽黄，亦补苴罅漏之有裨大工者也。"事下总河张鹏翮酌行。

四十年十二月，疏言："臣办事刑垣，见山东巡抚王国昌题结蒲台县役拘拿监生王观成，不小心防范，拟革役杖责揭帖：知县俞弘声先据民人控词，通详于康熙三十九年正月十一日差役至济南擒拿王观成拘留饭店七日，以致服毒自尽。观成职止监生，不可谓之势宦，被控二三十年前，田产细故，非系大慝，何必于未开印之前票差拘促，似有借题吓诈、诬噬威逼情弊。且律例载出卖田产文约，逾五年者告争不准；又凡有以赦前事告讦者，以其罪罪之。二十年来，叠颁恩赦，东省官民宁不闻知？民间以此告讦，县令以此通详，问官徇隐扶同，上司不行纠劾，仅以杖责解役，草率完结，民命奚堪？吏治何在？谨据揭驳参。"得旨，遣侍郎吴涵同诜往审。四十一年三月，还奏："知县俞弘声以赦前田土细事，遽行通详差役六人拘拿，令三人禁押，致王观成畏威服毒殒命，应革职，永不叙用；追埋葬银两，给王观成之子。不审出真情各官，应交吏部分别议处。"从之。九月，授鸿胪寺卿。四十三年六月，迁大理寺少卿。十月，迁左副都御史。

四十四年十一月，授贵州巡抚。四十六年五月，疏言："黔省田地俱在层冈峻岭间，土性寒凉，收成瘠薄，人工牛种艰于他省。前抚臣王藏因合属田地荒芜十之四五，奏定减轻旧则，招徕开垦，成熟六年后起科。臣任事后，多方劝导，据各属举报，上年开垦成熟一千馀亩，应依减轻新则六年后起科，有续报者亦如之。"疏下部如所请行。

四十七年十二月，调湖广巡抚。[一]四十八年五月，疏劾布政使王毓贤亏帑七万七千馀两，诏王毓贤解任。诜寻以盘验已完，奏免其罪。四十九年十月，疏言："武昌、汉阳所属十五州、县、卫，夏秋歉收，请分别缓征、蠲免赈济。"得旨允行。五十年四月，内升工部尚书。五十二年四月，调礼部尚书。先是，任巡抚时，失察流匪入境，降五级留任。及任礼部，以祈雨后不报曾否沾足，及题奏稽迟各案，部议再降五级。又两议革职，并命留任。五十八年十一月，乞休，得旨："卿才品优长，服官年久。两授巡抚，洁己爱民，恪勤素著。兹简任秩宗，正资料理。览奏，以老疾乞休，情词恳切，着复还所革之职致仕。"六十一年十一月，卒于京，年八十有一。世宗宪皇帝谕赐祭葬，谥曰清恪。

子世倌，官至大学士，别有传。

【校勘记】

〔一〕调湖广巡抚　"广"原误作"北"。汉传卷九叶五九上,及耆献类征卷六二叶八上均同。今据仁录卷二三五叶三〇上改。

张伯行

张伯行,河南仪封人。康熙二十四年进士,考取内阁中书,改中书科中书。丁父忧归,服满,未赴补。仪封城北旧有堤,三十八年六月,因雨溃决,伯行倡募居民,囊土塞之,堤遂完固。三十九年八月,总河张鹏翮疏荐堪理河务,以原衔赴河工,督修黄河南岸堤二百馀里,及马家港东坝、高家堰石工。四十二年正月,授山东济宁道。

四十五年正月,迁江苏按察使。四十六年三月,圣祖仁皇帝南巡至苏州,谕从臣曰:"朕访知张伯行居官甚清,最不易得。"又谕曰:"张伯行为人笃实,即置之行间,亦非退缩者。着升为福建巡抚。"〔一〕十二月,疏请蠲免台湾、凤山、诸罗三县旱荒田地额赋;又以闽省米价日昂,请发帑银五万两,委官往湖广、江西、广东买米平粜。四十七年五月,疏言:"福建人才众多,前奉恩诏,乙酉科乡试于旧额七十四名外,增十名。今戊子科乡试在迩,士子咸冀长荷皇仁,以暂增者为定额。"疏并下部议,从之。四十八年十二月,请调四川学道陈瑸为台湾道,得旨如所请。

是月,伯行调任江苏巡抚。四十九年二月,疏言:"去岁淮安、扬、徐三府属十四州、县、卫,夏秋连遇水淹,蒙恩发帑赈济,延至今春,仍多乏食穷民。请加赈至麦熟。"得旨俞允。时布政使宜思恭为总督噶礼劾罢,陈鹏年以苏州知府署布政使,请循前任督、抚、司、道公议,分扣阖属官俸役食,抵补司库亏空三万四千馀两,〔二〕伯行以闻。越十日,又疏言:"前因署布政使陈鹏年察出帑项虚悬,为数甚多,而俸工抵补,又非臣所敢自专。节次商之督臣噶礼,总期库帑有着,即可不烦圣心。因以会稿送督臣画题,守候七日,传谕:'令役先回,会稿随后来。'臣以为已无别议,不敢迟缓,翌日拜发前疏。兹督臣委官赍回前稿,未曾画题,谓尚须斟酌,则臣前疏已发。"疏入,上令原审宜思恭之尚书张鹏翮等察审,谕廷臣曰:"览张伯行此疏,与噶礼不和可知。为人臣者,当以国事为重,协心办理。因不和而致公事两相矛盾,可乎?朕综理几务,垂五十年,凡事无不经历,未尝令一人得逞其私。此疏但批'知道了',置之。"

　　寻,伯行以衰病乞罢,得旨:"张伯行操守清洁,立志不移,朕所深悉。江苏重地,正资料理,不得以衰病辞。"十月,张鹏翮还奏亏空银两,前任巡抚于准与宜思恭应赔十六万,其馀以俸工抵补。上谕廷臣曰:"江南亏空钱粮,两次命张鹏翮察审,朕意地方虽有不肖之官,未必侵蚀至数十万两。前朕南巡时,凡沿途所用悉出内帑,未尝丝毫取诸官民。督抚等不遵朕旨,〔三〕肆意挪用,以致亏空。朕若不言,内外诸臣谁敢言者?彼时任事之人,今离任者已多。若责之新任官赔补,朕心实有不忍。"又谕曰:"朕之巡幸,原以为民,即用帑百万,亦所当然。着将朕谕旨全行钞录,令督抚察明南巡时所用数目大略具奏。"五十年五月,谕户部曰:"张伯行奏江苏等府、州、县无着钱粮十万八千两有奇。此项钱粮,朕知之甚悉,系地方官因公动用、未敢申明之项。若着落后任官赔补,必致科派,扰害百姓。其原议俸工扣抵之数,着全行豁免。"

十月,疏言:"江南辛卯乡闱榜发后,议论纷纷。九月二十四日,有数百人抬拥财神入学宫,谓因科场不公,臣未敢隐匿。"时正考官左必蕃亦疏言:"出闱后,舆论喧传,吴泌、程光奎二名平日不通文理。"上命张鹏翮会同督抚察审。五十一年正月,伯行请罢会审,疏言:"乡试前风闻总督通同监临提调揽卖举人,迨后取中不公,正考官左必蕃疏中有'或发督臣严审'语。又风闻总督欲索银五十万两,保全无事。及扬州会审,既得副考官赵晋与程光奎交通关节实情,旋得安徽布政使马逸姿书役家人为吴泌行贿供证,督臣震怒,辄令夹胫钳口。尚书张鹏翮因其子张懋诚现任安徽怀宁知县,恐遭陷害,亦瞻顾掣肘。总缘督臣权势赫奕,莫敢撄其锋。臣不敢顾念身家,虽言出祸随,亦所不惜。况逢圣明在上,督臣虽甚残险,未必能加害无辜,亦何惮而不言?仰祈敕令解任,一并发审,俾舞弊之人失所凭借,承审之官亦无瞻顾,庶真情得出矣。"伯行既上疏,遂移牒噶礼暂停会审。

噶礼亦疏劾:"伯行前冬泊船上海,阻臣出洋。恨臣不从,迁怒船埠张元隆,陷以通贼,牵连监毙,罪一;上海知县许士贞诬良为盗,伯行因与同窗好友,始终袒护,淹禁无辜,久不省释,罪二;臣严饬所属,力行保甲,稽察匪类,伯行与陈鹏年扬言臣查富户,竟寝不行,罪三;苏松道臧大受所属被盗七案,皆捏称大受因公出境,徇私作弊,罪四;苏、松粮船迟误,奉旨明白回奏,伯行饰词欺诳,罪五;刑部行提戴名世案内作南山集序之进士方苞,系伯行好友,竟不差一官一役提拿,且南山集版方苞收藏苏州书肆印行三千馀部,伯行并不追问,罪六;命盗案件,苏、松最繁,伯行专以卖书、著书为事,性多猜忌,心更糊涂,混行翻驳,不能清理滥收词状,拖累株连,罪七。"上命俱解任,下张鹏翮及总漕赫寿察审。寻奏赵晋与吴泌、程光奎贿通关节,拟罪如律;噶礼劾伯行不能清理案件,是实,馀皆督抚会衔题咨旧事,方苞由伯行遣员料理南山集刻版系在江宁起出,噶礼苛刻,应降一级留任;伯行劾噶礼揽卖举人,索银五十万两,事全虚,应革职赎徒。

上切责张鹏翮、赫寿掩饰和解,命尚书穆和伦、张廷枢再往严审。九月,覆奏噶礼无罪,伯行畏缩不出洋,反诬陷船埠张元隆通盗,又诬奏督臣,应革职。九卿等议如所拟。上曰:"张伯行居官清正,天下之人无不尽知,但才不如守。噶礼虽才具有馀,而性喜生事,未闻有清正之名。朕于满、汉诸臣毫无异视,一以公正处之。噶礼屡次具折参张伯行,朕以张伯行操守为天下清官第一,断不可参,手批不准。此所议是非颠倒,着九卿、詹事、科道会同矢公据实再议。"翌日,召九卿等入,谕曰:"张伯行居官清廉,其家亦殷实,人所共知。噶礼操守朕不能信,若无张伯行,则江南地方必受其朘削一半矣! 此互参一案,初次遣官往审,为噶礼所制,不能审出;及再遣往审,与前无异。尔等能体朕保全清官之意,使为正人者无所疑惧,则海宇长享升平之福矣。"遂命革噶礼职,伯行复原任。

十二月,疏言:"东南漕运,定例冬兑冬开,正月以内过淮,实借回空船依期到次受兑,方可督押开帮。自前任总漕桑额题请展限,二月以内过淮,虽冬兑冬开之例原未更易,而定限一宽,〔四〕官民率皆缓视,因循自误。且民间粮米,冬月收获已毕,催输便易;稍有迟延,米多粜卖,输纳无措,不得不受敲扑。又运河之水,沿塘田亩赖以灌溉,必俟重运过完,方敢开放。今各省粮船有迟至五六月始过淮者,抵通不克如期,回空势不能早。请自五十二年为始,江南重运仍照原限,勒令正月内过淮。并请敕仓场督臣于所给回空限单内,刊入定限时日,令沿河州县注明入境、出境之期,至淮申缴漕臣察验。到淮之后,漕臣另给抵次限单,亦令沿河州县注明入境、出境日期,各船抵次不得出十一月,申缴臣衙门察验。若回空如期到次而不能督催兑开,及在淮以南迟延者,议处巡抚及县卫各官;其在淮以北,至通州重运,及回空迟延违限者,责成总漕、仓场劾处沿途各官。凡运丁违例多带货物者,依定例惩治,自不致迟误矣。"疏下部议,以事关漕运,应令总漕及两江总督会同定议,上特准照伯行所请行。五十二年正月,疏荐福建布政使李发甲、台湾道陈璸、前任国子监祭酒余正健堪任江苏布政使。疏至,已有旨擢用湖北按察使牟钦元,下部知之。五十三年三月,疏言:"洋面商船、渔船与盗船同行,难于识别。请令商、渔各船各刻某省某府、州、县第几号船户,[五]各给腰牌,刻年月、姓名、籍贯,巡哨军船亦如之,庶便稽察。"疏下部议行。

五月,疏劾布政使牟钦元藏匿通洋匪棍张令涛,请旨革职,着追。张令涛者,噶礼所奏伯行拖毙之船埠张元隆,即其弟也。时部檄搜缉海贼郑尽心馀党,崇明镇弁穷诘一船人照不符,得张元隆为之关通领照状,以报伯行。又上海县民顾协一赴诉张令涛占踞房屋,谓其旧为噶礼幕客,今匿牟钦元署中,有水寨数处,窝藏海贼。伯行捕治张令涛,因奏劾牟钦元,得旨,革牟钦元职,下总督赫寿察审。赫寿奏:"顾协一所控张令涛与海贼合伙,无证据,牟钦元署中亦无张令涛。"上复命张鹏翮及左副都御史阿锡鼐至江南审理。〔六〕鹏翮等奏张元隆、张令涛皆良民,伯行捏造无影之事,诳称海中有贼,请革职审理。上责鹏翮等不能尽心审明原委,令再详审,并命伯行明白回奏。五十四年四月,伯行疏言:"臣为绥靖海洋起见,急欲杜渐防微。张元隆虽报身故,而金多党众,造船出洋,人人可以冒名,处处皆能领照,久经审供题明在案。至张令涛一犯,原据顾协一首告,若通洋不实,顾协一律应坐诬;乃牟钦元庇匿张令涛,致悬案莫结。且张令涛之在藩幕,系其子张二所供,纵非通洋,亦系豪恶。臣为地方大吏,焉能置之不究? 今惟静候审讯。"五月,鹏翮等请旨革职解任审理,从之。七月,鹏翮奏:〔七〕"顾协一、张令涛已就控争屋产事定谳,牟钦元应复职。伯行因前在上海坐漏船,怀恨船埠,诬陷良民,诳奏海贼甚多,挟诈欺公,妄生异议,应斩。"法司议如所拟,上命免罪来京。

十一月,命南书房行走。十二月,署仓场侍郎。五十五年闰三月,同仓场侍郎荆山、左副都御史阿锡鼐等奉诏监视顺天、永平二府属赈济。五十六年八月,充顺天乡试正考官。五十九年十二月,授户部右侍郎,管钱法,仍兼管仓场。六十年二月,充会试副考官。十月,乞假省母。十二月,来京,命陈奏武陟县决口情形、堵筑事宜,下所司知之。世宗宪皇帝雍正元年九月,擢礼部尚书,赐"礼乐名臣"匾额。二年四月,命赴阙里祭崇圣祠,复乞假省母,越一月还京。先是,由户部迁礼部,命仍管捐纳军需事。至是,诏陕西运粮至巴里坤,悉作正项报销,停止户部与陕西捐例。谕嘉伯行与尚书田从典两年以来,办理清正,下部议

叙,各加二级。三年二月,卒于官,年七十有五。遗疏入,得旨:
"张伯行效力年久,持躬孤介。简任秩宗,恪勤供职。忽闻病逝,
朕心深为轸恻!着加太子太保。于恤典外,加祭一次,以示优恤
旧臣至意。"遣大臣侍卫奠茶酒,又命部寺汉堂官、科道等官,于
谕祭日齐集,出殡日往送,赐谥曰清恪。

　　子师载,以雍正元年伯行任户部侍郎,恩旨视一品例荫员外
郎,官至河道总督。

【校勘记】

〔一〕着升为福建巡抚　"着升为"原误作"遂擢"。汉传卷九叶四二
　　　下,及耆献类征卷六一叶一下均同。今据仁录卷二二九叶六
　　　下改。

〔二〕抵补司库亏空三万四千馀两　"三万四千"原误作"三十四万"。
　　　汉传卷九叶四三下,及耆献类征卷六一叶二上均同。今据仁录卷
　　　二四二叶一五下改。

〔三〕督抚等不遵朕旨　"旨"原误作"志"。汉传卷九叶四五上同。今
　　　据仁录卷二四四叶七上改。按耆献类征卷六一叶三上不误。

〔四〕而定限一宽　"定"原误作"准"。汉传卷九叶四九下,及耆献类
　　　征卷六一叶五上均同。今据仁录卷二五三叶一七上改。按下文
　　　有"刊入定限时日"不误。

〔五〕请令商渔各船各刻某省某府州县第几号船户　原脱"府"字。汉
　　　传卷九叶五〇下,及耆献类征卷六一叶六上均同。今据仁录卷二
　　　五八叶一二上补。

〔六〕上复命张鹏翮及左副都御史阿锡鼐至江南审理　原脱"左"字,
　　　又"江"误作"河"。汉传卷九叶五一下,及耆献类征卷六一叶六

下均同。今据仁录卷二六〇叶一一下、一七下补改。下同。

〔七〕鹏翮奏　原脱"鹏翮"二字。汉传卷九叶五二下,及耆献类征卷
　　六一叶七上均同。今据仁录卷二六五叶九下补。

赵弘灿　弟弘燮　子之桓

赵弘灿,甘肃宁夏人,勇略将军、云贵总督良栋长子也。康
熙十九年四月,由荫生擢宁夏总兵,命率镇兵随良栋征贼。时良
栋已入蜀克成都,逆孽吴世璠贼党胡国柱、王绪、尤廷玉犯叙、
泸、永宁等处。二十年三月,弘灿剿贼于马湖,贼退走中都,追至
凤凰村,贼溃奔;又追至观音崖,贼据险守。官兵由悬崖袭其后,
斩首三百级,擒八十馀人;遂会总兵李芳述、段登仕于清水河,合
追至新镇黄茅冈。贼三路来拒,弘灿分攻,自旦至晚,大败贼,阵
斩贼将沈明、张文祥,杀贼卒及坠崖死者二十人,获马骡八十五,
夺回泸、永失陷兵民千八百馀人。国柱等遁走。五月,兵至荣经
县,与良栋会。良栋分队前进,弘灿继之,连夺关山、象岭,抵大
渡河,会大军平云南。事见良栋传。叙功,授弘灿左都督。

二十二年,调川北总兵。二十四年三月,弘灿以川北水土蒸
湿,疟痢兼至,请效力边方。得旨:"赵良栋父子效力行间,勤劳
素著。准赵弘灿所请,调补直隶真定总兵。"二十七年,调黄岩
镇。三十七年,调南赣镇。明年,迁浙江提督。四十二年,调广
东提督。四十五年,擢两广总督。广东和梢山为翁源、曲江、英
德三县要区,弘灿请添设千把总各一员,领兵百名驻防;又翁源
县龙眼冈亦应设防,于提标拨给千把总及兵:从之。五十二年六
月,广东米价腾贵,弘灿与巡抚满丕不据实陈奏,部议并革职,得

旨,降五级留任。五十五年正月,陛见,御制七言律诗赐之,有
"久任封疆多历年,滇黔百粤凯归鞯"之句,上命弘灿回任。及
陛辞,弘灿以久处炎海,年力就衰,奏请就近效力。时弘灿弟弘
燮为直隶巡抚,过保定相见。十月,授兵部尚书。五十六年三
月,回京,行至武昌,病卒。赐祭葬,谥敏恪。

弘燮,良栋次子。初任直隶完县知县,迁南路捕盗同知。康
熙三十四年,授天津道。逾年,良栋卒,袭一等子爵。三十八年,
补直隶巡道。丁母忧。四十年,再补天津道。荐历山东按察使、
布政使。四十三年二月,弘燮揭报前任布政使刘皑亏空库项,上
命侍郎舒辂等往勘,得实,刘皑论罪如律。十月,弘燮擢河南巡
抚。四十四年四月,疏言:"回回寨与韩罗湾一带,逼近黄河,旧
堤单薄,难资捍御,亟宜加筑。"下部议行。寻调直隶巡抚。四十
八年三月,疏言:"河间、顺德、广平、大名等府属州县,去岁秋收
歉薄,请暂动仓粮赈粜,并缓征丁银。"特旨俞允。五十四年,谕
嘉弘燮抚直十年,勤劳供职,实心任事,旗、民辑睦,盗案稀少,着
加总督衔。时诏立义学,弘燮请增入学额数,报可。六十一年六
月,卒,赐祭葬,谥肃敏。

子之璧,袭爵。弘燮在任时亏空库项,命弘灿子郎中之桓署
直隶巡抚,料理伊叔未完事件。雍正元年,上以之桓居官庸劣,
解巡抚任,仍令完补亏项。嗣直抚李维钧奏发回原籍,令川陕督
臣清查弘燮家产。五年,甘抚石文焯参奏弘燮子之璧不能依限
交纳,请革职严追。上念良栋旧勋,宽免追银,仍袭世职。乾隆
二十七年,授两淮盐运使。三十三年,革职。寻卒。四十七年,
上谕赵良栋着晋封一等伯,仍准世袭罔替,以之璧孙曰佖袭。

范时崇

范时崇，汉军镶黄旗人，大学士文程孙，福建总督承谟子也。承谟殉耿逆之难，时崇以荫入监读书。康熙二十三年，授辽阳州知州。二十八年，迁广西梧州府同知。二十九年，调南宁府同知。三十一年，迁直隶顺德府知府。三十三年，调宣化府知府。三十六年，迁天津道。四十年，擢贵州按察使，寻调福建按察使。四十三年，迁山东布政使。

四十四年，擢广东巡抚。四十五年七月，疏言："高州府吴川县属硇州一岛，[一]原有田粮户口，载在版籍。自康熙元年迁界，户迁田废，丁粮豁免无征。二十三年展界，又因孤悬海外，仍未给民耕种。近奉旨酌改沿海营制，硇州岛已设专汛，迁民来归故土，已有谭福臻等九十馀家，呈请复业。应察明原额钱粮、户口，听开垦升科。"下部议行。十月，上以两广额定原税外，各处馀费多于额税，以致岁欠正项钱粮，命时崇会同巡盐御史图尔泰兼理盐政。上发函章，谕以"两广盐政积弊甚多，朕以察得陋弊数条，着交该抚查办"。十二月，时崇遵所发章内情节，疏奏："盐政七条：一、盐政衙门岁有羡馀十万两，向归盐政，有一种蠹胥，名曰'发收'。盐政初任时，任其播弄，迨少知事理而一年差期将届，急公之心不胜营私之念，征羡馀而置正课于不问，应将此项尽充公用。其发收一役，应革。一、盐政到任，即遣内司承差坐守场口，名为缉私，止知勒索，致私盐充斥。查缉私责在文武官员，无借内司承差，应革。一、恤商裕课无过于裁冗员，运司职掌两省饷课，应与库官仍留任任事；其知事、大使及潮州广济桥运同、广惠分司均属冗员,应裁。查验之任,责之州、府课银,径解运司。一、运司向得羡馀六万两内,应解河工银万两,铜斤水脚银万两。今盐政羡馀充公,其盐政名下铜斤水脚万两,应在运司羡馀项下支解,馀三万两充公。一、行盐地方文武员皆有规例,名曰'茶果',应行禁革。再犯,以枉法赃治罪。一、两广场商无力养灶丁,灶丁不得不售私盐,埠商不得向场买运,民间又不得不食私盐,商人惟买盐政大票以为行盐护符,私盐盛则官盐愈滞。请将运使库银借给三万两,每府委佐贰贤员,将灶丁所晒盐尽行收买,盐价收放,责成知府随卖随收。官盐得行,课饷自裕。一、两广盐埠,惟连乐与广济桥最大,利徒捏商人名色,贿盐政承充总商,倚势恣私,必应禁革,令各州县自募殷实土著,具结保充。"疏入,部议如所请,盐政运司所得羡馀解交内务府。得旨:"广东兵饷不敷,此项银两即存留彼处充饷,馀如所议行。"

四十七年三月,疏言:"粤东滨海各州县仓谷,久贮易于霉烂。省城八旗官兵需粮甚多,请将近省州县存谷,酌量多寡折米六万石,运省支用。其该年派拨额米,秋成征补。间遇岁歉,亦可动用赈济。"下部议行。十二月,疏言:"前耿逆之变,随臣父范承谟殉难者五十三人,内生员嵇永仁、王龙光,儒士沈天成,及臣族叔范承谱,俱偕臣父幽囚三载,殉难死节。前抚臣杨熙题请赠衔,部以生员无追赠例,议寝。臣仰祈皇上特沛恩纶,予以一命,陪祀臣父祠堂,以慰忠魂。"下部议:"生员嵇永仁、王龙光应追赠国子监助教,沈天成、范承谱虽庶民无追赠例,但系死节,应追赠国子监学正,并入祠陪祀。"从之。

四十八年五月,疏言:"广东连州总盐额引行销本州及湖广之桂阳、临武、蓝山、嘉禾四州县,乐昌总盐额引行销本县及湖广之郴州、宜章、兴宁、永兴四州县,但连、乐二州县之引多于衡、郴八州县之额,以致此壅彼缺,请量匀十分:连州、乐昌行销十分之三,桂阳、郴州等行销十分之七。又潮州、惠州、赣州三府俱行销广济桥盐,此三府所属平远、镇平、程乡、兴宁、长乐五县额引较多,而惠州府属之龙川、〔二〕和平、永安三县及江西赣州府属之十二县额引独少,不敷民食,应将平远等五县引匀销于龙川等十五县。赣属十二县内信丰、龙南、定南三县接壤惠州,〔三〕距潮路远难运,应就近改食惠盐。又福建汀州府属八县内长汀一县额引,几居通府之半,应拨销于宁化等七县,广西灵川、阳朔、义宁三县盐引难销,应拨于易销之全州、灌阳、兴安三州县。商民均有裨益。”部议从之。

四十九年八月,擢福建浙江总督。时海贼郑尽心在洋肆劫,远至锦州等处,兵部檄沿海各省严缉。五十年三月,时崇缉获尽心解京。四月,疏言:“兵粮计口授食,刻不容缓。本年夏秋不敷兵米万七千七十馀石,请于嘉、湖二府属捐米石内各移万石贮省仓以敷兵米。”下部议行。五十二年五月,疏言:“台湾属三县,年征稻米十三万八千馀石,除折支各营兵米外,岁馀七万石,现存六十六万三千馀石,贮已十年,易致红朽。请将新收者匀留二十万石,备三年兵米之用,其四十六万馀石,出粜给台湾俸饷。”从之。八月,又言:“闽省福、兴、泉、漳四府,一年两熟。本年兴、漳早禾丰收,福州歉薄,晚稻则兴、泉雨未沾足,福州得雨更迟,恐来岁青黄不接时,民食可虑。请于江、浙运米内拨给收贮,米贵平粜。”得旨:“江南运米内,速将五万石运至福建。米到日,

即行平粜,毋致湮烂。"五十三年三月,陛见。濒行,赐御制诗,有
"栋梁祖干家声重,兰桂孙枝令誉清"之句。序云:"浙闽总督范
时崇陛见来京,朕每念伊祖为开创宰辅,伊父乃忠义名臣,所以
待之优重。今因回任,特书御诗饯送。"

　　五十四年十一月,授左都御史。五十五年五月,因祈雨不亲
到,经大学士嵩祝奏劾,得旨:"范时崇着降三级留任,革去恩诏
所得荫生。"五十六年四月,授兵部尚书。五十八年九月,振武将
军傅尔丹请于莫岱察罕廈尔与鄂尔斋图杲尔各筑设台站,〔四〕特
命时崇前往料理。五十九年三月,回京。十月,以疾乞休,允之。
十二月,卒。

【校勘记】

〔一〕高州府吴川县属硇州一岛　"硇州"原误作"硇洲"。耆献类征卷
　　　五三叶二一上、下同。今据仁录卷二一二叶二九上改。按满传卷
　　　三〇叶四〇上作"硇川",尤误。参上卷郭世隆传校勘记〔四〕。

〔二〕而惠州府属之龙川　"川"原误作"州"。满传卷三〇叶四三下
　　　同。今据仁录卷二三八叶二上改。按耆献类征卷五三叶二三下
　　　不误。又下文之龙川不误。

〔三〕定南三县接壤惠州　"州"原误作"川"。满传卷三〇叶四三下,
　　　及耆献类征卷五三叶二三下均同。今据仁录卷二三八叶二上改。

〔四〕与鄂尔斋图杲尔各筑设台站　"斋"原作"齐",又"杲"作"果",
　　　均形似而讹。满传卷三〇叶四五下,及耆献类征卷五三叶二四下
　　　均同。今据仁录卷二八五叶一〇下改。

年遐龄　子希尧

年遐龄,汉军镶黄旗人。由笔帖式授兵部主事,累迁刑部郎中。康熙二十二年,授河南道御史,巡视中城。寻迁内阁侍读学士。二十七年,迁宗人府府丞。二十九年,晋内阁学士。三十年,授工部右侍郎,三十一年二月,转左。

十月,授湖广巡抚。三十八年,奏言:"湖北武昌、汉阳、黄州、安陆、德安、荆州、襄阳等七府应征匠役班价等银千馀两,自明季迄今,年代久远,子孙迁徙亡绝,缺额无征。有司或代为捐解,或派累小民,官民交困。查江、浙二省因匠班无征,归地丁带征。湖北事同一例,请自康熙三十九年为始,亦归地丁征收,每亩加增丝毫,而赋无缺额,官民俱免赔累。"部议从之。四十年二月,给事中马士芳劾遐龄徇庇老病废弛之布政使任风厚,不入大计,诏令明白回奏,风厚来京引见。嗣遐龄奏风厚办事老成,并无遗误。风厚抵京引见,谕曰:"任风厚尚未衰老,可以办事,着仍赴原任。马士芳奏参不实,以言官免其议处。"

七月,遐龄疏参黄梅县知县李锦亏空地丁银三千馀两,请革职究追,从之。寻黄梅县民会集万人,闭城留锦,不容去任,命总督郭琇严审速奏。八月,琇奏言:"黄梅县未解银三千馀两,实系民欠,随于七月征完,知县李锦并无亏空。百姓因锦平日清廉,闻其解任,一时围聚,生员吴士光等许为纠人赴省保留。久始解散,亦无违抗情形。请令锦仍留原任。士光等革去衣顶,应请复还。"得旨:"凡官员去留之权,岂可令百姓干预?聚众肆行之风,亦渐不可长!该督抚庸懦无能,平时不能约束军民;及至事出，专务遮饰，苟且议结，殊属不合。李锦居官虽优，不可仍留黄梅之任，着令来京，于直隶附近补用。吴士光等着解部发往奉天。郭琇、年遐龄俱降一级留任。"四十三年，遐龄以病乞休，允之。

雍正元年，以次子羹尧平西藏功，加尚书衔。二年，复以羹尧平青海功，加太傅、一等公，赐双眼孔雀翎。三年，羹尧获罪，遐龄及长子希尧俱应缘坐，谕曰："年羹尧刚愎残逆之性，朕所素知。其父兄之教，不但素不听从，向来视如草芥。年遐龄、年希尧皆忠厚安分之人，着革职免罪。"五年，遐龄卒，特恩还原职，致祭一次。

希尧，由笔帖式补授云南景东府同知。康熙四十五年，迁直隶广平府知府，五十年，迁大名道。五十二年，晋广东按察使。五十五年，晋安徽布政使。五十九年，颍州知府王承勋讦告希尧需索规礼，徇庇凤阳府蒋国正将亏空捏民欠、冒蠲侵蚀等款，经总督常鼐奏参，命左都御史田从典等往鞫，俱无证据，失察国正冒蠲，希尧应革职，从之。六十一年，以布政使衔署广东巡抚，雍正元年，实授。四月，疏报钦州、澄海、南海、东莞等二十九州、县、卫、所开垦六十一年分田地一百四十二顷，下部知之。三年七月，擢工部右侍郎。十一月，因弟羹尧获罪，革职。四年正月，授内务府总管。七月，命管理淮关税务。十二年，加都察院左都御史衔。十三年，江苏巡抚高其倬疏参希尧庇恶纵贪，鞫实，削职。乾隆三年，卒。

黄秉中

黄秉中,汉军镶红旗人。初由荫监生任兵部笔帖式。圣祖仁皇帝康熙二十年,授山东范县知县。二十八年,迁贵州黔西州知州。寻内升刑部员外郎。三十四年,迁吏部郎中。四十年,授监察御史。四十一年五月,疏言:"各部院具题事,奉有谕旨,必由内阁发科钞,然后施行。惟绿头牌折子,口传谕旨即行,不由内阁,不发科钞,日后无从查考。请嗣后于奉旨遵行后,即录原卷并所奏谕旨,移送内阁,封呈御览。如偶有错误,敕令更正,俱发内阁登记,以备稽核。又钦奉清字谕旨,各衙门译汉奉行,恐字句亦有未符,宜令原奏官员送内阁翻译,遵照传钞。"疏入,下部确议,部臣以事涉繁琐,格碍难行。议上,得旨:"凡口传谕旨及绿头牌折子、启奏事件,着各衙门于每月终汇开奏览。"四十四年二月,疏言:"科道官由满洲、汉军升补者,大抵积俸二十馀年。汉人一为知县,俸满三年,行取到部,即得考选科道,殊觉太骤。请嗣后行取知县,先以六部主事用,俟练习有年,始许考选。"上阅奏,谕大学士曰:"御史黄秉中条奏,行取知县,即补科道,未免太过,此言诚当。下九卿、詹事、科道会同确议。"议如所请,著为例。

六月,迁内阁侍读学士。四十七年十月,擢内阁学士。值浙江水灾,命往同巡抚赈饥。十二月,授浙江巡抚。四十八年七月,疏言:"宁波、绍兴等处,连岁歉收,米价腾贵。计惟招商可平,而温、台二府丰收米贱,格于出洋之禁。请许商民由内洋贩运,以济宁、绍。"从之。四十九年,署总督事,同提督王世臣疏报："盗劫龙游县村庄,为官兵追逐,逃至遂昌县山中。处州右营都司张朝臣率兵搜剿,遇盗六七十人抵拒,以枪刺腹死。随有金、衢两协官兵齐至捕盗,斩杀殆尽。"疏下兵部议,部臣言盗伙六七十人,非寻常盗案可比,且都司已枪刺殒命,而兵无一损伤,显有隐报情弊。上命遣部院贤能司官一员,往会巡抚、将军、副都统至都司张朝臣阵亡处详察情由议奏。于是兵部郎中察尔钦等会勘,奏言:"随张朝臣之兵丁张斌同时阵亡,潘文彩伤重致死,并有鸟枪兵五人因失火药发焚死。"部议张朝臣、张斌、潘文彩予恤如例,疏防及救援不力、隐匿不报各官治罪有差。秉中不察劾,应降一级留任。上以秉中前此奏报不实,命降五级,戴罪图功。

九月,调福建巡抚。五十年六月,同总督范时崇、提督蓝理以泉州盗陈五显等结伙二千馀人,抢掠永春、德化、漳平、大田等县居民入奏,上曰:"督、抚、提、镇等,平时不能抚恤百姓,训练兵丁;及事出,又不能相机即行剿抚,纵容贼盗滋蔓,骚扰地方,肆行抢夺;又迟延日久,始行奏闻,反称百姓不废耕织,照常安业。凡强盗、窃盗,合伙至三四十人,百姓尚且畏惧逃避,今数逾二千,岂得谓百姓不废耕织、安居旧业乎?明系掩饰诳奏,下部严察。"部议治罪革职有差,命革蓝理职,免治罪;秉中与范时崇免革职,降五级戴罪效力。十月,因前任浙江巡抚时,不劾奏粮道陈銮改折漕粮事,革任罚赔。五十一年三月,命以子牙河分司效力,三年期满,直隶巡抚赵弘燮举秉中自备工料,修防堤岸,俱各稳固,下部议叙,给还原品。五十七年五月,卒。

长子廷鉴;次子廷钰,三等侍卫;三子廷桂,官至大学士,世袭三等伯,别有传。

鄂海

鄂海,满洲镶白旗人,姓温都氏。由笔帖式授内阁中书,荐陟宗人府郎中,兼佐领。康熙三十六年,圣祖仁皇帝亲征噶尔丹,鄂海先赴宁夏储备牲畜,驾至宁夏。会陕西按察使缺,命于军营办事之科道、部郎内开列具奏,特简鄂海任之。谕曰:"初任外官者,每于朕前奏言洁清其身,以图报恩。及莅任后,辄背其言。朕于从官二十馀员内,简尔为按察使,尔当益励素行也!"三十七年,迁陕西布政使。

四十年,擢陕西巡抚。四十二年十一月,上幸西安阅兵,以满洲及绿旗兵皆善射,鄂海与将军博霁、总督华显,并赐囊鞬、弓矢及御书匾额、貂皮冠服,加一级。十二月,诏于河南府储积米谷,豫备山西赈贷,并命督抚等会勘,由黄河挽运事宜。明年三月,会勘三门砥柱,溜急滩多,舟行甚险,应自河南府陆运至陕州太阳渡,[一]乃以舟运。四月,鄂海又奏:"勘阅渭河,惟自宝鸡至郿县一百四十馀里,水落时重载难行。郿县以东河深水平,重船可以挽运。"疏下部议,渭河与山西之汾河,河南之贾鲁河,并令巡抚设法挑浚。

四十九年十月,擢湖广总督。五十一年五月,疏言:"臣前赴镇筸,阅视边界。闻边外红苗恃强滋事,虽经永顺土司招抚,并未纳粮。乃令总兵张谷贞、辰州知府迟煓,凤凰营通判黄树传集苗目,宣布圣主威德,令其改过输诚。于是毛都塘等五十二寨头目,开具八百馀户丁口,赴武昌投顺。"八月,又报盘塘窝等八十三寨投顺头目续至,得旨:"镇筸红苗居深山之中,自古以来,并未向化。鄂海等宣示朝廷德泽,布扬声威,尽行招抚,殊属可嘉。在事官兵,交部议叙。今红苗等已输诚削发,宜安插得所,从容化导,教之礼义。文武官弁,其各仰体朕无分内外,咸俾同享升平、宇内无不乐业之意。"

　　五十二年四月,上以鄂海曾任陕西,才具素优,兵民性情俱所熟悉,调为四川陕西总督。十月,疏言甘肃洮岷边外大山生番悉归顺,得旨:"洮岷边外并无生番,或系与外藩蒙古王、贝勒、贝子、公、台吉等纳粮之人,不可止以投顺为美名,其事甚有关系。当再行详察。"寻奏:"大山在洮州东南,近土司杨汝松界外,非蒙古纳进番人。今既率属归化,请即以杨汝松管理。"又疏言:"四川建昌镇属会川营界外凉山番目阿木咱率属归顺,[二]愿每岁贡马四匹,请给职衔。其所属三千馀户,仍令管理。"五十三年正月,疏言:"去岁甘肃所属靖远、固原、会宁诸处,夏田少雨,秋禾失收,叠奉恩谕全免五十三年钱粮;又经抚臣岳拜请动仓粮赈恤,亦奉旨允行。已遵照筹办外,惟是甘肃山高地冷,岁止一收,民无储蓄,其被灾户口,或借、或粜、或赈,三法并行,灾民方得安堵。且春夏间青黄不接,小民谋食无由,宜乘春和时耕种,若无籽粒、牛具,田亩坐荒,秋收又复无望。请于被灾等处乏食穷民,自二月至六月止,日给粮大口三合、小口二合,以资养赡。其有田地而无力耕作者,每亩给粮五升,每顷给银三两,以为籽本,令所在道府等官确察妥办,谕令竭力耕种。至流移未归者,臣与抚臣捐资赍送回籍后,如屋宇倾坏,令地方官捐修安插。"十一月,以朝邑县与山西蒲州接壤,疏请将同州州同及潼关营千总移驻,以资弹压,事并下部议行。

五十六年十月,四川巡抚年羹尧剿抚越嶲卫阿羊叛番,[三]奏缴土百户印札,并奏把总皮登榜被射身死。部臣以所缴印札未声明西纠土百户阿卡何往,又皮登榜被射情节,前后所奏不符,令鄂海确察。寻奏土百户阿卡因大兵进剿,畏惧潜逃,已经招回西纠;至年羹尧前奏皮登榜督造浮桥,中箭身死,今据提臣康泰等咨称,实系身先渡河,奋击叛番,被贼射毙。乞敕部议恤赏。疏下部议,令川抚酌行给赏。五十七年,大兵征策妄阿喇布坦,抚远大将军、贝子允禵等率兵分驻西宁、甘州、庄浪,豫备进剿。鄂海奏拨西安藩库银四十万两解赴甘省协济粮饷,又奏拨平凉、巩昌、宁夏贮仓米豆十万石运赴兰州充饷。又府谷、山丹等州、县、卫以军行所过,奉旨免征钱粮、草束,并请豁免一体运送军需之陕属葭州、甘属宁夏等二十八处丁粮,以纾民力。五十八年四月,又言:“皇上轸念西陲百姓转运急公,特恩蠲免五十八年地丁银两,以军务未竣,不及米豆、草束。第各省额征,类多折色,惟甘省边地银数少而粮草多,至平凉、庆阳、西宁、凉州等府,且有全征本色者,是沿边军需用力最多之地,转不得共沾实惠。请将甘属五十三、四、五、六等年未完民欠银粮、草束,一例蠲免,使民尽力输纳本年额征粮草,以佐军需,则皇仁溥而民气裕。”疏下户部,寝其议。奉特旨,尽予豁免。

五十九年五月,固原提督金国正疏奏陕西两年歉收,百姓有流离状,谕曰:“总督鄂海平昔居官亦优,今因年老,声名渐不如前。陕西两年歉收之处,并未详悉上闻,其令明白回奏。”鄂海寻奏:“西安等四府一州,比岁丰稔,惟延安沿边堡所,及甘肃凉州诸处歉收,俱经题报。所有五十七、八两年借给灾黎银米,谨汇列实数陈奏。"疏入,报闻。六十年五月,命鄂海办理军前粮饷,而以四川总督年羹尧代为四川陕西总督。十月,疏言:"遵旨至甘州料理粮饷,甘州等处山多田少,所产粮草有限,宜豫为筹备。请于河南、湖广运至陕西粮饷内,拨米六万石、碗豆四万石,半送甘州,半送凉州。"从之。

十二月,谕议政大臣曰:"吐鲁番现驻官兵,其可种之地甚多。总督鄂海在军营无事,可即往彼效力。"六十一年六月,靖逆将军富宁安请派大臣专司吐鲁番种地积粮,上命鄂海同副都统克什图管理,遇有军务,一体调遣。世宗宪皇帝雍正元年十月,以原品休致,仍在吐鲁番种地效力。三年四月,卒。

【校勘记】

〔一〕应自河南府陆运至陕州太阳渡　"州"原误作"西"。满传卷二四叶三九上,及耆献类征卷一六六叶一下均同。今据仁录卷二一五叶二二上改。参上卷施世纶传校勘记〔二〕。

〔二〕凉山番目阿木咱率属归顺　"咱"原误作"哨"。满传卷二四叶四〇下,及耆献类征卷一六六叶二下均同。今据仁录卷二五七叶一〇下改。

〔三〕四川巡抚年羹尧剿抚越嶲卫阿羊叛番　"卫"原误作"万"。满传卷二四叶四二上,及耆献类征卷一六六叶三上均同。今据仁录卷二七一叶一五上改。

许汝霖

许汝霖,浙江海宁人。康熙二十一年进士,由庶吉士授编修。二十六年,充四川乡试正考官。二十九年,迁赞善。

寻提督江南学政。三十三年四月,任满将还,疏言:"教职虽微,而训迪士子,责任綦重。凡由俊秀捐授者,应改为州县佐贰。"又疏言:"文章一道,关乎世运,必使风气操于上,而后可化成乎天下。自末学小儒,群尚私刻,元魁之墨,主考之评,窜改假捏,尽易本来;甚至有一榜数十人、一稿数十篇,总非本人所自为之,耳目易淆,好恶错杂,流弊遂以日滋。近奉谕旨,各省乡墨,礼部悉照原本刊刻颁行。臣愚谓会试额数较少,亦应刊四书经艺,各省试牍仍由学臣颁刻,此外概行禁止。则士之习举业者,不致杂乱其心思,兼可研穷乎经史,亦训迪人才、维持风教之大端。"疏并下部议行。又疏言:"生员不许结纳官府,法至严也。康熙二十五年礼部议行江南学臣李振裕条奏,以礼生冒滥衣顶,选择在学生员文行兼优者,充补大学六名、小学四名,五年更易,岁科试作为优等,以重典礼。杜幸冒,而历久弊生。凡地方大小各官到任,落学祭坛、讲约,朔望行香,皆生员为鸣赞,情面既熟,奔竞遂滋:或私相夤缘,或公行请托,借结交官长,以恐吓乡愚。一不肖倡之,而效尤者踵相接矣。臣受事三年,严行选择,严行惩诫,而借口趋跄,实难悉禁。请敕部议裁其额,惟万寿令节、元旦、冬至、春秋二丁,仍用生员赞襄大典,其馀有阴阳生及礼房执事,不必衣顶皆可鸣赞,一概不用生员。则贤者闭户潜修,不肖者公庭罕至矣。"事下部议,自后生员赞礼,大学亦不得过四名,停岁科试作为优等之例,馀如所请。是年,迁侍讲。

三十五年,充顺天武乡试正考官。三十八年,转左庶子,迁侍讲学士。四十年,转侍读学士,擢工部侍郎。四十一年,调礼部右侍郎。明年二月,充会试副考官。六月,转礼部左侍郎。先是,三十八年十二月,上以江南学政张榕端、浙江学政张希良居官平常,命发往河工效力,并谕以后分理河务,酌遣曾任学政各员。至是,汝霖奉旨出任子牙河分司,自备工料修筑大城、静海、青县、河间、献县所属漳、滏、滹沱诸河各堤。三年期满,直隶巡抚赵弘燮入奏,得旨,仍以侍郎用。四十六年二月,补户部右侍郎。四十八年二月,迁礼部尚书。四十九年十二月,以老乞休。五十九年八月,卒于家。

慕天颜

慕天颜,甘肃静宁人。顺治十二年进士,授浙江钱塘县知县,迁广西南宁府同知。圣祖仁皇帝康熙六年,迁福建兴化府知府。九年,擢湖广上荆南道。福建总督刘兆麒奏:"天颜旧治钱塘,多惠政,士民至今思之。及守兴化,奉使台湾,熟悉边海情形;于建造台寨、修葺战船诸务,殚心经理。请调闽兴泉道。"得旨,俞允。寻擢江苏布政使。十二年,丁继母忧。总督麻勒吉、巡抚玛祜奏:"天颜廉明勤敏,清理积年逋赋,剔除挪移诸弊,以条款纷如,尚未报竣。请令在任守制。"部议从之。十三年正月,天颜入觐,疏言:"江南田地钱粮,有隐占、诡寄诸弊。臣莅任后,饬各州县通计田额,均分里甲,每甲若干,编有定数,以均赋役。又因科则不等,所刊由单,小民未尽通晓。应立征收截票之法,计每户实征钱粮,分作十限,于开征日预给限票,俾民自知应输若干,依限完纳截票。其逾限未截者,按数催比,吏不欺而民不扰。第恐日久奉行不力,乞谕部议行,以期永遵。又狱囚无亲属馈食者,请月给米三斗。"疏下部议,并著为令。

　　十五年七月,擢江宁巡抚。十一月,疏进钱粮交代册,上谕曰:"苏、松等处钱粮浩繁,向来挪垫混淆,慕天颜为布政使后,实心任事,竭力清厘,有裨国计。据奏,交代贮库银两甚多,款项清楚,深为可嘉!嗣后布政使交代时,应以此为式。"十六年三月,以节减驿站钱粮,加兵部侍郎,留任。旧例,有司侵盗公帑,限一年完纳;逾限者遣戍,财产入官。天颜疏请于发遣前完纳者,仍贳其罪。又言各省狱囚,有因逸犯株连、本无罪名而待质已三年者,请即于秋审时汇核开释。皆得旨允行。是时大将军、贝勒尚善讨逆藩吴三桂于湖广,请以鸟船济师,[一]天颜奉诏督造四十艘,遣送岳州。下部议叙,应加三级,得旨:"慕天颜自简任巡抚以来,实心任事,勤劳茂著,深为可嘉!着从优加太子少保、兵部尚书,仍兼都察院右副都御史,授为从一品。"十七年,诏举博学鸿儒,天颜荐进士黄与坚、教谕汪楫等,并得旨召试,与坚授编修,楫授检讨。

　　十九年,疏言:"江南上年苦旱,今夏霪雨连绵,河流四溢。惟附近之吴淞江、刘河诸州县,既溢旋消,幸不重困。宜兴东南,赖震泽转泄,西北全无出水之路,故受灾倍于他邑。若常熟、武进、江阴、金坛等县,出水要口,在在湮塞,遂致积雨成壑。先择其工易费简者,次第劝民疏浚。惟常熟之白茆港为长洲、昆山、无锡诸水东北出海要道,武进之孟渎河为丹阳以东,宜兴、金坛以北诸水归江要道。请动帑疏浚,兼可寓赈于工。"诏允所请,于是浚白茆港自常熟支塘至海口四十三里,浚孟渎河自武进奔牛镇至江口四十八里,各建闸以时启闭,费帑银九万有奇。

　　初，天颜任布政使时，议浚刘河、吴淞江淤道，巡抚玛祜奏行之；又自疏请减浮粮，除版荒坍没、公占田地额赋，部议令确勘版荒坍没，许豁除。二十年，疏请募民垦版荒，六年后起科，部议如所请。时守令挪移官帑，相率徇隐，有镇江知府高德贵承前任亏帑数万两，阅久未尽补，既调扬州府，以他事劾罢，旋病殁。天颜檄追草豆减直银七千馀两于家属，京口防御高腾龙，德贵族弟也，商之参领马崇骏，以天颜浮冒奏销诸款，讦于将军杨凤翔、副都统张元勋，置弗理。总督阿席熙旋劾崇骏、腾龙娄取事，上命兵部郎中图尔宸、刑部郎中钟有德会天颜鞫勘。崇骏、腾龙遣人叩阍，讼天颜奏销浮冒、恶其讦告构陷罪款，唆总督劾奏。诏图尔宸、钟有德质讯定谳，下部核议，崇骏、腾龙娄取事实，论绞；天颜浮销草豆价，因户部核减七千馀两，诿罪于无产可抵之已故知府高德贵，降三级调用，仍赔银。得旨，如议。

　　先是，嘉定知县陆陇其以才力不及，部议降调，由天颜疏劾之。左都御史魏象枢摘其疏中"操守称绝一尘，德有馀而才不足"语，谓："今之有司，惟守与德为难耳。既知其才与德矣，何不即留之以长养百姓？请严饬督抚大破积习，勿使廉吏灰心，贪风日长。"会有诏举清廉官，象枢遂举陇其，事详陇其传。至是，天颜将去任，疏述军兴以来，征发络绎，应时立办，遇连岁灾荒，竭蹶抚循，自谓："夙夜冰兢，精白乃心。不意突遭诬讦，幸蒙睿慈鉴宥，不加严谴，仅予降调，感泣无已。"上曰："慕天颜自任巡抚以来，未闻有清廉之名。疏内称'夙夜冰兢，精白乃心'，殊为不合，着严饬行。"

　　二十三年二月，起为湖广巡抚，[二]谕之曰："尔前任巡抚，未能洁己率属,曾经申饬。今宜痛改前非,廉谨自持,以副任使之意。"九月,调贵州巡抚。二十六年三月,擢漕运总督。十二月,疏言:"京口至瓜洲,漕船往来,风涛最险。宜仿民间渡生船式,官设十船,导引护防。"部议以非例,不准。上曰:"朕南巡时,见京口、瓜洲往来人众,备船过渡,裨益良多。其如所请行。"天颜又疏列江南、江西累年未完漕项银米数,请恩赏,得旨尽免康熙十七年以前积逋。

二十七年正月,疏言:"皇上特发帑金,浚下河海口,消积水以救灾黎,甚大惠也! 又以治河事宜奉行尚未尽善,命臣与督抚诸臣会同殚心料理。乃去年八月河臣靳辅先具改图之疏,请筑高家堰重堤,束水以出清口,复欲分泄黄河入海。臣与督臣董讷、抚臣田雯咸谓宜修旧堤,尽塞减水坝,疏畅清口,合黄刷沙归海为要策。迨廷议再上,圣明洞照,特命尚书佛伦、熊一潇、科臣达奇纳、赵吉士会同勘议。臣极言重堤必不可恃,惟修筑高家堰坚厚,即可闭塞减水各坝,永杜水患。又以黄水挟沙而行,今从毛城铺等处浸入诸湖,若年深月久,浊流淤沙,势必垫高洪泽湖底,故毛城铺闸坝断宜堵塞。时佛伦欲从臣言定议,而科臣赵吉士谓必须靳辅担承,始可定稿。辅言修筑高家堰,非十年之力不可成功。佛伦乃有高家堰险处再筑月堤之议。臣维高家堰障遏全淮,前人修筑,著有成效,何独今日不能加筑完固? 况重堤既估四十万两,月堤势必再估二三十万,以如许经费,岂不能并力坚筑旧堤,乃故难其说而待十年之久耶? 若下河海口各工,因水乡低洼,时借宣泄,众论仍浚白驹、丁溪二处,已定稿矣,忽改议尽停。佛伦等携稿至前途,不知所改又奚若。至屯田一事,靳辅疏称额外新淤河湖滩地，招民屯垦，多丈占民间熟田，督抚二臣业已疏劾。当勘河之日，沿途百姓又纷纷诉告。故佛伦亦谓必当停止，而于疏稿中'民田作为屯田'及'屯官苦累小民'句，各为窜改，则又瞻顾河臣者也。谨据实密陈。"得旨，九卿、詹事、科道严察议奏。会靳辅已为御史郭琇、陆祖修等交章劾罢，靳辅亦劾天颜与现治下河之侍郎孙在丰儿女姻亲，欲其建功，故坚阻上流筑堤。"事下九卿质问，在丰降用，天颜革职。

　　初，靳辅议凿中河，谓闭塞支河之日，使骆马湖水汇流中河，漕运永无阻滞。天颜则谓中河不久即淤，徒费无益。至是，工竣，上遣学士开音布、侍卫马武往阅，还奏："天颜禁止堵塞支河口，于已进中河之漕船，勒令退回。"上以天颜有意阻挠，下法司逮勘。天颜反覆申辨，副都御史噶尔图诘天颜诉辞先后互异，及素与曾治下河之直隶巡抚于成龙书往来商议河工状，成龙削加衔；天颜坐奏事上书不以实，拟杖徒。上曰："慕天颜前任江宁巡抚，造送鸟船，曾经效力，从宽免罪。"三十五年，卒，年七十有三。

【校勘记】

〔一〕请以鸟船济师　"鸟"原作"乌"，形似而讹。汉传卷二叶四六上，及耆献类征卷一五六叶一七上均同。今据仁录卷六七叶一〇下改。参卷三多罗贝勒芬古传校勘记〔一〕，及卷九万正色传校勘记〔二〕。

〔二〕起为湖广巡抚　"广"原误作"北"。耆献类征卷一五六叶一八上同。今据仁录卷一一四叶一八上改。按汉传卷二叶四九下不误。参本卷陈诜传校勘记〔一〕。

阿山

阿山,满洲镶蓝旗人,姓伊拉哩氏。初由吏部笔帖式,累升刑部主事、户部员外郎。康熙十八年,授翰林院侍讲,充日讲起居注官。二十一年,迁侍讲学士。二十三年,转侍读学士。二十四年十月,充经筵讲官。寻转光禄寺卿、太常寺卿,至通政使。二十六年,迁都察院左副都御史。二十八年,迁户部右侍郎。二十九年,奉命察视畿辅赈务。三十年四月,驾幸多伦诺尔,抚绥来归喀尔喀部长,〔一〕命阿山与大臣明珠等会同颁赏。闰七月,转左侍郎。十二月,诏发帑二十万两赈西安、凤翔二府,遣阿山同内阁学士德珠前往验给。明年二月,回京。上曰:"闻被灾之民,有流于襄阳者。今情状何如?"阿山奏曰:"未曾至襄阳,闻有至河南者。自赈济后,人民安辑;且正月两次得雪,不致流散失所。"上曰:"正月虽雪,二三月雨水不调,麦田亦未可望。人民流于襄阳者甚多,尔未知之耳。"寻谕大学士等曰:"阿山为人庸劣,奉差之事不能尽心。凡事启奏,多涉两可,〔二〕着解任,以郎中品级随旗行走。"三十三年六月,复用为左副都御史。九月,命往宣化府监督喂养军需马匹。

三十五年二月,上亲征噶尔丹,阿山从。五月,师次克鲁伦河,噶尔丹望见御营,惊窜克堝和硕,计程百三十馀里。上亲统前锋兵追击,期两日至,命内大臣阿密达为将军,辖众兵分四日程继进,以阿山及副都统瑚什巴、沙济为参赞。噶尔丹复自克堝和硕遁往特呼勒济口,遇大将军费扬古军,邀击,大破之。噶尔丹仅率数骑远窜。上追剿至托讷山,班师。擢阿山盛京礼部侍郎。三十六年,授翰林院掌院学士,充日讲起居注官,及平定朔漠方略副总裁官;又充经筵讲官,教习庶吉士。

三十九年五月,授江南江西总督。四十年三月,上与大学士等论各省督抚,谕及“阿山虽任事未久,居官亦甚善。”会安徽布政使张四教丁忧离任,巡抚高永爵劾其在任时加派火耗、挪移库银事,下阿山察勘。覆奏所加火耗及挪借帑银皆充公用,请免审拟。上命详晰再讯实情。四十一年七月,阿山奏言:“康熙三十八年,皇上南巡,不用民间一草一粒,皆动正项钱粮豫备;而大小各官惟恐供办迟误,督抚等公议将司库银暂用。张四教先后给发十一万馀两,皆公议扣俸抵补者。今讯问各官,俱自承认。臣不敢隐匿实情。”奏入,上谕大学士等曰:“朕三次南巡,所过地方,蠲免钱粮税课,发出仓谷赈济。凡日用俱自京城备办,并未动用地方丝毫。恐地方官借端,妄行科派累民,如有供给跟随大臣官员者,照军法处斩,谕旨甚明。前阿山将张四教之案,屡请停其审拟,朕不允驳回。今复奏称亏空库银,因南巡时动用,张四教以库银私给各官,阿山开释其罪,又不确究各官以何事支用,殊为徇情沽誉。交部严加察议。”命漕运总督桑额鞫讯张四教罪款,得实,拟罪如律。部议阿山应革职,得旨,从宽革职留任。〔三〕

四十三年二月,疏劾江西巡抚张志栋举荐不公,舍清廉素著之九江知府朱俨、品行素优之彭泽知县吴士宏,而举居官平常之袁州府同知马斌、贪纵不法之南昌令王廷对,擅自定稿,且致书嘱勿改易。事下部议,张志栋与布政使李兴祖、按察使刘廷玑及道、府等官俱革职。〔四〕阿山寻疏言:“李兴祖、刘廷玑等呈办大计举劾,皆系张志栋随其喜怒任意增删,并非司道附和,请与开复。"于是给事中许志进疏劾之曰:"阿山与张志栋意见乖违,具疏题参。部议以举荐不公,将两司以下一同革职。阿山复为藩司李兴祖、臬司刘廷玑、道员韩象起等题请开复。窃以徼幸之端不可开,欺诈之风不可长。张志栋傲慢自恣,其计册举劾司道等,当时瞻徇不言,事后违例置辩。谓无贿赂请托,谁其信之?若幸邀开复,则劝惩之重典,止属虚文;赏罚之大权,不难假借。督臣操纵自如,恩威己出,将来人尽效尤,颠倒是非,变乱黑白,弊端百出,其害难言!乞敕严究情弊,以昭法纪。"疏下部察议,议未上,阿山疏辩许志进所劾诬妄,且许志进系淮安漕标营卒之子,素行不端,誓为张志栋报仇。许志进又追论阿山徇庇张四教,及收属员贿赂、盗卖仓谷、弗问贪淫恶迹审虚、纵妾父招摇生事诸款。并下部察议,部议许志进因讦奏逞忿胪款,应革职;阿山妄请开复司道等官,被言官纠劾,不静听处分,琐屑讦奏,应革任。上命阿山仍从宽留任。四十四年六月,疏劾江宁知府陈鹏年以妓楼改建讲堂亵渎圣谕及贪酷二款,命会同漕运总督桑额、河道总督张鹏翮审拟,鹏年论斩。诏陈鹏年来京,在修书处效力。

十一月,同桑额、张鹏翮奏泗州西溜淮套开河筑堤,泄淮水,至高家堰入张福口,会出清口事宜,请驾临阅视。四十五年十一月,授刑部尚书。四十六年,上临视溜淮套,谕从臣曰:"前阿山、桑额等奏称溜淮套另开一河出张福口,可分泄淮水,免洪泽湖之异涨,保高家堰之危险,绘图进呈。今朕乘骑从清口至曹家庙,见地势甚高,虽开凿成河,亦不能直达清口,与所进图样迥乎不同。且所立标竿,多有在坟冢上者,朕何忍发此无数枯骨耶?"即饬张鹏翮罢其事。及回銮,九卿议阿山与张鹏翮等均溺职,谕大学士等曰:"闻验视溜淮套之时,张鹏翮、桑额皆谓不可开,因阿山主议,乃列名奏请。"命革阿山尚书任。五十一年,革职江苏布政使宜思恭因亏帑讦告总督噶礼等频向索银,下张鹏翮察审。寻奏阿山任总督时,亦收取节礼,应议处,上以阿山年老,免之。五十二年三月,遇万寿庆典,复原品。逾年卒。

【校勘记】

〔一〕抚绥来归喀尔喀部长　原脱"抚"字。满传卷二三叶五八上同。今据仁录卷一五一叶四下补。

〔二〕多涉两可　"可"下衍一"者"字。满传卷二三叶五八下同。今据仁录卷一五四叶一一上删。

〔三〕从宽革职留任　原脱"革职"二字。满传卷二三叶六一上同。今据仁录卷二一〇叶一七上补。

〔四〕按察使刘廷玑及道府等官俱革职　"玑"原误作"机"。满传卷二三叶六一下同。今据仁录卷二一五叶一二上改。下同。

噶礼

噶礼,满洲正红旗人,姓栋鄂氏,何和哩之四世孙也。由荫生任吏部主事,荐升本部郎中。康熙三十五年五月,圣祖仁皇帝亲征噶尔丹至克鲁伦河,噶礼随左都御史于成龙督运中路兵粮,以第一运米赴行在军营。谕吏部曰:"噶礼运米迅速,甚为出力,人亦可用,以应升之缺题补。"七月,升盛京户部理事官。三十六年二月,迁通政使。六月,迁副都御史。八月,擢内阁学士。

三十八年七月,授山西巡抚。四十一年六月,太原知府赵凤诏发左都御史李楠私书,噶礼以闻,李楠坐镌秩,调任。四十二年十二月,谕大学士曰:"顷以西巡,阅视汾、渭二水,直与黄河相通。若于河南府储积米谷,遇陕西等省歉收,即可由黄河挽运,以备赈贷。但闻三门砥柱水势极溜,其如何疏通转运之法,即令四川陕西总督博霁、陕西巡抚鄂海、河南巡抚徐潮与噶礼会勘具奏。明年三月,奏言:"陕州东北四十里,山石凿分三洞,中流为神门,南为鬼门,水皆汹涌,惟北为人门,水势稍缓。下流百馀步为砥柱,再下为卧虎滩,溜急滩多,舟行甚险。请从陆拨运便。"四月,噶礼奉命阅视汾河,自河津至洪洞,[一]船皆可行,自赵城至省,石多滩浅,非别制小舟,难以运挽。请仿楚省麻阳船式制造,并咨取湖南熟练水手,令土人学习济运。上命与鄂海、徐潮所奏挑浚渭河、汴河情形,并下九卿议行之。四十四年七月,疏言:"河东修筑堤堰,原以保护盐池。旧例工力物料,无不责之民间,未免苦累;若专责之商人,亦恐雇觅人夫,辗转贻误。请令商人出料,民人出力,庶使民无置料之费,商免觅雇之累。"疏下户部议行。先是,潞安知府员缺,噶礼以霍州知州李绍祖保题补授,及绍祖使酒自刎,噶礼匿不以奏。上闻之,命大学士、九卿议罪,拟革噶礼职,得旨,从宽降二级留任。御史刘若鼐疏劾噶礼贪婪无厌,虐吏害民,计赃数十万两,知府赵凤诏为噶礼心腹,专用酷刑,以济贪壑。下噶礼回奏,得辩释。

四十五年七月,平遥民郭明奇等以噶礼纵庇贪婪,知县王绥赴巡视南城御史袁桥呈控。袁桥以闻,且列款入奏:"一、通省钱粮,每两索火耗银二钱,除分补大同、临汾、洪洞、襄陵、翼城、临晋、闻喜、崞县、长治、介休诸处亏帑外,入己银共四十馀万两;一、指修解州祠宇,用巡抚印簿,分给通省,勒捐入己;一、纵令汾州府同知马遴婪赃,分润;一、令家伶赴平阳、汾州、潞安三府,勒取富民馈送银两;一、因词讼索临汾、介休富户亢时鼎、梁湄银两;一、纳孝义知县杜连登贿,题调洪洞,及连登以贪婪被揭,复曲加庇护,指称访闻,列款轻参;一、隐匿平定州雹伤不报。请旨究赃治罪。”下噶礼回奏。会山西学政邹士璁代太原士民疏留噶礼,御史蔡珍疏纠士璁:“职在衡文,借代题交结抚臣,朋比营私,渐不可长;且袁桥疏于七月十八日甫经奉旨,是月二十日太原士民何以即行具呈,显系诬捏。噶礼与士璁同城,委为不知,是愍愦也;知而不阻,是幸恩也。并请敕部议处。”八月,噶礼回奏,以郭明奇等屡经犯案脱逃,赴京诬告,并奏袁桥、蔡珍以无凭之事诬陷状,下九卿、詹事、科道察奏,郭明奇等交刑部治罪,袁桥、蔡珍以诬奏褫革、降调有差,士璁降级留任。四十八年四月,内迁噶礼户部左侍郎。

七月,擢江南江西总督。四十九年十二月,奉命会剿海贼郑尽心等,与镇海将军马三奇由吴淞口出海,历内外洋,抵浙江定海界,获舟三及贼党郑茂、余国梁等四十馀人。因疏请每年遣兵驻马迹山诸处,逻海洋盗贼;其浙江大衢山亦请遣兵驻守,并令浙江官兵每月会巡海岛。下兵部议,应如所请。得旨:“前者捕获洋盗,皆系住居内地人民,并未盘踞岛屿,尽山、花鸟山诸岛,原无海港可以纳船。今欲遣兵屯驻大洋之中,徒劳兵力,且恐滋扰地方。文武职官惟抚绥内地,使奸民不得出洋行劫,则民生自然安戢。此奏无益，不必行。"

初，噶礼之莅江南也，历疏劾罢江苏巡抚于准、布政使宜思恭、按察使焦映汉、督粮道贾朴、知府陈鹏年等；及巡抚张伯行抵江苏任，复以事忤噶礼。至是，伯行发辛卯科场不公事，正主考副都御史左必蕃亦检举知县王曰俞、方名所荐之吴泌、〔二〕程光奎二名，平日不通文理，命尚书张鹏翮赴扬州会同噶礼及张伯行察审。五十一年正月，伯行疏劾噶礼曰："督臣噶礼自履任后，所辖两省文武属官，逢迎趋附者，虽秽迹昭彰，亦可包荒藏垢；守正不阿者，虽廉声素著，难免吹毛索疵。此久在睿照之中，无庸臣再为渎赘。最可异者，今科乡试，盛传总督通同监临提调揽卖举人。迨后取中不公，正主考左必蕃疏中有'或发督臣严审'语。又风闻总督要银五十万两，保全伊等无事。及扬州会审，既得副主考赵晋与程光奎交通关节实情，旋得安徽布政使马逸姿书役家人为吴泌行贿供证。督臣震怒，辄令夹胫钳口。臣谓此或是实话，当细加研究；若动气不许说，将许其说假话耶？督臣始令松夹，即停审散去。自有制科以来，从未闻贿赂公行、滥觞名器如是科之甚者！督臣驻扎省城，素矜明察，岂得委为不知？曾向尚书张鹏翮云：'今科举人，一大半是买的。人说都是副主考卖的。'似已知之最详且确，而不即据实入告，则督臣必有不敢明言之隐，其弊不独在副主考矣。奉旨澈底详察，而必不肯详察；奉旨严加审明，而必不欲审明。其前之通同监临提调揽卖举人，后之要银五十万两保全无事，非无稽之舆论矣。况监生乡试，例由学臣录科送试，以防顶替。乃程光奎以两淮巨商顶冒苏州府籍，径由督臣大收，送入乡场，其营私坏法更彰明较著矣。以通同作弊之人，同为奉旨察审之人，真情何由得出？故自督臣震怒之后，要犯未提一名，确供未得一句。尚书张鹏翮因其子张懋诚现任怀宁县知县，系安徽所属，总督得挟制之，恐遭陷害，亦瞻顾掣肘。督臣竟忍负皇上隆恩，擅作威福，卖官卖法，复卖举人，可谓恶贯满盈，贪残暴横，难逃圣明洞鉴，岂容久流毒害？只缘权势赫奕，莫敢撄其锋以贾祸。仰祈敕令解任，一并发审，俾舞弊之人失所凭借，承审之官亦无瞻顾，庶真情得出，国法得伸矣。"

噶礼亦疏劾张伯行曰："抚臣张伯行前冬泊船上海港内，止臣不必出洋。恨臣不从，迁怒于为臣雇募舵工之船埠，陷以通贼，牵连监毙。其违旨逗遛，挟私毙命，罪一也。上海知县许士贞诬良为盗，伯行因与同窗好友，始终袒护，淹禁无辜，久不省释，罪二也。臣严饬所属力行保甲，稽察匪类。伯行与陈鹏年扬言臣查富户，竟寝不行，以致盗贼充斥。镇江府同知施世骅缉获盗首，伯行阴嘱陈鹏年不行究赃，致毙在狱；反参施世骅诬良，其纵盗殃民，罪三也。苏松道臧大受所属被盗七案，皆捏称大受因公出境，冀免处分，其徇私作弊，罪四也。苏松粮船迟误，奉旨明白回奏。伯行饰词欺诳，罪五也。刑部行提戴名世案内，作南山集序之进士方苞，向系伯行好友，竟不差一官一役提拿；且南山集刻版，方苞收藏苏州书肆，印行三千馀部，伯行岂得讳曰不知？乃并不追问，其背恩党恶，罪六也。命盗案件，苏、松等处最繁。伯行专以卖书著书为事，性多猜忌，心更糊涂，漍行翻驳，不能清理；兼之滥准词状，拖累株连，屡奉严谕申饬，恬不知改，其违旨病民，罪七也。更可怪者，科场作弊，奉旨会审。臣开口一问案犯，伯行辄谓不该如此大声，又谓不该如此审问。臣恐较论失体,因而缄口结舌,几及四旬。乃伯行遂阴谋诬陷,以私卖举人得银五十万两污臣名节,臣实难与俱生。果有丝毫情弊,当即伏斧锧;如伯行不能指出一说事过付见证,则逞讦诬陷,亦难逃国法也。"

上览张伯行及噶礼疏,并命解任,下张鹏翮会同总漕赫寿查审。寻以考官赵晋、王曰俞、方名与吴泌、程光奎交通关节,夤缘贿卖,论罪如律。噶礼劾张伯行不能清理案件是实,馀皆督抚会衔题咨旧事,方苞由张伯行遣员解部,南山集刻版在江宁起出,均免议;张伯行妄奏噶礼揽卖举人,应革职赎徒。上切责张鹏翮、赫寿掩饰和解,瞻徇定拟,遣尚书穆和伦、张廷枢前往再谳,下部覆核,如所拟定议,得旨:"噶礼虽才具有馀,办事敏练,而性喜生事,并未闻有清正之名。其互参之案,皆起于私隙、听信人言所致,诚为可耻!且噶礼屡次具折参张伯行,朕以张伯行操守为天下第一,断不可参。手批不准,谕旨现在。此所议是非颠倒,下九卿、詹事、科道会同议奏。"复谕九卿等曰:"噶礼操守朕不能信,若无张伯行则江南地方必受其朘削一半矣!即如陈鹏年稍有声誉,噶礼久欲害之,曾将其虎丘诗二首,奏称内有悖谬语。朕阅其诗,并无干碍。又曾参中军副将李麟骑射俱劣,李麟在口内迎驾,朕试彼骑射俱好。若令噶礼与之比试,定不能及。朕于是时已心疑噶礼矣。互参一案,初次遣官往审,为噶礼所制,不能审出;及再遣大臣往审,与前无异。尔等诸臣皆能体朕保全清官之意,使正人无所疑惧,则海宇长享升平之福矣。"寻九卿等议:"噶礼、张伯行并任封疆,不思和衷集事,互相讦参,玷大臣职,均应革任。"上命张伯行仍留原任,噶礼依议革职。

　　五十三年四月,噶礼母叩阍,称:"噶礼与弟色勒奇、子幹都置毒食物中谋害伊,命噶礼妻以别户子幹泰为己子,纵令纠众毁屋,噶礼携资财与伊子移居河西务。奸诈凶恶,请正典刑。"下刑部鞫讯,得实,以噶礼身为大臣,任意贪婪,又谋杀亲母,不忠不孝已极,应凌迟处死;妻论绞;色勒奇、幹都坐斩;幹泰发黑龙江,家产入官。得旨,噶礼令自尽,妻亦从死,馀悉如部议。

【校勘记】

〔一〕自河津至洪洞　"自"原误作"以"。满传卷二三叶三五上同。今据仁录卷二一六叶四下改。

〔二〕方名所荐之吴泌　"泌"原误作"沁"。满传卷二三叶三八下同。今据仁录卷二五〇叶二一上改。

　　阿灵阿　　子阿尔松阿

　　阿灵阿,满洲镶黄旗人,一等公遏必隆第五子。初任侍卫,兼佐领。康熙二十五年,袭一等公,授散秩大臣。三十年,擢镶黄旗蒙古都统。三十一年,调镶黄旗满洲都统。三十三年,以诬谤其兄法喀革职,仍留公爵。三十五年,授一等侍卫。三十六年七月,复授散秩大臣。九月,迁銮仪使。三十九年,迁正蓝旗蒙古都统。四十年,擢领侍卫内大臣。四十四年,授理藩院尚书。四十七年十一月,与揆叙等先举允禩为皇太子,为上诘责。事详马齐及揆叙传。五十五年,阿灵阿卒。

　　次子阿尔松阿降袭二等公。五十七年十月,擢领侍卫内大臣。十二月,授刑部尚书。雍正二年十月,上召大学士、九卿、科道等谕曰:"本朝大臣中居心奸险,结党营私,惟阿灵阿、揆叙为甚。阿灵阿乃温僖贵妃之弟,当年贵妃丧事,停殡于朝阳门外,阿灵阿举家男妇在殡所守孝。伊与长兄法喀素不相睦,必欲置之死地,皇考洞悉其奸,面加诫饬。阿灵阿凶恶益甚,致干圣怒,严行处分。阿灵阿遂敢怨望皇考。二阿哥之废,断自圣衷,岂以臣下蜚语遂行废立?乃阿灵阿、揆叙借此机会攘为己力,要结允禩等,同为党援,肆无忌惮。日夜谋为造作无稽之谈,转相传达,以致皇考圣心愤懑,莫可究诘。此朕与阿灵阿、揆叙不共戴天之恨也。伊自知罪恶深重,为国法所不容,自是心愈奸狠,纵恣酒色,以致灭身,实天诛之也。其子阿尔松阿,朕见其言词举动,似可教导驱使,谕以'尔父罪恶甚大,固难赦宥,但尔能改悔前非,诚心效力,便为干父之蛊。'近日阿尔松阿不但无改悔之念,其柔奸狡猾甚于其父,若复优容,则纵恣日甚,不至法难宽宥不止。朕前往盛京恭谒陵寝时,见阿尔松阿曾祖额亦都之墓,附在二陵之间。当日君臣相遇,恩义之厚,礼待之隆,千古罕有,迄今令人景慕不已!适伊族侄奉天将军唐保住随行,朕顾谓唐保住:'尔祖受国厚恩,无可伦比。尔等宜效法尔祖,输忠尽力,方不愧勋臣之后。'今阿尔松阿所行如此,着革爵,发往奉天守伊祖墓,令其思过。若能改悔前非,安静谨守则已;倘不痛自惩艾,尚敢逞其故智,必置重典。着将阿灵阿墓上碑文磨去,改镌'不臣不弟暴悍贪庸阿灵阿之墓',以正其罪,昭示永久。"四年五月,王大臣等议,阿尔松阿与鄂伦岱固结死党,怙恶不悛,效父行逆,大干法纪,应斩决;其妻子没入内府。诏如所请。

乾隆元年,谕曰:"从前表著阿灵阿罪恶,令于伊墓前立碑,其族人竟立于祖茔之前。今伊墓已迁他处，而此碑仍存。其祖父系国家懋著劳绩之人，此碑可不必设立。"并释其妻子归旗籍。

揆叙

揆叙，满洲正黄旗人，大学士明珠子。初任佐领。康熙三十五年，由二等侍卫特授翰林院侍读。三十六年，充日讲起居注官。三十九年，迁侍讲学士。四十一年十月，上驻跸德州，揆叙与侍读学士陈元龙等奉召入行宫，命各书绫字一幅，[一]上谕以临摹之法，诸臣请瞻仰御书，上亲书大字示之。十二月，擢翰林院掌院学士，兼礼部侍郎。四十二年，命册封朝鲜王妃。寻教习庶吉士，充经筵讲官。四十七年四月，迁工部右侍郎。

十一月，上以皇太子既废，召满、汉文武大臣集畅春园，谕令于诸皇子中举奏一人，诸臣莫敢言。揆叙私与领侍卫内大臣阿灵阿、散秩大臣鄂伦岱、尚书王鸿绪议，示意诸大臣书"八阿哥"三字于纸入奏，命再尽心详议。次年正月，复召诸大臣诘先举允禩者为谁，诸臣莫敢对。上诘再四，群指都统侯巴珲岱。上曰："朕知之矣！此事必佟国维、马齐以当举允禩示意于众，众乃依阿立议耳。"马齐奏实不知。上复问大学士张玉书，玉书奏云："会议日，大学士马齐先臣到班，臣问所举为谁？"马齐答云："众意欲举允禩。"遂公同保奏。上命革马齐职，并诘责佟国维，事详马齐传。五十年，揆叙转工部左侍郎。五十一年，迁都察院左都御史，仍掌翰林院事。五十三年，疏言："近闻各省提塘及刷写报文者，除科钞外，将大小事件探听写录，名曰'小报'，任意捏造，骇人耳目。请严行禁止，庶好事不端之人有所畏惧。"下部议行。

五十六年,卒,赐祭葬如例,谥文端。

雍正二年十月,上召大学士、九卿、科道等谕曰:"本朝大臣中,居心奸险,结党行私,惟阿灵阿、揆叙二人为甚。当年二阿哥之废,断自圣衷,岂因臣下蜚语遂行废立?乃阿灵阿、揆叙借此机会,攘为己力,要结允禩等同为党援,肆无忌惮。日夜谋为造作无稽之谈,转相传达,以致皇考圣心愤懑,莫可究诘。此朕与阿灵阿、揆叙不共戴天之恨也!而揆叙挟其数百万家资,与阿灵阿等合谋,买嘱优僮下贱,每于官民宴会之所,将二阿哥肆行污蔑,人所共知;即明理者听之,亦不能辨其事之真假。无父无君,莫此为甚!着将揆叙墓上碑文磨去,改镌'不忠不孝柔奸阴险揆叙之墓',以正其罪,昭示永久。"

乾隆二年,揆叙兄性德之孙副都统瞻岱奏言:"臣祖性德、叔祖揆叙附葬曾祖明珠坟茔内,前立神道碑一,向未勒书,因揆叙身蹈重愆,勒其罪状。彼时差往员役,即刻于神道碑之上。今叩蒙诰命,仰乞天恩将原碑改刻明珠官衔。"允之。

【校勘记】

〔一〕命各书绫字一幅　"绫"原误作"呈"。满传卷三二叶五六下同。今据仁录卷二一〇叶三上改。

鄂伦岱

鄂伦岱,满洲镶黄旗人,一等公佟国纲长子。初任一等侍卫。康熙二十七年,授广州驻防副都统。二十九年,迁镶黄旗汉军都统。十二月,袭一等公。三十一年,员外郎马迪奉命往谕策妄阿喇布坦，抵哈密，为噶尔丹属所戕。诏各旗兵备调，以鄂伦岱领火器营。三十五年三月，上亲征噶尔丹，议派中路兵，鄂伦岱统领汉军镶黄、正白两旗火器营出古北口。九月，扈跸巡北塞，领左翼兵。三十六年二月，擢领侍卫内大臣。五月，仍兼镶黄旗汉军都统。四十一年九月，以失察家人在古北口禁地放枪，革领侍卫内大臣及都统，授一等侍卫。寻授散秩大臣。四十七年十一月，与揆叙等先举允禩为皇太子，为上诘责，事详马齐及揆叙传。四十八年九月，鄂伦岱仍授领侍卫内大臣。五十九年，命料理蒙古驿站。六十一年十二月，召还，授正蓝旗汉军都统。

雍正三年三月，谕曰："鄂伦岱与阿灵阿原系允禩等党恶之首，罪恶较重。当日允禩得罪，在遥亭地方，将伊门下太监审讯，供指二人为党。彼时二人在傍，无言可辩，颜色改变。己丑年春，皇考从霸州回銮，自行宫起行至南红门，言及鄂伦岱等结党之事，沿途相顾切责。鄂伦岱随行三十里，圣怒未解，鄂伦岱悍然不知畏惧。朕语娄徵额圣躬初愈，今复动怒，当同奏恳。及圣驾出，而鄂伦岱乃悍然向前迎立，以触圣怒，恳奏再三方解。又在热河时，皇考圣体违和，大臣侍卫等俱请安，求瞻仰圣颜。惟鄂伦岱并不请安，日率乾清门侍卫较射游戏。鄂伦岱悖恶多端，每事干犯圣怒，皇考行围哨鹿时，曾悉数其罪，令侍卫鞭责之。后令其出边料理驿站，伊到彼并不抚恤驿站之人，反将驿务败坏，致蒙古等不能存活，朕俱行宽免，调回任用。伊之祖父厚加恩典，鄂伦岱并无感激报效之念，在朕前无一语奏谢；又违例引见不应袭职人员。身为火器营统领，操练从不亲到。去年从俄罗斯回奏，请将苏尼特为贼之台吉调来京师披甲。朕谕以不如交扎萨克王管束，鄂伦岱并不遵照朕旨，乃自行缮写，内有云'皇考时调来披甲，朕心不忍'等语。其意以为皇考欲行之事，朕不忍行，欲将归过皇考之名加之于朕也。朕有朱批谕旨降与阿尔松阿者，令鄂伦岱转交，鄂伦岱于乾清门众人前将谕旨掷地。其极力党护阿尔松阿，此等顽悍之状，有是理乎？朕召旗下大臣面谕，近日大臣办事已改从前积习，可以不用诛戮。朕心甚喜，诸臣无不喜动颜色。鄂伦岱略无喜容，俯首冷笑。昨偶问一原充侍卫之人，鄂伦岱并未认识，妄奏云：'此人平常。'朕责以欺罔，鄂伦岱奏云：'我信口回奏。'盖因伊私相依附之人，未遂其愿，故将怨望皇考之心怨望于朕。鄂伦岱之罪，虽置极典，不足蔽辜。朕念系皇祖妣、皇妣之戚，其父又经阵亡，不忍加诛。着从宽发往奉天，令与阿尔松阿一同居住，既远离京师，庶不至遇事生波，煽惑朝政。"四年五月，王大臣等议鄂伦岱与阿尔松阿固结死党，怙恶不悛，应斩决，诏如所议。

寻命领侍卫内大臣公马尔赛传谕鄂伦岱之妻子、兄弟、族人等曰："昔佟国纲因鄂伦岱不孝，奏请诛之。皇考特从宽宥，授广州副都统。既而调回，授内大臣，袭公爵。伊不念大恩，忍于背负，与阿灵阿等结为党与，保举允禩扰乱国家，又屡次触犯，其倨傲凶狠之状，旁观无不痛恨。种种过恶，不可枚举。朕即位以来，施恩保全，乃复与阿尔松阿结党，阻挠政事。朕屡谕改悔，毫无悛心，朕尚不忍治罪，发往盛京。伊乃不知畏惧，妄生怨忿，是以照王大臣等所议，将伊正法。至所议籍没鄂伦岱家产及妻子没入内务府之处，特加恩宽免。其妻子、兄弟、族众应感戴隆恩，咸知朕意。"

鄂伦岱子四,长补熙,官至绥远城建威将军;次介福,官至吏部侍郎。

觉罗满保

觉罗满保,满洲正黄旗人。康熙三十三年进士,改庶吉士,授检讨。三十八年,充浙江乡试副考官。寻充日讲起居注官。四十年,迁侍讲。四十一年,充山东乡试副考官。四十五年,授国子监祭酒。四十八年,擢内阁学士,充经筵讲官。

五十年十一月,授福建巡抚。五十二年正月,疏言:"福州府属之闽县、福清、长乐、连江、罗源,兴化府属之莆田,泉州府属之晋江、惠安、同安、南安,漳州府属之龙溪、漳浦、海澄、诏安、福宁州与所属之宁德共十六州县,皆濒海要地,必得谙练庶务、素著才能者治之,而后人地相宜。嗣后遇缺,请于直隶各省卓异官内,特简调授。三年俸满升用。"疏下吏部议,御史璩廷祐疏:"五方风土不齐,秦、晋、燕、赵之治未必可治闽越,骤易其处,官与民不相习,安能遽展其才? 迨稍稍谙练,已届三年,又升迁他往,于地方无益;且悬缺久待,事多贻误。满保所奏,未可为例,不如就本省择员调补。"疏下吏部议,满保所指十六州县,非海滨烟瘴地方,应循例归部选。上谕大学士等曰:"督抚为地方得人起见,恳切陈奏,理所应然。御史言其未可为例,似皆由卓异官不愿往海滨苦地,嘱其于未经部覆之先条奏,自然部议不准。如此则权归科道,是明季恶习,断不可长。其闽省十六州县,当拣选发往。着九卿、詹事、科道再奏。"寻覆奏:"璩廷祐愚昧不达事理,宜如满保奏,即行拣选卓异官引见,补授发往。"

五十四年十一月，擢福建浙江总督。五十六年十二月，疏言：“鹿耳门为台湾咽喉，澎湖为厦门藩卫，安平镇为水师三营重地，及海洋各岸口，分别极冲、次冲，修筑墩台，择地建造营房，巡防分守。”又言：“海船出入，宜取船户澳甲保结，限以人数，并禁渔船私载米粮、军器。其台湾商船往来，令毋径趋大洋，悉赴厦门给照验行。除泊港贸易货物，照例纳税外，其往江南、浙江贸易者，仍在江、浙海关纳税，免其重征。”五十七年四月，疏言：“福建驻防兵孳生众多，有壮丁未得披甲者二千馀名。请挑选拨补绿旗各标营缺食粮。”又言：“淡水、鸡笼山为台湾北界，三面滨海，西南夷舶往琉球、日本者，皆望北山为准的。且澳港深阔，可泊巨舰百馀。内为肩豆门，沃野百里，番社众多。请增置淡水营，设官驻防，以扼台湾之尾。”五十九年五月，同浙江巡抚朱轼疏陈：“修筑海塘六事：一、海宁县老盐仓北岸石塘，自蒲尔兜至姚家堰，凡筑堤一千三百四十丈；一、石塘高二丈，每丈累石十层，塘外聚涨沙拥护堤根；一、开中小亹淤沙，使复江海故道；一、筑上虞县夏盖山石塘一千七百九十丈，〔一〕防南岸潮患；一、调委经理各官，以专责成；一、江海潮神，加增封号，令有司春秋致祭。”诸疏俱下部议行。

六十年四月，奸民朱一贵自称明裔，伪号中兴王下大元帅，聚众倡乱于凤山县之姜园地，遂陷台湾府治。总兵欧阳凯、副将许云、参将罗万仓、游击游崇功等率兵剿贼，并遇害。五月丁卯，满保奏闻，檄调水陆兵俱赴澎湖，发运省仓及上游州县各仓谷数万石济军食，自率标兵至厦门。六月丙午，提督施世骠与南澳总兵蓝廷珍进征鹿耳门，败贼于安平镇。壬子，克复台湾府治。乙卯,满保于厦门奉到上颁招抚台湾众民朱笔谕旨,曰:"朕思尔等俱系内地之民,非贼寇可比。或为饥寒所迫,或因不肖官员刻剥,遂致一二匪类倡诱众人,杀害官兵,情知罪不能免,乃妄行强抗,其实与众何涉? 今日遽行征剿,朕心大有不忍,故谕总督满保令其暂停进兵。尔等若即就抚,自原谅尔等之罪;倘执迷不悟,则遣大兵围剿,俱成灰烬矣。台湾只一海岛,四面货物俱不能到,本地所产不敷所用,止赖闽省钱粮养生。前海贼占据六十馀年,犹且剿服,不遗馀孽。今匪类数人,亦何能为耶? 谕旨到时,即将困迫情由诉明,改恶归正,仍皆朕之赤子。朕知此事非尔等本愿,必有不得已苦情,意谓与其坐以待毙,不如苟且偷生,因而肆行掳掠。原其致此之罪,俱在不肖官员。尔等俱系朕历年赡养良民,朕不忍剿除,故暂停进兵。若总督、提督、总兵官统领大兵围剿尔等,安能支持? 此旨一到,谅必就抚,毋得执迷不悟,妄自取死。"于是满保令兴泉道陶范率都司、守备等官往台湾传宣上旨。闰六月丙寅,诸罗县尾沟庄民人杨旭等,密约壮丁六百馀人,佯与贼附,宰牲结盟,诱朱一贵等夜饮达旦,俟醉卧,收藏其斗械,四面合围,生擒朱一贵及其党十二人,献施世骠军前。世骠与满保先后入奏,槛送朱一贵等至京,磔诛于市。

满保疏言:"贼匪蠢动时,惟淡水营守备陈策鼓励兵民,坚守汛地,擒杀乱民苑景文等,[二]以待大兵进援,协同剿抚,实为奋力效忠。"上遂擢陈策为台湾总兵官。又疏言:"前者三月间,凤山县民在槟榔林地方演剧群饮,知府王珍纵役需索,妄拿多人。朱一贵乘机倡乱,于四月十九日,竖旗聚众。台厦道梁文煊及所属官员一无备御,退回澎湖,应革职提问;其戴罪效力之游击张彦贤等,应解任审拟。"得旨,如所请行。八月,以台湾飓风大作入奏,谕曰:"台湾地方官平日但知肥己,刻剥小民,激变人心。及大兵进剿,杀戮之气,上干天和,台飓陡发,倒塌房屋,淹没船只,伤损人民。此皆不肖有司贪残所致也。宜令速行赈恤,以慰兆民。"

世宗宪皇帝雍正元年八月,兵部议:"台湾阵亡总兵欧阳凯、副将许云等予加赠荫恤,征剿有功之提督施世骠、总兵蓝廷珍等予世职,叙录有差。满保为封疆大吏,致匪类窃发,失陷城池,其闻变即赴厦门调度有方,应以功抵罪。"得旨:"满保虽有失陷地方之罪,但一闻事发,即亲往厦门抚慰众心,遵依皇考指示,调遣官兵,七日之内,克复台湾。着兼兵部尚书职衔。"先是,上杭县奸民温上贵往台湾从朱一贵,得伪元帅札付及木刻伪印,仍还上杭县,将煽诱其乡人从贼。闻朱一贵伏诛,遂窜江西,潜结棚匪数百人,谋掠万载县城。知县施昭庭调集乡勇,同营汛官兵剿捕,击毙三百馀人,生擒温上贵与其党十数人,并正法。于是大学士白潢、尚书张廷玉各条奏禁戢棚匪策,敕所在督抚详议。

满保疏言:"闽、浙两省棚民,以种麻、种靛、种烟、造纸、烧炭、煽铁等项为业,奸良不一。令地邻出保结,五棚长连环互结。若有为匪不法事、踪迹可疑之人,而弗首报者,依律连坐,则自不敢容隐。州县官于农隙时,遍履各棚稽察。如始勤终怠,约束不严,即劾罢之。浙江之鄞县、奉化等二十七县,福建之闽县、龙岩等四十州县,皆有棚民,宜如沿海州县例,于通省内拣选才守兼优之员,题请调补,则治法与治人咸收实效矣。"疏下部议:"以福建通计,六十州县无棚民而又非沿海者,仅十三县,难供四十七州县之选补。其约束事宜及<u>浙江</u>二十七县拣补,应如所奏行。"议上,得旨:"嗣后凡有棚民之闽省州县,吏部将所出之缺,于进呈月官履历时具奏,朕于月官内拣补发往。"

二年十一月,上谕大学士等曰:"凡督抚大吏,任封疆之寄,其所陈奏,皆有关国计民生。故于本章之外,准用奏折。以本章所不能尽者,则奏折可以详陈;而朕谕旨所不能尽者,亦可于奏折中详悉批示,以定行止。此皆机密紧要之事,不可轻泄。是以朕将内制皮匣发于诸臣,令其封锁奏达。盖取坚固密慎,他人不敢私开也。去年初行时,诸臣尚皆敬慎。近闻<u>浙闽</u>总督<u>满保</u>、<u>山西</u>巡抚<u>诺岷</u>等,皆有信托之人,在京私看奏折及朕所批密旨。朕待诸臣,推心置腹,事事至诚,言无不尽。诸臣正当仰体朕怀,谨慎周密,凡有奏折,据理敷陈,候朕裁夺。何必委托其子弟、亲戚探听消息,以致泄露密旨,藉生种种情弊?此皆由诸臣不能自信,又不能信朕。其存心如此,则密奏又何益乎?嗣后停其折奏,有事只照例具本。其馀督抚大吏奏折,若有子弟、亲朋在京私开者,一经发觉,朕必将私开之人正法,督抚等照溺职例革职,决不宽贷。"<u>满保</u>寻疏言:"折奏不能慎密,臣罪实无可逭。蒙恩不即罢斥,仍任海疆重寄,遇有紧要之事,必得具折奏请圣训,方可料理无误。"得旨:"<u>满保</u>既知过恳切奏请,准照常折奏。"

三年九月,卒于官。遗疏言:"新任巡抚<u>毛文铨</u>未至,总督印信不便远送,谨交<u>福州</u>将军<u>宜兆熊</u>署理,并留解任巡抚<u>黄国材</u>暂缓起程,如旧办事。"得旨:"<u>满保</u>向来居官,虽无廉介之称,然才干优长,尽心办事,整饬营伍,经理海疆,实为称职。昔年<u>台湾</u>一事,虽不能消弭于未然,而能于七日之内即行克复,功过足以相

抵。朕即位以来,时加教诲,满保亦知奋励,矢志廉洁。及至抱
病沉笃之际,尚能留心地方,将黄国材留闽,以待新任巡抚;并将
总督印务交与将军宜兆熊,其办理俱属得体。今闻溘逝,朕心深
为轸恻!下部察例议恤。"时尚书隆科多获罪,法司鞫讯其家人,
得满保馈金三百状,及礼部议恤疏入,上留中,久之始发出,谕
曰:"满保居官贤否,众论不一,是以赐恤之典,朕未即定。今细
加访察,知其居官甚属平常,于吏治民生毫无裨益,但谄媚隆科
多、年羹尧而已。不必赐恤与谥。"

【校勘记】

〔一〕筑上虞县夏盖山石塘一千七百九十丈　"夏"原作"下",音近而
　　　误。满传卷二二叶二六下,及耆献类征卷一六五叶一〇下均同。
　　　今据仁录卷二八八叶一四上改。

〔二〕擒杀乱民苑景文等　"苑"原误作"范"。耆献类征卷一六五叶三
　　　上同。今据仁录卷二九三叶一八下改。按满传卷二二叶二九上
　　　不误。

施世骠

施世骠,汉军镶黄旗人,靖海侯施琅第六子。圣祖仁皇帝康
熙二十二年,随其父剿海贼郑克塽,委署守备,取澎湖及台湾。
叙功,加左都督衔。三十年,授山东济南城守营参将。三十五年
二月,上亲征噶尔丹,天津总兵岳昇龙奏荐世骠随征,召试骑射,
命护粮运,即至奎素地;复随大将军马斯喀追贼至巴颜乌兰地。
凯旋,仍任济南参将。乞归福建葬父,得旨:"施琅久在海疆,功

绩懋著。其子施世骠顷随军进剿,亦效有勤劳。准给假葬亲,事毕即回任。"三十七年,迁临清副将。四十年,擢浙江定海总兵。四十二年四月,上南巡,御书"彰信敦礼"匾赐之。时海中多盗,世骠累出洋巡缉。先遣裨将假商船以饵盗,擒获甚众,斩盗首江仑。四十六年,上南巡,询及擒斩海盗事,温谕嘉奖,赐戴孔雀翎。四十七年,擢广东提督。五十一年,调福建水师提督。

六十年四月,奸民朱一贵自称明裔,伪号中兴王下大元帅,聚众倡乱于凤山县之姜园地,害台湾总兵欧阳凯、副将许云、参将罗万仓、游击游崇功等,遂陷台湾府治。五月丙寅,世骠闻报即率所部进扼澎湖,总督满保檄南澳总兵蓝廷珍等以师会。众议三路进攻,世骠谓南路打狗港在台湾正南,南风正盛,不可泊;北路之清风隙去府百馀里,饷运颇艰;度贼必屯聚中路,宜直捣鹿耳门。时台湾文武官相率退回澎湖,惟北路淡水营守备陈策坚守汛地,世骠遣游击张骎等赴援;而自统师诣中路,选劲卒,乘两小舟,载旗帜,先伏于南北港。六月丙午,抵鹿耳门外洋,贼踞台湾拒阻。世骠登楼船督战,击鼓发炮,中贼贮火药器,火大炽,贼惊溃。众军齐进,两港悉树我军旗帜,贼不敢犯,遂扬帆直渡鲲身,鲲身者海沙也,大舟不能过。是日,海水骤涨八尺,战舰乘风迅达,遂复安平镇。明日,破贼四千于二鲲身。辛亥,贼率众八千来犯,复击败之。壬子,遣守备林亮等由西港进,游击朱文、谢希贤、林秀等越七鲲身,由盐埕、大井头诸路奋勇登岸,并趋府城。世骠身先将士,指挥布阵,贼俱败溃,朱一贵窜遁,遂复府治,复遣参将林政等分路抚剿。闰六月丙寅,诸罗县尾沟庄民人杨旭等诱擒朱一贵及其党翁飞虎、王玉全、张阿三、李勇、陈印等,以迎参将林秀,缚送世骠军前。贼党抗拒者,先后擒斩略尽,馀众就抚,台湾南北两路悉平。上诏部臣优叙有功将士,赐世骠东珠帽、黄带、四团龙补服。

九月,世骠卒于台湾军营。遗疏言:"臣父琅昔日蒙恩葬闽,今臣骸骨愿得与父相依,并留臣幼子随臣妻守茔。近因剿贼,借藩库银一万两,容臣长子云南知府士冈、次子广东游击廷勇变产交完。"疏入,得旨:"施世骠效力年久,劳绩懋著。沿海水师营务,极为谙练。简任提督,实心尽职。当台湾匪类窃发,即调遣官兵,亲渡海洋。屡次大败贼众,七日内克复台湾,擒获贼首朱一贵等,俾地方宁谧,深为可嘉! 海疆要地,正资料理,忽闻将星陨落,朕心深为悼念! 着赠太子太保,察例赐恤。所借藩库银一万两,免其偿还。其安葬福建及妻子留住之处,并照所请行。"赐祭葬如典礼,谥勇果。

世宗宪皇帝雍正元年八月,兵部议叙克复台湾功,以应否给世职请。得旨:"台湾地方自古未属中国,皇考以圣略神威取之,载入版图。逆贼朱一贵等倡乱,占据台地。皇考筹画周详,指授地方官员,遣调官兵,七日之内,剿灭数万贼众,克复全台。皇考当春秋高迈,威扬海外,功德峻伟。官兵感戴皇考教养之恩,奋勇攻取,甚属可嘉! 固不必援引前例,后亦不得为例。兹仰副皇考从优议叙之旨,官员现行议功叙加之外,着概行各加一等。提督施世骠统领大兵,径渡海洋,鼓励将士,屡经大战,击败贼众。七日之内,克复台湾。着给予一等轻车都尉世职。"寻以其子廷勇袭。

蓝廷珍

蓝廷珍，福建漳浦人。由行伍于康熙三十四年拔补浙江定海镇标右营把总。明年，迁中营千总。二十九年，迁温州镇标右营守备。四十五年，迁左营游击。哨巡，屡擒洋贼。五十七年八月，擢福建澎湖副将，寻授南澳总兵。

六十年四月，台湾奸民朱一贵聚众倡乱于凤山县之姜园，攻陷台湾府治，总兵欧阳凯、副将许云等遇害。廷珍奉总督满保令赴澎湖，与提督施世骠合师鹿耳门，进败贼于安平镇，由西港仔登岸，击败贼众，克复府治，分剿南北二路。贼匪一贵遁诸罗，为尾沟庄民杨旭等计擒之，官兵搜获馀党殆尽。叙功，予廷珍三等轻车都尉世职。

雍正元年，擢福建水师提督，赐花翎。上以廷珍居心忠赤，人材度量，俱无可议，惟操守未优，屡加训诫。二年，入觐，谕令赴马兰峪叩谒圣祖仁皇帝景陵。回京，召对，赏赉稠叠。四年，谕曰："尔所短者，惟砥砺清操耳。近闻尔陛见回任，实力悛改，顿非前比。朕甚嘉悦，勉之！"七年二月，赐御书"福"字并食品，廷珍具疏谢恩，谕曰："尔近日声名较前更好。但有人论尔颇存亲戚瓜葛之私、乡井照顾之念，即此亦当改易。"十一月，卒。遗疏入，得旨："蓝廷珍自简任福建水师提督以来，整顿营伍，训练士卒，于海疆事务，熟习谙练。向年平定台湾，著有劳绩。前闻患病，特遣御医星往调治。今闻溘逝，深为轸恻！已降旨赏银二千两，以为丧事之资。其应得恤典，察例具奏。"寻议加赠太子少保，予祭葬，谥襄毅。

子曰宠,袭三等轻车都尉世职,卒。孙元枚袭,^{〔一〕}现官江南提督。

【校勘记】

〔一〕孙元枚袭　“孙”原误作“子”。汉传卷一三叶四一上,及耆献类征卷二八二叶五上均同。今据本书卷二五蓝元枚传云“祖廷珍”改。

富宁安

富宁安,满洲镶蓝旗人,姓富察氏,大学士阿兰泰之子也。其从祖尼喀纳以随征逆藩吴三桂有功,得骑都尉世职。康熙二十五年,卒,无子,以富宁安袭。寻授侍卫,任佐领,迁骁骑参领,兼管火器营事。四十一年,授镶红旗满洲副都统。四十四年,擢正黄旗汉军都统。四十六年,改授都察院左都御史。先是,富宁安以副都统署仓场侍郎,至是仍兼任。疏言:“大通桥旧设满、汉监督,四十一年裁并坐粮厅兼管。今会清河粮务改归坐粮厅经理,势难兼顾,大通桥请复设监督。”事下户部议,从之。四十七年五月,迁礼部尚书,仍命兼管仓场事。四十八年二月,圣祖仁皇帝谕廷臣曰:“朕观部院官员,办事优而又极谨慎如富宁安者,未可多得,能始终不易则善矣!”三月,调吏部尚书。又谕廷臣曰:“富宁安从武员擢用,人皆称其操守兼善,是以授为吏部尚书。今部院中欲求清官甚难,当于初为笔帖式时,即念日后擢用可为国家大臣,自立品行也。”

五十四年四月,上以策妄阿喇布坦侵掠哈密,敕西安将军席

柱、甘肃提督师懿德等领兵援剿,命富宁安率侍卫等前往总统调
度,谕之曰:"朕以尔堪信任,故命尔前往。军机大事,毋迟缓。
尔至彼,有急应调遣之事,不必请旨,即与将军席柱商酌而行。"
时贼兵二千馀逼哈密城,驻防哈密游击潘至善率绿旗兵二百击
斩贼兵九十人,生擒三人,贼解围溃走。五月,富宁安至甘州,同
席柱奏言:"吐鲁番与哈密接壤,系准噶尔咽喉要地,当先取之。
大兵秣马五旬,应齐赴巴里坤,从哈密之北大山后乌兰乌苏路进
兵辟展,越山取吐鲁番,相机进剿。"上命富宁安至巴里坤,择水
草佳处驻兵,俟明年前进。寻诏还驻肃州,经理粮马。五十五
年,奏言:"自嘉峪关运粮至哈密,应设十二台,用山西、陕西小车
三千辆,每车用三人,每台分车二百五十辆,陆续转运。哈密至
巴里坤虽近,中有科舍图岭间之。自哈密至岭之南设三台,令驻
哈密兵牵驼运送。自岭北至巴里坤亦设三台,令驻巴里坤兵接
运。"又言:"哈密所属布鲁尔、图古哩克接壤处,并巴里坤、都尔
博勒津、喀喇乌苏及西吉木、达哩图、布隆吉尔附近之上浦、下
浦,皆可开垦,以裨军食。"又言:"布隆吉尔诸处田禾丰收,人民
渐集,请遣官建仓廒,及收贮农器、房屋;并于西吉木设赤金卫,
达哩图设靖逆卫,西喇郭勒设柳沟所,分置守备、千总、同知、通
判兼管。"事并下议政大臣,如所请行。

　　五十六年三月,授靖逆将军,驻巴里坤,命同振武将军傅尔
丹、副将军祁里德分界觇贼情形。六月,富宁安率兵赴乌鲁木
齐,擒回人一百六十有九,获驼马、牛羊无算。七月,至毕留图,
厄鲁特兵三百馀尾我兵后,我兵还击,擒斩数人,馀贼越山遁,乃
还师。五十九年七月,进兵乌兰乌苏,令侍卫哲尔德、克什图、阿

玉锡等分道袭击,擒阿克塔斯哨卒,馀贼望风窜遁。复于伊勒布尔和硕夺贼谷中马百馀,破其所踞山隘,获台吉垂木珀尔,斩贼三十馀,生擒二十四人。别遣散秩大臣阿喇衲等率兵谕降辟展城回人,进击吐鲁番,降其酋长,获马驼甚多。十月,疏言:"我兵袭击贼境,大振军威。贼人穷促,遣使乞降,不过为缓兵计耳。奸诡之性,不足深信,请乘胜直捣贼穴。臣所统巴里坤、固原、甘肃兵万有七千,请选八千人由额稜哈毕尔汉路进,六千人由吐鲁番阿勒辉路进,各持三月粮,应令巡抚绰奇设置台站,先期运米及马驼至巴里坤草厂,豫备进剿。"疏下傅尔丹、祁里德会议。议入,复下九卿、詹事、科道详议,如富宁安请,命选傅尔丹军前三千人并其军。明年四月,以乌兰乌苏地狭,移兵驻伊勒布尔和硕。寻奉谕暂停进剿。

时策妄阿喇布坦迁其所属吐鲁番回人而行,回人多不愿往,中道遁回,驻鲁克齐木,众万馀。击败贼所遣宰桑和勒博斯额木齐兵,推托克托玛木特为首,[一]赴我军乞降。富宁安以闻,且以屯兵守护粮运维艰入奏。上谕议政大臣曰:"策妄阿喇布坦既不能移吐鲁番回人,又不能护卫准噶尔之人,其万不能敌我兵明矣!回人归降,即系吾民,其令富宁安派绿旗兵一千,察哈尔、厄鲁特、蒙古兵一千,赴吐鲁番驻扎,收抚安插。如遇贼众侵扰,速行救援,无使失所。"富宁安乃遣阿喇衲率兵二千驻吐鲁番,收抚回人。九月,闻贼众来犯,又遣副都统壮图、穆克登各率兵二千援剿,而自率兵四千进驻伊勒布尔和硕,调遣策应。会阿喇衲自吐鲁番与贼迎战,屡败贼众,贼远遁,乃还驻巴里坤。

六十一年四月,疏言:"嘉峪关外布隆吉尔之西,为古瓜、沙、燉煌地,昔吐鲁番建城屯种,遗址尚存。且滨河土肥,若驻兵屯牧,设总兵官一人统之,可扼党色尔腾之路。"六月,又请专遣大臣领屯田诸处、储粮事宜。又言:"驻守官兵月粮,及进剿大军裹带随运粮,若一时并挽,费多而人亦不给。今巴里坤牧驼悉膘壮,又于喀尔喀买驼,至八月皆肥,以驼运粮甚便。乘炎热草盛时分起领运,南路至哈密,北路至图古哩克军营收贮,免使临事张皇。"上并可其奏。是冬,世宗宪皇帝御极,授武英殿大学士,仍驻巴里坤,管理军务。雍正三年二月,[二]上以富宁安在军营久,谨慎小心,赐敕奖谕,并赐帑银二万两。四年十一月,还京,赐御用冠服,并双眼孔雀翎、黄辔鞍马,及朝珠、银缎。谕王大臣曰:"富宁安自任将军,一心朒笃,为国宣力。再三奏请进兵,皇考怜念准噶尔生灵,不忍剪除,是以未允其请。倘如所奏,富宁安定能灭贼矣。军中约束兵丁,办理诸务,井井有条;且行止端方廉洁,年来领兵将军声名未有出其右者! 实心奋勉,不负任使,益彰皇考用人之明,朕实嘉赖焉。其锡世袭侯爵,以示殊异。"于是由骑都尉晋为一等侯。五年四月,谕奖其公忠诚实,加太子太傅。七月,管镶白、正红二旗汉军都统事。

十月,命往西安,署驻防将军。六年五月,谕兵部曰:"富宁安署理将军,为时已久,所属武职,并未题补一缺。省城管兵之员,关系甚重。在富宁安之意,以为可俟新授将军常色礼到日题补,曾不计常色礼于今冬自军中至京,明春方到西安。如许员缺,安可经年虚悬? 富宁安曾为巴里坤将军,西安官员,认识过半,何难量才授任? 况现任大学士,尤不宜苟且推卸若此。朕向日闻其操守甚好,辨事诚笃,自任大学士以来,恩赐频仍,锡封侯爵,宠眷优渥。理应屏除一切,奋不顾身,乃惟自图保全,膜视国事,深负朕恩!其交部严行察议。"部议革大学士及一等侯。得旨,削恩赏世爵,免革大学士。六月,以疾卒于西安。事闻,谕曰:"富宁安人品端方,操守廉洁,扬历中外,懋著勤劳。勤慎小心,始终一致。简任纶扉,正资倚畀,忽闻溘逝,朕心深为轸悼!其丧榇起程及归途之费,令陕西督抚料理,所过地方官员于榇前奠酹。"仍下部议恤。榇至京,遣郡王及内大臣、侍卫奠茶酒。赐祭葬如典礼,谥文恭。十年九月,入祀贤良祠。其原袭尼喀纳之骑都尉世职,以嗣子乌鲁理袭。

【校勘记】

〔一〕推托克托玛木特为首　"特"原误作"时"。满传卷二三叶五下,及耆献类征卷一二叶四四下均同。今据仁录卷二九三叶八下改。

〔二〕雍正三年二月　原脱"雍正"二字。满传卷二三叶七上,及耆献类征卷一二叶四五上均同。今据宪录卷二九叶一四上补。

　　田从典

　　田从典,山西阳城人。圣祖仁皇帝康熙二十七年进士。三十四年,授广东英德知县。四十二年,行取,考选科道。四十三年五月,授云南道御史。八月,疏言:"近见督抚不拘成例,请调州县,有秉公而调者,即有徇私而调者。在州县求调之弊有三:一曰希图美缺,一曰规避冲地,一曰预为卓荐地。在督抚滥调之弊亦有三:一曰曲徇请托,一曰公行贿赂,一曰引用腹心。皆借整饬地方为名,简拔贤能为说,巧为朦胧,竟成捷径。屡经败露,有骇听闻。即如原任安徽巡抚李钠请调知县钱启鏊一案,指桐城县之繁以为简,指休宁县之简以为繁;贿调被劾之山西大宁知县许晋一案,先图夏县,继图介休,手书银至一万数千两之多。其他调繁后劾贪婪亏空者,历城知县管承宠、南昌知县王廷对,盖营求得调之员,或前任之钱粮未完,或上司之酬谢未足,虽欲不侵用库帑,剥削民财,其势有所不能。请嗣后除江南、浙江等七省中钱粮难征之一百一十馀县,及边远烟瘴地方,仍旧例调补外,其馀一概不准滥调。严定督抚违例处分,庶吏治清而官方肃。"疏下部议,严定滥行奏调处分。

四十四年十一月,疏言:"近日考选科道,开列部郎、翰林,断自圣裁;而行取知县,特旨以额外主事用。此诚皇上立贤无方之盛意也。今九卿定议知县论俸行取以主事用,不由督抚保举矣,而京官考选科道,犹令部院堂官保送,例不画一;且恐平日之交结,与临时之营谋,在所难免,将使台垣于部院弊端,回护瞻徇,莫与发觉。请敕吏部嗣遇考选科道,凡正途出身之部属,及由知县升任之中行评博等,与翰林一体论俸开列,听候考选,则定例画一矣。"疏下九卿议,京官考选,照各项次序开列,停其由堂官保送。十二月,巡视西城。四十九年四月,授通政使司右参议,五十年四月,转左参议。十月,迁右通政,十二月,转左通政。五十一年三月,迁光禄寺卿。

四月,迁都察院左副都御史,兼管光禄寺。六月,疏言:"光禄寺买办人积年拖欠户部库银三十五万馀两,自康熙四十五年前寺卿伟齐等题定一九带销;至四十九年又欠六万八千四百馀两,寺卿玛良等截数总算,请二八带销。自五十年正月至十二月,扣交户部七千九百馀两,尚有自四十四年起移取广善库银,每年约用九千九百馀两,因不由户部支销,未经除扣。嗣后应照二八带销例,每年例取广善库银一万两,亦扣除二千两,交送户部,年终入册奏销。"得旨,如所请行,其自四十四年以来遗漏扣交之寺臣,下都察院议处,降级、罚俸有差。五十二年五月,擢兵部右侍郎,仍兼管光禄寺。

五十八年十二月,擢左都御史。时两江总督长鼐以颍州知州王承勋首告安徽布政使年希尧、凤阳知府蒋国正婪取事入奏,上遣从典同副都御史屠沂往勘。还奏蒋国正以应赔所属亏空帑银三千七百馀两,混入恩免民欠钱粮内,应斩;年希尧失察,应革职。五十九年十月,擢户部尚书。六十年,充会试正考官。世宗宪皇帝雍正元年九月,调吏部尚书,仍兼管捐纳军需事。赐"清谨公方"匾额,并御制诗,有"出纳望同天北斗,清芬品拟省中兰"之句。十一月,充武会试正考官。二月,充顺天乡试正考官。六月,协办大学士。九月,诏陕西运粮至巴里坤悉作正项报销,停止户部与陕西捐例,并谕嘉从典与尚书张伯行两年以来,办理清正,下部议叙,各加二级。

三年二月,授文华殿大学士,兼吏部尚书。六年三月,乞休,得旨:"卿才品优长,老成练达,端方公直,恪慎恭谨。服官供职,宣力多年。简任纶扉,正滋倚眷。览奏,以老病乞休,情词恳切,着加太子太师衔,以原官致仕。于居第颁赏筵宴,令部院堂官齐集,并赐帑金五千两,为还家路费及高年颐养之资,驰驿回籍。起程前,着来陛辞,朕面加恩谕。起程之日,着在京官员等祖饯,以宠其行。所过地方,其有司在二十里以内者,俱着迎送。旋里之后,悬挂朕所赐御书匾额,时令巡抚、两司亲至其家。将来颐养康健,一二年后,再入京陛见,以慰朕眷念老臣之至意。"及陛辞,赐御书对联,并冠服、朝珠等物。

四月,行次良乡,疾剧,逾日而卒,年七十有八。上谕廷臣曰:"田从典自办理部务以及简任纶扉,实心宣力,勤劳懋著。屡以老病乞休,朕因允其所请,加太子太师衔,赐以帑金,驰驿回籍。忽闻患病溘逝,朕心深为轸悼!遣散秩大臣一员、三旗侍卫六员,往奠茶酒;并念伊子年幼,无办理事务之人,遣内阁汉学士一员、满洲侍读学士一员,前往办理。事毕之后,令该地方官酌量委员,沿途照看,送至原籍,加恩优恤。伊子年幼家居,着山西巡抚传谕地方官,就近时加照看。其新旧接任之员,俱将此旨传知,通行遵奉。前朕赏赐匾额对联,[一]可暂收巡抚衙门,俟谕祭之时,于两司中令一人赍捧前往,颁赐伊家。其应得恤典,该部察例具奏。"赐祭葬,谥文端、十二年十月,谕曰:"原任大学士田从典品行端直,老成谨厚,居官廉洁,奉国公忠,应入贤良祠,以风有位。着九卿会议具奏。"议上,入祀如例,并于本家赐祭一坛。

子懋由,从典任户部尚书时,遇恩诏荫员外郎,官至吏部侍郎。

【校勘记】

〔一〕前朕赏赐匾额对联　"匾额对联"原颠倒作"匾对联额"。汉传卷九叶四一下同。今据宪录卷六八叶九下改正。按耆献类征卷一二叶五一上不误。

逊柱

逊柱,满洲镶红旗人,姓栋鄂氏。曾祖郎色,太祖高皇帝时,偕其兄郎格率瓦尔哈什所属来归。祖阿尔泰,任护军参领。顺治元年,随睿亲王多尔衮入山海关,击败流贼李自成兵,追至望都县。叙功,授云骑尉世职。

逊柱于康熙八年补吏科笔帖式。三十二年,授工部主事。三十四年,迁户部员外郎。三十七年,迁本部郎中,寻调缎疋库。四十三年,授监察御史。四十六年,迁翰林院侍讲学士,仍兼御史事。明年,授内阁学士。四十八年,奉命祀江渎。明年,迁盛京工部侍郎。五十年,调吏部左侍郎。五十二年,奉命祀东岳。

五十六年,擢兵部尚书。五十九年三月,疏言:"皇上勤求治理,加意人才。武臣推用时,自提镇以及千总,必亲考其骑射,验其年力,如此其重也。兵部向有武举武生官员子弟效力一途,三载役满,考试弓马,分别一二等,以守备、千总用。定例遵行已久,但人广铨滞,每逢月选,效劳出身者,多系弓马生疏,材力不及,则裁汰不可不严也。请于差官六十名,裁三十名;站堂办事三十名,裁四名,停用武生官员子弟,专取武举武进士愿效劳者。其宗人府、銮仪卫、兵科效劳之人,一体取用武举。三年役满,内大臣会同兵部严加考试,武进士头等以营守备用,二等以卫守备用;武举头等亦以营守备用,二等以守御所千总用。弓马生疏、人材不及者,不准推用。"诏如所请。六十年,命兼吏部尚书。

六十一年十一月,世宗宪皇帝御极,充经筵讲官。雍正元年十月,赐"老成戎府"匾额。二年十月,疏言:"国家设官分职,一部之事,分寄数司。司无大小,事有繁简。向来满司员由该堂官酌派,惟汉司员俱系指缺补授。窃思人材不一,或才长而事简,则不得展其才;或才短而事繁,则事或致迟误。臣愚请汉司员指缺补授后,各部堂官试看一二月,如其人才能与指补之司相宜,无庸置议;倘才与缺不相宜,奏请引见调补。现在应调者,即照此例。庶能员得展其才,即中才亦可循分供职。"下九卿议,从之。三年六月,充实录馆副总裁。四年二月,调吏部尚书,仍兼兵部事。七月,命专理兵部事。五年正月,署大学士。九月,授文渊阁大学士,兼兵部尚书。先是,逊柱曾受检讨沈竹、原任道石文彬私馈,应追入官,逾限未完,部议夺俸展限。七年十一月,谕曰:"逊柱虽素餐多年,尚无大过,且年已八旬,先帝旧臣今在朝者甚少。伊应追银两俱豁免,停俸案件亦着开复,以昭优恤老臣至意。"

九年,疏陈兵部事宜六款:"一、各司案件,例有专责,胥吏以上,皆有当尽之职。乃或因案涉繁剧,或因事稍劳苦,遂巧为推卸诿之他司,甚至推之别部,往返迁延,每至迟误。臣等严加戒饬,倘有慢不悛改,仍蹈故辙者参处。一、外省暨各部咨行事件,例皆按日登记,然轻重缓急,难以一律,其稍关紧要者,分别先后限办。乃有故意推延,或称无例可查,或称旧案未得;不思朝廷用人,惟才原责以随宜办理,若止据成例旧案,只一书吏可查,何须司员?何须堂官?请严为条约,务令该司竭其才力,如事涉疑难,许呈堂酌定;倘有舛错,臣等身任其责。若诿推迟误者,照溺职例议处。一、议叙上关国典,奉命之日即应办理,乃展转支吾,如一案议叙人员多至百十人,其中有一二人注册未明,一二字重复错误,藉端驳诘,迟延日久,弊窦百出。请嗣后议叙等案件,随到随办。即一二人当驳查,不得因一二人稽迟,至一二字重复错误,详查原案,立可分晰,而不肖官吏,往往藉此需索。臣等现行严禁,若仍有此弊,将该管官吏治罪。一、军功议叙,所关尤重。介胄之士,效命疆场,非寻常劳绩可比。查从前叙功案内,力战一次予一功牌,力战数次亦止予一功牌。该司称系定例,是一经立功之人,不得再与议叙,甚非国家劝功行赏之意,虽成例亦当更定。请查明前案,尽予改正。一、武职议处盗案疏防,往往反覆驳诘,如初参疏防之案,则驳以或系疏防,或别有隐匿;及该处以实无隐匿报,又称确盗窝主,应俟刑部审结再议。查刑部盗案,有迟至数年未结者,若必俟结案定议,则应开复人员,其中虽有可用之才,该上司以参案未结,例不升补;而应行议处者,转得将降级罚俸之处,迁延岁月,徒滋弊端。请疏防案件,即照该督、抚、提督所报定议,仍咨刑部;如审结后,有隐匿捏报等情,将该员及查报不实之上司参处。庶事案随到随结,不至壅滞,于律法亦无疏纵一胥吏之设,只令收送文簿,此外原无执掌。乃猾吏舞文,或将新到文卷,故意推延,旧存案牍,擅自隐匿。在堂司官以为稍迟一二日,偶遗一二件,未必遽有大弊。然推升之案稍差一二日,其得缺先后各异;承审之案稍遗一二件,其情罪轻重迥别。请严为条禁,其迟误一二日、遗漏一二件者,量行惩戒;迟误至五日以上、遗漏至五件以上者,分别轻重杖责。若别有行私索诈等弊,送刑部定议。”并如议行。

十年三月,特谕逊柱年逾八旬,不必兼兵部。十一年七月,命以原官致仕。八月,卒,年八十有四。得旨:“逊柱醇厚和平,服官多年,且年逾八旬,应给恩典。"赐祭葬如例。

高其位　子起

高其位,汉军镶黄旗人。父天爵,已有传。

其位,初隶镶白旗,由笔帖式管佐领。康熙十二年,逆藩吴三桂陷湖南,顺承郡王勒尔锦统师讨之。其位随征,署参领,驻防襄阳。时叛镇杨来嘉、王会等频掠郧西、毂城、南漳等县,其位尝率二十骑往侦,遇贼土地岭,知将犯南漳,驰越贼队,中创不退,直入南漳城,告守者为备。贼逼城三日,不能陷而遁。十五年正月,叛镇谭弘引贼三万,水陆合犯郧阳,其位率百人扼之杨溪铺,踞崖射贼,相持七十馀日,粮尽,煮马鞯以食。及副都统李麟隆率兵来援,乃击溃贼众。十九年,追论贼犯毂城、南漳御战失利诸将罪,革其位职任。二十七年,授火器营操练校尉。二十八年,袭二等轻车都尉。初,其位祖尚义于康熙元年卒,所遗世职,其位弟其仕袭。至是其仕卒,以其位袭之。

二十九年七月,随大将军裕亲王福全征噶尔丹,击之乌兰布通,破其骆驼营。三十三年,擢参领。三十五年,从上征噶尔丹,凯旋,加一级,复管佐领。三十九年四月,授甘肃永昌副将。四十七年正月,迁湖广襄阳总兵。五十二年四月,擢湖广提督,赐孔雀翎、櫜鞬及鞍马。五十六年九月,自陈乞罢,谕嘉"和辑兵民,声名素优",令供职如旧。六十年六月,调江南提督。六十一年七月,两江总督常鼐疾剧,以印赍巡抚吴存礼暂管,上特命其位署理。十二月,受代,寻赴京。雍正元年二月,命仍回提督任。四月,奏请保护圣躬,得旨:"此奏字句之外,实有一片爱君之心发乎至诚,非泛泛虚文可比。"二年三月,奏言:"松江之泖湖、淀湖、澄湖,港汊丛杂,江、浙错壤,与太湖毗连。经两省督抚与臣委官勘议防奸法,计松江所属通船要口百十三处,钉桩立栅,以时启闭。官捐工料,百姓乐趋,事将次告成。"奏入,谕以"权宜措施,必无碍商民乃善"。七月,赐诗,有"裨益军民资伟略,剂调文武在和衷"之句。十月,奏进黄浦渔人所网得双夔龙纽未刻玉印,谕曰:"此事若出自他人,非卿奏闻,朕不信也!卿乃忠心老臣,封疆大吏,断不至有捏造虚诞之举,以阿谀取容。今赐卿数物,以示嘉悦。"

　　三年五月,谕廷臣曰:"提督高其位前署总督印务时,年羹尧奏其年老衰惫,两耳重听,贪位隐饰,贻误地方,不应畀以重任,是以圣祖仁皇帝降旨罢其署理。及朕即位,犹记年羹尧之言,特召高其位来京陛见,朕视其为人老成忠厚,善气迎人,虽已年老,精力犹可任用。适值年羹尧在京,遂令伊询问高其位'观汝筋力尚可为朕效力数年,不得固辞。目下现有銮仪使一缺,旗下都统一缺,着量其力之所能,自行陈奏'。彼时高其位奏:'都统事务,向来不甚熟练,銮仪使又无可效力之处。'朕遂降旨,令回松江。此乃出自朕意,加恩老臣,并非年羹尧赞助之力。在年羹尧必隐其从前之参劾,反市德于高其位;而高其位不知,亦以为出于年羹尧赞助之力也。去年高其位奏进松江渔船所获玉宝,朕赏以四团龙补服等物,又值年羹尧在京,必又向高其位居功,冀其感激。闻年羹尧将一无赖小人荐与高其位,高其位即授以把总,未几又特拔为千总。此事即向时督、抚、提、镇中皆所不免,年羹尧尤视为常事。但高其位向被年羹尧参劾,及朕加种种之恩,皆特出朕意,与年羹尧毫无干涉;而年羹尧窃君恩为己功,高其位奉私嘱如公令。即此见年羹尧之巧诈营私,随处要结,而内外臣工之为所愚者不少矣!"九月,授文渊阁大学士,兼礼部尚书,加太子少傅。其位以衰老不胜机务奏辞,诏俟交代后,即来京供职。四年五月,至京,改隶镶黄旗。

寻乞休,谕以"跪拜艰难,高年常有之事,不必遽行求退"。十月十八日生辰,赐匾联及服食等物、银一千两。十一月,复乞休,得旨:"卿宣力年久,恪慎奉职,老成练达,茂著贤声,是以简预机务,用昭优眷。前以老病乞休,朕未忍俞允,特命供职数年,以示眷念耆旧大臣之至意。今复行奏请,情词恳切,准以原官致仕。"五年正月,卒,命王、大臣、侍卫奠茶酒,赐祭葬如例,谥曰文恪。十二年十月,入贤良祠。原袭之二等轻车都尉,循例改骑都尉,以其次子缵勋袭。

长子起,康熙五十九年由荫生授四川茂州知州。六十一年,迁陕西汉中知府。雍正五年,迁湖北荆州道。十年,内升光禄寺少卿。十一年三月,迁镶黄旗汉军副都统。四月,授兵部右侍郎。十二年二月,协理步军统领。十三年二月,擢兵部尚书。寻协理镶黄旗汉军都统,复兼署正白旗汉军都统。九月,罢尚书任,以都统衔在雍和宫行走。十月,刑部劾起前署都统时短价勒买原任侍郎黄炳房屋,挟嫌捏奏其隐匿入官家产,株连无辜,酷刑锻炼,又私买本旗管下女口;兵部劾起任尚书时,恣意专擅,紊乱章程,徇私袒护,假公泄忿十一款:革职逮问,得实,论斩。乾隆元年,命发往军台效力赎罪。七年,回旗。十三年十月,卒。

萧永藻

萧永藻,汉军镶白旗人。父养元,管佐领。

永藻,由荫生补刑部笔帖式。康熙十六年六月,授内阁中书。十七年四月,迁礼部员外郎,袭管佐领。二十四年八月,迁郎中。二十七年,监督湖口关税务,寻授御史。二十八年八月,迁内阁侍读学士。三十四年七月,迁顺天府尹。

三十五年十二月,擢广东巡抚。三十七年三月,疏言:“开炉鼓铸,原为便于兵民;而粤东偏在海隅,用钱无多,开铸将及三年,钱文倍增,钱价益减,现在每千市价三钱二三分不等。兵丁月饷,按定例而支,照市价而用,已属苦累。距省遥远,各搬运需费,领一两之钱不及数钱之用,民间亦因钱价日减,货物难行,暂停鼓铸为便。”八月,疏言:“鼓铸虽停,其局内存钱照旧搭放兵饷,自夏徂秋,钱价更贱。兵丁月饷无几,请即支给全粮,俾有实济。俟钱价稍昂,再行搭放。”十一月,疏言:“两广盐政沈恺曾一年差满,请展限一年,俾理积年未完课银五千馀万两,未销盐引一百馀万道。”下部议,并从之。三十八年十月,疏言:“开山掘矿,招集多人,群聚一方,良莠混杂。臣受事之初,再三通饬严禁。乃近有长宁县匪徒,集众私采,臣即饬惠潮道察究完结,知县尤鹏翔不先通报,难以姑容,请敕部议处。”下部议,革尤鹏翔职。

三十九年正月,疏言:“广州府属之南海、番禺、东莞、新会四县,幅员辽阔,逼近海洋,最为难治,必须选调贤能。前抚臣高成爵选员调补南海、东莞,部议二县不在欠粮难完应调之例,未准行。臣思在昔荒逃逋赋，故止就欠粮议调。今迁复日久，不患民赋逋而患盗贼未弭，请以清远、乳源、茂名、海丰知县张象乾、姚炳坤、钱以垲、白章调补南海、番禺、东莞、新会四县。"得旨："如所请行，后不为例。"十二月，给事中汤右曾疏劾："永藻与总督石琳于琼州府属扰害黎峒，致黎人争斗事，迟至一载，始行具题，其交相徇庇可知。纵贪残之属员，朘民渔利，吏治安得不敝？民生安得不困？民生既困，遂为盗贼。如在海则有电白、阳江，在山则有英德、翁源及普宁县富美寨等处，横行劫掠，虽经剿灭，而民间受害已多，不知平日之察吏安民者奚在也？"上遂调广西巡抚彭鹏至广东，永藻调广西，仍命回奏，下部察议，应降二级调用，得旨，从宽留任。四十年三月，入觐，谕曰："彭鹏在广西居官甚好，尔可效彼所行。尔在广东时，盗案甚多，牵连数百人，俱罹法网。近复有黎人之事，尔居官果善，岂至如此？尔所荐人，亦未必贤。嗣后但当择清廉者举之。居官既廉，办事自善。即钱粮稍有未完，百姓自为彼勉力急供也。[一]尔其识之！"

四十一年五月，疏言："粤西僻处边陲，瑶、僮杂处，而南宁、太平、庆远、施恩四府地接交夷，兼辖土州、县、司、峒、寨五十馀处，尤为难治。前经九卿议定，四府所属官员缺出，选择桂林、平乐等府品级相当者调补，三年俸满升用。惟自南、太、庆、恩四府厅、州、县共二十九员，桂林、平乐等五府知县以上共五十八员，当奉行之始，尚有久任之员可以选择。迄今一十六年，除调补、参劾、升任、病休外，多系任事日浅，才守未知；即曰久任者，亦系循分供职，与选择调补之例不符。前抚臣彭鹏于调补各员，恐以地方之美恶为趋避，酌一掣签之法，实属至公。嗣后四府官员缺出,应仍以五府内之廉能者掣签调补;如无可调之员,请旨特简补授。"上是其言,下部议,从之。

四十五年四月,内迁兵部右侍郎。时湖广总督石文晟疏劾容美土司田舜年违制不法各款,上命左都御史梅鋗、内阁学士二格会审,与石文晟异议;复命永藻与大学士席哈纳、侍郎张廷枢往湖南察审。还奏田舜年已故,被控僭越各款俱虚,诬控之向久忠等拟罪如例;总督石文晟不能详察,草率题参,应议处:从之。四十六年正月,擢都察院左都御史。九月,迁兵部尚书。四十八年十二月,命同副都御史王度昭往湖南察巡抚赵申乔、提督俞益谟互讦事,覆奏俞益谟违例抽取衡州协兵饷三十五名,以致兵丁缺额,应革职;所讦赵申乔贪虐各款俱不实,但赵申乔每事刻意苛求,失大臣体,亦应革职。上命俞益谟休致,赵申乔留任。四十九年四月,调吏部尚书。十一月,授文华殿大学士。五十六年三月,命在议政处行走。

六十一年,世宗宪皇帝御极,以永藻勤慎清廉,加太子太傅衔,命往马兰峪总理陵寝事务。雍正五年十一月,宗人府奏闲散宗室广善恩给公衔,在陵寝居住,越分请安,永藻不行拦阻,应革职。得旨:"萧永藻向来操守甚好,每自恃其有操守,骄矜偏执,诸事任意。朕因其年逾七旬,为旧日大臣,加恩优待,念景陵事重,特命伊总理,且令就闲散之地,以颐养暮年,正所以善全之也。乃不知感恩,遇事推诿瞻徇,不肯实心办理,希图安逸。来京不候旨即去。此等疏慢之处甚多,惟知阿谀允禩,以长其傲慢狂肆之罪,而其特行条奏者,则裁汰旧设之官员,减去祭祀之乳牛,以为节省钱粮之计,不知大体,深负委任。着革职,仍在陵寝地方居住效力。"七年,卒,年八十有六。

【校勘记】

〔一〕百姓自为彼勉力急供也　"供"原误作"公"。满传卷二七叶四
　　上,及耆献类征卷一二叶二五下均同。今据仁录卷二〇三叶二二
　　上改。

　　沈近思

　　沈近思,浙江钱塘人。康熙三十九年进士。四十五年,选授
河南临颍知县。五十二年,巡抚鹿祐以卓异荐,迁广西南宁同
知。旋以病告归。五十九年五月,浙江巡抚朱轼奏称:"近思初
任河南县令,循绩特著,以卓异升补同知。因不服水土,告休归
家,足不出户,乡里钦敬。臣于宣讲上谕处,见其年力尚壮,精神
强健,乞敕部调取引见,破格擢用。"得旨,以紧要缺用。六十年
二月,监督本裕仓。四月,浙闽总督觉罗满保奏请拣发福建候补
知府。

　　雍正元年,特用吏部文选司郎中,予加二级,赐第一所、帑金
四百两。九月,充会试同考官。十一月,授太仆寺卿,仍兼理文
选司事。二年正月,充山东乡试正考官。二月,擢吏部右侍郎,
赐诗,有"操比寒潭洁,心同皎月明"之句。七月,奉命同尚书阿
尔松阿往河南审理生员王逊等纠众罢考一案,论如律。十月,充
武会试正考官。三年六月,吏部议年羹尧诬参道员金南瑛等不
实罪,尚书隆科多擅会同兵部仅议革年羹尧将军职,上以吏部应
议事含混会奏,巧为徇庇,下都察院议,隆科多削太保,近思等坐

附和,降调,得旨宽免。四年三月,转左。七月,〔一〕充江南乡试正考官。十月,谕曰:"阅江南乡试录,见主考官沈近思出题正大,不尚诡僻,三场策问内,发挥性理,具有本源。以此试士,实有裨于人品学问,甚属可嘉!着即交部议叙。"加二级。

　　时查嗣庭、汪景祺俱以悖逆伏诛,近思与同籍,因疏言:"浙省远处海滨,奢靡浇薄,以诡诈为能,以忠厚为拙;以势利为重,以廉耻为轻;以逢迎奔竞为有才,以安分守己为无用;以请托徇私为多情,以孤介刚方为刻薄;以健讼打降为豪杰,以退让辞逊为怯懦;以捏词造谤为智谋,以谨言慎行为迂阔。人心之坏,风俗之颓,沦胥已极!如查嗣庭、汪景祺者,大逆不道,罪不容诛。是浙江一省,逆种并生,越水为之增羞,吴山尽皆蒙耻!荷皇上至圣至明、至慈至断,明正其罪,特简儒臣为观风整俗使,涤除邪秽,咸与维新。臣受恩深重,无可报效,敬陈浙省旧弊十事:一、士人修身立品,全在初学。乃浙省童生初应县、府试,即请托势要,求开公折,府、县官凭以录取,最为恶习,请惩责以端始进。一、生员初得青衿,便思钻营当事,不得则编造浮言;得则通谒显贵,求通关节。请将本人治罪外,其私书关通者,依律治罪。一、在籍乡绅,多在各衙门关说公事,颠倒是非,最为民害,请分别斥革治罪。一、不法生员妄借条陈名色,向各衙门呈告地方公事,借以欺压愚民,武断乡曲;并结联匪类,连名具控,名曰'公呈',请褫革治罪。一、浙省凡两造结讼,未见曲直,辄请讼师造作揭帖,攻发隐私,污人名节。或捏贪酷款迹,诬治官长;或编德政歌谣,耸动听闻:以致上司误信,贤否混淆,请照光棍治罪。一、士人刊刻诗词,并一切诲淫诲盗之书,甚为心术之害,请毁板重惩。

一、讼师为害最甚,浙江省会士农工商而外,游手好闲之徒,鲜衣美食,遨游城市,伺察乡里。偶有口角是非,教唆兴讼,或代作呈词,或钻求书吏,即欲具公呈,一呼而集;甚者挟持官府,串通衙役,保官告官,闭城塞署,皆此辈为之。请于保甲内,将无籍之徒严加查察,至放告时,先查代书审问,如系讼师,严加惩治。一、衙役作弊,各省皆然,浙省尤甚。劣绅讼棍,皆以衙役为线索,此辈侵盗钱粮,鱼肉小民,本官一有觉察,则勾引哄堂塞门,冀图挟制,皆由白役人多,每衙门动皆数百,请饬浙省大小衙门遵照经制役定数,一切白役、帮差尽行革退。如有书役勾通罢市抗官,立置重典。一、士子读书,当以圣贤为法,一切博戏,最易放心丧志。士绅犯赌,法所必惩,而豪家暗养打降之人,船埠桥埠各有棍徒雄霸,欺弱凌寡,威吓乡里,请严治首从。一、民间演戏,原属丰年报赛之常。浙省有坐方地棍,借端科敛,纠党勒索,应予重惩。又如云林、天竺各寺庙,每至春二三月,妇女游观,轻薄士子呼朋引类,混杂讪笑,毫无忌惮,宜严申禁。"得旨:"据奏,'二逆并生,越水增羞,吴山蒙耻'等语。浙省有沈近思一人,不为习俗所染,可称上智不移,实足尽洗越水吴山之羞耻矣!所陈风俗十事,切中情弊,委曲详尽,甚属可嘉!发与巡抚李卫、观风整俗使王国栋,照所请严行禁约。"

五年正月,擢左都御史,仍兼管吏部事。三月,充会试正考官。六月,教习庶吉士。十二月,卒于官。命平郡王福彭往奠,谕曰:"沈近思人品端方,持躬廉洁。凡所委用,悉心办理。正资倚任,忽闻溘逝,深为悼惜!着加礼部尚书、太子少傅衔,荫一子入监读书。其子尚幼,着该地方官加意照看抚养,待成立时,送来引见。赐银五百两,吏部派一谨慎司官为伊料理后事。"赐祭葬如例,谥端恪。

子玉琏,于乾隆十一年十月,授广西桂林府同知。

【校勘记】

〔一〕七月　"月"原误作"年"。汉传卷一一叶三六下,及耆献类征卷六七叶二九下均同。今据宪录卷四六叶三上改。

清史列传卷十三

大臣画一传档正编十

励廷仪　子宗万

励廷仪,直隶定海人。父杜讷,刑部右侍郎,赠礼部尚书,有传。廷仪由康熙三十九年进士,改庶吉士。四十年,丁母忧。四十一年,特命在南书房行走。四十三年,授编修。寻丁父忧,服阕,充日讲起居注官。四十五年,迁右中允。累迁侍讲学士。五十六年,擢内阁学士。六十一年二月,充经筵讲官。十一月,充翰林院掌院学士。寻迁兵部右侍郎,仍兼掌院学士。雍正元年正月,恭修圣祖仁皇帝实录,充副总裁。

　二月,擢刑部尚书。八月,疏言:“各省常平仓米谷,虽有知府、司、道盘查管理,不能保无徇隐。当责督抚核实存仓及现捐谷数,共贮若干,支用若干,委干员不时盘查,年终造册保题。督抚离任,将册籍交新任,详核亏空题参;新任徇隐,察出议处分赔。"部议从之。是月,奉旨:"刑部事繁,难以兼理掌院;礼部事简,着<u>张廷玉</u>兼理掌院,使<u>励廷仪</u>得专心料理本部事务。"十月,疏言:"<u>古北口</u>外命案,向由本处武职详解,刑部派司员往验,路经三四百里,或五六百里,往返需日,伤痕已变,审拟难确。请于口外适中处设理事同知一员,遇民命案,验明取供,分别详解题结。盗案亦如之。其词讼细事,听该员自理,称职,请照捕盗同知例即升。"诏下部议,设<u>满洲</u>理事同知一,驻<u>热河</u>,隶<u>霸昌道</u>辖。

二年二月,奏:"请团练民壮,每州县选五十名,分习枪、箭。尤壮者选为头役,于州县俸工内酌给工食,勤加训练。"得旨:"此奏甚好。着该部严谕直省督抚实心奉行。"三年十二月,疏言:"监禁宜分内外,内监以居重要人犯,外监以居现羁轻犯,并案内听审人。其女监另墙隔别,庶防范严肃,亦不致串供。"部议从之。五年三月,充会试正考官。五月,以保题到部甫及三月之笔帖式<u>麻色</u>为主事,部议降一级。六月,以保送到部甫及月馀之郎中<u>邵希节</u>赴<u>盛京</u>办事,部议降二级。均奉旨,从宽留任。七月,<u>廷仪</u>与侍郎<u>高其佩</u>、<u>赫寿</u>审拟<u>菩萨保</u>罪名错误,奉旨革职留任。八月,三法司议覆<u>河南通许县</u>民<u>吴三保</u>勒死<u>曹柱儿</u>一案,巡抚<u>田文镜</u>原拟斩决,<u>其佩</u>妄改监候,<u>廷仪</u>等并不详核,随众画题。部议<u>廷仪</u>应降三级调用,已革职应革任。得旨,免革任,俟三年无过开复前案之日,降三级留任。十月,特命复职。

六年八月,疏陈:"考职积弊四条:一、监生遇考职时,每倩人代考,请照科场例先期验照,查明年貌、履历、捐纳年分事例,于卷面注明,临期编号分坐,使不能代作传递;一、考职例由地方官具文,书本生领文,或借与他人顶名冒考,请取具同乡京官印结外,再取具同乡同考监生连名互结,扶同治罪;一监生身故、斥革,例应缴照,竟有隐匿未缴者,考职时报名混考,请饬地方官查追送部;一、监生内有先经考职未得拣选,复顶名重考者,请并责同乡印结官及互结监生首告知情不举者治罪。"十一月,疏陈:"禁止私盐四条:一、窝藏私贩之家,宜究;一、无引私盐之禁,宜严;一、获盐不获人概行免追之例,宜明;一、有司拿获不报及减多报少之罪,宜重。"十二月,疏陈:"清查入官家产四条:一、承办官毋许于料估变价时任意核减,希冀分肥,并索平头解费;一、田亩、房产,该管官毋许私自赁租;器物,不得乘机抽换;一、本犯家属毋许常年占据,不即退出,与该管官通同影射,令亲友出官代买;一、田产既经估报,即非无项着追可比,应勒限速售银两,依限完解。"诸疏俱下部议行。七年十月,加太子少傅,赐"矜慎平恕"额。八年三月,疏言:"各部院钦奉谕旨及题奏奉旨,并咨结事件,应行文各衙门、直省者,值日司员一人专司其事,错误迟延,即将该员参处;若竟遗漏行文,或迟至经月,该司满、汉各员均难辞咎,自应一例参处。因向无定例,彼此推卸,或只归咎一人,情理殊未允协。嗣后如应行事件,漫不经心,以致遗漏迟延,满、汉官一并参处。"部议如所请。九年三月,疏言:"向例,铁货不许私出外境,而废铁不在禁例。近闻射利之徒,专收废铁镕化,运至近边、近海地方,请严禁如贩卖硝磺例。"从之。九月,迁吏部尚书,仍专管刑部事务。

十年五月,以病乞休,上慰留之。闰五月,卒。遗疏入,得旨:"励廷仪侍直内廷,蒙皇考圣祖仁皇帝知遇之恩,教养有素。伊父尚书励杜讷老成端谨,学问优长。朕幼年在宫中读书时,资其讲论,至今念之不忘。朕御极之初,<u>励廷仪</u>为皇考多年教育之人,擢用司寇。数年以来,勤慎小心,安详历练,克称厥职。是以特赐宫衔,晋秩冢宰,以示恩眷。秋官重寄,正资料理。今闻溘逝,深为伤悼! 已命大臣往奠茶酒,其更下所司议恤。"寻赐祭葬如例,谥<u>文恭</u>。

子<u>宗万</u>,<u>康熙</u>六十年进士,改庶吉士,散馆授编修。<u>雍正</u>二年,命在南书房行走。五年七月,充日讲起居注官。十一月,提督<u>山西</u>学政。六年三月,疏言:"学臣举黜优劣,任满始行造报,不无瞻徇顾忌之弊。请嗣后每考一棚,即分别奖戒,各生名数造册达部,不惟瞻顾可杜,且使优生知部册有名,益加勉励;劣生知部册可畏,均思改悔,于士习有益。"八月,疏言:"<u>河南</u>原设运学,系<u>蒲</u>、<u>解</u>二州及<u>临晋</u>、<u>荣河</u>、<u>万泉</u>、<u>河津</u>、<u>安邑</u>、<u>夏县</u>、<u>平陆</u>、<u>芮城</u>、<u>垣曲</u>、<u>闻喜</u>十县额设盐丁子弟考试。嗣因修理盐池堤堰,募十二州县民夫帮修,其子弟亦遂冒考商籍,童生亦有冒入民籍者,往往以一童冒两籍,考试数次;甚或本籍已取入,将冒考之名卖与他人顶充应试。请澈底查禁,使商民不得互冒。"均下部议行。是年,迁国子监司业。七年三月,<u>宗万</u>按试<u>潞安</u>,有<u>临晋县</u>民<u>解进朝</u>诈称御前办事总管,私书请托。<u>宗万</u>疏闻,谕曰:"凡私书请托者,皆属夤缘侥幸之徒。若内外官员咸肯据实参奏,则钻营之弊可息。<u>宗万</u>此奏,甚属可嘉! 着交部议叙。"九月,迁翰林院侍读。奏言:"州县为亲民之官,职守綦重。若擅离职守,赴省参谒,于公事难免迟误。请敕各督、抚、藩、臬严禁属官私谒,以免旷误。"得旨:"此奏可嘉! 朕另降谕旨饬行。"

十一月,命管理巡察<u>山西</u>事务。八年九月,疏言:"额设民壮,必技艺娴熟。臣查阅四十馀处,州县官系旗员,民壮尚有可观,其馀生疏不堪,盖以州县不习武事之故。请令该州县会同在城武职定期操演,务期精熟。”部议从之。是月,巡抚石麟疏劾宗万骚扰驿递,得旨革职,仍留巡察之任。九年,石麟复劾其纵仆索银及短发物价等款,命革任。十年闰五月,特授鸿胪寺少卿,在南书房行走。十一年九月,迁光禄寺少卿。十二年八月,迁鸿胪寺卿。十月,擢内阁学士,兼礼部侍郎。十三年正月,充皇清文颖馆副总裁。九月,迁礼部右侍郎,寻调刑部左侍郎,十二月,命兼管礼部侍郎。

乾隆元年四月,疏言:“每科进士,除选庶吉士外,分派各部,以额外主事学习行走。三年期满,以部属知县分别录用。查各部主事共四十八缺,每科分布不下四五十人,若期满不即题补,固无以为勤敏者劝;然不分优劣,概以主事题授,不但冒滥名器,且候补、候选、应升、行取各项人员,无缺可补。若将不谙部务之员,概以知县选用,则民社重寄,又非庸材所可滥膺。请嗣后学习期满人员,令该堂官出具考语,分为三等带领引见:一等补用主事,二等即用知县,三等补用国子监助教、监丞及司经局正字等缺。又前因礼部事简,停止分派额外主事,请仍照旧例,与五部一体签派。”部议从之。五月,以知贡举失察火夫脱逃,降二级留任。六月,奉旨:“励宗万不必兼管礼部侍郎事。”十月,吏部疏劾宗万于奉旨保举河员时,受候选州同钱良楫请托,徇私滥举,得旨革职,寻命在御书处办事。四年,命在武英殿行走。七年五月,补侍讲学士。六月,充武英殿总裁。十月,迁右通政。八年正月,擢通政使。十一月,命在懋勤殿行走。

九年二月，迁都察院左副都御史。五月，疏言："直隶居民无山泽之利，家鲜盖藏，一遇灾荒，生资立匮，往往就食邻省。各地方官自宜一体抚绥，使之得所。近来资送流民之例，原以保全流离。但果有业可归，自能回籍；若徒资遣，是途中暂有糊口之资，而归乡仍无谋生之路。请敕奉天、山东、山西、河南等处大吏务饬各府、州、县官，凡流民入境，除有亲知可依，及手艺佣工，力能趁食者，听自便外，其实因灾出毫无生计之人，务设法安顿，或栖寺庙，或设席棚。劝谕殷实之家，随力周给；不足则益以常平仓谷。略仿宋臣富弼知青州安集流民之法，选诚练绅士，分境散给，不得假手胥吏。数月后喘息少舒，设地方或有旷土可耕，工程可作，随宜处置，务令遂生。倘故乡已庆丰年，流民情愿复业，则给以路引，听其自归，毋庸押送。至兴工代赈，原救荒善策，直属应修城工三十馀处，中有砖城、土城不同，砖料难于猝办，不若兴修土城，贫民得以担挑版筑，佣工食力，更为有益。查雍正五年，直隶被水，兴举营田水利，准大学士朱轼所请，暂开营田事例。前年淮、扬被水，亦暂行好善乐施之例。今直属叠被旱灾，与往事情形相类，而江南捐限届满，请俟江南停捐后，改于直隶收捐助赈。"诏下大学士、九卿、科道议行。

七月，疏言："我朝制科取士，立法严明。近年积久玩生，士不务学，多以夹带获中，竟有才识之无，已登高第者；即素称能文之士，亦相率效尤。不但鉴衡淆实，而苟且侥幸之私，中于人心者，为患甚大。查科场原设兵役搜检，但定例每场点名，先官卷，次旗卷，监试官碍于情面，兵役等畏其声势，点过即放，竟不一搜。后点民卷，难于独严，遂至一例从宽，虚应故事。请敕礼部、顺天府、步军统领及臣院五城等衙门,先期出示,申明禁谕,凡士子无论满、汉官生、民籍,悉遵科场条例,不得夹带片纸干罪;点名时,请特派近信大臣官员,监同察查官卷、旗卷一体严搜;徇纵即将监试官指参,仍约束兵役,不得陵辱刁难。"得旨:"着照所请行。"十二月,迁工部右侍郎。十年,调刑部右侍郎。

十一年,以纵容其弟门客沈文杰招摇生事,部议革职,予杖徒。谕曰:"励宗万从前在山西巡察任内,居官不谨,已经废弃。蒙皇考天恩,弃瑕录用,至于大员。乾隆元年,朕复加简擢。因徇私滥举,经部议革职,闲居数年。朕仍念其为大臣之后,复加恩用,至于今职,冀其改悔前愆,黾勉效力。今览大学士等覆讯沈文杰行贿作弊一案,内称励宗万未受赃私。朕细阅此案情节,现在实未得财,而知励宗万平日之为人,将来事后酬谢,伊断无不收受之理。朕此谕旨,令励宗万扪心自问,不切中其隐微乎?但朕思伊之所以敢于逾越规矩,不守官箴者,固励宗万之罪,而其间亦尚有故。盖因朕前岁纂修秘殿珠林一书,张照、梁诗正荐励宗万等在懋勤殿行走编辑,朕或召见,讲论书籍,励宗万遂恃此虚张声势,纵放自恣。朕不曾早加戒饬,以致罹于罪愆。着革职,从宽免其杖徒,令回籍闭户读书。"十三年,直隶总督那苏图疏劾励宗万弟原任郎中宗奕霸买官地,未经交价,遣仆强收粮石。宗万知情故纵,下部议罪,应杖徒,奉旨宽免,命承修固安县城工。

十五年,以查办废员,谕调取来京酌量录用。十六年,授侍讲学士。十七年,以考试不到,降二级调用。十八年,补鸿胪寺少卿。寻迁太常寺少卿。二十年,以征收先农坛空地草价,含糊具题,降一级留任。二十二年,以天坛递香失仪,降二级留任。二十四年六月,迁光禄寺卿。九月,卒。

张廷枢

张廷枢,陕西韩城人。康熙二十一年进士,改庶吉士,散馆授编修。三十年,充日讲起居注官,寻迁侍讲,转侍读。三十八年,充江南乡试正考官。累迁侍讲、侍读、内阁学士。四十一年,任江南学政。四十四年,上南巡,赐御书及冠服。四十五年四月,迁吏部右侍郎。五月,充经筵讲官。

先是,湖广容美土司田舜年揭其子昞如贪庸暴戾,奉旨革职究拟。昞如逃桑植土司向长庚所,匿不赴审。总督石文晟奏闻,并劾舜年僭妄不法。命左都御史梅鋗、内阁学士二格与文晟等详鞫。会舜年赴武昌诉,文晟拘之,病卒。长庚亦解昞如听勘,鋗、文晟各议具奏,而二格以证佐未集,不便草率定奏。十月,命廷枢同大学士席哈纳、侍郎萧永藻赴鞫舜年各款俱虚,昞如暴戾虐民,抗不赴审,已革职,仍枷杖,安置内地;长庚隐匿昞如,降四级留任:并以草率具奏。下部议,革鋗职,文晟及湖北巡抚刘殿衡、偏沅巡抚赵申乔、提督俞益谟各降罚有差。四十七年,转左。四十八年,充会试副考官。

寻迁刑部尚书。四十九年,刑部讯擅盗仓米之张三等犯,尚书齐世武等拟照例斩监候,[一]廷枢另拟充军,下九卿议,廷枢改拟不合,应罚俸一年。得旨:“张廷枢诸事偏执,素性好胜,有忝大臣之任,着革职。”五十一年,授工部尚书。时江苏巡抚张伯行劾总督噶礼贪索科场舞弊银五十万两;噶礼亦砌款劾伯行,尚书张鹏翮、总督赫寿察审弗得实。命廷枢与户部尚书穆和伦再鞫，如鹏翮等议伯行所奏全虚，应革职。谕九卿确勘，革噶礼职，伯行复任。

五十二年五月，仍授刑部尚书。九月，充武会试正考官。五十六年，河南宜阳县贼首亢斑自配脱逃惧缉，藉称知县张育徽加征火耗，据神垕寨结渑池山贼李一临抗拒官兵，并劫永宁知县高式青入寨，而是时阌乡县贼首王更一亦胁丁忧知县白澄指军需豫征钱粮，勒养骡马，聚众围城。上以巡抚张圣佐、河北总兵冯君洗不能尽获贼党，[二]又未将启衅事由入告，命廷枢与内阁学士勒什布驰往拿鞫。寻廷枢等奏：“斑自缢；更一、一临等咸就擒，应依律拟斩；澄、育徽绞监候；圣佐、君洗革职。至令属员加征横派致激变，系原任巡抚李锡任内事，锡应斩决。”部议从之。是年，兰阳县白莲教首袁进等谋不轨，廷枢等遵旨并严鞫，论罪如例。五十八年正月，奉命偕内阁学士高其倬往勘南阳镇兵辱知府一案，勘明淅川县把总营效力民人杨四因赌博为知县崔锡枷责，兵丁王爵等向知府沈渊告理，不允，遂聚众舁渊至教场围辱。王爵等依律拟斩。八月，以浙江巡抚朱轼疏参巡盐御史哈尔金贪婪各款，复偕内阁学士德音奉命往勘，哈尔金受商人宋永宁银七百两属实，应绞监候，系不枉法赃，且事在五十七年恩诏前，照例减等枷责。得旨如议。

寻疏言：“河南漕米，自康熙十四年改折起，每石折银八钱解部。后因御史孙必振奏豫省连年粟米甚贱，部议一钱五分解部，馀六钱五分，令巡抚买米起运。[三]巡抚分委州县，州县复派小民买输，不无费累。请照旧例以一钱五分解部外，馀交粮道办米，毋得分委派累。该抚容隐,并从重治罪。"又言:"关圣帝君五十六世孙关霨,原籍解州,迁洛守墓。请照宋儒邵子、程子例,恩赐世职博士。"俱下部议行。雍正元年,以与尚书陶赖审拟在诚郡王处招摇生事之陈梦雷,有心徇纵,特命降五级调用。寻因病回籍。

　　廷枢子缙,官中允,亦告病家居。六年,陕西巡抚西琳疏劾缙招集悍仆,放债收租,剥削乡里;又廷枢曾收受原任河督赵世显赃银六千两,奉旨催追,抗不完纳。谕曰:"张廷枢于朕登极之初,徇情枉法,其罪实不可逭,本应即行正法,朕格外加恩,只令降职闲居。理应感戴朕恩,省愆改过。其名下应追银,皆贪婪不法之赃款,自当速行完纳,何至以抗延被参? 其子张缙复倚仗声势,剥削乡里,甚属可恶! 张廷枢、张缙俱着革职拿问,交该督抚严审定拟具奏。若云'士可杀而不可辱',即应依律正法也。"七年,总督岳钟琪奏廷枢解至中途病故,缙于伊父应追赃款故意抗延,请依律拟斩,家产查钞入官,法司会议如所请。得旨:"张缙家产入官之处,着宽免,将伊交与岳钟琪,于川、陕沿边应修城垣派委一处,令其效力赎罪。"

【校勘记】

〔一〕尚书齐世武等拟照例斩监候　原脱"世"字。汉传卷一四叶四二上及耆献类征卷六〇叶二八下均同。今据仁录卷二三八叶一四上补。

〔二〕河北总兵冯君冼不能尽获贼党　"冼"原误作"侁"。汉传卷一四叶四三上及耆献类征卷六〇叶二九上均同。今据仁录卷二七三叶一三上改。下同。

〔三〕令巡抚买米起运　原脱"令"字。汉传卷一四叶四三上及耆献类

　　征卷六〇叶三〇上均同。今据仁录卷二八六叶一三下补。

隆科多

　　隆科多,满洲镶黄旗人,一等公佟国维第三子。康熙二十七年,任一等侍卫。三十二年,授銮仪卫銮仪使。三十四年,兼镶白旗汉军副都统。四十三年,调正蓝旗蒙古副都统。四十四年,因所属人违法妄行,谕责隆科多不实心办事,革副都统、銮仪使,在一等侍卫行走。五十年,授提督九门步军巡捕三营统领。五十九年,擢理藩院尚书,仍管步军统领事。六十一年十一月,世宗宪皇帝御极,命同大学士马齐等总理事务。先是,佟国维以孝懿仁皇后父,封一等公,五十八年,卒。其一等公爵,所司以承袭请旨,疏留中。至是,命隆科多袭。十二月,授吏部尚书,仍兼步军统领。是月,谕奖总理事务王大臣,恩晋爵职有差,隆科多一等轻车都尉世职,以其长子岳兴岱袭;次子玉柱,由侍卫擢銮仪卫銮仪使。

　　雍正元年三月,命隆科多与川陕总督年羹尧并加太保。二年六月,兼管理藩院事。纂修圣祖仁皇帝实录、大清会典,并充总裁官,又为明史监修总裁官。复同年羹尧得赐双眼孔雀翎、四团龙补服、黄带及鞍马紫辔。三年正月,解步军统领任。六月,以玉柱行止甚劣,命革职,交隆科多管束。年羹尧获罪,下吏部议处,上谕大学士曰:"日前因隆科多、年羹尧颇著勤劳,赏给异数,以示鼓励。今二人交结专擅,诸事欺隐,所赏之黄带、紫扯

手、双眼翎俱不许用,四团龙补服着交入,吏部议处。"年羹尧仅请罢任,不议革公爵,别以妄劾道员金南瑛事请严加治罪。上曰:"所议甚属悖谬! 年羹尧所犯之罪甚多,即行正法亦不足蔽其辜,并不在此一事。朕处此事,即当就此事定议。乃前议既属徇庇,今议复处分过当。此必隆科多有意扰乱,着交都察院严加议处。"时有旨议叙银库郎中等员,隆科多议予即升,上以熟练人员概议即升,必致办事多属生手,亦下都察院察议。寻议隆科多徇庇年羹尧,应革职;其议叙银库各员,不从公商酌,擅嘱司官概议即升,沽恩市惠,应革去所袭公爵。奏入,并得旨,从宽免革公爵,仅削太保及一等轻车都尉世职,命往阿兰善等处修理城池,开垦地亩。四年正月,法司鞫讯隆科多家人牛伦等,得其挟势婪索财物,及隆科多收取总督赵世显、满保、年羹尧、巡抚甘国璧、苏克济等金银诸款,请革隆科多尚书及一等公爵,与牛伦并拟斩立决。上曰:"隆科多婪赃犯法,即应治罪。但其才尚可用,朕心悯惜! 着革退吏部尚书,令其料理阿尔台等路边疆事务。倘能尽心办理,即可赎其前愆;如有怠忽,定难宽宥。伊家人牛伦从前犯罪应死,彼时交与隆科多自行处置,乃徇私容留,实属可恶! 今招摇受贿诸事,又复败露,再难宽宥,将牛伦即正法。"寻命往议俄罗斯边界事。

　　初,隆科多与尚书公阿灵阿、左都御史揆叙等互相党附,及阿灵阿、揆叙死,与总督年羹尧交结最厚。至是,上尽发阿灵阿、揆叙、年羹尧罪状,宣谕中外。又礼部侍郎查嗣庭为隆科多所荐举,以纪载悖逆伏诛,隆科多每奉密旨诘问,俱不吐实。五年闰三月,宗人府劾奏辅国公阿布兰私以玉牒缮本与隆科多收藏在家,阿布兰革公爵圈禁,隆科多亦革公爵,仍命回奏。奏至,下议政大臣等察议。因奏隆科多私钞玉牒,存贮家中,及降旨询问,又不据实具奏,应俟办完俄罗斯疆界事拿问。上曰:"俄罗斯事最易料理,朕前遣隆科多前去,非以不得其人,必须隆科多而使之也。特与效力之路以赎罪耳!乃其去后,所奏事件,不但不改伊之凶心逆行,且并不承认过失,而举动狂悖,全无愧惧,将朕行查之事隐匿巧饰,无一诚实之语。伊既不实心效力,则留伊在彼,反致搅扰,毫无裨益。可调回,令其速来。"十月,隆科多既至,命王大臣勘鞫。谳成,议曰:"隆科多私钞玉牒,收藏在家,大不敬之罪一;将圣祖仁皇帝御书贴在厢房,视为玩具,大不敬之罪二;妄拟诸葛亮奏称'白帝城受命之日,即是死期已至之时',大不敬之罪三;盛京兵部主事玛岱之事,屡奉圣谕,隆科多明知干犯,复行妄奏,大不敬之罪四;皇上赏银三千两,令修理公主坟墓,隆科多迟至三年,竟不修理,大不敬之罪五。圣祖仁皇帝升遐之日,隆科多并未在皇上御前,亦未派出近御之人,乃诡称伊身曾带匕首以防不测,欺罔之罪一;狂言妄奏'提督之权甚大,一呼可聚二万兵',欺罔之罪二;时当太平盛世,臣民戴德,守分安居,而隆科多作有刺客之状,故将坛庙桌下搜查,欺罔之罪三;妄奏被劾知县关䎐原系好官,[一]欺罔之罪四。皇上谒陵之日,妄奏诸王心变,紊乱朝政之罪一;妄奏调取年羹尧来京,必生事端,紊乱朝政之罪二;妄奏举国之人俱不可信,紊乱朝政之罪三。交结阿灵阿、揆叙,邀结人心,奸党之罪一;保奏大逆之查嗣庭,奸党之罪二;徇庇傅鼐、沈竹、戴铎、巴海,不行查参,奸党之罪三;比昵伊门下行走之蔡起俊,奸党之罪四;徇庇阿锡鼐、法敏,将仓场所奏浥烂仓米,着落历年监督分赔之案,巧为袒护具奏,奸党之罪五;曲庇菩萨保,嘱托佛格免参,奸党之罪六。任吏部尚书时,[二]所办铨选官员,皆自称为佟选,不法之罪一;纵容家人勒索财物,包揽招摇,肆行无忌,不法之罪二;徇庇提督衙门笔帖式詹泰,嘱托原任吏部侍郎勒什布改换成例,不法之罪三;发遣安西人犯应给口粮,并赤金等处应裁应补兵丁之处,故行推诿,欲以贻误公事,不法之罪四;因系佟姓,捏造'惟有人冬耐岁寒'之语,向人夸示,以为姓应图谶,不法之罪五;自知身犯重罪,将私取金银预行寄藏菩萨保家,不法之罪六;挟势用强,恐吓内外人等,不法之罪七。索诈安图银三十八万两,贪婪之罪一;收受赵世显银一万二千两,贪婪之罪二;收受满保金三百两,贪婪之罪三;收受苏克济银三万六千馀两,贪婪之罪四;收受甘国璧金五百两、银一千两,贪婪之罪五;收受程光珠银五千两,贪婪之罪六;收受六格猫眼映红宝石,贪婪之罪七;收受姚让银五百两,贪婪之罪八;收受张其仁银一千两,贪婪之罪九;收受王廷扬银二万两,贪婪之罪十;收受吴存礼银一万二千两,贪婪之罪十一;收受鄂海银一千五百两,贪婪之罪十二;收受佟国勷银二千四百两,[三]贪婪之罪十三;收受佟世禄银二千两,贪婪之罪十四;收受李树德银二万一千四百馀两,贪婪之罪十五;收受菩萨保银五千两,贪婪之罪十六。以上罪案昭著,隆科多应斩立决,妻子入辛者库,财产入官。"

疏入,上召议政大臣、内阁、九卿等谕曰:"隆科多所犯四十一款重罪,实不容诛。但皇考升遐之日,大臣承旨者,惟隆科多一人。今因罪诛戮,虽于国法允当,而朕心则有不忍。隆科多免其正法,于畅春园外造屋三间,永远禁锢。伊之家产,何必入官?其应追赃银数十万两,尚且不足抵偿,着交该旗照数追完。其妻子免入辛者库,伊子岳兴岱着革职,玉柱着发往黑龙江当差。"六年六月,隆科多死于禁所,赐银一千两办理丧事。

弟庆福,袭一等公。

【校勘记】

〔一〕妄奏被劾知县关陕原系好官　"好"原误作"何"。满传卷二一叶一一上同。今据宪录卷六二叶七上改。

〔二〕任吏部尚书时　"吏"原误作"礼"。满传卷二一叶一一下同。今据宪录卷六二叶七下改。

〔三〕收受佟国勷银二千四百两　"勷"原误作"让"。今据宪录卷六二叶九上改。按满传卷二一叶一二下作"镶",亦误。

年羹尧

年羹尧,汉军镶黄旗人,湖北巡抚遐龄次子。康熙三十九年进士,改庶吉士,散馆授检讨。四十四年,充四川乡试正考官。四十七年,充广东乡试正考官。历迁侍讲学士。明年二月,授内阁学士。

旋擢四川巡抚。四十九年二月,斡伟生番罗都等掠宁番卫,〔一〕戕游击周玉麟,上命羹尧同提督岳昇龙相机剿抚。七月,昇龙率兵进剿,斩馘七千,擒罗都。羹尧至平番卫,闻罗都就擒,即还。为川陕总督音泰所劾,部议革职,命从宽留任。五十年,疏劾打箭炉监税员外郎博罗侯等苛索状,诏音泰鞫实,论罪如律。五十六年二月,越巂卫所属番人与普雄土千户那交等据险叛,羹尧遣游击张玉剿平之。四月,直隶巡抚赵弘燮访获镶蓝旗逃人孟光祖,遍历直省,请托赇利,奏闻。事下刑部严讯,光祖赴川时,曾诈称诚亲王允祉使致饷遗羹尧受之,且馈以银马,令所属应夫役。上以羹尧不将孟光祖查拿,反行馈送,敕令明白回奏。寻因所奏巧饰不实,部议革任,得旨,仍留任。

是年,策妄阿喇布坦遣其党策凌敦多卜袭西藏,戕拉藏汗,四川提督康泰出黄胜关侦御,兵噪回。羹尧谕参将杨尽信抚其众,密奏泰失兵心,难统领,请亲赴松潘办理军务。上嘉其实心任事,遣都统法喇率兵赴川协剿。五十七年六月,羹尧请令护军统领温普驻里塘,自打箭炉至里塘增设驿站,八月,又请增驻防四川兵,允之。十月,谕曰:"年羹尧自军兴以来,办事明敏,又能度量西去追剿之兵,运饷接济,甚属可嘉!巡抚只理民事,无督兵责任,今军机紧要,着授为四川总督,兼管巡抚事。"五十八年三月,羹尧奏贼情叵测,请自往备。廷议以松潘诸路军务紧要,不便率兵出口,檄法喇进师。六月,法喇率副将岳钟琪抚定里塘、巴塘。羹尧亦遣知府迟维德招乍丫、察木多、察哇番目来归,因请撤回法喇兵,从之。

五十九年二月,诏平逆将军宗室延信自青海往定西藏,授羹尧定西将军,即自拉里会剿,并命以堪署总督之人具奏。羹尧疏言:"总督印务,一时无可署理之人,请授护军统领噶尔弼为将军,而调法喇驻防打箭炉。"上特从所请。时部臣议准云贵总督蒋陈锡疏言巴塘、里塘本滇省丽江土府属地,仍归土知府木兴管辖。羹尧言:"进藏运粮要路,不宜隶滇,仍请归四川便。"五月,又言:"成都驻防满兵需米甚多,请令近省濒水州县应收折色者,改本色运省充饷。"七月,又言:"州县亏空钱粮,知府扶同徇隐,参革分赔。"皆下部议行。八月,噶尔弼、延信先后抵西藏,策凌敦多卜败遁,西藏平。羹尧遵旨酌议凯旋军士入口路,令法喇回京。十一月,遣兵剿抚里塘所属之上下牙色、上下雅尼,巴塘所属之桑阿坝、林卡石诸生番,悉降之。

六十年五月,入觐,赐弓矢,授四川陕西总督。九月,以青海郭罗克番肆掠,命羹尧等酌调满兵及外藩蒙古兵会剿。羹尧奏言:"郭罗克有隘口三,悉险峻,宜步不宜骑。若调兵多,则贼得潜为备,不如以番攻番。臣素知杂谷诸土司、土目亦病郭罗克肆恶,臣已移提臣岳钟琪率赴松潘进剿。"上是之。十二月,钟琪率土兵败郭罗克伏卒千人,进克番寨四十馀,斩馘三百,擒其渠,馀众悉降。先是,西藏既平,内大臣公策旺诺尔布奉命驻守。六十一年七月,驻藏喇嘛楚尔齐木藏布、知府石如金以在藏官兵不睦诉。羹尧密奏策旺诺尔布委靡及副都统常龄、侍读学士满都、员外郎巴特玛等任性滋事,请撤回驻藏兵。事下廷臣议,以羹尧听信喇嘛及知府饰词,擅请撤兵,应饬所司严议。上原之,特命满都、巴特玛、石如金、楚尔齐木藏布等来京,遣四川巡抚色尔图、西安布政使塔琳赴藏,助策旺诺尔布驻守。是时陕西库帑多亏,羹尧累疏参革守令严追充饷,西安巡抚噶什图以亏项不能速完密奏,又与羹尧请加火耗,以完亏空。谕曰:"陕西钱粮所以亏缺最甚者,自用兵以来资助车马、糗粮、衣服银两,府、州、县无可设法,势必挪用库帑。及撤兵时亦然。即如自藏回京将弁沿途所得,反多于正项。是以各官亏空,动辄万金,年羹尧欲追亏项以充兵饷,及追之不及,又与噶什图议加火耗以完亏空。此折若批发,便谓奉旨加征;若不批发,又谓此事已曾奏明,竟自私派。民间火耗,只可议减,岂可加增?朕在位六十一年,从未加征民间火耗,今若听其加添,[二]必致与正项一例催征,将肆无忌惮矣。着传旨申饬。”寻命发帑银五千万两,解送陕西资饷。

十一月,抚远大将军贝子允禵还京,命年羹尧管理军务。雍正元年三月,议叙平定西藏时运粮及守隘功,封三等公,世袭罔替,加太保。时诏撤驻藏官兵,年羹尧条奏八事:“一、打箭炉外、中渡河口,为通藏要隘,请移驻守备,建城分防;一、保县在大河南,土番出入隘口,请拨千总防汛;一、松潘口外各番,惟阿树部落最大,请给长官司职,以资钤束;一、建昌所属越嶲卫多蛮、倮,请改设游击,分兵防守;一、大金川土舍莎罗奔随征羊峒有功,请给安抚司衔,以分小金川之势;一、乌蒙蛮达目等凶暴不法,土舍禄鼎坤等请擒献,俟至日给土职,分辖其地;一、川省捐造满兵营房之官民,请予议叙;一、军营自备资斧效力之武进士、举人,请酌补守备、千总。”部议从之。

八月,青海罗卜藏丹津胁众台吉叛劫亲王察罕丹津,侵掠青海诸部。十月,年羹尧自甘州率师至西宁,疏请进剿,特授抚远大将军,以前锋统领素丹、提督岳钟琪为参赞,敕授方略。年羹尧奏调总兵周瑛截贼往藏后路,都统穆森驻吐鲁番,副将军阿喇衲驻噶斯,参将孙继宗驻布隆吉尔。于是遣总兵杨尽信、黄喜林,副将王嵩,参将宋可进,游击元继尹、马成辅等,先后败贼镇海堡、南川、西川,申中、[三]北川、奇嘉等堡,馘俘甚众,贼众窜走,遂移察罕丹津及其属人于兰州。因奏:“进剿青海五事:一、请选陕西、甘肃、四川、大同、榆林绿旗兵及外藩蒙古兵万九千,令钟琪等分领,由西宁、松潘、甘州、布隆吉尔四路进剿;一、防守西宁、永昌、布隆吉尔、巴塘、里塘、黄胜关、察木多诸边口;一、除归化城、张家口所买马驼外,请太仆寺拨孳生马三千,巴里坤选驼二千,赴军备用;一、贮备军粮,即以臣在西安时预买米六万石充运;一、请以景山所制火器给军。"总理事务王大臣议如所请。十月,叙平郭罗克功,晋二等公。十二月,察罕丹津属部各杀罗卜藏丹津守者来归,羹尧宣布德威,安置西川口外。[四] 有堪布诺门汗者,察罕丹津从子也,为塔儿寺喇嘛,叛从贼,纠众拒战,至是亦来归,羹尧数其罪斩之。先是,继宗击贼之犯布隆吉尔者,至是钟琪率瓦斯、杂谷兵剿南川口外郭密、呈库、活尔贾诸部,[五] 尽殪其众。

二年正月,上以罗卜藏丹津负国叛贼,断不可宥,授钟琪奋威将军,命羹尧趣令讨贼。时西宁东北郭隆寺喇嘛应贼,羹尧令钟琪等袭斩六千馀,毁其寺。因分路进剿,败贼伊克哈尔吉山,[六] 擒其酋阿喇布坦温布;别遣凉庄道蒋泂等擒阿冈贼番,又败贼石门寺。三月,钟琪等师至柴达木,罗卜藏丹津率二百馀人遁,追击至乌兰伯克,擒其母及贼酋吹喇克诺木齐等,尽收其人户、马驼。青海平,叙功,进羹尧爵一等公,再给一子爵,令其子斌袭;其父遐龄如羹尧爵,加太傅衔。命议防边事宜,羹尧以八事入奏:"一、策妄阿喇布坦恭顺遣使请降,请撤回大兵,而选兵二千驻巴里坤,千五百驻吐鲁番,二千驻哈密;一、布隆吉尔筑城,驻兵五千,辖以总兵,其新城请钦定嘉名,以垂永久,沙州、哈密亦各设兵防守;一、驻布隆吉尔兵,请即以甘、凉、肃三路所罢兵,给赀遣往;一、布隆吉尔驻防兵内,请每营拨馀丁二百,给牛籽、口粮,往屯赤金卫、柳沟所垦地,三年后计亩收粮充饷,免由内地转输;一、请移靖逆卫同知驻布隆吉尔理民事,增设卫守备理屯粮,沙州亦设卫千总一,专司屯务,并归肃州道管辖;一、边外既设驻防肃州镇,只于口内分守,应汰兵八百;一、边外尝为蒙古牧场,今驻兵耕种,不应仍令游牧滋事,应遣大臣率干员往布隆吉尔迤南山中分地居之,务令地界明晰;一、宁夏旧设总兵,应援哈密,[七]道远甚无益,宁夏边外阿拉善去哈密近,宜满兵驻防。"诏如所请。

　　四月,羹尧遣侍卫达鼐、副将纪成斌搜剿馀贼,至布哈色卜苏,擒台吉阿布济车陈;又遣副将岳超龙剿河州口外铁布等寨番,杀贼二千馀,克寨四十一,馀悉降之。又以庄浪番贼窃据卓子山及棋子山,遣兵自西宁进剿,钟琪率可进、成斌、泂等夺隘入,转战五十馀日,歼贼甚众,遂移附贼喇嘛于别寺,毁其巢。于是颁条示禁约,又奏:"青海善后十三事:一、青海诸部宜分别功罪,加赏罚;一、青海部落,请于内札萨克编置佐领,申约束;一、朝贡交易,宜立期定地,青海王、贝勒、台吉等分作三部,自备驼马,由边外赴京请安进贡,三年一次,其交易定于那拉萨拉地方,不得擅移;一、居青海之喀尔喀,宜弗隶青海,请编旗置佐领,增设扎萨克,以分青海之势;一、凡陕省甘州、凉州、庄浪、西宁、河州,川属松潘、打箭炉、里塘、巴塘,滇属中甸之西番部人,自明时不能抚治,或归喇嘛耕种,或属青海纳租,今已归化为民,请增设卫所抚治,酌减土司粮额以示宽大;一、青海、喀木、藏、卫乃唐古特四大部,顾实汗据有之,以青海地广可游牧,喀木人众粮富,令其子孙分处二地,而以藏、卫二部施予达赖、班禅二喇嘛为香火地,今因青海叛,尽取其地,分隶川、滇,而喇嘛遣人赴打箭炉贸易,仍索各部银,名曰'鞍租',至炉纳税,请禁喇嘛不得再收鞍租,税员亦免收喇嘛之税;一、诸庙喇嘛多至数千,易藏奸宄,甚至通贼,聚兵抗大军,请定例庙舍无过二百楹,众无过三百人,仍取首领结状,其番民纳粮,令所在官吏经理给发;一、黄河入边,至河州、西宁、兰州、中卫、宁夏、榆林、庄浪、甘州,其间水草丰美,林麓茂密,自蒙古越据为牧厂,致与内地相通,请于西宁川北边外创筑边墙,〔八〕建城堡,则番邦仍为内地,又宁夏以阿拉善为险要,应令额驸郡王阿宝等饬属悉归山后游牧;一、大通河宜设总兵,盐池宜设副将,河州保安堡宜设游击,则蒙古不敢觊觎;一、打箭炉外木雅吉达、巴塘、里塘诸路,请增设将弁,以为川、滇二省声援;一、陕西之富宁、宁夏,四川之重庆、川北诸镇,宜归并裁汰;一、请发直隶、山西、河南、山东、陕西五省军罪当遣者,尽行发往大通河、布隆吉尔垦种;一、诸般部落宜加意抚绥,请令奋威将军岳钟琪留兵四千暂驻西宁经理,并令招抚西番诸部。"疏上,上谕总理事务王大臣等曰:"自逆贼罗卜藏丹津背弃国恩,招集同恶,残其骨肉,侵犯边城。朕命年羹尧揆度机宜,指挥将士,犁庭扫漠,迅奏肤功。今具奏善后事宜,运筹措置,览之喜悦!惟新辟边疆,宜广屯种,而欲令五省有罪之人,发往开垦,恐此辈未必习于耕种,又无家室,可以羁留边塞,尔等其悉心妥议具奏。"寻奏大通河驻兵六千,其子弟亲戚及西宁民人俱愿开垦屯种,惟布隆吉尔距边远,应令遣犯金妻发往,官给籽种屯垦,三年后起科如例。馀悉如所奏行。六月,羹尧奏徙卓子山降番噶住等于土司鲁华龄所约束。八月，抚定双蓬诸番，并剿抚贵德至松潘口外诸番部，因奏撤凉州、甘州诸军；又以甘肃河西各厅生聚繁庶，奏改宁夏、西宁、凉州、甘州四厅为府，其所属各卫，皆改为州县。十月，羹尧入觐，赐双眼孔雀翎、四团龙补服、黄带、紫辔及金币。十一月，叙平卓子山等功，加一等男世职，以羹尧第二子富袭。

　　时年氏家仆有桑成鼎者，自平西藏时随军，叙功，累官至直隶守道；魏之耀亦叙功至署副将。羹尧恐人议己，奏称成鼎系仆妻前夫之子，之耀为乳母子，力为辨白；又请发文武员弁数十人随往军营委用，特允所请。及抵西安，即劾罢驿道金南瑛等七人，而以请发之主事丁松请署粮道。上以题奏错误，传旨切责。羹尧又尝荐其私人西安布政使胡期恒、按察使王景灏可大用，并劾四川巡抚蔡珽威逼所属知府蒋兴仁至死，罢珽职，鞫治拟斩监候，景灏遂得擢任川抚。及羹尧之劾南瑛等也，期恒亦已擢甘肃巡抚，离西安任，尚以布政使衔顺羹尧意作详揭。上命期恒率所劾人员来京具奏。三年正月，珽至京，刑部请监禁，特召珽入见。珽自陈平日抗羹尧及被诬陷状，具奏其贪残诸款，上特宥珽罪，擢左都御史。谕曰："蔡珽系年羹尧参奏，若置之于法，人必谓朕听年羹尧之言而杀之矣！朝廷威福之柄，臣下得而操之，有是理乎？"三月，期恒入京，奉旨："胡期恒人甚卑鄙，奏对荒谬。岂特不胜巡抚，即道员亦属有玷！"下部议，革职。上命更定打箭炉外增汰弁兵事宜，凡羹尧奏裁川、陕诸镇兵皆复，寻撤盐池防兵。四月，谕曰："年羹尧曾妄举胡期恒，妄劾金南瑛等，又遣官弁筑城南坪，不惜番民，致惊惶滋事，反以降番复叛，巧饰具奏。又青海蒙古饥馑，匿不上闻。年羹尧从前不至于此，或自恃己功，故为怠玩，或诛戮太过，致此昏愦。岂可仍居总督之任？念其尚能操练兵丁，可补授杭州将军。"

嗣山西巡抚伊都立疏劾羹尧私占盐窝，擅用正课诸款，都统原任西安巡抚范时捷亦劾羹尧借口捕治盐枭，遣运使金启勋等率兵夜围郃阳民堡，致死多人，特命侍郎史贻直、高其佩赴山西察审。五月，时捷复劾羹尧欺罔贪婪五事，并请治启勋、期恒及桑成鼎、魏之耀罪，寻下吏部议处。议上，仅请罢任，不请革公爵，别以妄劾南瑛事议严处，谕曰："此议甚属悖谬！年羹尧所犯之罪甚多，虽即行正法，亦不足蔽其辜，并不在此一事。朕交此事，即当就此事定议。乃前议既属徇庇，〔九〕今议复尔过当，此必尚书隆科多有意扰乱。其下都察院议罪。"隆科多坐是削太保衔，解部务，命吏部另议羹尧罪。谕九卿曰："朕御极之初，隆科多、年羹尧皆寄以心膂，毫无猜防，所以作其公忠，期其报效。孰知朕视如一德，伊竟有二心？朕予以宠荣，伊幸为邀结，招权纳贿，擅作威福，敢于欺罔，忍于背负。彼既视宪典为弁髦，朕岂能姑息养奸耶？至其门下趋附奔走之人，或由希其荐拔，畏其加害所致。急宜解散党与，革面洗心。若仍旧情性，惟务隐匿巧诈，一经发觉，定治以党逆之罪。向日明珠、索额图结党行私，圣祖仁皇帝洞见其情，因解其要职，置之闲散，何尝更加信用？隆科多、年羹尧若不知恐惧，痛改前非，欲如明珠等之故习，则万不能也！殊典不可再邀，覆辙不可屡陷，各宜警惧，无得自干诛灭。"

羹尧行至仪征，逗遛不前，回奏又多狡饰，部臣请严鞫，并逮期恒、启勋及桑成鼎、魏之耀等治罪，诏下期恒等于法司，革富等爵职,羹尧暂免逮问,命分案议罪,削太保衔。七月,追恩赏四团龙补服、黄带、双眼翎、紫辔等物,及朱批折奏,并令缴入,革将军职,授闲散章京,在杭州效力。内阁、詹事、九卿、科道合词奏言:"年羹尧受圣祖仁皇帝豢养深恩,又蒙皇上殊恩异数,不思公忠为国,贪婪成性,骄横居心,颠倒官常,草菅民命。按其罪状,罄竹难书。幸圣恩不即加诛,令其回奏,仍复怙恶不悛,更肆欺罔,请亟罢斥,立正典刑,以为不法不忠者戒。"得旨:"年羹尧为川陕总督,贪婪放纵,网利营私。本应即加治罪,因其青海之功,尚欲委曲保全,罢其总督,授为杭州将军,令其效力,以赎前愆。乃今事事败露,不料欺罔悖逆之罪,至于此极!使更加宽宥,将来何以示惩?此所奏乃在廷公论,而国家赏罚大事,必咨询内外大臣,佥谋画一。可令将军、督抚、提镇等各抒己见入奏。"是月,降公爵二等。八月,以直隶总督李维钧匿羹尧产,革任。寻吏部议,尽革羹尧世职。

　　是时,川陕总督岳钟琪、河南巡抚田文镜、侍郎黄炳、鸿胪寺少卿单畴书、原任直隶巡抚赵之垣等,各举发羹尧罪状,侍郎史贻直、高其佩亦以谳辞奏请依大不敬律斩决。十月,命逮羹尧来京严鞫。十一月,将军、督抚、提镇次第入奏,请速加诛戮,以彰国法,章下所司。十二月,议政大臣、三法司、九卿等奏言:"年羹尧罪迹昭彰,弹章交至。其大逆之罪五:一、与静一道人、邹鲁等谋为不轨;一、奏缴朱批谕旨,故匿原折,诈称毁破,仿写进呈;一、见浙人汪景祺西征随笔诗词讥讪,及所作功臣不可为论,语多狂悖,不行劾奏;一、家藏锁子甲二十八、箭镞四千,又私贮铅子,皆军需禁物;一、伪造图谶妖言。其欺罔之罪九:一、擅调兵捕郃阳盐枭，致死良民八百馀，奉旨查询，始奏并无伤损，后乃奏止伤六人；一、南坪筑城官弁骚扰番民，不即劾奏；一、诡劾都统武格等镇海堡失律；一、西安解任时，私嘱咸宁令朱炯贿奸民保留；一、纵令刘以堂诈冒已故保题武功令赵勋名姓赴任，知而不奏；一、将幕友张泰基等冒入军功，共十八案；一、家人魏之耀家产数十万金，羹尧妄奏毫无受贿；一、西宁效力者实止六十二员，册报一百九员；一、退役王治奇冒军功，得授州判。其僭越之罪十六：一、出门黄土填道，官员补服净街；一、验看武官，用绿头牌引见；一、设坐当会府龙牌正坐；一、穿用四衩衣服，鹅黄佩刀荷囊；一、擅用黄袱；一、官员馈送曰'恭敬'；[一〇]一、纵子穿四团龙补服；一、与属员物件，令北面叩头；一、受总督李维钧、巡抚范时捷跪道迎送；一、令蒙古扎萨克郡王额驸阿宝下跪；一、行文督抚，书官书名；一、进京沿途填道叠桥，市肆俱令闭户；一、馆舍墙壁，彩画四爪龙；一、辕门鼓厅画龙，吹乐人蟒服；一、私造大将军令箭，将颁发令箭毁坏；一、赏赉动至千万，提镇叩头谢恩。其狂悖之罪十三：一、两次恩诏到陕西，不宣读、张挂；一、奏折不穿公服拜送，只私室启发；一、不许同城巡抚放炮；一，勒取蒙古贝勒七信之女为妾；一、以侍卫前引后随，执鞭坠蹬；一、大将军印不肯交出；一、妄称大将军行事，俱循俗例；一、纵容家仆魏之耀等朝服蟒衣，与司道、提镇等官同坐；一、违旨逗遛仪征；一、勒令川北总兵王永吉以老病乞休；[一一]一、要结邪党沈竹、戴铎等怀欺惑众；一、祖庇私人马德仁阻回甘抚石文焯参劾奏疏；一、本内引用'朝乾夕惕'，故作'夕惕朝乾'。其专擅之罪六：一、筑郃阳城堡，不行题请，擅发银两；一、委侍卫李峻等署理守备，奉旨饬驳，仍不令行调回；一、擅用私票行盐；一、谕停捐俸，仍令照旧公捐；一、捕获私盐，擅自销案；一、守备何天宠患病，不照例填注军政，又嘱直督李维钧勒清苑令陆篆接受前任王允猷亏项。其忌刻之罪六：一、凌虐现任职官，纵任私人夺缺；一、军前官兵支粮实册，不先咨晋抚诺岷，欲令迟误致罪；一、尚书绰奇至军营商办粮饷清字咨文，不交新任总督岳钟琪，欲令违误军需；一、捏参夔州知府程如丝贩卖私盐，杀伤人命；一、欲令李维钧为巡抚，计陷原任巡抚赵之垣；一、遏抑中书阿炳安等军功。其残忍之罪四：一、郃阳盐枭案中，故勘良民无辜冯猪头至死；一、锁禁笔帖式戴苏；一、劾金南瑛等七人，急欲出缺与私人；一、不善安辑蒙古台吉济克济扎卜等，致困苦失所。其贪黩之罪十八：一、收受题补官员银四十馀万两；一、勒索捐纳人员银二十四万两；一、赵之垣罢职发往军营，龚尧勒馈金珠等物价值二十馀万两；一、受乐户窦经荣银两；〔一二〕一、收受宋师曾玉器及银万两；一、遍置私人、私行盐茶；一、私占咸宁等盐窝十八处；一、收受鸿胪寺少卿葛继孔古玩；〔一三〕一、索属员傅泽溥贿，不据实劾亏帑；一、西安、甘肃、山西、四川效力人员，每员勒银四千两；一、受参革知府栾廷芳贿，奏随往陕省；一、掠各番衣物为己有；一、私征新抚各番租银；一、擅取蒲州盘获私盐价银一万两；一、遣仆贩买马匹；一、私贩马发各镇勒重价；一、遣庄浪县典史朱尚文赴湖广、江、浙贩卖四川木植；一、令人卖茶得银九万九千馀两。其侵蚀之罪十五：一、冒销四川军需入己；一、冒销西宁军需入己；一、冒销军前运米费入己；一、侵用各员并俸工凡五年皆入己；一、筑布隆吉尔城冒销工料入己；一、隐匿夔关税银，又加派粮规入己；一、盘获私茶取罚卖银入己；一、侵用河东盐政盈馀入己；一、<u>西安</u>米万石未运至<u>西宁</u>，冒销运费入己；一、<u>宁夏</u>各卫贮仓谷及留<u>西宁</u>养马银并收入己；一、侵用城工馀银入己；一、买贮<u>咸</u>、<u>长</u>等八县米浮销价银入己；[一四]一、钞没塔儿寺硼砂、茜草诸物，私变价银入己；一、侵用<u>纪廷韶</u>等捐解银入己；[一五]一、斫<u>桌子山</u>木植入己。共计赃银三百五十馀万两。罪凡九十二款。供状明白，律应大辟。其父及兄弟子孙伯叔、伯叔父兄弟之子，[一六]年十六以上皆斩；十五以下及母女妻妾姊妹并子之妻妾，给功臣家为奴。"奏上，恩予自裁，子<u>富</u>立斩，馀十五岁以上之子发极边充军，其父<u>遐龄</u>、兄<u>广东</u>巡抚<u>希尧</u>革职免罪。

　　于是就狱中传谕<u>羹尧</u>曰："历观史书所载，不法之臣有之，然当未败露之先，尚皆伪守臣节。如尔之公行不法，全无忌惮，古来曾有其人乎？朕待尔之恩，如天高地厚，意以尔实心为国，故尽去嫌疑，一心任用。尔作威作福，植党营私，辜恩负德，于心果忍为之乎？即如<u>青海</u>之事，朕命于四月备兵，又命于八月进兵，尔故意迟延；及严加督催，然后进剿，孤军冒险，几至失机。又如尔命<u>阿喇衲</u>之兵由<u>噶斯</u>前进，涉险恶必不可行之路，岂非欲陷<u>阿喇衲</u>乎？又如尔令<u>富宁安</u>将骆驼三千从<u>巴里坤</u>送至<u>布隆吉尔</u>，为无用之需，岂非设计欲陷<u>富宁安</u>乎？又如调<u>岳钟琪</u>之兵至<u>西安</u>，尔令舍近就远，纤道数千里，欲使<u>蔡珽</u>运粮不济，岂非欲巧陷<u>蔡珽</u>乎？此皆军务大事，而尔视为儿戏，借快私忿，尚得谓之有人心者乎？又如尔所奏善后十三事，于不应造城处议造城，不应屯兵处议屯兵，筹画边机如此草率，是诚何心！<u>青海</u>用兵以来，尔残杀无辜，颠倒军政，朕尚未令入于廷谳，即就所议九十二款，

尔应服极刑及立斩者三十馀条。朕览之不禁堕泪！朕统御万
方，必赏罚公明，方足为治。尔悖逆不臣至此，若枉法曲宥，曷以
彰宪典而服人心？今宽尔磔死，令尔自裁，又赦尔父兄子孙伯叔
等死罪。尔非草木，虽死亦当感涕也！”

　　羹尧既死，其党次第伏法。五年，谕曰："向因年羹尧狂悖妄
乱，结党肆行，法难宽宥，不得已将伊治罪；又恐党援固结，别生
事端，故令诸子徙居边地。今年羹尧正法后，平日同党之人皆悔
过解散，无一人比附之者；而当日平定青海，年羹尧亦著有功绩。
可将伊子俱赦回，交与年遐龄管束，以示格外恩全至意。”

【校勘记】

〔一〕斡伟生番罗都等掠宁番卫　"斡"原作"幹"，形似而讹。满传卷
　　　三二叶四下同。今据仁录卷二四四叶一五上作"瓦尾"，即"斡
　　　伟"之音转，故"幹"改"斡"。

〔二〕从未加征民间火耗今若听其加添　原脱前一"加"字，又"添"误
　　　作"派"。满传卷三二叶九下同。今据仁录卷九九叶六下、一一
　　　上补改。

〔三〕先后败贼镇海堡南川西川申中　"海"原误作"南"，又"申"误作
　　　"由"。今据宪录卷一二叶二八上及卷一三叶一六上改。按满传
　　　卷三二叶一一上，"海"字误"南"而"申"字不误。

〔四〕安置西川口外　"西"原误作"四"，又"口"误作"边"。满传卷三
　　　二叶一一下同。今据宪录卷一四叶七下改。

〔五〕先是继宗击贼之犯布隆吉尔者至是钟琪率瓦斯杂谷兵剿南川口
　　　外郭密呈库活尔贾诸部　"先是"原作"四月"，又"活尔贾"误作
　　　"和尔喜"，亦无"至是"二字。满传卷三二叶一二上同。今据宪

录卷一二叶二一下及卷一四叶二二上下改补。按本书卷一七<u>岳钟琪</u>传作"和尔嘉",同音异译,不误。又按原文"四月"在"十二月"之前,<u>孙继宗</u>驻<u>布隆吉尔</u>在八月,<u>岳钟琪</u>剿<u>郭密</u>诸部在十二月,故改"四月"为"先是",补"至是"二字。

〔六〕败贼<u>伊克哈尔吉山</u>　原脱"伊克"二字。<u>满</u>传卷三二叶一二上同。今据<u>宪</u>录卷一六叶二二下补。

〔七〕应援<u>哈密</u>　"密"原误作"喇"。<u>满</u>传卷三二叶一三下同。今据<u>宪</u>录卷一七叶二四上改。

〔八〕请于<u>西宁</u>川北边外创筑边墙　"墙"原误作"疆"。<u>满</u>传卷三二叶一五下同。今据<u>宪</u>录卷二〇叶三二上改。

〔九〕乃前议既属徇庇　"属"原误作"以"。<u>满</u>传卷三二叶二〇上同。今据<u>宪</u>录卷三三叶八下改。

〔一〇〕一官员馈送曰恭敬　原脱"一"字。<u>满</u>传卷三二叶二四上同。今据<u>宪</u>录卷三九叶八上补。按此条为僭越罪十六条之一,"一"字不可省。

〔一一〕勒令川北总兵<u>王永吉</u>以老病乞休　"永"原误作"允"。<u>满</u>传卷三二叶二五上同。今据<u>宪</u>录卷三九叶九上改。

〔一二〕受乐户窦经荣银两　原脱"经"字。<u>满</u>传卷三二叶二六上同。今据<u>宪</u>录卷三九叶九下补。

〔一三〕收受鸿胪寺少卿<u>葛继孔</u>古玩　"葛"原误作"郭"。<u>满</u>传卷三二叶二六下同。今据<u>宪</u>录卷三九叶一〇上改。

〔一四〕一买贮咸长等八县米浮销价银入己　此条原全脱。<u>满</u>传卷三二叶二七上同。今据<u>宪</u>录卷三九叶一一上补。按此条为贪黩罪十八条之一,全条不可省。

〔一五〕侵用<u>纪廷韶</u>等捐解银入己　"廷"原误作"运"。<u>满</u>传卷三二叶二七下同。今据宪录卷三九叶一一上改。

〔一六〕其父及兄弟子孙伯叔伯叔父兄弟之子　"伯叔父"原误作"之子"二字。满传卷三二叶二七下同。今据宪录卷三九叶一二下改。

蔡珽

蔡珽，汉军正白旗人。康熙三十六年进士，改庶吉士，授检讨。四十九年，充日讲起居注官，迁左中允。五十年，转左谕德。五十一年，提督贵州学政。五十四年，迁左庶子。五十五年，丁母忧。五十八年二月，补右庶子。十月，迁侍读学士。五十九年，充河南乡试正考官。六十年，迁少詹事。六十一年二月，晋翰林院掌院学士，兼礼部侍郎。

七月，擢四川巡抚。雍正二年，川陕总督年羹尧奏开鼓铸，珽言："四川不产白铅，开采非便。"下部议，珽阻挠公事，革职；又珽辱重庆府知府蒋兴仁自杀，珽以病卒闻，羹尧劾之。降旨诘责再三，始款服。部议，因事非军务钱粮，酌情减等，拟珽枷责，上以部臣欲宽珽罪，非是；再议拟斩。三年正月，解珽至都，请旨，谕曰："蔡珽所犯应如律，然劾之者年羹尧也。论死，人将谓朕以羹尧故杀珽，是羹尧得操威福柄也，不可。其免珽罪。"寻召见，蔡珽极陈羹尧贪暴及己所以抗拒羹尧状，特旨授都察院左都御史。三月，奏请设安徽学政，如江苏，从之。四月，兼正白旗汉军都统。七月，晋兵部尚书，仍兼左都御史。八月，以直隶总督李维钧匿羹尧财产，命珽偕内大臣马尔赛往究，得实，革维钧职，以珽署总督。

时直属被水,赈济,复发帑修河间、静海诸城,以工代赈。珽奏言:"省会米价昂贵,请令臬司浦文焯至天津,[一]运截留漕米二万石于保定平粜,留万石接济沿途地方。上如所请,敕再运通仓米十万石往天津,听珽调度,加赈一月,倘不敷用,着珽奏明增发。珽奏:"条约十四款:一、察参地方官侵冒;一、重惩胥役捏报;一、严访衿棍挟制,若贫士膏火无赀,一体给赈;一、饬地方官亲查赈恤;一、贫民户给印券,以杜重冒;一、预示赈期,勿致溷混;一、俟漕米入仓开赈,未免守候,应令五十里内居民,即于水次赴领,远者因地酌通;一、各属仓储不敷赈给者,先计限成数均给拨,令米至补领;一、造册遗滥者,许自首改正;一、灾黎外出来归者,续报给赈;一、舞弊胥役即重处,地方官失察,治如溺职例;一、三日之米全数给与,恐愚民贳耗,应分两次散给;一、每村各给村名纸,旗依次给领,以免践踏;一、派武弁巡查,以防抢夺。"又言:"赈满三月,便续修城工,赈时所给印券,领米后仍给本人,修城日验券,佣工不待更查。至玉田、丰润两城亦残坏,请一体估修;又请增置布政使经历、理问各一,按察使经历一,延庆卫守备、梁城所千总各一;又请移保定通判驻通州。"又言:"督抚不同城会奏者,皆于具题后知会,名曰'会稿',实未与闻。至参劾属官,例由司道揭送,往往有先拜疏而后补揭者,事虽小节,实属欺伪,请嗣后地方重事,督抚必会议具本,馀者各自陈请,不必会稿。其参劾属官司道等,倘有徇庇,一体题参。或到任未久,差委公出,毋庸列衔。是去虚罔之虚名,而收简便之实效也。"诸疏均如所请。

九月,调补吏部尚书,其兵部左都御史、都统事,兼理如故。

十月,充经筵讲官。四年四月,以珽领事多,解左都御史、都统事。七月,解吏部尚书,[二]专管兵部事。十月,因前徇庇直隶昌平营参将杨云栋,部议革职,得旨,姑从宽降为奉天府尹。先是,岳钟琪代年羹尧为川陕总督,珽于上前言钟琪叵测,上弗信;及珽署直隶总督,钟琪入觐过保定,珽造蜚语,冀惑钟琪。事觉,严旨诘询,珽讳不吐实。五年三月,召珽回京质审。时上阅年羹尧案内伏法举人汪景祺逆书,载珽抚川时得夔州府知府程如丝贿,保治行第一。上以景祺虽不道,此言未必尽妄,令侍郎黄炳往川审理,[三]使珽同往。炳覆奏,属实,下法司汇齐拟奏。寻议:“珽挟诈怀私,罪案山积。如怡亲王查勘水利,拨兵引导,讹传七省,骚扰军营,罪一;其子已革荫生,违例请复,罪二;错误本章,敢为狡饰,罪三;属州私借仓米,徇隐不参,罪四;刑名重案,违限不提,罪五;属县侵蚀仓项,代为欺隐,罪六;各属征收银米,擅令停解,罪七;支给俸工银两,并不饬查日期,罪八;宁远等属所收庄头粮草,改折银谷,[四]亦不详查,罪九;铺司公文被劫,竟不饬拿,罪十;讹诈重情,告发不理,罪十一;侍郎五格参属官私纵之事,本属秉公,珽妄言冤抑,罪十二;私受夔关税银千八百八十两、富顺县盐规银五千两,罪十三;假充公用,冒销藩库银万两,罪十四;婪得贪残不法之程如丝银六万六千两、金九百两,挟欺保荐,罪十五;交结大逆不道之查嗣庭,罪十六;党庇行止妄乱之戴铎,罪十七;谗毁岳钟琪,造为荒谬之言,摇动重臣,罪十八。珽诸所犯均应斩决,妻子入辛者库,财产籍没。”得旨,从宽改为应斩监候。

六年二月,管理旗务多罗信郡王德昭奏查珽家藏朱批折子三件,应照大不敬律立斩。得旨蔡珽俟四川解送来京,请旨正法。先是,珽尝荐其故吏已革知县黄振国,起用为河南信阳州知州,巡抚田文镜劾振国贪劣不法,经侍郎海寿、史贻直覆谳有迹。广西巡抚李绂党于珽,陛见时,力陈振国无罪,文镜言皆妄。珽等又嗾御史谢济世劾文镜,言振国事悉与绂合。上怒其结党乱政,谪济世,振国拟斩。至是,七月,谕曰:"前因蔡珽祖护黄振国,尚无显然昭著之款迹,是以将黄振国暂行监候。今观四川各案,蔡珽因黄振国而将地方官民株害殒命者五六人。此则显然祖护黄振国之案件,中外所共知共闻者也。从来人心风俗之害,莫大于朋比为奸,党同伐异。朕为此时加训诫,提命谆谆,而蔡珽、李绂、黄振国等辄敢固结党援,肆行欺妄,合谋协力,倾陷清正无私之田文镜,以遂其报复而快其私心;甚至蛊惑谢济世捏丧心昧理之言,参劾田文镜,冀以激朕之怒而受诛戮谏官之名,用心狡狯已极!究其根源,皆因黄振国一人而起。是黄振国实匪党之渠魁,若不明正典刑,则阴谋结党、排挤陷害之风,不能止息,何以惩戒众人?黄振国着即处斩,蔡珽改为应斩监候。"

十三年八月,今上御极赦免。乾隆八年,卒。

【校勘记】

〔一〕请令臬司浦文焯至天津 "焯"原误作"倬"。今据宪录卷三五叶二一上改。

〔二〕解吏部尚书 "吏"原误作"礼"。今据宪录卷四六叶二八下改。

〔三〕令侍郎黄炳往川审理 "炳"原误作"柄"。今据宪录卷五四叶一七下改。下同。

〔四〕改折银谷　"谷"原误作"数"。今据宪录卷六一叶二八上改。

李维钧

李维钧,浙江嘉兴人。康熙三十五年,由贡生选授江西都昌县知县。寻丁母忧,服阕,补四川荣昌县知县。四十六年,迁山东莒州知州。四十九年,内迁刑部员外郎。五十年,授江南道监察御史。五十三年,迁直隶守道。

雍正元年正月,擢直隶巡抚。七月,疏言:"顺天、保定、河间、永平、宣化五府地多旗圈,〔一〕丁银留为民累。请自雍正二年始,摊入通省地粮内,按地输丁。"八月,疏言:"宣化所产高粱,味涩性燥,人皆不食。只作烧酒,计每岁所鬻不下六七十万金。自禁烧酒锅以来,多以高粱养牲畜,殊属可惜。请弛其禁。"部议均如所请。二年正月,疏言:"前宣化镇出师,共给十月行粮、两月口粮,经部议免扣还。古北、密云官兵同时出师,所给银,请一体免扣。"从之。三月,疏奏:"现行地方事宜:一、亏空丁银,均摊十分之四,逐渐完补;一、减火耗每两二三分,舒民力;一、起解兵饷,知府例有规礼,今裁令州县自行解司;一、各官署铺垫向派里下,〔二〕今悉除;一、清查地亩,毋致隐占,一、行保甲,以杜奸匪;一、严饬武弁,除募兵虚冒之弊;一、亲检三营甲帜,勤操演;一、修烟台,建营房,增设兵五名,严防汛;一、遍饬村庄,筑墙掘壕,兼选壮丁习练,防盗贼;一、驿路两傍种柳,恤行旅。"奏入,谕曰:"天下督抚皆当如此留心,扩而充之,何虞吏治不肃、民生不遂耶? 村庄沟壑,实系有益之事,但须预为陈说利害,使愚民灼知有益,踊跃乐从。秋成之后,方可行之,断不宜急遽强迫。民壮头目,殊难其人,须择平素为众所推服者,方可委之董率。尤须饬地方官不时稽察,勿致生事。至种树,即古人列树表道之意。朕现刊谕一道,尚未颁发,尔奏恰合,随即通行直隶各省矣。"六月,疏言:"永定河堤柳岔口至王家园一带,淤千馀丈,请速浚;又郭家务堤工,系沙土帮筑,不能防忽溜,请严饬专管及分修各员培固。"〔三〕又言:"正定府辖三十二州县,实有鞭长不及之虞,请设直隶州分辖:将南宫、新河、枣强、武邑、衡水五县分隶冀州;柏乡、隆平、高邑、临城、宁晋五县分隶赵州;武强、饶阳、安平三县分隶深州;无极、藁城二县分隶晋州;曲阳、新乐二县分隶定州。直隶知州照知府例,稽查属县钱粮案件;其府州钱粮,令直隶守道不时委员盘查。"均下部议行。

十月,特改直隶巡抚为总督,即以维钧升授。十一月,命加兵部尚书衔,提镇俱听节制。会有密奏维钧厚馈抚远大将军年羹尧礼物,又觅二女子相赠者,特谕诫之。十二月,疏请改张家口副将标藤牌兵三百名为鸟枪手、大刀三百名为弓箭手,从之。三年二月,疏言:"京卫岁考,取入武童,共百名。燕山等六卫地丁,编属顺天、保定、河间、正定四府;卫学武童,亦应分归四府。请于大、宛二县各取进二十名,归顺天府武学,其馀六十名于保定、河间二府各取进二十名。惟正定府又分设直隶州,应于正定府取八名,赵州、冀州各三名,定州、晋州、深州各二名,俱拨入本府、州学,庶人材相埒,额数均平。"三月,疏言:"直隶向未设藩、臬二司,故通永、天津、霸昌、大名、口北五道俱挂山东、山西、河南等布、按二司衔。今直隶守、巡二道既改为布、按二司,其五道俱应改直隶布、按二司衔。"均从之。

　　五月,奏报各属晴雨,并称"现在遵汉儒董仲舒春秋繁露祈雨法,虔诚祈祷"。谕曰:"似此皆可不必。凡地方水旱,沴不虚生,或政事缺失,或封疆大吏治理纰缪,与小民习尚浇漓所致。消弭之道,当应以实不以文,惟返躬修省,克己改过,然后斋肃吁恳,则天人交感之际,潜孚默契,如响应声。但庸愚视为杳渺无凭。且朕即位以来,凡有祈祷,从未令僧道设坛作法。朕严恭寅畏,敬天之心,无时敢懈。至于鬼神之道,体物不遗,宜敬而远之。固不可轻忽,亦不可溺信,而涉于诡渎。兹亟应省察吏治,检点刑名,其有关于国政者,奏闻于朕。我君臣期共懋勉,以恭迓天庥可也!"维钧又奏:"直隶地方每有蝗蝻,土人虔祷刘猛将军庙,辄不为灾。"谕曰:"弭灾惟当恐惧修省,交相儆戒。人事既尽,自然感召天和,灾祲可消,丰穰可致。此桑林之祷,所以捷于影响也。若专恃祈祷,而置恐惧修省于不事,是浚流而舍其源,执末而遗其本矣。"

　　寻复谕曰:"观尔一切章奏,文情口气,甚与年羹尧相仿。总因尔等字迹,往返熟习之故。朕每谕毋务虚诈,尔竟不能领略,徒为浮泛套语,朕深不取。"维钧奏言:"向与年羹尧通问,岁不过一二次,近已与绝。"得旨:"据奏,与年羹尧通问,岁不过一二次,是何言欤?西安总督官厅内,未有隔五日不见直隶李维钧之介使。众目昭彰,何可强辩?似此巧言粉饰,以狡狯为得计,以隐蔽为深谋。恐一旦发觉,罪无可逭。尔其思之!"

　　维钧寻疏劾羹尧言:"羹尧上年进京回陕过保定,曾有'大将军印我已交不出去'之语。再原任湖南巡抚王之枢在陕修城效力,其原籍定州田房,自应变价充公,乃早为羹尧所得,匿不咨查。原任江西学政徐昂发在军前效力,呈明原任江西巡抚王企靖曾得伊银三万,显系赃银,羹尧并不题奏,私咨臣查追。又闻羹尧诛西宁无辜喇嘛五千,获辎重数十万入己。六月间,臣侄李宗渭由西安至保定,臣询知羹尧僭妄骄侈、奸诈贪罔十款:一、出署净街,百姓填道;一、属员禀参称'引见',送礼称'恭进';一、同知途见巡捕官,长跪回话;一、采买贮谷,每石较市价短发二三钱;一、委用运同严士俊将盐升改小,内搀和沙土;一、造报平定青海功册,辄将并未身至西宁之人窜入;一、差典史朱尚文贩卖四川木植获利;一、家人魏之耀、严二乘轿进京,州县道旁打恭,游击、守备跪道;一、严士俊冒认严仁为父,肆行无忌;一、羹尧赴浙,辎重出关,不计其数,起身后尚有十馀驮,一切车骡不许商雇。"七月,诏各省将军、督抚、提镇公议年羹尧罪,维钧覆言:"羹尧不忠不法,请立正典刑。"

时羹尧疏辩维钧所劾皆不实,部议维钧素与羹尧交结往来,虽阳为参劾,实阴图开脱,诈伪显然,请逮讯。会奉旨查抄年羹尧保定所置家赀,维钧匿不详奏,谕曰:"朕本欲开一面之网,保全尔之生命,无如尔自执迷,亦末如之何矣!"又谕曰:"李维钧居心险谲,阳顺阴违。如保定府城内,现有年羹尧私置家产,藏留财物,伊并不参奏。迨朕降旨令查,尚具折故作犹豫之状,希图延挨,俾得隐匿。着马尔赛、[四]蔡珽同往保定详察奸欺党恶实情,即将李维钧拿问。"八月,诏革职来京。寻命赔修天津仓廒,俟工竣日,刑部按律治罪。四年三月,上以维钧任总督时,将议准改隶河南以濬、滑、内黄三县漕粮,擅请仍在直隶元城之小滩镇受兑,挟私阻挠,敕令明白回奏,欺诈失实;又侵欠直隶库帑数十万未完,命浙江巡抚李卫查抄维钧家赀。十一月,卫劾维钧及其子蔓狡狯多端,私将家财各处埋隐寄顿,现查出三十馀万,请革李蔓荫生,研审究追;再蔓生母张氏并非维钧聘娶继室,乃家奴张大妇,维钧先占为妾,假称继妻,且曾与魏之耀认为干亲,滥膺诰命,并请敕部追夺。谕曰:"李卫清查李维钧家产,不徇情面,一一查出,可嘉!但参奏李维钧婢妾一节,未免过刻,不合大体。前蔡珽曾奏称于北直旅次壁间,见一对联,乃讥讪李维钧家奴之事。朕彼时切责,戒其勿言。朕以忠厚之道教天下,此事并不必议覆。若云请追诰命,李维钧既已获罪革职,自有定例,何必特行参奏? 馀着该部议覆。"

嗣部臣以维钧现在天津,遵旨俟工竣一并议罪。五年三月,工竣,部议:"李维钧身受国恩,不思洁己报效,赃私累累;又将直隶库项侵蚀,令子李蔓埋藏寄顿,贪狡已极! 且与年羹尧朋比私昵,情词诡谲,又挟私借改兑小滩为名,阻挠国事。照律拟斩监候,妻子入内务府为奴。"维钧寻病殁。

乾隆元年,恩释其妻子还原籍。

【校勘记】

〔一〕顺天保定河间永平宣化五府地多旗圈　"府"原误作"州"。今据宪录卷九叶一四下改。按汉传卷一五叶三一上不误。

〔二〕各官署铺垫向派里下　"下"原误作"甲"。汉传卷一五叶三一下同。今据宪录卷一七叶二四下改。

〔三〕请严饬专管及分修各员培固　"管"原误作"营"。今据宪录卷二一叶一四上改。按汉传卷一五叶三二下不误。

〔四〕着马尔赛　原脱"尔"字。汉传卷一五叶三七下同。今据宪录卷
　　三五叶五上补。

陈鹏年

　　陈鹏年,湖广湘潭人。康熙三十年进士,初任浙江西安知
县。四十年,河道总督张鹏翮荐其才猷敏练,堪理河务,调赴江
南河工。四十一年,授山阳县知县,迁海州知州。四十二年,圣
祖仁皇帝南巡过沂州,诏载漕四万石,令张鹏翮选贤员运兖州分
赈,以鹏年董其事。四十三年,擢江宁知府。四十四年六月,两
江总督阿山疏劾鹏年收盐店当铺年规,侵欺龙江关税银,无故捉
拿关役重责枷号各款,又以甫经驱逐窝娼之南市楼基址,改造乡
约讲堂,写列圣谕十六条,中悬"天语丁宁"四字扁额,不敬莫
大。事下总督桑额、总河张鹏翮会同阿山定谳,论斩;得旨革职,
从宽免死,来京在修书处效力。四十七年九月,特授苏州知府。
四十八年十一月,江宁布政使宜思恭为总督噶礼劾罢,诏以鹏年
署布政使。四十九年,噶礼续劾宜思恭亏帑,又劾粮道贾朴侵蚀
建关开河银项,并坐鹏年核报不实,部议革任,发往黑龙江,仍得
旨来京修书。
　　五十一年十月,吏部议噶礼与巡抚张伯行互讦事,拟革伯行
职;上以张伯行居官清廉,下九卿改议,并谕曰:"陈鹏年稍有声
誉,学问亦优。张伯行听信其言,是以噶礼欲害之,曾奏其虎丘
诗中有悖谬语。朕阅其诗,并无干碍。朕纂辑群书甚多,诗中所
用典故,朕皆知之,即末句'鸥盟'二字,不过托意渔樵。陈鹏年
诗见在,今与尔等公看!"五十六年,出署霸昌道,既受代,仍回京

修书。六十年四月,命随尚书张鹏翮勘阅山东、河南运河。九月,河道总督赵世显奏令往视河南武陟县钉船帮决口。十月,鹏年疏言:“黄河老堤冲开八九里,现今大溜直趋决口。应于对岸上流广武山淤滩另开引河,使溜南趋,再于决口稍东逢湾取直,亦开一引河,引溜东行,仍归正河,方可渐次堵筑。”得旨:“朕每留心河务,黄河冲决之处,一经奏闻,即详晰指示。今览陈鹏年所奏,皆与朕前颁谕旨相合。下部知之。”

十一月,赵世显为属员讦罢,诏鹏年署河道总督。十二月,奏言:“近年淮安榷关以河工同知管理捐纳银项,令淮徐道贮库应用,并归总河稽核。臣思河工同知职在修防,道臣总理工程,皆难兼顾。臣则驰驱河干之日多,既不暇清理,恐付托非人。请另遣部员管淮安关,而以捐纳事例归江苏巡抚稽核,贮银藩库,俾臣得董率属员,专力河务。”疏下部议,如所请行。六十一年二月,奏言:“河南荥泽县黄河两岸堤工,止出水面三四尺五六寸不等,一遇水长,即漫堤而过。上流水既漫散,则下流河身日渐淤高。堤岸卑矮,且有残缺,难资捍御。宜于挑浚以前,增高培厚。”疏下部议,令河南巡抚杨宗义速行修筑。是月,武陟县马营口堤为冰凌水冲漫,〔一〕鹏年自清江浦往视。疏言:“马营口地势低洼,从钉船帮南坝尾冲开,至此二十馀里,已成大溜。抚臣杨宗义堵筑上口,止剩六丈馀,下口止剩四丈馀。无如水深溜急,难施人力。今惟有分其上流,借沁水逼黄,就广武山下淤滩之上王家沟开引河,使水由东南会入荥泽旧县前正河,用杏叶铁钯浚深钉船帮下首新生淤滩,建挑水坝于新河口东,逼沁水会淮南趋,不使东下,则大溜往南,马营决口庶可堵筑完固。”疏下部议行。

会奉使阅河之副都御史牛钮、祭酒齐苏勒等奏筑沁河堤头至詹家店十八里遥堤，杨宗义以武陟百姓佥言此十八里若筑堤，则田亩易淹，且致冲决邻邑，奏寝其役。诏鹏年确勘，鹏年奏："黄河南北两岸，从荥泽县始筑堤，其上十八里并无堤。盖以南岸有广武山为屏蔽，而北岸则沁水从此出口。当沁、黄交涨时，听其流入水寨及原武县之黑羊山沙地，水势宽平，不致冲溢。前人实非无见。若一并筑堤，则暴涨必冲射堤根，工险难以防护，岁修亦糜费不赀，宜仍留此无堤之十八里，以备宣泄。"从之。又疏言："臣与抚臣杨宗义商议，暂停马营决口堵筑，以三月朔兴工，开王家沟引河，并建挑水坝于沁河口，谨绘图呈览。"寻奉诏回办南河事务。八月，疏言："萧县黄河南岸田家楼险工，须建月堤，以资保障。邳州运河徐塘口迤下河道浅滞，应于徐塘口迤上挑挖月河，接入彭家河，而彭家河亦应挑深。其山阳县运河文华寺下引河淤垫，应加挑浚。又高家堰、山盱二汛一带河堤，风浪冲激，应加倍筑土一万四千馀丈。山盱汛天然南北两坝原防湖水暴涨，相时开放。今南坝与东水南堤逼近，应筑实为堤，改北坝为南坝；另于迤北百丈之外建坝，则束水南堤，地宽流缓，可免激射之患。"疏下部即行。

是月，鹏年复至武陟阅工。先是，马营决口因桃汛，流急水深，停工。牛钮奏于上流秦家厂堵筑甫竣，旋决。鹏年至，同杨宗义疏言："秦家厂南坝尾刷开一百二十馀丈，入马营口东下。应于南坝台转东，建扇面坝挑溜西行，用长桩大埽，建拦河大坝于秦家厂上流。"又疏言："前因河势北趋，宜分泄上流，先开王家沟二十馀里引河。嗣因沁、黄并涨，河流迁徙，引河口门沙淤，移上接开至刘家沟，水已畅流，冲刷宽深。复因上流沁河积滩二十馀里，隔河溜为南北两道，南入引河，北仍趋决口。今宜从刘家沟上流无滩隔之官庄峪开接引河一千四百馀丈，庶全河之水俱泄，而秦家厂及马营决口易以堵筑矣。"疏下九卿等同牛钮、齐苏勒议，官庄峪在广武山脚下，淤滩窄而且长，上流无进水之势，开引河不若坚修挑水坝。令鹏年同杨宗义酌行。十月，疏言："秦家厂之北坝尾堤，向系漫滩，根脚虚松。自霜降后，连日西北风鼓浪冲刷，漫开百馀丈，大溜归入马营口。前此南坝尾水深至三丈有馀，自北坝尾冲开后，渐次平缓。十月三日堵筑合龙讫，其北坝尾及马营决口，可以次克期堵筑。"十一月，疏言："前经定议，自詹家店起，至荥泽县老堤止，包筑大月堤，诚为重门保障。若俟决口堵塞后兴工，恐土冻不坚，乘其天气尚在融和，即行鸠筑。惟中间约有百丈，因两年汕刷宽深，应俟春融积水渐消，另取干土夯碛坚实，乃可竣事。"

是月，世宗宪皇帝御极，实授鹏年河道总督，寻疏言："前经定议，自沁河堤头至詹家店无堤之十八里，留备宣泄。今河势北趋，较前迥异，若留此空隙，亦属可虞。应如牛钮、齐苏勒原奏，自沁河堤头至詹家店连筑大堤，直接荥泽县老堤，通计三千四百四十丈。俟春融，并筑竣工。"下所司知之。又疏言："秦家厂北坝尾十二月初八日合龙，旋复为冰凌水冲漫二十馀丈。至二十一日，堵闭完竣。其马营堤埽八九丈，亦可克期堵塞。"奉谕曰："秦家厂北坝尾漫溢之处，虽经堵闭，但系冬日所筑，明春冰融之时，务期预为加谨保固。"

雍正元年正月，鹏年卒，年六十有一。遗疏至，得旨："陈鹏
年洁己奉公，实心为国。因河工决口，自请前往堵筑，寝食俱废，
风雨不辞，积劳成疾，殁于工所。闻其家有八旬老母，室如悬磬。
此真'鞠躬尽瘁，死而后已'之臣！着赐司库银二千两，其母给
以封典，照一品荫其子。"仍下部议恤，赐祭葬如典礼，谥曰恪勤。
十年，诏各省建贤良祠，河南巡抚孙国玺疏请以鹏年入河南贤良
祠，疏中有"功侔砥柱"语。上以言过其实，申饬国玺。谕称"鹏
年一生居官，尚不愧有为有守"。仍允入祀。后江宁建贤良祠，
鹏年亦入祀。

【校勘记】

〔一〕武陟县马营口堤为冰凌水冲漫　原脱"口"字。汉传卷七叶五七
　　上及耆献类征卷一六四叶二下均同。今据仁录卷二九五叶一五
　　上补。下同。按本卷齐苏勒传作马营口，"口"字不脱。

齐苏勒

齐苏勒，满洲正白旗人，姓纳喇氏。初由官学选天文生，为
钦天监博士，迁灵台郎。寻以内务府主事，出任永定河分司。康
熙四十二年，圣祖仁皇帝南巡阅河，齐苏勒随至淮安。奉谕曰：
"朕观黄河险要地方，应下挑水埽坝。现今永定河，经朕亲临指
示，挑水埽坝，俱有裨益。尔遵照朕指示式样，前往烟墩、九里
冈、龙窝三处，筑挑水坝数座，于朕回銮前完工。"齐苏勒遵旨如
期竣事，乃回任。荐迁翰林院侍讲、国子监祭酒，仍管永定河分
司事务。会奉命同副都御史牛钮监修河南武陟等县决口堤工，

奏："自沁河堤头至荥泽县大堤十八里平衍处,接筑遥堤,使全河之水尽归一道,专力刷深,不致旁溢。"六十一年十二月,世宗宪皇帝授为山东按察使,兼理运河事,命先往河南筹办黄河堤工。时河南巡抚杨宗义奏请于马营口南旧有河形处,修挑引河。齐苏勒同河道总督陈鹏年疏言:"河不两行,此泄则彼淤,有必然之势。马营口甫经筑堤,若开引河,有旁泄浸堤之虑。"寝其事。

雍正元年正月,命齐苏勒署理河道总督,寻实授。四月,疏言:"阳武、祥符、商丘界黄河北岸,有支流三,逼堤绕行五十馀里;南岸青佛寺边有支流一,逼堤绕行四十馀里。不急为截断,恐刷损大堤。已筑坝堵绝,并接筑子堤九千二百八十八丈,隔堤七百八十丈。"会奉诏豫筹山东诸湖蓄泄事宜,以利漕运。疏言:"汶上县之南旺、马踏、蜀山等湖,东平州之安山湖,济宁州之马场湖,鱼台县之昭阳、独山等湖,滕、峄二县之微山、郗山等湖,[一]皆运道所资以蓄泄,昔人名曰'水柜'。因土人乘涸占种,渐致狭小。宜乘湖水消落时,[二]除垦熟田亩外,丈量立界,严禁侵占。设法蓄水,如遇运河水涨,引注湖中,相平即筑堰截堵;遇运河水浅,则引之从高下注。其诸湖,或应筑堤栽树,或应建闸起闭,令各州县循例办理。则湖水深广,运道流通,漕艘无阻滞之虞矣。"八月,奏言:"洪泽湖水微弱,黄水有倒灌之势。臣率道厅督筑清口两岸大坝,各宽八丈,东长二十六丈七尺,西长二十四丈,中留水门五十丈,束高清水,以抵黄河。现在淮水畅流,惟此坝在洪涛大溜中,两面受敌,必须加意修防。因派工员,协同汛弁,率领河兵一百、长夫三百,常川住宿工所,多备埽料、桩绳等项。如遇湖涨,坝工稍有蛰陷,即用料加镶,下埽抢护;遇黄涨,即用混江龙、铁篦子诸器,驾小舟往来疏浚,不令少停。"九月,奏报秋汛已过,河工平稳。得旨,下部优叙,加三级,特赐戴孔雀翎。

二年四月,广西巡抚李绂将之任,上谕及淮、扬运河淤垫年久,水高于城,危险可虞。李绂奏言:"若于运河之西,另挑新河一道。以所挑之土另筑西堤,而以旧河之身作为东堤,则东面永无溃决之患。"上即命绂往会齐苏勒商酌。齐苏勒奏言:"淮、扬运河绵长三百馀里,上接洪泽,下通江口,河之西岸逼临白马、宝应、界首诸湖,水势汪洋,一望无际。今若改挑新河,筑西堤于湖水之中,畚锸难施。东岸之闸坝涵洞,皆须另行创建,不惟糜费千百万帑金,而且大工终难告就。"上是其言。九月,奏报秋汛,得旨:"齐苏勒督率属员,修筑坝堤坚固,虽河水泛涨,而各工无虞,甚属可嘉!"下部议叙,特予骑都尉世职。是时,上知臣下有与尚书隆科多、总督年羹尧夤缘结交者,谕齐苏勒曰:"尔之勤劳,固不待言,而一尘不染,独立不倚,从未闻夤缘结交,更属可嘉!"又谕曰:"近日隆科多、年羹尧大露作威福、揽权势光景。朕若不防微杜渐,此二臣将来必至不能保全。尔等皆当疏远之。隆科多止论尔操守平常,而年羹尧前岁数奏尔不学无术,必不能料理河务。朕以此知尔之独立也。"

三年二月,副总河嵇曾筠奏请挑挖祥符县回回寨引河,诏与齐苏勒商酌。嵇曾筠复奏言亟宜乘汛水未发兴工,不及待会勘。既而齐苏勒至武陟,奉诏同总督田文镜察视引河有无裨益。齐苏勒奏言:"挑挖引河,必须上口正对顶冲,而下口有建瓴之势,方可吸引大溜,归入新河,借其水力,涤刷宽深。嵇曾筠所挖引河,工已将竣。臣往看上口之地势,与现在水向不甚相对,改挖上首三十馀丈,以对顶冲,以迎大溜。又往对岸指示建筑挑水坝,挑溜顺行,以对引河之口。俟水涨时,相机开放。庶河势得以直畅东注,而南岸堤根可保无虞矣。"奏至,谕曰:"朕虑稽曾筠或料理未妥,今览奏方慰,可谓得法矣!"七月,命内阁学士何国宗偕测算官员,携仪器阅河,遇齐苏勒所驻近地,会同勘视。齐苏勒寻奏言:"皇上颁发仪器,测度地势,于河工高下之宜,甚有准则。今洪泽湖滚水石坝旧立门槛太高,不能随势泄水。请敕阅河诸臣于明春视海口后,绕至湖口,用仪器测度地势,改落石坝门槛,庶全湖宣防有赖。"又奏言:"治河物料,苇柳为先。每年卷埽之苇,辄千百万束,俱动帑购买。仍须以柳枝为骨,在官园伐以济用。柳多则工坚而帑省,柳少则用苇多而工不固。臣于去冬劝令道、厅等官及标下营弁,各于空闲之地裁种柳秧,陆续据报一百二十三万二千馀株。今通行察阅,除枯损之外,成活八十九万二千馀株。又臣往来看工,见山东、江南蓄水沮洳之地,皆可种苇。今春令厅员买苇根试种。近据报微山湖迁种苇八顷馀亩,蔓延青葱。此皆各官自愿试种,非邀议叙者。今行之已有成效,应请敕部酌定嗣后议叙之例,以种柳八千、种苇二顷,各纪录一次为率,并责成专汛守备及千总、把总培养柳枝,遇枯损即为补栽。违者分别议处。如此三五年,柳株处处成林,湖苇丛生,不费购买而工料充裕矣。"并得旨允行。

十二月,奏言:"河臣薪水旧由各厅供应,每年有一万三千馀两。臣奏明禁止,并裁革四季节礼。又河标四营旧有坐粮四十分,每年一千一百馀两。臣到任后交中军,为修造墩台、制换盔甲器械之用。其盐商陋规银二千两，为出操验兵赏功犒劳等费，而每年往来勘估，及伏、秋两汛驻扎三省适中之地，随役及案卷不可减省。凡车马、舟楫、日用米蔬之需，远者数百金，近者一二百金。前此尚可勉强支持。今春由徐州赴武陟，拮据实甚。现据河库道张其任言，库收额解钱粮，向有随平馀银四千两，除道衙日用及各项工食不过千金、馀银四千两，请支销看工车船等费。臣因未经奏明，不敢擅便。倘蒙恩赏给，则看工之盘费弗缺，益得殚竭心力办理河务矣。"奏至，得旨："此项通融取用，甚好。卿之清勤，朕所深悉，勉为之！"

四年四月，奏："睢宁县朱家口黄水骤长，东岸坝台大埽蛰陷，现在防守修筑。"上谕大学士等曰："齐苏勒在工年久，历练老成，'清慎勤'三字，均属无愧。今年已望七，见坝埽蛰陷，必昼夜焦急，朕甚怜之！且此时勉强施工，将来伏汛、秋汛，恐又不免冲决。可令酌量情形，不必急迫。"齐苏勒寻奏："水复大涨，坝埽俱陷水底。凛遵圣谕，俟过伏、秋二汛，并力趱修。"十二月，奏报朱家口决口堵闭合龙，黄河自豫省至海口西岸坝堤完整，谕奖其"悉心任事，经理有方"，加太子太傅。五年，以衰病奏，遣太医赍参诊视。寻入觐，谕嗣后岁支养廉银万两。六年，署两江总督范时绎、江苏巡抚陈时夏奉诏开浚吴淞江，因于陈家渡筑坝，松江知府周中鋐率把总陆章乘船督工下埽，[三]值潮回溜激，坝陷船倾，周中鋐、陆章俱殁于水。事闻，予恤赠。齐苏勒知浚工未竟，即前往经理其事。寻奏言："吴淞江陈家渡旧有土埝三道，未曾挑清，致有停沙淤塞之患。今筑坝开浚，适逢江水海潮并长，刷净土埝槛限毫无阻滞，工程可期速竣。"上谕兵部曰：[四]

"吴淞江工程虽交与<u>齐苏勒</u>一同料理,实则<u>范时绎</u>、<u>陈时夏</u>应办之事。<u>齐苏勒</u>一闻<u>陈家渡</u>坝工冲塌,即亲往踏勘,悉心经理,仰赖神佑,水势涌长,将泥沙澈底刷净,水无阻滞,工可告成。此即封疆大臣实心为国为民,感召天和之明验。着从优议叙。"寻部议加三级。

七年正月,以疾剧奏上,命<u>江苏</u>巡抚<u>尹继善</u>署理<u>河道</u>总督,复遣太医诊视<u>齐苏勒</u>疾。二月,卒。得旨:"<u>齐苏勒</u>忠诚为国,志行端方,操守洁清,办事明敏。自简任<u>河道</u>总督,殚心竭力,奉职勤劳。迩年黄水安澜,运道通顺。堤工坚固,河帑核实,厥功懋著。今闻溘逝,深为轸恻!应得恤典,照例议奏外,着加恩晋三等轻车都尉,照例承袭,并赏给藩库银三千两,为归榇之赀。起程日,同城文武官齐集奠送,沿途地方官亲往奠醊,并拨兵护送。历来<u>河道</u>总督如<u>靳辅</u>、<u>齐苏勒</u>二人,实能为国宣劳,有功民社。着<u>尹继善</u>等就近择地,为<u>靳辅</u>、<u>齐苏勒</u>合建祠宇,令有司春秋致祭,以昭朕优奖功勋至意。"赐祭葬如典礼,谥勤恪。以其子<u>华善</u>袭三等轻车都尉世职。八年,诏建贤良祠于京师,<u>齐苏勒</u>与<u>靳辅</u>并入祀。

【校勘记】

〔一〕郂山等湖　"郂"原误作"稀"。<u>满传</u>卷二一叶二九上及<u>耆献类征</u>卷一六六叶二〇上均同。今据<u>宪录</u>卷九叶二五上改。

〔二〕宜乘湖水消落时　"消"原误作"稍"。<u>满传</u>卷二一叶二九上及<u>耆献类征</u>卷一六六叶二〇上均同。今据<u>宪录</u>卷九叶二五上改。

〔三〕松江知府周中鋐率把总陆章乘船督工下埽　"把"原误作"千"。

满传卷二一叶三五下及耆献类征卷一六六叶二三下均同。今据
宪录卷七〇叶一四上改。

〔四〕上谕兵部曰　原脱"兵"字。满传卷二一叶三六上及耆献类征卷
一六六叶二三下均同。今据宪录卷七一叶二五下补。

杨宗仁

杨宗仁,汉军正白旗人。由监生于康熙三十五年授湖广慈
利县知县。四十年五月,调蓝山。四十四年,总督喻成龙、巡抚
赵申乔疏荐卓异,迁甘肃阶州知州。四十五年,迁兰州同知。四
十九年十一月,总督殷泰、巡抚鄂奇复疏荐。五十年五月,迁临
洮知府。五十二年,以巡抚岳拜疏荐"老成练达,有守有才,边俗
番情,素所熟习",授西宁道。五十三年七月,迁浙江按察使。五
十四年十一月,丁父忧。五十七年八月,补广西按察使,旋署广
西巡抚。

十一月,擢广东巡抚。五十八年,上以直省钱粮亏空甚多,
令各督抚立法清理。宗仁疏言:"粤东亏空,现在严饬各属勒限
追完。至于防杜将来,惟督抚、司道、府厅交相砥砺,勿藉事勒
索。无论正杂钱粮,知府照例不时盘查库银,随征随解;米谷实
贮在仓,毋许亏缺。若州县自行花费,知府宁肯代为弥缝,甘蹈
分赔之严例? 州县既无由挪移掩饰,即亏缺谅必无多,亦易补
足。倘敢徇纵,除本官严行治罪,上司从重议处,庶上下皆知儆
惕。若地方有不得已之公务挪用,难责州县独赔,又难使仓库亏
缺。应以督抚等所得公项银抵补,如不敷,仍设法公捐,总不致
课帑虚悬,于清厘亏空不无小补。"下部议如所请。

　　六十一年十一月，世宗宪皇帝御极，授湖广总督。雍正元年正月，丁母忧，命在任守制，并停陛见。宗仁疏请停给恩诏应得本身妻室封典及荫，为父母求谕祭，得旨俞允，仍给封荫。寻赐孔雀翎。四月，疏言："湖广素称俗薄民刁，兵骄吏玩。细究其故，皆由文武各员向所属官弁索取陋规节礼，州县必致横征私派，武弁必至虚兵冒饷，兵民挟比逞私，员弁不敢过问。臣今概行禁革，不许文官有私派、武弁有扣冒之弊，庶兵民不得藉词逞私，骄悍之习冀可默化潜消。再两湖南北盐价逐渐增长，穷民每兴嗟怨。揆厥所由，各官多贪盐规，商人借此长价。即如总督衙门盐规，渐次加至四万。从前一钱一包之盐，今则公然昂贵至一钱五六分不等。臣今尽革盐规，令商人减价出售，以惠穷民，俾地方渐有起色。至于严禁官宦富室囤积，止令商贩往来，俾米价渐平，与力行保甲，稽查匪类等件，皆臣职分应行之事，不敢一一琐陈。"得旨："览尔所奏，朕深嘉悦！在他人犹听其言而观其行，至于尔则信而不疑。斯乃全楚地方否极而泰之机也。"五月，疏荐广东南海知县宋玮升湖南宝庆知府，广州左卫守备范宗尧改补湖北汉阳知县，得旨："姑允所请，后勿踵行。"又疏言："俸工一项，乃朝廷禄养官役之恩，岂可任意饬捐，以填贪壑？湖广州县以上俸工报捐，已经十有馀年，总无分厘给发。责成官役枵腹办事，焉能禁其不需索闾阎？今自雍正元年起，一切官役应支俸工，臣俱令各照额编支领，俾均沾实惠。从前凡有公事，无一不令州县分捐，实皆派累百姓。臣通长核算，但令州县于所得加一耗羡内，节省二分解交藩司，以充一切公事之费，此外丝毫不许派捐。近奉部文，又将解部馀平一分恩赐免解，承办公事更得有馀。况节礼陋规概行禁革,则州县亦易于补苴从前亏空矣。"得旨:"所言全是,一无瑕疵,勉之!"

寻以病请以子榆林道文乾随任终养,诏加文乾按察使衔,驰驿速赴,并遣御医诊视。七月,疏言:"湖北粮道管理全省漕运兵糈,一岁中计有半年公出。旧设驿盐道,管全省驿递。号船应付勘合火牌,淮盐到楚,盘验察私,督运额销引目,职守迥异。康熙五十八年,依前督臣满丕奏,以驿盐道归并粮道,似未妥协,请复设以专责成。"下部议行。九月,疏言:"襄阳府属之樊城镇,五方杂处,商贾辐辏,奸宄易以潜踪。请移襄阳府同知驻樊城弹压。"从之。又言:"清净盗源,稽察窝赌窝逃,法莫善于力行保甲。臣到任后,即通饬所属,令绅衿兵役与齐民一体鳞次挨编保甲,不许脱漏一户。联络守望,百姓称便。诚恐州县奉行不得法,今专委本管道员稽察,如有未尽合法之州县,即令指示照式编次。择其善者,另予优奖。"得旨:"此论甚好。凡举行一法,必示以劝惩,方期有效耳。"二年正月,疏言:"立社仓,实系美政。臣与各官加意讲求,先择地建仓,然后劝捐谷本。出纳听民自主,不许官吏会计侵肥;并立奖掖尚义之典,士民咸踊跃争先。江夏、武昌、蒲圻等二十州县,各建仓三五十所不等,共捐纳谷本将三十万石,效验已著。臣又传湖南循此成法施行。"得旨:"据奏,社仓一事,于各省中尔先成创始之功,殊可褒嘉!"三年六月,谕奖督抚诸臣中居官行己可风有位者,加宗仁太子少傅衔。七月,卒于官,年六十有五。遗疏入,得旨:"杨宗仁敬慎持躬,廉能供职,效力年久,懋著勤劳。自简任总督以来,洁己奉公,孤介端方,始终一节。忽闻溘逝,朕追念良臣,深为凄恻,难释于怀! 应沛特恩,以示优眷。加赠少保,并给骑都尉世职,准袭二次,仍察例予恤。"赐祭葬,谥曰清端。御制像赞,有"廉洁如冰,耿介如石"句。八年,入祀贤良祠。

子文乾,仕至广东巡抚,自有传。

王国栋

王国栋,汉军镶红旗人。康熙五十二年进士,改庶吉士。五十四年,授检讨。五十七年,充会试同考官。逾年,迁国子监司业。六十年,授侍讲,寻转侍读。雍正元年三月,充陕西乡试正考官。四月,复设日讲起居注官,以国栋充补。六月,迁侍读学士。十一月,充广东乡试正考官。二年六月,授右通政。八月,充会试同考官。十月,命为河南学政。四年五月,迁光禄寺卿。十月,特旨授浙江观风整俗使。国栋抵任,以浙江风俗浇漓,诸务废弛,仰遵圣训,时以尊亲大义宣谕绅士,惩顽抗以清积欠,究包讼以警奸徒,革虚冒以饬营伍,严保甲以弭盗源。巡历所至,据实以闻,温谕奖之。是年,迁宗人府府丞。五年二月,上以浙江被水,米价腾贵,命国栋同巡抚李卫动帑银四万两,于杭州、嘉兴、湖州三府修城、浚河、筑堤,俾民佣工食力。国栋奏:"杭州至海宁河淤,应浚;太湖堤闸及嘉兴石塘多坍,应修理。但冬春雨雪多,兴工未免过费,请俟九、十月间水落,再行修筑疏浚。"上是其言。

五月,擢湖南巡抚,谕曰:"本欲令尔在浙整饬数年,以期成效,但湖南废弛日久,急需治理。今命尔巡抚其地,勉之!"八月,疏言:"督抚大吏去任者,固不可沽誉市恩;新莅者,尤当加意整饬。风声所播,庶可令行禁止。若意示宽大,则吏治必弛,民情必慢,事难整理。"谕嘉国栋"得治理宽严之要,惟期实力行之"。时上命湖广总督迈柱会修两省堤工,国栋疏言:"长沙、岳州、常德三郡逼近洞庭,如湘阴、巴陵、华容、安乡、澧州、武陵、龙阳、沅江、益阳九州县,环绕大湖,堤塍甚多。居民恒于秋冬水涸时,筑堤堵水而耕。但地势卑下,每江涨水不能泄,反灌入湖,以致堤岸冲决,田禾淹没,民难安堵。现有溃口四百馀处,已饬水利各官刻期完筑,此外险工次第兴修,更严禁包折等弊,务期加高培厚,工程坚固。"七年六月,疏言:"岳州府属辽阔,中隔洞庭,石门、慈利俱系苗疆,九溪、永定军屯杂处,文移每至稽迟,有鞭长不及之虑。请改所属澧州为直隶州,辖石门、慈利、安乡三县,改九溪、永定二卫为一县,设知县、教谕、训导、巡检各一员。"初,金都御史申大成奏:"黔省屯田,百姓贱价顶种,易启纷争。请仿民田,一体买卖,每亩纳税五钱,官给执照为业,并推行各省。"七月,国栋疏言:"湖南屯田瘠薄,不比黔省膏腴,均与民田一例买卖,无贱价顶种之弊。其科则输赋,较民田更重。若照黔例,亩税五钱,是合屯粮十馀年常赋之数,断非民力能胜。应按各属屯粮全书,分别差等,其微价顶种未立卖券,粮仍军户者,令顶种人完税五钱,给照为业;如时价平买,并非顶种,粮未过割者,照屯粮一石税五钱,给照过割。其已过割者,税二钱。至龙阳、武陵、长靖诸屯田土赋重,应令售主按券价每两税三分。"诸疏并下部议行。先是,湖南靖州逆犯曾静遣其徒张熙,投逆书于川陕总督岳钟琪,钟琪以闻。上命刑部侍郎杭奕禄、副都统海兰至湖南,偕国栋拘讯。国栋据曾静妄供,并未究出党羽,又阿其那、塞思黑门下太监以罪徙广西，流言于路，直隶、河南督抚并查奏。国栋称湖南接解兵役，未闻一语，又茶陵州党犯陈蒂西传播流言，敕国栋提问，亦不得实证。九月，降旨切责。十月，革职回京。八年正月，命办理刑部右侍郎事。十月，充武会试副考官。

十一月，署山东巡抚。国栋前任河南学政时，荐教职申程章才品俱优，特旨申程章以知州衔授浙江临安知县，后迁江苏淮安知府，以诈典商杨纪、盐商程星所赃，为巡抚尹继善所纠。部议国栋滥举应革任，得旨宽留。九年二月，河南祥符、封丘等县水灾，诏国栋往查赈。七月，署江苏巡抚，寻署浙江巡抚。十年，仍回刑部侍郎任。十一年，偕尚书彭维新等稽察京、通各仓。十二年，以与尚书福敏等议福建民蓝厚正殴毙胞兄事失当，敕责其糊涂姑息，下部严查。部议降三级调用，以国栋系革职留任之员，无级可降，应革任，得旨，派充苦差。十三年十月，命署刑部右侍郎。十二月，卒。

法海

法海，满洲镶黄旗人，姓佟佳氏。祖图赖，都统、议政大臣、一等公，谥勤襄；父佟国纲，都统、内大臣、一等公，谥忠勇，赠太傅：均有传。

法海，国纲次子也。康熙三十三年进士，改庶吉士，命在南书房行走。三十七年，授检讨、上书房行走。三十九年三月，充日讲起居注官。四十四年五月，迁侍读学士。五十五年十月，擢广东巡抚。五十七年正月，疏言："沿海官员，向有游巡之例。请轻装减从，由粤东至浙江、江南等处查勘海道。"上特允所请。四月,疏言:"雷州府属遂溪、海康二县,近海洋田万顷,设堤岸包围,因年久未修,致潮溢侵田。今现任福建巡抚陈瑸奏请修筑,敕臣查明。臣查二县东洋塘堤岸十七处、水闸十三处,向用土筑。今请改木石工,可免随时修筑之劳。"从之。先是,广东巡盐御史常保奏因欠课撤盐政,交督抚专管。至是,法海奏:"广东盐务紧要,不可无专辖之员。请仍遣御史会抚臣督征。"下部议行。八月,上览法海请安奏,语意似病癫,命九卿询明议奏。寻议法海患噎膈,不胜封疆重寄,请革职。诏赴西宁军营效力。雍正元年,召还,命提督江南学政。

　　二年十一月,授浙江巡抚。时兵部侍郎牛钮请酌裁各站驿马额数,变价充饷,敕下各省督抚详查议奏。三年四月,法海奏言:"浙省驿站,从前酌定冲僻,议留差马百匹,分隶嘉兴、秀水、石门、仁和、钱塘五县,所属西水、皂林、吴山、浙江四驿,无可再减。惟查仁、钱二县各马十八匹,吴山、浙江二驿各十二匹,应差相同,马数稍有多寡。应将仁、钱二县各拨三匹入吴山、浙江两驿,各设十五匹。其嘉、秀二县共一西水驿,每县各十五匹,石门县之皂林驿只十匹,应将嘉、秀二县各拨五匹入皂林驿,则西水、皂林各二十匹,多寡适均。至养马募夫,岁需银二千九百馀两。今以仁、钱二县每匹日支银六分,每夫日支银三分,适中之数为准,一例支放,实减冲饷银二百三十两有奇。"下部议行。六月,疏言:"吴上大夫伍员、唐武肃王钱镠、宋安济公张夏实为浙江江海保障之神,明绍兴府知府汤绍恩创建三江闸,有功其地,请各加封修庙,岁春秋致祭。"得旨:"伍员封英卫公,钱镠封诚应武肃王,张夏封静安公,〔一〕汤绍恩封宁江伯。"

八月,谕曰:"法海操守颇好,但其性情偏执,于外任不相宜,着调来京。"是月,署兵部尚书。十二月,授左都御史。四年二月,授兵部尚书,充翻译乡试正考官。七月,命协理礼部事,兼内务府总管。十二月,谕曰:"法海本无能之人,圣祖仁皇帝加恩擢用,获罪革职,发往军营效力。伊至西宁,〔二〕遂与允禵私相交结。允禵贪纵不法之事,法海并不劝阻。朕即位后,令允禵来京,法海乃效力废员,未奉朕旨,即潜至京师,且谄附年羹尧,称为'天下豪杰'。其所言之狂悖如此。朕近命法海往西宁搬塞思黑家口,伊竟不请训旨,冒昧前往。及至保定,又不候朕旨,擅将塞思黑家口带领来京,强交内务府收管。种种不法,悖乱妄行。着革职拿问。"五年闰三月,王大臣等议,照大不敬拟斩决,特旨从宽免死,发往察罕托浑,在水利处效力。

九年十二月,命回京。乾隆元年五月,给副都统衔,协理咸安宫事务。二年五月,卒。

【校勘记】

〔一〕张夏封静安公　"公"原误作"王"。满传卷三六叶一九上及耆献类征卷四二叶二〇上均同。今据宪录卷三三叶三二下改。

〔二〕伊至西宁　"宁"原误作"林"。满传卷三六叶一九下及耆献类征卷四二叶二〇下均同。今据宪录卷四六叶二九上改。

田文镜

田文镜,汉军正黄旗人。由监生于康熙二十二年任福建长乐县县丞。三十一年,迁山西宁乡县知县。四十四年,迁直隶易州知州。四十五年，内迁吏部员外郎。四十八年，迁刑部郎中。五十一年，改授监察御史。五十五年，巡视长芦盐政，疏言："山东盐引，节次请复，尚缺额引五万七千五百五十六道。今商人愿先输课，增复原引，自五十六年为始，在长清等县运行。"奉旨："加引虽可增课，恐于商人无益。"下九卿议奏行，山东巡抚定议具题，如所请行。五十六年，擢内阁侍读学士。雍正元年，上命告祭华岳。寻又命往山西赈济平定等四州县。九月，署山西布政使。

二年正月，授河南布政使。八月，署河南巡抚，奏言："开封府辖四州三十县，地方辽远，请照晋省改设直隶州分辖：开封府属之西华、商水、项城、沈丘四县，分隶陈州；临颍、襄城、郾城、长葛四县，分隶许州；密、新郑二县，分隶禹州；荥泽、荥阳、河阴、汜水四县，分隶郑州；原武县就近归怀庆府辖；延津县归卫辉府辖。又河南府属之灵宝、阌乡二县，分隶陕州；汝宁府属之光山、息县、固始、商城四县，分隶光州。各县钱粮，知州查核督催，照知府例处分。直隶各州县钱粮：光州归南汝道，陈、许、禹、郑、陕五州归开归道盘查，徇隐亦照知府例议处。"部议如所请行。十二月，授河南巡抚。三年正月，奏言："豫省河工，向设堡夫九百馀名修防。嗣因连年水涨，拨江南河兵千名，协力防护。是河兵原以济堡夫之不足。河臣齐苏勒请过秋汛裁堡夫。窃思每年俱有水发时，大堤新筑，更须巡防。新设河兵，虽谙镶垫、钉桩、卷埽、下埽，而搜索狼窝鼠穴，及防守风雨，瞭望水势，不若堡夫熟悉。所有原设堡夫，断难裁汰。"六月，又言："堡夫学习桩埽，须河员董率。堡夫谙练，即可拔河兵，虽有千、把统辖，应令管河道稽查,并责各河工同知教习,庶可约束。"疏入,下部议行。是月,又言:"豫省漕船向于卫辉水次受兑,道经直隶大名府属之濬、滑、内黄三县,隔省呼应不灵。请将三县改隶彰德、卫辉,统属既专,漕不致误。"奉旨允行。四年九月,奏言:"赋役法,丁随粮派。请将豫省各邑丁粮均派地粮内,绅衿富户不分等则,一例输将,以雍正五年为始。"部议从之。十二月,浙江道御史谢济世参奏文镜贪虐不法,谕责谢济世自恃言官,胸怀诡诈,令大学士、九卿等严讯具奏。讯得济世自认风闻无据,显系受人指使,要结朋党,扰乱是非,拟斩决。疏入,谕大学士、九卿等曰:"田文镜于雍正元年告祭华山复命时,备言山西荒歉情形。朕以其直言无隐,令往山西赈济,即授为山西布政使。剔除未清案件,吏治一新。嗣因河南诸事废弛,调为河南布政使,旋即用为巡抚。整饬河工,每事秉公洁己,实巡抚中第一。今大学士、九卿等究讯谢济世所参田文镜各款皆虚,则谢济世受人指使,情弊显然。谢济世着即革职,发往军前效力赎罪,姑免深究。"五年二月,奏言:"黄河汛水涨发,素平易者忽成险工,宜暂用民力。每岁夏至后,将距堤一二里村庄,照佃户数认夫,有急赴工抢护,工完立散。若非计日可竣者,按名给工食。河印汛弁各员不得扰民。"闰三月,又言:"河北彰德、卫辉、怀庆三府,向设守道一员,康熙二十五年裁。但三府共辖二十二县,幅员甚广,请复设河北守道统辖,加兵备职衔。河北堤工埽坝、厅汛各员、河兵堡夫一应钱粮,令就近督率,并巡防小丹河等水利。再卫辉属之胙城县地狭,且离延津仅三十五里,请裁并延津,其学额仍准附延津照旧考取。"部议均如所请行。

七月,特授河南总督,加兵部尚书衔。先是,文镜系正蓝旗汉军,奉旨抬入正黄旗。六年五月,谕曰:"田文镜自到河南,忠诚体国,公正廉明。豫省吏畏民怀,称为乐土。山东吏治民风,宜加整饬,着授田文镜为河南山东总督,管理两省事务。此因人设立之旷典,不为定例。"七月,奏言:"交界地方,易藏匪类。伏读上谕交界地方失事,探实赃盗处,一面差役密拿,一面移文关会。拿获后,报该管地方添差移解。洵捕盗良法也。但捕役畏奸徒夺犯,不敢越界密拿,每因拒劫,致成人命。迨邻境关拿,彼处仍复徇庇,是以盗贼潜聚。请嗣后如隔属密拿贼盗,彼处有纵夺徇庇者,许拿盗之地方官详本省督抚移咨会参。"奉旨允行。时豫省漕粮,惟附近水次之河北三府运本色,其不近水次之河以南州县,均征折色,仍在河北三府采买,三府偏累。文镜奏准各征各漕,将距水稍远州县,照旧征本色,临水之仪封、考城,暨新改归豫省之濬、滑、内黄,均增办本色,距水最远之灵宝减办米二千石,阌乡三千石,归临水五县征输。南阳、汝宁二府,光、汝二州,永宁、嵩、卢氏三县,皆路远难运,免其办解,即分拨五县协办,按程远近,每加价银五分至二钱三分不等。九月,奏言:"东省仓库俱有亏空,且多挪新掩旧。请嗣后知府、直隶州知州离任时,将所辖州县仓库钱粮,照豫省交代例限三个月,令接任官查明结报。如有亏空,知府、知州均半赔结,方许赴新任。接任官徇情出结,即令分赔。再府及直隶州仓库,向系该管道盘查,嗣后道员离任,照此例交代。"又言:"东省钱粮旧欠二百馀万之多,雍正六年钱粮将届全完之期,完不及五分,由于火耗太重,私派太多,其向民加派加耗由于上司需索,虽有自爱州县,不得不改廉易节。今欲禁加派加耗,必先严禁收受陋规,请旨严谕山东抚、藩二臣,于半年内协同臣澈底查清,分别请参应追、应禁、应革,毋得瞻徇容隐。"诸疏入,皆蒙俞允。

七年七月,遵旨议奏:"山东青州府为适中要地,内联陆路各营,外与沿海营汛呼吸相通,设立满洲驻防兵,可以资弹压而重保障。府北城外,有废东阳古城址,建城署、营房,可驻兵数千。"议政大臣议如所请行。十月,加太子太保。十二月,奏:"请分东昌府属之高唐州为直隶州,辖济南府属之禹城、平原、陵县、临邑四县;濮州为直隶州,辖观城、范县、朝城二县;兖州府属之东平州为直隶州,辖东阿、平阴、寿张、阳谷四县;青州府属之莒州为直隶州,辖日照、沂水、蒙阴三县。从前所改之直隶济宁州仍归兖州府辖,其济宁原辖之巨野、嘉祥县改隶曹州,郓城县仍隶兖州。"下部议行。八年二月,奏言:"武弁养赡家口仆从,名粮外别无所资,但给步粮,不敷用。请自提督至守备马步各卒,千总马一步四,把总马一步三,作为定额,一体遵行。"从之。

五月,特命兼任北河总督。十一月,奏言:"今年豫省被水州县,收成虽不等,实未成灾。士民踊跃输将,所有特恩蠲免之钱粮,请仍照额完兑。"部议应如所请。得旨:"士民急公奉上,甚属可嘉!着该督确查歉收分数,仍照例蠲免。即将现兑正粮作下年正供。"九年二月,上谕:"上年山东有水患,河南亦有数县被水。朕以田文镜自能经理,未另遣员查赈。今闻祥符、封丘等州县,有卖男女与山、陕客商者。田文镜近来年老多病,精神不及,为属员欺诳,不能抚绥安插,而但禁其卖鬻子女,以避离散之名,是绝其生路也。岂为民父母者所忍言乎?着刑部侍郎王国栋前往赈济。"四月,以病乞休,命解任来京调理。七月,病痊回任。十年八月,疏言:"登州镇新增兵一千,其中、右二营请增千总一员、把总一员约束。"下部议行。

十二月,以病奏请解任,允之。是月,卒于河南。遗疏上,得旨:"田文镜老成历练,才守兼优。自简任督抚以来,府库不亏,仓储充足,察吏安民,惩贪除暴,不避嫌怨,庶务具举。封疆重寄,正资料理。前以衰病请解任调理,勉从其请。今闻溘逝,深为悯惜!应得恤典,察例具奏。"寻赐祭葬,谥端肃。特命河南省城立专祠祀之,并准入祀豫省贤良祠。

十三年十一月,尚书史贻直奏称河南开垦捐输累民甚,宜速罢,请特简廉明公正大臣往抚绥查核,廷议如所请。奉旨:"河南地方,自田文镜为巡抚、总督以来,苛刻搜求,以严厉相尚,而属员又复承其意旨,剥削成风,豫民重受其困。即如前年匿灾不报,百姓至于流离,蒙皇考严饬,遣官赈恤,始得安全。此中外所共知者。乃王士俊接任河东,不能加意惠养,且扰乱纷更,以为干济,借开垦之虚名,而成累民之弊政。彼地方民风淳朴,竭蹶以从,罔敢或后,甚属可嘉!然先后遭督臣之苛政,其情亦可悯矣!王士俊着解任,来京候旨。并将此旨宣示豫民,咸使闻知。"乾隆五年四月,河南巡抚雅尔图奏言:"文镜在豫,百姓至今怨恨,不应入豫省贤良祠。"奉上谕:"朕观雅尔图此奏,系见朕降旨令李卫入祀贤良,意谓李卫与鄂尔泰素不相合,特借田文镜之应撤,以见李卫之不应入耳。当日王士俊将田文镜奏请入祀贤良祠,系奉皇考允行。今若撤出,是翻前案矣。鄂尔泰、田文镜、李卫皆皇考所最称许者。其实田文镜不及李卫,李卫又不及鄂尔泰,而彼时三人素不相合,亦众所共知也。"于是文镜遂得祀豫省贤良祠。

李卫

李卫,江苏铜山人。由捐纳员外郎,于康熙五十六年授兵部。五十八年,迁户部郎中。六十一年十月,授直隶驿传道,未赴,改云南盐驿道。雍正元年,管理铜厂。二年,擢布政使,仍兼理盐务。上以李卫褊躁尚气,训之曰:"近有人奏汝恃能放纵,于督抚上司前粗率无礼,操守亦不能纯,间有巧取处。若如此行为,则大负朕之倚任。嗣后极宜谦恭持己,和平接物。川马、骨董之收受,俱当检点;两面钦用牌,不可以已乎?是皆小人逞志之态,何须乃尔! 其克谨克慎,毋忽!"寻卫以不避嫌怨奏,谕曰:"不避嫌怨,与使气凌人、骄慢无礼,判然两途,弗相交涉。汝宜勤修者,惟'涵养'二字最为切要,务须勉为全人,方不有负知遇殊恩! 书云:'习与性成。'若不痛自刻责,未易改除,将来必以此受累,后悔何及! 谆切训诲,实由朕衷'有则改之,无则加勉',当时刻自检也。"

三年,授浙江巡抚,陛见时,奏江南朱家口决口,[一]命卫便道至清江浦与河道总督齐苏勒议河工。四年三月,奏言:"遵旨与齐苏勒相见,知决口已合龙。因询以此番决口,全河俱由朱家口归洪泽湖,恐沙淤垫湖底。据称勤淤懒沙,不能远至洪泽湖,当至上流三处小湖而止。臣问:'三小湖既与洪泽相连,又在上流,乃大湖支派受水分泄之渊薮。若垫高,将来洪泽蓄水渐少,且由近及远,再遇水发,仍填入湖堰,势陡且险,尚当留蓄水处为是。'伊云:'别无善法,惟加防,期不至决口。'臣又问:'治河当借急湍之势,以浚泄下流、疏通海口为要,抑或专顾冲决、坚牢工程为主?'据称:'海口紧要,上年我于清口筑坝,留口甚狭,令其敌黄,并借二水之势,将清江迤东河底刷深,海口亦无阻滞。'臣观齐苏勒操守学问甚优,办事不避勤苦,但无好官相辅,兼自负过高,不纳众言。"疏入,报闻。六月,奏言:"浙江户口繁多,米不敷食。四川产米甚多,川江直抵湖广,盘运亦易。请照两淮买谷例,于盐政归公项内,以十万两委员赴川置运。俟青黄不接时,分发米少州县,减粜以济民食,归还司库原银,有馀为修理城垣等用。"又请增子母炮四十八位,分给驻防满、汉兵,选协领等员教习演放。俱得旨允行。

是月,命兼理两浙盐政。七月,疏言:"乌程县属之乌镇,近接太湖,易藏奸宄。请将湖州府同知移驻。"十一月,奏言:"灶丁课饷,应归灶地征收。如仁和场之仁和仓及许村等八场,向有沿海滩荡,给丁樵刮,即以每丁应纳之课,摊于所给之地,计亩征收。其仁和场之钱塘仓、西路等九场,北监场之峡门、华严二仓,黄岩等六场,白沙、岳头二仓,原无给丁荡地者,或暂令各丁照旧输纳;其丁多荡少者,或于旧税上加摊。灶丁荡户俱有苦累,须清查升涨抵补。请将许村等场新升荡地税银,抵除前报暂摊并无地可摊之丁银;如续有涨坍荡地,照例增减。"又疏言:"浙省私贩出没之所,海宁、海盐、平湖、桐乡为最,而海宁之长安镇乃其适中孔道,请专设千总一、兵百,分巡隘口。再拨抚标兵百、千总一协缉。各场官俱系微员,不能杜弊,请以候选同知、通判、州县等官分发各场,专其责成。俟有成效,题请照原衔升用。"又疏言:"江南苏、松、常、镇四府食盐,例销浙引。镇江接壤两淮,仅隔一江,私贩易于偷渡,致浙盐壅滞,请令常镇道督同镇江府海防同知、京口将军标副将、镇江城守参将,严拿水陆私盐,仍禁官弁兵役勒掯。"俱下部议行。

五年二月,奏修海宁县浦儿兜草坝、老盐仓、姚家堰草塘,海盐县闰馀等字号石塘,萧山县镇湖庵、王家池、闻家堰一带石塘,钱塘县午山一带、仁和县总管庙前各坍塘。十月,又奏修海宁县沿海东西塘。俱从之。十一月,授浙江总督,管巡抚事。六年三月,奏言:"浙江交界,积窝恶贼,查拿甚多,颇有屡犯漏网大盗。缘地连两省,每致影射作弊。如浙江究出伙贼姚二、姚天生两犯,咨江南震泽县提拿。竟以替身起解,为浙省押往认识之张德隆指破。而此案经江南督臣范时绎留审,未得归浙并究。今查出徇庇首犯举人金士吉等,已质明有据,请褫革严审,并提齐江南所留案犯,穷究党羽,翦除巢穴,以期靖盗安良。"得旨嘉奖。

濒海玉环山界连台州太平县、温州乐清县,周七百馀里,有田十馀万亩,[二]山嶨平衍,土性肥饶。前浙闽总督满保因地隔海汉,防范难周,屡禁开垦。卫委员查勘,见其田可耕,各嶨口潮水侵灌成滩者可煎盐,其要隘又可防缉洋匪,奏请设兵增戍,听本省近地民取结往垦,上允所请。至是,条奏:"经理玉环山各事宜:一、请设玉环清军饷捕同知一员,将太平县界之楚门、老岸、[三]南塘、北塘、芳杜、东嶨、密溪、洞林,乐清县界之盘石、蒲岐、黄大嶨、状元嶨、茅埏等处,俱归管辖,裁乐清县驿丞,改设巡检,听同知差遣;一、玉环山田,逐一丈明,给太平、乐清两县民,入籍管业,其附近玉环有愿入籍耕种者,准一体编入保甲,所垦田即于本年起科，分上、中、下则纳赋；一、按亩征收本色，其滨海潮湿地折谷收贮，馀米许民运售温、台等处，给票查验，毋得私贩出洋；一、玉环可耕之田，向有堤塘捍卫，年久倾圮，应听民自行修建，或借帑承修，秋收还项；一、玉环设汛置官，所需用多，查各噢有捕鱼船，应给牌查验，其滨海盐户，亦编入保甲，并灶聚煎，官收官卖，所有鱼、盐税银，即充各项公用，俟经理完备后，解归藩司盐政；一、玉环立左、右二营，归温州镇辖，设参将一、守备二、千总二、把总四，兵九百，以左营为陆路，右营为水师，其弁兵即裁盘石营水师将弁及原额兵，并于太平、乐清、大荆等营，就近分拨，以符新置弁兵之数，其旧隶黄岩、盘石两营防守之陆路，并盘石营原管之洋面、籍隶黄岩之洋汛，俱玉环营辖。"下部议行。

　　五月，以清查马厂等事，与将军鄂弥达争论，具疏自辨。上谕"以识见通达为贵，勿狭勿滞"。六月，疏言："鄞县大嵩港灌民田数万亩，日久淤浅，且无支河蓄水。请疏通嵩港，于港口建坝，分浚支河；于通海之横山头等处，筑土塘并石闸六。又镇海县之灵岩、大丘二乡，有浦口通流入海，闸已圮废，应筑塘修闸，以资蓄泄。又定海县初名舟山，旷田甚多，不无隐占，应委员查丈清理。"并从之。七月，谕曰："江南苏、松等处，盗风不息。巡抚陈时夏不能严拿惩治，总督范时绎戢盗之才亦觉不足，朕深为廑念。李卫于浙省盗案留心缉捕，不致漏网，甚属可嘉！着将江苏所属七府五州一切盗案，俱令李卫管理，文武官听其节制调遣。"寻疏言："绍兴府属之上虞县沿海田，潮汐侵削坍没五千馀亩，〔四〕业户有赔纳钱粮之累，而县属之夏盖湖，周百馀里，涨淤成田者，已饬丈明，许民自首认业。请将坍田除额，新垦升科，庶额赋永清。"如所请行。苏、松逼近海滨,向受潮患,廷议筑松江石塘三千八百馀丈,并将接段土塘尽易石。上以江南督臣范时绎办理未协,令卫查议具奏。卫赴工履勘,覆奏松江海塘已筑二千四百馀丈,不必拆改。未筑者,应仿浙江海盐旧塘建筑;已筑完者,鳞次居中,无庸更加高厚。土塘附石塘后,宜一例高厚,每年派员岁修。东湾自周公墩,张家舍至倪家路,俱距海甚近,应先建筑。金山嘴老土塘至东华家角,[五]原报丈尺未确,应依营造尺估计,旧塘坍石旁筑新塘。"疏入,得旨依议,仍令卫会同江南督抚稽查办理。

是月,奏言:"臣籍隶江南徐州,族繁丁众。有堂弟李怀谨、李信枝,臣因其放纵,不循理法,行文淮徐道拿解来浙,惩以家法,圈禁在署。族人交口腾谤,甚有欲改姓氏为加罪之地者。臣除窝拿盗诸事,获罪于范时绎,而奉命议河工,又与齐苏勒不无芥蒂,皆臣本籍大吏,恐因家事,致心迹难以自明。"谕曰:"范时绎乃不足置论之人。齐苏勒之有芥蒂,大抵因前岁赴任,中途相晤,奉旨论河时,微启衅端。或系汝与接待之际,礼貌疏慢所致,其过不在齐苏勒也。朕意举凡此等形迹,皆不必系念,人事参差不齐,何能计较纤悉无遗?况审辨公私,最为不易。傥向日于邻里乡党间先存曲嫌小憾,则又当一论。朕每言公中私、私中公,枢机正在于此。其中原委既不确知,难以批谕是非当否也。"十二月,上以卫留心营务,凡江南军政举劾,命卫同范时绎等办理。是月,遣侍郎王机、彭维新往江南清查积欠钱粮,亦令卫与闻。

七年四月,加兵部尚书衔。寻疏请复设江南南汇县下砂二场、浙江黄岩县杜渎场、永嘉县永嘉场场官各一,裁江南金山卫浦东场官一，又请增设台州府属之海门、前所、家子、三江口、新亭、章安、道头、江口等汛炮台巡船，俱从之。五月，陛见，未及回任，丁母忧，命在任守制。十月，加太子少傅衔。十二月，疏言："海宁海塘，东至尖山，西至翁家埠，绵亘百里，皆临大海。今南岸潮头直射，北面护沙刷洗无存，一线草塘，不能御全海潮势。请于西塘内，自荆煦庙至草庵，就旧有草塘，收进二三丈，砌筑石工。东塘于陈文港、小文前薛家坝及二十里亭等处，分筑挑水盘头大草坝五，使水势稍缓，可引涨沙渐聚。其年远块石，各塘酌量加高培厚。"下部议行。先是，卫陛见时，奏："清口之西，圣祖仁皇帝所建御坝，今较短窄，应加筑。"上以询河道总督孔毓珣，则称此坝递年培筑，较原建丈尺已增。至是，特发毓珣原折示卫，卫奏："臣并未亲经其地，失言，咎实难辞。"上训谕之。八年二月，疏言："嘉兴、秀水二县，旧有民捐义田馀租，学臣周清源题归官征备赈。租有定额，穷佃苦累，并累及原捐之后裔。请豁免年久未完银米，将田分别归社，永免官征。又疏请移宁波府同知驻鄞县之大嵩海口，四明驿驿丞驻鄞县之甬东，岑港司巡检驻定海县之岱山，〔六〕沈家门为定海咽喉，增设沈家礅巡检，并从之。是时江宁有张云如者，以符咒惑人，谋不轨。卫遣弁密缉，得其党甘凤池、陆同庵、蔡思济、范龙友等私相煽诱状，令效力游击马空北赍文提拿张云如，而范时绎及按察使马世珩回护失察咎；〔七〕又曾与云如往来，辗转关查不解，且贿空北禀饰。卫具疏劾之。四月，命尚书李永升赴浙会鞫，得实。时绎解任，世珩斩监候，空北杖流，云如及凤池、同庵、思济、龙友各拟斩如律。

九年三月，条奏："江南苏州府营制事宜：一、胥、阊二门，五方杂处,请增苏州城守营守备一、把总二,分汛驻防,并移苏州府经历驻社坛;一、苏州旧设城守二营,请将左营改为中营,以新设之守备为左营,将浒墅关把总一、外委把总一及原防兵,归并管辖,以成三营;一、胥阊门外,应增水陆防汛,请将提督塘拨兵百二十、巡盐兵二十、壮丁五十拨入左营,酌分水陆驻防;一、浒墅关之东黄埭一带,向设巡船二,应给腰牌为凭,如无牌,冒充巡役,文武官严行查究;一、苏州染造青蓝等布,踹坊四百馀处,踹匠不下万人,请设甲长、坊长,互相稽查,其踹匠着落包头取结存案。"十一月,奏修浙江海宁县镇海、塔前等处坦水,海盐县南首三涧寨一带险汛,平湖县独山东西石土各塘,钱塘县徐村、梵村等处坍裂江塘,并从之。

十年闰五月,署刑部尚书。九月,授直隶总督。十月,命节制直隶提督等官。十一年八月,疏言:"独石口边城外河西,请造逼水堤,并东西雁翅二道;张家口边城外,旧有土堤,请增高三尺,改石坝。"九月,疏言:"直隶地方辽阔,州县事繁,佐杂官应酌量增改。请于故城县郑家口,景州龙华镇,河间县景和镇、北魏村,献县韩村,南皮县旧县镇,沧州孟村、吕家桥,盐山县杨二庄,青县杜林镇,天津县葛沽、西沽等处,各增设巡检一;东明县杜胜集复设巡检一。"又请移磁州州判驻彭城镇,河间县管河县丞驻张各庄,[八]清河县管河县丞驻油坊镇,俱兼巡检职衔。下部议行。是月,卫疏参户部尚书、署步军统领鄂尔奇坏法营私、紊制扰民各款,诏革鄂尔奇职,命果亲王偕侍郎莽鹄立、海望等秉公审理。寻讯得实,请加倍治罪。上以"鄂尔奇系大学士鄂尔泰弟,今鄂尔泰裨益政务甚多",宥鄂尔奇罪,卫议叙加一级。十月,疏言:"直隶百四十馀州县,守巡则有口北、霸昌二道。请复设大名道,驻扎原治,辖大名、顺德、广平三府,其属内河道工程,悉归管辖。各河道向专管水利,今请令清河道兼管保定、正定二府并原分之直隶五州,通永河道兼管通、蓟、遵化三州,三河、武清、宝坻、宁河四县及永平一府;天津河道兼管天津、河间二府。又请增设保定府同知一、粮捕通判一,驻保定;天津府粮捕通判一,分驻沧州。"十一月,疏言:"易州泰宁山太平峪恭建万年吉地,山西广昌县之草桥店七村在内垣近障之中,宜敬谨保护。请改易州为直隶州,以保定府之涞水县、山西之广昌县隶之,并将广昌之草桥店七村改隶州界,以肃拱卫。"十二年正月,条奏:"运河事宜:一、直隶故城县与山东德州卫、武城县毗连,系运河东注转湾之处,向未筑堤,水发即溢。请以工代赈,趱筑土塘堤。一、直隶、山东运河交界各州县,犬牙相错,遇命盗案件,互相推诿。请定地界拨换,以专责成。"三月,疏请将直隶晋州及州属之无极、藁城二县,定州属之新乐县,俱隶正定府辖,保定府之深泽县隶定州辖;增设正定府平山县洪子店巡检一。下部议,从之。四月,谕曰:"近有人谓卿任性使气,动辄使口肆詈。谨言之戒,朕屡经谆训,不啻再三。丈夫立身行己,于此等小节不能操持,尚何进德修业之可期? 后当竭力悛改,时自检点,勤加从容涵养之功,渐融粗猛傲慢之习,则谤毁不弭自消矣。"十一月,疏言:"京师五城及巡捕京营所管地方,与州县交错,人命案件未免彼此交接。请将附近京城地方,酌定地数,统归五城及京营辖;其附近州县及外营交错地方,俱改正归并,分晰界限,使内外文武不至牵诿。"下部议行。

乾隆元年三月，疏言："喜峰口外之八沟与喀喇沁接壤，旗民事件向归理事通判管理。后增设喀喇沁同知及承德州知州，分理不无牵制。请将通判管辖之附近喀喇沁地方，如八沟、龙须门等汛旗民案件，俱归喀喇沁同知；其馀汛属旗人案件归热河同知，民人案件归承德州知州分管。八沟通判请移驻蒙古四旗适中之土城子地方，土城子及黄沽屯各增设巡检司千总一、马兵十五、步兵二十五，白虎沟设把总一、马兵五、步兵十，郭家屯、大阁儿各设把总一、马兵十、步兵二十，上黄旗设把总一、马兵十、步兵二十，俱听通判管辖；喀喇沁增设千总一、马兵十、步兵二十，听八沟同知节制，统归河屯营兼辖。至河屯营之下板城、热河之中关各设把总一、马兵十、步兵二十，俱归河屯营参将管辖。设承德州州同一，改迁安驿丞为巡检，以西河司巡检驻鞍匠屯。"俱从之。

四月，兼管直隶副总河。[九]先是，直隶营田设观察使二员，督率稽查。至是，上命裁观察使，敕卫派道府大员兼理，详议具奏。卫以营田散处京外三十七州县，[一〇]请交各州县收管，以专责成。如本任事繁，委所属佐贰协理，本管知府暨直隶州知州就近稽查。顺天府属营田四路同知，分辖通永、霸昌、天津、清河、大名五道，各按所属营田统率经理，督臣、藩司不时考察。如州县实力督课，著有成效，准照卓异例，不论俸满即升，怠忽者参处。其丰润、霸州、天津、永年、新安、玉田、文安、大城、磁州等州县营田最广，缺出请于熟习水利各员内拣选，具题调补。下部如所请行。二年正月，奏诚亲王府护卫库克同安州民争控淤地一案，[一一]赴州嘱托，显有指冒诳骗情弊。上嘉其执法秉公，特赐四团龙补服。七月，奏报卢沟桥、良乡、固安、永清、东安等处水灾,上命于天津北仓截漕五十万石,拨被水州县,以备赈恤。三年四月,奏言:"沧州、青县挑浚砖河,占用旗民地亩,其粮银应请造册开除,并照浚武清县筐儿港压占地亩之例,按亩给价。"部议从之。九月,疏参直隶总河朱藻挟诈误公、贪劣各款,又藻弟革职广宁县知县蘅辄敢以私书挟制地方官,干预赈务。奏入,命尚书公讷亲及尚书孙嘉淦会鞫,得实,革藻职,拟杖;流蘅,拟杖。

　　十月,卫卒,谕曰:"李卫才猷干练,实心办事,宣力封疆,勇往直前,无所瞻顾。畿辅重地,正资料理。前闻患病,准其解任调理。特遣太医诊视,颁赐参药,冀其痊可。今闻溘逝,深为悼惜! 应得恤典,察例具奏。"寻赐祭葬如例,谥敏达。五年,直隶总督孙嘉淦奏请入祀直隶名宦祠,得旨俞允,并谕入祀贤良祠。四十五年三月,谕曰:"朕巡幸江、浙,临莅杭州,见西湖花神庙所塑神像及后楼小像,牌字俱书'湖山神位'。其像虽有大小,面貌相仿。闻系李卫在浙时自塑此像,托名立庙。是以后楼并有正夫人及左右夫人像,甚为可异。李卫于督抚中并非公正纯臣,在浙江无甚功德于民,闻其仰借皇考恩眷,〔一二〕颇多任性骄纵之处。设使此时尚在,犹当究治其愆,岂可令其托名立庙,永享祭祀? 所有庙中原像,着该督抚撤毁,另塑湖神之像,以昭信祀。"

【校勘记】

〔一〕奏江南朱家口决口　前"口"原误作"海"。满传卷二〇叶五〇及耆献类征卷一六八叶一八下均同。今据宪录卷三七叶三下改。下同。

〔二〕有田十馀万亩　"十"原误作"千"。汉传卷二〇叶五三下及耆献类征卷一六八叶二〇下均同。今据宪录卷六七叶一九上改。

〔三〕将太平县界之楚门老岸　"楚"原误作"禁",又"岸"误作"峰"。汉传卷二〇叶五四上及耆献类征卷一六八叶二一上均同。今据宪录卷六七叶一九上改。

〔四〕潮汐侵削坍没五千馀亩　"侵"原误作"浸",又"千"误作"十"。汉传卷二〇叶五六上及耆献类征卷一六八叶二二上均同。今据宪录卷七一叶五上改。

〔五〕金山嘴老土塘至东华家角　"角"原误作"觜"。汉传卷二〇叶五七上及耆献类征卷一六八叶二二下均同。今据宪录卷七三叶一八下改。

〔六〕岑港司巡检驻定海县之岱山　"港"原误作"溪"。汉传卷二〇叶五九下及耆献类征卷一六八叶二四上均同。今据宪录卷九一叶一九上改。

〔七〕按察使马世珩回护失察咎　"珩"原误作"炘"。汉传卷二〇叶六〇上及耆献类征卷一六八叶二四上均同。今据宪录卷九六叶一五下改。下同。

〔八〕河间县管河县丞驻张各庄　"各"原误作"名"。汉传卷二〇叶六二上及耆献类征卷一六八叶二五下均同。今据宪录卷一三五叶六下改。

〔九〕兼管直隶副总河　原脱"副"字。汉传卷二〇叶六五下及耆献类征卷一六八叶二七下均同。今据纯录卷一七叶四上补。

〔一〇〕卫以营田散处京外三十七州县　"散"原误作"数"。汉传卷二〇叶六五下及耆献类征卷一六八叶二七下均同。今据纯录卷二一叶二四上下改。

〔一一〕奏诚亲王府护卫库克同安州民争控淤地一案　"诚"原误作

“诚”，又“同”误作“于”，“地”误作“池”。<u>汉传</u>卷二〇叶六六
上及<u>耆献类征</u>卷一六八叶二七下均同。今据<u>纯录</u>卷三五叶七
上改。

〔一二〕闻其仰借皇考恩眷　“闻”原作“间”，形似而讹。<u>汉传</u>卷二〇
　　　叶六七上及<u>耆献类征</u>卷一六八叶二八下均同。今据<u>纯录</u>卷一
　　　一〇二叶一七上改。

杨文乾

　　<u>杨文乾</u>，汉军正白旗人，<u>湖广</u>总督<u>宗仁</u>之子。由监生效力<u>永
定河</u>工，<u>康熙</u>五十三年，授<u>山东</u><u>曹州</u>知州。五十七年，迁<u>东昌府</u>
知府。六十一年，卓异，迁<u>陕西</u><u>榆林道</u>。<u>雍正</u>元年，加按察使衔，
命随父任，侍疾。三年正月，授<u>河南</u>布政使。三月，奏言：“<u>山东</u>
<u>曹州</u>西南之<u>桃园集</u>，壤接七县，系<u>山东</u>、<u>河南</u>、<u>直隶</u>交会之区，距
城辽远，巡察难周，奸徒朝此暮彼，出入无常。请以<u>曹州</u>州同移
驻弹压。”如所请行。

　　四月，擢<u>广东</u>巡抚，赐孔雀翎及冠服、鞍马。寻丁父忧，命在
任守制。十二月，奏言：“臣自<u>楚</u>赴<u>粤</u>，途中闻告休布政使<u>朱绛</u>倚
与总督<u>孔毓珣</u>姻亲，亏帑三万馀两，交代未清，即严饬作速赔
补。”谕曰：“司库此项挪用，<u>孔毓珣</u>曾经奏过。尔等封疆大吏，
惟宜一心一德，以和为主，切毋听信属员离间之言，以致好恶参
差。”<u>文乾</u>又奏言：“臣抵任后，查盗案尘积，请概为速结。”谕曰：
“盗案非命案可比。命案迟延，拖累无辜，固属不宜；若因监毙者
多，遂立意轻纵，盗案尤为不可。此事朕难批谕，况亦非折奏完
结之事，倘虑积案拖累，任汝秉公严催，详情度理而为之。<u>孔毓</u>

珣于缉捕盗贼,甚为尽力。彼擒之,汝纵之,恐汝难当此论。纵
虎归山,岂为仁政? 此等作为,非积阴功,乃大坏德行事也。若
不加意斟酌,万万不可!”四年四月,疏言:“广东省城,盗贼甚
多,非编保甲,不能清理。旗兵与民人连居,臣拟会同将军不论
满、汉兵民,逐一编查。省会奸匪既清,各府州县可渐举行,盗风
庶少息。”谕曰:“此见甚好。弭盗之法,此为探本穷源之上策
也。”又疏言:“广东去岁薄收,今春米价日增,臣委员赴广西买
谷运粜。讵有镶黄旗披甲阎尚义等诱集多人,赴厂抢谷,殴伤监
粜官。旗兵等赴将军衙门喊禀,将军李林令赴臣衙门讲说,〔一〕
尚义等即拥至衙门。及臣拿获数人,李林令臣释放,臣未听从;
又嘱理事同知汪若文求从宽完结。〔二〕林身膺重任,不能约束兵
丁,事关旗兵鼓众,乞皇上钦差大臣来粤确审定拟。”上命礼部右
侍郎塞楞额、兵部右侍郎阿克敦往审,得实,林及尚义等俱论罪
如律。十一月,疏言:“广东民纳粮,俱用老户。臣今改立的名,
令各属申报,或因垦买过割之际,就本名注册,或赴县完粮时,问
明办粮人的名,登于原册老户下。百姓既知改立的名,则己身完
赋后,他人未完者不致累及,且就粮管业,不致诡寄、飞洒诸弊,
争先开报,一二年后,通省俱可改注。至丁银自康熙五十年审定
后,不复加额,广东丁随粮办者,已十之四五,其未随粮办者,令
布政使确查,将丁银尽归地粮,永免无粮征银之累。”得旨嘉奖。

　十二月,疏言:“广东地狭人众,米不敷食,积贮宜豫。今现
存仓谷一百六十馀万石,存七粜三,每年出谷五十万石,春夏季
兵丁于粜三谷内碾拨三十三万馀石,仅存十七万石。诚为民食
久远计,应酌量要地加贮二百馀万石,择水陆总口可达数州县适

中之地,建仓贮谷,有需即可拨运。"疏入,下九卿议,金以"滨海地不宜收贮,以致浥烂。惟惠、潮、琼三府僻处海隅,遇歉岁挽运维艰,潮属之海阳加贮谷十万石,潮阳加贮谷八万石,程乡加贮谷六万石,饶平加贮谷二万石;惠属之海丰加贮谷二万石;琼属之琼山加贮谷六万石"。得旨依议。又奏言:"秋审缓决人犯,虽非可矜,亦不至情实。将三次缓决者,请减等发边远为民。"谕曰:"朕甚不取汝此奏,且恐汝务小而遗大,宽严不得其宜,朕甚忧之!大凡应严者既不能严,则应宽者必不能宽,果能以公忠血诚对越天地神明,刑所当刑,即决人亦造福之事,何况其他?"四年四月,奏言:粤省办公银每年六七万两,向于火耗提用。臣商同督臣及司道等,将可省者尽裁,必不可少之项约需四万两。查民间置产推粮过割,例有州县公费。又奉裁卫所屯粮、陋规两项,约定提作公用,无庸再藉火耗。又各官养廉一项,州县征收火耗,每两加一,其实连戥头并封积零合算一钱三四分不等,计解司平头三分并缴二三分为修战船及按察司道府厅员养廉,每两净存五六分,留作州县养廉。其解司平头共三万两有奇,除每两拨给三厘为布政司衙门工食外,督抚藩司各得养廉银九千馀两,俱足用。"谕曰:"但务得中为是。若暂邀一时之名,使将来至于难措,非善举也。民情亦不可令至骄慢,属员亦不可令至窘乏,天下事惟贵一平,所以古人有'平治天下'之语。若一偏之见,致远恐泥,故君子不为。利不十不变法,害不十不易制,似此通盘更移之举,必彻始彻终,筹画妥当而为之,慎毋逞一时之兴而轻举也!"

五年三月,乞假葬父,允之。七月,福建巡抚常赉疏参文乾征收太平粤海关税，设立专行，得银二十馀万两，致夷船进口，无行承揽。去岁将夷人银豫行加一扣收，得银四万三千馀两，及上饷复每两抽分得三分九厘，令六专行先缴，又发银数万两于他处买湖丝、茶叶等物，贮如升行，勒令卖完，方许各行买货，所以商船稀少。上以常赉所奏银数未晰，洋行贸易外，杨文乾再有见小渔利之处，据实入告。嗣常赉疏称："粤海关税年额四万有奇，雍正四年杨文乾奏报连羡馀九万有奇。臣细访实十五万两，抽分夷人银二万馀两，贿纵红黄䌷缎出洋，得银万两馀，番银不论是否买货，先加一扣收，得银四万馀两。此系例外之求，复选洋船奇巧之物入署，令所派专行赔价，计银二万馀两。又交盐商银万九千，作二万两营运生息。此见小渔利处也。"疏入，得旨："从来操守一事，实难得其人。在杨文乾自以为不关国计民生，设法巧取，名实兼收。不知人之耳目，如何能欺，所谓弄巧成拙。若不改悔，立见名实俱败耳。"寻谕杨文乾曰："洋行一事，确凿可据。汝意以为巧取暗获，名实兼收，殊不知人之耳目难瞒。但一图利，谁肯甘心服汝？既巧取获利而居清官之名，属员亦必令有巧利方可禁其婪取，否则虽令不从。此干系属员生效尤之心。至于百姓，汝曾经奏朕：'粤人惟利是视，身命皆视为次。'汝一徇利，则百姓孰肯服汝而听从耶？为督抚大吏者，既失属员百姓之心，而欲令地方就理，岂可得乎？汝若不深自愧悔，痛改前非，必至噬脐不及矣！"

八月，上以福建州县仓库亏空甚多，命文乾同浙江观风整俗使许容、吏部郎中鄂弥达、内务府员外郎伊拉齐往查。文乾疏奏："闽省八府中，惟福、泉、漳三府最要。福州府臣就近委盘；漳州府拟委候补知府潘体丰署印盘查,郎中鄂弥达督察;泉州府拟委候补知府刘而立署印盘查,员外郎伊拉齐督察;延平府拟委建宁府知府庄令翼盘查,其建宁府另行委员盘查。所报无亏空,州县亦恐挪新掩旧,必将各员交错调用,本身一离原任,诸弊尽露。"谕曰:"料理颇好,竭力为之!"文乾又奏言:"各州县闻盘查信,纷纷买补兴化府仓谷,已买足延、建、邵等府素产米谷。今岁年景亦佳,现责令速补。漳、泉、福等府素不产米,入秋雨稍缺,请宽限陆续买足,逾限再参究。"谕曰:"买足者与未买足者,原经亏空,即属一体,岂可因其现在买足与否而分别之耶? 若如此不论居官之贤否,止看地方丰歉,竟论造化而已。尔请此旨,大谬矣! 朕意无他,将通省人员,于此仓谷一案内,查其好者概留,劣者概去。此二句乃朕本意,要在尔等秉公论人办理。朕亦难以详悉指示,总期通盘还朕一'是'字,或能与不能,关系尔一生荣辱,看汝之福量何如耳。"九月,疏称:"臣在闽,闻广南韶道林兆惠采买木料被劫,又闻有盗数百抢龙门营七子汛军器,恣劫乡村,署督臣阿克敦令地方官从宽批结。高州府电白县山内聚盗千馀,白日沿村行劫。又闻将军标兵张万良窝盗分赃,署抚常赉咨提将军石礼哈祖护,嘱令审作诬良。又常赉署中被盗,将御赐奏折匣之锁钥失去,而借用将军之钥,彼此隐匿,盗风日炽。乞敕谕督臣孔毓珣通饬文武勒限严缉。"谕曰:"如此据实陈奏,方是。汝若身在广东,又未必如此直达也。"十二月,文乾查明福建仓库官亏者勒追补完,民欠者陆续催征,无可着追及平粜存价采买不敷者,令前任巡抚毛文铨赔补,详悉入奏。上以文乾秉公办理,毫无瞻顾,命从优议叙,部议随带加二级。又疏称:"闽省八府一州,知府、同知、通判、州县共八十员,前后参革、改教、休致五十馀员,其仓库无亏、居官尚好之县令十馀员,其交错调用,不使仍原任,致滋弊端,所出之缺,于先后命发人员内量才题补。惟是边海重地,俗悍民刁,新补各官多系初任,若责其典守仓库则有馀,资其治理繁剧则不足,乞皇上再将熟谙民事者,发数员交督抚,于紧要县缺补用,可收得人之效。"得旨:"此奏可嘉之至!"寻谕各省督抚:"除川、陕、云、贵、广西外,每省于历任年久知县内,择谨慎敏练者一员,一面具奏即行咨送闽省,令该督抚酌补紧要县缺。"

六年二月,疏参广东布政使官达用幕友谢禹臣,招摇纳贿。三月,疏参署巡抚阿克敦勒索暹罗国船户叶舜德规礼银两,诏革官达及阿克敦职,命文乾同总督孔毓珣会讯。未及讯,文乾卒。得旨:"杨文乾才识优长,办事勤敏。简任巡抚以来,实心供职。粤海地方,正资料理。伊自闽回粤,五月间即患畏风心烦之证,而急公心切,力疾办理,不以病状奏闻,洵属殚力封疆之臣,其心实可怜惜!今闻溘逝,深为悯恻!应得恤典,察例具奏。杨文乾枢榇起程之日,着省城官吏齐集奠送。所过广东地方,文武官员亲往奠酹,并遣人护送。其别省经过州县,亦着地方官照看。"寻赐祭葬如例。

子应琚,官至大学士,有传。

【校勘记】

〔一〕将军李枃令赴臣衙门讲说 "枃"原作"枚",形似而讹。满传卷三五叶二三下及耆献类征卷一六五叶四上均同。今据宪录卷四四叶四八上改。下同。

〔二〕又嘱理事同知汪苕文求从宽完结　原脱"汪"字。耆献类征卷一
　　六五叶四上同。今据满传卷三五叶二三上补。

嵩祝

　　嵩祝，满洲镶白旗人，姓赫舍哩氏。父岱衮，天聪时，协管佐
领；兄来衮，崇德时，任侍卫。顺治元年二月，授内院学士。四
年，考满，予云骑尉世职。遇恩诏，晋骑都尉世职。卒后，弟瑚兰
布、子瓦尔达、侄雅图递袭。

　　十八年八月，以嵩祝袭骑都尉。康熙九年，管佐领。二十三
年，迁护军参领。三十三年五月，擢内阁学士。三十四年，以盛
京遇旱，命同侍郎珠都纳往会将军等支海运存贮米万石，散给贫
民，以万石平粜。七月，回京，上问盛京各处田禾，嵩祝奏："上下
不等。盛京比年失收，今岁虽有秋，难支来岁。"上曰："盛京贮
米几何？若散赈可支几月？"嵩祝奏："臣等往赈，五十日所用，
不至二万石。今天津海口所运及锦州积贮共十二万石，若以赈
济，可支六七月。"上曰："海运有定时，其令来岁再运。"九月，命
同珠都纳往开原等处散给兵米，谕曰："将军等请给米，但言兵丁
而已。其陵上执事人及众百姓，〔一〕并不言及。此皆朕赤子，可
一并散给。"嵩祝奏："臣等前次散给，正当甚乏之时，故计口月
给仓米一斗五升。今总发数月，月给米一斗足矣。"上曰："照前
月给米一斗五升，勿减省，可给至来岁四月。尔等亲加覆散。"十
一月，回奏："遵旨以盛京仓米计口给散，兵丁、执事人等均沾
实惠。"

　　三十五年二月,上亲征噶尔丹,嵩祝分管正黄旗行营。五月,至克鲁伦河,凯旋,命协同内大臣公长泰统领后队满、汉兵,缓一日行,接受西路军营奏章,阅视赍递御营。六月,迁兵部侍郎,九月,改护军统领。三十六年,扈跸至宁夏,命昭武将军马斯喀等穷追噶尔丹,〔二〕嵩祝参赞军务。闻噶尔丹窜死,其党伊拉古克三胡土克图奔投策妄阿拉布坦,奉诏追剿,至摩该图,不及而还。以军中散给兵丁米粮、羊只缺少,嵩祝未将原奉诏旨宣示军前,削加级,罚俸一年。四十年九月,迁正黄旗汉军都统。

　　十二月,广东官军剿连山瑶人失利,〔三〕命嵩祝偕副都统达尔占、侍郎傅继祖往会总督石琳,调广西、湖南兵进剿,即授为广东将军。四十一年正月,濒行,谕曰:“瑶人所居之山,通连广东、广西、湖广三省,林木丛密,山势崇峻,恃此险僻,顽梗不驯。自宋、明以来,即在此三省,扰害民生。尔等务体朕好生至意,不必遽行征剿,宜先晓示招抚。尔等到彼,即以瑶人山寨形势、三省官兵进剿之路,及立营之处,绘图呈览。如瑶人归顺,止将杀害官兵之为首者正法可也。”二月,师次廉州,〔四〕驻军三江口,檄三省官兵分布要隘,绘图以进。疏言:“瑶人为数无多,栖身之地亦未宽广,所恃者山险路狭耳。”谕曰:“瑶人就抚则已,否则于其居处要隘,立营围之,不必劳兵力,彼自穷迫。”四月,疏言:“臣等遵奉皇上指示机宜,勘示八排山寨,即于要地设立营垒。先遣人招抚廉州界内油岭、行祥、横坑三排瑶人,先行剃发,开报家口,荷负鸡彘酒食,呈送行营;而连山界内之军寮、马箭、火烧坪、大掌岭四大排,并鸡公背等各小排,以次剃发投诚。最后里八峒排瑶人将为首杀害官兵之黎贵、〔五〕邓二等九人擒献,即行正法示众。遣兵察验人口,共八千一百馀,安插事宜,责成提督料理。臣等撤兵回京。"闰六月,赴热河复命,奏言:"瑶人俱已受降,皆由圣主威德,无远弗届。前者臣等请训时,皇上豫料五月内受抚之事必成。今果如圣明洞鉴,分毫不爽。三省督、抚、提、镇以及军民,无不钦服。"九月,调正红旗满洲都统。

四十八年二月,署奉天将军。四十九年八月,疏报锦州离城百二十里双岛,有贼船十停泊,又二百馀人树旗二湖嘴哨上,施放枪炮。城守尉马哈达等带领哨兵、屯丁,分两路截贼归路。贼众争路上船,我兵追击,杀死三十馀名,获船一,并牌刀、枪炮等物,生擒贼船水手王遇机正法。得旨嘉奖,升赏在事官兵有差。五十年二月,疏言:"奉天所属金州铁山,距山东所属隍城岛仅半日程,请令山东防海水师官兵巡哨兼及金州铁山,俾海边贼匪无所容身。"又请拣选盛京满洲兵一千,教习鸟枪,为火器营。俱下部议,从之。

十月,迁礼部尚书。五十一年四月,授文华殿大学士,兼礼部尚书。五十五年四月,扈跸热河,上以天时亢旱,命嵩祝传谕在京诸臣竭诚祈祷,勿因遇端午节互相会饮。越旬馀,在京大学士萧永藻、王掞等以"接奉谕示热河得雨沾足,臣等不胜欢忭"具奏,谕责嵩祝曰:"朕因忧虑暵旱,两降谕旨,在京诸臣迟延日久,始折奏'热河得雨,臣等不胜欢忭'语。止于此得雨,有何忻幸?部院诸臣贪图在家安逸,祈雨之处未必亲到。朕两降谕旨,命尔钞发京师,乃并不直书申饬,又不察明劾奏。尔乃大学士也,是非所在,岂特当与众言之,即于朕前亦当恳切言之!可驰驿回京,严查题参。"嵩祝至京,察劾祈雨不到及奏报迟延之大学士萧永藻、王揆,尚书赫硕咨、张鹏翮、赵申乔、陈诜、王顼龄等,以不早察劾,自请敕部议处,部议革职。得旨从宽留任,革退恩诏所得荫生。

六十一年冬,世宗宪皇帝御极,复原职,加太子太傅,充纂修圣祖仁皇帝实录,并重修玉牒总裁。雍正元年,赐诗,有"訏谟属老成"之句。五年八月,以奉天将军噶尔弼察奏盛京库银亏缺三万馀两,由康熙三十八年贝子苏努任将军,私令官员借放收贮,接任之将军蒙俄洛、嵩祝、唐保住等徇隐不举,应分赔追缴,敕部严议,嵩祝革职罢任。十三年,卒,年七十有九。其原袭之骑都尉,循例改云骑尉,以其孙苏楞额袭。

【校勘记】

〔一〕其陵上执事人及众百姓　"执"原误作"报"。满传卷二八叶二五上及耆献类征卷九叶一五下均同。今据仁录卷一六八叶一五下改。

〔二〕命昭武将军马斯喀等穷追噶尔丹　"马"原误作"喀"。满传卷二八叶二五下及耆献类征卷九叶一六上均同。今据仁录卷一八二叶二五上改。

〔三〕广东官军剿连山瑶人失利　"山"原误作"州"。满传卷二八叶二六上及耆献类征卷九叶一六上均同。今据仁录卷二〇六叶二四下改。

〔四〕师次廉州　"廉"原作"连",音近而误。满传卷二八叶二六下及耆献类征卷九叶一六下均同。今据仁录卷二〇八叶五上改。下同。

〔五〕杀害官兵之黎贵　"黎"原误"李"。满传卷二八叶二七下及耆献类征卷九叶一七上均同。今据仁录卷二〇八叶五下改。按黎氏为瑶族大姓之一,改作李,非。

拉锡

拉锡,蒙古正白旗人,姓图伯特氏。圣祖仁皇帝康熙三十年,由亲军授蓝翎侍卫。三十七年,迁三等侍卫。四十二年,迁二等侍卫。四十三年四月,命同内阁侍读舒兰往穷河源。五月,还京复命,绘图以奏。语具舒兰传。四十九年正月,谕大学士等:"修纂满洲、蒙古合璧清文鉴,以拉锡与教习唐古特书之蒙古官阿尔必特祜等,会同翻译。"五十三年,迁一等侍卫。

六十一年十一月,世宗宪皇帝御极,命管理藩院侍郎事。旋授镶白旗汉军副都统,又擢正白旗蒙古都统。雍正元年八月,授散秩大臣。时喀喇沁蒙古部落岁歉,拉锡请行察乏食人数。得旨:"据奏,俟查覆加赈,则现今乏食人必至失所。其令户部派员赍银五万两前往,一面清查,一面给发,毋得稽迟。"十月,调本旗满洲都统,仍管理藩院事。十一月,谕王大臣曰:"拉锡任正白旗满洲都统,未及一月,即将本旗事件澈底清查,明晰具奏。着赏给骑都尉世职,以为尽心办事者劝。"二年二月,奏言:"八旗闲散人,蒙恩旨挑取养育兵。前臣等会议,计甲喇人数挑取,令正白旗满洲各甲喇应行挑取者,多寡不等。请无拘甲喇,通计一旗挑取,如额数皆允当。"得旨:"所奏甚是。可通行八旗,均照此办理。"六月,奏言:"察哈尔右翼四旗,屡失去马匹,请敕所司严捕窃匪。"下理藩院议行。七月,授议政大臣。八月,劾奏二等侍卫武尔登额越分妄用引马,上曰:"所奏甚为可嘉。凡为大臣者,

悉宜如此留心整饬,岂可谓妄讦细事耶?"先是,谕八旗都统曰:
"朕前降旨清厘八旗拖欠库银,迟之既久,尔等并未具奏。拉锡
甫任都统两月,所奏甚详。朕但令一二人偿还,其馀尽行赏免。
拉锡诚能仰体朕心者,所赏世职,尚未从优也。"至是,命以骑都
尉兼一云骑尉。三年四月,兼管太仆寺。四年八月,以隐匿乌梁
海事不奏,吏部议革职治罪。得旨:"拉锡将乌梁海之事有心隐
匿,情殊可恶!但伊办理旗务亦有效力处,从宽免治罪。其议政
大臣、散秩大臣、都统,兼管理藩院及赏给世职,俱革退;以一等
侍卫管太仆寺卿事,效力行走。"

　　五年五月,授镶白旗满洲都统。十月,署江宁将军。六年十
二月,署天津满洲水师营都统。七年四月,疏言:"水师营官兵俸
粮,每岁从北仓新厫逐月运送,往返纷繁。请于水师营堡城内西
北隅,盖造厫房二座,截留运往蓟州、遵化漕米三万石,备贮二年
之需。俟支放一年外,每年截留一万五千石,易陈支放,并设仓
大使一员,专司出入。"事下部议,如所请。九年八月,授领侍卫
内大臣,署正白旗满洲都统。十一年十二月,卒。

　　福敏

　　福敏,满洲镶白旗人,姓富察氏。康熙三十六年进士,改庶
吉士,散馆归班。世宗宪皇帝在藩邸时,今上初就傅,福敏侍读。
康熙六十一年十一月,世宗宪皇帝御极,擢授内阁学士,兼礼部
侍郎,寻充经筵讲官。雍正二年八月,充会试副考官。十一月,
充翻译乡试副考官。十二月,教习庶吉士。三年四月,迁吏部右
侍郎。六月,疏言:"汉官升任,级非随带者,例改纪录;满官则一

概销去,请照汉官例画一。"下部议行。八月,署浙江巡抚。十二月,疏言:"海塘工程原议皆用条石,后因限迫,遂用条石托外,乱石填中。恐日久坍塌,请宽限照原议改筑。"得旨,交新任巡抚李卫查勘修理,特命都统拉锡至浙抄查年羹尧财产。羹尧先已自毁书札,福敏于拉锡回程后,查出西征随笔逆书二册,系钱塘举人汪景祺撰。上嘉其细心,论景祺罪如律。

四年二月,擢都察院左都御史。四月,兼翰林院掌院学士。九月,署湖广总督。十月,奏:"沔阳、潜江等十州县水灾,请暂借常平仓谷六万石发赈,续将盈馀银买补。"又奏:"被水各州县,现遵旨煮赈,但老幼颇难就食,丁壮亦觉路远。时当种麦,恐妨生业。请查丁口,一体给米。"均得旨嘉奖。十二月,谕曰:"朕原命尔暂署督篆,若一得人,即命往替。近日廊庙中颇乏卿贰满臣,皇子左右亦须尔来辅翊。留尔在楚,乃出于不得已,宜体朕意,勉力为之!"五年正月,疏言:"湖广苗、瑶地方不产硝磺,而多枪炮伤人案,明系私贩转入。查革职藩司张圣弼滥给硝磺牌照甚多,前任藩司郑任钥亦纵戚林西周贩卖射利,应严禁。"得旨:"硝磺乃违禁之物,湖广苗、瑶杂处,例禁更严。郑任钥纵其私人犯禁取利,着革职,在楚修理江岸工程处效力赎罪。"二月,奏:"请以耗羡银两筑江陵、[一]松滋等县堤岸。"奉旨:"着动帑金,委员监修。修成后仍算民堤,百姓加意保护,俾永受其益。"四月,谬冲花苗叛,福敏檄黔兵截后路,以楚兵捣巢,平之。下部议叙,加二级。七月,疏言:"安陆、荆州各府被水堤塍,冬初水退,正可兴工。除被灾老幼妇女照常赈济外,丁壮悉令修筑,优给赈米,俾饥民得食,而堤亦完固。"上善其议,如所请行。九月,奏请增设湖北粮道库大使一,裁蒲圻县羊楼司巡检,从之。先是闰四月,召福敏回,至是得代,进京,授吏部尚书。六年四月,以前巡抚浙江时瞻徇布政使佟吉图擅动库银事,革职。八年四月,命协理兵部侍郎。五月,兼户部侍郎。九年九月,〔二〕擢左都御史,仍兼户、兵部事。十年七月,署工部尚书,特命协办大学士事。十一年十一月,署刑部尚书。十二年五月,以审理户部尚书彭维新一案,朦混徇隐,奉旨申饬;又议福建武平县民蓝厚正殴死胞兄拟斩留养一案,糊涂姑息,降三级留任。乾隆元年五月,命同左都御史孙嘉淦办废员案,嘉淦劾福敏偏执。上以福敏既拘执,嘉淦亦沽名,另派大臣办理。八月,充顺天乡试正考官。二年三月,充会试正考官。六月,教习庶吉士。三年正月,擢武英殿大学士,兼工部尚书。二月,充翻译乡试正考官。十一月,兼翰林院掌院学士。四年五月,加太保。六月,八旗通志告竣,加二级。

六年七月,上初幸木兰行围。福敏奏事宜六条:“一、行围边外,内外奏章,按期驰送,较宫廷清穆,劳逸悬殊,尤宜朝乾夕惕,清明在躬,从容应之;一、留京百官,道在随事警察,因人惩戒,不使偷惰者得行其私;一、巡行之日,言路不可不辟,然有大奸恶、大利害,宜参奏,不当琐细渎陈,致伤政体;一、圣祖仁皇帝于猎地之平易险阻,莫不了然,故周旋中度,驰射如神,愿皇上筹度于驰射之先;一、弁兵布围,未必无参差,乞少加从容,使未习后生,得黾勉从事;一、弁兵从行日久,必至资斧不济,量加恩泽,费无多而受惠无穷。”得旨:“览大学士所奏,具见老诚忠恳、补衮陈善之意,朕皆嘉纳。”七年,福敏年七十,御制诗赐之曰:“前世文昌宿,当朝王者师。典型鹓鹭序,标准凤凰池。有问鸣钟应,方瞻霁月披。耆年缘令德,初度值良时。堂敞槐阴茂,筵开日影迟。春风生绮席,仙酒介庞眉。久赖经纶手,犹疏弟子仪。寿身兼寿世,长佐太平基。"八年七月,奏:"时政三条:一、河防事宜,动关呼吸,难容迟滞。江南石林口等处新工初就,愈宜保护,恳照灾民请赈例,一面办理,一面奏闻;一、灾民势必流移,自谋生活,若有司不善拊循,但禁越境,致辗转沟壑,宜加以玩视罪;一、江南、湖广等处偏灾,请留六省南漕赈济,恳宸断数目截留,庶上不亏储,下足济食。"奏入,报闻。

十年十二月,以疾请解任,谕曰:"卿才品优长,老成端谅。内廷讲诵多年,恪慎小心,实有裨益。特简纶扉,正加眷倚。览奏情词恳切,朕勉从所请,着解任调理。加衔太傅,以示笃念旧学之意。卿善自颐养,以承恩泽,遇精神康健,风日晴和,仍旧诣宫门请安,并到内廷书房看视。"十二年,上以诗存问曰:"经时未到禁门边,食履多宜心泰然。月霁风清烦暑远,忽教重忆讲帷前。"十七年,福敏年八十,御制诗赐之曰:"光霁由来众式观,绛帷黄阁领儒冠。身名应拟济南伏,年德原同沛下桓。松鹤作朋还侑酒,孙曾绕膝合加餐。还丹益算何须藉,两字传经永不刊。"二十一年十月,以疾卒。谕曰:"致仕大学士福敏品行端严,学问醇正。老成耆硕,宣力年深、久侍讲帷,清勤懋著。予告以来,朕时加存问。前岁抱疴,曾经亲往看视,赐以医药,调养就痊。方谓精神康健,期颐可望。今闻溘逝,实深轸悼!即日朕亲行致奠,着赏内库银一千两,经理丧事。所有应得恤典,着该部察例具奏。"寻赐祭葬,谥文端。入祀贤良祠。四十四年,御制怀旧诗,称为<u>龙翰福先生</u>,诗曰:"今古既殊宜,其教亦异施。古方教数年,今为出阁时。忆年舞勺岁,皇考抡贤师。即从师授经,讵惟习少仪。循循既善诱,严若秋霜披。背诵自幼敏,匪曰诩徇齐。日课每速毕,师留为之辞。以此倍多读,忠益平生资。谁知童时怨,翻引老日悲。不失赤子心,能无缱绻思。呜呼于先生,吾得学之基。"

【校勘记】

〔一〕请以耗羡银两筑江陵　"陵"原误作"宁"。今据<u>宪录</u>卷五三叶一四下改。按<u>耆献类征</u>卷一四叶二上不误。

〔二〕九年九月　原脱"九年"二字。<u>耆献类征</u>卷一四叶二下同。今据<u>宪录</u>卷一一〇叶七下补。

清史列传卷十四

大臣画一传档正编十一

朱轼

朱轼,江西高安人。康熙三十三年进士,由庶吉士改授湖北潜江县知县。四十四年,行取,授刑部主事。历迁本部员外、郎中。四十八年,提督陕西学政。五十二年,授光禄寺少卿。五十四年,迁奉天府府尹。明年,迁通政使。

五十六年,授浙江巡抚。五十七年,条陈:"修筑海塘六事:一、筑北岸海宁县老盐仓石塘,自蒲儿兜至姚家堰千三百四十丈;一、石塘应高二丈,每丈累石十层,纵横侧立,互相牵掣,塘内面培土塘,使潮汐不致泛溢;一、开中罾淤沙,复江海故道,则土塘、石塘可免潮患;一、筑南岸上虞县夏盖山石塘千七百九十丈;一、调委经理各官,以专责成;一、专员岁修保固。"又疏言:"海宁县海塘俱浮沙,〔一〕塘脚空虚,虽长桩巨石,难期保固。惟用木柜法，〔二〕以松杉木为柜，实以碎石，以固塘根；仍用大石高筑塘身，附塘另筑坦坡，高及塘半，亦用木柜法为干外砌巨石二三层，以护塘脚：不致潮汐浸入。再塘内向有河道，名备塘河，为居民筑坝所淤，应去坝疏河，即以所疏土培岸。"俱下部议，如所请。杭州南北两关税例，由巡抚监收。轼以税口五十馀，稽查匪易，请委员兼理，巡抚得专力封疆，钱粮亦不致贻误。部议以杭州府捕盗同知监收，仍令巡抚统辖。五十八年，疏劾巡盐御史哈尔金、笔帖式三格勒索商人，命刑部尚书张廷枢、学士德音往审，得实，论如律。

五十九年，擢左都御史。六十年三月，丁父忧，命在任守制。轼疏恳辞，上不允。轼复请往军营效力。上以山西、陕西旱，发帑五十万两，命轼偕光禄寺卿卢询分往二省劝粜给赈。轼往山西，疏奏："救荒五事：一、被参司道以下贪劣人员，请从宽留任，令养活饥民，以观后效；一、令富户出赀协同商人，往南省贩粜，停淮安、凤阳等关米船课税半年，绅士能捐赈者，按所捐数优叙；一、各省驿站夫役，〔三〕大半虚冒，请查实募补，一人受募，即可活一家；一、饥民流徙，请令所在地方官安置，能捐赀赡养多人者，核实题荐；一、饥民群聚，易生疯疫，请交所在地方官，设厂医治。"疏下部院会议行。八月，疏言："积贮贵裕，有司平日侵蚀，一经报灾，复借平粜、借贷、煮粥为名，以少报多，有名无实。请敕各督抚详查，亏空数少者，勒限补还；数多者，即严究治罪。至因赈支仓谷，辄称捐俸抵补，俸银有限，仓谷甚多，不但抵补无期，且浮开捏报。借非实借，还非实还，宜清查勒限追赔，徇隐者议处。"从之。又疏请山西建社仓以备荒歉，引泉溉田以兴水利。

谕曰："凡建社仓，须择地方殷实之人董其事。此人并非官吏，无权无役，借出之米，遣何人催纳，即丰收之年，不肯还补，亦无可如何；若遇歉收，更谁还补。倘米石亏缺，势必令同事者赔偿。社仓之法，始于朱子。此法仅可行于小邑乡村，若奏为定例，嘱官吏施行，久之与民无益。前朕巡幸山、陕，知其地山多水少，并无河渠洼隰，间有水泉，亦不能畅引溉田。今朱轼以建立社仓，引水入田具奏，即令伊久驻山西，鼓励试行。若所言有效，甚善。"轼以冒昧引咎，乞免试行。得旨："朱轼亲至山西，深知地方情形，着仍留山西，鼓励试行。"十一月，川陕总督年羹尧参西安府知府徐容、凤翔府知府甘文煊亏空银米，请特简亲信大臣会审。上命轼赴陕会同审讯，寻鞫得实，论如律。六十一年二月，乞假葬父，回籍。

十一月，世宗宪皇帝御极，恭修圣祖仁皇帝实录，轼充总裁官，赐第及银千两。雍正元年正月，入直南书房。诏封轼母冷氏一品夫人，并给银二千两。三月，加吏部尚书衔，寻加太子太保。四月，充顺天乡试正考官，以公慎校阅，舆论翕然。诏议叙，晋太子太傅。九月，充会试正考官。时修明史、会典、则例，并充总裁。二年六月，兼理吏部尚书。八月，复充会试正考官。

上以轼曾任浙江巡抚，命赴浙议海塘事宜，并勘苏、松塘工。三年三月，疏言："浙江馀姚县自浒山镇西至临山卫，旧土塘三道，系民灶修筑。今民灶无力，应动帑兴修，自临山卫至上虞乌盆村，自乌盆村至会稽沥海所，东西土塘七千丈，坍塌甚多，应于塘底开深二尺，填筑乱石，上铺大石，以固塘基，贴石筑土。塘内植榆柳，近塘洼地，一概筑平。又海宁县自陈文港至尖山，土塘三千七百六十六丈，[四]塘外积沙尚薄，水注塘下，应将土塘加宽，顶补条石，以防泛溢。其草塘七十四丈，并依式改修。再塘外乱石子塘，遮护塘脚最要，应修砌完固。其无子塘处，亦依式兴筑。又海盐县东自秦驻山三洞寨至西澉武场，石塘桩坏，坍八十馀丈，应与冲溃之七十丈并筑。统计需银十五万五千七百两有奇。"又疏言："江南华亭、娄、上海等县塘工，自金山卫城北至华家角，土塘六千二百馀丈，内自潒缺墩至东湾九百六十九丈馀，缘洋面大小金山，北积沙潮，直冲潒缺，塘坍入海。自金山墩至西新墩七百六十八丈，兵厂至张家舍二百八十八丈，倪家路至三岔墩三百六十丈，周公墩至花家角千四百六十馀丈，皆老岸久坍，新塘屡溃，请均易土为石。其馀二千四百丈，自上海汛头墩至嘉定等处，水势稍缓，土塘足捍御，应坚筑高原，密钉排桩，多种杂树，以固塘身。计修筑石塘、土塘，统需银十九万二千九百两有奇。"疏下部并议行。七月，疏言："国家封赠之典，荣及所生。所有本身妻室封典，可移之父母，即可移之祖父母。请凡四品以下文官，愿将本身妻室封典，移封祖父母者，皆许之。八品以下各官，例封本身，不及妻室，是以移封父而不及母，并封每格于例。[五]请八九品官准封父母，不封本身妻室。又教授、学正、教谕、训导，俱以正途补用，请将教授照知县，学正、教谕照县丞，训导照主簿例，封继母、生母，[六]请与嫡母俱封。"又疏言："县丞、主簿双月应选人员，皆四十五年前考授职衔之监生，年貌与部不符。预选之员，年近八旬内外，岂能供职？间有年非老迈者，核其考职时甚幼，情弊显然，请暂停选，将康熙五十年以前愿赴选之考职县丞、主簿由各督抚考验，择年力未衰者，送部铨选。

至双月应班二缺,现无可选之人。查捐纳学正、教谕、训导任满者,改补县丞、主簿,向例归单月选用。请将此项人员除本班照旧补用外,并于双月暂选二人,俟考职监生开选日,仍归单月选。"并从之。

九月,授文华殿大学士,兼吏部尚书。命偕怡亲王往直隶查勘水利营田。十二月,合疏言:"直隶之水会天津达海,北来为白河,南来为卫河,淀河贯乎其间,惟白河安澜无患。卫河源出河南辉县,至山东临清州,与汶合,东下德、棣、沧、景。沧州南有砖河,青县南有兴济河,乃减卫水故道。今河形闸石尚存,请照旧疏通,筑减水坝以泄卫河之涨。又静海县权家口亦宜筑坝减水,至白塘口入海处,旧有石闸二座,砖河、兴济河之尾,宜开直河一道,归并白塘出口,涝则开放,不惟杀运河之涨,而河东积潦亦得稍泄。再东西二淀,跨雄县、霸州等十馀州县,畿南六十馀河水会于西淀,经霸州之苑家口,〔七〕会同河,合子牙、永定二河水为东淀,盖群水所潴也。近诸淀淤塞,旁溢为患。故直隶之水,必自淀始。凡古淀尚能存水者,均宜疏浚,并多开引河,使淀淀相通,其已淤为田者,四面开渠,中穿沟洫,以达于河,于淀疏淀内河身为众流之纲。周淀旧有堤岸,应加高厚,无堤者量筑。其赵北、苑家二口,为东西二淀咽喉。赵北口堤七里,现有石桥八,应加高阔,并于易阳桥南添木桥一,塘身高五六尺;苑家口北新开中亭河,近复淤,宜疏深浚广。其上流玉带河对岸为十望河,旧道宜开,张清口入中亭河,会苏桥三垒河以达东淀,子牙、永定二河以淀为壑,子牙为滹、漳下流,清浊二漳发源山西,至武安县交漳口,会经广平、正定而滹沱、滏阳大陆之水会焉。考任丘旧志,子牙下流有清河、夹河、月河,皆分子牙之流趋淀。今宜寻故道决分,以缓其势。永定河俗名浑河,水浊泥淤,迁徙无定,宜去淤以复故道。二河口俱在东淀之西,故淀常淤塞,前奉谕旨,令引浑河别由一道,诚经久计。今自柳又口引浑河稍北,绕王庆坨东北入淀,约束子牙之西流,合为一河,使永定、子牙二河分道而东,于淀内筑堤。河自河,淀自淀,庶浊流不为患。至高阳河宜疏故道,新安之三台村宜开新河,及各处堤岸,均宜以时兴工。再京东之滦、蓟、天津,京南之文、霸、任丘、新雄等处,〔八〕宜各设营田专官经理,并请拣发人员委用。”得旨嘉奖,下部议速行。四年正月,又合疏:“请分直隶诸河为四局,南运河与臧家桥以下之子牙河、苑家口以东之淀河为一局,请令天津道就近总理;永定河为一局,请改永定河分司为河道,驻固安县总理,其沿河州县各设州判、县丞、主簿等分防;北运河为一局,请裁去旧分司,令通永道兼管;苑家口以西各淀地及畿南诸河为一局,请改大名道为清河道,移驻保定府管理。其河道各员,必久任熟练,应听直隶总督选题,引见简用;其同知以下各员,俱于河员内选补。”下部议速行。

二月,丁母忧,谕曰:“大学士朱轼之母冷氏,壶仪淑慎,训子成名。今闻在籍病故,深可轸恻!朕优礼大臣,推恩贤母,用颁异数,以示眷怀。着江西巡抚动支司库银二千两赏给。俟朱轼抵家,读文致祭一次。朱轼查勘水利事竣到京后,着驰驿回籍。”又谕曰:“朱轼事母至孝,今伊母病故,哀痛必切;但伊母年已八十馀,禄养显扬,俱无馀憾,正当节哀抑恸,护惜此身,为国家出力,尽忠正所以尽孝。着再赏银二千两,为伊奔丧回籍费用。守孝百日后,即来京办事。"轼奏谢,乞终制,上允解任,仍管理畿辅水利事,命于八月来京。九月,轼将至,上遣学士何国宗、副都统永福迎劳赐食,复谕准素服三年。时上以浙江风俗浇漓,特设观风整俗使。轼疏言:"风俗之浇漓,莫甚于争讼。昔臣巡抚浙江,知杭、嘉、湖、绍四府率多唆讼之徒,全无情实,告讦纷纷。查分守巡道,职任巡察,兼理词讼,请添设杭嘉湖巡道一员,其绍兴一府属宁台道管辖,凡民间词讼冤抑,州县不能申理者,巡道准理。该员能秉公执法,讼师自知畏惧,争讼渐息,风俗自臻淳厚。"上特允所请。十一月,疏请收用效力营田人员,准其议叙。

十二月,疏奏:"营田事例四条:一、自营己田者,照顷亩多寡,予九品以上、五品以下顶带;一、效力者量工程难易、顷亩多寡,分别录用;一、降革人员效力者准开复;一、流徒以上人犯效力者准减等。"俱下部议行。六年十二月,以病乞解任调理,上手诏慰留之。八年五月,怡亲王薨,命轼总理水利营田事。十一月,兼兵部尚书。十二月,署翰林院掌院学士。先是,运河堤工水溢,部议降级留任,浙江巡抚任内失察吕留良逆书,议革职,特旨予留任。十二年二月,奉旨:"朱轼从前革职等案,俱着开复。"十三年七月,议筑浙江海塘,轼请往董其事。得旨俞允,特敕督抚及管理塘工诸大臣,咸听节制。九月,皇上御极,召还,命在总理处协同办事。寻以总理妥协,赐骑都尉世职。十月,疏言:"州县田地,间有未尽开垦处,缘山田硗确,旋垦旋荒,或江岸河滨,坍涨无定,是以荒者未尽开垦,垦者未尽升科。至已熟之田,有粮额甚轻者,亦由土壤硗瘠,数亩不敌腴田一亩,即古者一易、再易、三易之意,非欺隐者比。不但丈量不可行,即令据实首报,小民惟恐查出治罪,勉强报升,将来完纳不前,仍归荒芜。请停止丈量,饬禁首报。惟详查现在报垦之田,有虚捏不实者,题请开除。"下王大臣议行。

乾隆元年二月,充会试正考官。恭修世宗宪皇帝实录及纂三礼义疏,俱充总裁。九月,病笃,上亲临轼第视疾。轼知驾至,力疾服朝服,令其子扶掖迎拜户外,上嘉轼知礼,且甚怜之。未几卒,遗疏入。谕曰:"大学士朱轼品行端方,学术醇正,为圣祖简用大臣。皇考眷注有加,简任机务,纯修清德,望重朝端。朕自幼读书宫中,常闻讲论。即位以来,正资老成襄赞。昨闻抱恙沉笃,朕亲往看视,尚冀调治痊可。今闻溘逝,朕心深为轸悼!特命辍朝一日,亲临祭奠,以昭敬礼贤大臣之谊。又两赐内库帑金,经理丧事。兹览遗疏,拳拳以吏治民生为念,具见忠悃。着加赠太傅,入祀贤良祠。应得恤典,察例具奏。"寻赐祭葬,谥文端。

著有周易注解、周礼注解、仪礼节略及历代名臣、名儒、循吏传诸书。

子必楷,官至大理寺卿;璂,官至左庶子;必坦,袭骑都尉世职。女,许字李姓,未婚守节。侍郎蔡世远为撰传,御制诗题之,有"卓哉朱氏贤女子,柏舟矢志终不徙"之句。四十四年,上追念轼清操宿学,御制怀旧诗,称为可亭朱先生。诗曰:"皇考选朝臣,授业我兄弟。四人胥宿儒,徐、朱及张、嵇。设席懋勤殿,命行拜师礼。其三时去来,可亭则恒矣。时已熟经文,每为阐经旨。汉则称贾、董,宋惟宗五子。恒云不在言,惟在行而已。如坐春风中,十三年迅耳。先生抱病深,命舆亲往视。未肯竟拖绅,迎谒仍鞠躳。始终弗逾敬,启手何殊尔! 呜呼于先生,吾得学之体。"

【校勘记】

〔一〕海宁县海塘俱浮沙　下一"海"字原误作"沿"。汉传卷一七叶三三下及耆献类征卷一三叶一下均同。今据仁录卷二七八叶一八上改。

〔二〕惟用木柜法　"木"原误作"水"。汉传卷一七叶三四上及耆献类征卷一三叶一下均同。今据仁录卷二七八叶一八上改。

〔三〕各省驿站夫役　原脱"役"字。汉传卷一七叶三五上同。今据仁录卷二九三叶八上补。按耆献类征卷一三叶二上"夫役"作"人夫",少异。

〔四〕土塘三千七百六十六丈　原脱"三千"二字。汉传卷一七叶三八上及耆献类征卷一三叶三下均同。今据宪录卷三〇叶二七上补。

〔五〕并封每格于例　"封"原误作"请"。汉传卷一七叶三九上及耆献类征卷一三叶四下均同。今据宪录卷三五叶六上改。

〔六〕封继母生母　后"母"字原误作"男"。汉传卷一七叶三九下同。今据宪录卷三五叶六上改。按耆献类征卷一三叶四下不误。

〔七〕经霸州之苑家口　"苑"原误作"范"。汉传卷一七叶四一上及耆献类征卷一三叶五下均同。今据宪录卷三九叶三四下改。下同。

〔八〕新雄等处　"雄"原误作"安"。汉传卷一七叶四二上及耆献类征卷一三叶六下均同。今据宪录卷三九叶三五下改。

蔡世远

蔡世远,福建漳浦人。康熙四十八年进士。改庶吉士,四十九年,请假省亲。五十年,丁父忧,服阕赴京,以假满逾期休致。时方纂性理精义,大学士李光地请以世远分修,上允之。书成,回籍,掌教鳌峰书院。

雍正元年六月,特召来京,授编修,入直上书房。[一]十一月,迁侍讲。二年,充日讲起居注官。四年五月,授右庶子。十一月,迁侍讲学士。五年二月,授少詹事。五月,擢内阁学士。七月,充经筵讲官。六年,授礼部右侍郎。七年,上以福建宜设观风整俗使,诏世远偕同籍京员会议。合疏言:"自海疆平定后,泉、漳文武官员有因功骤擢通显者,子弟骄悍,无所凛畏。如蓝理身为大员,纵容子弟害民,圣祖仁皇帝将蓝理革职治罪,人心咸知惩创。我皇上澄叙官方,振兴民俗,上年学臣程元章奏准泉、漳风俗未醇,责成巡道加意整饬,自此益加儆戒。但人有贤愚,或鄙劣薄行,致玷士类,其乡民又多因忿互争,种种恶习,虽畏戢一时,未必洗心涤虑。兹奉旨会议,断不敢隐庇,使稂莠不除,贻患乡里。应请设观风整俗使一员,防范化导,于风俗人心有益。"得旨允行。八年七月,转左。

八月,福建总督高其倬奏参世远长子举人蔡长汉违例私给船照,上以原疏发世远阅。世远疏言:"臣家属八载在京,长子长汉去冬来京会试,现住京邸。此所给照,系本年五月日期,不知何人所为。但有臣官衔图书,非臣族姓,即臣戚属。请敕督抚尽法惩治,并请交部严鞫。"部议以失察族姓家人,降二级调用。十年十二月,特旨复原职。十二年正月,卒。十三年九月,皇上御极,谕曰:"原任侍郎蔡世远学问素优,自雍正元年在内廷行走,勤劳敬慎,于经义文词,悉心讲究,多所裨益。应加恩以示笃念旧劳之意。"部议加赠礼部尚书,致祭,谥文勤。乾隆四年,诏入祀贤良祠。所著二希堂集,御制序弁其简端。四十四年,御制怀旧诗,称为闻之蔡先生,诗曰:"先生长鳌峰,陶淑学者众。奉命训吾曹,风吟而月弄。虽未预懋勤,八载寒暑共。常云三不朽,德功言并重。立言亦岂易,昌黎语堪诵。气乃欲其盛,理乃欲其洞。是实为学力,虚车徒驾要。因以书诸绅,未敢妄操纵。德功吾何有,言则企该综。呜呼于先生,吾得学之用。"

次子长澐,由廪生保举优行,引见,特授知县。历迁松江府知府、江南驿盐道。乾隆二十六年,授四川按察使。二十七年,特擢兵部右侍郎。二十八年,卒。

第三子观澜,乾隆六年恩赐举人,历江西道监察御史。以陈奏乖方,降二级调用。二十八年,谕曰:"蔡观澜系原任礼部侍郎蔡世远之子,部议降调,需次无期。着加恩以刑部员外郎用。"寻补刑部浙江司员外郎。三十一年,告病回籍。五十年,卒。

第六子长沏,乾隆三十年恩赐举人。

孙本崇,乾隆四十九年恩赐举人。

【校勘记】

〔一〕入直上书房　"上"原误作"南"。汉传卷一四叶五八下及耆献类征卷六九叶三一上均同。按清制,南书房为翰林在内廷供奉之地,上书房为诸皇子读书之所。下文乾隆四十四年怀旧诗有世远"奉命训吾曹"句,又本卷徐元梦传云与蔡世远同入上书房,故改作"上"。

马齐

马齐,满洲镶黄旗人,姓富察氏,户部尚书米斯翰次子。圣祖仁皇帝康熙八年六月,由荫生授工部员外郎。十一年,管佐领。十四年,调户部。二十一年七月,迁工部郎中。寻监督芜湖关,以税银溢额,叙升。二十三年九月,迁内阁侍读学士。二十四年九月,授山西布政使。

二十五年九月,擢山西巡抚。十二月,陛辞,谕曰:"尔居官勤慎,声名亦佳。但朕观各督抚,其始未有不善,后多改辙。尔若始终如一,不易其初,则善矣!"二十六年四月,上嘉直隶巡抚于成龙清廉,命九卿于各督抚中有似其人者,各以所知奏。大学士等以马齐及范承勋、姚缔虞对。七月,奏定武职副将以上丁忧,参将以下在任守制例。十二月,御史陈紫芝疏劾湖广巡抚张汧贪黩,马齐与于成龙奉命同副都御史开音布往鞫。先是,侍郎色楞额往鞫上荆南道祖泽深被劾各款,有旨并察张汧有无秽迹,色楞额覆既开释祖泽深,又不纠劾张汧。至是,马齐会同于成龙等察审张汧勒索属员、科派盐商,祖泽深娄取民财,皆得实,论罪如律。色楞额徇情欺罔,亦获罪。

二十七年三月,迁左都御史。命筹议遣官与俄罗斯定界事,疏言:"俄罗斯侵踞疆土,我守边官兵困之于雅克萨城,本可即行剿灭,圣慈宽容,不忍加诛,释归故土。今悔罪求和,已蒙俞允,特遣大臣往议,垂之史册,所关最巨。其档案宜兼书汉字,汉员一体差往。"事下部议行。寻九卿等会推应差大臣官员,御史陆祖修以病辞,杨熛以年老辞,马齐劾之;又劾大理寺卿边声廷于奉旨集议河工事，诡称耳聋，缄默无言，有愧职掌，下部议降调。五月，命同尚书张玉书、图纳等往阅罢任总河靳辅所修中河诸工善否，暂署河道总督。八月，还奏："中河挑浚既竣，南运河内永安堤及归仁堤五堡减水坝，有被水冲坏处，宜令新任河臣修理坚固。黄河南北岸之减水各闸坝，皆靳辅酌量形势，以防异涨，无容更改。"二十八年十一月，疏言："数年以来，噶尔丹与喀尔喀构兵，上屡遣大臣晓谕，业已和好；又分设喀尔喀佐领，与内地蒙古视为一体。此亘古所未有也！臣见理藩院案册，止用满洲、蒙古文，并未有汉字。请嗣后兼用，以昭垂永久。"下部议如所请，添满洲、汉军汉字堂主事二员，翻译汉字满洲笔帖式每旗各一员，汉军笔帖式每翼各二员。

二十九年二月，命同理藩院尚书阿喇尼列议政大臣。旧例，理藩院尚书、左都御史俱不预议政，议政自是始。〔一〕十一月，署兵部尚书，寻兼署理藩院尚书。三十年正月，授兵部尚书。三月，诏安辑喀尔喀于沿边内外，避噶尔丹劫掠。马齐同侍郎布彦图等，〔二〕先往调集左右翼部长，至上都河、额尔屯河两界中，候上亲行抚绥。四月，驾临阅视，命详定喀尔喀次第，宴赉之。寻议喀尔喀诸王、贝子、公等为九等，分别坐次礼仪以进。五月，外藩阿巴噶台吉奔塔尔首告乌珠穆沁台吉车根等叛附噶尔丹，马齐奉命往审。覆奏台吉车根、阿穆尔、充科、阿达里、诺垒、喇扎卜等顺附噶尔丹属实，二等台吉博托和、拉扎布、阿喇什、〔三〕博罗特及为引路之绰克图等，曾送驼马与噶尔丹，其部校阿尔塔等为噶尔丹往来通信，应分别斩绞，从之。

三十一年二月，调户部尚书。三十三年，盛京歉收，奉命往赈,以开原等八城、承德等九州县贮仓米石,给散兵民。七月,山西巡抚噶尔图奏大同、右卫驻防兵供给浩繁,请以米豆草束抵给本色正赋。上命马齐往会将军希福等确议,还奏:“右卫官兵应用米豆、草束折抵银数,并无浮冒,其有不敷本色者,应照改征之价支给,令官兵自行采买。再右卫所出之草不多,应以杀虎口迤东地方给与官兵,俾资樵牧。向有镶黄旗马厂,应令旗下蒙古移驻杀虎口东北。”得旨俞允。三十四年,奉命往赈山西平阳、临汾等州县地震被灾户口,动帑一十二万馀两;并停征洪洞、浮山等处额赋。

三十五年二月,上亲征噶尔丹,先期命马齐往调喀喇沁、翁牛特兵,还京,兼理藩院尚书。命与大学士阿兰泰等分班直宿禁城。是年,噶尔丹败遁,诏以来春驻跸边外,调度搜剿机宜,命马齐于沿边至宁夏先往安设驿站,并察勘行途宿次。三十六年十一月,命会同吏部察审革职按察使囊吉理、副将杨琳、洮岷道董绍孔等运粮迟误事,覆奏:“囊吉理等所运粮米,非供进剿大军,但令送至翁金,为西安回兵之用。囊吉理等依限,以一半运至翁金,又以一半送至纳拉特,并无违误,应复原职。”从之。三十七年三月,命偕副都统乌达禅、侍郎满丕往莅喀尔喀诸部会盟,宣谕禁令。

十二月,以漕臣桑额奏请挑浚引河,命偕侍郎喻成龙、常绥往勘。三十八年二月,〔四〕疏言:“桑额所奏邵伯镇南金湾、小海场、鲍家庄等处挑浚引河,建筑草坝,俱属无益;惟虾须沙沟及兴文闸、草堰等处,开浚淤塞,稍可泄水,庶漕有济而民不害。”从之。时山西巡抚倭伦与布政使齐世武以太原知府孙毓璘等亏空事互讦，倭伦又劾齐世武于汶阳知县李联亏空任情朦隐，上命马齐往审。七月，疏言："孙毓璘亏空库银仓米属实，倭伦驳回齐世武揭文，令知府李成龙代孙毓璘弥补，又李联亏空案内有民欠银两，经通判韩开藩征解，倭伦反指为科派，劾齐世武隐讳不报，应降三级调用；齐世武揭报孙毓璘亏空，经巡抚驳回，不复再请，又于李联亏空案内未以民欠声明，应降一级调用。"并从之。

十一月，授武英殿大学士。四十三年七月，御书"永世翼戴"扁额赐之。四十七年十一月，内大臣佟国维等以建储事密奏，上谕满、汉大臣会议保奏，特谕马齐勿预其事。四十八年正月，上问廷臣曰："去年冬朕躬违和，命尔等保奏可为储贰者，何以独保允禩？其日先举允禩者为谁？"诸臣奏公同保举，并无倡首者。上曰："朕知此事必系佟国维、马齐授意于众，众乃依阿立议耳。"马齐奏："是日议斯事，奉旨命臣毋得干预，是以臣即避去，诸臣所议，臣实不知。"上复问大学士张玉书等，玉书奏曰："会议日，大学士马齐、温达先臣到班，臣问议举者为谁？马齐答以众意欲举允禩。臣等同行保奏。"上曰："此事明系马齐暗中喻众。如此大事，尚怀私意，伊等谋立允禩，岂非欲结恩于允禩，为日后恣肆专行之计耶？"翌日，谕廷臣曰："马齐效力年久，朕初心俟其年老，听彼休致以保全之。昨问保举允禩之时，乃身作威势，拂袖而出。如此不诛，将谁诛乎？着将伊族属一并拘拿，并传问伊之作威何益？"马齐奏曰："臣因事关重大，心中惊惧，不觉举动乖谬，臣罪当死。"奏入，下王大臣等议，拟马齐立斩，弟副都统马武等坐罪有差，族人概革官职。谕曰："马齐本应立斩，以为众戒。因任用年久，不忍加诛，即交允禩严行拘禁。其族人官职革退。"四十九年十二月,俄罗斯贸易人至,上以<u>马齐</u>旧管<u>俄</u><u>罗斯</u>事,复令其管理。<u>马武</u>等寻亦起用。五十一年九月,谕廷臣曰:"内务府事件积滞甚多,所关最要,着<u>马齐</u>署理总管事。"又谕曰:"<u>马齐</u>兄弟旧所管镶黄旗佐领,前曾拨给<u>允襈</u>,今已撤回,可仍令<u>马齐</u>、<u>马武</u>等管辖,其族人一并随入本旗。"

五十五年,复授<u>武英殿大学士</u>。五十七年正月,充纂修<u>省方</u><u>盛典</u>总裁官。五十九年五月,命察奏副都统<u>永泰</u>所奏<u>世祖章皇</u><u>帝实录</u>内失载其祖<u>图赖</u>事,覆奏<u>实录</u>只载国家大政,其馀细微之事,例不编入。<u>永泰</u>妄行疏奏,应议处。下部议,革<u>永泰</u>职。六十一年十一月,<u>世宗宪皇帝</u>谕曰:"<u>马齐</u>任大学士二十馀年,甚属敬谨宽厚,皇考出巡,每常随从,殊为出力。此番大事,又公同善为办理,黾勉勤劳,着赏给一等轻车都尉世职。"寻命承袭其祖<u>哈</u><u>什屯</u>一等男爵,合新给世职晋二等伯。充纂修<u>圣祖仁皇帝实录</u>总裁官,加太子太保。<u>雍正</u>元年,改<u>保和殿大学士</u>,晋太保。三年八月,以总理事务竭尽忠诚,赐骑都尉世职,以其第十一子<u>富</u><u>良</u>袭。

十三年九月,引疾乞休,奉今上旨,以原品致仕。<u>乾隆</u>四年五月,谕廷臣曰:"原任大学士、二等伯<u>马齐</u>在皇祖时,即简任机务,倚毗甚殷。及皇考即位,特命总理事务,嘉予劳绩,赏给伯爵,世袭罔替。朕即位之初,伊以年老,力辞解退,朕重违其意,俞允致仕,颐养高年,以示优礼耆旧之意。念伊历相三朝,年逾大耋,抒忠宣力,端谨老成,领袖班联,名望夙重,举朝大臣未有若此之久者!昨闻在家患病,即命太医加意调治。今闻病势沉重,朕心深为悯恻,本欲亲临看视,因北郊在即,时值斋戒,不获亲往,特命和亲王及皇长子永璜、公讷亲代朕看视,望其痊可。
倘果不起,着赏给银五千两,办理后事。"是月卒,年八十有八。
谕部议恤,赠太傅,赐祭葬如例,谥文穆。以第十二子富兴袭爵。
十三年,因富兴为散秩大臣,不能奋勉行走,革退,命富良袭爵,
合前袭之骑都尉,晋一等伯,兼一云骑尉。十五年七月,诏加伯
号,曰敦惠。

【校勘记】

〔一〕议政自是始　原脱"议政"二字。满传卷二六叶六〇下及耆献类
　　征卷九叶三七下均同。今据仁录卷一四九叶一四下补。

〔二〕马齐同侍郎布彦图等　原脱"彦"字。满传卷二六叶六一上及耆
　　献类征卷九叶三七下均同。今据仁录卷一五〇叶二二下补。

〔三〕阿喇什　"阿"上原衍一"附"字。满传卷二六叶六一下及耆献类
　　征卷九叶三八上均同。今据仁录卷一五一叶一七下删。

〔四〕三十八年二月　"三"原误作"二"。今据仁录卷一九二叶一一下
　　改。按满传卷二六叶六三下及耆献类征卷九叶三九上均不误。

徐元梦

徐元梦,满洲正白旗人,姓舒穆禄氏。康熙十二年进士,由
庶吉士散馆,改户部主事。二十二年,迁中允,充日讲起居注官,
寻迁侍讲。二十六年四月,同尚书陈廷敬、汤斌,侍郎徐乾学,少
詹事耿介,侍读学士高士奇、德格勒等召试乾清宫。圣祖仁皇帝
谕曰:"人之学问,有一定分量,真伪易明。如德格勒每评论时人
学问,朕心不以为然,故召尔等面试也。"是年十二月,翰林院掌

院学士库勒纳奏劾德格勒私抹记注事,并言徐元梦与德格勒互相标榜,因革职逮讯。得旨宽释,籍入内务府。三十二年,命入上书房,课皇子读书。寻授内务府会计司员外郎。四十一年,充顺天乡试副考官。五十年三月,谕大学士等曰:"内阁翻译通本,事甚紧要,如一二语不符汉文,则于事之轻重大有关系。内阁侍读学士及侍读,俱系按俸补授之人,恐所翻本章,不甚妥当。在内廷行走之徐元梦,现今学翻译者,无能过之!可授为额外侍读学士。"五十一年,同左都御史赵申乔为会试考官。五十二年,擢内阁学士,兼礼部侍郎,免隶内务府,归原旗。五十三年十月,充经筵讲官。

十二月,授浙江巡抚,谕之曰:"浙江有满洲兵,尔当与将军协同训练;钱粮或有亏空,尔宜清理,无累百姓。至于用人,宜随材器使,不可求全。"赐御制诗文集及鞍马以行。明年三月,疏言:"上年杭州、绍兴、台州、金华、衢州、严州、处州七府旱潦成灾,田亩邀恩分别蠲赈;并截留漕米二十万石,以九万石发各县平粜,贫民得资糊口;而应完额赋尚有十三万馀两,目下青黄不接,输纳维艰。请俟秋成后,先征一半,来岁征完,以纾民力。"得旨允行。十月,疏言:"杭州万松岭自明代建立书院,本朝康熙十年巡抚范承谟兴修后,年久荒废。臣鸠工整理,渐有规模,因择观风考取诸生及学臣岁科两试前列者肄业其中,捐赀给以膏火,无不踊跃乐从。第书院未有嘉名,请御书匾额,俾诸生出入瞻仰,动其钦崇鼓舞之志;并赐日讲解义、古文渊鉴诸书,御书诸法帖,以广文教。"上悉允所请,赐"浙水敷文"匾额,因复奏以"敷文"二字为书院名。

　　五十六年正月，左都御史及翰林院掌院学士缺员，吏部疏奏，上曰："是当以不畏人兼学问优者任之。"遂特命徐元梦为左都御史，兼掌院学士，充日讲起居注官、经筵讲官，并教习庶吉士。五月，谕以科场中钻营积习未除，主考与同考官有声名不好者，宜纠劾之，俾知警戒。于是劾罢编修储在文、张起麟、徐用锡、沈宗敬、宫鸿历、丛树等，又劾罢声名平常之任满学政王云锦、林之睿、车鼎晋、万经、郑晃、鱼翔等。五十七年五月，迁工部尚书，仍兼翰林院掌院学士，教习庶吉士。六十年十月，上曰："徐元梦乃同学旧翰林，康熙十六年以前进士，只此一人矣！"因赐以诗，有"常怀旧学穷经史，更得馀闲力简编"之句。世宗宪皇帝雍正元年正月，命入上书房，课皇子读书。二月，同大学士张鹏翮，尚书田从典，左都御史朱轼，侍郎张伯行、李绂，掌院学士阿克敦、励廷仪奉诏甄别翰詹各官，不安本分、有玷官箴者，勒令解退回籍。五月，因大学士富宁安留办西路军营事，特命署理内阁大学士，兼署左都御史，充明史总裁官。十月，调户部尚书，仍办大学士事。赐御制诗，有"报国訏谟切，衔恩翊赞劳"之句。二年，充翻译乡试正考官。四年八月，以翻译本章错误，吏部议革去署大学士、户部尚书，请交刑部。得旨："徐元梦在内廷行走多年，从宽免其交部，着革职，在内阁学士之列，办理票签本章、一切翻译事务，效力行走。"八年，以前任浙江巡抚失察吕留良逆书，应革任，命同翻译中书行走。十三年二月，充翻译乡试副考官。是年八月，今上御极，命南书房行走。寻谕曰："徐元梦年逾八旬，效力甚久。兹当皇考龙驭上宾，翻译祭文甚属敬慎，着即补授内阁学士。"

十月,授刑部右侍郎,自以年老衰迈,不能办理刑名事件,疏辞。得旨,调礼部右侍郎。会纂修世宗宪皇帝实录,充副总裁官。诏编辑八旗满洲氏族通谱,同大学士鄂尔泰、〔一〕尚书福敏董其事。十二月,转左侍郎,命入上书房,课皇子读书。乾隆元年二月,同尚书徐本、福敏,侍郎姚三辰奉命阅取会试回避卷。五月,同尚书杨名时教习庶吉士。奏言:"满洲庶吉士宜熟悉翻译。"上命是科满洲庶吉士来年以清书散馆。七月,充三礼义疏副总裁官。八月,以年老乞休。上曰:"徐元梦耆硕旧臣,今以年逾八旬,精力衰迈,请解其侍郎之任。朕念情词恳切,允从所请,特加以尚书职衔,照现任食俸,仍在史馆内廷等处行走。"九月,上亲撰世宗宪皇帝圣德神功碑文,特敕翻译。二年二月,疏言:"恭遇皇上隆礼先师,特命国学、文庙易盖黄瓦,肇举临雍大典,于庙学配享之制,宜予厘定。四科、十哲之目,虽始自论语,后既以颜子特配先师,因升子张于殿,以补其数。圣祖仁皇帝复以朱子昌明圣教,有益斯文,命礼臣升跻神位于十哲之次,是殿享不尽沿旧制也。如有子之言行气象,与圣人相似,最为游、夏诸贤所推尊,允宜升堂配享。至宰我、冉求一因短丧,有不仁之责,一因聚敛,有非徒之斥,向来论者谓宜移祀两庑。其旧在两庑之南宫适、宓不齐俱以君子见称于孔子,亦宜并予升配,用明圣朝崇尚德行也。"疏下大学士、九卿议,以有子升祀子夏之下,移祀朱子于子张之下。国子监及直省府、州、县学均遵行。九月,复乞休,上曰:"徐元梦老成望重,虽年逾八旬,未甚衰惫,可照旧供职,量力行走,〔二〕不必引退。其翻译日讲春秋等书,暨一切碑文、祭文,并姓氏馆、咸安宫事务,另派员代管,以便颐养。"四年正月二日,召同诸大臣赋柏梁体诗,以"扶鸠朝序岁月延赓"为韵。五月,谕奖抒诚宣力诸大臣,加太子少保。

六年九月,遘疾,遣太医院诊视,赐参药。十一月,疾剧,上谕大学士等曰:"尚书徐元梦人品端方,学问优裕,践履笃实,言行相符。历事三朝,出入禁近,小心谨慎,数十年如一日。谓之完人,洵属无愧!且寿逾大耋,亦廷臣中之所罕见者。前因年老乞休,特加尚书衔,复加太子少保,照现任食俸,俾得优游颐养,以享遐龄。今冬在家患病,即命太医调治,并赐参药。近闻病势日渐沉重,朕本欲亲行看视,因举行庆典在即,不便前往,着皇长子永璜往视其疾,冀其痊可。倘至不起,着赏银二千两,办理后事,令和亲王、皇长子往奠茶酒,再加赠太傅,准入京师贤良祠,以示朕优礼耆旧、格外加恩之至意。"翌日,卒,年八十有七。遗疏入,谕部议恤,赐祭葬如典礼,谥文定。

【校勘记】

〔一〕同大学士鄂尔泰　原脱"同"字。满传卷一八叶四二上同。今据纯录卷八叶二上补。按耆献类征卷一二叶八下"同"作"与",少异。

〔二〕量力行走　"走"原误作"之"。满传卷一八叶四四上及耆献类征卷一二叶九下均同。今据纯录卷五〇叶三一上改。按清制,凡在内廷供职者,皆曰"行走",通称内廷差使。

陈元龙

陈元龙,浙江海宁人。康熙二十四年一甲二名进士,授编修,入直南书房。二十五年,充日讲起居注官。四月,元龙侍班乾清宫西暖阁,上顾元龙曰:"朕素知尔精于楷书,可写大字一幅。"命就御前作书,上嘉奖,以御书阙里碑文示之。二十八年,左都御史郭琇疏劾原任少詹事高士奇、左都御史王鸿绪等植党营私,元龙与士奇结为叔侄,不顾清议,为之招纳贿赂,有玷朝班,乞罢斥。诏元龙及士奇、鸿绪等休致回籍。详见士奇、鸿绪传。三十年十月,诏复任。三十三年,迁侍讲,寻转侍读。三十四年,御书"凤池良彦"额,并御书一卷赐之。三十五年,随上征噶尔丹。三十六年,迁右庶子。三十八年,充陕西乡试正考官。三十九年,迁侍讲学士。明年,转侍读学士。四月,上御便殿,作书,赐内直翰林同观。谕曰:"尔等家中各有堂名,不妨自言,当书以赐。"元龙奏父之闾年逾八十,拟"爱日堂"三字,御书赐之。四十二年,擢少詹事,充经筵讲官。十月,迁詹事。四十三年,以父病乞终养,上俞允,并谕曰:"尔思亲念切,天气渐热,可即起身。"赐其父人参二斤,复令携赋汇归,校对增益。四十四年,上南巡,元龙迎驾,上慰问,并询及其父,赐御书"南陔日永"额,并赐其父人参、金扇等物;又追赐其母陆氏"慈教贻休"额。谕元龙家有老亲,不必远送。寻丁父忧。四十九年,服阕,擢翰林院掌院学士,教习庶吉士,复充经筵讲官。五十年,授吏部右侍郎。四月,转左。

八月,擢广西巡抚,上曰:"尔至广西,当使文武和睦,兵民相安。巡抚有管兵之责,宜不时操练。尔任翰林年久,朕特试用边疆之职,观尔办事何如,宜尽心加勉!"五十二年,疏言:"自广东歉收,米谷腾贵。臣不敢遏籴,听商贩运米以济,遂致广西乏食,米价亦增。臣现已借支藩库银一万两,遴员赴湖南采米平粜。"下部知之。五十四年三月,疏奏:"现行事宜三条:一、桂林贮谷,高建仓廒百馀间,以避潮湿;一、兴安县陡河水通漓江达广东,为三楚、两广运粮要道,旧闸倾圮,率属捐俸修筑;一、养济院外别构屋数十间,收养鳏寡,又立义学,即以贫士为师,量给修膳,创育婴堂,施药饵,设粥厂,以赈穷民。"下部知之。五十七年,擢工部尚书,复充教习庶吉士。六十年,调礼部尚书,疏言:"各省贡、监生愿应顺天乡试者,于乡试前一年赍本省地方官印文投监肄业,临场取同肄业监生连名互结,并同乡京官印结,移送入场,以杜顶冒。又选拔停止年久,请照康熙三十六年例,令学臣于府、州、县每学优等生员中选拔一名,送国子监肄业。"并从之。六十一年,世宗宪皇帝御极,诏元龙奉守景陵,仍食礼部尚书俸。

雍正元年五月,吏部以恩诏题给臣工诰命,得旨:"陈元龙系年老一品大臣,朕念景陵紧要重地,特行遣往。伊当乐于行走,乃反不乐往,若似罪谪者,到处怨望。此等之人,虽加恩亦不知感。其应得封典、荫生,俱不必给。"七年正月,谕曰:"满、汉大学士俱各全备,办理妥协,无容再增。因圣祖仁皇帝时所有年久老臣,今在朝者甚少,时深注念。尚书陈元龙、左都御史尹泰历事圣祖多年,屡经任使,虽年近八旬,而精力尚健,着加恩授额外大学士,以示优眷至意。"寻授元龙文渊阁大学士,兼礼部尚书。先是,元龙任广西巡抚时,以广东方开捐例,赴捐者惧湖广、江西滩河及梅岭险阻稽运,尽向广西采买,米价腾贵。疏请广西一体开捐,下部议行。嗣广西巡抚李绂请将广西捐谷为开垦费,〔一〕上曰:"广西捐谷,系陈元龙、王沛憻经手,其间有名无实、首尾不清之处甚多。李绂难于料理,故借开垦之名,以为开销亏欠之地。着陈元龙、王沛憓前往广西,将此项澈底清楚;倘有不清,着李绂据实参奏。"李绂奏称:"元龙广西捐谷,自康熙五十三年至五十五年停止。桂州、梧州、柳州、南宁四府共收百十七万八千馀石,当日因捐纳之人买谷需时,愿交谷价,经前任布政使黄国材议定,每石折银一两一钱,各府自存六钱为买谷盖仓等费。内有赢馀,系管捐府厅分得,其馀银五钱,按察使及本道各分得四分,元龙实分得羡馀银十一万七千八百二十五两。除在广西捐公费银九万三千二百馀两,又屡次捐助军需共十万两,均经奏明在案外,今仓谷尚有亏空,各官自应一体分赔。"疏至,诏下部议各员按数赔补。元龙应追赔得过羡馀及认分赔部科等费共银二十一万二千两有奇,捐助军需俱不准扣抵,分限五年完纳。至是,谕曰:"大学士陈元龙在广西任内,有应行追赔之项,查伊曾有效力之处,着准其照数扣除。"七月,疏请各省题奏本章增揭帖一通,送起居注馆记注后贮内阁,从之。八月,疏言:"凡稽察游民,严设处分。内城专责巡捕营弁,外城专责巡城御史及司坊官,不时密访。各省宜令各督抚严饬地方官稽察。"又言:"近日各衙门番役,往往与流棍串通,如拿赌博、斗殴等犯,不即送官惩治,匿犯索财,即行私释。其穷苦无钱者方送官。宜严定即日送官期限,羁留者即严讯番役诈赃卖放之罪。"俱下部议行。

十一年七月,以年老具疏乞休,得旨:"大学士陈元龙老成练达,学问优长,奉职多年,宣劳中外。朕念圣祖仁皇帝简用旧臣,晋秩纶扉,俾承恩眷。今以年逾八旬乞休,勉从所请,着加太子太傅衔,以原官致仕。令伊子编修陈邦直随归侍养。起程之日,赏给酒膳、果品,着六部满、汉堂官饯送,沿途官弁送迎尽礼。"乾隆元年,恩予在家食俸。八月,卒。谕曰:"陈元龙耆旧大臣,服官宣力五十馀年。今乞休在籍,朕方望其颐养林泉,以承恩眷。忽闻溘逝,深为轸恻!应得恤典,察例具奏。"赐祭葬如例,谥文简。

【校勘记】

〔一〕请将广西捐谷为开垦费　"捐"原误作"监"。满传卷一六叶五六下及耆献类征卷一二叶三九上均同。今据宪录卷二六叶一八上改。按下文有"广西捐谷",可证。

白潢

白潢,汉军镶白旗人。由笔帖式授内阁中书,迁侍读。康熙三十九年,授福建粮驿道。四十二年,丁父忧。四十五年,补山东登莱青佥事道。四十九年,迁贵州分守贵东参议道。五十三年,迁贵州按察使。五十五年,擢湖南布政使,未赴,命护理贵州巡抚。五十六年六月,改江西布政使。

七月,擢江西巡抚。五十七年,疏言:"江西湖口县关地形甚险,两山插江夹峙,商船候验停泊虹桥港,逼近山脚。夏秋仅容小船一二百。冬春水涸,来往报税,必由梅家洲嘴纡行十馀里。遇水涨,则江、湖二流横激港口,微风即蹈不测。惟关右里许,山势开阔,有武曲港可容千艘,但冬春亦涸。请自江岸至港口,大为挑浚,于港口建草坝二,以阻淤沙,〔一〕外加排桩,以固坝根,可利停泊,商民俱便。"部议如所请行。五十八年,疏言:"江西科第之盛,远胜浙、楚。康熙三十五年,奉旨增额:江西七十五名,浙江七十一名,湖广七十名,是向来中额多于浙、楚。四十一年,浙江、湖广二省以督臣郭琇、抚臣赵申乔请照江南中额,增至八十三名,江西未经题请,不增。至五十年,特旨增直省中额,浙、楚又各增十六名,江西仅增十五名。近科入场士子,多至一万二千馀人,而中额不得比于浙、楚。通省合词请题广额,恳恩将江西乡试中额照浙、楚一例取中。"疏下部议,从之。五十九年七月,疏言:"州县因公挪用亏空钱粮,请照霉烂仓谷例者,不论在任、解任,及分赔之知府,能于限内全完,准其开复。"如所请行。寻因病乞补京职,授户部右侍郎。

十月,擢兵部尚书。六十一年十一月,世宗宪皇帝御极,命潢协办大学士事务。十二月,晋文华殿大学士,潢具疏恳辞。谕曰:"朕素闻尔居官操守甚好。巡抚江西时,绥辑地方,甚有裨益。及任兵部尚书,清勤恪慎,皇考每加优奖。今朕以机务重大,资尔料理,尔即遵旨供职,不必固辞。"时恭纂圣祖仁皇帝实录,以潢充总裁官。雍正元年,赐诗一章,有"蓼萧多雨露,应及老成人"之句。三年七月,以病乞解任,从之。先是,江西南昌、吉安、抚州、饶州四府有落地税银千三百馀两,各以大使征收。潢以官役费浮于税,不免苛征,将四处税银停征。巡抚司道公捐银代完,假造商民名册报部,税大使已无职掌,仍旧设立,后任相沿办理,未奏。至是,江西巡抚汪漋奏其事,并请裁汰大使。上谕大学士等曰:"此项税银不应征收,则白潢当奏请于圣祖仁皇帝施恩豁免;若系应征,则令商民完纳,何得公捐完课,曲示私恩?似此沽名邀誉,岂人臣事君之道?至汪漋凡事不能据理而行,乃将白潢所行悖理之事奏闻,冀朕批示。尔等同九卿询问回奏。"寻奏白潢沽取虚名,擅变旧例,应严加议处。汪漋妄行渎奏,亦应察议。部议白潢照溺职例革职,汪漋降二级调用,课税仍照旧例征收,税大使不得于额外勒索,从之。

乾隆二年,潢卒。三年九月,上谕:"原任大学士白潢向在巡抚任内尚有清廉之名,告休后缘事革职。今闻病故,着给还大学士衔,以示优待大臣之意。"

【校勘记】

〔一〕以阻淤沙 "淤"原误作"游"。满传卷三一叶三〇下及耆献类征卷一五叶二一下均同。今据仁录卷二七八叶五下改。

鄂尔泰　弟鄂尔奇

鄂尔泰,满洲镶蓝旗人,姓西林觉罗氏,世居汪钦。高祖屯泰,国初率族来归,授佐领。曾祖图扪,天聪五年,从征明大凌河,力战阵殁,授骑都尉世职。雍正三年,入祀昭忠祠。祖图彦图,袭世职,官户部郎中。父鄂拜,国子监祭酒。

鄂尔泰由举人于康熙四十二年袭佐领,授三等侍卫。五十五年,迁内务府员外郎。雍正元年,充云南乡试副考官,特擢江苏布政使。八月,授广西巡抚。

三年十月,命署云贵总督。四年五月,贵州仲苗负险肆横,议抚久无成。鄂尔泰分三路进剿:一由谷隆,一由焦山,一由马落孔,焚其寨七,进克长寨、羊成地等,奏于长寨增驻游击。又以镇沅土府刁瀚、〔一〕沾益土州安于藩凶诈,计擒之。者乐甸土司刁联斗乞免死归流,奏给职衔,示鼓励。寻奏仲苗及川贩窝党悉就擒。上嘉其成功速,议叙加三级。又奏:"经理仲苗事宜十条:〔二〕一、未获犯中胁从者,自首,概宽免;一、苗民失耕种期,免本年正赋;一、归寨者月给米盐抚恤,并给耕种,逾一月未归,田土赏兵;一、苗多占地仇杀,令契开明界址,官给印信承业;一、同名各照祖姓造册,〔三〕不知本姓者为立姓;一、军器悉缴,隐匿及私造处决;一、兵不得欺陵,官不约束严参;一、移贵阳府同知驻长寨化导;一、移长寨把总驻打壤寨控制;一、员弁闻劫掠即拿,一面申报,获犯会审,毋祖徇。"部议从之。十月,实授总督。先是,四川乌蒙土司禄万钟扰东川府,与滇接壤,鄂尔泰奏改东川隶滇,从之。命会同川督岳钟琪办理乌蒙事,嗣招其魁禄鼎坤为土守备,万钟不就抚。至是,檄总兵刘起元整兵直入,各寨投诚,万钟遁镇雄。五年正月,万钟潜投四川,被获,解钟琪军前。其党镇雄土司陇庆侯亦赴川缴印献土。叙功加二级,特旨给骑都尉世职。三月,镇沅猓贼戕官焚掠,剿平之,获贼首刀如珍等,又广西土府岑映宸淫虐,〔四〕鄂尔泰曾奏敕惩治,上命广西巡抚韩良辅赴滇会议用兵。鄂尔泰以滇、粤相距远,贵州安笼与泗城接,即亲往商。六月,映宸惶惧,乞改流存祀,奏革世职免罪,安置浙江原籍,给其弟映翰顶带,奉其祖岑继禄祀。七月,同楚省会剿谬冲花苗,擒其渠,馀众归顺。九月,擒威远猓贼扎铁匠,降新平野贼李百叠等。〔五〕议叙加三级。十一月,招抚长寨后路生苗百八十四寨,编户口,定额赋。得旨嘉奖,授一等轻车都尉。十二月,攻破云南猓贼窝泥种,其六茶山地千馀里,划界建城,设员弁。议叙加二级。先是,前任云贵总督高其倬查奏安南国界,有内地旧境百二十里应清理，于赌咒河立界。国王黎维祹奏辩。复命鄂尔泰清查，给与八十里，于铅厂山下小河以内四十里立界，颁敕晓谕。至六年正月，国王具表谢，鄂尔泰以闻。上嘉其知礼，仍赏给地四十里。又奏乌蒙设镇，驻总兵，改贵州威宁镇为营，置参将，与镇雄、东川二营归统辖；并乌蒙设府治，改镇雄为州，隶之：俱议行。三月，剿擒东川谋逆之法戛伙目禄天佑、则补营长禄世豪等。又米贴土目禄永孝缘罪斩候，妻陆氏勾猓猡反，调总兵张耀祖等攻门坎山，所向皆克，擒陆氏，米贴平。时广西侬颜光色等不法，提督田畯不能剿，鄂尔泰调兵至，贼杀光色等降。

　　六月，命总督云、贵、广西三省事务。七年正月，云南卿云见，由一等轻车都尉加授三等男。三月，疏奏：“贵州丹江鸡沟生苗向不服化，前檄按察使张广泗相机剿抚，今攻克各寨，苗众投诚。其上下九股及清水江、古州等处，以次宁贴。”叙功加二级。九月，奏乞销去苗疆议叙，赏给曾祖图扪封典，俾昭忠祠牌位得以改书赠官，允之。其苗疆功仍议叙，寻加少保。十二月，奏：“新开苗疆立营设官事宜：一、八寨距都匀府九十里，地方辽阔，改都匀营为协，设副将驻扎；一、丹江逼凯里，素为生苗盘据，增丹江营，设参将；一、九股尤强悍，移黄施营游击驻施秉旧县；一、清水江有南北两岸，[六]居中增清江协，设副将；一、镇远协原防清水江生苗，今改为营，设参将，归清江协一、天柱营近生苗，向设参将，今既分设营汛，改为都司；一、古州为都匀、黎平要隘，设古州镇，驻总兵，改黎平协为营，听统辖；一、营汛既定，设文员分驻，增都匀府同知一驻八寨，通判一驻丹江，镇远府同知一驻清江,黎平府同知一驻古州,俱加'理苗'字样;一、所设同知、通判,于同驻官兵内,各拨把总、兵丁为亲标护卫;一、施秉旧县添设施秉县县丞分驻。"从之。八年八月,〔七〕乌蒙倮贼结凉山等蛮反,总兵刘起元被害。禄鼎坤侄万福与贼合。鄂尔泰饬诸将进讨,参将韩勋大败贼于奎乡,总兵哈元生复乌蒙,同攻克大川与关兵会。十二月,擒万福,渠凶尽获。奏入,谕曰:"乌蒙改设府治之切,诸事尚未就绪,又值刘起元不善抚驭,激成事端,逆党勾连,几有猝难收拾之势;而将弁军士奋勇争先,旬月间削平寇乱。此皆鄂尔泰平时节制封疆,以公忠表率官僚,以义勇训练将士,而临机应敌,又复调度有方,用能迅奏肤功,永安苗境。论功行赏,当以鄂尔泰为先,但念该督自闻贼变以来,时时以先事疏防引过自责;今军事告竣,不肯自居荡寇之功,屡次陈奏,情词恳切,朕曲从其请,以成其谦抑之素志。"九年六月,疏奏:"乌蒙善后事宜:乌蒙镇旧设中、左、右三营,请增设前营,四营各游击一、守备一、千总二、把总四。中营驻府城,左营驻大关,右营驻永善,前营驻凉山。镇雄、东川二营俱增设守备一,分左、右军,左军守备各驻府、州城,镇雄右军守备驻奎乡,东川右军守备驻阿白溪。又改威宁营为协,设副将,仍归乌蒙镇辖;寻甸州增奇兵营,设参将,归督标辖。"从之。寻奏:"全滇水利事宜:一、浚嵩明州之阳林海,周围草塘,可开垦;一、宜良县开河五,其四灌田,惟江头村旧开河形高,自胡家营北另开一道,资灌溉;一、寻甸州寻川河有石,难以灌溉,应另浚沙河十五里;一、东川府城北漫海地肥水消,令民承垦;一、浪穹县羽河等处加修堤工;一、临安等处修筑工程,暨通粤河道,嵩明州河口,俱查勘,以时兴工。"下部议行。

十年正月,陛见。二月,授保和殿大学士,兼兵部尚书,办理军机事务。谕曰:"大学士鄂尔泰节制云、贵、广西三省,历有岁年,于所属苗疆,悉心经理,使蛮夷慕义向风,咸登乐土。至于古州等处生苗,自昔未归王化,鄂尔泰运筹调度,剿抚兼施,俾苗人怀德畏威,抒诚内向,疆域开拓,边境辑宁。数年以来功绩,实非寻常可比。鄂尔泰着授一等伯爵,世袭罔替。"四月,谕曰:"朕与鄂尔泰面加商酌,新疆辽阔,兼有内地旧汛,非古州一镇所能统辖。都江、清水二江地界形势,两路划然,牵合归一,终难控御;而古州镇处都江适中,清江协处清江适中,遥对雄峙,各踞要区。若于清江协裁去副将,改设一镇,将新疆之丹江营与内地之铜仁、镇远、黄施、天柱、石阡、平越等协营俱归管辖,其馀都匀协、黎平营并新设之上江、下江诸协营,俱隶古州镇辖,则数千里之苗疆,可无鞭长不及之虑,更属妥协。着将清江协改镇。"〔八〕

时大军剿准噶尔,七月,命督巡陕甘,经略军务。九月,奏报:"我兵败北路贼于额尔得尼昭,贼遁必由毕跻一路,中有衮塔马哈戈壁,系要隘,咨行署宁远大将军张广泗选将弁堵截,并令广泗继进,以壮声援。"得旨嘉奖。又奏:"屯田事宜:一、总理屯田大员,颁给关防;一、客民首报地亩,分别给工价,其夫役等工价口粮外,加赏衣帽银;一、夫役在甘、凉、肃雇募,地方官出结,以免逃逸,沿途给口食,并筑土堡客居;一、屯田诸务,令所在有司协理;一、各项支用银,令总理屯田大臣奏报,在军需银内支者,另行报销。"十一年五月,奏言:"明岁大兵前进阿勒台,应先将特斯台、锡里二处所驻兵,令秋后至科布多水草佳处,并于札卜堪察罕鄂罗木筑堡规守台站运路；又于塔木托罗海、额克阿喇勒、默尔根西纳所在各驻兵四千，俟进剿时，即前至科布多候调遣。”俱从之。六月，还京，仍兼兵部事。十月，充八旗志馆总裁，兼署吏部。十二年二月，奏参兵部堂司官造册朦混，冒销驿站钱粮，上以鄂尔泰实心任事，议叙加一级。七月，署镶黄旗满洲都统。十三年正月，充皇清文颖馆总裁。

五月，台拱逆苗叛，鄂尔泰自以从前筹画未周请罪，并陈疾，乞赐罢斥、削伯爵，暂假调理。得旨：“卿才品优长，忠诚任事，历经简用，未负朕恩。今以抱病虚羸，恳请罢斥，情词皆实，着解大学士之任，削去伯爵，俾得悉心调摄。至于古州苗疆，从前石礼哈等皆曾奏请用兵，朕悉未允行；及鄂尔泰为滇、黔总督，以此事必应举行，剀切陈奏。朕以鄂尔泰居心诚直，识见明达，况亲在地方，悉心筹画，必有成算，始允所请，命其慎重办理。彼时苗民相率向化，成功迅速，朕心甚悦，特锡伯爵，以奖勋庸。乃平定未久，苗即数次蠢动，近则直入内地，煽惑熟苗，焚劫黄平一带地方，居民受其扰害。朕询问情由，鄂尔泰亦以出于意外为词。是从前经理之时，本无定见，布置未协所致。则朕昔时之轻率误信，亦无以自解。国家锡命之恩，有功则受，无功则辞，乃古今之通义。今鄂尔泰请削伯爵，于情理相合，朕鉴其悃诚而俞允之。并请将前后情事，宣谕中外，以示吾君臣公而无私、过而不饰之意。”寻命仍留三等男爵。

八月，今上御极，命同庄亲王允禄、果亲王允礼及大学士张廷玉总理事务。十二月，诏授一等轻车都尉，并前男爵为一等子。乾隆元年二月，充会试正考官。七月，充三礼义疏总裁。二年五月,充农书总裁。八月,查直隶河道。九月,奏言:"永定河上游无分泄,下游不得畅达,以致为患。请于半截河堤北开新河,即以北堤为南堤,沿之东下,入六道口经三角淀,北至青沽,西入大河。更作泄潮埝数段,俾沙停埝外,水归河中,则下口无阻。再于上游河身自半截河以上,挑浚深通,南北岸分建滚水石坝四,各开引河一,合清隔浊,补救无难。"又言:"千里长堤为数十州县保障,隶霸州、保定、文安、大城境者最险要,今年风浪摧坏,拟于淀口出口处至陶官营筑培堤工,〔九〕照底阔顶突法修成坦坡形,龙堂湾转角处补筑月堤,以资重障。疏大堤对岸支河淤浅,禁拦河叠道,俾得畅达。"又言:"静海县北至独流,内受淀水,外当河道,亦最险处。请于东岸建滚水坝,开引河,注之中塘洼,疏通下口达海,建闸防潮。"下王大臣议行。

十一月,命为军机大臣,兼理侍卫内大臣。十二月,以总理事务议叙,由一等子加骑都尉,并授为三等伯,赐号襄勤。三年,兼议政大臣。四年二月,充经筵讲官。先是,江南河道总督高斌请开新运口,论者以为不便。至是,上命鄂尔泰阅视。四月,奏言:"漕河运口因时制宜,屡经改易。今所建新口,离黄稍远,可避倒灌,不无小效。臣愚以为可用,围水挑坝稍短,应再筑长坝,宽围过水口,〔一〇〕一如磨盘墩式,俾外通大溜抵黄,内引回流入运。其新运口内头、二、三坝向东转北,即天妃闸旧运河路自三坝向东南湾,〔一一〕转而北过越闸,即河臣拟改新运河路,旧河直接,新路纡曲。为漕运计,应行旧河。今新建闸坝未开,仍取道天妃闸,既属便利,永宜遵行。"又言:"陶庄引河长而稍曲,旋开旋淤。筑引河法宜径直,乃能迅驶头沙,并须头迎溜,尾顺溜,放水及时。臣拟定于旧河头之东迎溜处东北直下四百六十馀丈，尾对惠济祠仍系顺溜。[一二]俟大溜盛时开放。再于对岸上流二坝、三坝间接筑挑水大坝，令黄水全势趋北，倒灌之虞可免。"得旨，如所请行。又言："湖河机要二事：一、天然二坝不宜开，免湖水全泄，并兴化、盐城等县水患；一、毛城铺坝已经变迁，宜酌复，河取直，兼放淤培岸，省埽坝费。"下大学士、九卿议，从之。

　　时河东总河白钟山奏请复漳河故道，谕鄂尔泰于归途勘奏。寻奏言："漳河故道有二：由山东丘县城西者，旧迹全湮，难以开通；由城东者，疏浚较易。应自和尔寨村东承漳河北折之势，接开十馀里，至漳桐村入旧河，即于新河头下东流入卫处建闸。卫水弱，启以济运；足用则闭。再于青县下，另建闸坝，酌水势分泄，以保万全。"从之。五月，加太保。七年三月，充玉牒馆总裁。十二月，副都御史仲永檀以密奏留中事泄于鄂容安，命王大臣鞫实，请将鄂尔泰革职拿问。谕曰："仲永檀如此不端之人，鄂尔泰于朕前屡奏其端正，党庇显然，久在朕洞鉴中。若欲将伊革职拿问，则已于前日降旨，何待尔等今日之奏请？盖以鄂尔泰乃皇考遗留之大臣，于政务尚为谙练；若以此事深究，不但罪名重大，承受不起，而国家少一能办事之大臣，为可惜耳！但其不择门生之贤否，不训伊子以谨饬，朕亦不能为伊屡宽也。鄂尔泰着交部议处，以示薄罚。"寻议降二级调用，奉旨，抵销留任。八年，管翰林院掌院事。

　　十年正月，以疾请解任调理，上慰留。三月，加太傅。四月，卒。遗疏入，得旨："大学士伯鄂尔泰公忠体国，直谅持躬。久任边疆，茂著惠绩。简领机务，思日赞襄。才裕经纶，学有根柢。

不愧国家之柱石,允为文武之仪型。向用方殷,倚毗正切。昨冬忽婴痰疾,朕心廑念,〔一三〕选医调理,存问日颁。今春病势有加,朕往看视,加衔太傅,冀其获痊。不意竟至不起,朕心深为震悼!亲临祭奠,辍朝二日。披览遗疏,具见忠君爱国之悃忱,尤为追念不置。昔皇考有配享太庙遗诏,着该部遵奉举行。并入贤良祠,加祭二次。"寻予祭葬,谥文端。

二十年,甘肃巡抚鄂昌与诗词悖逆之胡中藻倡和,事觉,革职治罪。谕曰:"胡中藻系鄂尔泰门生,且与其侄鄂昌叙门谊,则鄂尔泰从前标榜之私,适以酿成恶逆。其诗中谗舌青蝇,供指张廷玉、张照二人。即张廷玉之用人,亦未必不以鄂尔泰、胡中藻为匪类也。鄂尔泰、张廷玉亦因遇皇考及朕之君,不能大有为耳。不然,何事不可为哉?使鄂尔泰尚在,必将重治其罪,为大臣植党者戒! 着撤出贤良祠。"四十四年,御制怀旧诗,列诸五阁臣中,诗曰:"业师只三人,其三情向剖。皇考重英才,率命书房走。鄂、蒋以阁臣,蔡、法列卿九。胡、顾、刘、梁、任、邵、戴来先后。其时学亦成,云师而实友。不足当绛帷,姓名兹举偶。鄂其中巨擘,内外勤宣久。初政命总理,顾问备左右。具瞻镇百僚,将美惠九有。好恶略失尚,性阴阳则否。遵诏命配享,旌善垂不朽。"

鄂尔泰弟鄂尔奇,康熙五十一年进士,改庶吉士,散馆授编修。雍正元年三月,充山西乡试副考官。六月,迁侍读。七月,擢詹事府詹事。四年五月,署国子监祭酒。九月,授工部侍郎。五年,教习庶吉士。六月,调礼部。七月,充顺天乡试正考官。八月,充会试副考官。寻命总理国子监事,署兵部侍郎。九月,升户部尚书,兼管步军都统。十年,充翻译乡试正考官。十一年九月,直隶总督李卫劾鄂尔奇捉拿越控,细事滥用部牌,庇护私人,并坏法营私、絜制扰民各款,命革职,交王大臣等会鞫,得实,加倍治罪。得旨:"鄂尔奇受朕深恩,有玷职守,大负伊兄鄂尔泰教训。理宜从重治罪,朕念鄂尔泰裨益国家政务甚多,以之相抵。鄂尔奇加倍治罪之处,着从宽免。"十三年,卒。

【校勘记】

〔一〕又以镇沅土府刁瀚　"沅"原误作"远",又"瀚"误作"浣"。满传卷三七叶四五下及耆献类征卷一六叶一二上均同。今据宪录卷六〇叶二三下至二四上改。

〔二〕又奏经理仲苗事宜十条　"十"下原衍"一"字。满传卷三七叶四五下同。今据宪录卷五四叶三〇上至三一下删。按耆献类征卷一六叶一二下不衍。

〔三〕同名各照祖姓造册　"姓"原误作"先"。满传卷三七叶四六上及耆献类征卷一六叶一二下均同。今据宪录卷五四叶三一上改。

〔四〕获贼首刀如珍等又广西土府岑映宸淫虐　"刀"原误作"刁",又"宸"误作"震"。满传卷三七叶四六下及耆献类征卷一六叶一三上均同。今据宪录卷五六叶八下及卷六〇叶二〇上改。下同。

〔五〕降新平野贼李百叠等　"贼"原误作"城"。满传卷三七叶四七上及耆献类征卷一六叶一三下均同。今据宪录卷六一叶二一下改。

〔六〕清水江有南北两岸　"江"原误作"河"。满传卷三七叶四九上及耆献类征卷一六叶一四下均同。今据宪录卷八九叶一八上改。

〔七〕八年八月　"年"原误作"月",又"月"误作"日"。满传卷三七叶四九下及耆献类征卷一六叶一四下均同。今据宪录卷九九叶一二上下改。

〔八〕着将清江协改镇　"清"原误作"靖"。满传卷三七叶五二下同。
　　今据宪录卷一一七叶五下改。按耆献类征卷一六叶一六下不误。

〔九〕至陶官营筑培堤工　"官"原误作"家"。满传卷三七叶五六上及
　　耆献类征卷一六叶一八下均同。今据纯录卷五二叶二二上改。

〔一〇〕宽围过水口　"宽"原误作"竟"。满传卷三七叶五七上同。今
　　　据纯录卷九三叶三下改。按耆献类征卷一六叶一九上无
　　　"竟"字。

〔一一〕即天妃闸旧运河路自三坝向东南湾　"即"原误作"及"。满传
　　　卷三七叶五七上及耆献类征卷一六叶一九上均同。今据纯录
　　　卷九三叶三上改。

〔一二〕尾对惠济祠仍系顺溜　"祠"原误作"闸"。满传卷三七叶五七
　　　下及耆献类征卷一六叶一九上均同。今据纯录卷九二叶一七
　　　下改。

〔一三〕朕心廑念　"廑"原误作"屡"。满传卷三七叶五九下及耆献类
　　　征卷一六叶二〇上均同。今据纯录卷二三八叶一五下改。

张廷玉　　弟廷璐　廷瑑　子若霭

张廷玉,安徽桐城人,大学士英次子。康熙三十九年进士,
改庶吉士。四十二年,授检讨。四十三年,命入直南书房,寻充
日讲起居注官。四十七年,丁母忧,寻丁父忧。五十一年,迁司
经局洗马。五十四年,迁右庶子,寻授侍讲学士。五十五年,擢
内阁学士。五十六年,充经筵讲官。五十九年,授刑部右侍郎。
六十年二月,山东盐贩王美公等纠众不法,巡抚李树德获奏,命
廷玉同都统托赖、学士登德往会抚镇严讯,分别定罪如例。六

月,调吏部左侍郎。

六十一年十一月,世宗宪皇帝御极,命廷玉协同翰林院学士阿克敦、励廷仪等办事,赐一品,荫生。十二月,擢礼部尚书,恭纂圣祖仁皇帝实录充副总裁。雍正元年正月,入直南书房。四月,充顺天乡试副考官。五月,上嘉廷玉偕正考官朱轼衡文公慎,议叙,加太子太保。七月,充明史总裁官。八月,兼翰林院掌院学士,御制诗一章赐之,诗曰:“峻望三台近,崇班八座遵。栋梁材不忝,葵藿志常存。大政资经画,訏谟待讨论。还期作霖雨,为国沛殊恩。”九月,充会试正考官。调户部尚书。十月,充国史馆总裁。二年五月,充会典总裁。寻疏言:“浙江之衢州,江西之广信、赣州等府,毗连闽、广,无藉之徒流移失业,入山种麻,搭棚居住,号曰‘棚民’。岁月既久,生息日繁,懦者或守本业,悍者辄结为匪。近西崖有抢劫之事,皆棚民倡首。请敕督抚题补廉能州县,晓谕约束,编入户口册籍;若居住未久,踪迹莫定者,取具五家连环保结稽核,毋许遗漏。中有膂力技勇及读书向学之人,查明具详,分别考验录用。庶生聚教训,初无歧视,而一时失业之徒,不致陷于罪戾,亦属靖地安良之一法。”下督抚议行。八月,充会试正考官。三年二月,充治河方略副总裁。

七月,署理大学士事。四年,授文渊阁大学士,仍兼户部、翰林院事。五年,晋文华殿大学士。六年正月,疏言:“内阁部院奉旨事件,俱交起居注登记档案;惟八旗事件,向例不交起居注,无从记载。请自雍正五年始,亦照阁部送馆,以便纂入记注。”从之。三月,晋保和殿大学士。十月,兼署吏部尚书。七年,晋少保。八年十月,谕曰:“大学士马尔赛、张廷玉、蒋廷锡自简任纶扉以来,祗遵朕训,仰体朕心,懋著忠勤,恪恭奉职。今年夏秋之间,朕躬偶尔违和,马尔赛、张廷玉、蒋廷锡赞襄机务,公正无私,慎重周详,事事妥协。数月之中,朕躬得以静养调摄者,实伊等翊赞之力也。今朕躬已经全愈,宜加恩锡,以褒良佐,以励臣工。着各赏给一等轻车都尉世职,仍各加二级。其世职或带于本身,或给与伊子,听其自便。"廷玉奏准以长子编修若霭承袭。十一年三月,条奏:"慎刑二事:一、各省人犯,罪重收禁,罪轻取保。独刑部遇各衙门送犯,不论情事大小、罪犯首从,俱收禁,致累无辜。请敕议送部人犯,分别收禁、取保,定例遵行;一、刑部引用律例,往往删去前后文,止摘中间数语,即以所断之罪承之;甚有求其彷佛,比照定拟者,高下其手,率由此起。都察院、大理寺同为法司衙门,若刑部引例不确,应令院寺驳正,不改即行题参;如院寺扶同朦混,草率从事,一并处分。"疏入,命九卿议行。九月,谕祭贤良祠大学士张英于本籍,准廷玉驰驿回籍,举行典礼,赐帑金万两,为祠宇祭祀费,并赐冠带、衣裘及貂皮、人参等物,颁内府书籍五十二种于其家。十二月,廷玉奏言:"臣行经直隶州县,近河洼地遭水,已蒙赈济,其中尚有灾重之处,积潦未消,难以种麦,明岁青黄不接,民食倍艰。请敕督臣确查,加赈一月,再查该地方应修工程,酌议举行,俾穷民得佣工糊口。"得旨允行。是月,会典告成,议叙加二级。十二年二月,廷玉回京,上遣内大臣、户部侍郎海望迎劳于卢沟桥,颁赐酒膳。十三年正月,充皇清文颖馆总裁。

　　八月,今上御极,命廷玉同庄亲王允禄等总理事务。九月,赏给一等轻车都尉,并前世职为三等子,仍以其子若霭袭。十月,恭纂<u>世宗宪皇帝实录</u>,充总裁官。嗣以<u>廷玉</u>所领事多,不必兼管翰林院事。<u>乾隆</u>元年,充纂修玉牒总裁。七月,充<u>三礼</u>馆总裁。九月,<u>明史</u>告竣,议叙加二级。十月,命仍兼管翰林院事。十一月,充经筵讲官。二年三月,充会试正考官。三年,上将视学,以三老、五更之礼可行与否询军机大臣,<u>廷玉</u>奏言:"伏思三老、五更之名,始见于<u>礼经</u>,盖古养老尊贤之礼也。考养老之礼,如<u>王制</u>、<u>内则</u>所云,则于<u>夏</u>、<u>殷</u>、<u>周</u>皆然;又云'五帝、三王宪有乞言',则<u>伏羲</u>、<u>神农</u>、<u>黄帝</u>以来已然。是其典为最古。至所云'食三老、五更于太学,天子袒而割牲,执酱而馈,执爵而酳,冕而总干',是其礼为最隆。我皇上至道在躬,式稽前典,以三老、五更之礼下询,甚盛事也!顾礼待人行,事因时起。臣妄臆议,以为未可举行者,约有数端。盖皇上至德渊怀,圣不自圣,何难屈礼臣下;但天子有所施,必令臣下有可受。如所云'袒而割牲'者,其始,亲袒衣割牲,以为俎食也;'执酱而馈'者,其继,执酱以馈熟也。'执爵而酳,冕而总干'者,继食毕,又亲执酒以酳口;且又端冕舞位,而以乐舞侑食也。礼如是不已重乎?古有斯礼而今未行,似非皇上殷殷复古之意。如特行此礼,度臣下谁敢受者?此其难行,一也。<u>汉</u>、<u>宋</u>均曰'三老,乃老人知天地人之事;五更,乃老人知五行更代之事'者:各以一人为之。所谓'知天地人之事'者,盖上通天文,下彻地理,中察人伦,三者明一亦难矣,况兼之乎?所谓'知五行更代之事'者,如<u>伏羲</u>以木德王,故<u>风</u>姓代之者火也。<u>炎帝</u>以火德王,故曰<u>炎帝</u>;以火纪官代之者,土也。<u>黄帝</u>以土德王,故曰<u>黄帝</u>之类。此非洞达天人之际,孰能知其所以然者?惟其有如是之德,是以天子隆以宾师之礼。三

公、九卿皆在执事之列。今此礼果行，必求其人以当之。窃思致
仕诸臣及现居职者，谁克任之？恐皇上即下明诏，而其人必悚惕
惭惶而不敢应。此事之难行，二也。考汉以李躬为三老，桓荣为
五更；魏以王祥为三老，郑小同为五更；周武帝以于谨为三老，其
时五更无人。第未审诸公如前所述之三老、五更，果克副其名而
无愧乎？圜桥观听，汉明帝时极盛。然先儒胡寅讥桓荣仅能授
经章句，不知仲尼修身治天下之微旨。故所以辅翼其君者，德业
不过如是。观先儒之论，是桓荣犹不免讥评，下此者何足以当巨
典？三也。三老、五更之名，虽见于乐记、祭义、文王世子诸篇，
然不言何代。如以为虞、夏、殷、周皆然，则二帝、三王大经大法
载于尚书，何二典三谟不见有老更之名？如以为惟周有之，则保
息养老见于司徒；献鸠以养国老，见于罗氏；以财养死政之老见
于司门；三百六十如是之详且悉，何亦不载有老更之名？臣愚以
为养老之礼，古时典制可稽，至所谓三老、五更者，疑属汉儒附
会。此其事未可尽信，四也。是以唐、宋至今已千馀载，此礼未
曾举行；即本朝世祖、圣祖、世宗皇帝重道尊师，明经造士，事事
度越前古，而于老更之礼亦未之及。盖以典至古而礼尤隆，名实
难副。倘有几微未称，不惬观听，则必滋议论之端，岂不亵至尊
而羞大典乎？此事似应停止举行，不必敕下廷议。"疏入，上韪
其言。

　　寻以总理事务敬慎周详，赏给骑都尉，由三等子特恩晋三等
伯，仍令其子若霭承袭。四年五月，加太保。八月，充明史纲目
总裁。七年五月，吏部则例告成，议叙，加二级。十二月，上谕：
"我朝文臣无封公侯伯之例，大学士张廷玉伯爵，系格外加恩，伊

子不合承袭,着带于本身。”八年七月,驾往奉天谒祖陵,廷玉留京办事,照扈从王大臣例,加一级。十月,上念廷玉年逾七十,令不必向早入朝,遇炎蒸风雪,亦不必勉强进内。十一年,廷玉长子内阁学士若霭病故,谕令节哀自爱,以廷玉行走内廷需人扶掖,命其次子庶吉士若澄在南书房行走。十二年二月,充会典馆总裁,京察引见翰林官,改列荐一等之吴绂、朱荃、金甡三员为二等,廷玉保荐不实,部议降二级,抵销。

　　十三年正月,具疏乞休,谕曰:“大学士伯张廷玉年来屡于燕见之次,以衰老乞休,朕辄宣谕慰留。但年齿既高,时切轸念,前后数颁温旨,令其盛暑祁寒,不必勉强赴直,随时量力,以资调护。每见其精神矍铄,深用惬怀,以为邦家祥瑞。昨缘召对,复力以年近八旬,请得荣归故乡,情辞恳款,至于泪下。朕向谕以卿受两朝厚恩,且奉皇考遗命,将来配享太庙,岂有从祀元臣归田终老之理?而伊昨奏称宋、明配享之臣,曾有乞休得请者,举数人为证;且称七十悬车,古之通义,又引老子‘知足不辱、知止不殆’为解。朕谓不然。昔人久处要地,恐滋谗谤,将致贪恋贻讥,势必迫于殆辱。故易云:‘见几而作,不俟终日。’要岂所论于与国家关休戚、视君臣为一体者哉?设令昏耄龙钟,不能事事,瘝官旷职,于治体有妨,亟当避贤者路,在朝廷亦不得不听其引退。然昏耄龙钟者,固将神明愦然,其于去留已瞀不知;使其心尚知觉,则日日同堂聚处之人,一旦远离,虽属朋友尚有不忍,况在君臣岂其恝然?书曰:‘天寿平格。’又曰:‘耇寿俊在厥服。’秦穆霸主,尚猷询兹黄发,使七十必令悬车,何以尚有八十杖朝之典?卿精采不衰,应务周敏,不减少壮;若必以泉石徜徉,高蹈为适，独不闻<u>武侯</u>'鞠躬尽瘁'之训耶？若如卿所奏<u>武侯</u>遭时艰难，受任军旅；生逢熙洽，优游太平，未可同日而语。朕又谓不然。<u>皋</u>、<u>夔</u>、<u>稷</u>、<u>契</u>与<u>龙逢</u>、<u>比干</u>所丁之时不同，而可信其易地皆然，其心同也。设<u>皋</u>、<u>夔</u>、<u>稷</u>、<u>契</u>无<u>龙逢</u>、<u>比干</u>之心，必不能致谟明弼谐之盛；<u>龙逢</u>、<u>比干</u>无<u>皋</u>、<u>夔</u>、<u>稷</u>、<u>契</u>之心，亦必不能成致命遂志之忠。遭遇虽殊，诚荩则一。夫既以一身任天下之重，则不以艰巨自诿，亦岂得以承平自逸？为君则乾乾不息，为臣则蹇蹇匪躬，所谓一息尚存，此志不容稍懈。朕为卿思之，不独受皇祖、皇考至优至渥之恩，不可言去；即以朕十馀年眷待之隆，亦不当言去。即令果必当去，朕且不忍令卿遽去，而卿顾能辞朕去耶？卿若恐人议其恋职，因有此奏，则可；若谓人臣义当如此，则不可。朕尝谓致仕之说，必若人遭逢不偶，[一]不得已之苦衷，而非士人之盛节，为人臣者断不可存此心。何则？朝廷建官命职，不惟逸豫，惟以治民；而人生自少至老，为日几何，且筮仕之年，非能自必，设令预以此存心，必将漠视一切，泛泛如<u>秦</u>、<u>越</u>人之相视，年至则奉身以退耳。谁复出力为国家图庶务者？此所系于国体、官方、人心、世道者甚大。我朝待大臣，恩礼笃至，而不忍轻令解职，大臣苟非癃老有疾，不轻陈请。恐不知者反议其贪位恋职，而谓国家不能优老，全其令名，是不可以不辨。故因大学士<u>张廷玉</u>之请，举朕所往复晓譬者，布告有列。其所陈既未允行，重违其意，所有吏部事务不必兼理，俾从容内直，以绥眉寿。"

十四年正月，复谕曰："大学士伯<u>张廷玉</u>三朝旧臣，襄赞宣猷，敬慎夙著，朕屡加曲体，降旨令其不必向早入朝；而大学士日直内廷，寒暑罔间，今年几八帙，于承旨时，朕见其容貌少觉清减，深为不忍。夫以尊彝重器，先代所传，尚当珍惜爱护，况大学士自皇考时倚任纶扉，历有年所？朕御极以来，弼亮寅恭，久近一致，〔二〕实乃勤劳宣力之大臣，福履所绥，允为国家祥瑞。但恭奉遗诏，配享太庙，予告归里，谊所不可。考之史册，如宋文彦博十日一至都堂议事，节劳优老，古有成谟。大学士绍休世绪，生长京邸，今子孙绕膝，良足娱情，原不必以林泉为乐也。着于四五日一入内廷，以备顾问。城内郊外，皆有赐第，可随意安居，从容几杖，颐养天和，长承渥泽，副朕眷待耆俊之意。且令中外大臣共知国家优崇元老，恩礼兼隆，而臣子无可已之日，自应鞠躬尽瘁，以承受殊恩，俾有所劝勉，亦知安心尽职。”御制诗一章，以劝有位，诗曰：“职曰天职位天位，君臣同是任劳人。休哉元老勤宣久，允矣予心体恤频。潞国十朝事堪例，汾阳廿四考非伦。勖兹百尔应知劝，莫羡东门祖道轮。”

十一月，上以廷玉年老，不能复兼监修总裁之任，以大学士傅恒代之。谕曰：“大学士勤宣伯张廷玉先朝耆旧，宣力有年，光辅端揆，几三十载。上年陈情请告，朕以其精神不衰，尚可从容襄赞，皤皤黄发，领袖班行，当以匪躬之节，为群臣先，讵可惄然动林泉之兴？是以未允所请，复申明大义，布告在廷。自是而大学士弗复以此为言，盖亦深知于义有所不可也。乃自今年秋冬以来，精采罿铄，视前大减，盖人至高年，阅岁经时，辄非曩比。每召见之顷，细加体察，良用恻然！朕思鞠躬尽瘁，固臣子致身之谊，而引年尚齿，亦圣人安老之仁。在为臣者预存一奉身而退之念，则将匪国是恤，惟身是图，始而营心干进，则策励奉公，迨至愿满而荣宠备，〔三〕则乞身强健，乐志林泉，举若是其工于自

谋,国家将何赖焉? 此在三之谊,矢以毕生,实分所固然也。然
自为君者视之,则壮用其力,老恤其劳,[四]使臣以礼,事君以忠,
斯为各尽其道。朕之前旨,乃谓人臣不当存此心,大学士尤不当
存此心,初非欲著为成例,即至年迈力衰,不能任职,必不欲令其
归荣故里也。昨召对尚书梁诗正,偶论及此事,梁诗正奏云:'故
乡为祖先坟墓所在,桑榆暮景之人,依恋弥笃。' 此言虽属宛转,
亦于情理未协。盖离乡远宦者,早已不能岁时瞻扫,岂待迟暮方
知? 设当荣宠少壮,或五六十时,溘先朝露,又将奈何? 梁诗正
亦无辞以对。第朕既体察及此,安能无动于怀? 惟是大学士在
皇祖时,直内廷,陟卿贰;皇考复加柄用,荣冠臣僚。朕在书斋,
即所敬礼。御极至今,眷倚隆重。夫座右鼎彝古器,尚欲久陈几
席,何况庙堂元老,谊切股肱? 然亲见其老态日增,强留转似不
情,而去之一字,实又不忍出诸口,用是踌躇者久之。既而念大
学士养疴暂告,已屡赐医存问,因令军机大臣等同往省视,传朕
谕旨,大学士感激涕零,谓:'受恩至深,无可图报,何敢以孱躯动
履,日烦轸念? 因遵前旨,不敢自陈。仰蒙体恤,实出望外。请
得暂辞阙廷,于后年江宁迎驾。' 大学士既陈奏恳款如此,应加恩
遂其初愿,示朕优老眷旧、恩礼始终之意。着准以原官致仕,伯
爵非职任官可比,仍着带于本身。俟来春冰泮,舟行旋里,届期
朕当另颁恩谕。南巡时即可相见。至朕五十正寿,大学士亦将
九十,轻舟北来,扶鸠入觐,成堂廉盛事,[五]不亦休欤!"

御制诗三章赐廷玉,诗曰:"早怀高义慕悬车,异数优留为弼
予。近觉筇鸠难步履,得教琴鹤返林间。银毫无奈吟轻别,赤芾
还看赋遂初。拟问兰陵二疏傅,可曾廿四考中书。两朝纶阁谨

无过,况复芸窗借琢磨。此日兰舟归意定,一时翰苑怅思多。善
娱乡党销闲昼,稳趁帆风送去波。南国诗人应面晤,为询食履近
如何？坐论朝夕久勤宣,间别何能独惄然。同事当年今几在,得
馀硕果又言旋。江湖卿乐真饶后,廊庙吾忧讵忘先。指日翠华
临幸处,欢颜前席问农田。”又谕吏部大学士休致员缺,俟<u>廷玉</u>登
舟南还后,再行请旨。时<u>廷玉</u>请面见,奏言:“前蒙<u>世宗宪皇帝</u>逾
格隆恩,遗命配享太庙。上年有‘从祀元臣不宜归田终老’之
谕,恐身后不得蒙荣,外间亦有此议论。”免冠叩首,请上一辞以
为券。上特颁谕旨,并赐诗以安其心,诗曰:“造膝陈情乞一辞,
动予矜恻动予悲。先皇遗诏惟钦此,去国馀思或过之。可例<u>青
田</u>原侑庙,漫愁<u>郑国</u>竟摧碑。吾非<u>尧</u>、<u>舜</u>谁<u>皋</u>、<u>契</u>,汗简评论且听
伊。”<u>廷玉</u>具折谢恩,遣子<u>若澄</u>代奏,上以其不亲至,传旨令<u>廷玉</u>
明白回奏。次日,<u>廷玉</u>早至,上以军机处必有泄漏者,谕曰:“朕
许大学士<u>张廷玉</u>原官致仕,且允配享太庙之请,乃<u>张廷玉</u>具折谢
恩,词称泥首阙廷,并不亲至,第令伊子<u>张若澄</u>代奏。因命军机
大臣传写谕旨,令其明白回奏;而今日黎明,<u>张廷玉</u>即来内廷。
此必军机处泄漏消息之故,不然,今日既可来,何以昨日不来?
此不待问而可知者矣。夫配享太庙,乃<u>张廷玉</u>毕世之恩,岂寻常
锡赉加一官、晋一秩可比? 不特<u>张廷玉</u>殁身衔恩,其子孙皆当世
世衔恩。伊近在京邸,即使衰病不堪,亦当匍匐申谢,乃陈情能
奏请面见,而谢恩则竟不亲赴阙廷。视此莫大之恩,一若伊分所
应得,有此理乎? 朕昨赋诗,命翰林和韵,献谀者或拟以<u>皋</u>、<u>夔</u>,
比以<u>伊</u>、<u>周</u>。夫<u>皋</u>、<u>夔</u>尚可也,<u>伊</u>、<u>周</u>则不可也。朕诗自有分寸,
谓‘两朝纶阁谨无过’,不为溢美之词,亦尚其实长也。若因此

而称心满意,则并其夙所具之谨且忘之而不谨矣。夫'可例青田原侑庙'者,刘基以休致之臣而得配享,曾有此例,故事在可许。伊试自思,果能仰企刘基乎?张廷玉立朝数十年,身居极品,受三朝厚恩,而当此桑榆晚景,辗转图维,惟知自便,未得归则求归自逸;既得归则求配享叨荣。及两愿俱遂,则又视若固有,意谓朕言既出,自无反汗,已足满其素愿,而此后更无可觊之恩,亦无复加之罪,遂可恝然置君臣大义于不问耳。朕前旨原谓配享大臣不当归田终老,今朕怜其老而赐之归,是乃特恩也。既赐归而又曲从伊请,许其配享,是特恩外之特恩也。乃在朕则有请必从,而彼则恬不知感,则朕又何为屡加此格外之恩?且又何以示在朝之群臣也?试问其愿归老乎,愿承受配享乎?令其明白回奏。昨朕命写谕旨时,惟大学士傅恒及汪由敦二人承旨,[六]而汪由敦免冠叩首,奏称'张廷玉蒙圣恩,曲加体恤,终始矜全。若明发谕旨,则张廷玉罪将无可逭'。此已见师生舍身相为之私情。及观今日张廷玉之早来,则其形显然。朕为天下主,而令在廷大臣,因师生而成门户,在朝则倚恃眷注,事事要被恩典;及去位而又有得意门生,留星替月,此可姑容乎?夫君子绝交不出恶声,朕昨令写谕旨,意尚迟回,不欲遽发。及观张廷玉今日之来,且来较向日独早,谓非先得信息,其将谁欺?若将二人革职,交王大臣等质讯,未有不明者;但朕既曲成其终,张廷玉纵忍负朕,朕不忍负张廷玉。然军机重地,乃顾师生而不顾公义,身为大臣,岂应出此?朕尝谓大臣承受恩典,非可滥邀,若居心稍有不实,则得罪于天地鬼神,必致败露。张廷玉一生蒙被异数,即使诈伪,亦可谓始终能保。乃至将去之时,加恩愈重,而其所行有出于情理之外，虽欲曲为包容，于理有所不可。岂非居心不实之明效大验耶？天道之显著如此，为人臣者其可不知所儆惕乎？可不知所改悔乎？"

廷玉以并未得信覆奏，谕曰："张廷玉明白回奏折内，称'十三日实因心恐谢恩稽迟，急欲趋阙泥首，是以向早入朝，并未先得信息'等语。张廷玉之早来，必因先得信息。伊向来谢恩，不一而足，并未早来，何以是日来之独早？若谓并未得信，而次日早来，即可掩先日不来之过。此所见与儿童何异，〔七〕岂久经事理之老大臣而宜出此？如果因风寒严劲，步履不前，则次日何尝不寒，且何难于谢恩折内声明，或张若澄递折时向奏事人口奏。乃并不及此，其回奏折内于先得信息之处亦不承认。是日承旨系傅恒、汪由敦二人，以二人并论，则非汪由敦而谁？即万有一分非汪由敦送信，亦必司员中书等有人送信。张廷玉在军机处年久，伊等皆其属员，此尚情理所有之事。若降旨革职严讯，未有不水落石出者。但朕自即位以来，即假借包容张廷玉至此矣，何值因此遽兴大狱？然若迫于不得不办，〔八〕则朕非可朦混了事者。且张廷玉折内于汪由敦不涉一字，明系避重就轻，朕加恩于张廷玉至深至厚，即近日之恩谕稠叠，本欲保全终始，宁于将去之时而显暴其罪，不为包容？但实有不得不然者，盖张廷玉与史贻直素不相合，史贻直久曾于朕前奏张廷玉将来不应配享太庙。在史贻直本不应如此陈奏，而彼时朕即不听其言也。张廷玉奏请面见时，称外人亦有议其将来不得配享者，朕问为谁，即明指史贻直而言；〔九〕及问以大学士员缺，即奏称汪由敦现在暂署，将来即可办理。其意谓在朝既与史贻直夙有嫌隙，今经休致，则史贻直独在阁中,恐于伊未便,故援引一素日相好之门生,则身虽去而与在朝无异。此等伎俩,可施之朕前乎?试思大学士何官而可徇私援引乎?更思朕何如主,而容大臣等植党树私乎?史贻直即与张廷玉不协,又何能在朕前加之倾陷?若因张廷玉既去,即自矜得意,是亦自取罪戾耳。大臣等分门别户,衣钵相传,此岂盛世所有之事。我大清朝乾纲坐揽,朕临御至今十有四年,事无大小,何一不出自朕衷独断?即月选一县令,未有不详加甄别者,宁有大学士一官而不慎重详审,听其援置私人乎?其荐汪由敦,非以爱之而实害之也。张廷玉既以衰老致仕,朕何难曲示包容,而正不然,伊等有此隐伏情形,若不明白宣示,则伊等不知朕保全之深恩,而直谓朕坠诸臣术中而不觉。传之史册,知者谓朕委曲包涵,不知者谓朕为何如主,朕甘受此耶?仍令张廷玉一一明白回奏。"

廷玉覆奏言:"臣福薄神迷,事皆错谬,致干严谴。请交部严加议处。"得旨,大学士、九卿议奏。寻议:"廷玉负恩植党,罪莫可逭,除配享盛典不应滥邀,无庸置议外,应革退大学士职衔,并削去伯爵,不准回籍,留京待罪。"谕曰:"大学士九卿所议,固属公论佥同,然未喻朕始终加恩之意,所议犹有未协。夫张廷玉之罪固在于不亲至谢恩,而尤在于面请配享,其面请之故,则由于信朕不及,此其所由得罪于天地鬼神也。然朕念张廷玉为耆旧大臣,蒙皇考隆恩异数,优渥逾涯。自朕临御以来,加意矜全,曲为体恤。即今此许令原官致仕,许令配享庙廷,前后所降谕旨及御制诗篇,其眷待之优崇,中外大臣具所备悉。本欲保其晚节,以成全美。今乃自甘暴弃,实非思虑所及料。假令朕意稍有勉强，则进退予夺，惟朕所命，何难不许其予告；其面请配享，亦何难却之不从，且又何能逆料其不亲来谢恩，而故加此种种格外之恩，以为陷于有罪之地耶？乃谢恩不来，次日又来，俱令人不解，是岂非得罪于天地鬼神，有莫之为而为者，使之自为败露，以为在朝大小臣工之戒耶？夫配享乃恭奉皇考遗诏，朕何忍违，观其汲汲面请，惟恐不得之意，直由信朕不及故耳。张廷玉事朕十有四年，朕待群臣，事事推心置腹，而伊转不能信，忍为要挟之求。观其如此居心，其有不得罪于天地鬼神者耶？且配享大典，千秋万世自有公论，得所当得，则为殁世之荣；苟其过分叨恩，徒足供人指摘，何荣之有？试思太庙配享，皆佐命元勋，张廷玉有何功绩勋猷，而与之比肩乎？鄂尔泰尚有经度苗疆成绩，而张廷玉所长，不过勤慎自将，传写谕旨，朕诗所谓'两朝纶阁谨无过'耳。而腼然滥膺俎豆，设令冥冥有知，踧踖惶悚，而不能一日安矣。此在朕平心论之，张廷玉实不当配享太庙，其配享实为过分，而竟不自度量，以此冒昧自请，有是理乎？及其老也，戒之在得，岂有展转思维，惟知自私自利，不惟欲得之生前，而且欲得之身后，不亦昧于大义乎？若但如大学士、九卿所议，不准配享，而革去大学士、勤宣伯，令其在京待罪，不知者将谓朕不许其归里侑庙，而始则谬加之恩，终则抵之罪矣。朕不云乎'张廷玉忍于负朕，朕不忍负张廷玉'？朕之许张廷玉予告，原系优老特恩，明谕甫降，朕不食言；其大学士由皇考时简用，至今二十馀年，朕亦不忍加之削夺；配享恭奉皇考遗诏，朕终不忍罢斥。至于伯爵，则朕所特加，今彼既不知朕，而朕仍令带归田里，且将来或又贪得无厌，以致求予其子者，皆所必有，朕亦何能曲从至是？着削去伯爵,以大学士原衔休致,身后仍准配享太庙。夫以年老予休之大臣,志满意得,自恃其必不加罪谴,遂至求所不当求,而忽其所不可忽,〔一〇〕必至入于罪戾而后已。神明之昭鉴,可畏如此! 大小臣工,其可不以此为戒乎?"

十五年二月,谕曰:"大学士张廷玉,前因朕念其年老,许令致仕回籍,仍准配享太庙,屡沛莫大之恩;而伊并不知感,谢恩竟不亲至。本应如大学士、九卿等所议治罪,朕以耆旧老臣,不忍加之罪谴,仅削去伯爵,仍以大学士休致。迩来详加体察,实乃龙钟昏愦,力不能支,当时闻命之下,精神短浅,或心思实有未到,而非出于恃恩疏节,亦未可知。且朕从前降旨,乃使为臣子者,晓然于事君之大义,亦不为张廷玉一人而发之也。不然,伊身已退矣,朕之加恩保全,已将毕乃生矣,岂尚虑其败官箴而妨政事,而不为之格外优容乎? 今中外臣工,已具知大义之所在。张廷玉纶阁旧臣,宣力年久,今日陛辞之际,顾其衰老,朕心尚为悯恻。所为善善欲长,恶恶欲短,兹仍特加异数,以宠其行,赐给御制诗篇手书二卷,御用冠服、数珠、如意诸物。起程之日,仍令散秩大臣领侍卫十员往送,用示朕优老旧臣之至意。"

时皇长子定亲王薨,甫过初祭,廷玉即奏请南归。上因阅配享诸臣名单,谕曰:"侍郎管太常寺事伍龄安因额驸超勇襄亲王策凌配享太庙位次,开单条列具奏,朕已另降谕旨办理。因详阅配享诸臣名单,其中如费英东、额亦都诸臣,皆佐命元勋,汗马百战,功在旂常,是以侑享大烝,俎豆至于今不替。即大学士鄂尔泰已觉过优,以此并论,益见张廷玉之不当配享,其配享实为逾分。在鄂尔泰,尚有开辟苗疆、平定乌蒙及经略边陲,劳绩攸著;

若张廷玉,在皇考时,仅以缮写谕旨为职,此娴于笔墨者所优为。
自朕御极十五年来,伊则不过旅进旅退,毫无建白,毫无赞襄。
朕之姑容,不过因其历任有年,如鼎彝古器,陈设座右而已。夫
在升平日久,固无栉风沐雨、躬冒矢石之事,可以自见;然亦必以
德业猷为、有功社稷,方足以当之无愧。张廷玉曾有是乎?上年
朕许伊休致回籍,伊即请面见,奏称恐身后不获蒙配享之典,要
朕一言为券。朕以皇考遗诏已定,伊又无大过,何忍反汗,故特
允其请,并赐诗为券。夫其所以汲汲如此者,[一一]直由于信朕不
及,即此居心,已不可以对天地鬼神矣,又何可冒膺侑食之大典
乎? 及其谢恩,并不躬亲,经廷臣议处,朕仍加恩,宽留原职,并
仍准其配享;且于陛辞之日,赐赍优渥。并令于起身时,仍派大
臣侍卫往送。伊遂心满意足,急思旋里,适遇皇长子定亲王之
丧,甫过初祭,即奏请南还。试思伊曾侍朕讲读,又曾为定亲王
师傅,而乃漠然无情,一至于此! 是谓尚有人心者乎?[一二]在大
臣年老,或患病不能任事,如徐本、任兰枝、杨汝穀等,何尝不准
其回籍。若张廷玉则不独任以股肱,亦且寄以心膂,尤非诸臣可
比。朕从前不即令其回籍者,实朕之以股肱、心膂视之,逾于常
格之恩,而伊转以此怏怏;及至许其原官致仕,许其配享,则此外
更无可希冀,无可留恋,惟以归田为得计矣。前于养心殿召对,
奏称:'太庙配享一节,臣即赴汤蹈火,亦所甘心。'夫以一己之
事,则甘于赴蹈,而君父之深恩厚谊,则一切置之不顾,有是情理
乎? 使皇考尚在御,见张廷玉今日之行为,亦将收回成命,则朕
今日不得不明颁谕旨,以励臣节。张廷玉非但得罪于朕,抑且得
罪皇考在天之灵矣! 且朕赐诗所谓'可例青田原侑庙,漫愁郑国

竟撰碑'云者,刘基在明原系从龙之佐,有帷幄之功,而当时配享,尚不免訾议;今张廷玉自问,果较刘基何若乎？至魏徵仆碑,[一三]事在身后;今张廷玉现在,更不待身后始有定论。朕前加恩降旨,仍准其配享,台垣诸臣即应力陈其不当滥厕元勋之列,而乃噤无一语,御史非无人,即有所观望耳。配享一节,天下自有公论,张廷玉亦当有自知之明。今及其未至身后也,正可折中定论。朕岂肯为唐太宗所为耶？[一四]着将此旨,并配享诸臣名单,令其阅看,自加忖量,能否与本朝配享诸臣比肩并列,应配享不应配享,自行具折回奏。到日令大学士九卿等定议具奏。"

廷玉覆奏言:"臣老耄神昏,不自度量,于太庙配享大典妄行陈奏,皇上详加训示,如梦方觉,惶惧难安。复蒙示配享诸臣名单,臣捧诵再三,惭悚无地！念臣既无开疆汗马之功,又无经国赞襄之益,纵身后忝邀俎豆,死而有知,益当增愧！况臣年衰识瞀,愆咎自滋。世宗宪皇帝在天之灵,鉴臣如此负恩,必加严谴,岂容更侍庙廷？敢恳明示廷臣,罢臣配享,并治臣罪,庶大典不致滥邀,臣亦得安愚分。"得旨,大学士、九卿等议奏,寻议:"谨按礼经:王功曰勋,国功曰功,民功曰庸,事功曰劳,治功曰力,战功曰多。揆张廷玉平生,律以六等,无一可据。张廷玉于配享大典,不宜滥邀,应请停罢。再廷玉种种罪戾,蒙皇上格外宽宥,仍许原官归里,乃竟漠不知感,急欲言旋,图一己归逸,忘君父隆恩,罪实无可再逭,应请仍革去大学士职衔,以为大臣负恩者戒。"谕曰:"张廷玉配享太庙一节,朕之本意,并无令其停罢之见。二三年前,大学士史贻直曾于面见时议及配享大典,张廷玉不当滥邀。朕知伊二人素不相协,且汉人中有配享大臣,亦足为臣工之劝,是以未经允行。及上年许令张廷玉致仕,伊即奏请面见,汲汲以配享为请,求一言为券,朕即允其请。及其谢恩不至,经大学士、九卿议停其配享,朕以皇考成命早颁,仍曲示保全,未允廷议。在张廷玉,即不知朕心,信朕不及,而朕之始终加恩,不欲停罢配享,初未尝有丝毫成见,已可共白矣。乃张廷玉受千载难遇之恩,而毫不知感,腼然自居老臣。朕西巡时,伊随众送驾,乃加恩免罪后初次见朕也,伊亦未曾叩首道旁,且毫无惶悚之意,仍在皇城内与留京总理王大臣同列;海子接驾亦然。是皆众人所共见者。及陛辞之日,朕仍赐令召见,意以伊老臣去国,自必有嘉谟谠论,规益朕躬,合于临别赠言之义;而无一语及于国家正事。[一五]古人居江湖而忧廊庙者,固如是乎?且奏称去冬谢恩不至,曾令伊子将缘由告知奏事太监,未为转奏。近日奏事太监,有敢以大臣陈奏之言,壅蔽遗漏而不为转奏者乎?皇考临御以至朕躬,能容此等奏事太监乎?此在外人或未尽知,张廷玉在军机处行走数十年,宁不知之?而欲以此委过于不足比数之小臣,大臣居心,岂当出此乎?及遇皇长子之丧,甫过初祭,即奏回南,于君臣大义,及平日师傅恩谊,恝然不以动心,其意不过以志愿已遂,更无可图,惟以归荣故乡为急。人臣如此存心,于国家无几微系属依恋,国家安赖有此臣也?夫遭皇长子之丧,迫不及待,欲归故里,在张廷玉则为悖于大义,在朕视之,仍属小节,朕非因小节而督责去位之大臣。然于小节如此,又安望其临大事而能竭力致身乎?在张廷玉老迈归田,岂更望其出力,而我大清国亿万斯年,君臣一体、休戚相维之谊,所关甚大,不可不剀切明示,以正名教之大闲。且张廷玉去志,本不始于今日,当有讪亲时,伊即屡在伊前怂恿代奏。讷亲不敢明为奏请,而时时流露其意。彼时张廷玉尚未龙钟,岂一二年亦不能待,而营营思退者,盖自揣志不能逞,门生亲戚之素相厚者,不能遂其推荐扶植之私,所积赀产又已足赡身家,是以伊十馀年来,仅以旅进旅退,容默保位为得计。及一一获满所愿,辄图远引,朕向之曲示优容者,则以皇考所赐,即古器亦加珍惜,何况旧臣? 然亦以其原无大过耳。今既获戾种种,实乃得罪皇考,无可复加原宥,适因伍龄安之奏,阅配享功臣名单,益见其不可滥邀。是乃天理昭彰,不容幸窃非分。朕虽欲屈公议以全初念,亦有所不能也。况配享大典,不但酬庸,实以示劝。在朕初无成心,鄂尔泰、张廷玉同奉配享之诏,鄂尔泰在生时,朕屡降旨训饬,较之张廷玉尚为严切。此亦在廷所共知者。然以其大节不亏,终始克全,自应叨荣勿替;而张廷玉居心行事如此,若仍令滥膺侑食,诚不足以服公论,不足为天下后世臣工之劝,即朕亦何以仰对皇考在天之灵! 着照大学士、九卿所议,罢其配享。至朕于张廷玉已格外加恩,所议革去大学士职衔之处,仍着宽免。"

先是,御史储麟趾参奏四川学政朱荃匿丧赶考。八月,谕曰:"朱荃在四川学政任内匿丧赶考,贿卖生员,并勒索新生规礼,赃私累累,实近年来学政所未有。伊乃大学士张廷玉儿女亲家,其敢于如此狼籍婪赃,明系倚恃张廷玉为之庇护。且查朱荃为大逆吕留良、严鸿逵案内之人,幸邀宽典,后复夤缘荐举,冒玷清华,本属衣冠败类,大学士张廷玉以两朝元老,严鸿逵之案,缮写谕旨皆出其手,岂不知其人,乃公然与为姻亲,是诚何心? 在雍正年间,伊必不敢如此,即在伊平日谨守远祸之道,亦不当出此;而漫无忌惮至于如此,其负皇考圣恩为何如? 其藐视朕躬为何如? 张廷玉若尚在任,朕必将伊革去大学士,交刑部严审治罪。今既经准其回籍,着交两江总督黄廷桂于司道大员内,派员前往传旨询问,令其速行明白回奏。"再降谕旨:"张廷玉深负三朝眷注之恩,即其不得行私,而欲归之一念,已得罪天地鬼神,朕尚欲全其晚节;今乃种种败露,岂容冒叨宠赍? 所有历来承受恩赐御笔、书籍,及寻常赏赉物件,俱着追缴。"时命内务府总管德保往查,德保并廷玉家产查办。上以所办错误,命给还其家产,以蚕池口住房为圣祖仁皇帝赐原任大学士张英,仍听其子孙居住;收回护国寺官房。廷玉覆奏言:"臣负罪滋深,天褫其魄,行事颠倒。自与朱荃结亲以至今日,如在梦昧之中,并无知觉。今伏读上谕,如梦方醒,恐惧惊惶,愧悔欲死,复有何言! 乞将臣严加治罪。"得旨,该部严察议奏。吏部议革去职衔,交刑部定拟,以为负恩玩法者戒。谕曰:"张廷玉身荷三朝厚恩,罕有伦比,且膺配享太庙之旷典,宜何如感激报效,以尽匪懈之谊? 即年已衰惫,亦当依恋阙廷,鞠躬尽瘁,不忍言去。乃伊平时则容默保位,及其既耄,不得复行己私,但思归荣乡里,于君臣大义,遂恝然置之不问。以如此存心,不惟得罪于朕,并得罪于皇考。是以天地鬼神显夺其魄,俾一生居心行事,至此尽行败露。情罪实属重大,即褫其官爵,加以严谴,亦不为过。至党援门生,及与吕留良案内之朱荃联为儿女姻亲之罪,在伊反为其小焉者矣。既经罚锾,且令追缴恩赐物件,已足示惩;若又如该部所议,革职治罪,在张廷玉忍于负朕,自所应得;而朕心仍有所不忍,着从宽免其革职治罪,以示朕始终矜宥之意。"

　　二十年三月,卒。遗疏入,谕曰:"致仕大学士张廷玉历事三朝,宣力年久,勤劳夙著,受恩最深。前以其年届八旬,精神衰惫,特加体恤,准令退休,实朕优念老臣本怀。至于配享太庙一事,系奉皇考世宗宪皇帝遗诏遵行,而恩礼攸隆,则非为臣子者可以要请。及朕赐诗为券,又不亲赴宫门谢恩,自不得不示以薄谴,用申大义。今张廷玉患病溘逝,要请之愆虽由自取,皇考之命朕何忍违! 且张廷玉在皇考时,勤慎赞襄,小心书谕,原属旧臣,宜加优恤,应仍谨遵遗诏,配享太庙,以彰我国家酬奖勤劳之盛典。"寻赐祭葬如例,谥文和。四十四年,御制怀旧诗,列诸五阁臣中,诗曰:"风度如九龄,禄位兼韦、平。承家有厚德,际主为名卿。不茹还不吐,既哲亦既明。述旨信无二,万言顷刻成。缮皇祖实录,记注能尽诚。以此蒙恩眷,顾命配享行。及予之莅政,倚任原非轻。时时有赞襄,休哉国之桢! 悬车回故里,乞言定后荣。斯乃不信吾,此念讵宜萌? 臧武仲以防,要君圣所评。薄惩理固当,以示臣道贞。后原与配食,遗训敢或更? 求享彼过昭,仍享吾意精。斯人而有知,犹应感九京。"

　　五十年,御题廷玉三老五更议曰:"戊戌年为三老五更说,亦既辟其舛驳,而勒之新建辟雍之碑矣。今秋驻避暑山庄,检读四库全书内文颖集中有三老五更议之篇,而挂漏其名,因命检文津阁之书,乃知为张廷玉所撰。憬然忆之,事在乾隆戊午为二十七月既阕,诸礼毕举之时,于视学之前,曾向军机大臣等谈及三老、五更,而咨其可行与否。彼时鄂尔泰依违其间,张廷玉则断以为不可,于是奏此议而遂寝其说。盖鄂尔泰固好虚誉而近于骄者,张廷玉则善自谨而近于懦者,且二人彼时皆可望登此席者也。

以今观之,则廷玉之议为当。设尔时勉强行之,必有如廷玉所谓滋后人之议者矣。若朕戊戌之所为三老五更说,戊戌去戊午历四十年,其事早已忘之。盖戊午朕方二十八岁,而戊戌则六十有八。此亦足验四十年间学问识见之效,而年少时犹未免有好名泥古之意。至今则洒然矣!兹观廷玉之议,与朕之说不约而同,树之前旌焉,因命并勒辟雍碑,以识己学之浅深及弗掩人之善也。夫廷玉既有此卓识,何未见及?朕之必不动于浮言,遵皇考遗旨,令彼配享太庙;而临休致归里时,乃有求入庙之请,此所谓老衰而戒之在得乎?朕又以廷玉之戒为戒。且为廷玉惜之!"

廷玉弟廷璐,康熙五十七年一甲二名进士,授编修。雍正元年正月,充福建乡试正考官。寻迁右中允,充日讲起居注官。五月,擢侍讲学士,提督河南学政。二年九月,以封丘县生员罢考事革职。寻授侍讲。三年,擢国子监祭酒,疏请敕将军、提镇转饬所属将弁,每朔望齐集兵丁宣讲圣谕广训,下部议行。寻迁少詹事。十月,充武会试正考官。五年,迁詹事。七年,提督江苏学政。八年四月,疏言:"向例学政衙门发各州县循环簿,遇生员告状作证者填注,按季缴换,以凭查考,而州县往往视为具文,且簿内但言词讼,不及钱粮。应饬各学将文武生员及贡监,造簿送学,钤印发回各州县,于理事时,生监令本人于簿内姓名下亲书年月为某事到案,并着花押。至应纳钱粮若干,已完若干,一并注明申送。则词讼多寡、钱粮清欠,按簿瞭然,庶优劣易定而劝惩可施矣。"部议从之。十年六月,充浙江乡试正考官。十月,学政任满,命留任。十一年六月,擢礼部右侍郎。十三年十月,命仍留江苏学政任。乾隆元年,谕祭大学士张英于本籍,命廷璐就任所回里,举襄典礼。四年九月,充武会试副考官。六年,充江西乡试正考官。九年四月,自陈年老,诏以原品休致。十年八月,卒。

廷瑑,雍正元年进士,改庶吉士,授编修。六年,充日讲起居注官。九年,迁左赞善。十年,迁侍读,寻擢侍讲学士。十一年,疏陈:"严禁赌具,责成同居父兄伯叔互相觉察,容隐者照窃盗同居例治罪,出首者除不连坐外,本犯罪准酌减。"得旨嘉奖,交部议叙。又陈:"各部院折奏,奉旨准行后,将原折并谕旨录送内阁,俾得按年查阅,各部院书吏不能漏误,档案亦无阙略。"下部议行。寻转侍读学士。十二年,迁詹事,擢工部右侍郎。十三年十月,恭纂世宗宪皇帝实录,充副总裁。乾隆元年,充会试副考官。三年,命办理福陵堤工事。四年正月,转左侍郎。七月,以工竣,议叙,加二级。五年,提督江苏学政。九年五月,调补内阁学士。六月,充江西乡试正考官。十一年,以病乞休,命回籍调理。二十九年,卒。

廷玉长子若霭,雍正十一年进士,廷试卷进呈,谕曰:"诸臣进呈殿试卷,朕阅至第五本,字画端楷,策内'公忠体国'一条,语极恳挚,颇得古大臣之风,因拔置一甲三名,诸臣皆称允当。及拆号,乃大学士张廷玉之子张若霭,朕心深为嘉悦。盖大臣子弟能知忠君爱国之心,异日必能为国家抒诚宣力。大学士张英立朝数十年,清忠和厚,终始不渝。张廷玉朝夕在朕左右,勤劳翊赞,时时以尧、舜期朕,朕亦以皋、夔期之。张若霭禀承家教,兼之世德所钟,故能若此。非独家瑞,亦国之庆也。因遣人往谕张廷玉,使知朕实出至公,非以大臣之子,有意甄拔。乃张廷玉再三恳辞,情词恳至,朕不得不勉从其请,着将张若霭改为二甲一名,以表大臣谦谨之诚,并昭国家制科盛事。"五月,授若霭为编修。十三年六月,充日讲起居注官。九月,入直南书房。乾隆二年,迁侍讲。四年,授侍讲学士。寻丁母忧,服阕,补原官。八年三月,迁通政司右通政。七月,迁光禄寺卿。十月,擢内阁学士。十一年,上西巡,若霭扈从,以病回京,卒。谕曰:"内阁学士张若霭在内廷行走十余年,小心勤慎,能恪遵伊父大学士张廷玉家训,深望其将来尚有可成。今秋扈从,于途次患病,随遣御医调治,且令先回,冀得痊可,以慰伊老父之心。不意遽闻溘逝,深为悯恻!伊从前曾袭伯爵,因与定例未符,是以令在本任供职,今着加恩照伯爵品级赏银一千两,料理丧仪,赐祭一次。"

次子若澄,乾隆十年进士,改庶吉士。命在南书房行走。十二年,授编修。累迁至内阁学士。三十五年,卒。

少子若淳,现官内阁学士。

【校勘记】

〔一〕必若人遭逢不偶　"若"原误作"古"。汉传卷二〇叶一三上及耆献类征卷一四叶一二下均同。今据纯录卷三〇七叶二三下改。

〔二〕弼亮寅恭久近一致　"恭"原误作"工",又"近"误作"远"。耆献类征卷一四叶一三上同。今据纯录卷三三二叶一六下改。按汉传卷二〇叶一四下,"工"字误而"近"字不误。

〔三〕迨至愿满而荣宠备　"至"原误作"志"。汉传卷二〇叶一六上及耆献类征卷一四叶一四上均同。今据纯录卷三五三叶九下改。按与下文"乐志林泉"之"志"字重出。

〔四〕老恤其劳　"恤"原误作"息"。汉传卷二〇叶一六上及耆献类征卷一四叶一四上均同。今据纯录卷三五三叶一〇上改。

〔五〕成堂廉盛事　"成"原误作"诚"。汉传卷二〇叶一八上及耆献类征卷一四叶一五上均同。今据纯录卷三五三叶一一下改。

〔六〕惟大学士傅恒及汪由敦二人承旨　原脱"惟"字。汉传卷二〇叶二一下及耆献类征卷一四叶一七上均同。今据纯录卷三五四叶二四上补。

〔七〕此所见与儿童何异　"见"原误作"为"。汉传卷二〇叶二三上同。今据纯录卷三五四叶二八上改。按耆献类征卷一四叶一八上不误。

〔八〕然若迫于不得不办　"办"原误作"辨"。汉传卷二〇叶二四上同。今据纯录卷三五四叶二九上改。按耆献类征卷一四叶一八下不误。

〔九〕朕问为谁即明指史贻直而言　"为"原误作"谓",又"而"误作"所"。耆献类征卷一四叶一八下同。今据纯录卷三五四叶二九下改。按汉传卷二〇叶二四下,"为"字误而"而"字不误。

〔一〇〕而忽其所不可忽　"可"原误作"当"。汉传卷二〇叶二八下同。今据纯录卷三五五叶五下改。按耆献类征卷一四叶二一上不误。

〔一一〕夫其所以汲汲如此者　原脱"所以"二字。汉传卷二〇叶三一下同。今据纯录卷三六三叶四下补。按耆献类征卷一四叶二二下不脱。

〔一二〕是谓尚有人心者乎　"谓"原误作"为"。汉传卷二〇叶三二上及耆献类征卷一四叶二三上均同。今据纯录卷三六三叶五上改。

〔一三〕至魏徵仆碑　“仆”原误作“扑”。汉传卷二〇叶三五上同。今据纯录卷三六三叶六上改。按耆献类征卷一四叶二三下不误。

〔一四〕朕岂肯为唐太宗所为耶　“耶”原误作“即”。汉传卷二〇叶三三上及耆献类征卷一四叶二三下均同。今据纯录卷三六三叶六下改。

〔一五〕而无一语及于国家正事　“正”原误作“政”。汉传卷二〇叶三五下及耆献类征卷一四叶二五上均同。今据纯录卷三六三叶一六上改。

杨名时

杨名时，江南江阴人。康熙三十年进士，改庶吉士。三十三年，授检讨。三十九年，充日讲起居注官。四十一年正月，提督顺天学政。十一月，迁侍读。四十二年十二月，上西巡，肥乡县武生李正朝病狂，冲突仪仗。直隶巡抚李光地奏请治罪，因劾名时滥取狂生，请敕部议处。得旨：“杨名时自督学以来，赋性乖异，纵有精于学业、工于文章者，但系殷实之人，必不录取；其无产赤贫，虽不能文，或记诵数语，亦得进学。理应从重治罪。现今年岁未满，又无贿卖生员之事，从宽恕宥。”四十四年，差满，奉旨，着往河工效力。继丁父母忧。五十一年，服阕，候补。五十三年正月，命入南书房行走。六月，充陕西乡试正考官。五十六年，授直隶巡道。五十八年，迁贵州布政使。

五十九年，擢云南巡抚。六十一年，疏言：“滇省兵粮，岁需十四万九千馀石，俱于就地支放。但驻兵众寡不同，征米多少亦异，其本处额米不足者，拨别州县米供用，而舟楫不通，挽运维艰。虽有四年折征一次之例，然不折之年仍苦远运。请将兵多米少之云南昆明等十六府州县及剑川州驻扎兵米，每年酌给本色三季、折色一季，统计折色米三万一百五十石有奇。应照时价预借库银放给，于兵少米多解运最远之禄丰等十二州县额征秋米内，照数折征还库停四年折征之例。"部议如所请行。

雍正元年二月，奏请圣安，得旨："尔向日居官，历任有声，朕所稔悉。自兹益当加勉，莫移初志。"七月，疏言："云南巡抚一切规礼，臣一无所收。所有盐规五万二千两，除留为恤灶修井用外，尚馀四万六千两，为臣供用，累年供应在藏官兵军需赏赉及公私所用，皆取诸此。又银厂缺课，每年约二三万两，厂员视为畏途。臣曾将所得盐规拨补银厂缺课，并捐赔前任督抚运粮倒毙牛马等项。各奏明在案。臣有请者，若藏兵既撤，费用简省，乞将盐规准留若干，与臣衙门充用，其馀以供公用。"得旨："督抚羡馀，岂可限以科则？取所当取，用所当用，固不可朘削以害民，亦不必矫激以沽誉。若一切公用犒赏之需，至于拮据，殊失封疆之体，全在尔等揆情度理而行之，可无烦章奏呶呶也。"

二年八月，疏言："滇省白井河边出沙卤馀盐，每年可收百万斤，向系分地行销。今所收日增，仍须分行。查开化一府，生聚日繁，兼有镇兵驻扎，额盐不敷，且去白井远几千里，应将易门县原销阿陋井盐，拨归开化府，添销易门县，就近改食白井多出之盐，仍照原价每百斤一两六钱。一转移间，国课民食，均有裨益。又云南专设提举司三员，除事简之缺不议外，其黑白二井甚关紧要，缺出应拣选保题。至弥沙、阿陋二井，离省遥远，井口较多，大使亦应酌量拣调。再各井俱有龙神庙，昔年吴逆在滇，卤水变淡,彼虽加封,杳然罔验。今则龙神效灵,卤脉洋溢,而神号尚仍吴逆旧封,大非体统。请将新旧各井龙神俱加敕封字样,以肃观瞻。”并下部议行。十月,疏言:“镇沅、威远地方有抱母、按板盐井,前经奏明委员调剂煎办,此外尚有恩耕等井,卤水与内地相同,招抚灶户煎办,于元江、顺宁等处行销。数月来,获息银五千馀两,暂为各地方修理等项之需。俟定有成规,另册报销。再查黑、白等井价俱公平,惟琅安二井,卤淡薪贵,盐价高昂,应为酌减,即以新开丽江土井馀息抵补,毋庸再动别项。其抱母、按板等井,每年所获息银二万馀两,足供新设威远地方文武井官,并茶山一带官兵俸饷,毋庸动正项钱粮。至琅安二井额销盐,不敷民食,仍须调剂。查石屏州路近威远,应就近额销按板、抱母等井之盐,其原销盐归并琅、安行盐各属分销,则琅、安盐无缺乏,而土井亦可疏销。至各井起课,统于雍正三年为始。”又疏言:“滇省收贮米谷,有捐纳、捐输二项,捐纳监谷贮各处常平仓,为备贮之需;捐输之谷,系递年各官倡捐,士民量输,附贮常平仓,动给孤贫口粮,因系报部之项,民间猝有缓急,不得擅动,须题请支发。滇省道远,往返动须数月,无济于事。今酌议除前经报部之谷,并以后常平例捐监谷仍贮官仓外,今自雍正二年始,请将捐输谷其输官者,改行社仓便民之法,各贮本里,择里中老成人专司其事,地方官只司监察,不得挪移勒借。每岁青黄不接时,量行借贷,秋收还仓,岁丰则微取其息,中岁则免收其息,遇歉则报明地方官立即发赈。凛遵谕旨,随民之便,不必报部,令粮道司其数目,每年积贮若干,题达一次。”事下部议,均如所请行。

十二月,疏言:“云南民多无寸椽尺土,而册载丁名,至有一人而当十馀丁者,累代相仍,名曰'子孙丁',虽老病故绝,编审时从不除减。贫人转卖田产,丁银仍留本户,延累无休。请将通省名丁额银,照直隶之例,摊入田粮完纳,俾丁从粮办,均其偏累。至于军丁,又与民丁不同,其完额自二钱八分起,有重至六钱二分,难照民丁一概均摊。查从前平吴逆后,尚有影射田土,令逐一清出,将军丁最重者量加摊除,使军户稍轻,易于完纳。嗣后不拘年分,渐次抵补。又民间田产,有因吴逆赋重差烦,情愿退吐与人者;有沿湖洼地,荒芜赔粮,情愿不受价值与人者。今见粮有定额,荒已垦熟,告找告赎,争控不休,应通饬永禁。又云南府属,旧有三泊县,康熙八年并入昆阳州,但僻处万山中,民俗刁悍,去州远至二百馀里,鞭长莫及。请改归相近之安宁州,势方联属,兼可便民。又粮储道为通省道员之首,请改为守道,永昌道辖迤西数郡,有稽查地方之责,请改为巡道。"部议从之。

三年正月,疏言:"丽江土府业经题请归流,其从前额征钱粮,不按田亩起科,惟按门户贫富派输,实属弊累。请将旧额钱粮,照田亩等则均摊,应征银米既有定额,粮从田办,则有田无粮、无粮输赋之弊悉可除。"下部议行。

九月,晋兵部尚书,仍管云南巡抚事。十月,授云贵总督,仍管云南巡抚事。先是,上以名时泄漏密折,停其折奏,有事仍着具本。至是,疏言:"边方事宜,有须缮折恭请裁示者,乞恩宥前愆,仍具折奏。"上以名时既知过失,恳切奏请,仍准折奏。四年七月,转吏部尚书,寻命名时仍以总督管理巡抚事。十一月,名时以滇省未完盐课具题,误将密批谕旨载入本中。奉旨:"凡督抚奏折,经朕批示发回者,据朕一己之见,即便批发。伊等具本时，只宜就事论事，听候部议，朕自有裁夺。焉有具本时将密折所批公然载入之理？杨名时明系回护从前泄漏之罪，其心中以为不当有此密奏密批之事。夫国家庶务殷烦，亦有不便宣露于众者，故于密折内往来斟酌，期于周详妥协。杨名时始则将密折泄漏于外人，今则将密批全录于奏章，无人臣之体，交部严察议奏。”部议请革职，交刑部治罪。上仍令名时明白回奏。名时覆奏：“臣一时愚昧，恐干朦混之愆，遂照原案载入。此实臣谬误，无可改免。”五年闰三月，奉旨解任，仍署理巡抚，候旨。六月，疏参镇沅府土知府刁瀚强霸田地、逼死人命等罪，拟绞监候。镇沅已经改流，应将刁瀚家口迁置省城，免留土属滋事。下法司议如所请。得旨：“疏内所称刁瀚家口迁住省城之处，若管束太严，则不得其所；疏放，又恐生事。着迁住江宁省城，令该督酌量安顿。”

十月，新任云南巡抚朱纲劾名时在任七载，徇隐废弛，藩库钱粮，借欠累累，仓谷亏空，并不题参，以致劣员剥民无忌，请革职。六年正月，奉旨：“杨名时朕尚未识面，向闻其为人和平，亦有操守。观其人性喜沽名邀誉，而苟且因循，置国家之事于膜外，且虚伪偏执，怙过饰非。朕时时切加训谕，而伊坚执不改。今据朱纲参奏，杨名时着革职，交与朱纲勒限将各项清楚时，具奏请旨。此本内情由，仍着杨名时明白回奏。”纲寻代名时奏称：“从前办理贻误瞻徇，窃位苟禄，扪心自问，罪无可逭，无可申辩。”得旨：“滇省钱粮仓谷亏空买补及借动扣还之处，鄂尔泰原曾详细奏闻，然后办理。杨名时身为巡抚，钱粮是其专责，应据实陈奏，方为无欺无隐。乃伊任内并无一语奏及，以为将来推卸之地，乃巧诈之用意也。此时朱纲参奏，特令杨名时明白回奏，鄂尔泰亦即具题认过。朕批谕云：'滇省各案，朕明知杨名时无亏空挪移之罪，但伊巧诈居心，于明白回奏时，必直认不辩。今伊果事事认罪，无一剖白申辩之语，全无人臣事上之礼，着杨名时再行明白回奏。'"嗣总督鄂尔泰代名时奏称："身受国恩，忝任内外，屡干罪戾，犹荷矜全。若复巧诈居心，是诚大逆不道，罪不容诛。名时虽极愚蒙，何敢自外生成？"上仍命鄂尔泰严讯，名时自认沽名邀誉，至狡诈，坚供不承。部议以名时始终掩护朦胧引咎，无人臣事君礼，应照挟诈欺公律，拟斩监候。得旨："杨名时别案尚多，此案治罪之处，着从宽免。"先是，有劾名时者，上命刑部侍郎黄炳往云南，会同朱纲审理。嗣炳等覆奏："名时矫廉节以盗虚名，其保举之人俱系进士出身，内栗尔璋系名时门生，〔一〕累年得盐规等银八万两；又受知府范溥杯、缎等物。依律拟绞。其所得盐规，除自行捐补银厂缺额外，应仍追银五万八千馀两。"至是，部覆如炳议。得旨："杨名时俟各案清结之后，再降谕旨。"名时仍待罪云南。

十三年九月，皇上御极，谕曰："原任尚书杨名时，皇考原欲召令来京，未曾降旨，着该部行文宣召来京陛见。"乾隆元年二月，特赐礼部尚书衔，兼管国子监祭酒事，在上书房并南书房行走。三月，赐第一区，名时疏请储书太学，以供肄业，并刊板存太学，听诸生摹印讲诵。得旨，所请书籍，着将武英殿现有者各种发给二十部，馀照所请行。又疏言："滇省旧例，凡地方应办公事，皆取给民间，谓之'公件'。胥役头人，藉端科敛，指一派十，不胜其扰。臣前抚滇时，访知其弊，先将省城附近州县核实需用之费，酌定数目，令民照数完纳。一应公事，于此项银两备办，不得丝毫再派。随檄行各府、州、县,俱令核数开报。缘诸府、州、县粮有多寡,公事亦有烦简,据各属开报轻重不等,屡次驳减,终未归画一。雍正五年以后,将原定公件统加覆核,留必须之用,其馀题报归公,而有司不善奉行,于地方应办公事,不免复派于民。是从前所定公件转成厉阶,而公件浮多处所,民益苦累。请敕谕地方大吏,将公件浮多之州县,悉予宽减,严禁借端派累,俾民沾实惠。”疏下总理事务王大臣议,令督臣尹继善、抚臣张允随会同藩司详酌妥议具奏。嗣张允随会同尹继善覆奏:“公件最轻之广南等十五府、州、县,毋庸更议增减,其馀公件浮多之元江等四十九府、州、县,并丘北州同所管地方,总以额编条粮之重轻,与原定公件之多寡,两相比并,就中摊减。请于乾隆二年为始,统照所减之数征收。如地方官奉行不实,有额外私派者,严参。”再经部议,如所请行。

　　五月,奉旨教习庶吉士,奏言:“江苏、安徽乡试合为一省,定额中式九十九名,下江应试士子较多于上江,是以每科中式名数,下江十分之七,上江十分之三。查下江应试诸生实较浙、闽、江西加众,上江应试诸生亦多杰出,非小省可比。请将下江解额照浙、闽、江西之例,定为大省;上江解额,照山、陕、河南之例,定为中省。又陕西解额中六十七名,内有聿、丁两字号,额中三名。缘地当极边,应试人少,是以定额三名,以示鼓舞。今人文渐盛,请将聿、丁字号格外量增数名。又各省贡、监生在京乡试者,分编南皿、北皿字号,各取中三十六名。累科来云南、贵州、四川、广西四省应顺天乡试者,照例编入南皿字号,缘文艺不能与江、浙诸省颉颃,榜发无中式者。请嗣后四省贡监入北闱者,照会试

五经分南、北、中卷例,另编字号,约十五名取中一名。庶边方入
监士子,俱有科名之望。"疏下部议,寻议下江中额照中省之二等
取中七十三名,上江照小省之二等取中四十八名,共增额二十一
名。陕西聿、丁字号量增一名,共额四名。其顺天乡试之云南、
贵州、四川、广西四省应另编中皿字号,每十五名取中一名。如
零数过半,加中一名。均于本年乡试举行。

八月,名时寝疾,上遣太医诊视,日给参药。九月,卒。遗疏
上,得旨:"杨名时系皇祖简用旧臣,服官年久,学问醇正,品行端
方。朕仰体皇考圣意,宣召来京,正资委用。今闻溘逝,深为悯
恻!已赏内库银一千两,遣内务府官一员经纪其丧,派散秩大臣
带领侍卫十员赐奠茶酒。加赠太子太傅,入祀贤良祠。"赐祭葬
如例,谥文定。

【校勘记】

〔一〕内栗尔璋系名时门生 "栗"原误作"粟"。汉传卷一七叶一八上
　　及耆献类征卷六三叶六下均同。今据进士题名录页六一改。

黄叔琳　　子登贤

黄叔琳,顺天大兴人。康熙三十年一甲三名进士,授编修,
累迁侍讲。四十四年,丁父忧,服阕,补原官。授山东提督学政。
四十八年,迁鸿胪寺少卿,留学政任。五十一年,迁通政司参议。
五十七年,迁左佥都御史。五十八年,晋太常寺卿。六十一年,
迁内阁学士,寻迁刑部右侍郎。雍正元年三月,充江南乡试正考
官。调吏部侍郎。九月,命偕两淮盐政谢赐履赴湖广同总督杨

宗仁酌定盐价，革除陋规，每盐一包减价六厘，昂不得过一钱二分四厘，其安丰场盐较梁垛场再减二厘，从之。二年二月，奏言："兵粮拨运支给，俱布政使粮道为政，先期打点，方拨临近标营，否即拨远汛，加征运费，输挽累民，兵丁嗷嗷待哺。查标营汛地，各有定所，屯卫征收亦有定额。乞谕督抚确查兵数，先尽本州、县、卫、所额米拨给，不敷，再于附近州县拨运。庶民无苛扰，兵获饱腾。"上是之，下部议行。

是月，授浙江巡抚。奏言："各部书吏，绍兴人冒籍顺天等处，已定议改正。现任浙江首领佐杂及在部候选候补之员，掣得浙省缺及各省俸满升补浙省者，籍开顺天、直隶。如实系原籍浙江，均请查明，咨部改补。"部议从之。时御史钱廷献请浚浙江东西湖蓄水灌田，部议叔琳会同总督满保确勘定议。叔琳等奏言："仁和、钱塘、海宁三县田数万顷，全藉省城上下两塘河水灌溉。两河水源，皆自西湖流注。湖居省西，汇南北诸山水，周三十馀里，水由涌金门入城。其出艮山门者，入上塘河，由临平达海宁；出钱塘者，由三闸至松木场桃花港与武林门之水共注响水闸。凡湖墅支河，与古荡西溪，沿山之田皆资其利。馀水入下塘河，而仁和北乡及钱塘之下八乡实沾荫焉。其所以灌溉利溥者，一由沿湖山水畅流入湖；一由山水来路设闸，以阻浮沙；一由上塘五十里外，有东湖为之停蓄。自闸废土淤，民占为田，埂内植桑柏，荡内栽荷蓄鱼，利甚微而所损三县田亩逾巨万。请照西湖旧址，清出归湖，去埂塞，开通水源，其淤泥葑草，则帮筑于旧堤之上，以固堤址。沿堤钉桩编竹，不使淤泥入湖。里湖各桥，建闸启闭。城内河道，一为东河，一为小河，又有中、西、北之分，系西湖血脉,应酌量修浚。其上塘河一带河身支港浙省至江南吴江县界,官塘运河,支河港汊,坝堰陡门,俱关水利,应一律疏浚。"部议如所请。

三月,谕曰:"尔到任未久,于荐举人才处,颇涉轻率。嗣后当加慎重。"八月,有密奏叔琳赴楚查盐时,受盐商吴雨山贿,关说派充总商;并庇海宁陈氏仆。其弟御史叔璥巡视台湾,过杭州,家人与铺户争斗,叔琳拘责铺户至死。到任后,杭城罢市三次。谕曰:"黄叔琳因前差江南主试,及任吏部侍郎,声名颇好,故用为浙江巡抚。自命下日,屡次召见,观其神气顿异,[一]语言浮泛,跪领朕一切训旨,总不安详存神敬听。彼时朕即疑之。及到浙抚之任,举荐不公,敷奏不当,密折奏请之事,件件支离,兼多先请托在廷诸臣奏闻,而黄叔琳之折随继之。此等作用,徒自取罪戾耳! 朕频降严谕,而黄叔琳置若罔闻。今览此奏,事虽屑小,黄叔琳初任即如此肆志,将来放纵,何事而不忍为也? 大负朕之任用! 着解任。陈氏仆人、黄叔璥两案,与罢市三次情由,着将军安泰等秉公严审;吴雨山一案,着侍郎李周望等严审,定拟具奏。"安泰等奏称叔琳庇陈世侃仆金宁祥争殴罪,杖毙店民贺懋芳,属实;并无伊弟叔璥拘责铺户及罢市事。部议革职拟流。十一月,李周望等奏讯叔琳向吴雨山借贷,并非贿求,诏免穷究。三年正月,命赴海塘效力。

乾隆元年二月,授山东按察使。八月,疏言:"向例佐杂官,不准相验。嗣广西巡抚臣金鉷奏印官公出,委佐杂相验,不必请邻封。但佐杂不足资弹压,又事非切己,吏误填报,夤缘贿嘱,多致朦混。及印官承审之时,惟据尸格定伤,难成信谳。应请仍照旧例行。"九月,又言:"审案定限钦部案件四月,命案六月,盗案一年。限满不结,揭参后,具扣限四月审结。逾限二参,照易结不结例议处。立法至善。嗣经河东督臣田文镜题定四月限者,州县两月解府州;府州一月解司;司二十日解督抚。六月限者,州县三月解府州;府州一月半解司;司一月解督抚。一年限者,州县七月解府州;府州两月解司;司一月半解督抚。逾限分别议处,虽以清厘,适启通融挪改之弊。案件迟延,多不揭参。至定案时,摊为逾限不及一月例,得免议,竟无易结、不结处分。请仍照旧例,庶承审官不敢仍前怠玩。"部议均从之。二年九月,迁山东布政使。三年八月,奏言:"东省师生空缺银,例由州县解交学政,学政造册移司。如遇按试远郡,转解需时,或解到正值封门,校士不能随到随收,赶副奏销,州县多罹参处。请嗣后令学政开印后,核造应扣银数移司,其银即令州县径解司库收兑。"又言:"养济院孤贫口粮,每名岁给银米三两六钱,于地丁项下拨给。但编银州县,二月开征,可依期给发;至编米例于九月随漕征收,春、夏、秋三季米,系州县将养廉折银垫给。倘养廉不能及时支领,或牧令更换,即给发愆期。请酌借司库存公耗羡银给发,至秋收征米除给冬季口粮,馀米不必易银解还司库,即留备次年春、夏、秋口粮存仓,递及报销。"部议俱如所请。四年,丁母忧。七年,服阕,授詹事。以山东布政使任内误揭属员讳盗,革任。十六年,谕曰:"原任詹事黄叔琳以康熙辛未探花,年臻大耋,重遇胪传岁纪,洵称熙朝人瑞!着从优加给侍郎衔。"二十一年,卒。

　　子登贤,官至副都御史。

【校勘记】

〔一〕观其神气顿异　"神"原误作"精"。<u>汉传</u>卷二四叶二八上及<u>耆献类征</u>卷六四叶二下均同。今据<u>宪录</u>卷二三叶七下改。

高其倬

<u>高其倬</u>,汉军镶黄旗人。父荫爵,任<u>口北道</u>。<u>其倬</u>由康熙三十三年进士,改庶吉士,散馆授检讨。寻兼佐领。四十一年,充<u>四川</u>乡试正考官。四十五年,迁右中允,寻转左。四十六年,迁侍讲。四十八年,提督<u>山西</u>学政。五十一年,丁父忧,服阕,补侍讲,迁右庶子,五十五年,转左。五十六年二月,迁侍讲学士。十一月,迁内阁学士。五十八年正月,以<u>河南南阳</u>镇标兵挟忿围辱知府,命<u>其倬</u>同刑部尚书<u>张廷枢</u>往鞫,得实,置首犯于法,总兵<u>高成</u>等论罪如律。二月,丁母忧。

五十九年,授<u>广西</u>巡抚。六十一年二月,署<u>云贵</u>总督,十二月,实授。<u>雍正</u>元年九月,疏言:"云、贵两省土司承袭,向有陋规。上下衙门每因文结舛错,藉端需索苦累。臣已严行禁革,并请嗣后咨部文册内,数字舛错无甚关系者,免其驳换,于疏内代为声明。庶承袭事易结,揩索弊除。"得旨嘉奖。十二月,疏言:"云、贵鲁魁山土目杨、方、普、李四姓,纠众剽掠,不听约束。本年十月内,其酋方景明等率倮夷数百,杀元江倮目施和尚,焚其寨。臣遣兵分剿,擒景明及倮夷三百二十六名,分别正法。"报闻。先是,<u>青海</u>台吉<u>罗卜藏丹津</u>肆逆,谋侵<u>西藏</u>,定西将军策旺诺尔布檄各路侦御。<u>其倬</u>以云南边外<u>中甸阿敦子</u>地方,为进藏要路,檄游击<u>刘宗魁</u>、<u>刘国侯</u>等严防,并遵旨令提督<u>郝玉麟</u>以兵

二千由中甸进驻察木多，副将孙宏本以兵五百赴中甸为声援。二年二月，罗卜藏丹津为大军所败，窜准噶尔。青海平。中甸喇嘛、营官、番目等携三千五百户，缴伪札，纳土归诚，其倬疏闻。上嘉其妥协，给骑都尉世职。

　　十月，贵州仲家苗酋阿近与弟阿卧倚险作乱，其倬以仲家苗聚处定番、广顺二府境，其附近苗寨多被迫胁，遣人招抚。阿近等势窘，为官兵所擒。疏至，谕部优叙，加三级。寻请增云南楚姚镇兵六百，并增镇属景蒙营参将、守备各一，千总二，把总四，兵千，即以新裁援剿左、右两营弁兵拨补。部议从之。十一月，条奏："中甸善后事宜：一、中甸开垦，商民日增，请设抚番清饷同知及经历、巡检等官管理；一、番目旧有营官神翁、列宾名目，听堪布喇嘛指使，请给外委守备、千把总札付，听中甸文武官管辖；一、中甸向行滇茶，请照打箭炉例设引收课，由丽江府收报；一、中甸沿江数百里，及山谷旷土甚多，请给牛种、房屋，招佃开垦，三年后起科，供增驻官兵岁糈；一、中甸僧众千馀，寺屋数百，收藏军械，易于宿奸，番人旧给喇嘛费甚多，应裁减，除出身西藏之喇嘛外，其本地喇嘛选诚实者三百名，咨给度牒，馀以次选补，器械入官，每年量给青稞、酥油，并银三百两为口粮、衣单资，至番目受外委札付，亦分别岁给银两、青稞养赡。"又条奏："鲁魁山善后事宜：一、鲁魁山内通哀牢，外界异域，须重兵控压，请设普威营，置参将一，驻普洱；守备二，分驻威远土州及茶山；千总四，把总八，分汛控御。一、贼巢全在元江协与新嶍营所辖地，新嶍营隶临元镇，不隶元江协，两界互相推卸，误事，请移新嶍营及拟设之普威营均隶元江协，以临元镇统辖。一、威远土州为野贼通

逃薮,请改土归流,设抚夷清饷同知,及经历并大使、巡检等官,
分管盐井地方事务。一、方姓、普姓土职,纠众滋扰,请停袭。
一、威远新开之按板、抱母二盐井,岁获息银二万馀两,请充新兵
饷。一、倮目施和尚之侄腻勒等妻子,请移驻元江府城,威远土
官刁光焕子弟家口移省城安置。一、九龙江口夷人出入处,请设
汛,照山海关例给印票,客商兵役往来,一例盘查,毋得出境滋
事;村寨各编里甲户口,以资稽察。一、设义塾数处,夷人子弟有
志读书者,入塾诵习,于元江府附考,额外加取二名。一、劝海夷
人垦田,请照雍正元年定例,旱田十年、水田六年后升科。"又条
奏:"贵州苗疆事宜:一、定番、广顺顽苗皆就擒,请于西猛设汛,
调定广营千总驻防;一、定番、广顺二州,路通广西泗城土府,请
于青藤、〔一〕断杉树二处设汛,卫行旅;一、请改大定镇为协,裁中
营游击,以左营兼中营,仍守大定,移中营守备一、千总把总各
一,分防广顺州所属长寨、遮贡,安顺府所属十三枝,普定县所属
五枝等处,移把总一防羊城垴,统归定广协辖,至都匀府属之独
山州接广西南丹土州,苗性尤顽,请移都匀守备驻防;一、黔省境
连川、楚,奸人勾结,掠贩人口为害,请定例地方官一年内分别拿
获人数议叙,其不能查缉,为他处拿获者,亦照人数议处,客人有
买贫民子女者,报官用印,不得至四五人,违者照兴贩者科断;
一、黔省与楚、蜀、滇、粤接壤,请定例夷人越界,拿送本省,滋事
者即于其地审办,又黔省有拿白放黑之习,被人劫杀,力不能报,
将无干之家夺其人畜,暗插冤单,令其转为报仇,否则索赎,请加
应得罪一等;一、土司等贫困不支,往往以有粮田诡称无粮,卖与
绅衿商民,〔二〕买主收无粮之田,土司纳无粮之赋,久之完纳无

资,或派令属苗代完。请澈底清查,令执业者输纳。又土司下设立权目人等,报明有司,后有事发并惩;一、黔地潮湿,仓米易朽,请核计兵米存三年之蓄,〔三〕馀于春秋减粜,著为例;一、黎平府与楚省五开卫同城,民苗杂处,分隶两省,请改五开卫为县,隶黎平,铜鼓卫亦归并五开,古州、八万等苗疆均属黔省,事权归一。"又言:"向来云、贵两省拔补千总、把总,皆以本营补本营之缺。伏思同为兵丁,一旦难以约束,即同辈千总亦群非笑,其不肖者则又护庇兵丁,将备稽查不易为力。请嗣后拔补本营时,即于外营对调,不必仍留本营。"诏如所请。

三年二月,加兵部尚书衔。五月,疏言:"近闻策妄阿喇布坦万里效顺,筹度经久之计,正在此时。臣以为兵宜酌减,备御未可全撤。西路形势,臣所不知。至阿尔台一路,臣曾运米二次,自杀虎口出,经蒙古各部落,约三四千里,大兵驻扎极边,甚有关系。似宜兵数量减,米数微增,则远戍倍加踊跃。"上嘉纳之。六月,晋太子少傅。十月,调福建浙江总督。其倬以云南鹤庆府邓州、嵩明、腾越三州,六和、浪穹二县,土军丁赋系明嘉靖、万历间因夷人作乱,暂拨民人协防。随立太和所、凤梧所名目,每丁征银一两。伊等既纳民赋于本籍,又输军赋于防所,相仍未革。疏请豁除,允之。

四年,抵闽浙总督任,疏言:"福、兴、漳、泉、汀五府,地狭人稠,自平定台湾以来,生齿日繁。山林斥卤之地,悉成村落,多无田可耕,流为盗贼,势所不免。臣再四思维,惟广开其谋生之路,如开洋一途,前经严禁,但察富者为船主商人,贫者为头舵水手,一船几及百人,其本身既不食本地米粮,又得沾馀利归养家属。

若虑盗米出洋,则外洋皆产米地;虑透消息,则今广东船许出外国,岂福建独虑泄漏？虑私贩船料,则中国船小,不足资彼之用。以臣愚见,开洋似于地方有益,请弛其禁。"诏下怡亲王会同大学士、九卿议行。五年四月,疏言:"台湾水沙连等社凶番,自朱一贵作乱后,不纳饷赋,肆行焚劫。臣令台厦道吴昌祚、同知王汧、参将何勉等率弁兵番壮,分路裹粮进剿,擒首恶骨宗等二十名,各社相继归诚。报闻。

十月,以李卫为浙江总督,命其倬专管福建总督事。六年二月,条奏:"福建盐政事宜:一、谨产地之收晒。闽省盐场,福清最大。请仿保甲法,添设团长、甲长,查报日晒之盐,设总仓封锁,以杜私卖,且免雨水之患。修砌莆田各团卤窟,以资防护。一、严销地之售卖。闽盐向系商行,后改官运,近用水客商贩。请暂令水客认销,而以官运接济,三年无误,报部充为商人,再发引以立成法。场盐多产之时,仍照官运例,动课收积。一、定盐课额数。闽省盐课有额征、公费二项,请照定数作正额,其溢行之盐,所获银数造为盈馀报查。除支给盐道各衙门公用外,馀造册报销,解部水脚,即于长价等项内拨纳。一、酌办理之人员。闽省旧设盐务各官,雍正二年裁汰。请嗣后于佐杂官内遴办,毋庸另设。"下部议行。六月,以原任山西道御史萧震于康熙十三年遭耿逆之变,与原任邵武府知府张瑞午等合谋讨贼,事泄殉身,妻妾媳婢同时死节。瑞午业蒙恤典,而震独遗。疏请入乡贤祠致祭,旌其门。诏如所请。七年六月,因与台湾革职知县周宗瑄滥致书札,又未审出加征耗谷各实情,部议革职,命降三级留任。寻疏言:"闽省战船,多系平台湾时所获,长阔不称。请酌定丈尺,随时更改。闽安协右营之船,多铁板沙线,请改为平底,以适进哨之用。”又请改福建同安、泉州、长福、邵武四营游击为参将,增设灌口、安海二汛守备各一,移泉州府粮捕通判驻安海汛,连江县守备驻东岱汛,移东岱汛千总驻筍门汛。部议从之。闰七月,来京陛见,御制诗赐之,有“操凛冰霜功带砺,匡时重镇眷良臣”之句。

八年二月,晋太子太保。四月,回任。先是,上以其倬通晓堪舆术,命诣福陵恭视形势工程,其倬奏言:“陵前左畔水法,因夏口溢流,稍更故道,弓抱之势,微觉外张,必须顺导河流,方称尽善。至是,大学士等议如所奏浚修。五月,调两江总督,复命来京。六月,疏参巡台御史李元直任性滋事状,下部察议,元直降三级调用。九月,以其倬随怡贤亲王允祥相度万年吉地,于易州境内泰宁山太平峪,特授一等轻车都尉世职,并前所得骑都尉为三等男。谕曰:“高其倬历任封疆,其树绩建勋、扬名垂誉者,不可悉数,原不以此为宣力见长之地。乃能悉心筹度,务期万全,一毫无瞻顾推诿,实出于一片忠爱至诚之悃,不仅才识超群已也。”是月,命署云贵广西总督。九年,疏言:“云南昭通府四面环山,请委员专办垦务,定为水、旱、生、熟四项,分给兵民、倮土各户垦种,按年收谷,还本后起科输米,以省兵米运费。”下部议行。十一年正月,命仍回两江总督任。会云南普洱府属思茅土把总刀国兴勾苦葱蛮,煽元江夷攻普洱府城,通关大寨摆夷复附苦葱蛮,过阿墨河,犯他郎城地方。其倬檄提督蔡成贵等分路进剿,擒其酋,并贼属五百馀,斩级甚众。疏至,报闻。九月,命以总督衔管江苏巡抚事。十二年,以瞻徇知县赵昆璩承修海塘工程赔项,部议降调,寻授<u>江苏巡抚</u>。十三年,疏参<u>淮关</u>监督<u>年希尧</u>庇纵玷职,诏严鞫,削<u>年希尧</u>职。

<u>乾隆</u>元年正月,以疾召还<u>京</u>。四月,授<u>湖北巡抚</u>,寻调<u>湖南</u>。二年七月,以<u>湖南城步</u>、<u>绥宁</u>二县瑶纠党焚劫,其偫偕总督<u>史贻直</u>遣兵分剿,贼党悉平。谕部优叙,加三级。三年三月,擢工部尚书,寻调户部。十月,卒于<u>宝应</u>舟次。遗疏入,谕曰:"<u>高其偫</u>练达老成,宣力年久。今闻溘逝,深为悼惜! 着沿途官弁护送回旗。"寻赐祭葬如例,谥<u>文良</u>。

【校勘记】

〔一〕请于青藤　"青"原误作"西"。<u>满传</u>卷三五叶四五下及<u>耆献类征</u>卷六五叶二六下均同。今据<u>宪录</u>卷三一叶一五上改。

〔二〕卖与绅衿商民　原脱"卖"字。<u>满传</u>卷三五叶四六下及<u>耆献类征</u>卷六五叶二七上均同。今据<u>宪录</u>卷三一叶一七上补。

〔三〕请核计兵米存三年之蓄　"三"原误作"二"。<u>满传</u>卷三五叶四七上及<u>耆献类征</u>卷六五叶二七上均同。今据<u>宪录</u>卷三一叶一七上改。

赵 国 麟

<u>赵国麟</u>,山东泰安人。<u>康熙</u>四十五年进士。五十八年,授<u>直隶长垣县</u>知县。<u>雍正</u>二年,迁<u>永平府</u>知府。九月,迁<u>大名道</u>。四年四月,调<u>清河道</u>。八月,迁<u>长芦</u>盐运使。五年,擢<u>福建</u>布政使。七年,调<u>河南</u>布政使。

八年,擢<u>福建</u>巡抚。十一年,疏言:"<u>福州府</u>常平仓向裁大

使,归知府管理仓储。府、厅、县额征米谷四十馀万,为数繁多,请将兴化府仓大使移调常丰,兴化府仓归经历管理。"九月,请设台湾府学及台湾、凤山、诸罗、彰化四县学训导各一。皆下部议行。

十二年,调安徽巡抚。十三年,疏言:"寿州新分凤台县,田赋淆混,等则莫辨,无鱼鳞底册可稽,有豪强兼并、愚懦包赔之弊。请履亩清查,如有隐漏及避重就轻者,准自报;其地少粮多之户,亦令勘明归正,不得逾八月之限。"部议从之。乾隆元年,御史蒋炳奏淮州县征收钱粮,照部颁定额刊印由单,申送布政使核明,分发花户。倘有飞洒增添,将原单交甲长、里长赴州县改正,仍令花户于钱粮完日缴单,汇送布政使查核。国麟以安省大州县,不下十馀万户,合计通省即有数百万由单,由司核发,恐误征收,并迟兵饷;且花户缴单不齐,必差役催取,或偶遗失,更启索诈。现在每年照实征簿刊易知单征收,日给花户,花户查对不符,请于完粮时照簿改正,甚属便民,似应仍旧。至里长久为民害,已裁,未便复设。所有由单送司、缴司,甲长、里长改正之处,请停止。部议准行。二年,疏言:"安省旧置官田,收租养马,岁入稻豆万五千四百馀石,岁丰取盈,岁歉减收。除驿站额支外,尚馀六千五百馀石,报出归公,遂成定额。兵部奏销与正项无异,无论丰歉,照额取盈,民多赔累。请丰年仍照额收,岁歉即以收成分数酌减。至有马田州县,通水者例碾米解省,水脚系州县捐发,请每石给水脚米三升,即于马稻内开销,庶免延累。其不通水州县,收积无所用,请照时价粜银充饷,官民有裨。"下部议行。先是,内阁学士方苞条奏常平仓谷原定存七粜三法,南省地气卑湿,应分别粜半存半,粜七存三,因地制宜。部议以南省各属高下燥湿不同,应粜七粜半,令督抚详核议奏。至是,国麟请将安省所属州县,不滨大江,地气高燥及卑湿而非最下之区,仍遵存七粜三例;其临近江湖,地形卑下,及山陬岚雾尤甚者,粜半存半。部议如所请行。

三年,授刑部尚书。十月,调礼部尚书,寻兼国子监事。四年,授文华殿大学士,兼礼部尚书。二月,充会试正考官。三月,请颁发御纂经书十三种,贮礼部、顺天府,俟乡会两试期,送内帘应用,庶评文有所依据、上如所请。六年三月,御史仲永檀疏参内阁学士许王猷邀同九卿,往民人俞长庚家吊奠,国麟亲往跪奠,以物议沸腾,复将原帖追毁。国麟请解退,得旨:“仲永檀奏参大学士等吊奠俞姓之事,经王大臣查讯,全属子虚,其言出于于枋,伊已自认与大学士毫无干涉。赵国麟被谤之处已明,无庸置辩,着照旧供职。”是年四月,国麟复请解退,上仍慰留之。

先是,给事中卢秉纯奏参国麟,于永檀劾奏,经皇上面询时,佯为不知。出后告伊戚原任光禄寺卿刘藩长,自鸣得意。又称藩长于奉旨休致后,国麟告以系蒋炳所参。上命大学士鄂尔泰、张廷玉等面质,藩长、国麟,藩长称曾以国麟回奏事告秉纯,秉纯遂揣摩情状入奏,言词过甚;又坚称国麟并无蒋炳曾参之语。上以此事有无在疑似间,从宽免究。六月,谕曰:“赵国麟素称理学,且身为大学士,与市井庸人刘藩长结姻,且在朕前保奏,甚属不合。较仲永檀所参之事,其过孰为重大? 朕令大学士鄂尔泰、张廷玉等谕以大臣之义、进退之礼,伊自当朝闻命而夕拜疏。乃迟之数日,竟无求退之本,是其意以为朕虽责备,仍复转念优容。

朕御极之初,见其人属老成,且素闻伊留心理学,是以内升尚书,复将伊补授大学士。数年来,所匡赞者何事,所建白者何言,为朕所倚重而必不可弃者何具,尚可忝窃大学士之职乎? 伊现有福建巡抚任内荐举劣员王德纯一案,〔一〕部议降调,朕留中未发。今既不知自处,不得不明加处分,着降二级调用,留京候补。"寻授礼部侍郎。

七年正月,擢礼部尚书。二月,以病乞休,上未允。七月,复乞休,谕曰:"赵国麟以获罪降调之员,〔二〕朕加恩复用为侍郎。伊彼时以官止亚卿,照常供职,使人见其无悻悻求去之意。及荐擢尚书,即托病求罢。朕屡次慰留,伊仍执奏再三,俨然以礼进义退之大臣自居。夫进退大臣之礼,朕岂不知? 如遇当以礼待之大臣,而年力衰迈,即卧理中书可也。或优诏归田,亦无不可。然非所论于赵国麟。伊试返而自思,外任巡抚,内任大学士、尚书,何所树立,而忽于末路,托名进礼退义以自表其风节,居心不可问矣! 赵国麟着革职,在咸安宫效力行走。"八年,恩准回籍。十五年八月,恭祝万寿,恩赐礼部尚书衔。十六年十一月,故。

【校勘记】

〔一〕伊现有福建巡抚任内荐举劣员王德纯一案　"现"原误作"初"。汉传卷一七叶五六下同。今据纯录卷一四五叶一三下改。按耆献类征卷一六叶三七下,"初有"作"初在",亦异。

〔二〕赵国麟以获罪降调之员　"调"原误作"级"。汉传卷一七叶五七上及耆献类征卷一六叶三七下均同。今据纯录卷一七〇叶一一下改。

清史列传卷十五

大臣画一传档正编十二

李绂　孙友棠

李绂，江西临川人。康熙四十八年进士，选庶吉士，散馆授编修，累迁侍讲学士。五十四年，充武会试副考官。五十六年，充日讲起居注官。寻充云南乡试正考官。五十七年九月，充武会试正考官。十二月，奉命祭告南海。五十九年六月，充浙江乡试正考官。九月，擢内阁学士。十二月，迁左副都御史，仍兼学士衔。六十年二月，充会试副考官。榜发，下第举子拥至绂寓喧闹；匿不奏，为御史舒库所劾，革职，发永定河工效力。雍正元年正月，特旨给还原职，署吏部右侍郎。寻充经筵讲官。六月，命赴山东催漕。七月，迁兵部右侍郎。九月，奉命截留湖南等帮漕粮于天津收贮。二年三月，督运抵通，得旨嘉奖。

四月，授广西巡抚。八月，奏言："广西贺县界大金、蕉木两山,产矿砂。五十里外,为广东梅峒汛,又数里为宿塘寨,矿徒盘据,时时窃发。臣抵任后,拟严禁。闻督臣孔毓珣条陈开采,恐伤协恭之谊,因而中止。近经平乐府报称矿徒二百馀,流入蕉木山。知县会同富贺营守备、千总,三路驱逐,始退。又闻广东连山县宜善司巡检,以梅峒、宿塘等处矿徒梁老二等聚集多人,〔一〕汛兵子弟往附,势难防缉,愿罢职归。臣思开矿甚有关系,目下即幸无虞,将来或恐滋事。"谕曰:"矿砂之利,穷民私采,犹当禁之,何况明目张胆而行之者?此中利害,朕甚知之。今既聚众,自称头目,是断不可一日姑容,少宽禁捕。今将批谕孔毓珣之旨钞录示汝。汝等可协力设法严禁,永令地方无此等事方好。须再三留心筹画而为之,慎勿轻忽孟浪!凡事悉如此据实入奏才是。此奏朕甚嘉之!如宜善司巡检所言,即使少过,朕亦乐闻而不加责也。诸如此类,何妨预防于未然耶?"十月,疏陈:"练兵事宜:一、先定操地,次定操期,严赏罚;一、阵法各有所宜,四门方阵止可施于平原旷野,而广西援剿常在山溪之间,背山而战,用一字阵,山曲用三才阵,夹溪用双龙阵,八面受敌用八门阵,四围合攻用圆阵,亦曰风雷扫地阵,羊肠鸟道用山路连环阵,宜令演习如式;一、兵丁无论马步,各带腰刀,然马上步下,宜知用法;一、瑶、僮、土、苗所用鸟枪,较营枪更长,可及百五十步,惟炮可以制之,五子炮施放便利,宜增制;一、山贼不时出没,调兵剿擒,帐房锣锅宜豫备。"谕曰:"留心武备,殊属可嘉,但须实力行之,方有成效。"

先是,康熙五十三年,广西巡抚陈元龙奏准开捐,五十五年停止,共捐谷百十七万八千馀石。至是,绂奏言:"臣闻开捐之始，每石折收银一两一钱，发州县买贮止三钱，而谷价常在三四钱以上，势难购买，率以价银递相交盘。历任抚臣责州县买补。臣抵任严催，尚欠四万馀石，请宽限一月补足，免将现在州县官参劾。"得旨俞允。会提督韩良辅条奏垦荒六事，命绂议行。绂疏言："经费有出，然后开垦可行。广西捐谷偏积于桂林、柳州、梧州、南宁四府，久贮恐致朽蠹，请即动支为开垦费。"谕曰："朕观李绂之意，不过为开销广西昔年捐纳谷石之计。此项捐谷，原系陈元龙经手，其间有名无实、首尾不清之处甚多，朕知之最悉。此时李绂难于料理，故借开垦之名，以为开销亏欠之地。可着陈元龙等往广西，将此项澈底清查，倘有不清，着李绂据实参劾以闻。至垦荒诸款，皆巡抚职所应为之事，不必琐琐陈奏。"十二月，谕曰："捐谷一事，李绂务须澈底清查，如有亏空，即着落陈元龙等办理清楚。此原属旧案，与李绂无涉。伊若以从前未经查清，今即隐讳瞻徇，是将他人亏空认为己有，后经发觉，罪皆归于伊身。"绂因疏参当日收捐谷价数倍于正项，请将管捐之布政使今任福建巡抚黄国材等质问，诏许诸臣将分肥实情供奏，免其治罪，并令国材解任赴质。嗣审明督、抚、司、道、府、厅共分肥银八十二万四千七百馀两，勒限分赔有差。谕曰："尔于此事秉公执正，实属可嘉！"初，绂署吏部侍郎，因议叙年羹尧子富等捐造营房一事，不肯从优，为羹尧所嫉。及奉旨天津截漕，估变米价，盈馀银五千两，交守道桑成鼎贮库。绂赴广西，成鼎以原银解交广西，绂以事属直隶，因具折送直隶巡抚李维钧会奏，维钧匿不以闻。三年二月，绂据实陈明，谕曰："此一事大奇！乃伊等诬捏，欲倾陷汝也。年羹尧来京陛见时，奏汝巧取此项。适李维钧亦在都中,朕因不信其言,向李维钧降旨云:'李绂断不为此举。'李维钧解会朕意,即回奏云:'李绂原未全吞。论理,此项伊可以入己。伊因路远,止取数百两作盘费,其馀未经交发,仍为伊封好,收贮在彼。但伊应将此项奏闻才是。'朕随谕李维钧:'既如此,尔应寄字询问,看李绂作何回覆。'此彼时之言也。殊不料伊等蓄意如此,朕今始洞悉矣!尔若根基不牢,则已堕其术中。大约皆系年羹尧之所指使。但此等作为,朕颇不解其意何居?鄙哉小人,实为可愧!前项既经伊等送到粤西,朕又已了然明白,可即留充公用。"是月,以审拟生员陈为翰殴毙何壮深一案,拟绞候,部驳仍照前具题,部臣改为斩候。奉旨,着九卿等会同详议。寻议应如绂所拟,从之。四月,奏言:"南宁、思恩、太平三府属土司界连安南,土夷劫掠成习。伊国王未必尽知,应行令自行禁戢。但总督有行文安南之案,而抚臣并无旧案可稽。督臣远驻广东,文书往还需时。请嗣后遇土夷争夺细故,一面咨会督臣,一面即行文安南,庶事可速消。"允之。六月,奏言:"太平、思恩府界流言安南内乱,奸徒潘腾龙冒认莫姓子孙,其党黄把势、陈乱弹等,以护送归国为名,互相煽诱。臣严饬文武员弁查拿擒治。"谕曰:"所奏已悉。封疆之内极宜整理振作,至于安边柔远,最忌贪利图功,须当慎之又慎!"八月,疏言:"柳州府辖二州十县,地广事繁,宾州、上林等州县瑶、僮错处,请改宾州为直隶州,辖附近之上林、来宾、迁江、武宣四县;其与柳州相近之七州县,仍归府辖。再梧州府治西南至郁林州三百馀里,请改郁林州为直隶州,辖北流、博白、陆川、兴业四县;其与梧州相近之五县,仍归府辖。又泗城土府及三江地方上林、安隆二营,请俱改归泗城副将辖。"下部议行。九月，奏言："瑶、僮顽梗，修仁之十排，天河之三疃尤甚，劫掠积案累累。修仁十排，臣已捕获渠魁；三疃周八十里，[二]万山重阻，所种田在隘口外，乘秋稼未收，发兵守隘，断其收获，投到者许以免死。其为首八人现俱投到。"谕奖其办理得宜。

　　旋授直隶总督。四年三月，抵任。先是，左都御史蔡珽荐其故吏已革知县黄振国，起用为河南信阳州知州，巡抚田文镜劾振国贪劣不法。绂由广西来京陛见，奏言振国无罪，文镜以绂与振国同年，劾其袒护。至是，绂疏辨，奉旨训饬。五月，广西提督韩良辅等条奏云南、广西接壤，贵州安笼镇之土司及改流地方，均归安笼镇节制。诏绂前往与云贵总督高其倬会议。寻合疏言："云南广罗协广南营，广西泗城协上林营、镇安营距安笼镇远，恐鞭长不及。惟广西安隆一营较近，但改隶后，该镇又须受两广总督、提督节制。隔省咨呈未便，均应照旧管辖。"部议从之。十月，奏请增直隶河员，天津州州同、青县子牙河主簿各一，隶天津道辖；涿州、霸州州判、吏目各一，宛平、良乡、固安、永清、东安、武清六县县丞、主簿各一，隶永定河道辖；北运河同知、通判各一，耍儿渡县丞、东阳村主簿各一，蓟州、滦州州判各一，玉田县县丞、丰润县主簿各一，隶通永道辖；霸州清河吏目一，隶清河道辖。又请将河间、天津所属旗民案件，改归新设之天津理事同知辖。部议如所请行。十一月，奏言："在京部科及直隶藩臬等衙门，向有积年书吏盘据招摇，役满雇人承办，仍阴主其事，谓之'缺主'。臣遵旨严查，逐令出境，并饬各州县毋许容留一人。但访得部科缺主尚有潜居通、涿、昌平等处者，请敕部科诸臣查开姓名移咨,一并驱逐。"得旨俞允。寻奏言:"各省候选训导之岁贡,前经田文镜奏请预行验看。臣思廪生必二三十年而后出贡,又三十餘年而后选官,亦未必俱能得选。现在验看未老人员,至得选时已老,岂能悬断其可否供职?且教职领凭,必经巡抚考验,又何必预验于十年二十年之前?徒令穷老寒士奔走跋涉,废业失馆,请将此例停止。"上以其识虑卑浅,严训饬之。十二月,谕曰:"尔自被擢用以来,识见实属平常,观人目力亦甚不及。朕但取尔秉彝之良,直率之性而已。凡朕一切诲谕,如果倾心感服,将来智虑自当增长扩充;若硁硁固执鄙见,妄自矜高,不但终见弃于朕,恐将来噬脐莫及,尔其钦承毋忽!"

会御史谢济世疏劾田文镜及黄振国事,谕曰:"李绂自广西来京陛见,即奏田文镜参劾黄振国及汪诚、邵言纶甚为冤抑;张球居官声名甚劣,田文镜并不纠参;且言黄振国此时已为田文镜监毙灭口。未几黄振国从河南解赴来京,依然无恙。不知李绂受何人意指而捏造此无稽之言,敢于冒昧陈奏也?至田文镜所参黄振国各案,朕差侍郎海寿、史贻直到豫,已审讯明白,定拟具奏。其张球一案,田文镜早经认过请罪,部议亦于张球讳盗案内,将田文镜处分。至汪诚、邵言纶皆系庸劣不堪之人,田文镜奏参处分,并无冤抑。乃谢济世所言黄振国、张球、邵言纶、汪诚等事,竟与从前李绂所奏一一吻合。朕思封疆大臣能为国家实心任事,即为国之栋梁,朕之股肱;若不保护而受人倾陷,则朕何颜对天下封疆大臣乎?此种结党营私、排挤倾陷之恶习,不可不严加惩治。是以令内阁九卿等公同研究,谢济世所奏各款,皆茫无凭据,俯首无词,则其受人指使,情弊显然。谢济世既自命为报效国家之人，着革职，令往阿尔台军前效力赎罪。此案亦免深究。"寻召绂来京，补工部右侍郎。

五年二月，署广西巡抚韩良辅奏天河县狱内，拘禁莫东旺一名，系李绂批饬枷责追赃结案之犯，迁延一载，尚未发落，致蛮僮纠众劫去。得旨，着李绂明白回奏。寻奏称："莫东旺一案，经臣审结，即赴直隶新任。其因何迟延一载尚未发落之处，无由得知。"谕曰："旧令尹之政，必以告新令尹。古人于罢官之后，尚以国事为念，岂有李绂升任总督，不将此事明白交付接任之巡抚，嘱其早行完结之理？着交部察议。"寻谕曰："云贵总督鄂尔泰曾奏称广西泗城土司甚属不法，请饬广西巡抚、提督惩治。朕曾降旨询问韩良辅，据奏请往云南与鄂尔泰面加商酌。朕思此事甚有关系，非韩良辅与鄂尔泰面议不可。昨都察院奏原任广西州判程旦控告土司罗文刚一案，罗文刚纠众肆恶，吞噬十一处村落，竟敢与官兵相抗，不容设立塘汛。李绂身为封疆大臣，逡巡畏缩，苟且弥缝，但为掩饰一时之计，而于地方之利害、民生之休戚毫不关心。甘汝来时为臬司，亦因循怠忽，不能整顿。昨令廷臣询问，二人俱俯首无词。李绂、甘汝来相继为广西巡抚，着二人前往广西办理土司之事。从前疏纵之凶徒罗文刚等，着即责成李绂、甘汝来速行擒拿，不得容其兔脱。韩良辅前往云南时，李绂一同前往。李绂、甘汝来负朕擢用深恩，今加宽宥，容其效力赎罪，务将广西境内不法之苗夷，与地方不法之奸民，悉心料理，俾尽革凶顽，遵奉国宪，以安良善，以靖地方。倘疏纵之罗文刚等不能擒获，及伊等料理土司之事，虚文掩饰，以卸目前之责；将来仍有凶苗妄行干犯王章者，定将李绂、甘汝来从重治罪。

又如矿贼盘据两广之间，两省官员互相推诿，以致宵小肆行，良民时受其扰。着李绂、甘汝来会同阿克敦将两省疆界一一清查分别，防范管理，使汛地各有专责，匪徒无计潜藏，毋得仍前怠忽，自干重罪。"

三月，绂由广西赴云南，与鄂尔泰等酌筹粤、黔分界，泗城改流等事。会直隶总督宜兆熊等疏参原任大名府知府曾逢圣、原任清苑县知县王游亏空钱粮，上以二人均绂所保荐，令明白回奏。闰三月，户部议覆绂在总督任内，奏怀来县仓廒坍塌，小民窃食、颗粒无存之处，应行令确查。谕曰："官仓米数至六千馀石之多，岂有小民敢于私取，竟至颗粒无存之理？明系李绂有意市恩，庇护知县，借口巧为开脱。今部议行令确查，与李绂本意不合，可即将米石令李绂赔补，以成就其市恩之意。"八月，宜兆熊等复参大城县知县李先枝私派累民，谕曰："李绂任直隶总督时，将李先枝题升天津州知州，朕调来引见，其看人甚属庸常，故令仍回知县原任。今以私派被参，劣款现有明据。常见科甲出身人员，多有夤缘党庇之恶习，而贪赃枉法者尚不多见。今李先枝目无国法，公然私派科敛，苦累小民，实为科目中之匪类；而李绂乃敢在朕前特荐题补天津要缺，是李绂不但有心祖护，且必有暗受李先枝请托之处。着将李先枝革职拿问，其私派情由，该督等一并严审定拟，再将如何请托李绂之处，究出具奏。李绂受朕深恩，不思报效，敢于营私欺罔，甚属可恶！着革工部侍郎职。前因广西、贵州查勘疆界及擒拿罗文刚二案，将李绂发往广西，彼时降旨，若不能拿获罗文刚，即将李绂在广西正法。今罗文刚已经缉获，是李绂在广西无可办理之事，〔三〕着行文令李绂来京。

现在应行质问案件甚多,且李绂曾在朕前奏称:'蔡珽为人,粗疏卤莽则有之,若贪婪不法之事,臣可保其必无。'今蔡珽诸事败露,在四川任内,受贿贪赃,劣迹昭著。李绂敢于庇护私党,在朕前妄奏,此处亦应审问。"

十二月,议政大臣等会议绂罪凡二十一款:私受门生大城县知县李先枝请托,妄为保题,徇顾师生,罪一;将贪婪无厌之蔡珽保奏,固结党援,罪二;袒护同知黄振国及息县知县邵言纶、固始县知县汪諴,密奏被参冤抑,又控称田文镜欲致死黄振国灭口,罪三;蛮僮莫东旺一案,不早结,致劫狱,罪四;天津道叶前系不应送部引见之员,故违谕旨送部,罪五;奉旨天津建造营房,漠不关心,任意迟延,罪六;擅将不应离任之通永道高镰等,题请离任另补,罪七;将庸劣之广西上林县知县柏宏智妄行特荐,罪八;所解庆丰司羊毛等项,不据实查明,混为咨覆,罪九;奏请带往广西之都司岳咨纵兵串通矿贼,奉旨询问,并不认罪,罪十;西隆州土目王尚义等历争歪柒等案,并不早结,罪十一;明知清苑县知县王游亏空不查参,反饬阜城县知县陆篆交代,勒逼出结,密奏王游为直隶第一好官,罪十二;擅增直隶兵米价值,罪十三;顺义等十八州县、静海等二十七州县亏空钱粮,擅批豁抵,罪十四;与蔡珽表里为奸,奏大名府知府曾逢圣操守并无不好,罪十五;收受直隶守道桑成鼎银五千两、巡抚李维钧银一千二百两,罪十六;被参清苑县知县姜任修发审串供,不严究,罪十七;上年田文镜奏报豫省粮船正月出境,李绂妄奏偶遇大水侥幸出境,将来恐未必能及今年粮船出境更早,又称误听人言,罪十八;与布政使德明、张适面奉谕旨,回奏时俱舛错,罪十九;以故杀马顺之杨四称为救父情急,妄引郑雄救母之例减等,罪二十;不早除逆贼罗文刚,以致脱逃,反参州判程旦浮躁,罪二十一。律应斩决,妻子、财产入官。奉旨:"李绂既知悔过认罪,情词恳切,且其学问尚好,着革职,从宽免死,令在纂修八旗志书馆效力行走;其妻子、财产入官之处,俱着宽免。"

七年十月,以谢济世在阿尔台军前,供出昔年参田文镜出于李绂、蔡珽之授意,上召见廷臣,命绂随入。谕曰:"朕在藩邸,懒于交接,人所共知,并不知蔡珽、李绂之姓名。因马尔齐哈通晓医理,常在府中行走,后补授清江理事同知,朕问明于医理之人,伊举蔡珽以对。朕因令其来见,而蔡珽辞以职居学士,不便往来王府;且医理粗浅,不能自信。朕闻其言,深为嘉许。后年羹尧来京,力称蔡珽才守识见,实超群类。朕告以招之未来之故,年羹尧因见蔡珽面言,而蔡珽仍坚辞如前,朕是以更器重之。次年蔡珽补授四川巡抚,时朕扈从避暑热河。蔡珽以身属外员,远行在即,向年熙转求欲到朕园中一见。朕相见时,则极称李绂才品操守,为满、汉中所少。是时朕方知李绂姓名也。朕御极之初,延访人才,以资治理,因起复李绂原官,旋授侍郎,又命办理漕务,旋授为广西巡抚。伊具折密奏黄国材收捐积弊,且称:'黄国材广通声气,其子弟亲戚布满朝列,今臣尽发其私,必谋倾害。'朕谕以尔但公忠为国,[四]朕必加恩保护。岂料伊在朕前如此陈奏,而暗中则为黄国材事事周全,其工于欺妄如此。至署直隶总督,徇私废公,沽名邀誉,仓谷亏空,则代为隐免;属吏贪庸,则曲为庇护,以致吏治废弛,人心玩愒。又如塞思黑从西大通调回,朕令暂住保定,俟各督抚、提镇回奏到日,再降谕旨。未几李绂奏称塞思黑患病,不数日奏报病故,而奸邪党与及庸愚无知之人,遂有朕授意于李绂而戕害塞思黑之诬语。今李绂在此,试问:朕曾有示意之处否乎?[五]在塞思黑之罪,原无可赦之理,其从前之所以将伊暂留保定者,盖因阿其那、允䄉俱在京师,其事未曾定案,而邪党众多,人心叵测,不得不留意防范。岂料伊遂伏冥诛,而李绂并不将塞思黑自伏冥诛之处,明白于众,以致启匪党之疑议,则李绂能辞其过乎?至田文镜之在河南,公忠为国,而李绂、蔡珽以其参劾黄振国、汪諴等,遂极力陷害,朋比为奸,指使谢济世捏款诬参,欲令言臣挟制朕躬,必遂其私怨而后已。此风何可长也!李绂、蔡珽着交部讯取确供,入于谢济世案内归结。"寻廷臣遵旨讯绂,并请交刑部治罪,得旨宽免。

十三年八月,今上御极。九月,命给侍郎衔,管户部三库事。十月,补户部左侍郎,仍管三库。十一月,奏言:"近来督抚诸臣,往往疏请拣发人员备任使,而候选之员亦藉之以侥幸躁进。及赴该省,缺少人多,有四五年不得官者,多羁栖失所,而九卿验看,又不过取办俄顷,别无考验之法;且拣发分发,变简为烦,徒费章疏,应请停止。"疏下部议,除云、贵、川、广需人,仍准题请拣发外,馀省概停,从之。乾隆元年正月,奏请增派翰、詹、科、道磨勘试卷,得旨允行。五月,以保举新进士过多,又在朝班嘱九卿保举,奉旨询问。绂奏:"臣多言滋事,今懔承天语训诲,永绝妄言。"谕曰:"朕即位以来,并未有因臣工多言,即加以处分者。今李绂明系妄举,乃自谓妄言,避重就轻,希图朦混。着交部严加察议。"寻议降二级调用。十一月,补詹事。十二月,充三礼馆副总裁。二年五月,遣祭夏禹王等陵。十月,丁母忧。六年三月,充明史纲目馆副总裁。寻补光禄寺卿。六月,充江南乡试正考官。八月,授内阁学士。

绂平日讲学,谓朱子道问学之功居多,陆九渊尊德性之见为卓,上韪其言。八年,以病致仕,陛辞,上问有所欲陈否,绂以"慎终如始"对。赐以诗曰:"三朝曾侍陛,七十竟悬车。进退诚无忝,丘园信有诸。病馀宜乐志,老去尚耽书。素悃依阊魏,高年息阖庐。学尝兼慕陆,节应上同苏。尤喜临辞阙,嘉谋实起予。"十五年,卒。

孙友棠,原任工部右侍郎。

【校勘记】

〔一〕矿徒梁老二等聚集多人 原脱"老"字。汉传卷三一叶二下及耆献类征卷七〇叶一下均同。今据宪录卷二四叶八下补。

〔二〕三疃周八十里 "十"原误作"百"。汉传卷三一叶八上及耆献类征卷七〇叶五上均同。今据宪录卷三六叶四上改。

〔三〕是李绂在广西无可办理之事 原脱"之事"二字。汉传卷三一叶一五下及耆献类征卷七〇叶九下均同。今据宪录卷六〇叶七下补。

〔四〕朕谕以尔但公忠为国 原脱"但"字。耆献类征卷七〇叶一一下同。今据宪录卷八七叶七下补。按汉传卷三一叶一九下不脱。

〔五〕朕曾有示意之处否乎 "示"原误作"授"。耆献类征卷七〇叶一二上同。今据宪录卷八七叶八上改。按汉传卷三一叶二〇上不误。

孙嘉淦

孙嘉淦,山西兴县人。康熙五十二年进士,改庶吉士,散馆授检讨。雍正元年九月,晋国子监司业。十二月,充江西乡试副考官。三年,提督安徽学政。四年七月,授祭酒。九月,调顺天学政。十二月,入直南书房。五年十月,疏言:"八旗官学生,由佐领申送国子监考录,酌定年幼学清文,稍长学汉文。每旗额:满洲六十,蒙古二十,汉军二十。缺出通一旗拣选,不拘每佐领各送一人之例。现在官房狭隘,另拨宽敞者居住,酌给钱粮,俾专心诵读。"疏入,议行。十一月,考试八旗文童,正红旗佐领常鼐倩枪手冒子常克试入学。嘉淦查参治罪,上奖其秉公,下部优叙,加二级。

六年正月,署顺天府府尹。二月,疏参古北口监督傅绅于昌平州属乔子村、苏家口、黄花城私立关税横征,革职论罪如律。四月,丁忧回籍。七年,特旨授顺天府府尹。八年二月,充会试副考官。三月,疏请选拔八旗生员入监肄业,学成量补助教等官,从之。六月,授工部左侍郎,仍兼府尹、祭酒事。九年,充经筵讲官。十年二月,调刑部,仍署吏部侍郎。[一]十月,充顺天武乡试正考官。十二月,引见期满教习,奏对失实。谕曰:"孙嘉淦于雍正元年尚系检讨,朕看其人似属朴实,屡加迁擢,数年间官至侍郎,望其殚竭诚心,为国家宣猷效力。乃伊偏执自用,从前屡有陈奏,皆迂阔琐碎,不可见之施行。朕训其开扩识见,至近日则缄默不言矣。伊为祭酒,乃瞻顾私情,将亲弟孙扬淦荐为监丞,行事乖张,士论不服,以致孙嘉淦声名大损。国子监教习自应分别用舍,以示激劝,即称职人员之中,有可膺牧民之寄者,亦有可胜司铎之任者,是在祭酒秉公陈奏,始免冒滥名器、用违其材之弊。今于引见教习时,遽称宋镐一班六人俱属可用,及朕询问,忽称方从仁实不堪用。任意反覆,显系欺罔。应加重惩,以为人臣诈妄负恩者戒! 着革职,拿交刑部究拟具奏。"寻议照挟诈欺公律拟斩,得旨,孙嘉淦免其治罪,着在户部银库效力行走。

十二年,署河东盐政。十三年七月,疏言:"盐池之西有硝池一,其西又有小池六,皆产盐。附近居民,或私浇私晒,或以硝版和官盐,致味苦涩,引张壅滞,亟宜设法严禁;而盐官皆驻运城距远,稽察难周。查硝池、小池皆在解州境,该州州判职务甚简,请令专司巡缉。再盐池北岸,系浇晒之场,弓兵、斗级皆在池北,其南岸地方辽阔,奸匪窃盐,此为渊薮;且迂回百有馀里,私盐最易透漏。请设马快八名,令运城巡检督缉。"又疏言:"杀虎口监督于边关收盐税,从未知会盐政,无案可稽。请每年收税数目则例,一并知会查核。至口外蒙古盐,原不禁边民买食,但进口宜立规条,行销宜有界限。请敕山、陕督抚详查沿边州县应食蒙古盐处,会同盐政酌定,毋令侵越。其载盐进口,定稽查收税例遵行。"又言:"每年盐政养廉万三千两,应减为八千两;运司一万两,减为六千两。皆足敷用,以下无庸议减。"又言:"盐池设弓兵二百五十三,每名月给银五钱,食用不足,请月增银五钱。"皆下部议行。

八月,今上御极,命来京以侍郎用。九月,补吏部右侍郎。十一月,晋都察院左都御史,仍兼吏部侍郎事。乾隆元年四月,命同左都御史福敏查废员案。五月,嘉淦参奏福敏偏执,又经年不至署。谕曰:"孙嘉淦与福敏系同堂办事之大臣,参商如此,若不从重议处,无以警戒将来。着总理事务王大臣查奏。"寻议嘉淦渎奏,〔二〕失大臣体,应降一级;福敏迟缓拘执,应降三级:均准抵免调。七月,充江南乡试正考官。十一月,迁刑部尚书。二年三月,兼管国子监事。五月,条奏:"太学事宜:一、六堂肄业人员,每堂定额内课三十、外课二十,择品端文优、年壮学勤者充补;一、诸生于时艺外,令各明一经,治一事,仿宋胡瑗立经义治事斋例,俾为有用之学;一、肄业期满,拔贡生有经明事治、才品卓绝,或才未裕而学识醇正者,分别等第带领引见,一等分发知县,二等即用教职。"部议肄业期满,拔贡生分发即用,未免过优,应以知县教职分别选用,馀如所请。七月,充律例馆总裁。九月,充顺天武乡试正考官。十二月,充经筵讲官。三年四月,迁吏部尚书,仍兼刑部。时有伪造嘉淦奏稿者,传播流言。谕曰:"一月以来,京师喧传尚书孙嘉淦密参在朝多人,如大学士鄂尔泰、张廷玉、徐本,尚书公讷亲,尚书海望,领侍卫内大臣常明,皆在所参之列。诸臣皆朝廷简用之人,守法奉公,实心尽职,而鄂尔泰、张廷玉尤系皇考特简之大学士,为国家栋梁。以孙嘉淦较之,识见才猷,岂能与二人为比?[三]朕特以操守廉洁,向有端方之名,故屡加擢用,非以其才识在二人上也。如其才识在二人之上,朕何难即用为大学士,而仍在尚书之列乎?且朝廷政务,正赖宣猷佐理,岂有将诸人悉行罢斥,专用孙嘉淦之理?至诸臣有可参之事,孙嘉淦何不登之露章,而乃见之密奏?既云密奏,则惟孙嘉淦自知之,伊又岂肯漏泄于人,以招众怨?是或忌嫉孙嘉淦之人,造为此说,以排挤之耶?或趋附孙嘉淦之人,造此以扬其特立孤行之直名耶?但传言已久,姑不深究,其令步军统领、巡城御史严禁之。"八月,充顺天乡试正考官。九月,直隶总河朱藻误公贪劣,为总督李卫所劾,命偕尚书公讷亲往鞫,得实,革职,论罪如律。

十月,署<u>直隶</u>总督,寻命实授。疏言:"<u>永定河</u>南北两岸,现议建闸,开引河。查北岸之<u>张客闸</u>,不必石工,但建草坝分泄,水缓不致冲刷,水涨不虞汹涌;南岸之<u>金门闸</u>,已筑石工,但上下宜多建草坝,使南泄之水常多,水小仍归引河,水大听其漫流。将来草坝朽坏,旧河悉改而南,即以淤高之河身,障北趋之路,天然堤岸,坚实可恃。"下部议行。十一月,疏奏:刁民<u>王宰</u>谋吞生员<u>马承宗</u>产,贿太监<u>刘金玉</u>等投献贝勒<u>允祐</u>门下,请交刑部究审,<u>允祐</u>交宗人府察议。谕曰:"<u>孙嘉淦</u>履任伊始,即能秉公执法,据实纠参,甚属可嘉!着交部议叙。"寻命兼管<u>直隶河工</u>。先是,<u>顺德府</u>民<u>焦普</u>为奸徒<u>郭允枢</u>以邪教诬陷,至是<u>嘉淦</u>审明奏释,治<u>允枢</u>罪。四年正月,疏言:"前奏<u>金门闸</u>上下多建草坝,使河渐复故道。但建坝必开引河,诚恐汛水大出,不无旁决。今于<u>金门闸</u>下增设草坝一,其引河不必复挑,即归<u>金门闸</u>引河中。盖此即<u>永定河</u>故道,由<u>中亭</u>、<u>玉带</u>以达津归海。臣循旧迹开浚,其新建草坝,四分过水,使引河之中,时有水流,可因势利导。一二年后,村庄城垣,保护完固,然后多开草坝,使水大出,则故道可全复。"得旨:"果能如是,诚为善举,但今尚不可必其如此,且试为之。"二月,疏言:"<u>热河</u>喀喇河屯、化育沟岁需兵米二万四千馀石,仓储不敷。查<u>承德州</u>四旗通判,向经采买备赈,除已运外,现存米九千馀石,邻近州县,仓库充裕,无须领运。请此项留拨兵米,仍于采买案内报销。至口外庄头,岁歉交米,不能如数,请拨司库银发八沟同知、四旗通判豫买一年兵米,运贮<u>热河</u>等仓。"三月,疏言:"<u>直隶</u>向设旗庄官,专管旗户,一年任满,实心化导者,议叙。

如旗人犯不法等事，照地方官失察民人例议处。嗣经裁并理事厅辖，该丞倅兼管旗民，所辖又较旗庄原数过多。议叙久停，议处尚仍旧例。请嗣后失察之丞倅，如与州县同城，一例处分，否则照该管知府例议处。"俱议行。

　　时上以直隶河工紧要，命偕总河顾琮悉心办理。嘉淦疏言："天津地方南北运河，与淀河交会西沽而入于海。河臣观南运河水甚浊，与永定河相似，一入海河，水皆浊流，久必淤垫。况通省之水，会于一线之海河，秋潦时至，势必宣泄不及。大学士鄂尔泰前曾奏准于静海县独流地方开引河，实下游治水之关键。但开河易，达海难，设中途梗阻，则漫溢为患；且海口开深，又恐潮水倒漾。臣等现委员勘通省水道，凡众河交会及入淀入海之路，有急宜修浚者，即于今夏兴修。"报闻。又言："直隶旗圈地亩，旗人止收地租，民人村庄在圈内者，自居祖遗屋，租种旗地，两不相涉。如民人有占旗地盖屋，及旗人将民人祖遗之屋，妄行告讦图取租者，俱照违制律治罪。"下部议行。五月，晋太子少保。五年九月，疏言："直隶经流之大者，永定、子牙、南运、北运四河，与东西两淀。臣议于永定、叶淀之东，疏引由西沽北入海；浚子牙河之新河，使上游诸水归淀，开旧河东堤，渐引由西沽南入海。北运河两岸去沙裁直，深浚减河，培补堤岸；南运河两岸再筑遥堤，浚河身以行正溜。安陵镇建闸一，浚减河三十馀里，入老黄河以达于海。此四河之大略也。西淀则开白沟河故道，以入中亭玖桥南，另疏一河，并浚青门河别派分流，下游已畅达，再将金门闸之西引河改由东道于苑家口叠道建木桥五，使沥水通行。至东淀应将上游三岔河淤浅处浚令宽深，杨家河、卞家河洼等处多疏淀河数道,使并行而东,会西沽,则四河顺轨,两淀畅泄,各州县之水可消。"从之。寻奏永定河改归故道,各工俱竣,上嘉之。

　　时江南总河高斌进京,取道直隶,命会同嘉淦等议河务善后事宜。十月,合疏言:"永定河应于固安城南、霸州城北之间顺流东下,由津水洼接连东淀,直达西沽入海,则上游涨水自消。霸州城北筑护城围堤,保定县城西千里长堤自新庄迤北,至城东路疃村堤根逼溜,应加宽厚;其路疃以东,至艾头村接连营田围埝,约五十馀里,议筑越堤作重障。"又疏言:"永定河改归故道,一切修防,裁省所有石坝引河,及筑堤放淤,可分责各道员。其直隶河道总督缺,请裁。"俱议行。十二月,疏言:"大名府属东明、长垣等处,与山东、河南交错,奸匪易藏。旧设河捕通判,兼管堤工,且驻府城,鞭长莫及。请将河务归同知管理,通判移驻东明,专司捕务。"从之。六年正月,谕曰:"昨闻永定河放水,经理未善,以致固安、良乡、涿州、雄县、霸州村庄地亩被淹,难以耕种,居民迁移,不无困乏。孙嘉淦不能辞其责也!"寻经大学士鄂尔泰查勘,请暂塞金门闸上游放水口,嘉淦奏:"旋开旋筑,实与放水本意相左。将来泥沙壅入玉带,恐为患更大。"谕曰:"此奏固是,但大学士等亦系慎重欲筹万全之意,卿不必固执己见。总之此事,卿所任甚力,而办理未善,朕亦不能为卿讳。然朕总以卿为是者,以卿不似顾琮为游移巧诈之计耳!"上于丁亥年巡幸天津阅河,御制中亭河纪事诗曰:"中亭入玉带,玉带即清河。中亭泄浑涨,壑窄难容多。荡漾沙远留,至此为澄波。受小不受大,此理信不磨。嘉淦督直时,谬听人言讹。谓浑河故道,即此实非他。建议放乎此，千村叹沦谲。知误乃改为，民已嗟蹉跎。不十不变法，语诚不我詑。经过得亲见，悔过成新哦。"

是年八月，调嘉淦湖广总督。七年五月，疏言："治苗之法，于各寨中立头人为寨长，一峒中取头人信服者为峒长，使约束而统于县令。城步苗峒五，设正副长十；绥宁苗峒四，设正副长八。每名岁给工食银十二两。有过则易置之，自可令行禁止。"又疏言："城步、绥宁两县止有九峒，设协似觉过重，应改设游击一，驻长安；守备二，左营驻城步老寨，右营驻绥宁镇彝哨，归靖州协辖。理瑶同知亦驻长安，以资巡缉。绥宁临口司水路，上通靖州，运粮较便。再令绥宁营守备移驻防护。"九月，疏言："湖南永绥协之花园汛，向无文员专管，请将龙团巡检移驻，理词讼，守仓查奸；永绥右营守备带兵百，会同防查。"均议如所请。十月，谕曰："前孙嘉淦奏荆襄堤工，必须亲往相度，方为有益。今闻行至安陆，即便回省。朕思近日襄阳府城有匿名逆示，若孙嘉淦前往料理，固属不可；今因查勘堤工，适有此事，何以半途而反？总督举动，关系观瞻。孙嘉淦畏葸至此，岂不有玷封疆！"

八年正月，命来京候旨。二月，署福建巡抚，未赴。湖南巡抚许容疏参粮道谢济世狂纵各款，嘉淦奉旨审办，革济世职。会御史胡定以许容挟私诬陷奏，四月，命侍郎阿里衮往会鞫。先是，济世访拿衡阳县知县李澎家人书役浮收漕米，经长沙府知府张琳枷责，申详署粮道仓德批结，而许容参济世款内，称浮收事属风影。至是，布政使张璨复饬改原详及批仓德因据札通揭部科。[四]事闻，谕曰："都察院奏仓德通揭上司、抑勒换详一事，曾申详总督孙嘉淦。孙嘉淦批令婉曲善处，且云审时不问此款等语。孙嘉淦身为总督,又承旨审办此案,接到仓德揭帖时,即应奏闻审理,乃故寝其事,不行陈奏,而审案内并无一语及仓德所揭情由,扶同许容,甚属徇庇。俟此案结后,交部严察议处。"寻谕曰:"谢济世一案,许容冤诬锻炼,孙嘉淦瞻徇扶同,不准会审。今闻楚省营伍废弛,致盗贼肆行无畏,水师哨船无人驾用,致有船多于兵之谣。是孙嘉淦、许容惟事虚文,并无实际,因而文武效尤,上下颓废,其罪已不可问矣!孙嘉淦、许容着来京候旨。"九月,阿里衮鞫实具奏,谢济世原参革职,照例开复,止失察衙役犯赃十两以上,降一级留任;许容奏事不实,张璨扶同换详,革职论罪有差。孙嘉淦照溺职例革职,命修顺义县城工赎罪。九年,工竣,授宗人府府丞。

　　十年,迁左副都御史。十二年,以老乞休,允之。十四年,特召来京,入直上书房。十五年正月,授兵部右侍郎。八月,擢工部尚书,署翰林院掌院学士。十一月,上以嘉淦内廷行走勤慎黾勉,特命照现在品级给其子孝愉荫生,分部额外行走。十六年三月,充会试正考官。六月,教习庶吉士。七月,谕曰:"孙嘉淦以所著诗经补注间日进览,于兴观群怨之旨,颇有发明。朕亦时折其中,从此荟萃成编,足备葩经一解。着傅恒、来保、孙嘉淦充正总裁,若需用纂修人员,令孙嘉淦举所素知一二人奏闻充补。则几务之暇,可资佩文,以次成书,可诏来学。"十月,充会典馆正总裁。十七年,晋吏部尚书、协办大学士。十八年正月,获伪造嘉淦奏稿之犯江西卫千总卢鲁生、守备刘时达解京鞫实,治罪如律。八月,充顺天乡试正考官。十二月,卒。遗疏入,谕曰:"协办大学士、吏部尚书孙嘉淦老成端谨,学问渊醇。宣力有年,勤劳懋著。前因患病,即遣太医调治,并命皇子前往看视,尚冀速痊。今闻溘逝,深为轸悼!着派散秩大臣一员、侍卫十员往奠茶酒,赏银一千两办理丧务。"寻赐祭葬如例,谥文定。

子<u>孝愉</u>,官至<u>直隶</u>按察使。

【校勘记】

〔一〕仍署吏部侍郎　"仍"原误作"寻"。<u>汉传</u>卷一八叶二三上及<u>耆献类征</u>卷一八叶一上均同。今据<u>宪录</u>卷一一五叶九上改。

〔二〕寻议嘉淦渎奏　原脱"议"字。今据<u>汉传</u>卷一八叶二五下及<u>耆献类征</u>卷一八叶三上补。按<u>纯录</u>卷一八叶三〇上,"议"字作"奏",与下"奏"字重出,自以"议"字为是。

〔三〕岂能与二人为比　原脱"为"字。<u>汉传</u>卷一八叶二七上及<u>耆献类征</u>卷一八叶四上均同。今据<u>纯录</u>卷七叶八上补。

〔四〕布政使张璨复饬改原详及批仓德因据札通揭部科　"据札"原误作"孙嘉",与下文"<u>孙嘉淦</u>照溺职例革职"之"孙嘉"误作"据札"错简致误。今据<u>纯录</u>卷一八四叶一二下改正。按<u>汉传</u>卷一八叶三五下及<u>耆献类征</u>卷一八叶九上均不误。

魏 廷 珍

<u>魏廷珍</u>,<u>直隶</u><u>景州</u>人。<u>康熙</u>五十二年一甲三名进士,授编修。五十四年,迁侍讲,命入直南书房。五十五年,充日讲起居注官。五十六年,转侍读。五十八年,命祭告<u>中岳</u>及<u>济</u>、<u>淮</u>两渎。五十九年,充<u>江南</u>乡试正考官。擢詹事,寻迁内阁学士。六十一年,管理<u>两淮</u>盐政。

雍正元年,授湖南巡抚。谕曰:"尔向日为人清正和平,朕所悉知,但欲为避垢离尘,以求自洁而不肯任劳怨。今膺巡抚重任,非当日清高闲散之职可比,处事贵刚果严厉,不宜因循退缩。地方利弊之应革应兴,属员贤否之应举应错,须尽力振作一番,方冀可收成效。"二年二月,因审办辰溪县革生黄先文故杀一案,率依斗杀拟绞,援赦请免;又会同县民谭子寿等因奸毙三命,率拟斩候:均经部驳,谕责其草率朦混,下部议处。寻因咨拨绿旗兵饷应题不题,部议降三级调用。谕曰:"魏廷珍向在内廷行走,朕知其为人老成,学问操守俱好,是以用为湖南巡抚。自到任以来,甚乏理烦治剧之才,凡料理一切刑名钱谷,非过则不及,率多罢软糊涂,着照部议调回,以京堂用。"九月,授盛京工部侍郎。

三年,授安徽巡抚。四年三月,题报泾县户书王时瑞等假印私收钱粮一案,并不严审,止以追变家产,着落各官赔补为辞,刑部议驳。谕曰:"此事部驳是。魏廷珍前任湖南巡抚时,甚属柔懦,不能整顿地方,是以将伊调回。去年安徽巡抚员缺,朕因一时不得其人,故将魏廷珍补授。伊赴任之日,朕切加训谕,伊在朕前奏称力改旧习。今观伊所办事件,仍然瞻徇姑息,可见言行不能相符,着严饬行。"五年闰三月,疏言:"臣自莅任以来,督率清厘钱粮,第官役侵亏,现在易于发觉;而往往匿于数年以前民欠中,官吏数易,难以清查。此弊不清,积久终无底止。臣请分作二等,如徽州府属民欠至十七万馀两者,勒限一年;宁、池、太、庐、凤、滁、和等府州属民欠五万馀两上下者,勒限六个月:责令知府、直隶州督率州县细查。如系官役侵蚀,即着落官役并前失查上司分赔;如实欠在民,即督催征解。限内不查出,知府、直隶州降级留任，酌予展限，准其开复。如再徇延，即当与州县官一并参处。又稽查若不亲身，止凭书吏粉饰，将官役侵蚀捏作民欠，即将督令造册之府、州、县分赔，仍革职问罪。清查后，接任官能查出前捏造花名，将此捏欠尽着前捏造之府、州、县独赔，与接任官无涉。接任官不能严察，致再有侵蚀，亦着独赔，不得推诿前府、州、县。臣更有请者，州县钱粮，惟凭交代出结，出结后查出虚捏，即干徇隐朦混之咎。是以州县一经出结，莫敢自为发觉。请嗣后有民欠之州县，许于出结后随查随报，免其处分。"诏如所请行。嗣因清查之限太迫，州县官降罚者多，敕部改定原限一年者为二年，六个月者为一年，仍给展限八个月。

　　两广总督孔毓珣因陛见，道出江南，奏宿州灵璧县地方沟洫不通，雨水停积。谕曰："魏廷珍身为巡抚，于本省事务漫不关心，以致抵洼之处被水停注，甚属疏忽怠玩，着交部严查议处。其应行疏浚之水道，交署布政使噶尔泰先动正项钱粮办理，皆于魏廷珍名下追补还项，以为封疆大臣忽视地方利弊者戒！"十一月，疏言："臣年五十有九，精力远不如前。乞内补修书之地，俾得自效。"谕曰："汝蒙朕简任封疆，惟务洁己自好，于民生国计毫未补益，而遽望内转清要，安闲适志，以保禄全名。如是，则为臣不易之语谬矣，汝其勉之！果能奋勉精神，经理有效，令朕嘉悦，岂止内补修书之地而已乎？"七年二月，遵旨条议安徽各官养廉，俱仿江苏定议，训饬之。五月，以自陈用题本为通政使王廷扬所纠，谕曰："魏廷珍遵例自陈，应用奏本而用题本。伊并非不知条例之人，且由学士至于巡抚，历任多年，上次又曾经自陈，而此番忽而错误，岂得谓出于无心？盖伊之意，以为外任文武大臣题本、奏本误用者,朕间常降旨宽其处分;而伊自知无邀免之理,特有意误用,甘受参罚,使天下之人谓朕之待伊事事苛求,而伊之获谴皆属无心之过,假此一节,欲以掩盖众愆。其用心甚属奸伪。夫本章不合体式而免其察议者,或系武职大臣不通文翰,或系初经外任未谙体格,其情皆有可原;又如督抚等有降级、罚俸之案而宽免者,亦因其人平日为国家实心效力,朕不忍以小过处分,是以沛恩于常格之外。凡此宽严轻重之间,朕皆准情度理,出于至公。如魏廷珍苟且因循,朕念其何长而宽其循例之处分?今又将明知之例故意错误以干参处,人臣事君之道固如是乎?着魏廷珍明白回奏。"部议廷珍自陈不职,应照才力不及例,降二级调用,得旨宽免。八年三月,请将颍州州同移驻方家集,专司巡缉,兼管水利、盐务,部议从之。五月,调署湖北巡抚。九年四月,命来京。十月,授礼部尚书。

　　十年二月,授漕运总督。五月,疏言:"淮安贫民草房,苇墙竹灶,易于引火。臣标现建营房,与民舍相连,俱以瓦覆,费亦不多,且可经久。"上是其言。七月,疏言:"漕标城守营兵饷,各州县旋解旋支,并无预备,请拨司库银三万两贮淮安府库。兵饷未到,遇有急办之事,先为动支,解到补项。"下部议行。九月,署两江总督。十月,疏言:"漕标东海营汛,改设赶缯船,〔一〕应增兵九十二名,并设防汛千总一、管船把总一。"部议从之。十一年,回总漕任。十二年,迁兵部尚书。十三年正月,充皇清文颖馆副总裁。二月,调礼部尚书。九月,今上御极,命赴泰陵守护。

　　乾隆三年,授左都御史。四年,迁工部尚书。五年,以老病乞休。谕曰:"魏廷珍历任中外,凡事推诿,从不实心供职,皇考世宗宪皇帝曾屡降谕旨申饬,此众所共知。朕御极之初,仍留尚书衔派往泰陵,料伊或勉励思奋,痛改前非。嗣因左都御史缺出,复行起用,旋升工部尚书。讵伊到任以来,并未担当一事,建白一言,亦未奏请面陈一语,从前习气并未悛改。今又以老病乞休,希图始终保全,更冀在家食俸。似此因循懈怠、持禄保身之陋习,断不可长!魏廷珍着革职。”十三年,上东巡过景州,廷珍迎銮,赐“林泉耆硕”额,并给还原衔。御制诗二章赐之,曰:“杖许扶灵寿,衣看服遂初。遗荣辞魏阙,颐老返乡闾。便道因来尔,同堂忆赞予。白驹诚不驻,林下几三馀。皇祖栽培士,于今剩几人?岂无师济辈,独惜老成伦。弦诵遗风在,桑麻乐事真。如怀退忧志,里教勉还淳。”十六年,赐诗曰:“高年引养客,向日弼谐卿。鹤发犹然健,葵心不改倾。遂初孙著作,乐志仲高平。别后今三载,删裁可就成。”寻命赐其子锡麟一品荫生。

二十一年二月,谕曰:“予告尚书魏廷珍本系旧臣,今年将九十,道左迎銮,允称人瑞。伊惟一子,前经赏给一品荫生,例应内外兼用,着加恩赏给员外郎职衔,在家侍养,以昭眷旧至意。”并赐廷珍诗曰:“悬车辞魏阙,回驾返蓬庐。望九人中瑞,无双林下居。精神益轩若,风度尚彬如。娱老询何物,三朝有赐书。”三月,卒。遗疏入,谕曰:“魏廷珍简任中外,年近九旬,允称人瑞。今春迎銮道左,朕亲召见行殿,加以优遇,复赏给伊子员外郎职衔,令其在家侍养。忽闻溘逝,深可悯恻!应得恤典,该部察例具奏。”寻赐祭葬如例,谥文简。

【校勘记】

〔一〕改设赶缯船　"缯"原误作"漕"。汉传卷二六叶三七上及耆献类
　　征卷七一叶五六上均同。今据宪录卷一二四叶三下改。

甘国璧

甘国璧,汉军正蓝旗人。父文焜,云贵总督,逆藩吴三桂反,
殉难,有传。康熙二十八年,国璧以父荫授河南陕州知州。累迁
江南苏州府同知、浙江宁波府知府。四十二年,擢陕西甘山道,
丁忧回旗。四十九年,补山东登莱青道。五十二年,擢江苏按察
使。五十三年,迁山东布政使。

五十四年,擢云南巡抚。五十七年二月,疏言:"鹤庆、永北
皆通西边要路,〔一〕今备兵防守,宜多储粮。查蒙化、丽江等府、
州、县应征粮米,例系四年折征一次。兹届折征,请仍征本色。"
十二月,疏言:"撒甸苗倾心归顺,请移武定府同知驻撒甸,分防
治理。"下部议,俱从之。五十九年五月,奏:"云南迤西向未设
驿,今大兵出口,自安宁州起至塔城止,请添设二十一站。"又疏
言:"州县因公挪用亏空钱粮,请照霉烂仓谷例,革职留任,限年
赔完。其霉烂仓谷者,不论在任、解任,及分赔之知府,限内全
完,准其开复。"均下部议行。先是,都统武格、将军噶尔弼会兵
进藏,议粮专用川运。年羹尧奏蜀粮不足兼供滇、蜀兵。九月,
国璧偕总督蒋陈锡奏拨运云南粮,上责其不能预先料理,几致迟
误。蒋陈锡、甘国璧俱革职,自备资斧运米进藏。雍正元年,撤
兵。二年,命赴云南赔补运粮倒毙牛马,并侵用铜锡等项银八
万两。

十年,回京。十月,授镶白旗汉军副都统。十一月,擢正黄旗汉军都统。十三年五月,命随同王大臣办理苗疆事务。未几,兵部参奏国璧朦混奏免西安粮道祖允焜应追军需,议以降级留任。谕曰:"甘国璧以挽运军粮贻误革职,已成废弃之员。前岁朕以办理旗务,一时不得其人,念伊尚无贪赃劣迹,将伊用为副都统,旋授都统之职,实冀其殚心供职,以图后效。乃伊狡猾性成,诸事瞻徇沽誉,毫无抒诚报效之处,深负朕恩。着革职,在都统任内效力赎罪。"六月,疏言:"八旗世管参、佐领等官,由外任袭替之人,有于得旨后即请领俸者,有于到任后请领者,事不画一。嗣后凡有外任袭替者,除在军人员,俱令到任后支领。"从之。七月,命管理八旗屯田。乾隆元年,疏言:"屯田各户,有缘事咨回本旗者,请停补缺,将原领田房交州县赁种。"部议令国璧实力确查,耕种者改为屯户,照地亩输粮;其咨回本旗者,原领田房交州县赁租。国璧等奏:"酌改屯庄事宜:一、各户给田,有公有私。公田粮石,原系尽收尽报。今既改屯,应酌定额数,照亩输粮。一、三堡旗民杂处,难于约束。请将各户原领田房交各州县,即于咨回并户所遗房地内拨给。一、八旗屯户有子者顶补,无子寡妇请留地四十亩养赡,即令本屯人代种输粮,俟伊身故,将地交官。一、井田原拨霸州、固安、永清、新城四属地,今议改屯,令防御管辖,就近防御只有二员,请将近霸州者令霸州防御管辖,近固安者令固安防御管辖。一、各户向设乡长一人,督率农务,稽察奸匪,请仍留供役,遇屯长缺出拔补。一、原设骁骑校,应撤回另补。但该员回京候补,并无房屋,请暂留种地,俟补缺日,令其交地回京。"部议如所请。

十一月,命往热河同将军申慕德训练兵丁。三年七月,授绥远城右翼副都统。九月,疏言:"热河兵一千,移驻归化城,系臣带往,请分十起行走。"从之。四年,奏:"归化城自官兵移营以来,生聚日蕃,需粮倍昔。请拨存公银采买粮石,分贮归化、绥远、托克托城三处。"命交山西巡抚议行。五年四月,随绥远城将军伊勒慎劾原任将军王常贪婪不职,国璧首其侵冒匠役名粮,应将王常交部治罪,国璧虽经自首,咎亦难辞,奉旨革职。十二年,卒。

【校勘记】

〔一〕永北皆通西边要路　"通"原误作"迤"。耆献类征卷二八四叶一三上同。今据仁录卷二七七叶二七上改。

图理琛

图理琛,满洲正黄旗人,姓阿颜觉罗氏。[一]康熙二十五年,由监生考授内阁中书。三十六年,转中书科掌印中书舍人。[二]寻迁内阁侍读。四十一年,监督芜湖关税务。四十二年,充礼部牛羊群总管。四十四年,以缺牲被控,革职。

五十一年四月,特命复职,出使土尔扈特。初,土尔扈特汗阿玉奇从子阿喇布珠尔尝假道准噶尔,赴西藏谒达赖喇嘛。已而,准噶尔台吉策妄阿喇布坦与阿玉奇构怨,阿喇布珠尔不得归,请内属,诏封贝子,赐牧嘉峪关外党色尔腾。嗣阿玉奇遣使萨穆坦入贡,上谕阿喇布珠尔欲遣归。至是,命图理琛偕侍读学士殷扎纳、郎中纳颜赍敕往谕,假道俄罗斯。五月,图理琛等自京启行。七月,达俄罗斯境,驻楚库柏兴,以假道故,俟其国察罕汗信。五十二年正月,信至,始行,回乌的柏兴,越柏海尔湖而北,抵厄尔库,其驻托波尔之噶噶林,遣属博尔科尼来迎。噶噶林者,彼国所称总管也。图理琛等欲行,博尔科尼言噶噶林令迎天使由水路行,而昂噶拉河冰未泮,请驻俟之。三月,由昂噶拉河乘舟,抵伊聂谢柏兴登陆。五月,抵麻科斯科,复乘舟由揭的河顺流而行,所经者,曰那里穆柏兴、苏尔呼特柏兴、萨玛尔斯科、狄穆演斯科。七月,至托波尔,噶噶林名马提飞费多里鱼赤者,迎至署,留八日,仍遣博尔科尼护之行。抵鸦班沁登陆,由费耶尔和土尔斯科,越佛落克岭,抵索里喀穆斯科,以路泞守冻。十月,始行,所经者曰改郭罗多、黑林诺付、喀山、西穆必尔斯科。十一月,至萨拉托付,是为俄罗斯与土尔扈特界。水自东北来,折而南,俄罗斯呼为佛尔格,土尔扈特则呼为额济勒。阿玉奇汗驻牧地曰玛努托海,距此十日程,以雪盛不能行。五十三年四月,阿玉奇遣台吉伟徵等来迎。[三]五月,图理琛等渡额济勒河,阿喇布珠尔之父纳扎尔玛穆特遣献马,却之。

六月朔,至玛努托海,阿玉奇择吉听宣敕,我使语之曰:“阿喇布珠尔已赐爵优养,欲遣归尔牧,以策妄阿喇布坦恶尔,恐戕之。尔若欲令阿喇布珠尔归,当自俄罗斯来迎。”阿玉奇曰:“我虽外夷,然冠服与中国同。俄罗斯乃嗜欲不同、言语不通之国也。天使归经其国,当察其情,俄罗斯若以往来数故,不假道,则我无由入贡矣。阿喇布珠尔荷厚恩,与归土尔扈特等,复何疑虑?”于是阿玉奇及纳扎尔玛穆特等各赠马及方物,图理琛等以越境无私交,却不受。阿玉奇待之有隆礼。留十四日,筵宴不绝,复附表奏谢。图理琛等遂行,由旧路归,俄罗斯遣护如初。
五十四年三月,还京。是役也,往返三载馀,经行数万里,盖土尔
扈特为俄罗斯所隔,远阻声教,而俄罗斯又故导我使纡道行。图
理琛自奉使及反命,无辱焉。既归,图理琛撰异域录,首冠舆图,
次为行记一卷。呈览,上嘉悦,授兵部员外郎。阿喇布珠尔亦遂
留牧党色尔腾,不复遣。再传至其子丹忠,于雍正九年迁牧额济
勒河。四月,图理琛迁郎中。

　雍正元年七月,命赴广东盘查藩库。九月,即擢广东布政
使。三年正月,调陕西布政使。四月,署陕西巡抚,七月,实授。
九月,疏言:"西安、延安两府,地广事繁,请改商州、同州、华州、
乾州、邠州、耀州、鄜州、葭州、绥德州俱为直隶州,分西安府属之
镇安、雒南、山阳、商南四县隶商州,朝邑、郃阳、澄城、韩城四县
隶同州,华阴、蒲城二县隶华州,武功、永寿二县隶乾州,三水、淳
化、长武三县隶邠州,同官、白水二县隶耀州,延安府属之雒川、
中部、宜君三县隶鄜州,吴堡、〔四〕神木、府谷三县隶葭州,米脂、
清涧二县隶绥德州。"部议从之。四年四月,奏请支库银六万两
采买刍豆,为西安兵丁备用。谕曰:"图理琛向任广东布政使时,
密奏不准官兵预支俸饷。广东及各省原有岁暮预支两月钱粮之
例,伊亦固执不行,以致兵丁度岁艰窘,怨谤繁兴。抚臣年希尧
强之而后给发,随经具折奏闻。比时朕恐图理琛在广东未必相
安,〔五〕故改调西安,旋有西安巡抚员缺,遂尔擢用。今图理琛奏
请预支银两,采买豆草以备用。是图理琛为布政使时,则但知有
钱粮而不知有兵丁;今为巡抚,又但知邀兵弁之欢心,而不复计
钱粮之出纳。身为大臣,乃偏执己私,遂至前后大相矛盾。况雍

正元年题定兵马豆草折银之例,悉照酌中之价,若遇丰年价贱,兵丁可得馀银;若遇歉年价贵,许该管上司题请增给。是兵丁原无歉年匮乏之虑。今西安兵丁之豆草,请预买以备用,则他处兵丁之豆草,独不当预备乎?图理琛身在西安,即欲加厚于西安旗标兵丁,岂此外兵丁皆不当蒙惠乎?西安总统满洲兵马,乃将军延信专责,图理琛即谓有益于兵丁,亦当与延信同奏,今妄凭臆见,独自敷陈,显欲侵将军之职掌,着传旨申饬。"

　　五月,保送游击查尔崼,谕曰:"尝见满洲为上司,则以满洲为可信任;汉人为上司,则以汉人为可信任;汉军为上司,则以汉军为可信任。不思身为大臣,管辖之人,满、汉俱有,一有偏向,则诸事皆不得其平,何以服人心而举庶务?前令陕西督、抚、提臣各保游击一员、守备一员,送部引见。朕意以陕西武弁可用者甚多,而征讨桌子山等处又多效力有功之人,地方大臣当从公保荐,以副朕留心人材之意。乃图理琛于游击内将查尔崼保送前来,查尔崼曾在乾清门侍卫行走,用为陕西抚标游击。满洲在陕为绿旗武官者,只有查尔崼一人,而图理琛即将伊保举,岂此外遂无可保举者乎?且查尔崼系朕深知熟识之人,又何必进京引见,着即令回任。又潼关修造满兵房屋,延信、图理琛特差旗员四人前往监造,若云满兵房屋,汉官监造未必合宜,何妨指示规模,令其照式为之;而必欲差委满洲,谓其不致侵蚀浮冒,是明以汉人为不可信用,而以满洲为可信用,即有意偏向之明验矣。着交与延信、图理琛不时稽查,若所差旗员不善办理,或有侵蚀浮冒,或在地方生事滋扰,朕少有所闻,定将延信、图理琛一并从重议处。"十月,疏言:"靖边、定边二所,距保安、安塞、肤施三县甚远。请将靖边所地丁钱粮归附近之镇乐、宁塞二堡,令靖边经历司征收;定边所地丁钱粮归附近之砖井、[六]盐场二堡,令定边县县丞征收。"下部议行。

寻迁兵部右侍郎,五年四月,转左。六月,调吏部右侍郎。八月,偕喀尔喀郡王额驸策凌等往定喀尔喀与俄罗斯界。十二月,仍调兵部右侍郎。六年三月,追议前定界时与俄罗斯使臣萨瓦鸣炮谢天,私立木牌于定界处所,旋焚之,擅纳俄罗斯贸易人入界;又前任陕西巡抚时,将天下兵数缮折私给延信:命速治鞫实,拟斩。十一月,宥免。十二月,命往筑扎克拜达里克城。十三年九月,今上御极,授内阁学士。十二月,授工部侍郎。乾隆元年,谕曰:"图理琛年老昏庸,不胜工部侍郎之任,着仍为内阁学士。"二年乞休,允之。五年,卒。

【校勘记】

〔一〕姓阿颜觉罗氏　"颜"原误作"额"。满传卷四〇叶三七下及耆献类征卷六二叶一二上均同。今据异域录(钟翰手钞雍正年间广西刊本)叶一上改。

〔二〕转中书科掌印中书舍人　原脱"舍人"二字。满传卷四〇叶三七下及耆献类征卷六二叶一二上均同。今据异域录叶一下补。

〔三〕阿玉奇遣台吉伟徵等来迎　"伟"上原衍一"祥"字。满传卷四〇叶三九下及耆献类征卷六二叶一三上均同。今据异域录叶五一下、七四下删。

〔四〕吴堡　"堡"原误作"保"。满传卷四〇叶四一下同。今据宪录卷三六叶二上改。按耆献类征卷六二叶一四上不误。

〔五〕比时朕恐图理琛在广东未必相安　"比"原误作"此"。耆献类征
　　　卷六二叶一四下同。今据宪录卷四三叶一一上改。按满传卷四
　　　〇叶四二上不误。

〔六〕定边所地丁钱粮归附近之砖井　"井"原误作"石"。满传卷四〇
　　　叶四四上及耆献类征卷六二叶一六下均同。今据宪录卷五〇叶
　　　一八上改。

莽鹄立

莽鹄立,满洲镶黄旗人,姓伊尔根觉罗氏。初隶蒙古正蓝
旗。曾祖富拉塔,居叶赫地,天聪时来归。祖莽吉图,崇德三年,
随睿亲王多尔衮征明,过北京至山东,屡败敌兵,克威县城。六
年,围明锦州,击败松山、杏山兵,又败洪承畴三营援兵。顺治元
年,入山海关,败流贼李自成,追至望都县。叙功,授骑都尉。三
遇恩诏,荐晋世职为二等轻车都尉。十四年,由参领擢正蓝旗满
洲副都统。十五年,从征明桂王朱由榔于云南。十七年,凯旋,
追论在军勘鞫磨盘山败绩事,误坐前锋统领瑚哩布等罪,革一云
骑尉,降三等轻车都尉。十八年十二月,以征云南时手受炮伤,
解副都统任。康熙十五年,卒。

莽鹄立于康熙二十八年授理藩院笔帖式。四十三年,迁内
阁中书。四十四年,授理藩院员外郎。五十二年,任右翼监督。
五十八年,任浒墅关监督。六十一年十一月,世宗宪皇帝御极,
命协办理藩院侍郎事。十二月,擢监察御史。以精于绘事,谕令
恭绘圣祖御容。雍正元年正月,抬入满洲镶黄旗,以本族人户另
编佐领,使管之。五月,巡视长芦盐政,疏言:"长芦各商行盐地

方,有额引全不能销者,有额外多销者,苦乐未均。请照代销例,准通融运销,并量增引目,庶商无包课之累,民无淡食之虞。"下部议行。二年八月,疏言:"雍正元年之引,芦商未领运者十万馀道。臣请宽予展限,部议不准,良是。但众商实因先运康熙六十一年积引,以致元年之引未完,请展限二年,将现在未完之引每年带运一半,三四年之内积引可以全完。此后年销年额,不至壅滞。"特旨如所请。

山东运学岁科取文童八名,附入府学,无廪贡,亦无武学。莽鹄立请比两淮、河东、长芦一体补廪增,按期出贡廪膳银,听各商自给,并添设武学八名,从之。九月,疏言:"山东额引,顺治年间二十三万道。自后生齿日繁,额引加增,康熙五十七年加至四十五万五百馀道。其节次加增引目,未经分别州县正按引数派散,于是易销之州县则嫌引少,难销之州县又苦引多。商人苦乐不均,未免欠课,而东运与长芦事势迥异,长芦以一商专办一州县之引,山东则一州县多至数十商名,每名或数十引、数百引不等。此长芦之法未可行于东省也。欲得其平,莫如均引,请以引多之鱼台等三十一州县额引,减去二万七千七百道,量增于鹿邑等二十一州县行销,庶商困可苏,盐课无欠。"又以"增复引目,向系按引分散,富商多引者分多,贫商引少者分少。请照现办商人三百八十馀名按名均分"。并得旨允行。三年三月,疏言:"东省灶丁原额二万馀,额征丁银六千馀两,其中有上中下三门、九则之分,故每丁有完银一钱六七分至三钱不等。自康熙十八年额定由单报部,迄今四十馀年,未经编审,而户口之消长,丁产之贫富迥异。乃征收循旧,丁多额少者不加增,丁少额多者不稍减,甚有丁亡户绝,额课虚悬,则里甲有包贴之累。为恤灶计,莫若编审。请自今逐户清查,消耗者开除,孳长者增补,不分门则,按现在丁数均派,并遵康熙五十二年恩诏审丁不加赋之例,此后五年一编,馀丁止令注册,不特穷灶无偏累,而灶课亦易征收矣。"下部议行。

五月,疏言:"长芦盐政,惟灶地一项,因久未清查,图册无存。有灶户逃亡,荒地被民暗占入民粮者;亦有地久典卖于民,而粮仍灶户完纳。历年久远,灶地失迷,惟知粮从户征,得地者踞无粮之地,失地者纳无地之粮。民灶构讼,皆由于此。臣愚以为宜清查灶地,请敕直隶督臣、山东抚臣委员清丈,照民地之例,造鱼鳞册,典卖与民者,俱准回赎;失迷侵占之地,断归灶业,并严惩恃衿抗粮之灶户,以肃法纪。庶灶无失业,民无争讼,场课易完。"又请禁仕途投拜门生,禁主考求索外任门生抽丰。并敕九卿议行。

是月,擢大理寺卿,留盐政任。时直省裁并卫所,天津始改卫为州,隶河间府。莽鹄立奏改为直隶州,分武清、静海、青县近津百里之地辖之。又言:"新奉特恩,查议东省民丁摊入地亩征粮,灶丁亦应归入灶地,以广皇仁。但东省灶地瘠薄,丁多地少,若以六千馀两丁银,加八千馀两地粮内,每两应加七钱有零,未免太重;且灶丁有煎晒之役,自应仍足额数,不容缺少。请以丁银之半归入地亩,仍以其半于实在灶丁按名均摊,则赋额未缺,而丁粮较轻。"下部议如所请。十二月,擢兵部右侍郎,仍留盐政任。四年五月,命御史顾琮巡视长芦盐政,仍命莽鹄立监理。七月,候补道程之炜条奏云南盐务,上令莽鹄立核议。覆奏长芦之产盐以场，云南之产盐以井，事虽不同而大局相似。如条奏所云不使灶户有馀卤馀盐，并令井官按日册报。此长芦现行之例也。严催场官使盐尽归坨，不令馀剩在滩，私枭无所得盐，即不使灶户有馀盐之意也。某日某商告运某州县盐若干包，分司同批验，所称挈过关造册报查，即按日册报之意也。在云南亦宜行之。至如盐道差亲信人各井监查，则恐不得其人，转以滋弊，不若仍责提举大使为便。"下部如议行。十月，调礼部右侍郎。先是，天津诏设水师，建营房，限秋间完整竣事，命莽鹄立偕顾琮监督。十一月，工未竣。谕曰："莽鹄立正直有守，但性偏执，本不能而自以为知，致将营房迟误，着调补刑部右侍郎，来京效力。"五年三月，复署长芦盐政。四月，调礼部右侍郎，兼理盐政。

十月，命署陕西甘肃巡抚，[一]寻实授。六年三月，提究礼县武生何登鳌窝盗窝拐，并请革礼县知县周纪等职，谕嘉实心办理。时西藏有阿尔布巴等作乱，上命大臣领兵往镇，莽鹄立赴西宁料理出口事宜。奏言："豫备军需，米面、料豆、草束，及西安解到鞍屉浇薄，改制如式，拮据无误。"而西宁道刘之珍、知府江洪以骔失夫逃，为总督岳钟琪参革逮问，莽鹄立不早查参，部议降调。谕曰："莽鹄立市恩沽誉，袒护属员，若旧习不改，其罪不止于降调。姑从宽留任。"寻以援赦拟贷盗犯及审案徇庇属员，得旨切责，降二级调用，解任回京。十月，署正蓝旗满洲副都统。七年正月，擢正蓝旗蒙古都统。九年七月，署步军统领。十年六月，调镶白旗满洲都统。十二月，兼管火器营。

十三年十月，署工部尚书。十一月，调正蓝旗满洲都统。自初署副都统时，兼管理藩院侍郎事，后数迁调，仍兼管如初。乾隆元年九月,卒,年六十有五。乍病剧,上遣太医诊视,赐之参。遗疏入,谕部议恤。赐祭葬如例,谥曰勤敏。

【校勘记】

〔一〕命署陕西甘肃巡抚　原脱"陕西"二字。满传卷二八叶五〇上及耆献类征卷六二叶四三下均同。今据宪录卷六三叶三三下补。

范时绎

范时绎,汉军镶黄旗人,大学士文程孙,兵部尚书承勋子。初授佐领,迁参领。雍正元年正月,授马兰口副将。二月,擢总兵。

四年四月,诏署两江总督。八月,迁正蓝旗汉军都统,仍署总督。五年六月,调镶白旗汉军都统,仍署总督。疏言:"江南通州地势,西高东下,河水由江入海,以通州为咽喉,必水口深通,蓄泄得宜,则泰州、如皋均受其益。通州,运河入海之口凡三处,观音坝逼近大江,地属浮沙,盐仓坝之水高于江水,俱难建闸;惟唐家坝旧存闸基,距江二十里,中闸稍淤,请复建,旁有两小坝,〔一〕一律开通,改为石涵洞,于农田水利有益。"十二月,奏将江苏、安徽各州县应征丁银匀入地亩内征收,以雍正六年为始。均从之。先是,给事中许承宣条奏扬州水利,敕下时绎等定议。六年二月,覆奏:"五塘久淤成陆,民垦为田,难以改挑。惟塘内沟洫,筑土坝截水,塘外带子沟、乌塔沟、槐子河可挑通,接入运河之水,以灌两岸民田。至串场河为高邮、宝应、江都、泰州、兴化、盐城、如皋等州县,湖河入海尾闾,年久未挑海口,浮沙仰面,河身浅窄,宜挑浚;而下河七邑,<u>兴化</u>地最洼,诸水汇归,分流东注,有<u>梓新</u>、<u>车路</u>、<u>白涂</u>、<u>海沟</u>、<u>界河</u>等河,应疏浚,〔二〕俾直达场河。其场河自泰属<u>富安场</u>至盐属<u>五祐场</u>、〔三〕<u>王家港</u>、<u>牛湾</u>等处,宜深挑。又<u>泰州</u>城北<u>鲍家坝</u>之运盐河,应筑土堤;<u>刘庄</u>之<u>青龙桥</u>,<u>盐城</u>之<u>石礴口</u>、<u>天妃口</u>、<u>廖家港</u>、<u>草堰口</u>,<u>如皋</u>之<u>苴洋</u>、<u>黄沙洋</u>,宜增建石闸;<u>董家沟</u>、<u>徐家涵</u>等处,应设涵洞,以资宣泄。”三月,疏言:“<u>江</u>属芦洲,坍涨不常,丈勘之年,以涨补坍,致彼此混淆。请将<u>两江</u>芦洲田地,遴员清丈,分划疆界,钱粮案件,酌归附近州县管理。”均下部议行。

是月,擢户部尚书,仍署总督。六月,条奏:“<u>两淮</u>盐务七事:一、各灶烧盐处,令商人举干练殷实者,按场酌用数人,设灶长巡役,查核盐斤多寡,尽入商担,以杜灶丁私卖;一、各场大使将入担盐斤,按月册报巡盐御史衙门察核;一、州县场司设十家保甲,遇私贩据实首明治罪,私盐变价,分别赏给,诬者反坐,徇隐州县场司官照例议处;一、<u>两淮</u>所辖隔省盐务案件,请饬<u>湖广</u>、<u>江西</u>、<u>河南</u>各驿盐道督缉,就近审结;一、<u>两淮</u>地方辽阔,私枭易于盘据,饬官弁兵役巡查缉拿;一、场员杂职,贤愚不等,请令督抚将所属场官甄别留任,馀请拣发家道殷实之候选同知等员管理场务;一、贫民许负盐四十斤,于不销官引地方易米度日,如有假托运送窝囤,严拿治罪。”又言:“漕标之<u>庙湾</u>、<u>盐城</u>二营,沿海汛远兵少,稽察难周。请于<u>射阳湖口窈子港</u>增守备、把总各一,兵二百,沙船分拨游巡。”部议从之。七月,上以<u>苏</u>、<u>松</u>等处盗风不息,巡抚<u>陈时夏</u>不以时严拿惩治,<u>范时绎</u>戢盗之才亦觉不足,诏将<u>江苏</u>所属七府、五州盗案,俱令<u>浙江</u>总督<u>李卫</u>管理。七年,诏发帑银交各督抚、提督营运济兵，江南督标兵千一百七十应领银六千。时绎虑标员有侵扰弊，奏请将应领银承买入官变价房产，交坐落州县官招租，解总督衙门，发中军以备急济，上嘉其妥协。时李卫访得江宁有张云如者，以符咒惑人，谋不轨，遣游击马空北赍文提拿；而时绎及按察使马世炡回护失察咎，又私与云如往来，辗转关查不解。八年二月，卫疏劾之，命尚书李永陞会鞫，得实，解时绎任，论世炡罪，云如等伏诛。

　　五月，命时绎协理河东河务。七月，河东总督田文镜参时绎于伏汛时安坐误工，请革职严审。谕曰："范时绎乃一旗员，朕念其为勋臣之后，加恩擢用，谆谆训诲，望其克绍先声。乃在江南总督任内，玩愒废弛，因循苟且，无一察吏安民、诘奸禁暴之善政；且其居心行事，诈伪不诚，巧令朱鸿绪在朕前奏其操守廉洁，至于日食不敷。朕闻之恻然动念，急令江南、江西巡抚等为伊筹画养廉之道。及查明之后，始知伊于应得之项，原系收受，并不至于艰窘；而朕犹欲俾其用度宽馀，仍令加增以与之，无非成就其操守，使之专心殚力于封疆也。乃江、浙地方渐藏匪类，生事不法，蛊惑人心，朕令李卫悉心查拿；又密谕范时绎务必慎密拿解，勿使漏网。岂料范时绎袒护私交，纵容匪类，竟有与马世炡通同作弊之事，各犯供据确凿，不能掩饰。朕又密谕李卫于审讯定案之时，留意保全，勿使罹于重罪，盖犹谅其交结党逆之心，不过瞻徇情面之所致。且范氏一门，现今为大员者，止范时绎、范时捷此两人耳。勋臣后裔，渐至零落，朕心不忍，所以委曲成全之者至矣！范时绎到京，朕不肯令其罢斥废弃，特命料理太平峪吉地工程，以为效力自新之路。适因北河总督不得其人，于是命伊前往,膺兹重任。伊出京之时,朕面加训勉,伊自陈感恩悔过,愿图后效,情词恳切。岂料范时绎下愚不移,以本身专司之务,又当伏汛危急之时,田文镜所委各员俱上紧抢护,而范时绎安坐于旁,竟同陌路,视国事如弁髦,视民命如草芥。此等负恩溺职之愆,在他人尚且不可,况范时绎之身乎?着革职,将一切工程交伊加紧防护,俟伏汛过后,拿送来京,将伊从前所犯罪案,悉行查出,从重定拟具奏。"部议归于张云如案内论斩。十一月,奉旨释放,授镶蓝旗汉军副都统。

　　十年四月,授工部尚书,兼镶黄旗汉军都统。七月,兼管刑部事。寻命兼管兵部事,不必再兼刑部。十一年,〔四〕兼内务府总管。十二年,上以时绎玩愒性成,革尚书任。十三年四月,侍卫保柱又以时绎行贿琐事参奏,诏交部治罪。寻遇赦,释放。乾隆六年,卒。

【校勘记】

〔一〕旁有两小坝　"坝"原误作"闸"。满传卷四三叶一三上及耆献类征卷五三叶一七下均同。今据宪录卷五八叶二一上改。

〔二〕有梓新车路白涂海沟界河等河应疏浚　"梓"原误作"猝",又"浚"误作"深"。满传卷四三叶一四上及耆献类征卷五三叶一八上均同。今据宪录卷六六叶一四下改。

〔三〕盐属五祐场　"五祐"原误作"伍祐"。满传卷四三叶一四上及耆献类征卷五三叶一八上均同。今据宪录卷六六叶一四下改。

〔四〕十一年　"年"原误作"月"。满传卷四三叶一八下及耆献类征卷五三叶二〇下均同。今据宪录卷一三五叶一二上下改。

宪德

宪德，蒙古正白旗人，姓西鲁特氏。祖明安达礼，官至吏部尚书，有传。父善，官头等侍卫。

康熙五十七年，宪德由荫生授理藩院主事，寻迁刑部员外郎。雍正二年，迁郎中。四年二月，授湖北按察使。四月，奏："臣抵任，有原任布政使张圣弼来谒，查系亏空革职拟斩监追之犯。臣牌行武昌府立拿监禁。"谕奖其秉公执法。十月，擢巡抚。五年三月，请于汉口镇增设巡检一员，分巡居仁、由义二坊，以循礼、大智二坊隶旧巡检辖，部议从之。先是，四川夔州府知府程如丝自贩私盐，而捕楚民之贩私者，枪毙其众，川陕总督年羹尧劾之。适四川巡抚蔡珽威逼重庆府知府蒋兴仁自尽被劾，至京，召见，陈冤抑，且力保如丝为四川第一好官。事下甘肃巡抚石文焯，亦言其冤抑，如丝遂免逮。擢四川按察使。至是，年羹尧败，上阅其党汪景祺逆书，备载如丝贪残不法，珽受如丝重贿，及文焯妄断状，于是命侍郎黄炳赴川覆案其事，且谕宪德将楚民被害者，查带往鞫。已而鞫实，如丝、珽拟斩决，文焯永停给俸。

宪德寻调四川巡抚。疏言："川省驿、盐、茶三项，向皆臬司兼管，稽核未周。请增设驿盐道，专司其事。"诏如所请。寻请设盐茶大使，从之。九月，疏言："成都府灌县都江堰口，庙祀秦蜀守李冰之子二郎。相传父子凿山穿江溉田，至今民享其利。请赐封号。"疏下部议，封李冰敷泽兴济通祐王，二郎承绩广惠显英王。十一月，奏："各属增设裁改事宜：一、复设成都府之华阳县，增知县、教谕、训导、典史各一，裁府属之税课大使；一、改资县为直隶资州,辖仁寿、资阳、井研、内江四县,裁县原设之典史,改绵州为直隶州,辖德阳、安、绵竹、梓潼四县,改茂州为直隶州,辖汶川、保二县及各土司,裁威州并入保县;一、马湖府应裁所属屏山县归叙州府,通判移驻马湖旧治,辖雷波等各土司。"部议如所请。是月,奏程如丝在监自缢,上严饬之。六年正月,疏言:"上年程如丝斩决,部文到在十月二十九日,而京报小钞前五日已到,泄漏实由于此。请将各省提塘通行裁革。"上以提塘之设,由来已久,未便遽革,谕九卿确议。寻议提塘多系微末职衔承充,且无保送不实处分,请令各督抚于本省武进士及候补候选人员内,拣选咨部顶补,地方官出结,有犯分别议处。

又奏:〔一〕"安置入川人户事宜:一、人户众多,该管官挨查,取结编入保甲;一、户口姓名人数,移查各原籍,有犯事故者逐回,馀酌拨地亩令垦;一、愿回籍者不必给口粮,将姓名人数咨明本籍,川省仍造册存案,再至者惩之;一、川省无着地亩,现在清丈事毕,应分科则、编字号,计留川人户之数,按亩均分认垦。"三月,又请留川人户,以一夫一妇为一户,给水田三十亩,〔二〕或旱地五十亩。兄弟子侄成丁者,丁给水田十五亩,或旱地二十五亩。一户内老幼丁多,〔三〕不敷养赡者,临时酌增,俱给照票,并牛种口粮,分年升科。均如所请行。七月,疏言:"夔州关税,向委知府监收,请照浒墅、淮关例,差监督一员征课,按年轮替。"十一月,请改成都府管粮同知为管粮水利同知,〔四〕经理都江以下各堰工,并从之。寻请令清查地亩之员,搜查盐茶积弊,谕曰:"川省盐、茶二项,既经特设道员专司其事,自应责成该道,令其公诚督察,期于清楚。倘不能胜任,即属溺职,当予参黜,另用贤员。今乃言该道亦茫然无端委，则设立专官何为耶？至于差往科道京员，系为清理地亩，以息豪强之争夺，兼安插流民之得所，尽足办理矣。若又将盐、茶等事交手经营，便宽予限期，岂如该道之久在川省可比？稽察过急，必致骚扰民间，滋生事故，脱有遗漏，将来反得推卸。且据汝奏内搜查、挨查之说，更属谬妄。盐、茶积弊，相沿已久，自应商酌从容清理之法，安可如此严急从事？观汝一切料理处过紧而欠通变，只图己身免咎，而己不肯担当，从利害实心任事。于此一奏，心术毕见，非朕委信之意也。嗣后当深以为戒。"十二月，奏于达州拿获年羹尧案内要犯静一道人，得旨议叙，加一级。

　　七年正月，奏："天全土司改流等事：一、天全改为州，设知州、吏目各一，驻碉门，州同分驻始阳；一、天全州应隶府辖，请升雅州为府，设知府、经历各一，增置附郭一县，设知县、典史各一，即以新置之一州一县及名山、荥经、卢山三县归府辖。"从之。寻定雅州附郭县曰雅安。十月，疏言："川省州县先因地广事简，将双流等县裁并。今生聚日繁，请复其旧。成都府复设双流、崇宁、彭三县，绵州复设彰明、罗江二县，重庆府复设大足、璧山、定远三县，夔州府复设大宁、新宁二县，潼川州复设安岳县，眉州复设彭山、青神二县，〔五〕嘉定州复设威宁县，设知县、训导、典史各一，裁罗江驿驿丞，驿务归知县管理，裁打箭炉、沿村二驿丞，驿务归雅州同知及炉定桥巡检管理。"十二月，疏言："黎大所地方为西南孔道，汉、夷杂处，请裁原议之千总，改置一县，隶雅州府辖，设知县、典史各一，以典史分驻泥头。又建昌之宁番卫已改为冕宁县，应裁去冕山所千总。"议从之。寻定黎大所新设县曰清溪。八年正月,请于新设<u>建昌府</u><u>汉</u>境内择大村堡照义学例,〔六〕建学舍,延塾师,令<u>熟番</u>子弟来学,〔七〕俟学业有成,往教<u>生番</u>子弟,如所请行。

四月,署<u>川陕</u>总督<u>查郎阿</u>奏言:"<u>川</u>省<u>垫江</u>、<u>忠州</u>等属奸民<u>杨成勋</u>等造妖谣,吹螺啸聚,事觉,<u>成勋</u>自缢。获其党<u>陈文魁</u>、<u>杨成禄</u>等诉状、怨白等稿,内列丈量田地、科派需索累民等事,有'祸冤起于戊申年,奉旨清丈民田',及'上宪爱民如子、察冤如神'之语。"谕曰:"<u>四川</u>清丈之举,始于<u>马会伯</u>之奏。朕惟恐不便于民,谕令<u>宪德</u>悉心酌议,以定行止。随据<u>宪德</u>奏称:'蜀省昔年以来,人民稀少,田地在在荒芜;及至底定,归复祖业者,从来未经勘丈,是以多所隐匿。迨历年既久,人丁繁衍,奸猾之徒欺其界畔无据,遂相争构讼。今应明白晓谕,令将所管田亩分立地界,各执本名立户,载入版籍。每年纳粮,俱以串票为据。如此,则侵隐欺夺之患可以悉除。又<u>川</u>省词讼,为田土者十居七八,大率为界址不清,亦非勘丈无以判其曲直。'<u>宪德</u>之奏如此,朕又询问<u>岳钟琪</u>,据奏,与<u>宪德</u>之言相同。随交九卿会议,九卿亦以应当举行合词覆奏。朕于是慎选科臣<u>高维新</u>等前往办理。伊等陛辞之日,谆切训诲,务期剔除积弊,安插善良,并非为加增赋税起见。又复颁发谕旨,百姓果有冤抑下情,准其十数人同到督抚或钦差官员衙门控告,〔八〕为之秉公审理。此从前遣官清丈之始末也。其勘丈、造册等费,俱令动支帑金,各官供应等项,俱令从公支给,不使几微烦扰闾阎。上年冬月丈量之事将竣,朕又念各属征粮科则,轻重悬殊,其田地肥瘠不等,则赋税自难画一,又复降旨,凡隐瞒科则等处,止据实按则更定,至于额粮稍重之州县,即比照就近适中地方之科则,令其核减,以纾民力。今年正月,宪德以清丈事竣,具本代达州民谢恩之词,称'通省士民咸称清理疆界,使强无兼并,弱无屈抑;又荷鸿慈,将田不敷粮之户悉予开除,疆界既已分明,额赋尤为公溥'等语。朕亦以为经理得宜矣。岂意奸民啸聚,竟引清丈苛虐为言,怨白中公然写为奉旨清丈,岂非该抚宪德等但以清丈之事称为奉旨,于己身奏请之处并未晓谕于众耶?陈文魁诉状内称'上宪爱民如子、察冤如神',伊既称颂川省上司,是必宪德等有沽誉于民之道,〔九〕何不将朕之德意广为宣播,而乃朦混含糊,使奸民得以藉口耶?宪德既称'通省士民欢呼感戴',何以尚有陈文魁、杨成禄此等匪类暗结邪党,肆行诽谤?可见平日地方大吏化导之未周,董戒之不力,则深山穷谷,安保无惑于妖言而妄为私议者乎?〔一〇〕清丈一事,既曾奉旨,朕岂肯推卸于臣工,但其举行之由,始于该抚陈奏,而非朕本意。朕不肯推卸于臣工,臣工又安可推卸于朕耶?数年来,朕以此事时为廑念,昨据合省谢恩之奏而论,〔一一〕似于地方有益,其功亦宪德之功,若果如奸民所言,则该抚失于觉察,咎有所归。朕在九重之上、万里之外,安能代为之谋耶?着宪德将朕此旨刊布晓谕,务令远乡僻壤共知之。"

十一月,请改成都府属之松潘卫归龙安府辖;又请复设川北道驻保宁府。九年二月,又请将平武县之关家村、石子村、检石坝、红豆树等处,归江油县辖;擂鼓坪、邓家渡等处,归石泉县辖;青莲坝、五郎沟等处,归彰明县辖;彰明与龙安府附近,请即改隶龙安:并如所请。先是,建昌总兵赵儒奏请于会川、宁番等处开采铅砂,事下宪德议行。十年三月,紫古咧厂商民为儿斯堡生番所杀。宪德言:"矿厂八处,其获砂多者,请仍开采;少者封闭,以杜萌端。"谕曰:"从前赵儒奏请开采,彼时朕即不然此举;详询宪德,回奏极言有利无害,是以交部议行。乃两年以来,并无成效,徒滋烦扰。当日奏请,是何意见? 宪德着交部察议。所开矿厂概行封闭。"寻议降一级调用,得旨从宽留任。十一年正月,谕曰:"川省为产米之乡,历来听商贾贩运,从长江至楚,以济邻省之用。雍正九年巡抚宪德以川省米价稍昂,又复碾办军糈,奏请暂禁商贩。此不过一时权宜之计。至雍正十年,川省收成丰稔,米价平减。宪德即当奏请开禁,乃至今照前禁遏,以致米价不能流通,楚省不能得川省之益,甚非大臣公平办事之道。况今江、浙有需米之州县,望济于楚省,而该抚不令川米赴楚,则邻省何以资赖? 即传谕宪德速弛米禁,毋蹈遏籴之戒!"五月,请移保宁府同知驻南部县,铸给茶盐同知关防;又垫江县新设县丞,移驻高滩场,梁山县丞驻沙河铺。从之。八月,奏盐道曹源邠混发引目累商,谕曰:"凡一省中盐课引务,莫非汝等督率之责。果曹源邠着有贪婪不法形迹,即当列款纠参;若止改拨不当,汝等何难商酌合宜而更正之。今但云不敢隐蔽,祈朕敕部察议,竟将莅政视如无涉然,不知是何意见? 览奏,朕甚鄙汝等有玷督抚统辖训饬之任也。"

十二月,召来京,寻授工部尚书。十二年六月,兼议政大臣。七月,调刑部尚书,兼工部尚书事,署正红旗满洲都统。乾隆元年,命赴泰陵督办工程。二年,疏劾承办工程之工部郎中宏通,在场私赴郑州,又藉觅料估之人来京日久未归,旷官废职,请交部严议。寻议革宏通职,宪德失察,降一级留任。五年,卒。

子梦麟，官工部侍郎。

【校勘记】

〔一〕又奏　原脱"奏"字。满传卷四三叶三下及耆献类征卷四三叶四
　　　上均同。今据宪录卷六五叶九上补。

〔二〕给水田三十亩　"三"原误作"二"。满传卷四三叶四上及耆献类
　　　征卷四三叶四下均同。今据宪录卷六七叶二五下改。

〔三〕一户内老幼丁多　"户"原误作"册"。耆献类征卷四三叶四下
　　　同。今据宪录卷六七叶二六上改。按满传卷四三叶四上"户"作
　　　"月"，尤误。

〔四〕请改成都府管粮同知为管粮水利同知　原脱上"管粮"二字。满
　　　传卷四三叶四下及耆献类征卷四三叶四下均同。今据宪录卷七
　　　五叶一下补。

〔五〕青神二县　"神"原误作"城"。满传卷四三叶六上及耆献类征卷
　　　四三叶五下均同。今据宪录卷八七叶九下改。

〔六〕请于新设建昌府汉境内择大村堡照义学例　"建昌"原误作"宁
　　　远"。满传卷四三叶六下及耆献类征卷四三叶六上均同。今据
　　　宪录卷九〇叶一三下改。

〔七〕令熟番子弟来学　原脱"来学"二字。满传卷四三叶六下及耆献
　　　类征卷四三叶六上均同。今据宪录卷九〇叶一三下补。

〔八〕准其十数人同到督抚或钦差官员衙门控告　"十数"原误作"数
　　　十"，又"或"误作"及"。满传卷四三叶八上及耆献类征卷四三叶
　　　七上均同。今据宪录卷九三叶五下改。

〔九〕是必宪德等有沽誉于民之道　"于民"原误作"干名"。满传卷四
　　　三叶九上及耆献类征卷四三叶七下均同。今据宪录卷九三叶七

上改。

〔一○〕安保无惑于妖言而妄为私议者乎 "私"原误作"邪"。满传卷
　　　四三叶九下及耆献类征卷四三叶七下均同。今据宪录卷九三
　　　叶七下改。

〔一一〕昨据合省谢恩之奏而论 "合"原误作"各"。满传卷四三叶九
　　　下及耆献类征卷四三叶八上均同。今据宪录卷九三叶八下改。

　硕色

　硕色,满洲正黄旗人,姓乌雅氏。雍正元年,由候补小京官
授户部主事,迁员外郎。五年,擢西安按察使,兼河东盐政。六
年,疏言:"河东盐池,向例拨额引羡馀银五千两,岁修渠堰,而池
墙不入岁修。请于添设馀引羡馀内,岁拨六千两,以三千两岁修
池墙,以三千两贮运库,为五年大修用。此等工程,运同不能兼
理,〔一〕请拣附近州县五六员监修。"疏入,下部议行。七年,上命
偕提督岳钟琪、巡抚西林鞫逆犯曾静之徒张熙诡名投书案,得
实,九卿拟罪如律。八年,迁陕西布政使。十一年,擢陕西巡抚。

　乾隆二年,调四川巡抚。九月,硕色疏报川省陋例相沿,火
耗羡馀外,银百两提解六钱,名曰"平馀",充各衙门公用。谕
曰:"川省耗羡,向因公用不敷,每两完银二钱五分。朕御极以
来,加惠闾阎,减去一钱,止存一五之数。欲使民力宽馀,受国家
休养之泽也。今据硕色奏,不胜骇异。火耗报官,原以杜贪官污
吏之风,若耗外仍听其提解,非小民又添一交纳之项乎? 一项如
此,别项可知。一省如此,他省可知。朕思此等浮多之费,取之
商民,层层剥削,其数必不止此,难免地方扰累。著硕色永行革

除,以杜官吏借端需索之弊。倘公用有必不可少之项,着于存公耗羡内支给报销。"三年,硕色同川陕总督查郎阿、提督王进昌合疏言:"郭罗克番人,数年来结队行劫,向设把总一、兵二十,不能防范。请于附近标协酌委都司、守备一员,领千把总各一,兵二百,按年轮班驻扎弹压。"廷议如所请。又条奏:"驻防郭罗克事宜:"一、运郭罗克军糈道路崎岖,脚价不敷,请一夫负米五斗,每站给价一钱,口粮按季运交营员支放,每石耗米三升,作正报销;一、松潘至郭罗克二十二站,皆属番地,军糈委于佐杂,不无可虑,应派千把总一,轮班押运;一、出口马步兵工给驮马一,例折银八两,每鞍屉折银六钱五分,均于松潘厅库支给;一、郭罗克霜雪不时,自守备以下,须制皮衣,请守备一员借银一百两,千把总二每员四十两,外委千把总二每员十二两,马兵十八每名六两,步兵一百八十每名四两,亦于松潘厅库动支。"部议皆如所请。

四年,调山东巡抚。五年六月,谕曰:"朕五月间,闻山东郯城至蒙阴,俱成赤地。上年被灾,地方官不实心办理,民人逃往邻省者甚多,以致抛荒故土,未曾耕种。两月来,硕色未将雨水情形奏闻,巡抚身任封疆,应办之事,孰有大于此者?特降旨询问之。据硕色奏'郯城、兰山、蒙阴三县,连岁歉收,是以流移独多。经臣奏明,招徕回籍者二千二百馀名口,[二]而郯城一县共收贫民一百七十户,大小五百八十名口,俱已安插接济,并未抛荒故土。至收成分数,郯城高阜地亩确有七分,低洼地亩确有八九分;蒙阴高阜地亩确有七分,低洼地亩确有九分。今时雨叠降,秋禾遍野,并征赤地之说毫无确据'等语。朕览奏,稍慰廑念。今据左都御史陈世倌奏称'山东沂州府一带数百里,上年先

旱后水,二麦俱未播种,流民散至湖广、江西者将及万人。湖广
送回饥民,经过江宁、扬州,竟有抢夺之事;及回到山东,硕色并
不赈恤,且以上年开报收成六分,本年尚在征比钱粮'等语。陈
世倌此奏,与硕色前奏迥然不同,地方水旱灾荒,抚绥安辑,乃封
疆大吏之责。硕色稍有人心,何致粉饰蒙蔽至此!着兵部侍郎
阿里衮、佥都御史朱必堦驰驿详勘,务期秉公据实,不必丝毫瞻
顾。如有灾荒应办事宜,一面办理,一面奏闻。"闰六月,阿里衮
疏称:"臣等查勘沂州一带,虽非赤地,二麦收成不过二三分至四
五分而止,六月前并未停征,硕色奏殊失实。"

七月,上以硕色才识不能开阔,不宜大省,前任四川,地方情
形尚系熟悉,调四川巡抚。七年,疏言:"重庆渝关木税,水涨则
木筏顺流而下,一岁可得数年之木;涸则已伐者积于深沟浅壑,
不能到渝。自乾隆二年,部臣议以五千两为岁额,三年、四年缺
额三百馀两,经收各员屡以无力赔补为请。五年水涨木多,原额
外赢馀至三千八百馀两,议全解赢馀,请免缺额,而部臣终格于
行,恳恩豁免。"疏入,诏如所请。八年,调河南巡抚。九月,硕色
子穆克德官光禄寺署正,以民人争地事寄字家奴,嘱其照应,事
觉,硕色奏请革审。谕曰:"硕色因伊子干预外事,据实参奏,甚
属可嘉。此事尚在未行,硕色自必严束其子,不致滋事。穆克德
着革职,交与伊父收管,其馀人等,亦着硕色就近外结。"下部议
叙,寻加一级。

十一月,疏言:"前抚臣雅尔图以豫民不知撙节,酌为寄粮
法,与社仓一体出借,每石亦收息一斗。以五升为修仓铺垫用,
以五升给原寄之人,遇水旱听领本为借。行之未久,有空报寄

数,谷不入仓者;有呈报数多,交仓无几者;有旋寄旋领,勉强输纳者;有名无实,请停劝寄,专行社仓之法。"疏入,上是之。又言:"豫省存留漕谷,劝捐社仓,自乾隆元年至七年,借出未还者二十三万四千四百馀石。向以灾歉分年带征,仰恳圣恩免息,止征本谷。"诏如所请。先是,户部尚书讷亲、侍郎梁诗正请裁雍正二年后续添新兵,硕色议:"南阳镇属右营兵五十,汝宁营兵七十二,归德营兵四十二,陕州营兵五十二,信阳营兵三十五,应裁汰,馀新兵一百七十名,留资保卫。河北镇属募新兵五百一十三,已裁四百五十二,仅存开封营六十一名,差繁兵少,应留供差防。"下部议行。时河南按察使王丕烈疏称河南地产小盐四十斤以下,照肩挑背负易米度日之例,不必禁;四十斤以上,许本地箩筐挑卖外贩者,禁。硕色议:"豫省盐土煎淋,即成土盐,礌土硝土之底亦成土盐,名曰'小盐'。弛其禁则官盐壅滞,奸商转借引行私,且产无定所,出无定时,未便招商办课。若必稽查老少,分别本境外境,则巡缉者非诬即纵。请嗣后小盐止许食用,不得煎贩,照例禁为便。"部议如所请。十二月,疏言:"豫省社谷责成正副社长,请于息谷十升内酌留一升,以为正副社长杂项之用。"疏入,上是之。十一年,硕色疏参河南学政汪士锽试文童拔取缙绅子弟,试武童不较马箭,止射步箭一,士论不服。上命户部侍郎雅尔图会审,褫士锽职。十三年三月,山东巡抚方观承疏请北五省劝输义仓,命硕色议,因言:"社仓外,更立义仓,分捐谷石,仍止此数。若仅捐义仓,则社仓虚设,且社仓散于春、敛于秋,缓急可贷,民犹乐从。义仓止以备赈,取甲散乙,小民心存尔我,不能奉行,转滋勒捐,仍行社仓便。"得旨如议。

　　十月,擢两广总督。十四年八月,硕色疏参左江镇总兵杨刚交结田州土官岑宜栋违例放债,上命褫刚职,拟罪如律。十五年正月,调云贵总督。七月,两广总督陈大受奏参硕色在广东任时,徇庇粮驿道明福婪赃各款,上以硕色素性柔懦,诸事含糊,属员劣迹,一无觉察,殊属纵徇,交部严加议处。寻镌三级留任。十六年闰五月,硕色疏报刑讯布政使宫尔劝多收铜斤案上申,谕曰:“硕色等奏到办理宫尔劝一案,甚属舛谬。前此传谕,令其严行查办者,因该督等奏宫尔劝于出署日,暗行寄顿。夫藩臬大员而怀狡诈鬼蜮伎俩,则其侵欺属实。是以有‘即加刑讯,亦不足惜’之谕。并非谓无论实与不实,必当夹讯也。宫尔劝如果在厂多收铜斤,婪赃肥己,则有厂内岁入可澈底清查,而其囊橐亦必甚丰;如不过沿习陋规,及家人私收加秤,则渔利甚微,与郭振仪案等耳。今据供只收归公养廉、路耗铜斤,俱已报解充公,而其任所原籍赀产,仅止此数,已大概可知,何用加之夹讯乎?且奏内称严加刑讯,又称刑讯再三,茹刑不承,徒办成刻酷之形,意谓奉旨刑讯,无论虚实,不敢不加之三木。究之外省办事,只应虚名,虽满纸张皇,焉知非以套夹塞责?转使无知之辈谓将布政使用刑严讯,乃因查追家产,滋传闻窃议之端。硕色等如此办理,甚属不知轻重,着严行申饬。此案宫尔劝究属有无入己,着再秉公详晰分别,另行定拟具奏。”寻宫尔劝以故纵侵盗钱粮,杖流如律。六月,疏言:“茂隆厂工丁聚至二三万人,〔三〕势必流而为匪。宜筹渐次解散之法,其出入隘口,即在腾越、云龙州等处。从此许入不许出,禁其续往,则厂民渐少,边防得以宁谧。”疏入,廷议如所请。七月,疏言:“滇省各标镇协营内,设管队头目,为一队之长。向例本身名粮外,[四]多食步守粮半分,名曰'伙粮',并有占全分者。雍正十一年,督臣尹继善请仍给队目伙粮半分,所食空粮改养馀丁,以充营伍。部议以名粮不宜虚占,概令招补馀丁。尹继善复以队长当差需费,令给馀丁粮一分,即其子弟年未及岁,亦准充补。迨后日久弊生,兵目成丁,子弟不愿充补馀丁,其充补馀丁者,自八九岁至十二三岁不等,不能执械差操,委属有名无实。请将滇省馀丁三千二百馀名裁汰,仍按原请伙粮额数,先尽队目精壮子弟充补;如队目无子弟亲属,即挑选招募补足原额,于营伍汛防大有裨益。"疏入,廷议如所请。

二十一年,调湖广总督。二十四年九月,卒于任。赐祭葬如例,谥恭勤。

子穆和蔺,现官河南巡抚。

【校勘记】

〔一〕运同不能兼理 "运"原误作"连"。今据宪录卷六五叶一九下改。按满传卷四六叶一下及耆献类征卷一七一叶七上,均作"不",尤误。

〔二〕招徕回籍者二千二百馀名口 原脱"名"字。满传卷四六叶三下同。今据纯录卷一一八叶五上补。下同。按耆献类征卷一七一叶八下亦脱"名"字,又"二千"误作"三千"。又按清制,男妇成年曰名,黄口幼儿曰口。"名"字不可省。

〔三〕茂隆厂工丁聚至二三万人 "茂隆"原颠倒作"隆茂"。满传卷四六叶一〇上同。今据纯录卷三九三叶六下改正。按耆献类征卷一七一叶一二上不误。

〔四〕向例本身名粮外　原脱“身”字。<u>满传</u>卷四六叶一〇上及<u>耆献类</u>
　　<u>征</u>卷一七一叶一二上均同。今据<u>纯录</u>卷三九五叶二七上补。

傅鼐

　　<u>傅鼐</u>,满洲镶白旗人,姓富察氏。初任侍卫。<u>雍正</u>二年,授
镶黄旗汉军副都统。寻授兵部右侍郎。

　　三年,调<u>盛京</u>户部侍郎。四年五月,疏言:“仓库关系钱粮,
<u>盛京</u>户部库除掌印监督外,设司库二员,接续办事。惟仓止监督
一人,任满交代,其出入数目有无情弊难稽。请选本部贤能章京
协办,庶不致亏缺。”部议如所请,并将仓监督照京城、吉林一年
任满例,年终拣选正副,保题更换。八月,因侍卫任内,为<u>浙江</u>被
参粮道<u>江国英</u>关说受贿,事发,部议革职抵罪。谕曰:“朕从前因
<u>傅鼐</u>素性巧诈,不守本分,曾降旨令<u>隆科多</u>不时稽查。乃<u>隆科多</u>
将三年内<u>傅鼐</u>所行劣绩,尽为隐瞒,且奏言甚是安静。今<u>傅鼐</u>诸
事败露,即如骗诈<u>江国英</u>银万馀两,人所共知,<u>傅鼐</u>亦自认不讳。
又<u>傅鼐</u>曾在朕前口奏‘<u>隆科多</u>子<u>岳兴阿</u>甚怨其父,言我家受恩深
重,理应将生平所行之事尽情据实奏闻。若稍有隐瞒掩饰,罪更
不可逭’等语,而该旗承追<u>隆科多</u>婪赃罪案审实应追之项,则奏
言<u>岳兴阿</u>并不将伊父藏匿寄顿之赃私据实交出,与前<u>傅鼐</u>所奏
绝不相符。盖<u>傅鼐</u>原与<u>隆科多</u>交结甚密,乃故意枉奏,其为<u>隆科</u>
<u>多</u>保全<u>岳兴阿</u>之情节显然。着将<u>傅鼐</u>革职,锁拿来<u>京</u>,交刑部质
审。讯明之日,从宽免死,发遣<u>黑龙江</u>。”九年七月,召赴北路军
营效力。十二月,给原衔,授军营参赞大臣。十年,准噶尔贼掠
喀尔喀,额驸<u>策凌</u>等败之于<u>额尔德尼昭</u>。贼由推河窜走,将军<u>马</u>

尔赛拥兵不追，<u>傅鼐</u>以机不可失，请兵杀贼，至跪求不从。事闻，<u>马尔赛</u>坐罪伏诛。十二年八月，命偕内阁学士<u>阿克敦</u>、副都统<u>罗密</u>宣谕准噶尔台吉噶尔丹策零。十三年三月，还。

八月，命给都统衔，食俸。是月，今上御极，命署兵部尚书。十二月，授刑部尚书，兼理兵部。<u>乾隆</u>元年六月，疏言："刑罚世轻世重，乃帝王宜民宜人之权。我朝律例布于<u>顺治</u>三年，酌议于<u>康熙</u>十八年，重刊于<u>雍正</u>三年。臣伏读<u>世宗宪皇帝</u>遗诏曰：'凡各衙门条例，有从前本严而朕改易从宽者，此乃从前部臣定议未协，朕与廷臣悉心斟酌而后更定，以垂永久者，应照更定之例行。若从前之例本宽而朕改易从严者，此乃整饬人心风俗之计，原欲暂行于一时，俟诸弊革除之后，仍可酌复旧章，此朕本意也。向后遇此等事件再加斟酌，若有应照旧例者仍照旧例行。'臣思圣心惓惓于此，盖必有所轸念而未及更正者也。我皇上御极以来，皆以<u>世宗宪皇帝</u>之心为心，每遇奏谳时，斟酌详慎。臣查<u>大清律集解附例</u>一书，现今不行之例犹载其中，如窃盗三犯，今已改议分别赃物十两上下递为轻重，而例内所载乃系赃数不多，奏请改遣；如遣犯脱逃行凶为匪，今已改议分别所犯情罪递为重轻，而例内所载，乃系即行正法。此类颇多，恐问刑之员援引舛错，吏胥因缘为奸。请简熟悉律例大臣，详加核议，除律文律注仍旧外，所载条例有先行今已斟酌定议者，改之；有因时制宜应行斟酌而未逮者，酌照旧章。务期平允，逐条缮折，恭请钦定，纂辑成书颁行，以昭画一。"七月，又言："断狱全凭律例，引用贵审全文。若摘引律语，入人重罪，是为深文周内，非平恕也。查律载：'官吏怀挟私仇，故勘平人致死者，斩监候。'又载：'若因公事干连在官,事须问鞫,依法拷讯,邂逅致死者,勿论。'律意本极平允。数年来,各督抚矫枉过正,遇属员用刑不当,误将在官人犯拷讯致死题参,律拟动辄删去'怀挟私仇'四字,摘引'故勘平人'一语,拟斩监候。刑部尚书<u>张照</u>又奏准如将笞杖人犯故意夹拷致死,二命以上及徒流人犯四命以上者,俱以'故勘平人致死'律论,拟斩监候。殊不思既非怀挟私仇,其于故勘之义何居?若谓在官之人本属无罪,则必有诬告之人,应照律以诬告之人抵罪,不应以依法拷讯邂逅致死之官抵罪。若谓轻罪不应夹讯,则命盗等案情伪百出,当首从未分,安能预定其为杖、笞、徒、流,不行拷讯?若谓拷讯不依法,则当引决罚不如法之律,分别杖徒,不应摘引'故勘平人'之律。若谓拷讯不依法致死二命、四命以上,则当引'决罚不如法'之律议以加等,不应摘引'故勘平人致死'之律议以斩罪。况案犯受刑后,有因病而死者,亦当分别。请将各省从前以故勘平人致死定拟之案,或赦免,或减等发落,敕法司酌改平允,通行遵守。"均下部议行。

　　八月,以勒借商人银两,奉旨传询,回奏不实,部议革职,杖徒。得旨,着革职,从宽准其纳赎。寻命暂署兵部尚书。先是,<u>傅鼐</u>违例为内务府总管<u>常载</u>乞荫,至是并下部议,照例降二级调用注册。二年,授正蓝旗<u>满洲</u>都统。三年二月,因违例误给署参领<u>和德</u>等俸,奉旨发往军台效力。寻,病卒。

　　石云倬

　　<u>石云倬</u>,<u>山东德州</u>人。<u>康熙</u>四十五年武进士,授三等侍卫。四十九年,补<u>陕西平凉</u>游击。五十一年,迁<u>镇番营</u>参将。五十四

年,调赴巴里坤军前效用。明年,迁庆阳副将,留军前。雍正元年,回庆阳任。二年,调河标副将。三年五月,改授洮岷副将。寻擢江西南赣总兵。劾前镇臣黄起宪冒粮二百三十五分,勒索规礼,九江副将署赣镇王用侵饷,并拔补把总马成功、谢晋索银帛等物,并革职拟罪。上嘉云倬不徇情面,据实直陈。七月,疏言:"兵丁编造名册,原以稽察奸伪,若年貌不符,名姓互异,册籍将焉用之? 臣久处营伍,习见伪册互相顶替,前在镇番、庆阳剔清此弊。今赣镇十六营,尤非镇、庆两营可比。请更定旧册,以杜奸伪。"四年二月,详核兵丁清册以闻,得旨:"所奏甚是。"下部议叙,加署都督金事。

七月,擢浙江提督。适云倬丁父忧,奏乞终制,予假回籍治丧,即赴新任。五年三月,奏言:"浙省营伍,当积废后,军装损坏,教场公署已废。揆其致此之由:一则惜公费而润私囊,病在侵蚀;一则务虚名而忘实效,病在矫情。前任提臣如王世臣、吴都隐空粮数百名,一切营制置之度外,此侵蚀之尤者。及吴陞接任,粮饷稍轻,尚存公费粮一百五十名,造鸟枪千杆,营伍稍为整顿。王安国署事,督臣满保檄将公费、名粮俱裁,虽矫情一时,实贻误营伍。杨长春到任,因公费无出,于五营内存粮五十分,凡遇领饷季报,稍资涓滴。张溥署事,尽行裁去。此又矫情而贻误者也。臣请各营按计百名内,存留三名以备公用,庶营务不致废弛。"又奏:"营规四款:一、册报宜审,造四柱清册,开列领银用银实数,以杜捏饰;一、经费宜节,修葺衙署及铺垫名色,只许添凑,不准冒销;一、制造宜核,军装旗帜等项,责令将备选料造作如法,期经久可用;一、收贮宜谨,凡军器择高燥房屋藏贮,以防损缺,交代时验收。"并得旨俞允。

　　十二月,调福建陆路提督。六年三月,参奏巡抚常赉家人擅坐大轿,途遇不避,敕该督严察。四月,疏言:"闽省历任提臣,驭下无术,兵骄将疲,营伍大坏,必须大为整剔;且各营员弁,半系本籍,以致积习牢不可破。窃思陆路官守,如汛防、墩铺、钱粮、操演等事,即他省人俱能办理,非若水师必须本地人方能熟悉水性,周知洋面。请皇上于别省人员简发数名来闽,遇缺题补,以清积弊。"又言:"浙省陆路兵既不若陕西之精锐,水师又不如福建之纯熟,往往不得其用。上年特谕陕督岳钟琪挑选弓马娴熟之兵百名来浙,俾臣分发各营教习。不数月间,浙省陆路兵马步骑射,渐次可观,而水师士卒仍虑生疏。请仿此例,拣选闽省熟练水兵五十名,拨发浙营,轮班教习,将见风潮礁石在在周知,瞭碇斗舵人人熟谙,借闽人所长,补浙人所短。行之数年,浙省水师之兵亦不弱于闽省矣。"六月,奏言:"臣标员弁,向有私卖随粮,每名三五十两不等。粮出则以养廉不足为词,恳求上司补足,皆起于提臣吴陞专信家人亲戚,全不破情整饬。更难解者,营中弓箭尽裁,拔补名粮令兵领去官枪,省其置弓箭之费,一时相习成风。人人博宽厚之名,不肯任劳任怨,汰一老弱兵,则以为刻薄;募一弓箭手,即以为苛求。少食数名随粮,则以为清廉,而不究其顶卖之弊;虚应故事,即以为安静,而不问其利弊所关。丁士杰承积弊后,以吴陞邀虚誉于前,不得不效尤于后,此营伍所以日弛也。臣亟加整饬,惟念随丁一项,常禄外设此养廉,岂容暗中顶卖。今欲永杜此弊,似宜按照定例,一体补足,不令彼此参差。臣接收丁士杰所留随粮六十分,查明五营将备千总有随丁额缺者,照数补给,共发二十五分,而各官养廉尽行补足,现留三十五分。臣随带家人无多,足资日用。内又发随粮二十分,先制号衣,一时将弁各踊跃办公,愿先发随粮以办紧要军装。俟公项完日,仍还各官养廉。如有前项情弊,当不时查参,以期成效。"诸疏入,上深嘉之。八年五月,疏言:"提标中营所辖徐州墟、桃州隘二汛,在万山中,瘴气薰蒸,官兵病故者多。请将驻防徐州墟之守备调回府城,其原汛改设长坑地方,以桃州隘千总一员移驻;再派外委一员、步兵一百十名,居中扼要。至徐州墟设兵十名,^{〔一〕}桃州隘设兵十名,即于长坑汛内按月轮拨,以均劳逸。"下部议行。

时大军征准噶尔,云倬疏请军前效力。十二月,命驰赴肃州,听宁远大将军岳钟琪委用。九年,授西路副将军。十年正月,贼犯哈密,岳钟琪令云倬领兵赴梯子泉截击,云倬迁延不进,贼遁去。钟琪以违令纵贼纠参,革职解京。十一年,议政大臣会同三法司讯拟斩决,得旨,改监候。乾隆三年,减等拟流。四年,杭州安置。七年九月,卒。

【校勘记】

〔一〕至徐州墟设兵十名 "十"下原衍"一"字。汉传卷一八叶五下及耆献类征卷二八四叶三下均同。今据宪录卷九四叶二八上删。

冶大雄

冶大雄,四川成都人。康熙五十八年,由行伍从征西藏,克里塘、巴塘。五十九年,招抚结敦落笼宗、说板多打笼宗等处,擒逆恶番僧五。雍正元年，拔补提标左营把总，随出松潘黄胜关口，剿抚热当十二部落。二年正月，剿郭隆寺，连夺岭三，破寨十五，追斩康布喇嘛于西海。四月，从征桌子山、棋子山，攻夺山梁，戮贼首阿呀子哈隆汉。七月，追剿罗卜藏丹津，擒丹津珲台吉于花海子。三年，川陕总督岳钟琪保送大雄引见，特授蓝翎侍卫。四年，授贵州抚标右营游击。五年，往古州等处化诲生苗。六年正月，米贴土妇陆氏叛往乌蒙，办军需。十月，迁陕西庄浪营参将。七年，加副将衔，赐孔雀翎，领兵赴巴里坤军营。八年五月，署督标中军副将。十二月，准噶尔贼犯克什图、羿仑矶等卡伦，大雄偕总兵樊廷以兵二千当贼二万，转战七昼夜，拔出两卡伦兵，会总兵张元佐等杀贼无算。得旨褒嘉，给骑都尉世职，赏银五千两。九年三月，授直隶山永协副将。

八月，命署湖北夷陵镇总兵，十年二月，实授。疏言："夷陵距省千馀里，向例兵饷两季兼发，于季首领贮州县库，按月给散；秋冬二季七月赴司库请支，春夏二季必俟正月开印后请支。往返月馀，饷到已仲春后。兵自十二月初领饷，度岁无馀，候至仲春，难免赊借之累。请改为夏秋及冬春两次支，免候开印。又臣标五营，分防各州县者半，因山路难运，俱支折色，其半驻夷陵城，冬春领折色，夏秋领本色。春夏青黄不接，米价正昂；秋冬农有馀粟，籴米较易。请改秋冬折色、春夏本色为便。"上以所奏甚合情理，令督抚酌行。十二年，调署山西大同镇总兵。十三年，奏劾前任总兵李如柏冒销营私，滥用公项银千馀两；如柏亦奏大雄挪用制帐房银，废弛营伍。经副都统佛保等讯俱实，褫如柏职，以总兵衔领班兵往北路军营效力；大雄革职免罪。乾隆元年,发湖广以副将用。二年五月,署衡州协副将,十二月,实授。五年,城绥苗、瑶不法,大雄驻长安堡剿老寨江平寨,擒斩甚众,焚其巢,馀相率就抚。下部议叙。六年二月,擢襄阳镇总兵,三月,调镇筸镇。七年,总督孙嘉淦劾大雄贪纵,敕革审。寻湖南巡抚蒋溥奏审大雄无贪纵事,止失察标兵犯赃,请照例开复降留,命送部引见。

十年,授云南楚姚镇总兵。十一年,调昭通镇。十二年,叙剿苗功,加都督金事衔。十三年,随征金川。五月,至卡撒,统滇、黔兵进剿色底、光多等寨,并抄出昔岭中峰之西,会总兵哈攀龙、任举兵,三面攻碉。是月,克大小战碉十、石城一,平碉百三十。六月,攻克昔岭沟底石城、水卡。十四年正月,经略大学士傅恒奏大雄曾经出兵,人尚老成,现委任总理营盘,甚属妥协,请赏戴花翎,允之。二月,金川酋沙罗奔等乞降,撤兵。大雄授云南提督。十五年二月,叙功,加左都督衔。五月,陛见,赏其子继钧蓝翎侍卫,令送父回任。十六年,疏言:"藏地喀拉乌苏等处,与准噶尔连界。准夷盗窃滋扰,是其故智。今藏之北鄙,即我之雄边,防边自可弭盗。请嗣后驻藏大臣仍设重兵,沿途安台站以资防守。"得旨:"藏中照前驻兵矣,此奏具见留心。"十七年,奏劾子继钧前至常德接家眷,中途私借回民银,有玷官箴。奉旨,革继钧侍卫。嗣因大雄见事不可掩,先行参奏取巧,革提督,以哈密总兵效力行走。二十年正月,署安西提督。四月,赴巴里坤查验马驼军粮。十一月,署陕甘总督方观承奏参游击钟世杰等接收军营换回马匹千九百,沿途倒毙过多,请革职治罪。谕曰:"前据冶大雄奏明四千有零,何以该弁所领止千九百馀匹?冶大雄并未查明实数,冒昧具奏,着交部严查议奏。"二十一年正月,陕甘总督黄廷桂复遵旨查奏大雄遇事不能悉心酌筹,任性推委,托词取巧,又将料豆议裁,致解营马匹倒毙不堪,部议革职,解京治罪。

四月,行至西安,卒。孙正宗,袭骑都尉。三十二年,谕曰:"向来绿旗世职,无承袭罔替之例。第念官弁等果能宣力效忠,勋猷卓越,则国家延赏酬庸,谊无歧视。军机大臣会同兵部详查国初以来凡有功册可稽者,分别等差,列名具奏。"寻覆奏大雄军功较著,奉旨俟将来袭次满日,赏给恩骑尉,世袭罔替。

来保

来保,满洲正白旗人,姓喜塔腊氏。康熙三十八年,由库使在批本处行走。三十九年,奏事处行走。四十年,授蓝翎侍卫。四十六年,以失仪革职。五十年,授三等侍卫。五十五年,以奏事错误革职。五十七年,复授三等侍卫,递擢一等侍卫。雍正元年正月,管理南苑事。二月,授佐领。四月,授内务府总管。三年二月,兼理奉宸院事。十一月,内府披甲人等因议裁额,聚哄廉亲王府,复劫总督李延禧家,来保等奏不实,革职。四年五月,授景陵掌印郎中。八月,授三陵总管。九年,还京,遣往土尔扈特,给二品顶戴。

十二年,往喀尔喀车臣汗部办事。[一]十三年十月,还京,仍授内务府总管,署工部尚书。十二月,奏言:"满洲骑射较优于汉人,沿边古北口一带提、镇、副、参、游、守等官,请兼用满洲,于控制为宜。"从之。乾隆元年三月,总管咸安宫官学。十二月,大学士管浙江总督嵇曾筠、江苏巡抚邵基疏请停办戊午年铜运已清积欠，下部议。来保奏言："积欠数盈在六百万，自应停办一年，已清旧项。但己未以后，仍招商采买，行之数载，积欠复多。则停办之请，又难不允。臣查户部铜储，积数十年，方馀一岁鼓铸之用。今既停办一年，合以从来所欠缺额，约及二年。目下市中钱价已觉稍昂，停办之说即行，钱价之昂必甚。请敕下部，令督抚等出示晓谕，听商人自携赀本出洋采买，不必先给价值。该商随到即收，毋拘多寡，但不得克扣抑勒，重滋商累。"总理王大臣议覆允行。

二年六月，上以运河水浅，粮艘至临清以北，尤多阻滞，由于卫水上游各渠口居民私泄过多，敕直隶、河南督抚等照前河臣靳辅题定例，稽察严禁。来保奏言："水浅运阻，查禁不得不严。但卫水发源河南，至临清五百馀里，沿河居民不知几千万家，需灌之地不知几千百顷。现今秋成在望，已非灌溉之期。所虑者有司奉行过当，后虽运河不致浅阻，而一入五月，渠口尽行堵塞，坐使有用之利置之无用，恐不无废时失业者，非我皇上仁育万民之意也。其如何使漕运不致浅阻，民田亦得灌溉，抑或暂禁于浅阻之年，而不禁于深通之岁，应令督抚、河道诸臣悉心调济，以期两便。"疏入，命侍郎赵殿最、侍卫安宁会各督抚查勘酌议。十二月，实授工部尚书，兼议政大臣。四年八月，以病请解任，上不允。十二月，授内大臣，赐紫禁城骑马。

五年，调刑部尚书，充律例馆总裁。初，来保世隶内务府。六年正月，上以其奉职勤劳，特命抬入正白旗，所立佐领准世袭。三月，充翻译乡试正考官。四月，管右翼监督。六月，御史沈世

枫疏奏:"来保诚悫有馀,习练不足,不胜刑部紧要之任。"谕曰:
"来保人实可信,然沈世枫所奏,〔二〕颇中其病。倘因此自知省
惕,则心志虚公,而才识亦将日进矣。此闻过而喜,所以称贤
也。"七年,上以来保善相马,御制相马歌赐之,曰:"伯乐善相
马,车下老骥出。今岂无其人,来保称第一。曩时有黄海,亲授
相马术。谓不相其皮,亦莫称其力。心端德自优,万中无一失。
天闲云锦群,一顾靡不悉。为余辨骊黄,六飞协安吉。此术固云
美,相人亦可则。况兹居八柱,亮采汝所职。勉此空冀心,佐予
敷九德。"是年,因审拟福海殴毙赎身家人焚尸灭迹一案,拟罪舛
错,诏革职,从宽留任。九年,御史和其衷疏劾奉天将军额尔图
克扣军饷,勒派旗民,并因建桥受贿状,又盛京工部侍郎留保奏
请将瑚纳、瑚海等处所收木税,令各监督遵例报部查核。上年建
桥时,多伐木植,请着落城守尉巴海率商折银交纳,命来保偕祭
酒鄂容安往,会同侍郎兆惠查审议奏。八月,来保等覆奏额尔图
所犯属实,应论罪如律。留保所请二事,皆可行,从之。十年三
月,调礼部尚书,总理乐部,兼管太常寺、鸿胪寺事,加太子太保。
四月,授领侍卫内大臣。十二月,充玉牒馆副总裁。十二年三
月,管左翼监督。

　　是月,授吏部尚书、协办大学士。十二月,晋武英殿大学士。
十三年六月,教习庶吉士。九月,命为军机大臣。十一月,充经
筵讲官。十四年二月,金川凯旋,议叙,晋太子太傅。三月,兼管
兵部事。四月,解兵部兼管刑部事,充平定金川方略正总裁。九
月,仍兼管兵部事。十五年三月,来保七十生辰,赐之以歌曰:
"七十古稀亦常有,纶阁中人不多觏。居然晋衮臻黄耇,平生诚

敬获福厚。金门朝夕宣勤久,鲐背精神尚抖擞。<u>汉万石君</u>今其友,作歌春酒为卿寿。词取易达卿祗受,勉力赞襄予左右。"十六年,兼管吏部事,充<u>诗经</u>馆正总裁。二十年七月,充<u>平定准噶尔方略</u>正总裁。二十五年,来保年八十,复赐诗曰:"八帙黎鲐荷禄增,三朝禁近亮勤称。<u>温城</u>过阙毋忘下,<u>东海</u>为闾知有兴。好合齐眉叶琴瑟,徘徊绕膝侍孙曾。皤皤元老多黄发,自是明廷大吉征。"二十六年五月,兼管礼部事。

二十九年三月,卒。谕曰:"大学士来保老成端谨,诚笃恪勤。年跻大耋,久任纶扉。宣力三朝,勤劳懋著。前以患病,特命御医诊视,并赐参饵,以冀速痊。昨具折陈情,降旨慰留,但令不必兼理部务。兹闻溘逝,深为轸悼!着加赠太保,入祀贤良祠,并赏银三千两,办理丧务,朕亲临奠酹。应得恤典,该部察例具奏。"御制诗悼之曰:"一世笃勤行,三朝禁近臣。老成惜多谢,厚重有谁伦?那问生由命,因知寿底真。且看市廛上,应有辍舂人。"寻赐祭葬如例,谥<u>文端</u>。四十四年,御制<u>怀旧诗</u>,列五阁臣中,诗曰:"初供批本职,后充侍卫护。弓矢固所习,恧勤更其素。止进恒有常,不失尺寸处。荐升掌内府,亦久蒙恩遇。因命长部曹,旋赞丝纶布。更践既已深,老成遂独许。虽无赫赫名,却有休休度。读书通大义,<u>万石</u>犹后步。"

【校勘记】

〔一〕往喀尔喀车臣汗部办事　原脱"往"字。<u>满传</u>卷三八叶四九下及<u>耆献类征</u>卷一四叶四〇上均同。今据<u>宪录</u>卷一三九叶九上下补。

〔二〕然沈世枫所奏　"奏"原误作"言"。<u>满传</u>卷三八叶五二上及<u>耆献</u>

类征卷一四叶四一下均同。今据纯录卷一四五叶七上改。

史贻直

史贻直,江南溧阳人。父夔,由编修官至詹事。

贻直,康熙三十九年进士,改庶吉士,散馆授检讨。五十年,充云南乡试正考官。五十一年,提督广东学政。五十二年,丁父忧,服阕,补原官。五十六年,迁赞善。累迁侍读学士,署掌院学士。雍正元年三月,命在南书房行走。擢署吏部右侍郎。寻授内阁学士,仍署吏部右侍郎,七月,实授。御制诗赐之曰:"率属分曹地望崇,位跻卿贰赖和衷。彤墀迹躇中台履,玉佩声含晓殿风。勿惮贤劳亲吏职,好将兢业亮天工。公忠不负衣冠选,槐棘均叼雨露同。"十一月,充武会试副考官。二年二月,转左侍郎。闰四月,充经筵讲官。五月,疏言:"直省武乡试,请照会试例,择弓马娴熟、技勇出群者,另编好字号。"下部议行。寻充大清会典副总裁。八月,充会试副考官。三年四月,山西巡抚伊都立疏参原任川陕总督年羹尧于管河东盐务,[一]将其子年富、年斌伪编商民,隐占盐窝,并私行印票;又授意咸宁知县严士俊与曲沃知县魏士瑛诬参盐商王钦庵及富民高科等私贩,勒罚银。命贻直偕刑部侍郎高其佩往鞫,得实,部议羹尧已于别案革职,侯提拿至京正法,一等子年斌应革职,年富已于别案拿问,从重归结,严士俊等论罪如律,十二月,调工部右侍郎,四年十月,转左。十二月,兼理户部侍郎事。五年三月,充会试副考官。八月,调户部左侍郎。十二月,兼理吏、工二部侍郎事,寻兼管顺天府府尹。六年八月,转吏部左侍郎,仍兼理户部侍郎。十月,命往福建察审原任巡抚朱纲劾按察使乔学尹,及巡台御史禅济布劾台湾知县周钟瑄并与原任巡台御史景考祥互揭二案。七年正月,审明学尹故出人罪,应杖流;钟瑄加征耗谷,赃入己,应绞;禅济布受吏役私馈,又重债牟利,景考祥庇年侄冒籍,均应交部严议。上奖其审拟公当。

　　四月,署福建总督。闰七月,疏言:"各营巡哨兵之设,原以防海口而察奸宄,乃包揽客货,偷漏过关。臣据闽海关监督准泰咨呈,立饬该营将备查拿严禁。"谕曰:"可嘉之至! 大凡国家事体,皆当不分彼此,一秉至公,方无忝封疆大臣之任也。"八月,疏言:"仓谷向有存七粜三之例,惟福、兴、泉、漳四府积谷年久,有司因其地产米甚少,买补最难,因循不敢粜易,红朽堪虞。查四府额贮谷九十五万五千五百馀石,每年台湾应碾赴泉、漳平粜兵米,及厦门、金门两标兵米,共八万三千馀石。若停台湾碾米,照一米二谷,以谷十六万六千馀石运至厦门,令福、兴、泉、漳四府属按积谷之多寡,分运各仓,将旧谷碾米为平粜兵米之需。各仓陆续转换,旋易旋补,轮至六年,可尽易新谷存仓。嗣后岁岁遵照更易,经久可行。至台湾改米为谷,运脚自增,四府由厦门运谷入仓,亦不能无费。查台湾米贱,内地米贵。四府仓谷虽照时价酌减平粜,尚有盈馀,即以此项加增脚费,亦足敷数。"又言:"台湾各营换班兵,向派内地千、把总管押过台,送往各营收伍,即将期满兵带回。此辈经过番社,恃势役番,勒供酒食、柴草、牛车,稍不如意,辄肆凌虐。台湾镇臣因非己属,不便严加约束,番社每受扰累。请嗣后内地弁员押兵至台湾时,镇臣于本标另委妥员转押。"诏均如所请行。十月,疏言:"台湾革职参将林子龙经总兵陈伦炯以纵兵聚赌、废弛营伍等款揭参。臣到任后提审，事均无据，即招会婪赃一款，亦历审并未入己。子龙曾效力戎行，亦得兵民心，若遽弃置，殊为可惜！请量加录用。"得旨复子龙原官。八年三月，请移福清县县丞驻平潭，从之。

四月，调署两江总督，贻直以本籍疏辞，诏弗允。五月，请整葺营汛，资防御，上嘉之。六月，授左都御史，仍署总督。寻请以旧隶江宁府之溧阳县改隶镇江府，从之。九年正月，还京，兼理吏部、户部事。时大军征准噶尔，陕、甘二省办理军需，命贻直偕侍郎杭奕禄、署总督郑禅宝等率庶吉士、六部学习人员、国子监肄业拔贡生，前往宣谕化导。八月，协理陕西巡抚事。十一月，擢兵部尚书，仍留陕西。十年，署陕西巡抚，疏劾罢软废弛之提督陈天培、总兵徐起凤，均革职。十一年六月，遵旨议禁烧锅事宜，言："欲杜烧锅之原，当严造曲之禁。臣于今岁麦收时，遍示民间，毋许私自造曲，并禁晋商赴贩。日后本地粮食充裕，百姓借烧锅以觅微利，亦谋生一道。若概禁止，诚如圣谕'恐不无烦扰'。臣当因时酌量，视年岁丰歉，审民力盈虚，或示禁，或劝谕，务使储蓄资生，两有裨益。"谕曰："览奏，可谓得因时制宜之意，所见甚属妥协。"八月，湖广总督迈柱请疏湖广荆子关至陕西龙驹寨河道，贻直奏言："龙驹寨至荆子关，有丹河夹两山之中，纡折三百七十里，巨石淤沙，备极诸险。夏秋间，豫、陕两省民借之灌田，筑堰蓄流，涓滴不容渗漏。雨后山水骤发，辄断纤路，挽运实多未便。臣前因楚米解陕艰难，奏请停运，于河南府及陕州沿河各属积谷，就近挽输，则疏浚此河，尤属可缓。"上韪其言。

十二月，调户部尚书，总理陕西巡抚事。十二月，疏言："西安粮、驿二道同驻省城,所理事烦简不均,请将通省盐法事宜改归驿传道管理,将粮盐道改为督粮道,驿传道改为驿盐道。"部议如所请。十三年三月,四川巡抚鄂昌因乖谬不职,被劾革审。上以鄂昌前署陕西巡抚时,贻直曾保荐,训饬之。四月,请升直隶同州为府,裁知州、州同、吏目缺,设知府、通判、经历各一;改西安府同知为同州府抚民同知,〔二〕增置附郭一县,设知县、典史各一。其同州原辖之朝邑、郃阳、韩城、澄城四县,直隶华州,与所属之华阴、蒲城、潼关三县,并现属直隶耀州之白水一县,俱归同州府辖。直隶耀州与所属同官县改归西安府辖。部议从之,寻定所设同州府附郭县曰大荔。〔三〕

七月,命还京。十一月,贻直条奏三事:"一、科道铨除之宜用正途也,国家用人惟才,原可不论出身,但六科有封驳之任,御史为风宪之官,吏部掌握铨衡,礼部职司典礼,请照旧例用正途出身之员;一、官员迁擢之宜循资格也,资格虽不足以致奇士,而可以造中材,捐弃阶资,则幸进者不以为奖励之公,而阴喜进取之独巧;沉滞者不自咎才具之拙,而徒怨进身之无阶。请照旧例循阶按级,以次铨除,果有才猷出众、治行卓然者,仍许破格荐擢;一、河南开垦捐输之宜速罢也,臣闻河南各属报垦,无虑数千百顷,非河滩砂砾之区,即山冈确荦之处,皆自古不毛之土,非人力所能施,甚至坟侧河堤,皆欲垦以犁锄,数年后按亩升科,捐斥卤为膏腴,勘石田以上税,小民将有鬻儿卖女以应输将者。又劝捐一节,郡县官手持簿籍,不论盐典绅民,慰以好言,令其书写,赀锾随之,实有损国体,但承上官意指,属员安敢有违?请特简廉明公正大臣,抚绥其地,则情弊立见,而河南百万生灵,食福无既。"疏下总理事务王大臣议如所请。

是月,命贻直往署湖广总督。乾隆元年五月,疏言:"旧例,州县官亏空仓谷,革职留任,勒追。嗣九卿议,每谷一石作银一两定罪,侵蚀至千石以上,挪移至二万石以上,俱拟斩候。臣思各省谷价,平时不过三四钱,贵亦不过五六钱。若以银一两计,是该犯实止亏空银数钱,而罪已入于一两之律。况积数愈多,获罪愈重,往往计赃,罪止徒流,而竟入于斩绞,重刑者有之。再州县仓谷之外,尚有米粟、高粱、麦豆、青稞各色杂粮,其价有倍于谷者,有仅值谷之半者,今概照每石作银一两定罪,如侵蚀仓谷至千石,即拟斩;其有侵蚀仓米九百九十石,仍拟千石以下准徒之类。是同一侵蚀,赃轻而其罪独重,赃重而其罪转轻。揆诸计赃论罪之条,既有未协;参以一米二谷之例,尤为未符,恐启法司故出入之弊。请于各项食粮内,酌中定价,通行各省,如遇承审亏空之案,视其侵挪何项,照核定价值分别计赃科罪,庶立法平允。"部议侵挪米一石者,作银一两,谷及杂粮一石者,作银五钱治罪,永为例。八月,疏言:"武昌沿城西南一带,当江、汉二水之冲。旧有长堤,日就倾圮,应及时修筑。臣遴员确勘,自望山门外王惠桥起,至武胜门外土城矶止,正岸绵亘千三百一十九丈,护岸六百八十八丈,工料需银十万一千九百三十七两有奇,即于藩库所存商捐修筑银及一切公项内动支,无庸动正项,限三年分段修完。"诏如所请行。二年三月,两淮盐政尹会一条奏湖广例销淮盐,因壤接川、粤,邻私侵越,请将不销官引之州县清查,或募水商专运,或令官运官销,或设公店发卖,下湖广总督酌议。贻直奏言:"楚省所销淮盐,每年计七十馀万引。淮商运赴汉口,小贩转运各口岸行销。内有距汉远,而距川、粤近之湖北巴东、归州、兴山、长阳,湖南道州、宁远、永明、江华、新田九州县,时或买食邻私。盖因商贩不肯赔本而运盐,民情万难舍贱而买贵。如巴东等处万山中,距汉口二千馀里,运费每斤非三四分莫办,而本地盐价贵不过一分,商贩安肯赔垫己赀,运赴折本莫售之地? 此募水商转运之难也。淮盐既难运行,而该地之民距川、粤行盐地近,辄就赶集趁墟之便,以米谷买换零盐。若令官运官销,势必照本发卖,强民舍贱买贵,谁肯率从? 如照邻境之价,则必贴赔运费,州县养廉有数,何以堪此? 此官运官销之难也。至设公店之议,更不可行。巴东等处地瘠人稀,即尽食淮盐,为数无多,势必减价行销,是欲淮商舍现获之原赀而清无益之纲地,鲜有不阳奉阴违者? 夫两淮盐课,楚省约居其半,每年通计额引有增无损,与其更张而公私交困,孰若仍旧而商民两安。”部议如贻直所奏行。时湖南城步等凶苗蒲寅山等纠党肆劫,贻直偕巡抚高其倬调兵督剿,尽擒之。谕曰:“此次办理苗、瑶之案,史贻直、高其倬调度有方,俾凶首党恶各犯,不至漏网,甚属可嘉! 着交部从优议叙。”加三级。九月,疏陈:“洞庭湖舵杆洲石台工程善后五事:一、台北面应增筑护堤,以缓水势;一、存剩帑银,应交商生息,以资岁修;一、岁修石料,应预为贮备;一、岁修应责成专员经管,并立劝征之法;一、舵杆洲等处,应增设救生船。”部议从之。寻命回部办事。

三年七月,调工部尚书,十月,调刑部。五年五月,兼理兵部事。九月,调兵部尚书,教习庶吉士。御制诗赐之,曰:“中枢掌九伐,峻望近三台。经画资心膂,吁谟佐鼎梅。常存葵藿志,不愧栋梁材。书思恒有纳,嘉猷仁献来。"七年正月,迁吏部尚书。七月,署直隶总督。十二月,协办大学士。九年正月,授文渊阁大学士,命紫禁城骑马。十年三月,充会试正考官,加太子太保。十三年,以云南知府樊广亏空参本错拟票签,谕革职,从宽留任。详陈世倌传。十四年,兼管工部事。十五年三月,上西巡回銮,贻直接驾后遽退,召见不至,训饬之。八月,兼理刑部事。十八年,兼理吏部事。二十年,前任广西巡抚鄂昌与逆犯胡中藻唱和案发,词连贻直为次子署甘肃布政使奕昂嘱鄂昌事。谕曰:"鄂昌与史贻直札稿,内有'玉成佳器'之语,朕初不知所指。召问史贻直,则据奏曾经致书通候,并未有所请托。今讯之鄂昌,则供称史贻直致书与伊,有'河道之缺已补,甘藩之任尚悬,乞为鼎力玉成'等语,而史贻直尚不承认。及刑讯鄂昌,又问及此条,仍与初供无异。鄂昌所犯之罪甚重,何独于此一事而加刑坚讯?且伊向日尚与史贻直相厚,何至诬赖?史贻直又已年老,本不至因此事而革职刑讯也。但为伊子请托于前,又不据实陈奏以图掩饰,且向日亦非安静之人,本应重治其罪,念其迩年尚属勤慎奔走,着从宽以原品休致,勒令回籍闭户家居。"寻奉旨史奕昂来京,以京员用。

　　二十二年正月,上南巡,贻直迎驾于沂州,命在家食俸。赐诗曰:"归林缘舐犊,辞阁匪思鲈。能改无过矣,知仁何碍乎?迎銮方出户,咨政挈同途。风度犹然在,江山秀助腴。"三月,谕曰:"原任大学士史贻直从前为伊子致书,是以令其休致。两年以来,家居安静,业已改悔。兹朕南巡,前来接驾,见其精神未衰,尚堪任使;且宣力年久,本系旧臣,现在内阁需人,史贻直着仍补授大学士,入阁办事。"六月,谕曰:"闻大学士史贻直中途患病,旅次恐无良医,深为轸念!着派乾清门侍卫扎拉丰阿带同御医栗世功驰驿前往诊视。"〔四〕七月,至京,兼理工部事。十二月,加太子太傅。二十三年二月,充经筵讲官。二十五年八月,上以贻直为康熙庚辰进士,今周甲尚在朝,洵升平人瑞。赐诗曰:"庚辰先进杏花芳,周甲重看蕊榜黄。早识家声孝山史,群称风度曲江张。本衙门有新佳话,国史院无旧等行。宁独搢绅庆人瑞,赞予文治底平康。"十一月,谕曰:"大学士来保、史贻直年俱八旬,嗣后凡遇祀典,不必随班行礼。"二十六年正月,贻直生辰,赐诗曰:"皤皤黄阁领朝裾,矍铄联行尚弼予。前度庚辰淡墨榜,两看辛巳浣金书。满千卷似沉钞罢,开八秩过白注馀。声望老成需赞治,名高漫即拟悬车。"十一月,恭祝太后七旬万寿,贻直与来保预香山九老会,御诗比之宋臣富弼、文彦博,有"元丰二相今犹在,履道诸贤讵可方"之句。十二月,特命于紫禁城内乘轿。二十七年,以年老请解任,谕曰:"大学士史贻直年逾八旬,精力虽非强健,然在大臣中,齿宿资深,足为班联盛事。兹以老病奏请解任,情词恳切,因念部务烦剧,高年难以兼顾,所有工部事务,着不必兼摄,以示体恤。至内阁禁地事清,朕已恩准史贻直以肩舆入直,原可无庸解退。嗣后可令自行酌量,或严寒盛暑,即不必每日进署,俾可从容颐养,副朕优眷至意。"寻谕曰:"史贻直已不兼工部事务,着于户部饭银内每年赏银五百两。"二十八年正月,贻直第三子山西知府奕瓌俸满引见,请留京侍养,特命以四品京堂用。

五月,贻直卒。遗疏入,谕曰:"大学士史贻直练达老成,年登耄耋,扬历中外,参赞纶扉,宣力三朝,勤劳夙著。前以衰老乞休,奏请解任,朕降旨慰留,并令肩舆入直,俾得从容颐养。近闻患病,遣医诊视,尚冀速痊。兹遽溘逝,深为轸悼! 着派皇六子前往奠醊,加赠太保,入祀贤良祠,并赏银二千两治丧。应得恤典,仍着该部察例具奏。"寻赐祭葬如例,谥<u>文靖</u>。

子<u>奕昂</u>,官至兵部侍郎。

【校勘记】

〔一〕山西巡抚伊都立疏参原任川陕总督年羹尧于管河东盐务　"立"原误作"望"。<u>汉传</u>卷三〇叶二上同。今据<u>宪录</u>卷三一叶二四上改。按<u>耆献类征</u>卷一五叶一下"立"作"里",异。

〔二〕改西安府同知为同州府抚民同知　原脱"抚民"二字。<u>汉传</u>卷三〇叶七下及<u>耆献类征</u>卷一五叶四下均同。今据<u>宪录</u>卷一五四叶一〇下补。

〔三〕寻定所设同州府附郭县曰大荔　原脱"寻"字。<u>汉传</u>卷三〇叶七下及<u>耆献类征</u>卷一五叶四下均同。今据<u>宪录</u>卷一五四叶一〇下补。

〔四〕御医栗世功驰驿前往诊视　"栗"原误作"粟"。<u>汉传</u>卷三〇叶一五上及<u>耆献类征</u>卷一五叶九上均同。今据<u>纯录</u>卷五四一叶八下改。

清史列传卷十六

大臣画一传档正编十三

陈世倌

陈世倌,浙江海宁人。父选,官至礼部尚书,有传。

世倌由康熙四十二年进士,改庶吉士,散馆授编修。五十年七月,充山东乡试副考官。十月,充顺天武乡试副考官。五十二年,迁左中允。五十三年四月,迁侍读。五月,充广东乡试正考官。十月,充日讲起居注官。十二月,丁忧,服阕,补原官。五十七年,命祭西岳。五十八年,充顺天乡试副考官。五十九年,提督顺天学政。累迁侍读学士。六十一年,丁忧。雍正二年,服阕,擢内阁学士。

闰四月,授山东巡抚。七月,疏言:"社仓通有无,济丰歉,古今可行。每乡立印簿,捐者自登谷数,不拘多寡,酌给花红匾额示奖,举公正乡约三人,轮管出入,册报官查。春夏之交,民间乏食,借领至秋,每石收息二斗,歉则分别减息。十年后,息倍于本,只收加一。第小民可与乐成,难于虑始。请令各督抚于一省中,先行数州县;俟一二年后,著有成效,然后广行。"下部议行。九月,疏言:"左道惑民,律有严禁。如回教不敬天地,不祀神祇,另立宗主,自为岁年,党羽众盛,济恶害民。请概令出教,毁其礼拜寺。"谕曰:"此种回教,原一无可取,但其来已久,且彼教亦不为中土之所崇尚,率皆鄙薄之;即彼教中之稍有知识者,十居六七,若似有出于不得已之情,从无平人入其教门之理。由此观之,则彼之所谓教者,亦不过止于此数,非蔓延难量之事。至彼之礼拜寺、回回堂亦惟彼类中敬奉而已,何能惑众?朕令汝等严禁新奇眩幻、骇人动众之事。如僧、道、回回、喇嘛等,其来已久,今无故欲一时改革禁除,不但不能,徒滋纷扰,有是治理乎?未知汝具何意见也。"三年七月,奏山东通省丁银,请摊入地亩征收,部议从之。九月,遵旨会议沿海防卫五事:一、僻处炮台虚设应撤,冲处应另建坚实;一、弭盗莫如保甲,应饬文武官协力严查;一、窝家应搜,变产赔赃,并着落邻保查察,举首得实,奖之,徇隐枷责;一、文武官皆有缉盗之责,胥役追贼至汛,汛兵不即协拿,以致疏脱,应按盗贼名数议处;一、分遣标员游巡,倘不竭力捕贼,分别参处。如所请行。四年十月,丁母忧,回籍,命督修江南水利。寻因迟误工程,革职,仍命赴曲阜督修文庙。十三年十月,署左副都御史,十二月,实授。

乾隆元年十一月,疏陈:"台湾事宜:一、在台置产流民,例得搬取妻子,不许携带亲族,但日久弊生,应确实查验,其未置产并不守分之徒,概禁搬眷出洋;一、熟番地多为汉奸所占,请敕巡台御史及台湾道亲勘招垦，定以疆界，并请停番民乐输谷石；一、命盗案内向俱招解内地院司完结，但过海动经岁月，请由台湾道招解，御史审结，知会内地督抚。"下部议行。二年，授仓场侍郎。三年，调户部左侍郎。四月，迁左都御史。五年六月，疏言："近今各部院办案及议覆事件，并奉旨发九卿会议之案，每多迟延，请敕照定限完结，违者议处。"从之。九月，转工部尚书。六年，授文渊阁大学士。七年三月，充玉牒馆副总裁。六月，教习庶吉士。八月，疏言："江南淮、徐、凤、泗等处被灾，特命部臣周学健往会督臣德沛办理。查黄、淮泛涨，皆有分泄故道，以达江、海；挑浚宣泄，又有成案可稽。请敕河臣星夜疏浚，引导异涨，归江归海。"又请令该督抚遴选干员经理抚恤，并令久于其任。十一月，谕曰："今岁江南叠被水灾，河防水利，甚关紧要，深为悬念。大学士陈世倌屡次陈奏，朕见其有中肯綮者，必有以成底绩之功。着即驰驿前往，会同周学健等查勘办理。"寻奏水势高下情形，必须亲勘，请带测量人员同往，从之。十二月，同周学健等奏积水消涸情形，并办理事宜，谕曰："朕将谓大学士陈世倌别有奇谋硕画，且临去时，曾奏于岁内可使积水全消。览奏，仍俟明年二三月间。且所办理，原不过就高斌、周学健所办理之规模而润色之，又何必劳此一番往返乎？"

九年正月，给假回籍，请开缺，上不允。四月，奏言："臣出都道经山东，闻有剧盗田大猪头等，[一]屡劫州县署及库，又沛县巨窝姚乾等，豢盗有年，现均就获。因各省俱有劫案关讯待质，臣以为此等大盗，但有数案审实，[二]即应题请正法。若因彼此关讯，连年不结，恐有疏虞。请敕山东巡抚喀尔吉善等就案速结，毋使巨盗久稽显戮。"上韪其言。十月,假满,还职。十年,加太子太保。十三年九月,命紫禁城内骑马。十一月,以错拟票签,谕曰:"云南巡抚图尔炳阿续参赵州知州樊广德亏空一本,例应抚参督审。今内阁所拟票签,仍交该抚审拟。经朕看出查询,始据改正,且请交部察议。夫察议者,不过降罚了事而已。然以五人在阁,似此向有定例之事,竟至办理错误,使朕万几之烦,尚须审详至此,于心何忍,岂不有愧?张廷玉、来保、陈大受均在军机处行走,尚有交办事件,或系一时疏忽;而陈世倌、史贻直着交部严查议奏。"寻议革职,得旨:"陈世倌自补授大学士以来,无参赞之能,多卑琐之节,纶扉重地,实不称职。着照部议革职。"又谕曰:"朕前降旨,谓陈世倌多卑琐之节,并非泛论,即如伊乃浙人,而私置产兖州,冀分孔氏馀润,岂大臣所为? 今既革职,着谕山东巡抚不准伊在兖州居住。"十五年八月,来京恭祝万寿,赏原衔,令回籍。十六年三月,命仍来京,入阁办事。九月,兼管礼部事。十七年,充会试正考官。十九年,再充会试正考官,策问黄河下流。谕曰:"策问时务,用觇士子学识,主试官不当以己见立说。上年顺天乡试,问黄河北行故道;今春会试,问黄河下流:皆孙嘉淦、陈世倌一己私见,究亦空言无补。若以此为去取,将启士子窥探迎合附和之弊,其渐尤不可长。嗣后有似此者,必治其罪。"

二十二年,以老病乞解任,谕曰:"大学士陈世倌虽年近八旬,而精力未甚衰迈,简任纶扉,历有年所。今以老病奏请解任回籍,情词恳切。大臣中齿宿望高,宣力久任,皤皤黄发,为班联表率,诚熙朝盛事。然老倦而思故乡,亦常情所有。果其以衰老陈情者,朕自曲加体恤,俾得荣归乡里,以资颐养,初未尝强为羁留。如张廷玉之年力既衰,朕即允其归田,迨后辗转获咎,乃其自取,实非朕初意所及料也。且陈世倌奏内既称为其生母修改坟茔,此亦人子未竟之责,自宜及身而为之。着照所请,准其回籍。现任汉大学士原有二人,不必开缺另补,听其自为酌量。如一二年后,精神清健,仍可来京办事,以昭优念老臣之意。"寻命加太子太傅。二十三年二月,陛辞,御制诗赐之,诗曰:"夙夜勤劳言行醇,多年黄阁赞丝纶。陈情无那逾孔纬,食禄应教例郑均。自是江湖忧未释,原非桑梓隐而沦。老成归告能无惜,皇祖朝臣有几人?"赐银五千两,命在家食俸。

世倌未及行,病,四月,卒。谕曰:"大学士陈世倌老成端谨,学行兼优。简任纶扉,勤劳懋著。前因衰老乞休,情词恳挚,业允其所请,复降旨优加锡赍,并赋诗以宠其行,俾得荣归故里,颐养天和。俟一二年后,精力未衰,仍来京供职,永承恩眷。旋闻抱疴邸第,特遣御医诊视,时命大臣存问,冀其速痊,得遂归田之愿。今闻溘逝,朕心深为轸悼!着再加恩,赏内库银一千两,经理丧事;派散秩大臣一员,带领侍卫十员前往奠醊。应得恤典,仍着该部察例具奏。"寻赐祭葬如例,谥文勤。

【校勘记】

〔一〕闻有剧盗田大猪头等　原脱"大"字。汉传卷二六叶四四上及耆献类征卷一六叶三下均同。今据纯录卷二一五叶八上补。

〔二〕但有数案审实　原脱"有"字。汉传卷二六叶四四上及耆献类征卷一六叶三下均同。今据纯录卷二一五叶八下补。

阿克敦

阿克敦,满洲正蓝旗人,姓章佳氏。康熙四十八年进士,改庶吉士。五十一年,授编修。五十二年二月,充河南乡试副考官。十月,充日讲起居注官。五十三年十二月,特旨:"阿克敦学问好,前典试声名亦好,着授侍讲学士。"五十五年,转侍读学士。五十六年九月,朝鲜国王李焞病目,遣使来购空青,命阿克敦赍赐之。十月,充经筵讲官,寻迁詹事府詹事。五十七年十月,擢内阁学士。六十一年四月,朝鲜国王李昀请以其弟李昑立为世弟,命阿克敦偕侍卫佛伦往封。十月,擢兵部右侍郎。十一月,兼翰林院掌院学士。时恭纂圣祖仁皇帝实录,命阿克敦为副总裁。雍正元年三月,恩赐二品荫生。四月,充日讲起居注官。七月,命专管翰林院掌院学士事。寻充四朝国史副总裁。二年五月,充大清会典副总裁。十一月,充翻译乡试副考官。十二月,命偕散秩大臣舒鲁封李昑为朝鲜国王。三年二月,充治河方略副总裁。七月,兼左副都御史。十二月,授礼部左侍郎,仍兼兵部侍郎。四年三月,充翻译乡试副考官。四月,调兵部左侍郎,兼国子监祭酒。

是月,两广总督孔毓珣请陛见,上命阿克敦往署总督,兼署广州将军。福建汀州府八属例销粤盐,毓珣奏准汀州府引课,知府总其成,岁具印领,自备盐价水脚赴潮领运,分发八县协办销售。十二月,阿克敦疏言:"汀州八属,雍正元年至三年,其未完课饷银四万九千四百二十八两。请仍照前督臣杨琳所奏,委官办理,发帑融销,以雍正四年为始,先完额引,方轮旧引带销。庶免新旧混淆,其未完银勒限清款。"部议如所请,每年所销盐斤银,除归还水脚等项,仍尽数解库。又疏言:"粤省濒海一带,盗贼出没,全赖左翼、碣石二镇总兵训练巡防,方能安戢。闻碣石总兵陈良弼秉心贪黩,凡渔船出口,俱勒陋规,拔补亦多索取。左翼总兵蓝凤令二子冒名补把总,[一]倚势累兵。似此劣员,实不宜于重镇。"得旨:"据实上奏,殊为可嘉。现采择胜任之人,尔即具本题参可也。"初,广东巡抚杨文乾议将高要等五县围基,顶冲改筑石工,次冲改作桩埽,计费数十万金,借库银修筑,且有开捐之议。阿克敦意与相左,文乾专折奏请。五年正月,阿克敦疏言:"查广东沿江之高要、高明、四会、三水、南海五县,向有围基,俱系土工,开窦建闸,以时蓄泄。每年十一月后,地方官督率乡民按亩分工,加卑培薄,民不为苦,官无所费。至田亩间有被淹,围基冲决,多因江涨,但水性不猛,非必石土桩埽,方能抵御。请仍循旧法,令地方官农隙督民修补。倘遇江水骤涨,遣员巡查,以防冲决,围基即能保固,无庸改筑费帑,且无一劳永逸之理。"得旨:"所奏甚是。"寻请以广州肇庆属围基,专遣广南韶道、肇高廉罗道督修,与毓珣会疏闻,下部议行。

广西梧州府苍梧县之芋荚山产矿砂,奸民聚党偷挖,经毓珣通缉未获。至是,阿克敦严饬捕役,缉获潘十八、谭六等十四名,皆有旗械,为首之李亚展亦于阳江缉获。讯实,事闻,奉谕:"此案朕时刻系念,今览此事就绪,甚为慰悦。"四月,调吏部左侍郎。六月,署广东巡抚。八月,疏劾肇高廉罗道王士俊侵税羡银千馀两,请彻底清查。疏闻,谕曰:"彻底清查,固属当然,但士俊尚属可用之员,当严加训饬,令其迁改。"九月,署广西巡抚。十二月,疏报广西省雍正四年分民屯田六十六顷四十五亩有奇,应征银米,水田于六年起科,旱田于十年起科,部议如所请。先是,文乾密参阿克敦于广南韶道林兆惠采买木厂被劫,不严缉新会县获盗犯龙门营汛被劫军器,均嘱令属员审作窃贼,从宽批结。电白山聚盗多人,白日沿劫匿不奏,又侵蚀粤海关火耗银,令家人索取暹罗国米船规礼银,请查审严追。又毓珣奏参阿克敦侵蚀太平关火耗银,并请查追。六年六月,特旨阿克敦着革职,交孔毓珣、杨文乾审奏。寻文乾卒。八月,上特遣通政使留保、工部郎中喀尔吉善往会毓珣、署广东巡抚傅泰严讯。嗣留保等奏讯阿克敦称:"'盗犯承审官覆审是窃非盗,并未嘱令串供,又各盗俱经严缉,因失事未久,旋即离署未题,粤海、太平两关火耗银,旧规分作司事束修工食,并非侵隐。至内地洋船无票者,例缴船礼为杂项公用,船户叶舜德系福建人,非暹罗米船,向有旧规,实非勒取,但均未禁革,愿赔补'等语,阿克敦所供究属矫饰,除讳盗、侵耗轻罪不议外,应坐令家人索取暹罗米船规礼,依律拟绞。"又因士俊前揭告阿克敦袒护布政使官达娄赃,不行查参,毓珣等遵旨会讯定拟具奏。并下部议斩监候。七年十二月,山东巡抚费金吾以疏浚济宁、嘉祥及江南徐州、沛县水道,请派员督修,特旨:"原任侍郎阿克敦前在广东任内,尚无贪赃犯法等情,着宽免释放,往江南河道工程效力,以赎前愆。"

九年七月,上以准噶尔扰喀尔喀游牧,命抚远大将军马尔赛由阿尔台进剿,授阿克敦为额外内阁学士,[二]协办抚远大将军军务。十一年十二月,命阿克敦办理扎克拜达里克粮饷。十二年六月,召还。七月,西路、北路将军皆言兵力有馀,贼势穷蹙,可进剿。上特遣阿克敦偕侍郎傅鼐、副都统罗密往准噶尔谕噶尔丹策凌，以宽大之恩开其迷误，画清边界，不得逾越。十三年四月，回京，奏称：“噶尔丹策凌请将哲尔格西喇呼鲁乌苏为我喀尔喀游牧地界。”上以阿克敦等奏折并地图密寄北路副将军策凌详悉定议。寻策凌议奏：“往者喀尔喀游牧，尚未至哲尔格西喇呼鲁乌苏，应如所请行。至彼处厄鲁特游牧，必以阿尔台山岭为界。若游牧逼近，防守实难，断勿令过山岭。”上从其议。闰四月，署镶蓝旗满洲副都统。五月，署工部右侍郎。八月，充八旗通志副总裁。九月，命守护泰陵。乾隆元年，恩赐二品荫生。二年闰九月，管理泰陵工部事务。三年正月，噶尔丹策凌遣使求策凌转奏：“喀尔喀与厄鲁特以阿尔台山岭为界，俱照现在驻牧。”上以其词恭顺，命阿克敦为正使，偕副使侍卫旺扎尔台吉额默根赍敕往谕，定地议界。十二月，阿克敦等率噶尔丹策凌来使哈柳自准噶尔回京，奏称：“噶尔丹策凌今议定界，请循布延图河，南以博尔济昂吉勒图、乌克克岭噶克察为界，〔三〕北以孙多尔库奎、多尔多辉库奎至哈尔奇喇博木、喀喇巴尔楚克为界，彼处之厄鲁特毋逾阿尔台山岭，喀尔喀亦祇于扎布堪游牧，相距辽远，庶可两无牵掣。”又请进藏煎茶，并恳贸易。上以噶尔丹策凌既遵旨定界，嗣后近边居民，各安故土，更无争竞，允其进藏煎茶贸易事钦派大臣与来使哈柳议行。

　　是年，授工部右侍郎。四年七月，转左侍郎。八月，充翻译会试副考官。十二月，充一统志副总裁。五年三月，调刑部右侍郎，寻转左。四月，教习庶吉士。闰六月，调吏部左侍郎。七月，充经筵讲官。六年四月，协办步军统领刑名事务。七年三月，署正白旗汉军都统。八年六月,授镶蓝旗满洲都统。十年三月,充会试正考官。五月,充五朝国史副总裁,兼翰林院掌院学士。六月,充日讲起居注官。十一年闰三月,擢右都御史,兼议政处行走。五月,授刑部尚书。十二年八月,充顺天乡试正考官。十三年正月,命协办大学士事务。四月,奉旨不必协办。是月,翰林院奏进孝贤皇后册文,翻译错误,奉旨:“此非无心之过、文意不通所可比,且此文留中,〔四〕欲细览交出;及看出大不敬背谬之处,欲传旨询问,则阿克敦等皆散去。此皆阿克敦因前日解其协办大学士之故,心怀怨望,且伊于皇考时获罪后复起用,〔五〕朕荐用至尚书。数年来实无出众宣猷之处,而每以文学老成自命,不得升用,辄怀怏怏。阿克敦着革职,交刑部治罪。”部议以阿克敦怨望,大不敬,依律拟斩监候。六月,奉旨:“阿克敦着照革职留任之例,在内阁学士上行走效力赎罪,仍署工部侍郎事务。”闰七月,上谕:“刑部事务紧要,满洲尚书员缺,朕于各部侍郎内详悉评量,或才堪办事而践历未久,或才力未充而统率匪宜,一时未得其人。阿克敦前虽获罪,尚系旧人,且其获罪不因办理部务错谬,尚可弃瑕录用,着署刑部尚书。”是月,即以原衔充经筵讲官,协办步军统领衙门刑名事务,授镶白旗汉军都统。九月,充会典馆总裁,又充清汉篆文副总裁。十月,兼翰林院掌院学士事务,充日讲起居注官。十二月,协办大学士,充国史馆总裁。十四年二月,以金川平,加中外在事诸臣秩,谕曰:“阿克敦久膺要任,历著清勤,宜一体加恩,以昭风劝,着加太子少保。”七月,上幸木兰,命留京办事,兼署步军统领。十月,赐紫禁城骑马。十二月,赐御书“协中辅治”额。十五年七月,上巡幸河南,命留京办事。

九月,兼署左都御史。十六年正月,署步军统领。十九年四月,上以阿克敦七十寿辰,赐御书"赞元锡嘏"额。五月,上幸盛京,命留京办事。

　　二十年正月,以目疾请假,上允之,遣太医诊视。复经屡次陈情,命以原任致仕。二十一年正月,卒。遗疏上,得旨:"阿克敦简任中外,宣力有年。上年因患目疾,特予致仕,俾得安养,〔六〕冀其痊愈。今闻溘逝,深为轸恻!遣散秩大臣率同侍卫往奠茶酒,赏银一千两办理丧事。应得恤典,着察例具奏。"寻赐祭葬如例,谥文勤。子阿桂,现任大学士,以军功封一等诚谋英勇公。

【校勘记】

〔一〕左翼总兵蓝凤令二子冒名补把总　"凤"原误作"奉"。满传卷三五叶五五下及耆献类征卷一七叶二上均同。今据宪录卷五二叶二一上改。

〔二〕授阿克敦为额外内阁学士　"额外内阁学士"原误作"内阁额外大学士"。满传卷三五叶五九上同。今据宪录卷一〇八叶二三下改。按耆献类征卷一七叶四下作"内阁额外学士"而无"大"字。

〔三〕乌克克岭噶克察为界　上"克"字原误作"可"。满传卷三五叶六一上及耆献类征卷一七叶五上均同。今据纯录卷八三叶一二下改。

〔四〕文意不通所可比且此文留中　原脱"所"字,又"留"下衍一"于"字。满传卷三五叶六二下及耆献类征卷一七叶六上均同。今据纯录卷三一三叶八下补删。

〔五〕且伊于皇考时获罪后复起用　原脱"后复"二字。满传卷三五叶
　　　六三上及耆献类征卷一七叶六上均同。今据纯录卷三一三叶八
　　　下补。

〔六〕特予致仕俾得安养　"特"原误作"俾",又"俾"误作"使"。满传
　　　卷三五叶六五上及耆献类征卷一七叶七上均同。今据纯录卷五
　　　〇五叶二〇上改。

刘于义

　　刘于义,江南武进人。康熙五十一年进士,改庶吉士,散馆授编修。雍正元年四月,充日讲起居注官,入直南书房。五月,迁左中允。七月,迁侍讲。寻提督山西学政。三年,迁右庶子。奏请每年以银四万两,于太原、平阳、潞安、大同买米贮仓,春粜秋补,择贤能州县或府佐贰董其事,以功过议叙处分。得旨:"所奏常平仓贮事宜,甚为有益,着交山西巡抚伊都立酌量举行。"四年二月,迁侍讲学士。六月,授顺天府府尹。五月,授詹事,仍兼府尹事。六月,擢仓场侍郎。七年,命查西宁军需。八年六月,迁吏部左侍郎。寻偕刑部右侍郎牧可登查赈山东。九月,命审山东按察使唐绥祖揭参济南府知府金允彝一案。

　　九年正月,授直隶河道总督。嗣鞫允彝祖邹平县革职知县袁舜裔亏空、抑勒交代等款,属实,论如律。于义赴总督任。七月,条奏:"天津截漕留粮事宜:一、漕米进仓津贴诸费,截留俱可不用,其额设落崖进仓脚价,令旗丁备给;一、旗丁雇剥每百里给饭米一石、耗米一石,今截留省剥费,每米百石应给地方官耗米一石,庶支放不致亏缺;一、漕船例有随粮席片,于截留处并交应

用。"下部议行。八月，奏言："青龙湾等处工程，革职侍郎何国宗议建鸡心十四座，未免阻隔水势，请即停止其展坝面四十丈，使畅无碍运道，并保河西堤工。"从之。九月，擢刑部尚书，仍理河务。寻署直隶总督。十二月，奏参巴里坤军营回京之内大臣阿济图、侍读学士查克丹等扰驿递，上嘉勉。

十年，署陕西总督。十一年正月，疏称甘、凉、肃承办军需，总汇粮草，价增数倍，兵饷不敷养赡。请酌借籽种、牛具给兵，于瓜州等处开垦，分两次扣还。秋收留来年籽种，馀粮镇标中军经管，以济兵食。"从之。四月，授吏部尚书，仍署总督事。八月，奏肃镇标兵除防汛外，现觉单弱，请拨驻凉州之河南绿旗兵五百移驻。十一月奏军营屯种拨马应用省买牛费。十二月，奏："回民移瓜州者，不谙农事，请募耕夫二百，照屯田例，给口粮工价，委员督率教导。俟一年熟练，自种。"又奏："赤金、靖逆之北湴带湖一带，筑墩台十八，塔儿湾筑堡一，东西各筑墩台一，以资保障。又安家窝铺渠口之上，另开渠一，以资屯种。又安西厅卫及效力各官，并书役等，听其自备工本开垦。"均如所请行。十三年二月，疏劾总理屯田左都御史孔毓璞侵粮盗帑、盘剥肆横等款，鞫实，治毓璞罪如律。寻奏："前定甘、凉、肃各属赎罪捐监米，照时价为额。今该地岁丰价减，应增米数以符银数。至他处赴捐，有运费，照本地酌减。"六月，奏："宁夏镇标原设中、左、右、前、后五营，雍正五年裁后营兵，归新设大通镇。今请仍设，以成营制。改大坝堡都司为宁夏城守营，〔一〕大坝堡增千总。"俱下部议，从之。

七月，命大学士查郎阿管理陕西总督，给于义钦差大臣关防,留肃州,俟军需竣回京。九月,奏言:"金塔寺肃州北面藩篱,请改游击为副将,并所属威鲁堡,俱于现驻金塔寺新募兵内拨增。又增辖屯田通判、州判、县丞、主簿等官,道员督查。"俱从之。先是,于义奏甘、凉等处设马厂,以千、把总为牧长,外委为牧副,颁太仆寺条例,定考成。至是,十一月,请以马孳多寡为弁兵升降赏罚,详列章程入奏,下部议行。乾隆元年二月,奏言甘肃巡抚许容办赈不善,奉旨严饬解任,命于义署理。疏请于哈密城北圈筑仓廒,令司粮文员专启闭,设墩台四,拨兵看守;又于新城东门外,筑关厢为商贾市区:从之。时捐赎例已停,于义奏发遣革职知州许启盛、董仲请赎罪,谕曰:"所奏俱非常赦所不原者,准其赎罪。朕前因官爵有关名器,仕途不宜滥冒,是以停止捐纳。至赎罪一条,原系古人'金作赎刑'之义,况斟酌情有可原者方准,其事尚属可行。嗣后赎罪例,照旧办理。"七月,查郎阿入觐,于义署陕西总督。十二月,奏称瓜州令户民五十家守坝闸,巡渠道,并可兼种地,请免纳粮草及他差徭,从之。二年二月,内召,回吏部任。时兵部侍郎孙国玺因审屯政侍郎蒋洞侵挪一案,劾于义瞻徇,并有诬参粮道杜滨暧昧事,命刑部侍郎马尔泰、仓场侍郎崔纪往查。寻问拟洞斩监候,于义瞻徇有迹,所参滨舅占甥妻诸款,系据属诬禀,失察,均下部议处,援赦免。三年四月,查郎阿奏参承办军需道沈青崖、黄文炜、张体义等私运侵帑,词连于义,侍郎马尔泰复奉旨往同督抚严审,于义着解任赴质。寻鞫实,拟青崖等斩监候,于义徇纵,杖流;浮开麦稞价银三万三千零,留兰州着追。五年十一月,特命署直隶布政使,七年二月,实授。

　　三月,授福建巡抚。时闽盐课额外多加派,于义同督臣那苏图请分别裁减,允之。八月,漳州奸民陈作谋不轨,聚众围城,于义擒之。议叙,加一级。十二月,台湾奸民王永兴等树旗散札为匪,旋就获。奏入,报闻。八年二月,调山西巡抚。十月,补户部尚书,九年正月,调吏部,协办大学士事。五月,御史柴潮生请修直隶水利,上以于义谙习情形,令同总督高斌办理。七月,以原衔充经筵讲官。十二月,奏陈:"水利事宜:一、钱粮令清河、天津二道核转;一、事关通省,陆续报销,以清案牍;一、工程三万两以上,委专员分办,各自报销,以下委员同地方官办,由地方官报销;一、河渠堤埝桥闸,有关要工,应专员典守者,于通省员弁内奏移;一、筑堤开河,间占熟地,旗地就近拨补,民地给价除粮;一、工料价用市平给发。"又奏:"勘初次应举各工:一、浚宛平、良乡、涿州境内牤牛正、支各河;一、开新城、雄县境内白沟河支流,赵北口淀内各支河;一、开东淀,河道径直,以畅尾闾;一、另疏子牙河口闸,筑堤分清浑;一、疏旧减河入凤河,消沥水;一、掘塌河,淀淤塞,利宣泄;一、引唐河由旧渠归保定河;一、以渠闸引河、淀沃田;一、浚正定县各泉为渠,成自然之利;一、修复营田旧渠闸;一、给百姓营田工本。"均下部议,从之。

　　十年二月,署直隶总督。三月,加太子太保。十月,奏:"初次工程告竣,善后事宜:一、各州县新工,官入交代,民均力役;一、唐河两岸设涵洞;一、新建河闸驻汛员;一、闸座设额夫;一、保定通判改为水利通判,专管唐、完、满城、清苑、安州五属河道;一、定兴县丞改驻新城,司河防;一、新设垡船刬夫,[二]分隶东西两淀;一、子牙河堤分隶厅汛;一、子牙长堤,建营房防护;一、河堤栽柳,州县佐杂及河工效力等官捐种,议叙。"十二月,奏:"勘二次应举各工:一、还乡河裁湾取直,建滚坝;一、蓟运西堤并袖针旧河,分别修筑;一、张青口下接挑支河;一、新安县之新河,开挑宽深;一、广利渠展为河,接连府;一、望都以下,沿白草沟河至清苑、安肃,开道沟;一、广利、依城二河,挑减河分泄;一、疏定兴、安肃泉水,广灌溉。"又奏:"永定河身兜湾十处,均宜裁直,以顺其势。湾处截筑拦水坝,河沙淤者挑深,堤缺薄者加培。"均议行。十一年三月,奏:"勘三次应举各工:一、塌河淀涨水,由七里海引归蓟运河;一、津邑东北贾家口旧河挑泄积水;一、静海迤东芦北口接开支河;一、南运河捷地汛改挑引河。"又奏:"续勘三次应举各工,在庆云县者浚马颊河引沥水归海,开城北湖于王家洼渠,通西南高慕台洼,均引入老黄河,疏四乡泄水沟渠,去积涝。在盐山县者,浚宣惠河,泄合县之水,通县东之明泊洼入宣惠河,〔三〕引归老黄河。"均议行。又奏:"庆云、盐山二县,请于水利节省项下,〔四〕酌给银多砌砖井,仍令民开土井,资灌溉。再拨用商捐贮银,委员赴张家口买牛,给贫民耕种,并度土性买栽枣、杏、榆、柳三万株,〔五〕以备食用。"从之。寻疏请减庆云县额赋,谕曰:"直隶庆云县土瘠民贫,连年荒歉,朕心深为轸念。多方筹画,蠲赈并施,以苏民困。惟是元气难以骤复,必须大沛恩膏,俾小民永沾实惠。着将该县每年额征地丁银蠲免十分之三,永为例。"七月,署直隶河道总督。

　十二年四月,直隶水利工程竣,议叙加二级。寻回京。七月,谕曰:"协办大学士、吏部尚书刘于义年近七旬,现兼理户部,轮班奏事,连日往返,未免过劳。所有户部事务,着不必兼管。"

十三年二月,卒。谕曰:"刘于义才品优长,简任铨衡,协赞机务,宣力中外,勤慎素著。忽闻溘逝,朕心深为轸恻! 应得恤典,着察例具奏。"五月,赐祭葬如例,谥文恪。

【校勘记】

〔一〕改大坝堡都司为宁夏城守营 原脱"营"字。汉传卷一九叶三七下及耆献类征卷一七叶三九下均同。今据宪录卷一五七叶二一下补。

〔二〕新设堡船裋夫 "裋"原误作"汉"。汉传卷一九叶四一下及耆献类征卷一七叶一二上均同。今据纯录卷二五二叶四下改。

〔三〕通县东之明泊注入宣惠河 原脱"河"字。汉传卷一九叶四三上及耆献类征卷一七叶四二下均同。今据纯录卷二六二叶八下补。

〔四〕请于水利节省项下 "利"原误作"师"。汉传卷一九叶四三上及耆献类征卷一七叶四二下均同。今据纯录卷二六一叶一七下改。

〔五〕并度土性买栽枣杏榆柳三万株 "榆"原误作"桃"。汉传卷一九叶四三上及耆献类征卷一七叶四二下均同。今据纯录卷二六一叶一八下改。

徐本 弟杞 子以烜

徐本,浙江钱塘人,吏部尚书潮子。潮自有传。

本由康熙五十七年进士,改庶吉士,散馆授编修。雍正元年,恭修圣祖仁皇帝实录,充纂修官。四年,署日讲起居注官。五年,提督贵州学政。寻授赞善,迁侍读。六年,疏言:"各省府学皆从属州县拨入,惟黔省自为府籍,额多滥充。嗣后府籍佳卷不足,应于州县内酌拨。又学臣去任时,不许诸生混请给顶,用防冒滥。府州县考取代书，严禁劣生包揽。贡监归学臣约束，地方官造册申送。有但冀荣身不思应试者，于捐后文结内注明读书贸易录科，照册查对，以杜顶冒。"下部议行。七年，迁贵州按察使。八年，调江苏按察使，寻迁湖北布政使。

十年，擢安庆巡抚。奏言："现定比缉盗贼章程，凡提比窃案责之府州，大盗责之臬司；其案多未获之处，臣亲提比，并照例立限，分别劝惩。沿江委员巡哨，省城另募干捕，分发臬司衙门，闻劫立即擒拿。各属恐干考成，必加奋勉。"上嘉之。十一年三月，条奏："榷政四条：一、芜湖关收税，库平轻重各殊，请照藩库颁给，馀悉销毁；一、凤阳关已裁监督缺，关务归巡抚，仓务归粮道兼管，其税大使攒典人等应汰；一、铜斤水脚，经前抚魏廷珍题明，附入正耗征解，给商税单内应一体填注，杜书吏暗索；一、货船随验，早晚开放两次，免致淹守。"五月，疏言："云、贵、广西不法土司安置内地，蒙恩每十名给官房五间、地五十亩。安庆城内计安插二十一名，所给地亩俱远在来安县，不便耕作。请将原拨地亩，令地方官变卖，先动存公银，附近买拨，俾得耕食，毋致失所。"均得旨允行。六月，疏言："征粮事宜：一、州县粮柜，向由府道给贴封条，俟申报拆封，另发更换。胥吏以州县不听自擅，致有藏匿、补投等弊。请仍用州县封条，[一]俾得觉察吏胥。道府仍委员秉公拆兑，稽察短少。一、民间完粮，前准科臣顾祖镇奏用十截串票。查花户不足一分之数，即不能掣票，或一截有馀，势必扣回馀银，花消拖欠。况分厘小户，概分十截，数目零碎，百弊丛生，应仍用三连串票。[二]一、小民零星之户，完银不便，酌凡银一钱以下，每分完制钱十文，其仍愿输银者听。"下部议行。七月,奏:"寿州滨淮河积盗,聚族而居,假捕鱼为业,商贾每遭劫掠。今陆续擒治,将大小鱼船取连环互保,编甲乙严查。其孙、平、焦、邓诸姓,久习为匪,设族正不时举发。"得旨嘉奖。又言:"江岸芦洲人烟稀少,向设游兵等营于夹口矶头,备塘船巡缉,亦可救遭风客船。近船多破废,应令州县会营员估修。"从之。十二月,疏言:"上江向设分巡兵备道八,陆续裁汰,仅留庐凤道一,所遗驿盐事务归下江驿盐道,漕粮事务归江宁粮道,兼分巡池、太二府。查江宁粮道统管十府漕粮,再分巡上江,鞭长莫及,庐凤一道亦难令兼巡。通省请增设道一员,分巡安徽宁、池、太五府、广德一州,驻安庆;其滁、和二州就近隶庐凤道。"下部议行。

　　寻迁左都御史。十二年正月,充经筵讲官。三月,擢工部尚书。十月,协办大学士事。先是,浙江奸民王益善邪教聚众,谋不轨,命本往同浙督程元章鞫治。至是,事竣,合疏言:"衢州最易藏奸,前设总兵,后改副将。今请仍改为总兵,其下设游击三、守备三。查衢协原设都司二,应以一改中营游击,一改城守都司;再增左右两营游击,右营驻江山,左营驻常山。原设守备三,一为城守都司中军守备,[三]一改中营守备,一改右营守备,防守龙游县。再增设左营守备,防守华埠渡。守备标下各设千总二、把总四,于通省简僻营内拨兵三百,增补提标辖严州协、枫岭营,处州镇辖兰溪汛,俱就近改隶衢镇。金、衢、严三府,幅员甚广,棚民杂处,请设巡道一,驻衢巡查,江山县之青湖镇增设同知驻防。"下部议行。十三年正月,充文颖馆总裁。五月,命同果亲王允礼、大学士鄂尔泰等办理苗疆事务。八月,今上登极。十月,调刑部尚书,命协办总理事务。乾隆元年三月,充律例馆总裁。十一月,授东阁大学士,兼礼部尚书。时恭纂世宗宪皇帝实录,充总裁官。二年十二月,直南书房。寻以协办总理事务议叙,赏给一云骑尉。三年,军机处行走。四年正月,命紫禁城内骑马。五月,加太子太保。六年,律例告成,议叙加二级。七年,兼管户部尚书。

九年正月,以病请解任,上慰留。六月,具疏力请,得旨,加太子太傅,准解任。八月,谕曰:"大学士徐本老成谨慎,宣力有年。今以抱恙,恳请回籍调理。朕心眷注,特赋诗篇,以宠其行,并锡御用冠服,及内府文绮、貂皮等物,令御前侍卫都统永兴赍往,宣朕谕旨。朕于本月二十五日行幸南苑,当亲至大学士邸寓慰问之。"诗曰:"枚卜资贤辅,调元赞藐躬。摅忠一心切,论道八年同。绩茂台衡列,勤宣警跸中。百司方仰矩,二竖偶兴戎。遽尔辞荣禄,能毋遂退冲。青门名不减,黄阁惜何穷。别绪纷秋日,归舟急北风。尚期食履健,重入绤扉崇。"九月,疏请给其子侍讲学士以烜假送归,允之,命在籍食俸。十年,上念本归里将一载,御制诗赐之,诗曰:"道义恹同好,衣冠崇老成。八年资襄赞,千里暌音声。宿疾今何似,秦医胡不灵?每怀故老凋,错落如晨星。临风瞻越云,惘惘心靡宁。长夏宜林居,山水秀且青。峰迎南北翠,月印三潭明。卿虽适江湖,岂不念朝廷?努力加餐饭,慰予跂望情。跂望情何极,频年共济人。爵禄非可私,义难阻归轮。常谓二疏去,于道昧致身。卿以谢病返,安忍责愆分?愆分亦已久,日历冬春夏。乃知白驹速,寸晷不相假。看禾新雨后,把卷万几暇。披薰对南风,心因到越下。所愿眠食佳,早整归朝驾。"

十二年,**本**卒。遗疏入,谕曰:"大学士徐本持躬端谨,才力优长,历事三朝,宣力中外。朕御极之初,简任纶扉,多资翊赞。后以抱恙,令伊子随侍回籍,又加恩给以本俸,以资颐养。予告以来,又经四载,时加存问。方冀宿疾就痊,赴阙供职。今闻溘逝,深为震悼!着晋赠少傅,就近在浙江藩库内赏银一千两,办理丧事。着巡抚顾琮亲往祭奠,以昭朕恩礼老臣之意。应得恤典,该部察例具奏。"寻赐祭葬,谥文穆。

子应衡,袭云骑尉。二十二年,上南巡,礼部以**本**未入贤良祠,不请遣祭。谕曰:"徐本宣力多年,勤慎懋著。即如前者过常州时,已故之巡抚潘思榘,礼部尚犹奏请,徐本视潘思榘为何如耶?朕巡幸所经郡县,名臣旧辅,皆即致祭,乃国家念旧酬功之典。该部自当慎重办理,何得胶柱鼓瑟乃尔!"即命**本**入浙省贤良祠,并遣官致祭。五十一年,命入京师贤良祠。

本弟杞,康熙五十一年进士,改庶吉士,授编修。雍正四年,充广西乡试正考官。寻授山东道御史,巡察顺天、永平、宣化等处。八年,掌京畿道,转礼科给事中。十年,迁通政司参议。十一年,署甘肃布政使,办理噶斯军需。十三年,迁太常寺少卿,寻实授甘肃布政使。乾隆三年五月,奏言:"州县亏空钱粮,知府盘查不出,咎在疏忽,较有心徇隐者,情尚可原,向无开复之例,未为平允。嗣后本犯已经限内全完者,其失察知府,令该督抚出具考语,送部引见,俾因人获罪之员,尚可录用。失察与徇隐处分,亦有区别。"下部议行。六年,奏言:"宁夏频年水旱,积贮无多。兹幸届丰收,请于本年山西、河南解到备贮项内,拨银采买,以实仓储。”上是之。七年，奏言：“甘省土瘠地硗，产粮有限。兵粮多系折色，又系邻省协济。其协济之饷，向例惟春季预拨银七十万两，先于年前解到；其馀四月解半，九月解完。兵丁买食，已属艰难，青黄不接时，尤为拮据。请于四月前多解银五十万两，预行存贮，于关秋饷时，一并预领，令营员趁秋收价平，及时买备，仍按期给发，不得先给花费，庶兵粮有备无虞。”部议从之。十二月，奉旨以京员补用。八年三月，署湖北按察使，旋授湖南布政使。九年，迁陕西巡抚。十二年七月，奏言：“潼关协营岁需粮草，取给于潼关、阌乡，尚有不敷，将华阴县屯民额征粮草，归管理屯户抚民同知征收支放。但粮草归厅管，户隶县属，难以稽查，并滋考试冒籍之弊。应将革除屯民额粮户口统归同知经理。”疏入，报闻。又言：“岁收厚薄不齐，原资商贩流通。乃奸徒先给乡民贱价，预买秋收，量载而去；又或于新粮上市时，勾通牙行，零籴整囤，待价出粜，富贾垄断居奇，应请禁止。”得旨嘉勉，并令直省督抚出示严禁，预囤粮石者，按律治罪。上以杞年力渐衰，着来京。十三年，补宗人府府丞。十五年，休致。三十四年，卒。

本子以烜，雍正八年进士，改庶吉士，授编修。乾隆五年，迁国子监司业。八年，迁侍讲。九年，授侍讲学士。十年，迁詹事府少詹事。十一年，迁詹事。十二年，丁父忧。十五年，服阕，补原官。十八年，授内阁学士。寻提督顺天学政。十九年，擢礼部侍郎，留学政任。二十一年，充经筵讲官。二十二年，以失察雇倩代考，降一级调用。二十三年，补太常寺卿。二十四年，丁母忧。二十七年，服阕，署内阁学士。二十八年，署礼部侍郎。三十一年,患病,告假回籍。三十六年,卒。

【校勘记】

〔一〕请仍用州县封条　"仍"原误作"改"。<u>汉传</u>卷一九叶四六上及<u>耆献类征</u>卷一九叶二上均同。今据<u>宪录</u>卷一三二叶二上改。

〔二〕应仍用三连串票　"串"原误作"由"。<u>耆献类征</u>卷一九叶二下同。今据<u>宪录</u>卷一三二叶二下改。按<u>汉传</u>卷一九叶四六下不误。

〔三〕一为城守都司中军守备　"一"原误作"以"。<u>汉传</u>卷一九叶四七下及<u>耆献类征</u>卷一九叶三上均同。今据<u>宪录</u>卷一五○叶五下改。

迈柱

<u>迈柱</u>,满洲镶蓝旗人,姓喜塔拉氏。<u>圣祖仁皇帝</u><u>康熙</u>四十八年三月,由笔帖式授国子监助教。十二月,迁工部主事。五十一年十一月,迁户部员外郎。五十四年四月,授监察御史。五十五年九月,巡视<u>福建</u>盐课。<u>世宗宪皇帝</u><u>雍正</u>元年,巡视宁古塔。三年十二月,命往<u>湖广</u><u>荆州</u>同将军<u>武纳哈</u>筹议以原任将军阿鲁家产抵还克扣兵丁银两事,合疏覆奏:"令<u>荆州</u>就近一百五十里内有穷民情愿卖地者,官给时价置买,或给兵丁耕种,或给民种起租。遇穷乏兵丁有婚事者,给银十两,丧事给银二十两。其官员子弟及饶裕兵丁不得滥给,以期永远有益。"下部议,从之。三月,擢工部右侍郎,七月,调吏部。命往<u>江西</u>审理<u>德安</u>知县<u>萧彬</u>、<u>武宁</u>知县<u>廖科龄</u>亏空,并清查通省钱粮民欠流抵诸弊。

寻命署<u>江西</u>巡抚。十二月,疏请以<u>江西</u>省额征丁银,照<u>直隶</u>等省之例,摊入地粮,从之。五年二月,授<u>湖广</u>总督,命料理<u>江西</u>

钱粮事务完毕赴任。三月，奏："江西仓谷亏缺，其弊有三：一、在无谷无银，捏报实贮在仓，及至交代，又捏报发价在民，或借领在民，俱以素日信用书役人等公具认领，新任官按石征追，颗粒俱无；一、在出粜仓谷得价侵收，及至交代，概以二钱一石折算交出，接任者因不敷买补，以至仓贮久悬；一、在亏空报完，以银二百两抵谷一千石，因价不敷，积久不能买补，并价亦侵用，又捏称民欠，多方掩饰，皆因前任巡抚裴㑊度，布政使陈安策、张楷徇庇所致，请察究追完。"诏革裴㑊度等职，质审究追。又言："江西公用银两，原系提解官役俸工及节规，恐州县无可养赡，或致挪垫亏空，亟宜裁革，但通省需费甚繁，惟有比照河南、湖广等省之例，提解各州县耗羡二分以充公用，另提解一分五厘及七厘、六厘、四厘不等，斟酌均匀，为各员一岁养廉之资。其馀概留州县，自行养赡。则通省之用无亏，各员俱有养廉，不致私行派累。至巡抚衙门，向有平馀一项，为薪水之资。今既议裁，亦于提解一分五厘耗羡内，与司道量行支用。又现在被灾州县，设厂煮赈，米价每石已至一两三四钱，将来势必愈昂。酌定未被灾州县，有产米稍多、米价略贱者，预发价银，委员分买，运发被灾州县贮备，俟青黄不接时，照原买之贱价平粜，则市价自平。至南安、赣州为闽、广交界之区，最易藏奸；鄱阳湖界址渺茫，出没难稽；万载、宁州十数处，又系聚集棚民，流匪素好多事：虽时处太平，武备不可不讲。现已严整塘汛，操演标兵，添设藤牌、挑刀等械，补实空粮，以充营伍。"得旨，嘉其条画详晰，令新任巡抚照行。六月，疏言："南昌前卫饶、抚二所屯粮屯丁属江南之建德、东流二县征比，而督催仍在南昌、饶、抚三府，隔越千里，鞭长不及。请以此项编征,改隶<u>江南池州府</u>掌管。"下部议行。八月,审奏亏空知县<u>萧彬</u>等俱论斩,并请令徇庇之上司分赔一分。得旨:"<u>迈柱</u>身为现任督抚,若非秉公持正、实能自信无一毫瞻顾者,不能如此,甚属可嘉! 交部议叙。上司分赔一分之处,从前未曾定例,仍照旧完结。自<u>雍正</u>六年以后,俱照所请,永为例。"部议<u>迈柱</u>加三级。

十二月,赴<u>湖广</u>总督任。六年正月,奏:"堤工八事:一、每年修堤业户,按粮均派,有卖富差贫、以少派多之弊,应确估土方、夫数及每粮一石应出夫数,造册存案,仍出示晓谕,使业户悉知,以杜浮开滥派之弊;一、<u>长江</u>大堤漫溢时多,应相旧堤之势,无人行走之处,修加土一尺,人马往来之地,修加土一尺五寸,增宽之数亦如之,不如式者所司以溺职论;一、向来修堤诸弊,非不严禁,无如阳奉阴违,应令照<u>河</u>工例治罪,其包折夫工者照包揽闸夫溜夫之律,一名枷杖,二名以上附近充军;一、护堤插柳,以一弓一株为准,连种芦荻,如所司奉行不力,以误工论;一、州县虽各有疆界,田亩同一堤塍,岂分彼此? 应定例同堤有险,无分隔属水利各官业户协力抢护,推诿抗阻者治罪;一、支河曲港堤内沟洫,应责成水利各官于冬晴水涸之时,督同业户尽力深浚,度其形势,或设木闸,或砌瓦筒,以时闭泄,庶旱涝无虞;一、堤塍冲溃之处,必积浮沙,遽加土填,根脚难固,应刨刷至底,然后层土层砐,引锥钻试,灌水不漏者,方为坚实,草率者责令赔修;一、堤外沙砾不堪取用,堤内取土又虑溃滥无常,应于农隙时水利及印官率民豫为择地取土,酌量垒积,险堤高广之处,无事可作岁修,有险可以抢救,亦思患豫防之一策。"谕奖办理允当。三月,疏报各属堤塍业户按粮派夫，照上年水痕加高修筑，支河亦自行挑浚。谕曰："修筑江堤，百姓踊跃从事，可嘉！宜沛特恩，赐帑银六万两，令迈柱酌量工程多寡分给，使小民均沾实惠，工程永远坚固，以副爱养楚民至意。"

四月，奏："镇筸凶苗倚恃险阻，野性难驯，时入内地窃劫害民；虽特设重镇，多布汛防，必待转报而后遣兵，凶苗已远飏窜匿，难于弋获。臣广为谘访，闻原任云南提督张国正先任镇筸总兵，以雕剿之法治苗甚善。凡遇失事，探实贼踪为何寨何苗，一面飞报，一面携兵驰往，围寨搜擒，出其不意，如雕之捕鸟，取其疾速而鸟可必得也。诸苗畏惮，大敛凶锋。臣今与总兵周一德循行此法，但期缉获罪犯而止，不敢过为杀戮，以广皇仁。"得旨："据理而论，制服凶苗自当如此。但情形究难遥度，全赖大吏详审熟筹，方收因地制宜之效。"六月，疏请移汉阳府通判驻汉口镇，荆州通判驻沙市；又请裁施州、大田二卫所，并为县，寻定县名曰恩施。九月，奏请清查湖北、湖南积欠银三十万馀两，得旨，与巡抚马会伯、王国栋一同办理。十一月，疏言："各州县起解钱粮，例于两文一批：一文投巡抚衙门挂发，一文同批投藩司衙门兑收，并同钱粮交与解役。解役与库书一气，多有压匿文批，将钱粮不归藩库，径交库书之家，拆分挪用，及放债图利等弊，巡抚藩司均难知觉。请嗣后起解钱粮，令先期三日将现解某项某数钱粮，于某日起程缘由，具文由铺递通报府、道、督抚衙门，并将某州县离省城路程，于文内声明，如逾限不到，严行查究，既杜侵盗之弊，亦可免中途迟滞疏失之虞。"下部议通行各直省一体遵行。七年三月，疏请以湖广省额征丁银摊入田粮，其续报劝垦及自首隐匿所报升科,俟再遇编审时摊入,从之。

五月,以永顺、保靖桑植土司改土归流,请于永顺设知府,府东南、西北各设一县,保靖、桑植地各设一县,从之。寻定新设府曰永顺,其东南县曰永顺,西北县曰龙山,保靖、桑植所设县仍其名。七月,奏湖南积欠十一万,已完过六万六千两;湖北积欠二十万七千,已完过八万四千两。又条奏:"苗疆事宜:一、湖南民人往苗土贸易者,令将所置何物、行户何人、运往何处预报明地方官,给与印照,注明姓名、人数,知会塘汛验照放行,不得夹带违禁之物,如有官吏兵役借端需索者,一并查究;一、苗人至民地贸易,〔一〕请于苗疆分界之地设立市场,一月以三日为期,互相交易,不得越界出入,仍令该州县派佐贰官监视;〔二〕一、苗疆州县,请选择诸苗悦服之人立为苗长,以稽捕缉之事,三年无过,量为奖赏,其有生苗归化者,给以寨长、千百户执照,三年无过,亦予奖赏,造册汇报兵、户二部;一、请照川省之例,于苗疆州县选安分勇敢之土苗,每处用一二十名充当民壮,以备差遣访缉,仍行文武互相觉察之法,以防勾通推诿等弊。"俱下部议行。八年七月,疏言:"永州府属之道州、宁远、永明、江华四州县,与广西接壤,应添设官兵以资防守。请改永州府同知为理瑶同知,移驻江华城中,控制上五堡等处,管理四州县苗疆捕务,仍于道州、江华各设游击一员、千总一员,宁远、永明各设守备一员,抽调各标营兵一千五百名,每月与广西桂临营订期会哨三次,于地方实有裨益。"下部议,从之。八月,奏:"沅阳钱粮,自康熙五十五年至雍正四年,积欠银八万九千二百馀两,里民一闻清查,争先完纳;其实在民欠乞与一年之限,分作三次征收,以纾民力。有官侵役蚀

包揽未完者,请暂缓究治,一年追完,逾限治罪。"上谕户部曰:
"朕之清查积欠者,原以防贪官污吏及不法衿棍,借民欠之名,恣
意侵蚀,不得不清厘惩治。今果查出沅阳州侵蚀包揽银三万馀
两,而里民之间有拖欠者,因田地近水,常有涝溢,力量未免不
敷,并非有意顽抗。俟册到日,酌量豁免,即令停止催征。其有
侵蚀包揽者,照所请办理。"

　　九年二月,疏言:"黔苗不靖,请停止湖南醴陵、桂东等十二
州县矿山开采,以绝藏奸。"又疏言:"湖南各营兵米,例以六钱
折给。今改设永顺三营,系开辟苗疆,产米既少,商贩亦稀,价值
昂贵,请自雍正九年为始,〔三〕永顺以一两折给,保靖、桑植以八
钱折给。"上是其言,俱如所请。三月,迈柱遵旨将沅阳州实在民
欠粮银三万二千馀两,分晰造册具奏。谕曰:"朕爱养元元,时下
减赋蠲租之诏,每思豁除旧欠,则顽户独得蒙恩;蠲免新粮,则善
良公同被泽。此天下人所共知。惟是沅阳民欠,与他处不同,该
州近水常有涝溢之患,其未完民欠,均从宽豁免。"十年十二月,
奏给价收缴六里镇篁土司藏用鸟枪,其木杷机弓各色完整者,拨
给兵丁充用,馀不合式制者,改造锄犁农具,赏给力田土苗,得耕
作之实用。至于土苗所用环刀、标枪,不宜比户藏蓄,亦令逐渐
给价收缴。谕曰:"所奏深得卖刀买犊之意,至环刀、标枪亦自应
收缴,可顺其愿,不宜强迫。"又疏言:"收捐贡监谷石,原为充裕
积贮,且备江、浙等省缓急拨用。现今川米禁贩不得到楚、江、浙
等省搬运甚多,各省米价日增,若本省仍收捐纳谷石,必甚昂贵,
请暂行停止。"从之。十二年九月,疏言:"本年楚省大稔,前两
年停收捐贡谷石,应仍收捐。但楚省向日议捐,原以裕常平积

贮,兼为邻省缓急之需。今邻省俱嫌仓谷贮久色变,自赴产米地方采买,不必代为豫备。至楚省常平仓贮谷一百十四万三千馀石,又社仓贮谷四十五万四千馀石,现今俱属充裕,邻省又无赴仓买运。若将应行流通之谷,多积于不待用之地,似非随时制宜之道。况户部暨云、贵、广西、甘肃、江、浙等省,皆因军需、海塘急务,现有收捐事例,更当酌量缓急停止。楚省收捐贡监,俾愿捐者赴户部云、贵等省捐收折色,以济急需。"上是其言,下部议行。十三年三月,奏准改容美土司地为州,其所属五峰司地设县治,改彝陵州为府。寻定新改府曰宜昌,附郭县曰东湖,容美新设州曰鹤峰,五峰新设县曰长乐,并原立之直隶归州、长阳、兴山、巴东皆隶焉;又于恩施县建府治曰施南,设宣恩、来凤、咸丰、利川四县。七月,疏言:"前于湖南永定、九溪二卫适中之地,建设安福县治,人民田赋,附近安福者归安福,远在各属者拨归各属,惟二卫拨归慈利、永顺二县,所征屯粮,疆界不清,民屯差互,官民多有未便。永定卫四面环山,一水四达,人民聚居,商贾辐辏。请于永定卫地改设一县,以原拨永顺、慈利二县所辖军户与慈利县分出民人,并现在改土归流之茅冈司地,计周围八百馀里,建县治,设知县一员,典史、训导各一员。"下部议,从之。寻定所设县曰永定。

是月,谕曰:"迈柱简任封疆,宣力有年,着授为大学士,来京办事。"寻授武英殿大学士,兼吏部尚书。今上御极,命暂管湖广总督事。十一月,至京。乾隆元年二月,兼管工部。二年十一月,以病罢兼部务,寻解任。三年正月,卒,年六十有九。赐祭葬如例,谥文恭。

【校勘记】

〔一〕苗人至民地贸易　“民”原误作“苗”。满传卷二八叶八下及耆献
　　类征卷一七叶二〇下均同。今据宪录卷八三叶三一下改。

〔二〕仍令该州县派佐贰官监视　“该”原误作“各”。满传卷二八叶九
　　上及耆献类征卷一七叶二〇下均同。今据宪录卷八三叶三一
　　下改。

〔三〕请自雍正九年为始　“九”原误作“元”。满传卷二八叶一〇下及
　　耆献类征卷一七叶二一下均同。今据宪录卷一〇三叶四下改。

黄廷桂

黄廷桂,汉军镶红旗人。父秉中,官福建巡抚,有传。康熙
四十九年,廷桂由监生袭曾祖宪章所遗云骑尉世职。五十二年,
迁三等侍卫。五十九年,补参领。雍正三年,授直隶宣化镇
总兵。

五年二月,擢四川提督。六月,疏陈:“营伍地方五事:一、军
械宜速制,川省三面环夷,自平西藏、青海后,多缺额,不堪用,现
饬确查修补;一、马厂宜别建,川马本不高大,又日系槽,致多赢
毙,现访得丰乐场后荒山六十里,派弁督牧,其附郭旧厂,追出募
垦;一、士卒骄奢宜禁,川省自年羹尧滥赏放纵,至今习气未除,
现饬服用绢布,毋僭官制;一、番、蛮防范宜密,每岁十月间,生熟
番、蛮至内地佣工,名为‘下坝’,次年夏初始归,近禁携妇女只
身合伙成群肆恶,应饬携家属数名口,方许至内地,形迹可疑者
查禁;一、汛守地宜均,成都属德阳、仁寿二县南北距数百里,归
一把总,驻防永宁协驻贵州永宁县城,中隔河,河东隶黔,西隶

川,兵民歧视,非边隅所宜。"奉旨,与总督岳钟琪会商行。十一月,奏严缉窃贼及赌具,谕曰:"牧民之官,果肯执法惩奸,谅未有不畏惧者。大都亵玩之生,率由日久懈弛、有意纵舍所致。故禁令之弗行,其咎在不公不明,而不在于不严也。夫法犹治病之药,取攻疾而已,过于峻利,则元气必大伤。知乎此,斯知过猛之不足为贵矣。"又奏:"建昌番、蛮新隶版籍,窃掠时闻,臣饬擒严惩。又省城设防火堆棚三十,每营救火兵二十。"得旨嘉奖。六年二月,请设义学于提标五营及城守两营,谕曰:"义学一事,各省提镇及驻防将军等往往以此奏请,朕俱未准行。从来文武并为国家器用,不可偏有重轻。汝意专以崇文为善举欤? 子弟读书一道,非鲁钝者所能,须俊秀者方可。夫以少年聪颖之资,既习礼仪,稍通文墨,犹思荷戈执殳,甘为前驱乎? 势必渐染日久,流为怯懦,将来俊秀者咸不愿为兵,而亦不能为兵矣。营伍中所馀,无非鲁钝一流,欲求干城之选,岂可得哉? 是非兴文之良策,实乃废武之歧途。譬犹驱乡塾生童,教习橹盾,徒误其文而已,武亦莫能就也。似此邀虚名而无实益之举,将焉用之? 至云营伍钱粮册籍乏人查对,因此之故;而令阖营俊秀子弟皆致文武两相废弃,讵不更谬? 凡事但宜随时斟酌损益,期于办理无误则已,何必思及分外,创新立异,始为美谈耶?"

　　三月,奏报乌蒙米贴苗妇陆氏不法,伤云南兵,已檄永宁、遵义将弁援剿,谕奖其机宜妥协。会四川雷波土司杨明义阴助陆氏,诱附近结觉、阿路、阿照、平底等苗劫粮,陆氏就擒。廷桂及钟琪请剿明义,诏廷桂偕总兵张耀祖会剿。九月,军至拉密,擒明义,并获造谋人卑租及匪目业姑、物租等。谕曰:"首恶渠魁,陆续被擒,朕嘉悦览焉! 抚剿馀逆,无涉轻率,详慎为之。"寻奏结觉贼酋双尺、阿路贼酋鲁佩及阿不罗贼酋觉逼均就擒,斩馘近万。谕曰:"览奏,斩获情形,何啻猎人弋获禽兽! 倘兵退仍复如故,将如之何? 亦岂有尽行杀戮、不留噍类之理乎? 当详思善于措置之道为要。"十月,奏剿附近黄螂之确里密等处枝夷,底定后,并力剪除阿多及阿驴,报闻。十二月,确里密贼酋利耶为我军炮毙,阿都苗擒献其酋阿必,阿驴苗亦就抚。七年正月,廷桂奏军事竣,谕曰:"此番底定之功,仰荷上天垂庇,圣祖锡佑,兼赖汝等提镇大臣及将弁兵丁,胥能效忠奋勇之所致也。朕深为嘉悦!"寻疏陈苗疆地方情形,得旨:"番俗苗情,历历如绘,丝毫无隐,朕甚嘉之! 惟善后一着,最为要务。殚心竭力,共相筹酌,必得良策,庶冀永宁。"四月,奏湖北容美土司田旻如遣土游击至四川建始县界,征花丝银,已咨湖北督抚、提督查究。谕曰:"楚、蜀各土司中,惟容美最为富强。缘自前明官吏玩愒弛纵,遂至越分僭礼,相沿成习,迄今尚未改也。地方大吏,应晓以大义,渐令革除;若据滥给委牌,科敛丝花等款,即坐以狂悖之罪,似若太过。已密谕楚督迈柱令其严饬田旻如矣,汝等虑其疑畏不遽根究之意,甚是。"寻奏筹画瞻对贼蛮,得旨:"瞻对虽微,亦不可轻视。凡事概以敬慎处之。"七月,奏太平营都司郤见信谗虐兵,致合营交甲求退,请革职。疏入,谕曰:"借'轻信谗言苦虐众兵'一语,遂欲幸免结党挟制之罪,岂可得乎? 类兹刁风,不宜滋长,当严查为首者,重惩示儆。郤见若仍留本营,势不相安,另拣贤员调补。"十一月,请开采黄螂等处铜铅资鼓铸,谕曰:"此奏识见,殊属庸愚之至! 所谓守突奥之荧烛,未仰天庭而睹白日者也。雷波黄螂一带地方,与新抚凉山诸夷壤畴交错,第宜示以静镇,胡可兴起利端? 若听民开采,各处流亡无籍之徒,势必群相趋赴,万一酿生事故,所关非浅! 汝其会同宪德速将金竹坪、白蜡山等处,凡出产铜铅矿厂,概行封禁,严加防范。稍有奉行不力,脱至纷纭,黄廷桂、宪德之身家性命,未足以偿厥辜也!"廷桂奏谢圣训,得旨:"向后一切事宜,务须详慎为要,率尔之见,何可渎陈? 朕览所奏,倘亦如汝遽即见诸施行,竟至滋扰地方,其害曷胜枚举! 岂引咎颂圣数语所堪了结者? 如云'曾经审思,原非率尔',则己之才识,实属不逮可知,愈当加勉详慎。"十二月,奏缉获妖言逆犯杨大铭等十九人,并檄酉阳土司献首恶杨七。谕曰:"此事最宜详慎,勿俾无知弁员凭威逼胁,激出事端。朕意或系奸匪捏词妄供,希图推卸,亦未可定。料该土司未必有此事也。"八年正月,奏杨七果获于杨隘嘴,并非酉阳境内。谕曰:"朕非有过人技能,但较汝等克诚克公耳。凡人为一己利害是非之心切,则遇事接物,动辄有过不及之失。勉公与诚,斯为对证之药。"嗣酉阳改土归流事,详鄂昌传。十二月,奏报倮贼滋事,调兵战克金锁关、墨铁关、黄草坪等处,恢复永善。得旨:"官兵之奋勇争先,汝之调度合宜,深为可嘉! 据鄂尔泰亦有'川省将领此番效劳,较胜滇省张耀祖远甚'之奏,勉旃!"

九年三月,大军剿噶尔丹策凌,上以川、陕地广,又理军需总督一员,难于控制,特增设四川总督,即以廷桂补授,兼管提督印务。六月,请将川省常平仓捐谷改银,款数悉照云、贵现行例,谕曰:"川省乃产米之乡,筹画积贮,尚易为力。该督抚遽请开捐,误矣! 且欲改谷作银,又复将银买谷,转辗滋弊,更属悖谬。但通省仓廒止有四十馀万石,为数太少,着另议增贮。"十年八月,奏遣总兵赵儒剿捕儿斯贼番。谕曰:"务期一举戡定,以收永远绥靖之功,毋得潦草结局。今贼番敢于猖獗者,皆由汝从前未经料理妥协所遗之患。设不能奋勉立效,以赎前愆,二罪并罚,恐汝等难以克当矣。"十二月,捷奏至,奉谕嘉奖。十一年,奏获大竹县奸民文兴贵、文射斗等,上嘉之。十三年五月,疏报夏熟收成分数,谕曰:"际兹盈宁之庆,当益加凛畏,更勉公忠。试思川省屡蒙天佑,频锡丰年,岂文武不和,各立门户,排挤乖争之风,所能感召者耶?若因此而自以为是,任情肆念,殊非所以仰答天眷矣!亟宜返躬内省,倘有不慊于中,极力改悔,毋稍逡巡。"六月,奏:"贵州古州逆苗包利与汉奸张九万等,纠众陷清溪、馀庆等县,四川建昌、永宁俱苗疆,界连贵州,臣饬各员弁加意抚辑,苗民勿为煽惑。"谕以"不动声色,静镇慎密为要"。乾隆元年正月,西陲军务竣,裁四川总督,廷桂仍为提督。其总督缺,后于十三年复设。十二月,命来京候旨。二年,补銮仪使。

寻署天津镇总兵,三年,实授。五年,迁古北口提督。六年七月,谕曰:"古北口为畿辅藩篱,该提督所属弁兵,素称劲旅。今因出口行围,亲临简阅,见队伍整齐,技艺娴熟,洵由统领大员董率有方、将弁兵丁勤于练习所致,朕甚嘉之!黄廷桂已赏马二匹,着再加恩,赏上用缎二疋。"九月,授甘肃巡抚。九年,疏奏恤孤贫,瘗枯骨,劝输社仓,清查监狱,开渠灌田,及教民种树、纺织各事,均得旨嘉奖。十二年,署陕甘总督。十三年四月,奏:"练兵三事:一、技艺分三等,以资激劝;一、马步兵逐名考验;一、前锋旗纛,毋许远迎露积。"诏如所请行。十二月,授两江总督。十四年五月,疏言:"江西俗悍,有司因循姑息,致不安分之人,动辄喧闹滋事。臣饬严拿究办。又各营仅按日轮操,南方晴少雨多,转多闲旷。臣令于阴雨时,择公所及宽敞寺院内,如式操练。又挽强命中,最为要技,现饬造七力及十力硬弓教演,其弱者不得过六力。"谕曰:"汝至江南,颇出力整饬振作,但不可欲速,而要之以久可也。"九月,议奏裁并卫所事宜,拟将漕船最少之仪征,并入扬州卫,金山卫并入镇江卫。扬州四帮并入三帮,镇江中帮并入前、后两帮。共裁守备二、千总四。下部议行。寻奏立限清查积案,报闻。十五年二月,加太子少保。七月,奏赴运河豆班集漫口抚灾户,谕率属详查妥办。八月,奏:"奉贤县奸民李如岗等聚众结猛将会扰害地方,臣饬属拿获首从各犯。"得旨重处示警,毋姑息。十月,疏参:"江苏巡抚雅尔哈善于奏销钱粮,奉旨训饬,忽将知县许惟枚等十一员特参送臣,会稿画题。臣查惟枚等经征未完,均不及一分,例止停升、罚俸。今尽请革职,人必以为钦奉严旨,非巡抚本意,其居心更属巧诈。"得旨:"所参甚是。雅尔哈善交部严议。"寻议革职留任。十六年,圣驾南巡,御制诗赐之,曰:"迎銮卫警跸,建节久旬宣。体我勤民德,嘉卿率属贤。何须张锦帐,惟喜阅鳞田。细验刚柔俗,周咨丰歉年。咸中方有庆,虚己自无偏。此地人文盛,还淳尚勉旃!"是年,调陕甘总督。

十八年正月,调四川总督。八月,奏川省岁丰谷贱,命转输二十万石赈淮、扬被水州县,御制诗纪其事,曰:"全蜀幸逢年,教开移粟船。不因读汉诏,饥溺自应然。"十二月,晋吏部尚书,留川督任。十九年二月,重庆奸民谭二、陈琨等谋逆,廷桂擒首从十四人,置于法。九月,疏言:"川省惟成都府属地平衍,又有都江大堰灌溉。馀各属山田,臣令勘修塘堰引灌。新都、芦山等十州县及青神县莲花坝、乐山县平江乡、三台县南明镇悉变膏腴。"报闻。二十年五月,请增鼓铸,为通省修城用。谕曰:"有益地方之事,详妥为之。"是月,晋武英殿大学士,兼管总督事。六月,打箭炉外孔撒、麻书两土司构衅,金川及绰斯甲布祖麻书,革布什咱及德尔格忒祖孔撒,互攻杀。廷桂偕提督岳钟璜饬谕解散。

寻调陕甘总督。十二月,奏言:"军营文报紧要,向派大员管理,不若就近责成沿边提镇。"诏如所请。二十一年二月,奏:"从前各处调解军营之马,多不堪用,一由口外严寒,一由弁兵作弊。自安西至哈密,经戈壁十馀站,饲饮不时,致多疲毙。现派都司、守备等官,分站专管。河州、靖边两副将往来稽查。将积贮草豆、经过马匹住歇时刻、行走标分各情形,按日呈报。臣令标员赴各站查察,并安西提督及哈密防镇,不时就近督催。"得旨嘉奖。四月,命驻肃州,督办军需。五月,奏:"西北两路军营,向通商贩,后因撤兵禁止。今巴里坤军营一应牛羊等物,专由肃州一带贩往,路远价昂,难资接济。请照旧通商。"部议从之。十月,请设巴里坤理事同知一,上允之。十一月,奏:"吐鲁番回人莽阿里克与厄鲁特潜谋叛逆,其人在巴里坤、哈密贸易者甚多,恐暗通信息,臣调安西兵千赴两处分驻。但数尚少,若向内地调拨,又虑张皇。现有派赴巴里坤种地兵五百,塔勒纳沁种地兵二百,即令同往防守。再晋省解到之驼,出关未久,若赶赴军营,须拨兵防护,已截留安西一带牧放;其续调马,亦于哈密附近留牧。至马匹尚须豫筹,陕、甘两省选得三万,令加紧饲牧,备调。但陕省距肃路远,按站行需五六十日,请先调来甘分拨,加意饲养,陆续行走,可收实用。"谕曰:"黄廷桂经理军务,筹画精详,一切调度,甚合机宜。大臣能如此明决担承,实心体国,深可嘉悦! 着赏双眼孔雀翎,并加赏骑都尉世职,令其子承袭。"

二十二年正月,上以廷桂与巴里坤办事大臣雅尔哈善札商战马一事,意存推诿,训谕之。三月,奏言:"臣节次解送出口马二万七千五百馀,统于三月十五日以前全抵巴里坤,馀随后补解。又出口驼四千二百馀,续到者亦随时解往应用。"报闻。寻军营大臣奏廷桂所解马依限到,且膘壮堪用,谕奖其办理妥速,交部议叙。十月,命续解马八千,廷桂奏前自准噶尔脱出之官兵等,久居边地,娴牧务,请即令解往,得旨俞允。十一月,又续解马四千无误,谕部议叙。十二月,奏言甘省有垫办军需银十万馀两,请饬各员自行弥补其半。上嘉廷桂贤劳,在事各员奋勉,特命蠲免,并赏廷桂银一万两。二十三年二月,奏军需办解将竣,即届春耕,请暂停可缓之粮运,又预备正馀马一万七千、驼五千馀,陆续解巴里坤,谕奖其悉心调剂。四月,谕酌议伊犁驻兵屯田事。五月,疏参甘肃布政使武忱、粮道成德怠玩误公,漠视军务,诏革职。时奉旨于直隶、山东、山西、河南、陕西购马一万,由肃州转送巴里坤,备来年进剿之用,廷桂酌定饲牧事宜,又筹运粮十万石于巴里坤。谕曰:"甘省连年办理军需,黄廷桂急公集事,俱无贻误。今岁春夏以来,一切转运粮饷,复甚妥协,深慰朕怀。着加恩再赏银一万两。"七月,奏言:"臣因两路大兵驻库车,粮运甚要。闻有自哈密直趋吐鲁番之路,委员勘得夹山路径,骡驼皆可行,较由巴里坤路近。现奉旨筹库车、阿克苏等城运粮，可否行车，〔一〕臣已委员迅勘。若俟覆到日，始由巴里坤办运，未免稍迟，不若先径运至吐鲁番界，由彼转运。因拟将哈密现办车骡，留半运巴里坤所贮粮，分半竟由哈密运至吐鲁番收贮。仍俟直督及山、陕抚臣购驼骡到日，均由哈密运军营。回空时，将吐鲁番粮转运军营，较巴里坤省往返二十馀站。"谕曰："黄廷桂所奏筹办库车等处粮运一折，甚合机宜。若拘泥成规，必俟查明道路，解到驼只，始由巴里坤起运，即极力攒赴，已需时日。朕正在降旨筹办，而黄廷桂即能计虑及此，请将粮石运贮吐鲁番，与朕旨适相吻合。阅奏不胜欣慰！黄廷桂身体素弱，如此悉心计画，朕不惟嘉之，且深怜之也！"是月，加少保。十二月，廷桂奏："臣奉旨购办牛羊。查内地牛不习口外水土，〔二〕成群赶解易毙，且耕作届期，未免难购，惟羊尚可购四五万。此时口外严寒，请于来年二月起程，接济军食。又酌拨银二十万解阿克苏买回城米。"诏如所请行。寻谕曰："大学士管陕甘总督黄廷桂忠诚素著，老成练达。西陲用兵以来，虽未身历行阵，而筹办一切军需，动协机宜。多有计朕所降谕旨尚未到肃，〔三〕而适相吻合，旋即奏到，与朕所规画不约而同者。数年以来，若非黄廷桂体国奉公，不遗馀力，安得精详妥协若此而毫不累民、内地若无事者然？此其功为尤大，宜晋崇阶，用彰劳绩。着由骑都尉晋封三等伯，并加赏红宝石帽顶、〔四〕四团龙补服，以示优异。"寻赐所封伯爵号忠勤。

二十四年正月，廷桂以督办军需抵凉州，病剧，犹勉视事，布政使蒋炳具疏以闻。上命额驸福隆安带御医往诊视，甫行而廷桂卒。遗疏至，谕曰："黄廷桂忠诚敏达，干练老成。历任封疆，勤劳懋著。西陲用兵以来,筹办军需,事事精详妥协,倚毗方深。是以迭加宠锡,用彰劳绩。昨据蒋炳奏伊在凉偶感风寒,[五]力疾视事,旧恙增剧,即派福隆安带同御医驰驿前往诊视,以冀速痊。遽闻溘逝,深为震悼！览其遗折,当弥留之际,尚拳拳以西师垂竣、筹办军需为念。益见体国奉公,赤忱罔斁,不觉声与涕俱,难以自禁！即着福隆安前往奠醊,赏银一万两,交地方官料理丧事,并入祀贤良祠。其伯爵即令伊子承袭。应得恤典,仍着该部察例具奏。"寻谕:"廷桂灵柩所过地方,文武员弁出城奠醊,并派员沿途护送。"赐祭葬如例,谥文襄。御制挽辞曰:"华镫广乐正陈时,扼揽惊闻辰尾骑。慈庆朝仪难并辍,强酬节物泪双垂。屈指军兴逮五年,储胥事事合机先。宣惟良弼苍生福,痛惜摧心敢问天。马利军行粟赈民,弥留两事尚谆谆。鞠躬尽瘁今诚已,葛亮而来此一人！运筹力疾尚劳心,驿馆谁为下鹊针？赐赗行将归故里,椒浆写痛定亲临。封疆历三十馀年,公正廉明众共传。皇考时臣所馀几,鼻酸然复思怵然！"廷桂柩至京,上亲临奠醊,诗曰:"事繁食少赤星颓,易箦谆谆饷务裁。公瑾卒官父子感,马光迁陕士民哀。忍将巫祝先桃苅,载共公卿酹玉罍。夺我良臣一何遽,不教留听凯歌回。"二十五年,凯宴成功诸将士,上追念廷桂,御制诗中有"独忆储胥宣力者,凯回未见惜斯人"之句。寻命图形紫光阁,御制赞曰:"外任封疆,内司纶綍。俾理储胥,经权弗诎。殚诚尽智,事协予心。未同凯宴,痛惜曷任！"四十四年,御制怀旧诗,列廷桂于五督臣首,诗曰:"西陲用兵时,军需信要务。统勋既罢斥,特用就熟路。擘画实尽劳,诸事皆弗误。而以民为重,从不加征赋。遇灾仍赈恤,入告直陈故。可比主吏萧,关中勤供输。以此论功勋,章服锡异数。为政颇尚严,赫赫名久著。然而公无私,任劳任怨素。两朝所造就,似此诚罕遇!”

廷桂孙嘉袭伯爵,卒,子文燦袭,现任镶白旗汉军副都统。嘉弟模,历官湖广镇箪总兵,降蓝翎侍卫;检,历官福建巡抚,汉军副都统,降蓝翎侍卫。廷桂原袭之云骑尉世职,从弟廷枢袭。

【校勘记】

〔一〕阿克苏等城运粮可否行车　“运粮”原颠倒作“粮运”,又“行车”误作“行走”。满传卷三九叶四四上及耆献类征卷一七叶三二下均同。今据纯录卷五六六叶二〇下改正。

〔二〕查内地牛不习口外水土　“牛”下原衍一“羊”字。满传卷三九叶四四下及耆献类征卷一七叶三三上均同。今据纯录卷五七八叶六上删。

〔三〕多有计朕所降谕旨尚未到肃　原脱“计”字。满传卷三九叶四五上及耆献类征卷一七叶三三上均同。今据纯录卷五七六叶一五下补。

〔四〕并加赏红宝石帽顶　原脱“加”字。满传卷三九叶四五下及耆献类征卷一七叶三三下均同。今据纯录卷五七六叶一六上补。

〔五〕昨据蒋炳奏伊在凉偶感风寒　“伊”原误作“到”。满传卷三九叶四六上及耆献类征卷一七叶三三下均同。今据纯录卷五七九叶二下改。

张允随

张允随,汉军镶黄旗人。祖一魁,福建邵武府知府,有政绩,祀名宦祠。允随由监生捐光禄寺典簿。康熙五十三年,授江南宁国府同知。五十七年,擢云南楚雄府知府。雍正元年六月,调广南府,旋丁忧。二年十一月,特用曲靖府知府。十二月,擢云南粮储道。五年六月,迁云南按察使。十一月,擢布政使。八年五月,调贵州布政使。

八月,授云南巡抚。十年十月,疏言:"镇沅府、恩乐县新改土为流,请设镇沅府教授一员,恩乐县教谕一员,二学取进童生各八名。"下部议行。十二月,疏言:"滇省各府、州、县,[一]或兵少米多,或兵多米少,米少则挽运维艰,米多则红朽可虑。请将广南、广西、鹤庆、永昌、曲靖、永北、寻甸、罗平、南宁、太和、南安、镇雄、保山、新平、支山、会泽等处额征条银,每两折收米一石;阿迷、宁州、云龙、云州、镇南、通海、蒙自、姚州、元谋等处额征秋米,每石折银一两;其普洱、攸乐、威远、[二]镇沅等处,以一两折给,兵丁不敷买食,请酌增以癸丑年为始,停止采买。"十二年九月,疏请于广西府开炉鼓铸。均议行。十三年八月,疏报蒙化府垦田二十六顷有奇。乾隆元年,疏请昭通府属之永善县增设县丞一员,驻扎副官村,其副官村巡检移驻古寨,归鲁甸通判辖。二年,署理云南总督。十月,疏言:"滇省水利与别省不同,非有长川巨浸,可分疏引注。其水各由山出,势若建瓴,水高田低,自上而下,宜疏浚沟渠;使盘旋曲折,加以木枧石槽,引令飞渡。间有田高水低处,则宜车戽。遇雨水涨,迅流直下,不能停潴,则宜浚塘筑坝,蓄泄得宜,两岸均沾灌溉。至低洼之处,下流多系小港,水发未能畅流,恐致淹漫,则当疏水口以资宣泄。如遇山多沙碛,又当筑堤以护田亩。滇省水利情形大概如此。历年已兴之水利,内有官民协修者,有借公项修分年还款者,有动帑兴工造册报销者。现在勘修水利,如田间沟洫,及一二村寨闸坝,与应修之旧有沟堤,工小费轻者,令地方官查明,于农隙时按田出夫,督率兴修;如工程稍大,于出夫外,有应需工料者,令地方官率士民公议需费多寡,于有田用水各户名下,按田分定银数,造册详借司库公项。工竣后,分年还款。倘有工大费繁,非民力能胜者,则勘定情形,绘图贴说,请委员覆勘报结,即于雍正九年题明官庄变价留为水利之用项下动给,工竣另委确勘,取具册结题销。如此则已兴之水利,既得永远保固;未兴之水利,亦可次第查修。”报闻。三年三月,疏请停铸运京钱。五年三月,疏言:“滇盐不敷民食,查安宁州有洪源盐井,试煎一年,获盐二十一万六千馀斤,运至省地行销。丽江府有老姆盐井,试煎一年,获盐一十八万四千一百一十馀斤,分拨邓川、剑川、浪穹三州县行销。俱定为年额。”奉朱批:“此事若能妥办,实有益之事也。”

六月,署理贵州总督。六年三月,疏报获粤省妖言结伙事发私逃之要犯黄顺等。谕曰:“汝不以五日京兆,而于此等事宜尽心办理,实属可嘉!”是月,疏劾台拱营参将赵国仪纵兵抢火盗帑诬良,上奖其不避嫌怨。四月,署云南总督。七年三月,奏:“请木欺古地方设汛兵一百名,驻扎文职一、千总一、外委一,并于川江两岸设六塘,每塘兵十名,所设弁兵,于昭通镇标四营抽拨一百,东川本营兵六十,遴选千总、外委各一,文职将就近巡检移驻。”部议准行。六月,疏言:“准部咨各省标营增添兵丁,量加裁减。云南惟昭通镇、普洱镇有增设兵额,均属极边冲要,未可裁减。惟有通核合省之标镇营协,按其兵额多寡,均匀摊减。分计则兵之裁无几,合计则粮饷之省仍多;且于通省营制,亦无畸轻畸重之患。请将督、提二标各裁兵一百,抚标裁四十,临元等九镇各裁五十,广罗等十五协营各裁三十,顺云营裁二十,共应裁兵一千一百六十名,先裁馀丁四百四十八名,遇缺出,渐渐开除停补,于营制并无更张。”从之。先是,允随请开通金沙江水道,上命都统新柱、四川总督尹继善会勘。十一月,疏言:“臣与新柱、尹继善和衷商议,沿江查勘金沙江发源西域,入滇经丽江、鹤庆、永北、姚安、武定、东川、昭通七府,至叙州府汇入川江,源远流长,实为西南大川。自东川府以下,南岸系滇省,北岸系川省,夹岸营汛分布,田庐相望。至大井坝以上,南岸尚有田庐,北岸俱高山峻岭。山后即沙马、阿都两土司所管地,从前弃在番境,舟楫不至。自乌蒙改流设镇,滇省每年赴川采买兵粮,均由叙州新开滩至永嘉县黄草坪五百八十里溯运。其黄草坪至金沙厂六十里,亦商贾贩运之旧路。[三]臣等次第相度,内有大汉漕、[四]凹崖、三腔、锣锅耳等滩,水势险急,冬春之际,南船难行。应兴工修理,俾下游无阻。上游自金沙厂至滥田坝二百二十七里、一十二滩,滥田坝最险,次则小溜筒。臣等亲至滩头相度,小溜筒系于山根百丈石嘴近江之处,出石槽旁无溪箐,虽因江水未退,石槽尚未露,而江流迅急,断无沙石淤塞之患。滥田坝滩长四里,现在水长丈馀,南岸所开子河,亦未露出。询之水手,俟江水再退数尺,即可通舟。至开凿子河之处,离山甚远,下系稻田,无俟防其冲塞。自双佛滩至蜈蚣岭,险滩鳞接,石巨工艰,纵加疏凿,下水仍属堪虞。臣业令改修陆路,以避十五滩之险。新柱、尹继善意见与臣相同。滇南僻处极边,民无盖藏,设遇水旱,米价腾贵。今以次开通川道,可以有备无患。"谕曰:"既可开通,妥协为之,以成此善举。"

十二月,疏言:"普洱府系新辟苗疆,所属宁洱县,管辖苗寨,远者五六百里,每年纳秋米,供普洱镇兵粮,沿途高山密箐,牛马不能驮运,肩负往返须十馀日之久,兼有刀耕火种,产米无多,及山地只堪种莜,不能植稻之处,完纳本色,甚为艰苦。请照从前攸乐县例,每石折征银一两,地方官采买给兵。"下部议行。八年五月,疏言:"大理府洱海发源鹤庆府之浊沮河,至大理合苍山之十八溪汇而成海,下合赵州蒙化之水,由波罗甸出天生桥入合江铺,而总汇于澜沧江,实迤西巨浸。但海身长百二十里,广二十馀里,而出水之天生桥一带,海口阔不及一丈。每当大雨水涨,海口子河不无沙石冲塞,河傍各沟冲沙成埂,水溢倒流,致太和、赵州、邓川及浪宁、宾川之沿海田亩,不免淹浸,而邓川之东湖、西湖低田时被水患。臣饬令太和等州县调集民夫,于正月兴工筑坝,将海口子河开宽二丈,浚深五尺,馀自波罗甸、刘家园、打鱼村、清风桥、黑龙桥、子河桥、三道子桥直达天生桥,逐节开浚,或施人力,或用牛犁,叠石砌堤,外栽柳树。其最要之赵家园、拱沙龙,则用梨木为桩,傍沟亦俱修石坝,外栽茨柳,沙去流畅,不特近水州县无漫溢之患,且涸出海口约一万馀亩,即令附近民认垦,照民堤民修之例,责成垦户五年大修一次,按田出夫,合力疏浚。"报闻。

是月,授云南巡抚。[五]九年四月,疏报东川府阿坝租地方开采铜矿,试煎一月,获铜四万馀斤,上奖为甚善之举。十年三月,加太子少保。十二年三月,授云贵总督。七月,奏言:"贵州在苗疆金设土弁,原为绥辑苗民,岂容私收滥派,甚至串通蠹役,藉端吓诈? 查苗、倮虽种类各殊,皆具人心,如果抚驭得宜,自不至激成事变。臣严饬苗疆文武毋许滋扰,至苗人滋事,率由汉奸勾结。臣饬令地方稽查,倘有外来奸匪入寨煽惑者,立即擒拿究治。"奏入,谕曰:"此所谓中肯綮之论也,实力为之!"十月,疏言:"黔省思州等府,与湖南接壤。今辰、沅一带饥民百馀人,赴黔挖蕨度日。彼地秋收既薄,被灾谅不止此百馀人,恐交冬后,乏食贫民,来者益众,采蕨不足资生。臣仰体皇上爱养黎元圣意,即飞饬贵州布政使、粮驿道于备公银内动支三百两,差员星往思州,会同地方官,按大小口每名酌给三个月口粮、银两,以资接济;并饬查明续到人口,即一体散给安置。"上嘉之。

　　十五年正月,授东阁大学士,兼礼部侍郎。三月,加太子太保。十六年三月,卒。遗疏上,谕曰:"张允随简任中外,宣力有年。忽闻溘逝,朕心深为轸恻! 应得恤典,察例具奏。"旋赐祭葬,谥文和。

【校勘记】

〔一〕滇省各府州县　原脱"县"字。耆献类征卷一八叶三八上同。今据宪录卷一二六叶一九上补。

〔二〕威远　"远"原误作"县"。耆献类征卷一八叶三八下同。今据宪录卷一二六叶一九下改。

〔三〕亦商贾贩运之旧路　"旧"原误作"川"。耆献类征卷一八叶四〇下同。今据宪录卷一八一叶二〇上改。

〔四〕内有大汉漕　"大"原误作"未"。耆献类征卷一八叶四一上同。

今据纯录卷一八一叶二〇上改。

〔五〕授云南巡抚　“巡抚”原误作“总督”,又下衍“兼管巡抚事务”六字。耆献类征卷一八叶四二上同。今据纯录卷一八九叶九上改删。

查郎阿

查郎阿,满洲镶白旗人,姓纳喇氏。曾祖章泰,以军功授云骑尉。祖查尔海,复以军功晋袭一等轻车都尉。父色思特,由护军从征噶尔丹于乌兰布通,阵殁,入昭忠祠。

查郎阿初袭世职,兼佐领。康熙六十年,授参领。雍正元年,授吏部郎中。二年,特擢吏部左侍郎。三年二月,署镶黄旗满洲都统。七月,疏言:“直隶州州同、州判向用捐纳贡监,恐不足统所属科甲出身之知县,请将举人及恩拔副贡补用。”下部议行。五年四月,迁左都御史,仍办吏部事。十一月,西藏噶卜伦阿尔布巴等戕总理藏务贝子康济鼐,扎萨克台吉颇罗鼐以闻。命查郎阿偕副都统迈禄率兵进藏。六年四月,授吏部尚书。九月,奏言:“臣等五月自西宁出口,八月抵藏,驻藏副都统马喇、学士僧格及颇罗鼐已擒阿尔布巴,即会同鞫实诛之,馀党悉抵法。”十一月,又奏:“藏事已定,达赖喇嘛移居里塘。臣遵旨留陕西、四川兵各千,交驻藏大臣调遣。”报闻,十二月,奏言:“颇罗鼐为唐古特众信服,请令总理后藏事务。其前藏据颇罗鼐举二人:一色珠特色布腾,一策凌旺扎尔,俱授噶卜伦。但新任恐未妥协,前后藏不远,暂令颇罗鼐兼管。俟达赖喇嘛移居毕,招地兵撤,颇罗鼐仍专管后藏。”允之。七年二月,奉旨:“查郎阿自藏回到西安,协同川陕总督岳钟琪办理军需,不必来京。"

四月,署川陕总督。八月,奏改西安管粮通判为水利通判,移驻泾阳县之王桥镇,专管泾阳、醴泉、三原、高陵、临潼五县堤筑,从之。十月,兼理西安将军印务,加太子少保。寻奏:"安西、沙州等处屯民丰收,恐口内囤户乘机兴贩射利,请严行查禁,并谕屯民扣存一年所需,〔一〕馀即粜诸本地,以济兵民食用。"谕曰:"禁止奸徒射利,办理甚是。但民户馀谷,只许在本地粜卖,尚未妥协。朕思民户盈馀之谷,原期粜价以为日用之资,〔二〕若本地籴谷者少,则出粜未免艰难,不可不为计及。着该地方官酌量情形,动支官银,照时价籴储备用,毋得勒卖滋扰。"十二月,奏言:"甘肃附近嘉峪关兵马出口顿宿,米豆草价俱昂。肃镇兵饷,〔三〕本色少,折色多,不敷籴买,请量增。"从之。八年十月,命往肃州办理军需,仍兼川陕总督。九年二月,增设四川总督,查郎阿改署陕西总督。四月,奏言:"大学士公马尔赛等因岳钟琪拨驻肃兵四千出口,肃州兵单,议将拨到甘、凉之满洲、蒙古兵暂驻肃。俟山西绿旗兵千五百,并附近肃州之提标兵三千五百,派调到肃,再将满洲、蒙古兵移驻安西,业奉俞旨。臣查肃州附近标营止有甘、凉二州,甘州提标兵,除派拨外,止有千五百,馀新募三千,军装及马未齐。凉州镇标除派拨外,止供汛守,不便再拨;肃州现驻宁夏、凉州、固原兵千五百;又调山西兵千五百,合镇标兵六千馀,又宁夏满洲兵千五百。统计万馀,足资弹压,不必移;应驻安西之满洲、蒙古兵亦无庸再派。"五月,又奏言:"奉旨于湖广买米,循旧道运贮商州,备转运。臣查大学士等原议,自襄阳至龙驹寨,运价及造船济河,每石费银一两;龙驹寨至安西,每石二两,较西安米价已逾数倍。商州处万山中,丹江环之,地气潮湿。商南、雒南等县,环山滨河,亦难久贮。陕省各属存粮百二十馀万石,更有扣存五分社仓银,经督臣岳钟琪奏明存库未籴。请动此项于新谷丰收时酌量采买,分贮州县,可省运费;而散贮各处,每年出陈易新亦易。"均如所请。

十月,准噶尔贼犯阿济卡伦,蒙古游牧被掠,敕查郎阿安缉之。十年七月,谕曰:"西路军营事务,岳钟琪办理总不妥协,着即回京。署陕西总督查郎阿年来办理军务,事事合宜,克胜大将军之任,着署宁远大将军印务。但肃州路远,未便来京请训。今特命大学士鄂尔泰驰驿前往肃州,传朕训谕,并赏银一万两。"十一年四月,疏劾驻防厦集副将纪成斌、驻防乌克克岭总兵张元佐漫无侦察,致贼劫掠粮车逃遁。得旨:"纪成斌在军营正法,张元佐降三级调用。"八月,奏报库尔墨图山贼五十馀来犯,我兵击斩二十馀人,馀俱生擒,无一脱者,上谕奖之。九月,条奏:"禁止逃兵四事:一、律载官军从征私逃,初犯、再犯及知情藏匿,俱分别治罪,诚恐愚蠢误罹重典,请令该管大臣饬将领头目等明白晓谕,俾咸知凛遵;一、自将领至什长旗,俱有管兵之责,嗣后兵逃,什长旗即日报明,查缉逾限及徇隐者罪之,如一营内一月报逃二名以上,逾限不获,该管分别治罪;一、逃兵自悔报到,无论初犯、再犯俱免罪入伍,总以文到一月为期,许于所在赴官投首,转押回营,逾限自首者减二等治罪,仍准入伍,自首复逃,获即正法;一、逃兵必经汛卡,汛兵能查获者,视离营远近酌赏,官弁记功,如别经拿获,各汛卡失察,弁兵分别议处治罪。"军机大臣议如所请。寻疏劾总兵曹勷奉派驻防哈密纵贼捏报,奉旨即在军营正法。

十月，奏言："冬令雪深，应分大兵驻防。臣酌令副将军张广泗驻北山，常赉驻南山。臣与参赞穆克登等留驻大营，仍不时亲往南北两路巡察；并派总兵张朝良等分防要隘。"允之。先是，查郎阿疏劾副都统阿克山、观音保所管马倒毙走失，有心玩误，部议即在军营正法。十二年三月，查郎阿奏："阿克山、观音保所属官兵，久居南方，不知牧法，较退缩窃换者微别。请暂停正法，在军营通衢枷号。"诏遍谕军营将士示警。五月，谕北路定边副将军策凌来京会议军务。九月，张广泗奏大败贼于鄂隆吉尔大坂，俘斩甚众。命议叙在事将弁，并谕曰："署大将军查郎阿虽奉调来京，[四]然自统兵以来，与张广泗同心协力，整饬戎行，鼓励士气。此番克捷，亦由平日训练整顿之所致。着一并从优议叙。"

十三年五月，噶尔丹策凌乞和，查郎阿遵旨以次撤大兵还。六月，奏："西路驻防事宜：一、边界定后，廷议留兵于巴里坤二千、哈密二千。查巴里坤隘口，处处可行，二千兵尽数派防，亦不足用；至哈密二千，屯田则不敷，巡防则难遍。且两处中隔南山大坂，呼应未便，与其分驻两地，不若合驻山南。请增兵一千，合为五千，哈密实驻三千，其西三堡沙枣泉，东北塔勒纳沁，并有城堡，各驻一千，联络方严密；一、哈密夏热，军营马驼，应每年草肥之时，拨兵二千携至山北呼齐尔台、沙山子、鹿心山等处牧放，增斥堠防守，秋深仍回山南；一、南山大坂为哈密北面屏藩，[五]乌克克岭为三堡沙枣泉要隘，塔勒纳沁河源为塔勒纳沁要口，应分设斥堠，拨兵瞭望；一、哈密贮粮充足，且有察巴什达里雅屯田，可供三处兵粮，无庸挽运；一、留驻巴里坤兵已阅七载，应悉撤预选安西、瓜州兵四千,俟巴里坤兵撤回,即令大员领赴哈密驻防,以均劳逸。"得旨允行。又条奏六事:"一、巴里坤兵撤后,廷议于安西增提、镇各一,兵一万,携眷驻防,声援哈密,查兵万需粮十万,安西屯粮不敷,城堡营房事事需筹,不若于甘肃提督肃州、凉州、西宁、安西四镇,各拨兵一千,更番迭戍,无庸于安西增兵;一、拨陕西督标兵千、固原提标及各协千五百、延绥千、宁夏千、河州五百,合五千,在赤金、靖逆、柳沟、布隆吉尔、桥湾五处驻防,附近俱有牧场;一、赤金等五处兵,期以二年全行更代,哈密兵年更一半,其半熟练,即可教习一半新兵;一、哈密及赤金等处兵五千,应以总兵二员、副将二员统领分辖;赤金等处总兵、副将于兵丁更代时俱更,哈密总兵、副将令一年更代,庶屯田斥堠,有新旧大员相间管领;一、哈密兵屯种收获,足供口粮,其各卫所管屯田亩,应悉与安西镇标营兵丁,屯粮如再不敷,照例给折色;一、肃镇临边,请增城守一营,设都司、千总各一,把总二,拨步兵二百,专司城守汛防。"廷议如所请行,并议再令提督一员,驻哈密,节制两镇,居中调度,从之。先是,上轸念从征将弁,敕陕西等省现出各缺,十缺分三升补出征之员。[六]至是,西路兵出,凡升补他省者应各赴新任。查郎阿奏言:"升补中缺,甘肃人员随征年久,今甫回籍,又远赴新任,或无力携眷同往,留又无人养赡,请将现在军营升补直隶省之千把总,留陕、甘各营,遇缺挨补。"上以候缺需时,令现任千把总未出征者开缺,以留陕人员补用。七月,授大学士,仍管总督事。谕曰:"西路官兵,前因岳钟琪调度失宜,诸事废弛,遂致军气不扬,士心不振。自雍正十年查郎阿统兵以来,与张广泗同心协力,事事整顿,时时训练,凡行间将士俱知奋勇效力，营伍为之改观。所以十一年、十二年贼人两次侵犯卡伦，俱为我兵擒剿，未令兔脱；且贼人因我军严整，畏惮慑伏，[七]从前狡狯伎俩不敢复逞。此皆由查郎阿办理妥协之所致。今大兵撤回，查郎阿、张广泗俱着交部从优议叙。"寻议加三级。八月，命为文华殿大学士，兼兵部尚书。

是年，仍改陕西总督为川陕总督。乾隆元年三月，奏言："巴里坤兵现遵旨撤还，内有勇健营一千一百名，系新设，别无营汛，撤回难于部署；且系十五省所选伎勇，离家日久，聚处恐不相宜。请各归本省发督、抚、提、镇随标入伍效力，不愿者听。"上报可。初，查郎阿以甘肃地瘠，请酌拨陕西仓储，预筹协济，以裕民食。诏会同陕西巡抚刘于义确议。五月，会奏："协济六事：一、原奏拨陕粮六万石，以四万济平、凉，二万济庆阳，今固原等处缺粮，请增拨二万石，俟麦秋后，陆续拨运，照军需例给价；一、拨粮原按西安十二州县仓贮多寡均派，咸宁、长安各三千石，泾阳、醴泉、兴平各六千石，乾州七千石，咸阳五千石，永寿四千石，富平、三原各六千五百石，高陵、蓝田各三千五百石，合六万石，今增拨二万，应于附近各属酌拨；一、粮由北路运往，若逐站转运，则富平等县止数十里，总汇于乾州、永寿等处接运，劳逸不均，应令各州县直送各处交收；一、原奏所运粮分贮泾州、长武，查长武属陕西，泾州距庆阳各属尚远，今议以二万石由泾阳九条沟直运庆阳，其馀六万石仍运至泾州，分别接运匀贮，再会宁、安定、静远三县，山田歉收，附近无可协济，应于运泾粮内，在静宁、固原二州多贮数千石，以备三县不时之需；一、口袋旧存十四万五千条，或双套，或修补，即可备用，至庆阳、泾州即留备接济分运，仍按数收贮；一、甘民素无盖藏,平庆尤甚,丰年尽粜所有,则价顿减,稍歉则价顿昂,请嗣后丰年随时采买积贮,民免熟荒之累。”得旨：“妥协之至,着照所议行。”六月,疏劾原任甘肃巡抚许容匿灾殃民、营私树党各款,命革职,拿解来京,部拟杖徒,援免。八月,奏：“陕、甘标营生息银两五事：一、营运之宜变通也,各营兵借债输利,贫无底止,欲除私借,须筹官借之条,凡兵丁急需,许呈明该管千总、把总转查,实系无力,即以生息银会同地方官借给,每兵不得过五两,一分起息,于应领饷银内,分五季扣除,扣还仍准借给；一、生息之宜因地也,地方有丰啬,生息亦应有重轻,延绥镇协地处极边,当商领运,应照例一分起息,此外量为轻减；一、本银之宜画一也,生息银两原系惠济兵丁,向止议及督、抚、提、镇各标营,而协路各营未及,应照云、贵例,每兵一名给银二两,营运生息,以乾隆二年为始,按各标营协路兵数均给；一、收放之宜慎重也,营中收贮经理恐不免私弊,请地方官贮库联衔动支,该管大员不时盘查,如通同徇隐及失于觉察,照例议处赔补；一、赏恤之宜酌量也,各营生息既作赏银,宜量入为出,应先尽现派驻防哈密、赤、靖等处兵万名酌定,其家遇丧事赏银六两,吉事赏银四两,存营兵照防兵减半。”又言：“口外大通地方既设营汛,流移蒙古不便容留,原有该管之扎萨克,即交收管,否即查附近各部落分别安置,如已立产,地方官估价给令另置,无则查按户口给半,再违例容留者,兵民治罪,卫营官失察议处。”疏入,诏均如所请行。

　　九月,来京陛见,谕速回西安。十一月,奏言：“陕省屯田之赋,更重于民田。昔年粮从地起,丁由人出,故屯田赋重,而丁银稍轻。经前督臣岳钟琪奏将通省丁银摊入地粮，屯田地每亩一石，折银一两，均载丁银一钱五分。粮轻丁重，民户减除甚多，粮重丁轻者，有增无减。请照前奉恩旨豁除，俟下届编审，将通省新增应完之丁银均摊于民户地粮，渐补足原额，即行停止，永不加赋。则以粮载丁之案不必纷更，而屯累稍纾。再查陕西马步俱系招兵食饷，独督火器营兵一千，于咸、长等州县屯丁内拔补，每名月给饷银七钱，馀皆屯民津贴，或本人当兵，合卫代完钱粮，或出营雇人，其人稍不遂意，逃避勒掯，又向本卫拔补，滋扰无已。请照镇标步兵例招募差操，不在屯卫拔补，庶各县屯民永免帮贴之累。"又言："屯卫地丁久归州县，初时恐公务浩繁，应役需人，将屯丁留用二千，每丁受旱地一顷，将额征米二石二斗、豆一石八斗，布银四钱二分，留为应役工食。近来差务渐减，各衙门皆有经制人役，且一丁受地一顷，终岁服役，不遑尽力农亩，俯仰何赖？更有本身不能应役，雇人代替，亦有各衙门不用供役，勒折军钱，弊难枚举。请将屯丁二千裁留一千，各衙门少一千屯军，即各州县多一千农夫。钱粮归于有用，屯困亦稍苏。其留丁一千名工食外，再给银二两，计共银二千两，在司库按季支领。"均从之。先是，查郎阿奏销军营节年倒毙及窃失马驼过多，经户部勒令赔补二千。十月，奏言："军营调度在大将军，果指示得宜，何至牲畜被窃？所有雍正八、九、十等年巴里坤被窃马驼，应责岳钟琪赔补。十一年五月柏杨沟被窃马驼，责臣赔补。惟雍正九年，鄂尔多斯牧厂走失马驼，仰祈圣主念该部落随征数年，尚属奉公，副将马顺暨满洲骁勇等营官兵亦颇著劳绩，均准免赔。至节年倒毙马驼，因从内地出口，跋涉数千里，军营气寒，耕作驰骤,筋骨俱伤,是以更多。恳恩轸念末弁穷兵,免其赔补。"
上特许之。

三年三月,疏参肃州道黄文炜、军需道沈青崖、库官石曰琏
营私侵帑,请革审;刘于义总理军需,纵容徇庇,并附参。上命左
都御史马尔泰等会鞫得实,治罪如律。五月,奏言:"凉州庄浪建
满城并衙署营房,原估银五十二万八千六百馀两。缘募附近番
土民人,用工少而得力多,节省银二十二万三千有奇。臣查阅边
地,见肃州、凉州城垣坍塌,平番、大通河桥梁被冲,请拨银三万
六七千两兴修。"从之。又言:"章嘉呼图克图奏请以里塘、巴塘
等地方赏给达赖喇嘛,经议政大臣等令臣悉心筹画,咨商云贵总
督庆复妥议。臣查达赖喇嘛为番夷各部落所尊崇,圣祖仁皇帝
时,克西藏,设床加封,驻兵戍守,洵安边至计。然由滇、蜀至西
藏,途远势隔,是以将里塘、巴塘等处收归内地,以利粮运。雍正
三年,将察木多以内各处头人给土司职衔,为打箭炉保障。察木
多以外,给达赖喇嘛。每年赏达赖喇嘛茶五千斤,班第额尔德尼
茶二千五百斤,加恩已渥。今若再赏里塘、巴塘,令番众赴藏纳
差。将来驻藏兵撤,倘有叵测,打箭炉外沿途无不阻梗。惟是藏
中大小箭庙千馀所,常住喇嘛四十馀万,用度浩繁。今章嘉呼图
克图亦止因日用不敷起见,请照里塘、巴塘等处每所细数目,在
打箭炉商税银内按数赏给,于每年达赖喇嘛差人领茶之便,给令
带回,其地仍隶内地。"奏入,上嘉纳之。十二月,奏言:"宁夏地
震,臣闻报即携银驰往抚绥被灾兵民,又拨固原兵六百协看巡
防。"得旨嘉奖。四年三月,奏言:"督标四围空地,及收回将材
等项地亩,计十八顷有奇。前督臣岳钟琪奏准招佃收租,借给乏

食兵丁,照社仓例加二起息还仓,以备补造器械。比年因雨泽愆期,积欠二千馀石,请准豁免,并请嗣后查实在乏食兵丁,准将所借照市价于月饷内陆续扣还,免其加息。"报闻。

五年四月,命还京,入阁办事。五月,加太子太保。七月,御制诗赐之,诗曰:"玉佩资调燮,西陲运计筹。持钧推旧德,补衮著嘉猷。可继萧、曹业,还同韩、范俦。江湖与廊庙,莫释一心忧。"六年,奉命偕侍郎阿里衮清查黑龙江、吉林乌喇等处开垦地亩,事竣还京。十二年三月,因衰病乞休,命以原官致仕。九月,卒。

子迈拉逊,袭世职。

【校勘记】

〔一〕请严行查禁并谕屯民扣存一年所需　原脱"行"字,又"扣"误作"时"。满传卷三九叶三上及耆献类征卷一九叶一三上均同。今据宪录卷八八叶二二上补改。

〔二〕原期粜价以为日用之资　"价"原误作"卖"。满传卷三九叶三上及耆献类征卷一九叶一三上均同。今据宪录卷八八叶二二下改。

〔三〕肃镇兵饷　"镇"原误作"银"。满传卷三九叶三下及耆献类征卷一九叶一三上均同。今据宪录卷八九叶一〇上改。

〔四〕署大将军查郎阿虽奉调来京　"调"下原衍一"遣"字。满传卷三九叶七上及耆献类征卷一九叶一五下均同。今据宪录卷一四七叶一一上删。

〔五〕一南山大坂为哈密北面屏藩　"一"原误作"又"。满传卷三九叶八上及耆献类征卷一九叶一六上均同。今据宪录卷一五七叶八下改。按西路驻防事宜凡五条,此为五条之一。

〔六〕十缺分三升补出征之员　"缺"原误作"中",又"分"误作"令"。满传卷三九叶一〇上同。今据宪录卷一五八叶二二上改。按耆献类征卷一九叶一七上,"缺"误作"中"而"分"字不误。

〔七〕畏惮慑伏　"慑伏"原误作"惧服"。满传卷三九叶一〇下及耆献类征卷一九叶一七下均同。今据宪录卷一五八叶二六下改。

嵇曾筠

嵇曾筠,江南长洲人。父永仁,以生员随福建总督范承谟幕。康熙十三年,逆藩耿精忠叛,诱执承谟,胁永仁降,不屈,亦被执。十五年,与承谟同遇害。四十七年,承谟子时崇任广东巡抚,以永仁随承谟殉难,疏请赠恤,并从祀承谟祠。部议生员无赠衔例,特敕追赠国子监助教,准其从祀。雍正二年,入祀昭忠祠。曾筠母杨氏守节,八年,赐"忠节流芳"额。乾隆二年,赐"人伦坊表"额,并建坊。

曾筠,康熙四十五年进士,改庶吉士,散馆授编修。五十六年,充日讲起居注官,提督山西学政。六十年,迁左中允,寻迁侍讲。雍正元年正月,命入直南书房,复命兼上书房行走。二月,擢都察院左金都御史。署河南巡抚。三月,充河南乡试正考官。六月,迁兵部左侍郎。

是月,河决河南中牟县,诏曾筠往督筑。七月,奏刘家庄漫口合龙,十一月,奏十里店漫口合龙,俱下所司知之。向例江南河厅各员,每岁冬领帑,购料备用。曾筠疏请豫省黄河两岸工料,亦照此例于每岁冬预拨司库银,发沿河州县买贮备用;不敷,近河百里内外亦发银购买,量给运价,庶险工应手,不致迟误。

下部议行。二年正月，疏言："沁、黄交会之姚期营、〔一〕秦家厂一带，皆顶冲，请于仓头口对面横滩，开引河一道，俾水势顺流，由西北径达东南，勿令激射东南。再钉船帮大坝宜镶建雁翅帮护，更于大坝上下酌建挑水坝二三座，顶冲势可减，坝工稳固。"诏允所请。又言："两岸堤工，久未加帮，在在危险，北堤起荥泽县，迄山东曹县界；南堤亦起荥泽县，迄江南砀山县界。臣同总河齐苏勒勘明最险应修处，共长十二万三千七百九十六丈，请动帑兴工。"部议从之。四月，特授河南副总河，驻武陟县，专管河南河务。曾筠奏河工调遣不敷，请设标下河兵，王大臣议驳。得旨："若无标下河兵，难供驱策，着再议。"寻议就近拨河南抚标及河营兵弁，随工调用。七月，疏言："郑州大堤石家桥迤东一带，大溜南趋，应于迎溜处下埽签桩，复于埽湾处建矶嘴坝一。中牟县拉牌寨黄流逼射，应下护岸埽，加工镶垫，建矶嘴挑水坝二。其穆家楼堤工坐当顶冲处，亦应下埽加镶。又阳武县黄河北岸祥符县珠水、牛赵二处堤工，近因南岸中牟迤下新长淤滩，大溜北趋，成顶冲势，应下楼岸顺埽下加镶垫，以资巩固。"部议均如所请。十月，疏言："小丹河自辛句口至河内县清化镇水口二千馀里，辉县五闸，安阳县之万金渠及恒河闸，昔人建闸开渠，引水灌田，照官三民一之法，通漕便民。但日久弊生，守口之夫违禁卖水，致运河浅涩，请严饬管河各员稽查，三日放水济漕，一日塞口灌田。如卖水阻运，严治其罪。"下部议行三年三月，疏言："祥符县北岸回回寨对面淤滩，〔二〕直出河心，致河势南趋，回回寨以下迤南等处，系单堤，且逼省城，关系甚重。应由北岸旧回回寨至官路李家店一带，旧河身浚引河一道，引溜直行，俾成东西之势,堤工可得保固。"谕与齐苏勒酌量相度而行。五月,同齐苏勒奏勘地形,西高东下,引河可开,并于南岸建挑水坝一,逼流入引河。上报可。四年二月,疏言:"卫河水势奔泻,河底浮沙,随浚随淤。请于汲县、汤阴、内黄等处筑草坝二十六,直隶大名县张儿庄亦建草坝一,首尾接应,以济漕运。"四月,又言:"郑州薛家寨等处,堤卑溜冲,请增修埽坝等工。"均如所请行。

五年正月,命兼管山东黄河堤工。二月,条奏:"河工六事:一、埽料以柳束为重。豫省向有柳园,渐为河水所浸,而此坍彼淤,官无界址,民多隐占。请敕抚臣将现存柳园勘明立界,淤地查补还额,并饬河员广为栽种。一、印官专司民事,系抚臣题授;河员专司河工,系河臣题授。设官分职,虽有定制,民事河工,原无歧视。请令河臣、抚臣会同保题升调。一、豫省堤工,向例拨江南河兵千名,轮班防守。嗣因往返需时,拨堡夫五百充代。但工长汛险,不敷驱策,请仍照千名之数,于堡夫内拨补足额。其江南拨到千把总六员,令各归专汛。另设千总二、把总四,分隶开封南岸河厅管辖,毋庸调拨江南千把总。再于原驻武陟千总二员内,移其一驻归德汛所,分拨河兵百名,交该弁管领。一、豫省大堤每二里设堡房一,令堡夫居之,修垫水沟,巡查鼠穴。今临河月堤,请照大堤例,增建堡房防守。一、祥符县堤长八十馀里,止有管河县丞,应增主簿一,开封下北河地方,增巡检二,分驻祥符等县适中之地,协同厅汛抢护,并稽察逃盗。一、岁抢工程,全赖汛船运料。今豫省上自武陟下至虞城,拨运无船,不能接济。请照江南汛船例,每汛造船五只驾运。"俱下部议行。五月,迁吏部右侍郎,仍留副总河任。是月,奏:"兰阳县管、梁、蔡、耿四水口一带堤工，河势冲啮，请将梁、蔡、耿三水口下埽加镶，并于四水口堤南各筑月堤作重障。又祥符南岸李盘寨、程家寨等处，应增筑月堤。陈留县七、八、九堡大堤，汛水直射堤根，堤北旧有隔堤，应一例增培。"部议从之。十二月，转吏部左侍郎。六年二月，疏言仪封北岸水势冲急，雷家寺上首滩崖刷成支河，请将旧堤加帮高厚，接筑土坝一道，跨断支河，勿使掣溜侵堤。再青龙岗一带水势萦纡，将上湾淘作深兜，与下湾相对，请乘势开引河一道，导水东行，则大河之水自畅。"诏允所请。

　　寻擢兵部尚书。四月，转吏部尚书，仍管副总河事。九月，奏："兰阳县耿家寨北岸堤工，因积水深潭，黄流汹涌，请下埽签桩，加帮筑坝，并将月堤增高加厚。"从之。七年三月，授河南山东河道总督，兼管运河。四月，疏言："运河五厅，额设浅溜桥闸等长夫，冬春小挑，大挑不敷力作，增设酌募夫役各夫工食。旧额多寡不同，请酌定岁给工食，并量给器具各银确数，画一支给，按工计夫，按夫给价，毋浮冒。"下部议行。八年五月，命署江南河道总督。疏言："豫省黄河北岸荆隆口大溜顶冲，应开引河一道，自黑冈口至柳园陟崖河尾，工长三千三百五十丈，请动帑兴修。"允之。

　　六月，抵南河总督任。十二月，疏言："高堰、山盱石工最要，奉旨发帑兴修，为久远计。臣莅任后，严催集料兴工，题估帮筑戗堤。今查石工内有桩腐石欹顺砌卑矮者，应筑越坝，拆修加高，一律坚实。其年久倾圮者，应全拆，修砌稳固，始垂久远。至兴石工，筑坝拦水，湖面水势浩大，一线孤坝难保，惟有借旧石工连土留宽二丈，暂为外障，俟新土筑定根基，再拆旧石选用。其旧底应留二层,以御风浪,其清水潭未建石工,应一律戗建。"九年四月,疏言:"禹王台坝工为江南下游保障,查沭水源长性猛,请于现在竹络石坝二十七丈外,依其顶冲形势,统建石工六百馀丈,其接连冈阜,仍筑土堤。沭河口门大为挑浚,顺其入海之路,务须坝坚堤厚,堵截沭水,循故道直趋入海。"俱如所请。十年五月,以扬州府属芒稻河闸座工程,向例商人捐款修筑,多草率,奏请归近河各印官辖,并增设闸官一,司启闭,从之。十二月,加太子太保。

十一年四月,授文华殿大学士,兼吏部尚书,仍总督江南河道。十月,疏言:"河设堡夫防守,挑积土牛,资修补堤工之用。请责该管汛弁逐堡挨查,督令按月照数挑积,造册交代,以专责成。再河兵于霜降后,亦照堡夫积土,请责该弁查核,入交代项下,照例办理。庶兵夫无闲旷,既资防守之责,复成积累之功。又苇荡营所产柴束,请立定章程,攒运交工济运。"俱如所请行。十一月,谕曰:"大学士嵇曾筠自简任河道总督以来,整理有方,调度合宜。朕念伊父之忠义,伊母之节操,虽已赠恤褒旌,尚未膺一品封典。今以特恩给予大学士应得封典,以示优眷。"十二月,丁母忧,谕曰:"大学士嵇曾筠之母杨氏,抚孤守节,教子成名。前以特赐旌褒,并给一品封典,今以疾终官署,加恩赐祭一坛,赏银一千两,以为丧事之用。河防关系重大,嵇曾筠历练老成,著有成效。伊母寿登耄耋,荣封一品,在人子之显扬已极。嵇曾筠着在任守制,给假三个月,回籍料理丧事毕,仍回河道总督之任,照常办事。伊子嵇璜,亦着给假六个月,回籍襄事。现今河道总督印务,着高斌暂行署理。"嗣曾筠吁恩请回籍终制,得旨:"据奏情辞恳切,具见悃忱,准其回籍终制。总河印务,仍着高斌署理。再嵇曾筠本籍常州,距淮安不远,明岁工程亦可就近往来协同经理。在伊终制之心既已得遂,而河防事宜亦大有裨益矣。"十二年四月,同高斌奏增筑海口辛家荡月堤及闸座;九月,同副总河白钟山奏修清江龙王闸,先浚通凤阳厂引河,利漕运:俱从之。十三年三月,谕曰:"大学士嵇曾筠于闰四月安葬伊母之后,即赴工管理总河印务。"

今上御极,特命总理浙江海塘工程。乾隆元年正月,兼任浙江巡抚。三月,谕曰:"大学士嵇曾筠现为浙江巡抚,着照李卫之例,改为浙江盐政。"六月,条奏:"盐政四事:一、商人自雇商捕,皆壮健有力,熟悉枭贩踪迹。每月工食,几及守兵两分名粮。一旦革除,数千人失业,势将转成枭贩。请改为官役,地方官造入卯簿,不时约束。一、水路私枭积贩所在,赖兵役驾舟巡缉,紧要隘口,有司会同营汛确察,责商修理,巡船编号,造册存案。臣商领运官盐,每有飞渡、灌包、夹带之弊,盐引相离,即属行私,巡船兵役一体查拿,交地方官讯究。一、兵役宜分别赏罚,拿获私盐,盐船入官,私盐变价,即于所变项内酌量给赏。倘图赏混拿诬指,并受财卖放,自行夹带私贩者,按律治罪。一、缉私须责成文武官弁互相稽查,遇有奸徒抢盐及哄闹场灶之事,立即擒拿。获犯过半,并获首犯者,免其处分。否则照盗案例参处,限年缉拿,地方官弁一年内无参案者,准纪录一次;三年准加一级;大计无盐案参罚,方准卓荐。若隐匿不报,照盗案例革职,或将大伙之案巧为开脱者,照失出例处分。"下部议行。十月,疏言:"江海形势,南坍则北涨。臣派妥员于南岸堆沙,乘冬令北风易为冲刷。今东西两塘根俱涨，有护沙，应建鱼鳞石塘，即在旧塘基开槽筑坝，如式砻砌，后面全凭土戗，宽厚一律高坚，以成一劳永逸之巨工。海宁迤西翁家埠一带，柴草工程加镶高厚，尤为万全无弊。"诏允所请。

十一月，[三]来京陛见，加太子太傅。二年八月，严州府属之淳安县淳河发源于徽州之徽山，建瓴而下，急湍奔流，直趋北岸，侵民田庐，请筑石磡八十五丈护之；三年四月，又言"乐清县地处海滨，田庐赖头堤御潮，今坍缺，请急修筑"；八月，又请拨省城义仓谷，运温、台等府属平粜：俱从之。九月，谕曰："大学士嵇曾筠在浙江年久，今海塘工程已渐就绪，着入阁办事。"十一月，以痰疾奏请便道回籍调理，得旨，暂回原籍，赐人参一斤，复赐诗曰："海疆三载耀台星，沙涨金堤渎协灵。此日黄扉资赞化，昔年绛帐忆谈经。旌扬浙水行来远，路指燕山望里青。料想微疴应早复，丹诚平格享遐龄。"十二月，卒。遗疏入，谕曰："大学士嵇曾筠才品优长，老成练达。久任河道总督，茂著勤劳。继膺浙督之命，经理海塘工程，渐次就绪，朕心嘉慰。念其外任多年，宣召入阁办事。旋闻身患痰疾，精力衰颓，特遣伊子嵇璜回南省视，并赐参药，准其回籍调养，以俟痊可入都。嗣闻病剧，遣太医驰往疗治，不意溘逝，深为伤悼！加赠少保，加祭一次。应得恤典，该部查例具奏。"寻赐祭葬如例，谥文敏。四年四月，谕曰："大学士嵇曾筠管浙江督抚事，督修海塘，具有成效，民生受其利益。应祀于浙省贤良祠。"十一月，又谕曰："已故大学士嵇曾筠前在江南河道总督任内，悉心筹画，殚力宣劳。叠蒙皇考谕旨褒嘉，至今河渠受益。前任河臣靳辅、齐苏勒俱建有祠宇，永享禋祀。

嵇曾筠劳绩,可媲美二人。着照靳辅、齐苏勒之例,一体祠祀。"

子璜,现官大学士。

【校勘记】

〔一〕沁黄交会之姚期营　"姚"原误作"铫"。耆献类征卷一六叶三九下同。今据宪录卷一六叶三二下改。按汉传卷二六叶六下不误。

〔二〕祥符县北岸回回寨对面淤滩　"北"原误作"南"。汉传卷二六叶八下及耆献类征卷一六叶四〇下均同。今据宪录卷三二叶五下改。

〔三〕十一月　原脱"一"字。汉传卷二六叶一六下及耆献类征卷一六叶四五下均同。今据纯录卷三〇叶五上补。

高斌　子恒　孙朴

高斌,满洲镶黄旗人,初隶内务府。雍正元年正月,由内务府主事迁员外郎,兼佐领。四月,迁郎中。四年,管理苏州织造。六年,授广东布政使,寻调浙江;七年,调江苏;九年二月,调河南。九月,迁河东副总河。十年,调两淮盐政,兼署江宁织造。十一年二月,谕令就近学习河工。十二月,署江南河道总督。十二年四月,疏言:"范公堤逼临江海,为盐场藩篱,年久多残缺,计六万四千一百三十八丈。请按相距里程设堡夫三百五十六,及时培修,汛官稽其勤惰。又宿桃中河、安清中河、宿虹外河、山安扬河、海防、江防等厅,前经河臣嵇曾筠等题准,分画所辖界址,更正衔名关防;其各河营守备与厅员同汛协防,请一体更正。"部议如所请。八月,回盐政任。十二月,仍署河道总督。十三年四月,回盐政任。

十二月,授江南河道总督。乾隆元年六月,疏言:"河工抢修工段,需用土方,请照兵四夫六之例,责令河兵挑运十分之四,准用民工十分之六,约计需费银两与酌给之数相符,将此项据实报销。又苇荡左右二营额采荡柴,分为厂运、自运二项,共需运脚万馀两。请将荡柴分内给各厅领运若干,照漕规缴价若干,其所应给运脚,即于应缴价银内扣除,馀充兵饷。至自运易滋弊窦,应归厂运。"十二月,又言:"江南河工向因未设河库道,凡各省州县外解书夫等项河银并关税,计十八万五千馀两,系各厅自行收支,多弊混。请将此项河银,自乾隆二年为始,悉归道库,一切收支解放兵饷修船之费,俱由河库道经管,随时报明查核。"均下部议行。

先是,上以河南永城、江南萧县等处黄河为患,命高斌会同两江总督赵弘恩、河南巡抚富德等筹办疏通之策。至是,高斌等奏言:"黄河南岸徐州府砀山县之毛城铺,向有减水石坝一,萧县之王家山有天然减水石闸一,邳州睢宁县之峰山有减水闸四,俱建自康熙年间,诚分黄导淮、以水治水之善策。因年久淤浅,苦水发为患。查毛城铺原有洪沟、巴河二河,为减泄黄水故道,因闸下地势,东北高于西南,是以水向南行,漫入祝家口。请自今水涸后,将二河浚令深通,并挑宽河头百馀丈,再于二河上首逼近毛城铺口门之处,将旧有之蒋沟河疏通,祝家口、潘家口等处筑夹土大坝,拦截南流,务使减下之水尽入蒋沟、洪沟、巴河分流下注,则永城、砀山一带,均可无淹漫之虞。至王家山天然闸减下之水,亦会入徐溪口,闸下旧有引河,中自齐村桥至堌集,间被淤垫,宿州境内灰谷堆、燕子口等处亦有淤浅,应一律疏浚。又峰山减水四闸,历年既久,自闸塘以至孟山湖六十馀里,引河多淤,应一并估挑。"又奏:"淮、扬运河自清口至瓜洲三百馀里,其上源系分清口洪泽湖之水,入天妃闸,建瓴而下,经淮安、宝应、高邮、扬州,以达于江。惟借东西两岸一线漕堤以为防固,请于天妃正、越两闸之下,相距百馀丈,各建草坝三;草坝之下,酌建正石闸二、越河石闸二。又于所建二闸尾,各建草坝三。重重关锁,层层收蓄,则水平溜缓,洪湖之异涨可御,运河之水势可减。再查湖水三分入运,七分会黄,其山盱尾间之天然南北二坝,原以宣泄洪湖异涨,令运道无虞,高堰大堤坚固。将来非有异涨,二坝俱不可轻开,使清水全力御黄河高、宝诸湖之水,循轨入口,不至泛溢。下河则高、宝、兴、盐等州县民田,可免洪湖泄水之患。"疏下,均议行。

　　会御史夏之芳,主事孙濩、孙先俊条奏河工事宜,命高斌会同大学士嵇曾筠、副总河刘永澄等详度妥议。时安徽布政使晏斯盛、广东学政王安国等复请疏浚海口,命高斌同赵弘恩及江苏巡抚邵基会勘。二年三月,高斌以淮、运、湖、河各事宜有面奏请训之处,疏请来京,得旨俞允。四月,至京。适赵弘恩亦以户部尚书内擢,命王大臣会同高斌、赵弘恩将诸臣所奏海口、清口、运河运口各事宜,逐条详议。御史甄之璜、钟衡等复奏毛城铺工程有碍运道民生,请停止。谕曰:"朕前因萧、永等处屡遭水患,应作何办理,为乂安百姓之计,令该督、抚、总河等勘明妥议。嗣据奏称疏浚毛城铺迤下一带河道,经徐、萧、睢、宿、灵、虹等州县,下至泗州之安河陡门,纡回曲折六百馀里,以达于洪泽湖,复出清口,仍与黄会,已经该部议行。随据淮、扬京员夏之芳等联名陈奏,以为未便。朕以该员等生长淮、扬,所奏毛城铺引河不便开通之处,果有所见,亦未可定。此事关系重大,是以复降谕旨,令总河会同该督抚悉心筹画。今据高斌、赵弘恩来京,进呈河图,面奏情事,乃知夏之芳等所奏,俱非现在情形。据夏之芳等称毛城铺引河一开,则高堰可危,淮、扬运道民生可虑。今据高斌等奏称:'毛城铺减水坝,原因徐州一带两岸山势夹束,河水屡屡为患,是以前河臣靳辅于康熙十七年题明建设,减下之水使归洪湖,以助清刷黄。六十年来,上下河道民生,均受其益。'是现在毛城铺浚河乃因坝以下旧有之河身淤阻,量加挑浚,使水有所归,并非开凿毛城铺之坝也。况减下之水纡回曲折六百馀里,经由扬疃等五湖为之停蓄,一入湖边即已澄清,从无挟沙入洪湖之患,亦无洪湖不能容纳之虞。又岂至如夏之芳等所言危高堰而妨淮、扬之运道民生乎?朕令高斌、赵弘恩公同总理事务王大臣与夏之芳等悉心讲论,而夏之芳等身未亲历其地,徒以惑于浮言,复固执偏见。及王大臣略为辩论,即多遁词,其原无定见可知矣。今日忽据御史甄之璜、钟衡抗疏陈奏,甄之璜奏称:'毛城铺开河,淮、扬百万之众忧虑惶恐,致直隶地方雨泽愆期。'夫淮、扬与直隶相隔数千里,直隶之亢旱与毛城铺引河何涉,而乃为此支离妄诞之语。钟衡条奏二折,皆系毫无裨益之事,将毛城铺牵引叙入,尤属巧诈。钟衡、甄之璜着革职,交部严审定议具奏。夏之芳等既以冒昧之识阻挠河务于前,又以巧诈之私希冀掩过于后,此并非寻常奏对不实者比,着交部严察议奏。"三年正月,淮、扬运河工竣,得旨嘉奖,下部议叙。

　　四年三月,谕曰:"从前河道总督高斌因议疏浚毛城铺水道之时,并请另开新运口,堵塞旧运口,以避黄河倒灌。近据外间传说,及南来之人,多言黄河淤垫之处,究未刷洗尽净,所改新口虽离黄稍远,而上流水势旁泄,其力已弱,不能直注黄河。将来倒灌阻塞之患,终不能免。人言如此,是否确情,朕实难以遥定。惟有命大学士鄂尔泰乘驿前往,庶与朕亲临阅视相同。"四月,鄂尔泰勘奏新运口宜开,如高斌议,下大学士九卿议行,详鄂尔泰传。七月,疏言:"淮、扬所属黄、运、湖口堤工,额设堡夫,堆积土牛,原以备增卑培薄之用。但土牛虚松,雨淋每多塌卸,莫如改筑子堰为善。"部议如所请。八月,请陛见,谕令霜降后起程。赐诗曰:"禹功万古仰平成,疏浚随时赖俊英。淮浦建牙资保障,黄流奏绩久澄清。息机早是无穿凿,顺性犹然矢朴诚。潘、靳嘉猷编简在,千秋惟尔继贤声。"九月,命于进京时取道直隶,与总督孙嘉淦、总河顾琮会勘直隶河道。六年八月,疏言:"黄河自宿迁历桃源至清河二百馀里,河流湍急,险工林立。北岸止有缕堤一道,并无遥堤重障;又内逼运河,唇齿相依,运河南岸虽有缕堤,卑薄不足以资捍御。请将运河南岸缕堤通作高厚,作为黄河北岸之遥堤;更于缕堤内酌建格堤九道。又江都三汊河为瓜、仪二河口门,江、广漕盐船必由之要津。但瓜河地势卑,不能蓄留淮水,引入仪河。请设瓜河旧口门,改向洋子桥营房迤下,另挑越河,以减淮水入瓜河之分数,则仪河可分流刷淤济运,并塞瓜洲应惠闸上之旧越河,于闸下另开一道,由城河西行,以会闸河,则水势均平,于运道更为便利。"又请将镇江南岸河道塌卸埽工改建砖工。下部议行。

寻调直隶总督,兼管总河印务。赐诗曰:"淮、扬底定早垂勋,节钺新开紫气分。自是经纶方藉展,可知鱼水正需殷。人言久庆江南雨,物望应归冀北云。保障茧丝须识取,编氓一路颂声闻。"十二月,奏:"筹永定河全河机宜,惟在使尾闾通畅。请于三角淀旧淤傍南稍浅处开为引河,下接大清河之老河头,上接郑家楼水口,挑去积口所挑土,即于北岸废埝之南圈筑坡埝,以防北轶。南岸之尾亦量为接筑,以遏南溜。其下口河唇,随时疏通。至上游应筹分泄之道,请于南岸六工之双营、北岸三工之胡林店、七工之小惠家庄,各增建三合土滚坝一,堤身俱较石坝减落尺寸。南岸郭家堤旧有草坝,亦应一律修筑如式。"大学士等议行。七年三月,疏言:"直隶、山西沿边副、参、游、都等缺,恩许拣用满洲人员。直隶为京畿重地,请将已补边缺通晓营伍者调补内地,别以京员补用边缺,则满洲人员更可疏通。"四月,又请拓天津水师营汛,增驻满洲兵千,合旧额为三千;沧州亦增兵二百,合旧额为五百:均从之。七月,上以淮、扬屡被水灾,高斌久驻江南,于地方事宜熟悉,命同侍郎周学健往会总督德沛等办理赈恤水利事宜。十二月,奏言:"永定河上游为桑乾河,北岸自山西大同县属之西偃头村起,至直隶西宁县属之辛其村止;南岸自大同县属之册田村起,至西宁县属之揣骨疃止:可各开筑灌田。桑乾河由西宁石闸村入山,经宣化县之黑龙湾、怀来县之和合堡、宛平县之沿河口,两山夹峙,一线中趋。若于山口取巨石错落堆叠,仿竹络坝之意,作为玲珑水坝,以杀汹涌之势,则下游之患可减矣。"疏上,议行。

九年四月,以病闻,命医诊视。五月,奏言:"现今户部议准直隶藁城县知县高對呈请,自备工本赴山东开矿。臣思开矿之事,向惟行于滇、粤边省。山左内地,且近岱岳、孔林,似属不宜;况扰民滋怨,奸窃易生,尤为可虑。请即停止。"上嘉是之。十年三月,加太子太保。五月,授吏部尚书,仍管直隶水利河道工程。六月,议政处行走。十一月,兼管内务府大臣。十二月,充经筵讲官、协办大学士、军机处行走。

十一年三月,以御史杨开鼎疏劾河督白钟山驳减工费、需索河员、漫口冲决,匿灾不报,命高斌往江南会同总督尹继善查办。寻奏驳减、需索等款,皆虚,惟陈家浦冲刷淹没事实,钟山坐革职。四月,疏言:"淮、黄二渎每年伏秋水涨,其大小总以老坝口水志为准,则今应酌定以乾隆七年最大水志,连底水一丈四尺七寸为准。每年水势较此尚差若干,令河臣明白奏报,以便验度水势之大小。至各处闸坝开闭,则应以就近石工一定不易水长之尺寸为度。如黄河则有徐州城外石堤可验,河水则有洪湖山盱石滚坝可验,于此立定准则,验度闭启,在工人员皆得遵循无误。如黄河南岸泄水门户,则有砀山县之毛城铺坝、王家山之天然闸、睢宁县之峰山四闸,毛城铺坝应以徐城石堤连底水长至七八尺为度,即行开放。秋汛过后,至九月初一日,即行堵闭。再坝外引水支河现有四道,而蒋家营一河河头直顺迎溜,水泄尤多,今应止留三道,其上流之汪家庄引河应行堵闭,蒋家营河头因改为倒勾从前大顺之口门,坚筑草坝堵塞,以防引溜过多之患。天然闸应以徐城石堤连底水长至八尺为度,即行开放,水落坝闭,不必拘定日期。峰山四闸在徐城之下,非遇异涨,勿许轻开。至黄河北岸泄水门户,则有宿迁县之竹络坝、清河县之王家营减坝、东安县之马家港竹络坝口门,应收窄二丈,止留四丈,其内外之临黄、束黄二坝,亦应一例收小。酌定每年于十月内东省煞坝后,始行开放,以济来岁重运过完,即行堵闭。王家营减坝应照乾隆八年原议,必俟非常之涨始行开放。马家港与此一例,毋庸常时开放。于清水则以洪泽一湖为灌输蓄纳之地,水弱则不足御黄济运,水大则高堰一带工程受险,其积水之处山盱三滚坝外,则有盱眙之蒋家闸南北天然坝二。蒋家闸应酌定以洪湖水长与山盱南坝相平,始令开放。南坝一不过水,即行堵闭。天然南北二坝应酌量于南滚坝过水三尺之时,始将土坝开放。俟南滚坝一平,即行堵闭。又运口分淮入运。淮、扬运河三百里进水之源,不过借以通舟济运,水势原不宜过大,其草门坝口应酌定以四尺为度,二坝、三坝亦须照式收小。至南坝坝墩应照北坝改作磨盘式,以便重运挽行出口。”疏入,议行。七月,运河水涨,海州一带被淹,命高斌往勘。八月,会奏:“河工现行事宜:一、六塘河、谢家庄、龙沟口等处堤堰,应照原估丈尺,量地势高低,酌加宽厚。六塘河经由之武漳、义泽、六里各滚坝,应照原议加倍增长。再将六塘河尾闾之中墩河、项家冲、东门河挑浚宽深,即于口门建石滚坝,以利宣泄。沭阳前后两河应将旧有子堰及现议增筑处所,一律增培高厚。一、海州州同应移驻大伊山镇管理运河以南六塘河子堰闸坝等工,再增设州判一,管理运河以北之赣榆县及蔷薇、南桥等河子堰闸坝等工。裁溧水县县丞改为沭阳县县丞,管理一切河道圩岸。”从之。寻请将海州、沭阳、赣榆乾隆十年以前积欠地漕银米,及淮安分司所属之板浦、徐渎、中正、莞渎、临洪、兴庄等六盐场未完折价带征银,一体豁免。得旨俞允。十一月,充玉牒馆副总裁。

十二年三月,授文渊阁大学士。四月,谕往江南同新任河道总督周学健办理防汛事宜,其直隶河道总督印务交直隶总督那苏图暂管。五月,直隶水利工程告竣,上奖高斌及刘于义勤劳,下部议叙。十三年三月,命同左都御史刘统勋赴山东查办灾赈。先是,浙闽总督喀尔吉善劾浙江巡抚常安婪赃各款,命高斌偕总河顾琮往讯。嗣又命大学士讷亲往会审,论罪如律。至是,高斌与顾琮会奏不能按款穷究,请交部严加议处。谕曰:"高斌初审,以常安婪赃、纳贿七款皆虚,惟失察家人勒索,议以革职。其意谓罪至革职,事已两平,可以颟顸了局,如谚所谓'和事老人'者。经朕严切批示,谕令高斌回浙,再行严审。高斌回奏,谓'将题本内看语摘叙简略,未经声明'等语。朕看其终始有饰非护过情形,因命大学士讷亲前往,而高斌等于讷亲未到浙之先,即仓忙审出常安婪收银两,更察出原参款外婪取差役赃银。此明系闻讷亲往浙之信,为此先发掩饰之计。高斌、顾琮承审此案,若谓其有意瞻徇常安,朕可保其实无是心;而身为大臣,于特交查审重案,乃不知秉公办事,模棱两可,尚以为识大体而沽名誉,则实有负委任,咎无可辞。着交部严察议奏。"部议革职,诏从宽留任。

闰七月,兼管江南河道总督事务。十二月,以查办周学健家产,徇私瞻顾,命革去大学士,仍留河道总督任。十五年三月,以前所筑十字河竹络坝之临黄、临运二坝,办理未协,部议革任,特予宽免。十六年三月,上南巡,命仍以大学士衔管河道总督事。闰五月,暂管两江总督印务。八月,盱南阳武漫工未合龙,诏往相度堵筑,命未下,高斌奏请赴豫协办,谕奖其急公任事,得大臣体。十一月,工竣,交部议叙。寻命同侍郎汪由敦往勘天津一带河工。十七年三月,高斌年七十,赐诗曰:"早参黄阁侍金銮,晚觉扶鸠步履难。卧理藉卿为保障,成工告我永安澜。读书未懈平生志,益寿何须九转丹。黄发皤皤在朝众,勤劳轸念久河干。"十八年七月,奏洪泽湖水涨泛,高邮车逻坝决,邵伯迤北运河二闸、下河高邮、宝兴一带被淹,下部严议。是月,学习河务布政使富勒赫刻奏河南亏帑事,命署尚书策楞、尚书刘统勋往查,属实。八月,谕曰:"富勒赫初奏时,朕意高斌等为属员蒙蔽,咎在失察。今据策楞等查出浮冒蒙混种种滋弊,如外河同知陈克济、海防同知王德宣亏缺,皆至二三万。高斌等岂毫无觉察,乃置之不闻不问,竟视亏帑为应然,弥补为故智,二人之罪岂可逭乎? 至通判周冕应办物料,全无贮备,以致二闸被冲,束手无策,仍不据实题参拿问,仅称误事撤回,另委接办,此尤其乖谬之甚者。若非策楞等前往,则该员竟至漏网,高斌等之居心,尚可问乎? 高斌、张师载俱着革职,留工效力赎罪。"九月,黄河复决铜山县张家路,南注灵、虹诸邑,归洪泽湖,夺淮而下。谕曰:"秋汛已过,何致冲漫河堤? 其中显有情弊。该管同知李燉着革职拿问,高斌、张师载身任河督日久,不能留心查察,致该处堤身单薄疏松,一时溃决,漫延数邑,其罪实无可逭! 伊二人现在留工效力,如邵伯二闸决口已塞,着同往铜山工次,上紧堵闭。若尚未完,即令高斌赴铜山勒限堵塞;如不能克期告竣,即严参治罪。"策楞寻奏李燉及革职守备张宾侵帑误工状,谕曰:"李燉、张宾着即于该工正法,使在工人员知所惩戒。此皆由高斌、张师载负恩徇纵,实无可贷。念高斌尚系旧人,不忍即置重典;张师载因并宽宥。然国有常刑,虽于法外矜全,亦不可不使知儆惕。着将高斌等缚赴行刑处所,令其目睹行刑讫,再行释放。"

二十年三月,高斌卒于工次,命赏给内大臣衔,并内库银一千两,料理丧事。二十二年,上南巡,谕曰:"原任大学士、内大臣高斌前任河道总督时,颇著劳绩。即如毛城铺所以分泄黄流,高斌设立徐州水志,至七尺方开,后人不用其法,遂至黄弱沙淤,隐贻河患。其于黄河西岸汕刷支河,每岁冬季必督率厅汛实力填筑。近年司河工员疏忽,因有孙家集夺溜之事,至三滚坝泄,洪湖盛涨,高斌坚持堵闭。是以数年之间下游州县屡获丰收,其功在生民自不可泯没。至于癸酉张家路及运河二闸之决,则又其果于自信,抑且年迈志满之失,朕不得不治其罪,而要其瑕瑜,自不相掩。在本朝河臣中,即不能如靳辅,而较齐苏勒、嵇曾筠,朕以为有过之无不及也! 兹者翠华南幸,追溯前劳,特沛恩纶,用孚公论。可与靳辅、齐苏勒、嵇曾筠一同祠祀,以昭国家念旧酬功之典,且亦使后之司河务者知所激劝。"二十三年,赐谥文定。四十四年,御制怀旧诗,列五督臣中,诗曰:"本朝善治河,靳辅、齐苏勒。斌实可比伦,弗图保工急。至其于齐也,有过无不及。惟是闭三坝,自信过于力。下河曾受福,异涨害亦迫。用此抵以罪,劝惩国之则。然终谅其心,予祠复原职。壬午复南巡,清口亲定式。预拆东西坝,频年已受益。昨秋黄河决,洪湖涨因逼。无已徐起坝,未至冲溃棘。使斌而有知,应叹初未识。"五十一年,命人祀贤良祠。

子高恒,乾隆五年由荫生授户部主事,累迁郎中,监督山海关税务。调署长芦盐政。十六年,署天津镇总兵。十七年,监督淮安关税务。二十年三月,丁父忧。六月,监督张家口税务。二十一年,仍监督淮安关。二十二年,授两淮盐政。二十五年,疏劾前经保荐之淮南监掣同知张永贵狡黠不职,得旨嘉奖,革永贵职。二十六年六月,署苏州织造。是年,湖广总督李侍尧奏楚盐陡贵,请饬淮商定价,命高恒赴楚会议。二十九年正月,议定楚盐之价照淮商成本,每包以二钱三分一厘为制,得旨允行。五月,授上驷院卿,仍管两淮盐政。三十年四月,以从兄高晋任两江总督,应回避,命署户部侍郎。八月,以前于扬州拿获盗销金册之太监张凤,谕部优叙。九月,授总管内务府大臣。三十一年,授正白旗汉军副都统。三十二年,调正白旗满洲副都统,署吏部侍郎。三十三年,江苏巡抚彰宝、两淮盐政尤拔世查奏两淮提引历任盐政藉端侵肥一案,诏革高恒职,鞫实,论斩如律。

　　高恒子高朴,乾隆三十二年,由武备院员外郎,调吏部。三十五年,调颜料库,兼吏部行走。三十六年五月,迁广西道御史。六月,奏年满书吏应即撤回原处,不准私入衙署,上是其言。十月,转给事中。十一月,命巡视山东漕务。三十七年三月,奏言:“各省漕船,向例每船止准带土宜一百二十六石,如逾额者治罪。现经部议额外多带之货,免其治罪,与民船一体征税。恐嗣后运丁任意揽载,必致漕船过重,遇风抢溜,不能便利,请仍旧例严禁。”军机大臣议行。四月,擢都察院左副都御史。九月,以救护月食不列班,谕曰:“高朴年力正少,朕特因其人尚明白,遇事颇知奋勉,是以加恩擢用,非他人可比。向日方虑其性近喜事,不无过当之处,何至遇有公事,辄行退诿不前?则其平日办事在朕前或有意见长,而退后遽图安逸,岂足副朕造就裁成之意? 着交部严加议处。"寻议降一级调用,得旨从宽革职留任。三十八年正月,署工部侍郎。九月,署兵部侍郎。三十九年三月,奏:"现在军营文武官员未及请封者,请自凯旋之日为始,展限一年,按恩诏以前各原品补给。"得旨允行。

四月,授兵部右侍郎。七月,奏内监高云从泄漏道府记载,左都御史观保,侍郎蒋赐棨、吴坛在九卿班私论记载优劣。诏革观保等职,交刑部严审,云从伏诛。谕曰:"此案高云从以下贱太监肆无忌惮,岂可不亟为整饬以肃纲纪? 但不屑因此遽兴大狱,故将高云从即行正法,不复一一穷治,岂观保等所能狡词幸免乎? 观保、蒋赐棨、吴坛等清夜扪心,若自知身获重愆,朕加恩不为穷究,感愧无地,尚得谓之稍有人心;若腼颜以为实无其事,甚至少涉愆尤,致无知之徒闻之,妄以观保等为无辜受诬,且议高朴为小人多事。则是观保等良心渐灭殆尽,必为天理所不容。高云从之事,大臣中岂无见闻,独高朴为之陈奏,众人抚躬内省,对高朴应多自惭。然此乃大臣应奏之事,而并不以此赏鉴高朴重加任用,若众人因高朴具奏此事,私心衔恨,计图巧为倾陷,则自取其死,岂能逃朕洞鉴也? 若高朴以此沾沾自喜,遂因而高兴多事,即属器小易盈;或高朴因此事已显其公正,不复自知谨懔,肆意妄为,转致营私舞弊,则高云从即其榜样。朕亦不能曲为宽贷也。"十一月,以岫岩城仓粮出粜,减价过多,命高朴往查,将率请减价之城守尉雷健革职,寻奏出粜善后事宜,言旗仓米价,应照月报市价酌减,每石不得过二钱,月报仅令文职专司,亦恐浮开预留地步,请一体会报将军等转咨在京户部,以备稽查。出粜时,城守尉呈报盛京户部,并令该管将军、副都统各派员赴仓监粜,大学士等议如所请。十二月,兼公中佐领。四十一年三月,授镶蓝旗满洲副都统,八月,调补正白旗满洲。寻兼署礼部侍郎。

十一月,命往叶尔羌办事,距叶尔羌城四百馀里,有密尔岱山产玉,久经封禁。四十三年二月,高朴奏言:"回民往往私采,防范维艰,莫若以官为开采,年开一次,可杜怀窃营私之弊。"诏如所请行。九月,阿奇木伯克色提巴勒底以高朴勒派回民三千馀采玉,婪索金宝,并串商盗卖官玉首之乌什办事大臣永贵以闻,诏革高朴职,鞫实论斩如律。寻谕曰:"高朴在叶尔羌苦累回民,采办玉石,串商私卖,又复婪索金银盈千累万,回众嗟怨。经阿奇木伯克色提巴勒底向永贵呈控,永贵据情奏参。随查钞高朴家中所有寄回金玉等物,与原参开单之项大略相符。兹复据永贵奏查询原控告款俱实,并查得高朴彼处仍见有银一万六千馀两、金五百馀两,高朴贪婪无忌,罔顾法纪,实出情理之外。已降旨将高朴革职严审,即于该处正法矣。高朴贪纵,负恩若此!较伊父高恒尤甚,不能念系慧贤皇贵妃之侄、高斌之孙,稍为宽宥也。"五十二年二月,谕曰:"原任大学士高斌宣力年久,伊之子孙皆经获罪,现在并无服官者。着将伊孙候补通判高杞调取来京,以内务府郎中补用,以示朕轸念前劳、眷注旧臣之意。"

高杞现官兵科给事中。

顾琮

顾琮,满洲镶黄旗人,姓伊尔根觉罗氏。祖顾八代,礼部尚书,赠太师,谥文端,有传。父顾俨,历官副都统。

顾琮由监生修算法,议叙。康熙六十一年,授吏部员外郎。雍正三年七月,授户部郎中。十二月,迁监察御史。四年五月,巡视长芦盐政。九月,奏称:"州县于私盐案,每监毙人命,请嗣后除大伙兴贩照例审结,其馀易结之案,延至四月外,一案监毙三人,一年监毙三案者,照司狱监毙例议处。"下部议,从之。十一月,授坐粮厅。八年,迁太仆寺卿。九年,授霸州营田观察使。十一年正月,协理直隶总河。二月,迁太常寺卿。

七月,署直隶总督。八月,授直隶总河。十二年四月,奏报永定河口深通,上流始得畅注入淀。近因淤,正议挑浚,仰蒙天赐引河二十馀里,显著嘉祥。谕曰:"朕因畿辅河渠关系重大,时时轸念。今于河臣筹议疏通之地,仰蒙天赐引河,自然开刷,不劳民力,顺轨安流,河神福佑,群生功用显著,应虔诚展祀,以答灵贶。"十月,疏言:"直隶向无额设囚粮,多致饥毙。请一体准设,以广皇仁。"得旨俞允。十二月,疏言:"直隶河道烦多,厅员应改拨就近管辖。再于要处酌增河员,通永道属增粮河通判一,驻蓟州管京东诸河,并攒运船,清河道属滹沱河经正定、保定、河间三府,顺德府同知,难以防范,拨归正定府通判兼管。束鹿县有滹沱新工,增主簿一,潴龙河、汇滋河等水入白洋淀,增管河通判一,驻祁州蠡县,增县丞一。祁州增州同一,分管本州及博野两处民工;大名道属魏县增县丞一,分防漳河、顺天府属牤牛、新河与永定河,南岸咫尺拨归永定道辖,霸州系牤牛下口,仍令清河道辖。涿州北房山等处山水小河并无堤防,就近归霸昌道兼理;天津道属三角淀、长淀等河增通判一,驻王庆坨;武清县增县丞一,东安县增主簿一,归通判辖;泊河通判所管清河县运河二十里、故城县河道十六里,拨河间府同知辖;天津同知所管南皮县运河拨归通判管理,静海县唐官屯千总所管运河堤岸,错入静海、青县、南皮、沧州境内,改分隶州县管理;其千总令督河兵浅夫毋庸裁汰。至天津、清河二道向无抢修物料,请照通定、通永二道例,酌工程险易,预采大名道无岁修银,应于清河道库拨用臣标左营、黄崖汛右营,西仪汛俱距河远,并无河务,应改隶天津镇标辖;南运河沿河一带营,非臣标所辖,汛报稽迟,应将天津镇标安陵汛归臣标辖,并于永定北运河兵内选熟练桩埽者数名教习,南运河浅夫归唐官屯千总辖,潮河上游增外委、把总各一,驻北口;白河上游增外委把总一,驻石塘路;永定河上游增外委把总一,驻水关。”下部议行。

乾隆元年正月,署江苏巡抚。六月,奏:“海塘善后事宜:一、松江土塘自上海迤西连宝山县境,甚卑弱,其旧宝山一段更顶冲,宜加帮迅筑;一、宝山对江墩急宜接筑,土塘现在塘形陡削者,俱加高宽;一、宝山护城圩系民自筑,并入岁修估培;一、塘岸压占民田,免额征钱粮;一、塘路绵长,请增海防道一,驻松、太适中地专管;一、通潮小港,泥沙易积,令道员以时修浚。”下九卿议行。九月,疏言:“常平仓谷例存七粜三,从前粜价现未买补,又被水偏灾须赈。若谷贱方买,恐来岁青黄不接,无谷可粜。请令各州县遵新例于邻近产谷州县买补,倘邻近亦系歉收,即委员赴江西、湖广采买。”下部议行。十月,丁父忧,回旗。

二年三月,协办吏部尚书事。七月,永定堤决,命顾琮往同总督李卫等抢修。八月,署河道总督。三年正月,授朱藻为总河,顾琮仍同办理。时畿辅西南诸水,汇于东西两淀,淤垫漫溢为患。顾琮奏设袋船捞泥,委三角淀通判、清河同知司其事。经大学士鄂尔泰并李卫、朱藻等详酌议行。十月,授顾琮河道总督。五年四月,疏陈:"青县之兴济、沧州之捷地两减河善后事宜:一、两减河均以岐口海河为归宿,连年河尾淤高,不能骤达,应疏尾闾,均于李连滨家口会通,直接岐口,俾无阻塞;一、上半截堤逼河身,单薄可危,应各就南北岸展筑遥堤,再择堤身单薄险要处帮筑坦坡,于河底取土开挖深宽;一、下半截堤宜相地势截成拉沙,俱使河水由此漫入,以缓水势,兼肥地亩;一、两处闸口俟河水归漕,设板下闸,使下游洼地涸出,可种麦;一、多设涵洞,减河水落时,将两岸积水放入,掘开中间土埝,流通归海;一、压占地已给价出粮,将堤内滩地令民佃种收租,作抢修费。"六年六月,疏言:"河间县县丞跨管子牙河东西两堤百二十里,巡防维艰,请将东岸堤归驻河东之景和镇巡检兼管,老漳等河亦就近归地河镇巡检兼管,祁河通判改设于子牙河,将青县、静海子牙河主簿,文安、大成两县县丞、主簿,霸州州判所管堤工,均隶该通判,其祁河通判原管河工改隶清河同知。"俱议行。八月,题销永定河修筑银,谕曰:"前顾琮题报漫工疏内,称专管官并不加意抢护,及请开销,竟不着落各员分赔,明系有心徇庇。此项银俱着顾琮赔补。"寻裁直隶总河缺,命回京候旨。

十二月,授漕运总督。七年十月,奏:"漕务十条:一、严禁胥役掯勒,并受兑弁兵刁索;一、各帮旗丁俱令长运,不得仍前逐年佥换;一、江西、湖广等帮由长江至仪征,例不定限,浙江帮在大江之南,每藉风色迟延,应咨督抚严催出境;一、各帮头次过淮,即委桑园游击攒行，二次过淮粮道攒行，通帮告竣，臣循例督催北上；一、江南、山东河道浅阻处，预为挑挖；一、漕丁遇闸坝即停泊，至两省交界，因弁兵不能越催，更多逗遛，委标员催攒，无许迟误；一、黄河北至台庄、临清，北与直隶交界处，汛远兵稀，酌添浮汛接催；一、饬各闸启闭得宜，闸员不得托词蓄水稽留；一、江、广帮船远涉长江，多带木植护船，至内河船重难行，令酌定水大至台庄南，水小至扬州卸卖；一、漕船抵通卸还，查贩米卸乏之帮，将副丁应得馀米银存三给七，俾回空不致拮据。"上是之，下部议行。十二月，奏获劫盐船匪徒，并于东安、山阳各汛远处暂增浮汛六，拨兵防察。上嘉其留心经理。十年六月，疏请于猫儿窝以下马庄集、宿迁皂河以上曹家店，各建石闸一，束上游之水，不致直泻无馀，并将骆马湖入运处改从皂河。以上之轮车头地方，建闸挑渠，引水济运，又十字河之竹络坝当开放后，黄水湍激，横截运河粮船，提溜颇难，应于竹络坝下之束黄坝迤东接堤堵截，别开河头，接入旧有苏家闸、闸河闸南浚河一道，越黄入运。从之。

十一年闰三月，署江南河道总督。九月，回本任。十二年九月，浙闽总督喀尔吉善劾浙江巡抚常安贪婪各款，命同大学士高斌往讯，即授顾琮浙江巡抚。嗣又命大学士讷亲前往会审，皆实，论罪如律。十三年，部议顾琮承审常安案，不能按款穷究，拟革职，奉旨从宽留任。寻调河东总河。十七年正月，疏言："运堤向无堡房，兵夫游巡，雨夜难以栖止，有名无实。请照黄河例每二里建堡房一，共四百座，拨司库充公耗羡项兴造，每年酌给岁修银。"十八年四月，同巡抚蒋炳合疏言："阳武五堡民埝，并土二堡大堤，因雨，沁、黄并涨，以致漫溢，现在抢筑，断流上游进水地方亦赶紧拦河筑小坝，又五堡外地势极洼，滩水汇聚，急应疏通去路。现于坝东开引渠，滩水至此循民埝东去，漫入滩地，以分水势。"奏入，俱报闻。十九年二月，因江南总河任内浮费河工银，部议革职，谕来京候旨。十二月，卒。

牛钮

牛钮，满洲正白旗人，姓他塔喇氏。由官学生补工部笔帖式。康熙三十九年二月，武清县筐儿港水决，工部尚书萨穆哈遵旨派贤能司员笔帖式监修，以牛钮监筑减水坝。六月，补本部主事。五十年二月，上自和韶屯乘舟阅工，谕于引河前崖及减水坝前各增坝一，于三里浅挑水坝下又增坝一，俱长三四丈。上至河西务登岸，步行二里许，谕牛钮曰："浚河不碍村落，方善。"复指示曰："此沙地着浚河宽十丈、长四百七十馀丈，平坦处深四五尺，高阜处或七八九尺不等，其河湾处着建小挑水坝二。浚河之土，即置两边对新河上口旧河下流着建挑水坝二，高与岸等。"于是取仪器置地，亲视方向，命诸皇子、大臣等分钉桩木，纪丈量处，交牛钮监修。三月，迁本部郎中。

五十九年，擢左副都御史，寻命总管北运河事务。六十年九月，河南武陟县马营口河决，上以牛钮谙练河工，面授方略，偕侍讲齐苏勒等往堵筑。十月，以巡抚杨宗义与河督赵世显互诿，不亟备料，奏敕宗义专其事。牛钮恪遵圣训，在钉船帮兴工。十一月，工竣，奉旨详勘河工，自孟津起至清口止，以仪封县白家楼、虞城县黄堌坝，徐州以上砀山县定国寺及胡家楼，徐州以下长樊

大坝五处应挑引河,<u>邳州董家堂</u>、<u>宿迁县大古城</u>、<u>桃源县七里沟</u>
三处应建挑水坝,奏交署<u>河督陈鹏年</u>督办。六十一年二月,<u>直隶</u>
<u>长垣县</u>常村集堤南水势暴涨,逼<u>山东濮州</u>等处,遣<u>牛钮</u>顺道往
勘。会黄河积凌水发,<u>马营口</u>复决,<u>牛钮</u>驰还<u>武陟</u>,同<u>宗义</u>于<u>秦</u>
<u>家厂</u>堵筑。六月,奏言:“<u>秦家厂</u>拦河坝自三月兴工,择于本月初
五日合龙。初三日大雨水涨,所留水口稍狭,两边坝台蛰陷二十
七丈,幸埽固未动,已嘱<u>杨宗义</u>备料趱修。臣以大雨时行,<u>通州</u>
<u>运河</u>亦属紧要,即遵旨回<u>京</u>,谕<u>宗义</u>速行堵修。”先是,<u>牛钮</u>议于
<u>黄河</u>北岸自<u>沁河</u>堤至<u>詹家店</u>十八里无堤处,接筑遥堤,以资捍
御。<u>宗义</u>以<u>沁</u>、<u>黄</u>并涨时水无所泄,恐致冲决,不若仍留空隙,备
宣泄。”<u>雍正</u>元年正月,<u>河督陈鹏年</u>奏:“现在河势北趋,较前情
形不同,无堤拦束,亦属可虞。请如<u>牛钮</u>议。”从之。七月,迁兵
部侍郎。八月,疏禁官民人等服用五爪龙,下部议行。

　　二年七月,疏言<u>江宁</u>、<u>杭州</u>、<u>荆州</u>、<u>京口</u>、<u>广州</u>、<u>福州</u>等处驻防
兵,请令习水师。部议:“<u>江宁</u>等处俱系防守地方,并无战船,未
便学习;惟<u>京口</u>现设战船,应如所请,令将军选兵二千操演。”得
旨允行。十二月,调礼部右侍郎。三年二月,因迟延应奏事件,
降三级调用。七年三月,觉罗巴哈布首<u>牛钮</u>监修<u>筐儿港</u>堤工时,
索其金三百、银千四百两。宗人府传询,<u>牛钮</u>抗不赴。谕曰:“<u>牛</u>
<u>钮</u>贪婪无耻,其吓诈之处甚著,人所共知。乃宗人府传唤数次,
抗不前往,甚属可恶。着革职,拿交刑部治罪。”寻议照枉法婪
赃,拟绞监候,从之。八年正月,<u>北运河青龙湾</u>议筑减水坝,以侍
郎<u>何国宗</u>督修。谕曰:“原任侍郎<u>牛钮</u>在<u>北运河</u>管工年久,于地
方情形甚为熟练。尔等会议料理,<u>牛钮</u>即偕<u>何国宗</u>抵海口,溯引

河而上,估工条议以闻。"得旨:"作速料理,少有迟误疏虞,惟何国宗是问。一应动用钱粮,与牛钮无涉,着何国宗一人察核,工竣回京。"

乾隆二年七月,卒。

海望

海望,满洲正黄旗人,姓乌雅氏。雍正元年,由护军校授内务府主事。寻迁员外郎。二年,赐戴孔雀翎。四年,迁郎中。八年六月,擢总管内务府大臣。九月,管理户部三库,赐二品顶戴。寻偕两江总督高其倬相度太平峪万年吉地,得旨嘉奖,议叙加二级。九年七月,迁户部左侍郎,仍兼管内务府事。八月,授内大臣。

十一年正月,命偕直隶总督李卫勘浙江海塘。先是,总督程元章奏海宁县潮势自东而西,侵仁和县界,石、草各塘坍卸,势甚危险。大学士等请特简大臣通盘筹画,以垂永远,故有是命。四月,海望等疏言:"浙江省海塘情形,门户有三,省城东南龛、赭两山间,曰南大亹;禅机、河庄两山间,曰中小亹;河庄山北河海宁塘南,曰北大亹:谓之'三亹'。南大亹久淤成陆,数十年前水由中小亹入,后渐徙北大亹。年来桑田庐舍已成沧海,若欲遏江海之狂澜,仍归中道,恐非人力能为。查海宁东南有尖山耸峙,镇锁海口,其西有小山俗名塔山,相去百馀丈。今江水大溜,紧贴北塘,直趋尖山、塔山之间,而海潮激塘,护沙日刷。若俟冬初水落,建石坝堵塞,使江水海潮仍向外行,则北岸护沙可望复涨。至仁和、海宁海塘自华家衖以东、尖山以西,有草塘、条石塘、块石塘各工，草塘易朽，块石塘亦易坍。应改建大石塘，并于海塘内增筑土备塘一道，庶可卫护民生，咸成乐土。"谕曰："所议俱属妥协，着交部照所奏行。朕思尖、塔两山之间建立石坝，以堵水势，似类挑山坝之意，所见固是；若再于中小亹开引河一道，分江流入海，以减水势，似更有益。从前虽经开挑，旋复拥塞者，皆因惜费省工之故。今若加工开浚，两工并举，更觉妥备。石坝建后，即有涨沙，而石塘亦可渐次改建，以为永久之利。着程元章等相度遵办。"是月，海望等又奏："海塘四事：一、管工人员工竣日，分别议叙；一、工价银米兼发，于米贱之地买运搭放；一、增设海防兵备道一，总辖塘工，同知一与旧设一员分辖，守备二、兵一千备调遣；一、新设道驻海宁，同知驻仁和，与守备分驻海宁东西分防塘汛。"部议如所请。八月，又言："从前塘工未固，由监修之员每多草率所致。请敕浙江驻防将军、副都统就近选派旗员协同监修。"允之。十三年，振武将军傅尔丹虐兵婪索事发，命海望赴北路军营拿解来京治罪。

　　八月，今上御极，命在总理处协同办事，署户部尚书。九月，谕曰："海望前自北路军营回京时，奏称鄂尔坤发遣人犯在彼种地，并无实济，且恐日久之后，人数渐多，致生事端，应改发他处。彼时皇考以鄂尔坤现有大兵驻扎，岂有不能弹压之理？此奏不合，曾经降旨教导，令总理事务王大臣及办理军机大臣等议覆此事，并无定议之语，殊有观望之心。及朕降旨谕再议，而王大臣等仍然复游移其说，介在两歧。是王大臣等尚未知皇考圣意也。朕伏思皇考之意，盖以此等发遣之犯，原系身获重罪之人，今发往军前种地者，乃保全之大恩，令其效力赎罪耳。若其中果有情罪冤抑，不应发往者，乃办理刑名大臣之错误，自应声明具奏，宽释其罪，方于情理允协。若本无冤抑之情，只因其不善开垦，遂尔改发内地，以兵丁代之。[一]是获罪重犯又不肯急公趋事者，转得遂其侥幸之心；且兵丁等平时职业，惟在骑射当差，耕种之事非其所素习。若以不能力田为辞，则将迁移内地之民往耕边塞之地乎？此事之断不可行者！若以此地不应聚集多人，则将嗣后发遣之犯改发他处尚属可行，似此已发之犯岂有更改他处之理？且无论大军在彼尽足弹压，即彼处无兵亦毫无可虑者。若以伊等不能耕种，则自应令该将军大臣等严加督率，定为赏罚之条以示惩劝。况耕种本非难事，非工作技艺之可比，若肯用力，人人能之。其所以苟且因循，未收实效者，皆该管官员疏忽怠玩之所致也。海望心地纯良，但识见平常，且有固执己见之处，伊所陈奏，岂可尽以为是？尔等之意，想以朕降特旨，将海望署理户部尚书，且不时召见，遂起观望之心，将伊陈奏之事向奉皇考申饬，[二]仍复含糊议覆，甚属不合。向后当以此为戒！"

十月，授户部尚书，兼议政大臣。上疏言："大兵现驻防鄂尔坤，官驼数万，若以给台站蒙古等，令其运米，则运价大省，于蒙古生计亦有裨益。"王大臣等议如所请。乾隆二年四月，泰陵工竣，奉旨优叙，给云骑尉世职。十二月，因总理事务议叙，复给一云骑尉。四年，晋太子少保。六年二月，请停各省捐谷例，谕曰："从前停止各项捐纳之时，在廷诸臣及翰、詹、科、道等议留捐监一条，俾各处积谷，以备民间荒歉之需；且使士子广其应试之路，洵为两便，并非捐官可比，朕已允行。[三]昨据御史赵青藜请停止捐监，又经大学士、九卿会议，以为事属难行，应仍其旧，朕已降依议之旨矣。今据海望奏称：'外省收捐繁难，赴捐之人甚少。原议各省捐贮谷数，共应三千馀万石，今报部者仅二百五十馀万石，合计尚不足十分之一。不若且停止各省之捐谷，仍照九卿原议，在部交银，将所收之银扣抵各省买谷银款。俟仓贮充盈之后，将应停止之处再行请旨。'朕思纳粟贮仓，原为备荒发赈，预为筹画之计。外省捐谷繁难，且有弊窦，不若在部投捐之易，诚如海望所奏，朕亦知之。嗣后仍准在部收捐折色，至于外省收捐本色之例，亦不必停。在内在外，悉听士民之便。地方积谷，不厌其多，赈恤加恩，亦所时有，正未易言仓贮充盈也。"

先是，海望为郎中时，充崇文门监督，洎擢尚书任满，命管理如初。至是，御史胡定疏陈关税浮征事，言："崇文门货物上税，有挂锤、顶秤名目，每百斤必作百四五十斤，税额虽未明增，实已加至数倍；其零星货物，由各门入者，任意需索，更有数倍于税额者。至外省各官，如杭州北新关自南而北，不过十馀里，盘查共有七处，虽无货客商，必索饭钱，多方留难。有货者应纳之货不过数分，而入口给票、出口缴票之费，七次苛索，竟什百于零星货物所值之数。推其原故，盖由管关之员，务欲所解税课盈馀浮于旧额，以免部驳而见己长，吏胥巡拦，藉得恣睢无忌，请严禁。"谕曰："关差一项，从前司税之人归之私囊者，〔四〕后令报出即为盈馀耳，并非现征之外有所增加也。虽管关之人贤愚不一，或有奉行不善，欲增课以见长，因而需索累民者，〔五〕然此十之二三耳，较之未经澄清以前，已觉减少者盖多矣。朕临御以来，又复核减税课，不下数千万两，且不时严饬该管诸臣剔除诸弊，至再至三。今条奏关税者，尚属纷纷。如海望系皇考及朕简用之大臣，岂不知国体而但知言利者比？其管理崇文门税务不过尽收尽解，尽行报官，不似先前之入私橐，因而见其独多耳。朕即另派大臣管理，想亦如其数也。若如胡定所奏苛索种种，朕可以信其必无，何为如此过甚之词耶？崇文门税务不必另议。至外省关榷，〔六〕皆久经该督抚就近稽查，除现设口岸报部有案者，照旧设立外，其有私增口岸，逐一详查题报，应留者留，应革者革。此番清查之后，司榷之员若再有违例苛索者，胥役严处，官吏严参。该督抚不行查察，经朕访闻，必于该督抚是问。至浒墅、北新二处，系江、浙大关，尤为紧要。着交两江总督杨超曾、浙闽总督德沛照此稽查办理。”

十二月，海望调礼部尚书，兼管乐部、太常寺、鸿胪寺事。十三年，署户部尚书。十四年，调户部尚书。十七年四月，与侍郎三和等遵旨查奏两郊坛宇工程，所发物料银过多，自请严议。六月，议革职，诏从宽留任。十九年以前，在侍郎任内承审盐商王会民匿课行私一案，误以未完作完，议革职，诏留任。二十年，卒。谕曰：“户部尚书海望老成敬慎，办事实心。宣力有年，勤劳懋著。昨患痰症，亟赐医药，尚冀痊可。遽闻溘逝，朕心深为悼惜！着赏银二千两治丧，遣散秩大臣博尔木查带领侍卫往奠茶酒。应得恤典，该部察例具奏。”寻赐祭葬如例，谥勤恪。

【校勘记】

〔一〕以兵丁代之　“丁”原误作“民”。满传卷四四叶三七上及耆献类征卷七六叶八上均同。今据纯录卷三叶三下改。

〔二〕将伊陈奏之事向奉皇考申饬　原脱“之事”二字。满传卷四四叶三七下及耆献类征卷七六叶八下均同。今据纯录卷三叶四下补。

〔三〕朕已允行　"允"原误作"久"。满传卷四四叶三八下及耆献类征卷七六叶九上均同。今据纯录卷一三六叶九上改。

〔四〕从前司税之人归之私囊者　"囊"原误作"索"。满传卷四四叶四〇上同。今据纯录卷一三六叶一四下改。按耆献类征卷七六叶一〇上不误。

〔五〕因而需索累民者　原脱"者"字。满传卷四四叶四〇上及耆献类征卷七六叶一〇上均同。今据纯录卷一三六叶一四下补。

〔六〕至外省关榷　"榷"原误作"课"。满传卷四四叶四一上及耆献类征卷七六叶一〇下均同。今据纯录卷一三六叶一五下改。

清史列传卷十七

大臣画一传档正编十四

杭奕禄

杭奕禄,满洲镶红旗人,姓完颜氏。由闲散考授中书。雍正元年正月,授额外员外郎。三月,补监察御史。十月,迁光禄寺少卿。二年十一月,充翻译乡试副考官。三年正月,迁光禄寺卿。时奉旨苏州、松江长蠲正额钱粮四十五万,杭奕禄疏言:"圣主施千古未有之殊恩,蠲钱粮至四十五万。臣维蠲免之数,按田均算,其中有田者虽多,无田而佃种人田者亦不少。有田纳赋,既邀蠲免定额,佃人纳租业主,亦宜酌减常式,俾贫富均沾实惠。"得旨:"此奏甚公。下九卿、詹事、科道议。"寻议减十分之二三,如业户免额一钱,则佃户免租米三升。诏如议速行。五月,擢左副都御史,仍兼管光禄寺事。

五年九月,以安南国定界事,命偕内阁学士任兰枝往谕国王黎维祹。先是,原任云贵总督高其倬查奏安南国界,有内地旧境百二十里,应加清理,于赌咒河立界,国王具疏陈辩;上命总督鄂尔泰再行确查,给还八十里,于铅厂山下小河内四十里立界,国王复疏辩;敕该国王不必以从前侵占内地为嫌,中心疑惧,拳拳申辩。至是,复命杭奕禄等往谕,未至,国王奉敕悔罪,上表谢,鄂尔泰以闻。六年正月,诏以鄂尔泰所查铅厂山下四十里地界安南,并敕谕杭奕禄等赍往宣读。赐敕曰:"朕前令守土各官清理疆界,原属行之内地,未令清查及于安南也。督臣高其倬以职任封疆,详考志书,兼访舆论,知开化府与安南分界处,当在逢春里之赌咒河,于是一面设汛,一面奏闻。比因该国王陈奏,朕特降旨,令撤汛另议立界;又恐高其倬固执己见,复命接任总督鄂尔泰秉公办理。鄂尔泰体朕怀远之心,定界于铅厂山下小河,较旧界已缩减八十里,诚为仁至义尽,此皆地方大臣经理疆界,职分所当为。朕统驭寰宇,凡属臣服之邦,皆隶版籍。安南既列藩封,尺地莫非吾土,何必较论此区区四十里之地?若该国王以至情恳求,朕亦何难开恩赐与。只以两督臣定界时,该国王激切奏请,过于觖望,种种陈诉,甚为不恭。该国王既失事上之道,朕亦无从施惠下之仁。此天地之常经,上下之定体,乃王自取,非朕初心也。顷鄂尔泰将该国王上年十二月内本章呈奏,知该国王深感朝廷之仁,自悔从前执迷之误,踊跃拜命,词意虔恭。朕览阅之馀,甚为嘉悦!在王既知尽礼,在朕便可加恩。况此四十里之地,在云南为朕之内地,在安南仍为朕之外藩,一毫无所分别。着将此地仍赏赐该国王世守之,并遣大臣前往宣谕,该国王其知朕意。"十月,杭奕禄等回京,奏言:"臣等于三月自滇起程,取道

广西,五月至镇南关,安南陪臣范谦益等六员叩迎关门外。六月
抵貂瑶营,国王复遣陪臣迎劳,且请仪注,欲以其国礼敬行五拜
三叩。臣等责以天朝定制,薄海共遵,无得更张,乃愧悚听命。
臣等渡富良江,至彼国长安门,国王黎维祹跪迎。臣捧敕由中门
入,维祹率文武陪臣听宣毕,行三跪九叩首礼。臣等复宣示皇上
中外一视种种恩德,嗣后当倍加忠慎,戒饬守边员目毋得滋事阶
祸。维祹闻言,以手至额者再四,誓世世子孙永矢臣节。复送至
长安门,兼馈赆仪,臣等婉辞不受。回至镇南关,陪臣吴廷硕等
四员赍国王陈谢表章,叩乞转奏。臣等伏思安南僻处荒远,久列
外藩,皇上念其累世恭顺,不忍以片壤之故,即加兵讨;且鉴其感
恩悔罪,行赏赐地。此诚怙冒鸿慈、抚绥至计。臣等睹其异地之
欢腾,识天威之遐畅,谨据实奏闻,祈宣付史馆,昭垂万世。"疏
入,上允之。

　　是月,授刑部左侍郎,寻署吏部尚书。十一月,遣杭奕禄偕
副都统觉罗海兰赴湖南会巡抚王国栋讯逆犯曾静,寻命提犯来
京。七年九月,授镶红旗满洲副都统,仍兼侍郎。八年三月,奉
旨解任,回旗办事。四月,补礼部左侍郎。五月,署右翼前锋统
领。时准噶尔台吉噶尔丹策凌纳青海叛贼罗卜藏丹津,久不献,
大军征剿。九年二月,上虑陕、甘二省民或以用兵为累,特命杭
奕禄与左都御史史贻直、署内务府总管郑禅宝率同翰林院庶吉
士及六部学习人员、[一]国子监肄业选拔贡生等,往宣谕化导。
七月,谕杭奕禄协办西安军需,其宣谕化导事交史贻直、郑禅宝
分办。十年七月,署西安将军。十一月,谕曰:"闻陕西甘、凉沿
边一带,[二]营伍废弛,总督刘于义事务繁多,不能亲身查阅。着

侍郎杭奕禄往来稽查,悉心整顿,给与钦差大臣关防。凡有办理事宜,俱与刘于义酌行。山西近边营伍与陕西相近者,亦着杭奕禄一体稽查。"十一年七月,谕曰:"杭奕禄系朕特差稽查沿边营伍之大臣,理宜体恤弁兵,洁己奉公,以副委任。今闻其沿边骄奢放纵,扰累兵民,甚属溺职。"寻奉旨在肃州永远枷号。

乾隆元年二月,召来京,授额外内阁学士。三月,补工部右侍郎。时恭修世宗宪皇帝实录,命杭奕禄充副总裁。四月,遣往西藏驻扎办事。十二月,转工部左侍郎。四年四月,奏言:"西藏西南三千里外巴尔布国有三汗:一名库库木,一名颜布,一名叶楞。雍正十二年曾通贡。近三汗交恶,臣遣贝勒颇罗鼐宣谕罢兵,三汗欢欣听命,遣使呈进部落户口数,并金银、丝缎及珊瑚念珠等物。"报闻。六月,遵旨还京,调刑部左侍郎。十二月,袭其从兄户部侍郎申珠浑所遗三等轻车都尉世职。五年二月,奏言:"巴塘、里塘土司品秩同所属地方亦相等,岁给养廉巴塘一千两、里塘只一百三十五两。请将里塘土司二员量增养廉。"诏于里塘地方征收钱粮内,交打箭炉充饷者,以四百两增赏土司,用示优恤。三月,擢左都御史。四月,兼议政大臣。十二月,因秋审册错拟缓决,降二级留任。十年十月,以老乞休,谕曰:"卿才品优长,简任风纪,正资料理,着照旧供职。"十一年闰三月,上察其行走艰难,命以原官致仕。十三年七月,卒。

子哈丰阿,袭三等伯及轻车都尉世职,现任山西参将。

【校勘记】

〔一〕署内务府总管郑禅宝率同翰林院庶吉士及六部学习人员　"禅"

原误作"浑"。满传卷三六叶六上及耆献类征卷七六叶三下均
同。今据宪录卷一〇八叶五下改。下同。

〔二〕闻陕西甘凉沿边一带　"边"原误作"途"。满传卷三六叶六下及
耆献类征卷七六叶四上均同。今据宪录卷一二五叶一〇上改。
下文有"其沿边骄奢放纵"一语,亦可相互印证。

盛安

盛安,满洲镶黄旗人,姓那拉氏。康熙二十六年,袭其祖聂
克色一等轻车都尉兼一云骑尉。三十九年,授三等侍卫。四十
一年,擢二等侍卫。四十六年,授内务府员外郎。雍正元年正
月,内务府官员分别等次引见,革退员外郎仍留世职,在旗行走。
五年四月,因员外郎任内应赔官银未交,革职。十年,授内务府
主事。十一年二月,迁郎中。四月,升太仆寺卿。五月,授刑部
侍郎。十月,授正蓝旗满洲副都统。十一月,署正红旗都统。十
二年十一月,兼理内务府总管事。

十三年九月,授泰陵总管。乾隆二年七月,疏言:"六月末大
雨,山水陡发,易州桥翅间有坍圮。七月初一日所用羊只、瓜果,
仅得无误。伏思朔望并中元致祭典礼至重,而每年夏秋之际,大
雨时行。查礼部奏定规制,果品冰窖,牛羊棚圈,在易州西关外,
往返五十馀里,实属迂远。请改建于夏庄左近,并于风水墙内外
建桥数座,以济往来。"部议从之。七年四月,授正蓝旗满洲都
统,旋兼管刑部侍郎事。七月,充考试中书阅卷官。

十年三月,擢刑部尚书、议政大臣。七月,御史万年茂疏言:
"律载十岁以下杀人者,奏闻请旨。雍正十年中,〔一〕有年仅十四

岁殴毙人命一案,蒙恩旨宽免,减等收赎。本年六月,有年仅十五殴毙人命一案,刑部并未援案声请。嗣后凡遇年未及岁之案,法司应核其情罪较轻者,声明情有可原;较重者按律定拟,亦于疏内声叙,恭候钦定。"盛安奏:"人命至重,无辜被杀之命,较凶手之命更觉可悯。况人年至十五,非复十岁以下幼童可比。乃十岁以下杀人者,犹必拟罪奏取上裁,而十五岁以下杀人者,竟为援例请免,似未允协。若定以十五岁以下杀人免罪之例,倘奸徒与人有怨,诱令十五岁以下之人为之挺身报仇,亦非辟以止辟之意。虽年未及岁,杀人之心均未必,情甚可恶,然而渐不可长,端不可开。自仍按律拟抵,其中情甚轻而可悯者,奏请上裁,只可偶一行之;其馀情虽稍轻,而未甚可悯者,或于秋审时拟以可矜,或于特旨清理刑狱时,酌议原减。在犯者一二年囹圄之苦,既有悔心之萌,幸而减免,或能悛改。且常法不为之宥,必俟国家格外之恩减免,又可使知法不可轻犯。弼教明刑,正为此也。若于三法司定案之初,即惜其年齿之尚幼可原,而不究其杀人之情罪至大,逐案为之声明。名为恩出自上,实则法弛于下。习而生玩,且谓十五岁以下杀人不死,定例如是,岂所以仰体我皇上慎重民命之至意?"下九卿议行。

十一年五月,调左都御史。十二月,调正黄旗满洲都统。十二年正月,充翻译乡试正考官。四月,御史冯钤奏司坊官缉案,获不及半者,应不准保题。盛安等议覆,司坊以命盗案为重,缉案无碍保题。上以其覆奏含糊,着察议。寻议降一级留任。十三年六月,仍授刑部尚书。七月,议革职知府金文淳罪失当,谕曰:"盛安素喜沽名,皇考时教导不悛,以致革职。朕加恩屡经任用。近日刑部尚书一时不得熟练之人，是以复令办理。乃到任后，故智复萌，于参革锦州府知府金文淳剃头一案，刑部迟延不奏。朕意伊等必有故迟其事，〔二〕以待言官之陈奏。如此，则将启夤缘朋党之风，所系更大。正欲面降谕旨训饬，孰知盛安急又改拟斩候，因不进本。此案伊在都察院时，已经于勾决本内画题；及调任刑部，忽又自改前议。斩决重案，岂可以一人之意见为轻重？况伊补授刑部尚书后，召见时即陈奏，此案伊虽画题，似应拟斩监候。朕谕以尔与刑部堂官按例定拟，朕自加恩。伊并不将此旨告之同官，惟称斩决过重，迟回观望，久而不奏。及召之面加诘询，伊乃称'孝恭仁皇后大丧内，有佐领李斯琦剃头问拟斩候之案，今拟斩决，恐人疑其办理未协'等语。在伊果见以为过当，即应于都御史任内未经面奉谕旨之前具奏，何独为刑部尚书时方谓过重？且伊已知朕意在从宽，而必不肯令改宽之旨出于朕之特恩，而出于彼。沽取持平之名归于一己，其心尚可问乎？今日面问伊时，惟以满语奏称曾有是旨，〔三〕而不肯汉语承认。是于此际犹不肯令汉大臣知朕从宽之意，以沽名于众汉人也；又巧谓恐人议其过重，于朕名为不美。试思部议重而朕特从轻宥，传之海内，为美名乎？为不美之名乎？伊以执法之司，不遵明旨，不按成法，不通知同官，而固执私见，激朕使怒，重治其罪，则过在君父而己居美名，岂非巧饰之尤者乎？即以金文淳一案，与李斯琦一案相较，在李斯琦当日不过废员，私自剃头耳；而金文淳由翰林出身，官至知府，并非冒昧不知大义者可比。同城之防御，又曾以满官皆未剃头，正言规谏，而金文淳悍然不顾，李斯琦案情同此乎？且剃头一事，始于阿里衮之参一武弁贪婪案内，〔四〕有'国服剃头'之一语，大学士照例票签。朕谓违国制之罪重，而贪婪之罪轻，照例票签非是，改令治其违制之罪。夫君臣上下之所以相维系者，赖有此名分也。视此为泛常而忽之，其所系者尚小乎？朕临御十三年，居心行政，海内共知，而盛安敢于肆行私意，曲法徇庇，以为己德。其处心积虑，视朕为何如主耶？着革职拿交刑部，〔五〕从重治罪，以为人臣目无君上、巧伪沽名者戒！"寻议盛安照大臣巧言谏免、暗邀人心律，拟斩立决，得旨从宽，改为斩候。

十月，谕曰："现在阿哥书房一时不得其人，盛安获罪之处本无可赦，不宜再用。但念其一时冒昧，所谓愚而可悯者，其硁硁自守，犹可在书房效力。着于阿哥师傅处行走赎罪。"十四年四月，以病免其行走。二十四年六月，卒。

【校勘记】

〔一〕雍正十年中　原脱"十"字。耆献类征卷六二叶一九下同。今据纯录卷二四四叶一六上补。

〔二〕朕意伊等必有故迟其事　"事"原误作"罪"。耆献类征卷六二叶二一上同。今据纯录卷三一九叶二七下改。

〔三〕惟以满语奏称曾有是旨　"旨"原误作"语"。耆献类征卷六二叶二一下同。今据纯录卷三一九叶二八下改。

〔四〕始于阿里衮之参一武弁贪婪案内　原脱"参一"二字。耆献类征卷六二叶二二上同。今据纯录卷三一八叶二九下补。

〔五〕着革职拿交刑部　原脱"革职"二字。耆献类征卷六二叶二二上同。今据纯录卷三一九叶三一下补。

梅毂成

梅毂成,安徽宣城人。祖文鼎,贡生,精天文算学。康熙四十一年,大学士李光地以所著书进呈,上南巡回銮,召见于德州舟次。御书"绩学参微"额以赐,俾还籍。谕光地曰:"朕留心数学多年,此学今鲜知者,如梅文鼎,真当世仅见也!"

五十一年,上闻毂成能承家学,召入内廷。于是毂成以生员供奉蒙养斋,汇编御制天文、乐律、算法诸书。五十三年,钦赐举人。五十四年,复赐殿试,成进士,改庶吉士,散馆授编修。雍正七年,改江南道御史,命巡视通州漕务。八年,转工科给事中。九年三月,迁光禄寺少卿。八月,迁通政司参议。寻丁母忧,服阕,补原官。乾隆元年,擢顺天府府丞。二年,充增修时宪算书馆总裁官。三年十月,顺天武乡试,有盐山县武生赵大武等因探知外场合式,倩人入内场被获。毂成疏言:"武乡试外场,请照会试例,分四围较阅。其合式挑好字及双好字者,皆暗记密送内场,以防泄漏。又内场点名册,请按围分造,即令原监试御史点名识认。"下部议行。寻以失察顶冒,毂成降一级调用。四年,补光禄寺少卿,总管算学。五年,疏言:"举人会试,所领恩给盘费,间因患病、事故半途而返,或到京不能入场者,部臣恐其假托冒领,概行追缴。连年累月,追求不已,情殊可悯。恳自己未科以前,概免核追。"部议查明实系丁忧、患病及力不能完者,准豁免,馀仍追缴。六年,疏言:"臣见两江总督那苏图请禁无印朱票一疏,窃思无印之票固宜禁止,而印票不销,蠹役持以吓诈乡愚,流毒更甚。请差票事竣即销,上司时加查察,违者揭参。"部议从之。

　　寻迁鸿胪寺卿。七年，奏言："正一真人张遇隆遣人到寺投职名，欲随班恭祝万寿。臣未知真人应否随班，应列何品，行查礼部。据称应列左都御史下、侍郎前。臣思道家滥厕班联，不合典礼，似宜厘正。查正一真人袭自明初，秩视二品。隆庆初，臣工多言张氏所为不法，世袭宜革，遂改为上清观提点，秩五品。厥后夤缘，复故号。迨至本朝，相沿已久，祈禳驱邪，时有小验。仍而不革可也，假以礼貌可也；而乃竟入班行，俨然与九卿并列，殊于观瞻有碍。我皇上圣作明述，修礼正乐，因太常寺乐员沿明旧例，用道士承充，特颁谕旨，谓二氏异乐不宜用之朝廷。今骏奔之选已遵旨改业，则舞蹈之班何可仍厕乎其间？或言张氏世袭冠带，非同常道，殊不知张氏之袭，乃假以冠带约束黄冠，亦如僧人之僧录、僧纲虽有品级，安得与臣工伍？臣请敕部定议，嗣后正一真人不必令入班行。"上是其言，下部议行。八年，疏言："外任官自京赴任者，例由鸿胪寺引至午门前谢恩，载在会典。近惟月选官遵例报名，其保举、题升、拣选等官，臣寺无凭查考。请敕吏、兵二部一体移会，以便稽查。"九年，又言："臣前请定候考序班额，并遵会典行学政咨取，不许生员赴寺具呈。经部议覆，准定额，而生员具呈，谓既有同乡官印结，自无冒滥。臣思夤缘请托之弊，不可不杜，请严禁。"诏并允行。十年，迁通政司右通政，寻擢宗人府府丞。

　　十二年四月，迁都察院左副都御史。十一月，疏言："前经礼部议覆，臣所奏道流滥厕班联一疏，据江西通志内称真人张继宗于康熙十九年授光禄大夫，署真人张昭麟又于乾隆二年题请承袭。彼时臣因封典非鸿胪寺职掌,未敢渎陈;今当重修会典,何敢缄默。查道教本属异端,而符箓更道教旁门。正一真人秩视二品,原系前明敝政,仍而不改,已非所宜,况又加至光禄大夫,官阶之极品;封及三代,锡类之旷典。若系特邀异数,必降明旨,何以不存于档册,不见于会典? 我国家于世袭之典,尤极慎重,其袭替之高卑久暂,皆视其功绩大小,不容丝毫假借。张继宗即果蒙封典,亦必无准其世世承袭之理。且以孔子之圣,后裔乃袭公爵;颜、曾、思、孟所袭,不过博士,儒林已不胜其荣。今张氏所袭,远过大贤,几与圣裔无别。可否照提点演法之类,给与品级,出自圣恩。"疏下部议,正一真人不许援例请封,授秩正五品。十三年正月,疏劾浙江按察使万国宣将尼僧罗柴氏控贡生陈学愈逼毙三命一案,不行详究,反将学愈开释。经御史沈廷芳参奏,特遣刑部郎中德福往审,沉冤始雪。国宣玩法纵奸,草菅民命,请交部严议。谕曰:"梅毂成据实纠参,所奏甚是。万国宣着交部严加议处。"闰七月,擢刑部右侍郎。八月,浙江学政陈其凝署内阅卷,生员樊显自刎,命毂成往同巡抚方观承会鞫,得其凝纵子及仆吏串通舞弊状以闻,论罪如律。十五年七月,疏言科场同考阅卷,例分经房,请止分房数,不必分经,可除寻查关节之弊。谕曰:"掣签分经,原以除弊,不必更改。惟一经之中,房考数员,内有籍系同省者,平居素为熟习,入帘时彼此相通,易为照应。朕意不若于定例之中,稍示变通之法。嗣后房考入闱,仍照旧掣签分经,其一经内房考有籍系同省者,令主考官酌量对调阅看,亦或厘剔弊端之一道。着为令。"

九月,擢左都御史。十六年,毂成劾山东巡抚准泰承审冲突仪仗之房鋐一案,不应擅引乾隆十三年谕旨,一面具题,一面正法。请通饬内外法司,嗣后不得假借牵引。谕曰:"朕前所降谕旨,原为聚众抗官为首之重犯而言,寻常立决之案自难比附援拟。至房鋐一案,平日居乡狂悖多事,又复造言诽谤,逆迹昭著,深为地方人心风俗之害。较之首恶胁众者,情罪尤重,其所犯本不在冲突仪仗,亦不在诬告官长。该抚准泰先经面奏,外间自无由知,即其折内所奏,亦甚明悉。梅毂成未经详阅,遽谓准泰忿其告官,故违成例,亟欲其死之处,实属深文吹求。朕慎重刑章,即寻常案狱,皆不惮反覆推求,务期平允,督抚等孰敢以民命所关,竟行率意援引,潜移生杀之权者? 此可信其必无,准泰亦何敢出此? 但梅毂成因事立言,恐开挟私泄忿之端,意在防微杜渐,则所奏亦未可尽非耳。特此晓谕中外知之。"十七年三月,以查议宗人府王公等处分一案,有意从重,交部严议,革职,得旨从宽留任。十一月,充经筵讲官。十八年,尚书、步军统领舒赫德疏劾巡城给事中特吞岱行止卑污,庇贱役子滥捐职衔之刘裕泰,为请于堂官,列衔赠额,部议毂成降三级调用。谕曰:"特吞岱卑污狼籍,乃梅毂成于召见时,屡次称荐,且倡议给匾,刘裕泰又复自行书写,是此案皆起于梅毂成。况伊年已衰老,着以原品休致。"二十二年,谕曰:"左都御史梅毂成自皇祖时以算学效力内廷,经朕擢用,荐历正卿。今谢事家居,年近八十,着加恩照原品级在家食俸。"

二十七年,上南巡,毂成迎驾于清江浦。谕曰:"原任左都御史梅毂成以康熙间旧人,服官有年,休致在籍。今前来接驾,虽齿逾八秩,而神明不衰,居乡亦复安静,洵属升平耆瑞。念其家计清素,诸子内亦无通籍之人,着加恩将伊子梅鈜赏给举人,[一]一体会试,以示优眷。"赐诗曰:"无欲有精神,趋迎清浦滨。闭门惟教子,下榻不延宾。能驻西山日,引恬江国春。推恩缘念旧,皇祖内廷臣。"二十八年,卒。遗疏请入籍江宁,允之;并命照原衔予祭葬如例,谥文穆。

【校勘记】

〔一〕着加恩将伊子梅鈜赏给举人　"鈜"原误作"鉷"。汉传卷二五叶三二上同。今据纯录卷三二〇叶三〇上改。按耆献类征卷七三叶五下不误。

傅尔丹

傅尔丹,满洲镶黄旗人,追赠信勇公费英东之曾孙。父沃赫,袭公爵,官都统。

康熙二十年,傅尔丹袭三等公,兼佐领。三十八年,授散秩大臣。四十二年,扈驾西巡,驻跸祁县郑家庄,上于行宫前阅太原城守兵骑射。有卒马惊突,近御仗,傅尔丹前止其马,擒之下。谕曰:"马惊逸,渐近御仗,诸年少大臣俱效年老大臣旁观不动,惟尔直前勒止之,可谓能继武前人矣!特赐尔貂皮褂一领。嗣后益加勉力,毋以身为大臣而不思奋力向前也。"四十三年,授正蓝旗蒙古都统。四十七年,调正白旗蒙古都统。四十八年,授领侍卫内大臣。五十四年三月,以托疾,革领侍卫内大臣职。七月,命率土默特兵千赴乌阑固木等处屯田。五十六年正月,复授领侍卫内大臣。奏请增购农具,于本年未播种前送军前,并增遣效力废员佐理屯务。议政大臣议如所请。

三月,命为振武将军,率北路大军由阿尔台袭击准噶尔。五十七年,疏请与西路靖逆将军富宁安分路进剿,谕议定师期。傅尔丹寻请选兵万二千,偕征西将军祁里德赍百一十日粮,于五月启行;富宁安请以兵七千赍四十日粮,于闰八月启行。议政大臣等以师期不符,令另议。傅尔丹奏言:"由布鲁尔直抵额尔齐斯河,与富宁安俱定于七月进剿。"廷议准噶尔现遣使来青海,已令传谕策妄阿喇布坦应暂停,俟回奏,仍饬两路缮兵防守。先是,奉旨于乌阑固木及科布多筑城,卫喀尔喀游牧。上以傅尔丹等驻北路久,稔地形,敕相度具奏;其设驿与遣往之员外郎保住会同详议。五十八年正月,疏言:"鄂勒斋图郭勒土肥,[一]寒暑与内地同,宜筑城贮粮。保住已从杀虎口至彼详视,宜设站三十六。"谕曰:"鄂勒斋图郭勒居喀尔喀游牧地方之中,与大兵驻扎处相隔千里。今欲护卫喀尔喀,应于阿尔台、科布多等处筑城,远立哨兵方是。傅尔丹等既奏鄂勒斋图郭勒应筑城贮粮,或于科布多另筑一城驻兵,看管充发人等耕种。着同保住及喀尔喀王、贝勒、贝子、公等会议。"[二]寻覆奏:"科布多隔大河,水涨辄阻,材木难致。近科布多有察罕廋尔水草,俱距鄂勒斋图郭勒千里,两地宜各筑一城,置屋二千间。自鄂勒斋图郭勒至察罕廋尔设十一站。"允之。四月,命即军中自授章京等官。五十九年六月,率兵八千由布拉罕进剿。九月,疏报:"大兵抵格尔额尔格,准噶尔弃帐械惊溃。臣等分兵追击之,斩二百馀级,擒宰桑贝坤等百馀,尽降其众。又侦乌兰呼济尔为彼屯耕,所蹂殆尽,焚其粮草,整队而还。"报闻。雍正元年,命拨兵赴巴里坤,以傅尔丹兼统祁里德军。三年,率京兵进,授内大臣。四年,授黑龙江将军。五年五月,疏言:"墨尔根城旧有额兵九百,并无枪炮、船只,请增选汉军兵百名,合为一千,置舟械操演。"下议政王大臣议行。十一月,谕曰:"傅尔丹乃勋旧大臣之裔,伊在阿尔台一路将军任内,效力有年。因办理钱粮事务不清,以致应赔银两甚多,此乃管办钱粮人员不妥,故为所累。傅尔丹自署理黑龙江将军事务以来,竭诚办事,效力勤劳,伊名下应赔各银两,俱从宽免。"六年,授吏部尚书,赐双眼孔雀翎。

七年,剿噶尔丹策凌,诏以傅尔丹为靖边大将军,由北路出师,赐御用朝珠及黄带、紫辔、银五千两。寻加少保。八年三月,噶尔丹策凌奉表请献叛贼罗卜藏丹津,谕傅尔丹暂缓进兵,同西路宁远大将军岳钟琪来京会筹军务。十二月,还军营。九年二月,疏言:"北路遵旨筑城,科布多地势接布鲁尔,与库列图近,为进兵孔道。请仍于此筑城。"大学士等公议如所请。六月,奏言:"臣统大军抵科布多,据守卡侍卫巴尔善等擒准噶尔一人,曰塔苏尔海丹巴,询之,云:'噶尔丹策凌发兵三万,令大策凌敦多卜、小策凌敦多卜等分领,由阿尔台山奇兰犯我北路。今小策凌敦多卜已至察罕哈达,而大策凌敦多卜、因噶尔丹策凌妹夫罗卜藏策凌向驻阿里吗图沙西喇擘勒防哈萨克,〔三〕今与噶尔丹策凌隙,率三千馀户来投,追者为所败,以是大策凌敦多卜尚未至。'臣思贼兵未集,当乘其不备袭之,选兵一万,轻装由科布多河西,分二队于六月初九日进剿,前锋统领定寿等领第一队,参赞马尔萨等领第二队,臣以大兵继进掩击,令都统衮泰等以兵七千三百筑城,都统侯陈泰等以兵五千驻科布多河东,扼通奇兰要路。"又奏:"定寿等擒贼巴尔喀等十二人于扎克赛河,^{〔四〕}据云距察罕哈达止三日程。准噶尔兵不过千人,尚未立营,臣即乘夜往袭。"奏入,报闻。七月,奏言:"臣等于六月十七日获准噶尔侦者,云博克托岭有贼二千、驼马万馀。臣遣参赞苏图、副都统岱豪等以兵三千往剿。十八日,遣定寿以兵千五百名与贼战于库列图岭,斩四百馀级,贼驱驼马逾岭遁。十九日,定寿、苏图等与臣合。二十日,贼二万馀从高阜冲我营,督战,杀千馀贼。副都统塔尔岱、马尔齐以兵二千夺西山。二十一日,因贼据险,我军移营于和通呼尔哈诺尔,定寿、苏图及参赞觉罗海兰、副都统常禄、西弥赖据山梁之东,塔尔岱、马尔齐据其西,副都统承保居中策应,参赞马尔萨由东路,公达福、岱豪在前,副都统舒楞额、土默特公沙津达赖等护后。营甫移,贼犯山梁东西两军,定寿等力战杀贼,忽大风雨雹,被围。臣遣兵救出塔尔岱,又遣承保援定寿等,会日暮未解。二十二日,海兰突围出,定寿、苏图、马尔齐自尽,常禄阵殁,西弥赖令索伦兵驰援定寿,军溃,亦自尽。二十三日,贼连犯大营,臣督军力战,斩贼五百馀,沙津达赖等及察哈尔兵皆溃,惟满洲兵四千不动。二十四日,随印侍郎永国及海兰、^{〔五〕}岱豪俱自尽。臣等以步兵退,设方营护辎重,^{〔六〕}令塔尔岱、舒楞额殿,承保统右翼,马尔萨统左翼,臣与副将军巴赛、查弼纳往来巡察,^{〔七〕}副都统德禄捧敕印行。贼众三万蜂集,我军且战且退,杀贼千馀,达福殁于阵。二十八日,渡哈尔噶纳河,贼犹追冲左翼,复击斩五百馀。七月朔日,臣等还科布多筑城处,我兵陆续归营者二千馀。臣遣迎未归诸将,惟塔尔岱负创至,巴赛、查弼纳、马尔萨、舒楞额皆阵殁。臣轻举妄动,以至败绩,请立正典刑。"

　　奏入,谕曰:"此举损兵败绩,虽属有罪,朕因尔等之竭蹶力战,宽恕其罪,痛恻难忍,不觉泪下!将朕亲束之带赐与傅尔丹系之。尔等忿激之下,急思报复,恐又妄动。贼人虽来,不可轻进追击,但能相机坚守,即尔等之功。科布多地方若难固守,可回至察罕廋尔驻扎。今已授马尔赛为抚远大将军,领兵前来。到时,尔等公同商酌办理。"八月,奏言:"臣世受国恩,复蒙授大将军重任,不能遵奉圣训,妄举损兵,非惟国法不可缓死,即臣心亦难以偷生。皇上不即加诛,降旨慰谕,复加赏赐,实从古未有之鸿慈!臣此次进军失利,弁兵被伤,于时若不鼓励将士,收军而回,转使贼人得计。乃筹议力卫馀军,转战而出,至建城处,臣安置哨站,并传谕喀尔喀副将军等运粮固垒,乞皇上速遣贤将统率大军,将臣调回,与妻子一并正法。"谕曰:"朕从前谕旨甚明,朕之处事,岂肯不持大义以定是非,而聊为目前慰勉之理?惟轻信贼言,冒险深入,中贼诡计,是尔之罪;至不肯轻生自杀,力战全归,此尔能辨别轻重之处。事定之后,朕自有办理之道。尔若念虑纷扰,以致血气消耗,不能报雠雪耻,上损国威,下玷家声,罪尤甚焉!尔其勉励勇气,安心静摄,计图远大,以答朕恩。"九月,奏:"侦大策凌敦多卜在夸额尔齐斯,谋由必济。谅蒙古游牧其地,与巴里坤甚近。"诏西路严备。又言:"贼犯洪甲舒鲁克,〔八〕距科布多城五十馀里。臣已将马匹牲畜收入城固守,仍相机击之。"命振武将军、顺承郡王锡保传谕傅尔丹撤兵,同驻察罕廋尔。十月,谕傅尔丹曰:"尔等在科布多地方,恃勇轻进,堕贼诡计,致失地利,损兵折将。军前获罪,我朝例所不贷。本应执法究治,但傅尔丹整顿馀兵,回至科布多固守城池,贼众并力来犯,复能列阵以待,贼人远遁;随即遣兵各处截杀,夺回被掠马驼。此次击贼,可赎尔等前罪。今朕已尽行宽免,嗣后须黾勉效力,朕自格外加恩。"

是月,傅尔丹至察罕廋尔军营,命以锡保为靖边大将军,傅尔丹仍掌振武将军印,协办军务。谕大学士等曰:"尔等可传谕傅尔丹,伊原与顺承亲王不和,王诸事并无过失。近日傅尔丹轻进,以致亏损官兵。若大将军印务仍命管理,非但众心不服,即傅尔丹心亦不安。伊既失蒙古等之心,即绿旗兵丁亦未必孚信。伊所恃者,惟数索伦兵耳。岂知首先溃败,几致伊于危殆者,非索伦乎?顺承亲王诸事遵朕指示,领大兵在察罕廋尔,贼夷惧其声威,不敢侵扰,旋即败遁。朕今令傅尔丹为王协理,以赎前愆,至歼贼立功,惟王是赖。傅尔丹宜悉心尽力,以图报效;若仍执前见,妄存私意,与王不和,不但无益国家,傅尔丹恐益增罪戾矣。"

十年七月,顺承亲王锡保奏贼来侵乌逊珠勒,傅尔丹等接战数次,败贼前队;及贼后队全至冲突,我师失利,还归大营。谕曰:"傅尔丹领兵万馀,既已败贼前队,则后队自宜败去,如何我师遂被冲散回营?用兵失机,罪在不赦。去岁傅尔丹冒昧进剿,损伤官兵。迨回科布多时,尚能整顿军旅,截住贼众,是以特恩宽免其罪,理应竭力报效,冀雪前耻,何以又致偾事?倘因贼众我寡,恐有疏失,相机回营,尚属可原;若系轻躁懦弱,以致失机,即应革职,严加议处。着顺承亲王秉公详查,据实陈奏。"八月,锡保奏傅尔丹并不预筹堵御,辄轻调兵进击,以致有误军机。诏革领侍卫内大臣、振武将军及公爵。十一年二月,锡保续参傅尔丹于乌逊珠勒遇贼,并未身先督战,致士卒怯走。军机大臣议覆,应付三法司定拟。时上询知乌逊珠勒之役,锡保奏称拨兵一万,而所到之兵实仅三千,且留傅尔丹于军营,致贼越克尔森齐老,遇额驸策凌兵始败走。谕曰:"乌逊珠勒对垒情形,朕曾细问额驸策凌,傅尔丹情罪尚有可原,着从宽免其治罪,留军营效力赎罪。"十二年四月,北路副将军额驸策凌入觐,傅尔丹随大将军平郡王福彭赴科布多总统弁兵。十三年八月,办理粮饷额外侍郎伊都立及军营办事侍读学士苏晋侵蚀分肥,事觉,词连傅尔丹婪虐等款,命侍郎海望拿解来京,并追论和通呼尔哈诺尔及乌逊珠勒失机罪。九月,今上御极,谕曰:"傅尔丹除贪婪等轻罪外,第一是和通呼尔哈诺尔所犯之罪甚大,伊身系统辖兵丁之大将军,乃既不能收拾众心,复与大臣等不睦,且不能约束,以致失机,将官兵损折,皆傅尔丹之罪,与岳钟琪无异。着将伊监禁,俟该部奏请时,再派大臣等审讯。"十月,王大臣等覆鞫,依律拟斩决。得旨:"傅尔丹等失误军机,负恩欺罔之罪不可胜数,本应即正典刑,以彰国法。但我皇考从前未即降旨,今朕仰体皇考迟回降旨之意,着改为斩监候。"乾隆四年,与岳钟琪均蒙恩释放。

十三年四月,特授内大臣、护军统领,驰赴金川军营,并命其孙哈宁阿随往,一体驰驿。八月,署川陕总督,同岳钟琪办理军务。谕曰:"川省自瞻对用兵而后,继以金川之役,庆复疏纵于前,张广泗怠弛于后,旷日持久,师老无功。朕特起尔等于废弃之中,委以军机重任,今讷亲、张广泗俱已召取回京,军中事务,听汝二人办理。事权归一,当合两人为一人,合两心为一心,汝二人自思曩受皇考异数殊恩,历膺重寄,其后干犯重辟者何事,即释放家居,而败辱之名终身不能澌洗。今弃瑕录用,予以自新之路,当如何感激奋勉,如何竭力报称!如果能克捷,速奏荡平,岂但收之桑榆,前耻可雪,皇考厚恩向所未能报效者,亦足仰酬万一。显爵厚禄,朕何吝焉?是惟汝二人之福。如其彼此各存意见,不能鼓舞军心,以致公事不能就绪,不独军法难逭,将并前罪一体追问,非庆复、张广泗可比。汝二人当日同获重罪,今又同在一方,胜则同其功,负则同其咎,务期协力和衷,同心筹画,迅奏肤功,以称委任。"十月,奏请增调满、汉官兵,并言:"破险摧碉,全资利器。臣前在北路军营,见满兵俱用丝棉长甲,抵御枪子,颇觉有益;又糌粑拉鸟枪,质轻形短,能致远于山林密箐中,背负亦便,请多置应用。"军机大臣议行。时大学士傅恒奉命为经略,奏傅尔丹年近七旬,精力就衰,惟熟于管理满兵,请令专办营盘诸务。十四年正月,命为参赞。会金川酋莎罗奔、郎卡乞降,傅尔丹办理纳降及班师事宜。

四月,授黑龙江将军。十七年,卒。谕曰:"傅尔丹宣力有年,今闻溘逝,朕心深为悯恻!着加恩赏银一千两,办理丧事。应得恤典,该部察例具奏。"寻赐祭葬如例,谥温悫。

子二:长兆德,次哈达哈,相继袭公爵。

【校勘记】

〔一〕鄂勒斋图郭勒土肥　"斋"原作"齐",形似而讹。满传卷四〇叶五一上及耆献类征卷二七五叶三下均同。今据仁录卷二八三叶四上改。下同。

〔二〕着同保住及喀尔喀王贝勒贝子公等会议　原脱"贝子"二字。满传卷四〇叶五一下及耆献类征卷二七五叶四上均同。今据仁录卷二八三叶四下补。

〔三〕向驻阿里吗图沙西喇擘勒防哈萨克　原脱"西"字。满传卷四〇叶五四上及耆献类征卷二七五叶五上均同。今据宪录卷一〇七叶一五下补。按录作阿里马图沙西拉百尔，只译音稍异耳。

〔四〕定寿等擒贼巴尔喀等十二人于扎克赛河　"扎"原误作"雅"。耆献类征卷二七五叶五下同。今据宪录卷一〇七叶一六下改。按满传卷四〇叶五四下不误。

〔五〕随印侍郎永国及海兰　"国"原作"图"，形似而讹。满传卷四〇叶五五下及耆献类征卷二七五叶六下均同。今据宪录卷一〇八叶三〇上改。

〔六〕设方营护辎重　"设方"原颠倒作"方设"。满传卷四〇叶五五下及耆献类征卷二七五叶六下均同。今据宪录卷一〇八叶三〇上改正。

〔七〕查弼纳往来巡察　"察"原误作"军"。满传卷四〇叶五五下及耆献类征卷二七五叶六下均同。今据宪录卷一〇八叶三〇上下改。

〔八〕贼犯洪甲舒鲁克　"洪"原误作"黄"。满传卷四〇叶五八上及耆献类征卷二七五叶七下均同。今据宪录卷一一〇叶九下改。

岳钟琪　子濬

岳钟琪，四川成都人。父昇龙，官四川提督，谥敏肃。

康熙五十年，钟琪由捐纳同知改武职，奉旨，以四川游击用，补松潘镇中军游击。五十七年，迁直隶固关参将，未任，擢四川永宁协副将。五十八年，准噶尔扰西藏，都统法喇督兵出打箭炉，招抚里塘、巴塘番众，以通藏路。钟琪奉檄前驱至里塘，达瓦喇木扎木巴、第巴塞卜腾阿住不受抚，诛之。巴塘喀木布第巴惧，献户籍，乍丫、察木多、察哇番人均乞降。五十九年，随定西将军噶尔弼由拉里进藏，准噶尔败遁。六十年二月，师还。议叙，功加十等，授左都督。五月，擢四川提督。闰六月，赐戴孔雀翎。十月，命剿郭罗克逆番，钟琪以郭罗克隘口三，宜步不宜骑，若调内地兵多，贼闻得为备，不若以番攻番，与总督年羹尧议檄附近郭罗克之杂谷等土兵，率往剿。至则击败伏贼千馀，连破下郭罗克二十一寨、中郭罗克十九寨，擒首恶酸塔榜、索布六戈；[一]乘胜攻上郭罗克押六等寨，首恶假磕亦就擒，馀众悉降。上嘉其功，下部议叙，予骑都尉世职。六十一年，平羊峒番，于其地设南坪营。雍正元年，青海罗卜藏丹津叛，钟琪率松潘及土司兵防剿。抚远大将军年羹尧奏授钟琪参赞大臣，由德贵堡分剿上寺东策卜、下寺东策卜贼番之助逆者。会南川口外郭密九部乘间肆掠，而呈库、和尔嘉尤横，移师捣其巢，尽平之。

　　二年正月，授奋威将军，进征青海。时西宁东北郭隆寺喇嘛通贼，剿之，毁其寺。二月，大军出边，罗卜藏丹津党阿喇卜坦温布等窜伊克喀尔吉，追擒之；遂由布尔合屯逼额穆纳布隆吉尔贼巢。三月，抵柴达木，罗卜藏丹津以二百馀人遁，追至乌兰白克，擒其母，并首恶吹喇克诺木齐、札什敦多卜等以归。青海平。谕曰："岳钟琪奋勇杀贼，于十五日内即能将逆贼剿灭平定，殊为可嘉！着授为三等公。"寻赐黄带。先是，庄浪谢勒苏番据卓子山、棋子山作乱，西宁纳朱公寺、朝天堂、加尔多寺诸番应之。四月，钟琪率诸将由西宁分十一路进剿，凡五十馀日，贼番悉平，得旨嘉奖。六月，兼甘肃提督。三年二月，兼甘肃巡抚。四月，署川陕总督。疏言："河州、松潘向为青海蒙古互市所,年羹尧奏移那喇萨喇地方。查青海亲王察罕丹津等部落居黄河东,[二]距河州、松潘近,请仍于二处互市。郡王额尔德尼额尔克托克托鼐等部落居黄河西,距西宁近,请移互市于西宁口外丹噶尔寺。再蒙古生业,全资牲畜,请六月后听不时交易。"上允之。初,四川杂谷、金川、沃日等土司争界,年羹尧以旧属金川之美同诸寨划归沃日,致雠杀不已。至是,钟琪奉命秉公详勘,美同诸寨仍归金川,而以龙堡三歌地归沃日。各土司悦服。诏奖其宁番息事,办理有方。七月,实授川陕总督。八月,疏言："各省土司承袭,例由地方文武官申督抚具题。往往勒索陋规,封其印信,至数年不能管事,致番目专恣,酿成雠杀。请严立定限,应袭时取具宗图册结、邻封甘结,并原号纸,限半年内具题承袭;未经具题之先,即令应袭者署理,地方官不得勒封印信。至土司嫡长子孙承袭外,支族中有循谨能办事者,许本土官详督抚请旨酌给职衔,下本土官各二等分管地方视本土官多则三之一,少五之一,庶势相维而情亦相安。"下部议行。九月,奏请陛见,允之。寻加兵部尚书衔。

十一月,疏言："打箭炉外里塘、巴塘、乍丫、察木多,云南之中甸,及察木多以外鲁隆宗、察畦、坐尔刚、桑噶、吹宗、衮卓诸部落,旧非西藏达赖喇嘛所辖。但距打箭炉远甚,遥制不便,请宣谕达赖喇嘛给令管理。其中甸、里塘、巴塘及得尔格特、瓦舒霍耳等处,并归内地土司辖。"又言："巴塘旧隶四川,中甸旧隶云南,而巴塘所属之本咱尔、[三]祁宗、拉普、维西等处,逼近中甸,总会于阿墩子,实中甸门户。请改隶云南,与四川之里塘、打箭

炉为掎角。”王大臣议,均如所请。十二月,疏请移四川松茂道驻
茂州。四年三月,请选西安八旗兵千驻潼关,抚民同知改理事同
知;又请延安所属州县丁银概从下则,以二钱为率,减旧额银万
二千八百有奇。九月,请移四川重庆府同知驻黔江,裁酉阳司经
历,其雅州、天泉二经历,泸州九姓司吏目改州司,以资弹压。十
二月,又请将陕、甘两省丁银摊入地亩征收,以雍正五年为始,着
为定例;其由卫改县未经载丁及原有丁银者,按其额赋均载丁
银,至陆续开垦及新开渠闸屯垦之处,亦照此粮额一例增载。再
川省多系以粮载丁,间有以人载丁之处,应改画一。俱下部议
行。时四川乌蒙土知府禄万钟扰新隶云南之东川府,其党镇雄
土知府陇庆侯助逆,而隶建昌之冕山、凉山诸苗为之羽翼,钟琪
遵旨与云南总督鄂尔泰会剿。五年正月,擒万钟、庆侯,降乌蒙、
镇雄,改土归流,冕山、凉山亦以次底定。谕奖钟琪调度有方,下
部议叙。八月,议覆四川永宁协副将张瑛条奏可行者四事:一、
修筑松潘镇城堡;一、迁云南东川府之会理州、贵州威宁府之永
宁县土目于内地,令其民遵汉俗;一、改永宁县归四川辖;一、设
东川义学。又奏称于西宁北川口外之大通川、〔四〕白塔川及策尔
图设镇营驻守,量增官兵三千六百。部议均从之。

　　时成都有谣言钟琪以川、陕兵谋反者,钟琪疏闻。谕曰:“数
年以来,在朕前谗谮岳钟琪者甚多,不但谤书一箧而已。甚至有
谓岳钟琪系岳飞后裔,意欲修宋、金之报复者。其荒唐悖谬,至
于此极! 岳钟琪懋著功勋,朕故任以西陲要地,付以川、陕重兵;
而憸险奸邪之徒,造作蜚言,煽惑人心,谗毁大臣,其罪可胜诛
乎? 此成都造言之人,断非出于无因。着交与黄炳、黄廷桂会同

严审。此事关系诬谤国家大臣重案,非民间诬告比也。至于川、陕兵民,向来淳良忠厚,且受圣祖仁皇帝六十馀年深仁厚泽,沦肌浃体。朕即位以来,又屡加恩泽,伊等至诚感激。西省数年用兵,军民人人踊跃急公,其尊君亲上之习,实众所共知共闻者。今奸民乃云'欲从岳钟琪谋反',是不但诬岳钟琪一人,而并诬川、陕兵民以叛逆之罪矣。黄炳等务将实情审明具奏。"十月,审系湖广奸民卢宗汉寄居四川,因赎田私事,希准状,播造浮言,并无主使之人,论斩如律。

六年二月,疏陈:"建昌苗疆善后事宜:一、建昌土司惟河东、河西宣慰二司,宁番安抚司地最广,而河东半近凉山,半近内地,凉山仍归长官司,其近内地者改隶流官。至河西、宁番近内地,悉改归流;其阿都宣抚司、阿史安抚司及纽结、歪溪等土千百户,共五十六处,俱改流,近卫者,改归卫辖,并择苗、番老成殷实者为乡约保长,令约束;一、裁建昌通判,改置府,设知府、经历,建昌卫及左、中、前三所,礼州守御所改置一县,宁番、盐井二卫改置二县,各设知县、典史,会川卫并入会理州,移会川营千总分防州属之会理、苦竹、者保三寨,均隶新设府辖;一、建昌为边疆重地,请于越嶲所属之柏香坪增守备、千把总各一,冕山贴近乾县,增游击、守备各一,千总二,把总四,移冕山营守备驻宁番卫城,宁越营守备改都司,增千总一,盐井卫游击一,[五]千总二、把总一,其原设守备移驻河西,会川所属之披砂,建昌增游击、守备各一,千总二,把总四。再拨建昌镇标中军守备移驻建昌东之木托,建昌镇右营游击移驻建昌西北之热水,协同该地方原设弁兵防守;一、苗民顽蠢,地方文武官如勒索科派,计赃治罪,上司失察议处；一、各卫所汉、苗杂处，田土交错，多欺隐相讦，地方官于农隙履亩亲勘，俾各守业；一、汉民每以苗、倮为奴婢，地方官查明发还，酌价追赎，违者治罪；一、汉、番交界，每月三次交易，官选兵役稽查，不许汉民短价滋事，及兵役藉端勒掯，其私入夷穴，别有勾结者，罪之；一、苗民向化，即与齐民无异，该管流官一体编入保甲稽查；一、严禁汉民诱取苗民什物，及凶蛮将汉民绑掳；一、苗民散处，该管官编户册，清住址，有事犯者即于该地方追究；一、严禁苗、倮带刀出入，及私藏鸟枪违禁之物；一、苗民散处密箐易逃，遇地方失事，汛官带兵巡捕，地方官差役严拿，并移会邻汛协追务获，徇庇疏纵及牵累良苗者，分别议处。"疏下部议，如所请。定建昌新设府曰宁远，县曰西昌，宁番新设县曰冕宁，盐井新设县曰盐源。九月，奏言："川西固岷州两土司朋比为奸，[六]番民不安，请改归流。"十月，又言："陕、甘二属丁银偏累，向题准摊入地亩征收。但甘属河东粮轻而丁多，河西粮多而丁少，若将河东丁银摊入河西，是两田粮轻者益轻，重者益重。请将二属各自均派，河东则丁随粮办，河西则粮照丁摊，较为便民。"十一月，请升四川夔州府属之达州为直隶州，辖东乡、太平二县；又请升陕西巩昌府属之秦、阶二州为直隶州，以清水、秦安、两当、礼县及新改之徽县隶秦州，文、成二县隶阶州。[七]七年三月，请升肃州为直隶州，辖高台县；又请于陕西子午谷隘口增防守官兵，四川里塘、巴塘等处设宣抚司、安抚司、长官司、副土官、千户、百户等官，照流官例题补。俱议行。寻奏遣兵平西川不法之雷波土司杨明义，得旨嘉奖，下部议叙。

　　有逆犯曾静者，湖南靖州生员，因考劣等，愤郁谋叛，潜遣其徒张熙诡名投书于钟琪,劝以同谋举事。钟琪拘熙讯主使者,坚不吐;乃诱置密室中,许迎聘其师,佯与设誓,得静逆状,具以闻。上奖钟琪忠赤,命侍郎杭奕禄等至湖南会鞫,得静与吕留良之徒严鸿逵往来,妄生异心,并得留良日记悖逆状,王大臣等合词请坐静、熙大逆律,诏宽宥其罪,命杭奕禄带静由江宁、苏州至杭州,遣人送至湖南巡抚衙门,听其他往。至十三年九月,今上御极,以静罪不减留良,与熙均解京,伏诛。

先是,准噶尔台吉噶尔丹策凌匿青海叛贼罗卜藏丹津,且谋扰我藩部喀尔喀。至是,上命钟琪为西路宁远大将军,率师与北路靖边大将军傅尔丹讨之,加少保。钟琪疏言:“噶尔丹策凌三世弗庭,百夷被虐,天怒人怨,众叛亲离。我圣祖至德洪慈,再三宽宥,皇上深仁厚泽,屡欲矜全,终不悛悔。若不大彰天讨,则冠履之分不明,番夷之祸不息。臣仰承庙谟,至周极备,约举王师之十胜,决逆酋之必败:一曰主德;二曰天时;三曰地利;四曰人和;五曰糗粮之广备;六曰将士之精良;七曰车骑营阵之尽善;八曰火器兵械之锐利;九曰连环迭战,攻守咸宜;十曰士马远征,节制整暇。臣得奔走行间,冀见长驱直入,指日献俘奏凯。”报闻。八年五月,噶尔丹策凌表献罗卜藏丹津,既而不至,谕钟琪来京筹办军务。十月,奏改陕西榆林厅为府,设知府及照磨,并设榆林、靖边、定边、怀远四县隶之,各设知县、典史,悉汰旧同知、巡检等官,从之。是月,准噶尔乘我西路不备,犯科舍图汛,盗驼马,总兵樊廷等击败之,夺所盗还,命钟琪还军营。九年二月,奏军机事宜十六条,谕曰:“岳钟琪所奏,朕详细披览,竟无一可采。岳钟琪以轻言长驱直入之说,又为贼夷盗赶驼马,既耻且愤,必欲袭击进剿,勉强践复前说,甚未妥协。着将朕旨传谕之。"六月,上又以钟琪前遣兵赴吐鲁番运粮米,并未具奏,致准噶尔劫粮,屡扰吐鲁番,钟琪乃请往援,奉旨训饬。七月,准噶尔倾众犯北路,傅尔丹御之于和通呼尔哈诺尔,失利。钟琪请督兵袭击乌鲁木齐,分贼势,上报可。钟琪寻由巴里坤越木垒渡阿察,直抵额尔穆克河,分三路击贼。旋夺据山梁,斩杀甚众,乌鲁木齐附近贼悉远徙。遵旨振旅还营。谕曰:"岳钟琪此次领兵袭击贼众,进退迟速,俱合机宜,甚属可嘉,着交部议叙。"

十年正月,奏言:"臣去年击贼至木垒,见其地势险要,且可屯种。请即彼筑城驻兵二万,截贼来路。"得旨,定议举行。二月,贼众三千逼哈密,钟琪遣总兵曹勷等击败之于二堡,又遣将军石云倬等赴南山口、梯子泉等处截其归路;〔八〕而云倬兵迟发一日,贼遂由塔呼纳呼路窜,钟琪劾之。谕曰:"此次贼夷狂肆昏乱,深入重地,自投罗网。乃坐失机会,不但不能屠剿,且使贼人由坦途而遁。其领兵之石云倬已降旨治罪,至岳钟琪素谙军旅,缘怀游移之见,致乖战守之宜。前车之鉴,非止一端。嗣后当深悟前非,痛自省惕,以观后效。"寻大学士鄂尔泰等劾钟琪身为大将军,专制边疆,贼夷以五六千人由乌克克岭入卡伦犯哈密,钟琪茫然不知,致贼劫牲畜,复从塔呼纳呼缓骑遁归。智不能料敌于平时,勇不能歼敌于临事,玩忽纵贼,应议处。得旨,削公爵及少保,降世爵为三等侯,仍留总督衔,护大将军印,戴罪立功。七月,大军由巴里坤移驻木垒,上因钟琪办理军务未协,召还京,以副将军张广泗护大将军印。广泗寻劾钟琪调度乖方各款,且言准噶尔贼专资马力,我兵制敌必须马步兼用,而岳钟琪立意用

车。自巴里坤至木垒,沿途满堑崎岖,纡绕沙碛,用车甚不相宜;
且木垒四面受敌,牧厂运道,在在可虞,必不可驻大兵。诏速撤
军回巴里坤。十月,谕曰:"岳钟琪受朕深恩,重加任用。西陲讨
贼之举,伊亦身任不辞,是以用为西路大将军。乃伊秉性粗疏,
办事怠忽,且赏罚不公,号令不一,不恤士卒,不纳善言,傲慢不
恭,刚愎自用,以致防御追击,屡失机宜,士气不振;而陈奏者又
皆虚假诈伪,为怙过饰非之计,误国负恩,罪难悉数。着革职,交
兵部拘禁候议。"十二年,大学士等覆讯拟斩决,得旨,改斩监候。
乾隆二年,上谕曰:"岳钟琪贻误军机,罪无可宥,皇考念其曾经
效力,是以未将伊正法。朕体圣心,不忍令久系囹圄,着释放,令
其自愧。"

　　十三年三月,大军剿金川逆酋莎罗奔,谕曰:"岳钟琪久官西
蜀,素为川省所服,且夙娴军旅,熟谙番情。伊虽获罪西陲,亦缘
准噶尔夷情非所深悉。若任以金川之事,自属人地相宜。伊三
世受国厚恩,自必竭力报称,以盖前愆。着调至军营,以总兵衔
委用。"未几,授四川提督。五月,钟琪由党坝一路进剿,赏戴孔
雀翎。闰七月,上以经略讷亲、总督张广泗督剿久无功,而钟琪
与原任将军傅尔丹均老成宿将,起于废弁之中,亲在行间,未闻
发一谋,出一策,传旨询问。八月,钟琪疏劾广泗,言:"党坝一路
为逆酋门户,商卡严密。汉、土官兵名为一万,除守营放卡及分
防粮站,实止七千馀;而土兵多无用,汉兵不敷分布。臣咨商张
广泗增兵三千,广泗以业经分派十路,无兵可拨,不肯给。又广
泗专主由昔岭卡撒进攻之策,此二处中隔噶拉依,距贼巢尚百馀
里。党坝至勒乌围仅五六十里,若先破康八达,即可捣巢,济事

较速。商之广泗,则云不便更易;而广泗反信用新降土舍良尔吉及汉奸王秋等,恐生他变。"会讷亲亦讦广泗糜饷老师各款,诏治广泗罪。寻命大学士傅恒代讷亲为经略。九月,钟琪疏:"请卡撒、昔岭进剿,别选精兵三万五千,以一万由党坝及泸河水陆并进;以一万由甲索攻夺马牙冈、乃当两沟,与党坝兵合,直攻勒乌围,仍于卡撒留兵八千堵御。俟克勒乌围后,前后夹攻噶拉依,再于党坝留兵二千护粮,正地留兵一千防炉,[九]馀四千随机接应。一年之内,莎罗奔暨其侄郎卡必就擒。臣年虽老,请肩斯任。"诏以所奏交傅恒酌行。是月,钟琪由党坝攻康八达山梁,大败贼众。十二月,复连败之于塔高山梁,谕奖之。钟琪初为川陕总督时,勘金川争界事甚公,且奏给莎罗奔印信、号纸,莎罗奔甚德之。十四年正月,经略傅恒抵军营,即召良尔吉至帐下,诛之。下令克期进剿,莎罗奔惧,遣心腹人至钟琪军乞降。钟琪请于傅恒,轻骑入勒乌围贼巢,谕顺逆大义。莎罗奔及郎卡随赴卡撒大营,泥首归命。傅恒以闻,诏班师。谕曰:"提督岳钟琪能承经略大学士忠勇公傅恒指示,开诚布信,直造贼巢,用使番酋弭耳慑息,厥角恐后,成劳懋著,功在诸将右。着加太子少保,仍交部议叙。"二月,钟琪疏言:"莎罗奔、郎卡悔罪输诚,蒙皇上天恩网开三面,贷以不死。自兹畏威怀德,必能安静,但防范不可不预。查近金川之土司,除杂谷地广人众,绰斯甲布本属姻亲,其革什咱、巴底、巴旺、小金川、沃日等处势孤力单,从前金川常怀兼并之心,恐日久别生事端。请于卡撒兵粮尽撤后,暂驻小金川。谕各土司联络和好,以杜窥伺。"上是其言。三月,谕曰:"金川平定,边徼敉宁。大学士忠勇公傅恒凯旋,奏番酋归顺,全仗天威;

至历练戎行,信孚蛮部,深入贼巢,胆勇雄决,则岳钟琪洵为克副委用。此固出于傅恒之推能让美,然岳钟琪之奋往任事,实属可嘉!前已降旨晋阶太子少保,交部优叙。伊前于青海奏捷,曾封公爵,兹复树绩蛮方,收桑榆之效,着再加特恩,授兵部尚书衔,于本身封为三等公,以昭录功懋赏之典,俾宣力疆场者,知所劝焉。"十月,陛见,命紫禁城内骑马,免西征应赔银七十馀万两。子泹、涝俱授蓝翎侍卫。赐公号曰威信。御制七言诗赐之,曰:"剑佩归来矍铄翁,番巢单骑志何雄!功成淮蔡无惭李,翼奋渑池不独冯。早建奇勋能鼓勇,重颁上爵特褒忠。西南保障资猷略,前席敷陈每日中。"寻命还四川提督任。十五年,西藏珠尔默特那木扎勒作乱,总督策楞赴藏,钟琪驻打箭炉就近弹压。藏地旋定。十七年,杂谷土司苍旺构逆,钟琪同策楞以兵夺维关,直抵贼巢,擒苍旺,诛之;分其地归松冈土司辖。下部议叙,加三级。

十九年,重庆奸民陈琨等滋事,钟琪力疾亲往督缉。还,卒于资州。赐祭葬如例,谥襄勤。二十年,谕曰:"原任四川提督岳钟琪于皇考时宣力西陲,劳绩颇著。即如逆犯曾静遣张熙投递逆书一事,岳钟琪与之设誓,诱令供出实在姓名,即行参奏,居心甚为诚实。其在西路军营时,骄纵狂妄,于办理军务亦多错误。然核其功罪,自不相掩。至金川之役,用为提督,虽彼时番酋有效顺之意,而岳钟琪能直入番巢,住宿碉寨,晓以顺逆,示以不疑,亦其忠信素著所致。是以加恩,特于本身授为威信公爵。今伊已身故,虽公爵不应世袭,而其子孙竟无一世职,朕甚悯焉!岳钟琪赏给一等轻车都尉,令其子孙世袭罔替,以示朕追念旧勋之至意。"寻以钟琪少子瀞袭。四十四年,御制怀旧诗列入五功臣中,诗曰:"三朝师武臣,钟琪为巨擘。车骑伐准夷,实其算之失。设誓诱张熙,忠诚天鉴赤。家居十馀年,命董金川役。单骑入贼砦,大义示顺逆。勇而且有谋,群番詟辟易。受降遂凯旋,实亦资宣力。所见绿营多,鲜克蹑其迹。卓有古将风,书勋太常册。"子五人:瀂、泅、浵、淳、瀞。

长子瀂,初由荫生授西安同知。以父任川陕总督回避,以科道用。寻授口北道。雍正五年,擢山东布政使,六年,调山西。未几,命署山东巡抚。七年四月,钟琪剿准噶尔,诏瀂送至肃州,再回原任。七月,疏请增设兖州督捕同知,从之。八年,钟琪陛见,命瀂来京就省,寻疏请将兖州、莒州、沂州二十一州县、一卫、一所设分巡道管辖。十二年,疏言:"德州卫河回溜顶冲处,每雨水骤发,直溃东堤。请于城北哨马营浚新河,建滚水坝一,两岸各筑遥堤,酌开涵洞宣泄。"部议如所请。乾隆元年六月,疏言:"尧陵实在濮州城东南六十里古雷泽之东穀林庄,明代设建于东平。应改建以为祭告行礼之所,仍于陵前设尧母灵台祠,配以尧妃中山夫人;其东平陵仍令有司时祭。"从之。八月,命勘郯城、兰山等处水冲地千三百六十顷有奇,应征地丁麦米,得旨全行豁免;又请于登州成山汛养鱼池增设水师守备;十月,又请以兖州旧设沂兖海赣同知,改隶沂州府;沂州旧设盐捕通判,移驻兰山县之向城;向城巡检移驻兰山之青驼寺:下部议行。

十二月,调江西巡抚。二年,请豁南昌府属浮粮三万七千馀两,允之。三年,奏言:"丰城滨大江,当吉、南、赣、袁、临五水之冲,惟藉一堤捍御,向派民修筑,官为经理,并无保固之例,随修随倾，难资捍御，请动项兴修；又江关为商旅通津，商船夏秋上税，俱泊于龙开河；冬春泊大江北岸，难免风涛，请深浚河关河口，以为停泊之所。"得旨如所请。五年七月，御史朱续晫奏请行社仓法，敕各省督抚酌议。濬疏陈十条："一、每年冬季，保正造烟户清册，送地方官验给门牌悬挂，赈借核算易清，经管之正副社长毋庸更设，队长乡官各自支收，报明州县，计口给发；一、逐年支收，社长任其事，州县官稽查，毋干预出纳；一、取具领状保结，责成社长认识借给，毋庸设立队长大保名色；一、借米出入，照部颁斗斛；一、江省每年借四省六，即朱子存一开二遗意，或歉岁全借，散赈，随时酌办；一、江省现储社谷十五万馀石，不必动借常平官米，其社谷每石收息一斗，歉岁免息，许次年交仓；一、收谷不论里都，随到随收；一、捐贮社谷，年终取具动存各数清册，送部查核；一、烟户门牌，俱将户口生理产业逐一注明；一、社长缺出，令地方乡约公举，报官充补；一、设立社簿二：一存社长，一缴县锁钥，归正副社长分管。"诏如所议行。

十一月，署两江总督杨超曾劾濬与知府董文焯、刘永锡朋比作奸，徇情纳贿，命侍郎阿里衮同江南河道总督高斌往鞫，得实，得旨革濬职，从宽免罪，馀论如律。六年，授光禄寺卿。八年六月，补福建按察使。七月，丁母忧，服阕，补广东按察使。十一年九月，迁湖南布政使，十二月，调山东。十二年，擢广东巡抚。十三年，疏言："提塘发钞命盗重案，部咨未行，邸报先至，不足以昭慎重。请嗣后紧要科钞，俟交部十日后发钞发报。"下部议行。十五年正月，调云南巡抚。七月，两广总督陈大受疏参广东粮道明福婪赃，前任巡抚岳濬并未纠参，且列入计典卓荐，又购办楠木修筑海阳堤工二案,一任属员弊混。谕曰:"岳濬受朕深恩,屡由废员擢用。伊父现蒙格外殊恩,岳濬理宜感激图报,乃一味优柔姑息,以取悦属员;且于明福之娄取多赃,曲意瞻徇,楠木、堤工二案,并不留心查办,深负朕恩,着来京候旨。"

十八年四月,授鸿胪寺少卿。五月,转通政使参议。十月,卒。十九年,钟琪奏言:"臣子濬巡抚任内未完库项八千八百馀两,缴抵外,请将臣公俸按年扣还。"谕曰:"此项未完银两,原系岳濬名下应追之款,若使岳濬尚在,自应按数追完。今伊子物故,岳钟琪尚属旧人,从前曾经出力,着将岳濬未完银四千九百馀两,加恩免其追缴。"

次子泄,三子涝,均官蓝翎侍卫;

四子淳,官户部主事;

五子瀚,袭一等轻车都尉。

【校勘记】

〔一〕擒首恶酸塔榜索布六戈　 "酸"原误作"骏",又"索"误作"素"。耆献类征卷二八〇叶四下同。今据仁录卷二九五叶一九下改。按满传卷二八叶二上,"酸"不误而"索"误作"素"。

〔二〕查青海亲王察罕丹津等部落居黄河东　 原脱"亲"字。汉传卷二八叶三下及耆献类征卷二八〇叶五下均同。今据宪录卷三一叶三四上补。

〔三〕而巴塘所属之本咱尔　 "本"原误作"木"。汉传卷二八叶五上及耆献类征卷二八〇叶六下均同。今据宪录卷四三叶一下改,惟录作奔杂拉,译音不同耳。

〔四〕又奏称于西宁北川口外之大通川　"通"原误作"道"。汉传卷二
　　八叶六下及耆献类征卷二八〇叶七下均同。今据宪录卷六〇叶
　　四下改。

〔五〕盐井卫游击一　"卫"下原衍一"城"字。汉传卷二八叶九上及耆
　　献类征卷二八〇叶八下均同。今据宪录卷六六叶二下删。

〔六〕川西固岷州两土司朋比为奸　"固"原误作"因"。汉传卷二八叶
　　一〇上及耆献类征卷二八〇叶九下均同。今据宪录卷七三叶一
　　三上改。

〔七〕又请升陕西巩昌府属之秦阶二州为直隶州以清水秦安两当礼县
　　及新改之徽县隶秦州文成二县隶阶州　首"州"字原误作"县"，
　　又"秦安"误作"泰安"，"成"误作"武"。汉传卷二八叶一〇下
　　同。今据宪录卷七六叶六上改。按耆献类征卷二八〇叶一〇上，
　　"州"、"成"均误而"秦安"不误。

〔八〕梯子泉等处截其归路　原脱"子"字。汉传卷二八叶一四下及耆
　　献类征卷二八〇叶一二上均同。今据宪录卷一一五叶一九上补。

〔九〕正地留兵一千防炉　"炉"原误作"泸"。汉传卷二八叶一八上及
　　耆献类征卷二八〇叶一四上均同。今据宪录卷三二五叶九上改。
　　按炉指打箭炉而非泸州。

元展成

元展成，直隶静海人。由岁贡生捐纳知州。雍正元年，选授
云南阿迷州知州。四年，迁丽江府知府。五年，迁粮储道。六
年，擢按察使。七年，调广西按察使。八年，迁广西布政使。

十年，擢贵州巡抚。十一年七月，奏："黔省新辟苗疆，设立
重镇，宜豫筹积贮。查古州之都江河直达广西，转运甚便。请将

广西浔州沿河仓储,拨谷五万石,运赴古州,建仓分贮。"下部议行。十二年,疏言:"册亨、罗斛两州同,虽系佐杂,均有钱粮,命盗专责,与州县略同。永丰州吏目及南笼府经历亦处烟瘴,请将四缺均照苗疆之例,三年俸满,即予升用。"从之。十三年五月,苗叛扰黄平州,上以黄平逼近苗疆,设兵较少,仓猝无备,命事竣将元展成交部严议。六月,以清平县知县邱仲胆守城不力,[一]平越县知县杨兴道承办军装粮运,饰词推诿,均奏请革职。上以展成未请将该革员治罪,显系徇庇,复下部严议。八月,高宗纯皇帝御极,命湖广总督张广泗为经略,督剿逆苗。谕曰:"元展成身为巡抚,亲在地方,不能抚绥得宜,耽玩公事,轻视民命,甚负皇考倚任之恩。着革职,拿解来京。"乾隆元年九月,刑部问拟遣成,谕曰:"元展成本属中材,适值地方难办之事,兼之文武不和,诸凡掣肘,遂至仓皇错乱,莫展一筹。虽有应得之罪,尚有可原之情,其治罪之处,着加恩宽免。"寻起为山西按察使。

二年,擢甘肃巡抚。三年二月,奏:"甘肃藩库有平馀银两,岁不过千馀金。旧日藩司于放兵饷各项内,零星剪配,凑足三千之数,既失政体,并滋弊端。嗣后令将平馀实数报部,即以此项留充书院费用。"得旨允行。十一月,奏:"兰州系省会之地,请将临洮府知府及附府之狄道县移驻兰州,改为兰州府;皋兰县原驻兰州知州,移驻狄道,改为狄道州;兰州原辖之金县、河州、渭源各州县,俱隶首府,其经历、州判、吏目、典史等官,各随原属之府、州、县移驻。"下部议行。十二月,宁夏地震,先经总督查郎阿奏闻,命侍郎班第驰往会勘;展成续经奏入,上以报灾迟延,严饬之。四年五月,奏:"安西镇卜隆吉等处屯田,向拨屯兵耕种,粮石分收,给作口粮,于折饷银内扣除。后以借制行装银未完,因在折饷项下四季摊扣。上季各营屯田被灾,请将平分粮石,除支领春饷、按扣一季外,馀限以两年分作七季扣清。"从之。六年四月,奏甘省地处边陲,凡山头、地角、沙碛之区,获利甚微,应听民种植,永免升科;其平原旷野,官兴水利,或民间自出工费,[二]引灌认垦者,应照例六年起科;如开垦尚未及年,地有沙碱,准报免。"如所请行。六月,御史李憕奏参甘肃各州县匿灾,命会同总督尹继善查勘,得实,革展成职,发军台效力。寻自请捐修直隶沧州城工,上允之,释还。八年,谕曰:"元展成原系获罪之人,朕宥罪录用,畀以甘肃巡抚重任。伊不思感激报效,声名狼藉,复被纠参,经审明革职治罪,朕从宽发往台站效力。又因伊情愿修整沧州城工,是以准其回籍办理。岂意伊巧卸台差,回家后借称变产,任意耽延,以致工程贻误。即所变家赀,多归私用,情罪甚属可恶! 着都统富昌查伊家产,变价入官,元展成即着该都统收管。俟城工告竣,再行请旨。"九年,故。

子克庄,工部员外郎;克中,福建延邵道。

【校勘记】

〔一〕以清平县知县邱仲胆守城不力　"胆"原误作"言"。今据宪录卷一五七叶一九上改。按耆献类征卷一七一叶二二下作"胆",非。

〔二〕或民间自出工费　"工"原误作"公"。耆献类征卷一七一叶二三下同。今据纯录卷一四〇叶一二下改。

张广泗

张广泗,汉军镶红旗人。由监生捐纳知府。康熙六十一年,选授贵州思州府知府。雍正四年四月，调云南楚雄府知府，未赴。时贵州生苗长赛不法，云贵总督鄂尔泰檄广泗会同黔、楚文武擒剿，奏调黎平府知府。五年，擢贵州按察使。六年正月，广泗以兵赴都匀府八寨及黎平府之古州，镇远府之上下九股、清水江，清平州之大小丹江等处，化诲生苗，相机剿抚。六月，擢贵州巡抚。十二月，奏言："丹江一带，生苗强悍。臣遣兵分路进攻，克小丹江、大丹江及附恶之鸡讲各寨；〔一〕其略接丹江之上九股等寨，次第投诚。"谕："苗疆底定，一切善后事宜，与鄂尔泰详酌办理。"寻合疏条奏立营设官十事，语详鄂尔泰传。十年二月，广泗复疏言："清水江及都江为黔、楚、粤三省通流，应设哨船，联络声势。古州积贮最要，请分别镇营贮米，责成同知、通判、县丞等经管。新设文武各员，三年俸满，应予保荐升转，以示鼓励；效力通事人等，分别勤惰，给予养赡，并授以土外委、千把总札付，令宣布条约，化导苗民。"部议从之。诏叙剿抚逆苗功，授广泗骑都尉世职。

　　时准噶尔扰喀尔喀游牧，大将军岳钟琪率师赴西路，奏由巴里坤军营移驻木垒。上以广泗才优，数年来苗疆用兵，深谙军务，命驰驿来京请训，授为副将军。七月，大兵移驻木垒，分两路启行。〔二〕广泗统兵四千由鄂隆吉进，与岳钟琪所统兵万二千会于科舍图，抵木垒。是月，上因岳钟琪办理军务未协，撤回，命广泗护理大将军印。广泗奏言："木垒地处两山间，筑城其中，形同釜底，受敌甚易，制敌甚难，实非屯兵进取之地。查巴里坤地处平原，南山绵亘数千里，直至伊犁；北山渐折而西，南至科舍图与南山合，实为巴里坤关键。再西出乌兰乌苏口，则北山已断，南山之北即属沙碛。是以康熙五十四年间大兵驻巴里坤,于科舍图以西之乌兰乌苏口,〔三〕南山一带之洮赉、乌克克岭,北山一带之小科舍图、塞必特、鄂隆吉、察罕哈玛尔、镜儿泉,及粮站经由之噶顺、乌尔图、哈毕噶等处,俱驻兵,与巴里坤形势通联,可免贼人窥伺。"又言:"臣抵木垒,察岳钟琪调兵筹饷,及统驭将士,实多乖方,不敢不据实列奏:一、绿营步兵负粮行抵木垒,钟琪全无布置,及探有贼骑,派兵沿山架梁,昼夜不息,旋派旋移,略无宁所;一、木垒城工未就,驻营关系甚重,臣与副将军常赉两营所驻,正当西北要冲,派兵止二三百或百馀,即钟琪营亦仅数百,遇警何以抵御?至部曲队伍,每值调拨,概于各营分摊杂凑,官弁与兵素不相识,徒滋纷乱;一、准噶尔专资马力,我兵必马步兼用,而钟琪立意用车,于沙碛情形不合,至马步兵,除弓箭、鸟枪外,止令各带木棍,全无大刀、长戟等械,官兵莫不窃议;一、木垒并无牧处,营马倒毙甚多,钟琪令绿旗兵留马二千,馀悉就牧乌兰乌苏、科舍图,此二处衹驻兵二千馀,差使繁多,何能分管牧马?且距木垒近,〔四〕万一贼人窥伺,殊属可虞;一、驻兵数万,粮运最要,岳钟琪初谓车行甚易,加以驼运,至九月可得十万石,今查车路多丛山大岭,必绕从沙碛,正贼人出没要冲,而钟琪一闻贼信,不论虚实,辄停粮车,似此迟缓,转瞬冰雪,运送更艰,数万兵何以托命?一、钟琪罔恤士卒,号令不明,镇将时加呵斥,参、游以下日事鞭笞,平时议论风生,遇小警张皇失措,性复刚愎,不喜人言,题奏事件,奉到谕旨,数月不宣,临时突然传示,〔五〕莫测诚伪,军务重大,臣不敢代为徇隐。"奏入,诏革钟琪职。谕曰:"上年岳钟琪请由巴里坤移兵木垒,今张广泗奏其地四面受敌,

必不可驻扎大兵,牧厂运道,在在可虞。是岳钟琪欺罔之罪,擢
发难数。着将大兵撤回巴里坤。至所称科舍图、乌兰乌苏分别
驻兵,听张广泗酌量办理,务期妥协。"九月,奏言:"臣前奏木垒
驻兵不便,请移驻科舍图。今臣周阅科舍图,路径丛杂,气候苦
寒,难久驻。臣不敢固执前议,请尽撤兵至巴里坤驻守。查洮
赉、乌克克岭为贼南走路,应各置兵千五百;厦集、察罕哈玛尔为
贼西来大道,应各置兵千。又镜儿泉、噶顺及乌卜图克勒克并在
巴里坤北,贼或由砂碛,或由北山,悉可通,应于镜儿泉置兵二
千、噶顺五百、乌卜图克勒克一千。又图古里克、特尔库勒在巴
里坤东北,贼自阿济必济越砂碛来,此为孔道,应各置兵千。更
于一切要隘,设卡伦,巡护牧厂。哈密、塔勒纳沁亦增兵,以资防
守。"奏人,报可。十一月,授正红旗汉军都统,留军营。十一年,
广泗引兵万馀,分驻北山。十二年,侦贼伏乌尔图河,檄副都统
班第达什、原任总兵张元佐、游击郎建业及固原提督樊廷分路搜
剿。至哈、洮遇贼,官兵夺据山梁,越噶顺抵鄂隆吉大坂,斩贼四
百馀,生擒三十六,获粮马、器械无算。捷闻,谕曰:"张广泗调度
分遣,悉协机宜,得获全胜,甚属可嘉!从优议叙。"寻议加三级。

　　十三年五月,以准噶尔乞和,撤大军还。召广泗至西安,候
旨另用。七月,授湖广总督。自贵州苗疆定后,至是七载,九股
生苗复肆劫掠,尚书张照奉命偕将军哈元生、副将军董芳剿之,
久无功。八月,今上御极,以诸臣各执己见,不能和衷共济,致办
理失宜,诏授张广泗为经略,赴贵州,自将军以下皆听节制。十
一月,广泗抵黔,奏言:"张照阻挠军机,置应办之事于不理。及
调集各省兵数万馀,哈元生但令沿途听用密布,[六]攻剿不过三

千,顾此失彼;董芳驻守八弓,仅以招抚为可了事。又巡抚元展成办理赈恤难民,条款纷错,官无所遵循,难民苦于守候。"得旨,张照、董芳、元展成俱革职,哈元生革去将军,暂留提督之任,交张广泗委用;其贵州巡抚,即着张广泗兼管。十二月,广泗至凯里,派兵三路进剿,副将长寿等由空稗,总兵王无党等由台营,自统大兵由清江之鸡摆尾,克期并进。连破上九股、卦丁等寨,毁其巢,贼党窜入牛皮大箐。乾隆元年正月,广泗饬各路四面攒逼,生擒首逆包利等,斩获万馀;复指示镇将及文武各员,分别剿抚各寨熟苗,具疏以闻。谕曰:"苗疆军务就绪,善后事宜正须料理,必事权归一,始可专其责成。张广泗着授云贵总督,兼管巡抚事。"十二月,奏言:"圣主恩威远播,永奠苗疆。从前经理疏谬,罪由臣始。请敕部夺臣骑都尉世职,严加议处。"得旨:"黔省逆苗不法,扰害地方,特命张广泗为经略,专其事权,俾无掣肘。伊殚心筹画,调度有方,董率数省官兵,奋勇戮力,未及一载,即奏肤功。着交部议叙。"寻议加三级,特旨从优授三等轻车都尉。是月,奏请于古州朗洞及凯里各增设一营,改镇远营为镇,并增荔波、台拱、丹江等处兵,从之。二年,疏言:"安顺府向未设城守营,请增游击、守备各一,游击驻安顺,守备分防安顺旧州。定广协向止都司,请增守备一,大定协原设游击、守备各一,以所辖辽阔,游击分驻水城,请改为水城城守营,设守备一;其大定协守备不敷统辖,增游击一,以符原额。平远协向止都司,请增守备一。至黔省提抚标及各协营额兵不敷分布,酌议共增二千九百八十馀。"三年,疏言:"贵州镇远以上,自昔不通舟楫,商旅交困,兵糈民食,挽运维艰。查清水江河道,自都匀府城下,经施秉旧县,至湖南黔阳县,抵洪江大河,直达常德。又都江河道,由独山州属之三脚屯达来牛、古州,抵广西怀远县,直达广东,实天地自然之利。臣亲往察看,应修河道,并凿纤路,饬募夫开浚,资挽运以济商民。"又言:"黔省向因粮赋不敷兵饷,开十炉铸钱配放。今营兵既增,放饷更多,钱价昂贵,请增十炉以广鼓铸。现在汤丹等厂铜矿甚旺,可资接济。"均下部议行。五年五月,疏请陛见,允之。

会湖广城步县横岭等寨红苗纠粤瑶滋事,谕广泗便道察看情形。九月,命即留楚办理军务,颁给钦差大臣关防,军前文武,无论楚、粤,自提镇以下,俱受节制。十一月,广泗奏搜剿大箐,并各逆寨,咸就俘,根株净尽,谕奖其办理妥协。六年正月,广泗至京,乞假归葬,特赐其父母祭一坛。三月,以贵州黎平属黑洞顽苗,煽诱粤瑶入界肆劫,命广泗驰驿回黔料理。四月,奏请敕广西提督谭行义就近协剿。寻获苗酋石金元等,置之法。广泗以石金元系楚省逃窜逆苗,上年搜剿未尽,自请严加议处,诏原之。十年,加太子少保。

十一年三月,以金川土司莎罗奔肆横不法,犯内地,诏授广泗为川陕总督,筹办军粮。谕曰:"张广泗从前办理苗疆,尚为妥协。此次进剿机宜,专听调度,务令逆酋授首,划绝根株,永靖边境。"六月,小金川土司泽旺、土舍良尔吉率众投诚,广泗奏:"两金川地界毗连,小金川就抚,金川外援已绝。官兵驻其地,即用土兵前驱,由美诺可直捣噶拉依,由丹坝可直捣勒乌围。查莎罗奔与其兄就日吉父子同恶相济,莎罗奔居勒乌围、就日吉父子居噶拉依。大兵现分路进攻巢穴。"奏至,报闻。八月,奏言:"前派镇将会攻贼巢,总兵宋宗璋、许应虎等分攻勒乌围,会合之路尚远。其攻噶拉依之副将马良柱,连战克捷,乘胜直前,距贼巢不过三十馀里;副将张兴、参将买国良等军营相望,声势联络。此三路中有一先抵噶拉依,即亲往督率策应。再许应虎攻独松未破,不若由引路进攻噶拉依。俟各兵会齐,再分兵接应剿勒乌围之军。据其心腹,两酋不能相救,扫荡自易。"谕曰:"自汝等定期会剿,日夜望捷音之来。迟至今日,不过小小破碉克寨,何足慰朕耶? 朕所忧者,劳师动众,讫无成效,必有身任其咎者。务须始终筹画,销边防窥伺,图永久之策,如古州之苗民相安始得矣。"十三年正月,疏请原调汉、土官兵三万外,增兵一万,得旨俞允。三月,疏参驻守丹噶之总兵马良柱怯懦无能,将五千馀众一日撤回,以致炮械多遗失,诏解京审拟。上以奏凯无期,命大学士公讷亲前往经略,并调岳钟琪赴军营,会广泗奏报各路驻守状。谕曰:"大兵将次调齐,贼众全无畏惧。该督不能选锐进攻,夺取要隘,仅以坚壁为自全之计,遣兵为策应之方。其平日之调度机宜何在? 师老气怯,何时可图进取?"五月,奏报官兵克取戎布寨大小战碉五十馀座,谕曰:"此亦小小攻克耳,伫待捷音,以慰西顾!"嗣讷亲议筑碉与贼共险,以示不灭不休。上以"建碉非策,张广泗老于戎行,岂有不知而亦随声附和? 显因既有经略,有意推诿,且所奏筹办军务诸疏,游移两可,讫无成效"。严谕诘责。

讷亲因张广泗分十路进兵,在在势微力弱,以致糜饷老师;又好恶不公,人心不服,列款具劾。提督岳钟琪亦劾广泗玩兵养寇。疏先后至。谕曰:"张广泗自受任金川以来,措置乖方,陈奏闪烁,赏罚不当,喜怒任情,人人解体。又复观望推诿,老师糜饷,且信用土舍良尔吉及汉奸王秋,泄露机密,贻误军机,法所不宥。着革职,交刑部治罪。"十二月,广泗被逮至京,谕曰:"金川用兵以来,张广泗贻误于前,讷亲贻误于后,两人之罪状虽一,而其处心积虑各有不同。至于自逞其私,罔恤国事,则实皆小人之尤! 朕昨御瀛台,亲鞫张广泗,其狡诈欺饰紧要情节,俱一一供认不讳;而其茹刑强辩,毫无畏苦之状,左右大臣皆以为目所未见。即此一节,与市井无赖何异? 张广泗乃刚愎之小人,讷亲乃阴柔之小人,自当偾事,一至于此! 当张广泗初抵军营,以为金川贼酋亦如黔苗之易办,屡次妄为大言,可以克日成功。既而久无成效,时复失机,则又诿过属弁,藉口兵单。及闻讷亲前往,伊复持两端,怀观望。讷亲能办此事,伊固可依附而邀次等之功;事不成,则咎在讷亲,伊乃一切推诿;使陷于败,仍可复据其任。[七]是以于讷亲之种种乖方,并无一语相告。其后见讷亲之必败,乃向属员讪笑诽议,备极险忮情态。盖恐此时据实奏闻,犹或致谴责,不若含混诡随,坐视其决裂之为得计也。此其心辗转数变,狡狯叵测。经朕详悉推勘,洞见肺肝,始将实情吐露,讷亲且在其术中而不觉矣。夫讷亲、张广泗在大臣中,皆练达政事之员,使其不遇此等重务,则讷亲、张广泗均可拥高爵而历享衢,优游终老,何至败露若此? 可见人臣居心,当一秉至诚,使能公忠体国,自邀休佑;如其怀私自为,虽以讷亲平日之小心谨密,张广泗平日之熟娴军旅,而方寸一坏,天夺其魄,虽欲幸免而不能,岂不大可畏哉? 讷亲、张广泗固不幸而遇此事,而朕因此而益见知人之难,则金川之事未尝非上天昭示之深仁也。张广泗供内有'但知皇上慈仁,不知皇上英武'之语,朕闻之深为抱愧。朕临御十三年,思与大小臣工共臻惇大之治,而水懦而玩,亦朕所深戒。即如鄂善之案,不少宽假,岂肯曲法纵容为姑息之主耶?且张广泗在皇考时,已由巡抚用为西路副将军,后朕授任苗疆,伊亦尚能随宜筹办。讷亲虽由朕信任,然其十馀年来,朕历加明试,委办诸事,不避劳怨。若谓朕为误用讷亲则可,用张广泗亦岂误耶?然当此军国重务,而伊等深负朕恩,实非意料所及。今朕明正其罪,以彰国宪,乃朕赏罚无私、大公至正之道。张广泗着交军机大臣会同该部按律定拟。"寻议以失误军机律应斩决,得旨,张广泗着即处斩。

子桓,夺世职,发黑龙江。

【校勘记】

〔一〕克小丹江大丹江及附恶之鸡讲各寨　"讲"原误作"沟"。满传卷三八叶四上同。今据宪录卷七九叶七下改。

〔二〕分两路启行　原脱"两"字。满传卷三八叶五上同。今据宪录卷一二一叶八下补。

〔三〕于科舍图以西之乌兰乌苏口　"于"原误作"及"。今据宪录卷一二二叶四下改。按满传卷三八叶五下不误。

〔四〕且距木垒近　"近"原误作"远"。满传卷三八叶七上同。今据宪录卷一二二叶七上改。

〔五〕临时突然传示　"示"原误作"事"。满传卷三八叶七下同。今据宪录卷一二二叶七下改。

〔六〕哈元生但令沿途听用密布　"但"原误作"俱"。满传卷三八叶九下同。今据纯录卷七叶二六下改。

〔七〕仍可复据其任　"仍"原误作"乃"。满传卷三八叶一七上同。今
　　据纯录卷三三○叶一五下改。

谭行义

谭行义,四川三台人。康熙五十八年,由武举授陕西西宁卫
千总。雍正二年,随大军平青海。四年,迁河南城守营守备。五
月,迁参将。七年,河东总督田文镜劾行义养解陕营马疲瘦,得
旨革职,来京引见。旋赐上谕一部及貂皮、香珠,复职。八年,迁
广东惠州副将。十一年,擢高雷廉总兵,赏戴花翎。寻丁母忧,
命在任守制。

十三年,总督鄂弥达檄行义统兵五千,协剿贵州逆苗。六
月,抵古州,分遣策应清江、八寨,堵御黎平两路进剿滚纵、高表
等寨,经略张广泗又调赴援上江,捣乌婆、摆吊等险巢,会搜牛皮
大箐恶寨,擒首恶殆尽。乾隆元年,调福建漳州总兵。三年五
月,调湖南镇筸总兵。

十二月,署广西提督,四年十一月,实授。十二月,议叙协剿
逆苗功,加衔一等。五年闰六月,统兵会剿楚、粤逆苗。八月,与
总督马尔泰、署巡抚安图会奏宜山县土蛮恃险劫掠,派游击杨刚
剿破白土、邱索二村,擒斩首恶,及馀贼匿密箐中,分路剿捕枭
示,抚其胁从。上嘉其成功迅速。六年正月,行义奏庆远府属忻
城土县之外八堡地方,积贼蓝明星等恃险焚劫,会商督臣,檄副
将毕映往捕;又拨标营兵四百,扼要堵御。有莫明权等投首,愿
缚贼赎罪。明星闻风遁入山箐,旋督兵搜获,并擒斩要犯多人。
四月,奏:"汉奸黄顺等潜入楚、粤毗连之怀集,惑众谋逆,勾黔省

黎阿兰等,散卖旗印,约时起事。臣与督臣调兵攻克贼巢,擒贼首及党七十馀名,尚有十四名未获,严催访拿。"均报闻。又疏言:"柳州府城内兵多民少,俱住草房,易遭火患。雍正十一年,知府袁承勔捐银四百两,给被火兵民,借建瓦房,但所捐过少。今查兵丁草房尚有千五百楹,或附仓库药局,或连坛庙衙署,仍属堪虞。请将承勔所捐交文员专管,借给被火居民。再借恩赏息银四千两,交中军参将,会同马平县经管,借给失火兵丁。有先愿改建者,一体借给,每楹九两,分三年缴还。"从之。七年正月,奸匪李彩于迁江县属石版村树旗聚众,谋攻城,行义擒之;并奏迁江县辽阔,无塘汛,匪犯得潜藏,请于城北北四地方设汛,拨宾州营把总一、兵五十,城西平阳墟增巡检一、弓兵二十四,驻防巡查。七月,奏言:"臣阅邸钞,见兵部议侍郎舒赫德条奏内城九门、外城七门,拣设铜铁炮各十位,九年演放一次,奉旨钦准在案。臣思九年为日太久,应照八旗例,三年演放一次。每次轮演四位,九年三次,不致锈蚀。炮手新旧二十二人,尚不敷用,每炮加二名,学习演放,俾器不虚设,人收实用。"疏入,均报闻。八年,因擅借给兵丁仓谷,部议降一级调用。

十二月,授登州镇总兵。十一年,擢江南提督。十四年,调浙江提督。十六年,调福建陆路提督。十八年八月,以病解任。九月,卒。赐祭葬如例,谥恭悫。

汪灝

汪灝,安徽休宁人,寄籍湖北江夏。康熙三十三年进士,改翰林院庶吉士。三十六年,散馆授检讨。三十九年,充会试同考官。累迁侍读学士。五十一年九月,充会试副考官。十二月,充浙江乡试正考官。五十二年,提督浙江学政。五十三年,留学政任。五十六年,再留学政任。五十九年,任满回京。雍正二年,升詹事府少詹事。寻升太常寺卿、左佥都御史。三年四月,升内阁学士,兼礼部侍郎衔。

十月,授广西巡抚。四年二月,奏言:"蒙谕臣到广西访查左江镇总兵梁永禧居官如何,据实具奏。臣到任后,因左江镇总兵驻扎南宁府,与省城相距甚远。臣密加访查,梁永禧办理营务尚去得,在地方亦不多事。伏惟皇上至圣至明,无远不烛,凡臣下贤否之分,难逃日月之照。臣履任日浅,耳目未周,不胜惶惧之至。"谕曰:"既云履任日浅,耳目未周,则'办理营伍去得,在地方不多事'之奏,亦属荒唐。桂林不过数日之程,即以为相距甚远,京城去粤西数千里之遥,而谓朕之'圣明无远不烛,其贤否之分,难逃日月之照'云云,何不体情理,一至于此耶? 尔初次奏折,即如此依违瞻顾,居心不纯,已见一斑,殊大失朕之所望。封疆大吏既受国家知遇之恩,当思竭力致身之义。切忌柔佞巧诈,独善己身,而不乃心国计。朕披阅所奏,甚忧汝不克胜此任也。勉力为之! 书生章句虚文,非此任所需之物。苟不以实心行实政,秉公甄别贤否,据实入告,动辄瞻前顾后,持首鼠两端之见,以图自便,则大负朕用人之意矣。勉之慎之!"

五月,调江西巡抚。五年二月,内阁九卿、翰詹、科道议奏江西考试官查嗣庭、俞鸿图收受举人牌坊银两,除查嗣庭大逆不道,另案归结外,巡抚汪漋、副考官俞鸿图应按律治罪。谕曰:"举人牌坊银两,分送主考官,向来亦相沿行之,尚非赃银之比。

但谓主考应该收受,亦非也。汪漋之过,在于身为封疆大吏,而与钦差主考为房屋交易之事,应加处分,以儆将来。但其为人尚老成,着降四级,以京员调用。"是月,以江西地方旧有落地税,白潢为巡抚时,将税银裁革,不令商民完纳,而以巡抚司道公捐银两代完,每年假造花名册籍报部;其旧有收税大使等官仍设立如前。接任巡抚王企埥、〔一〕裴㴛度皆照白潢例行。奏入,谕曰:"国家经制钱粮,岂臣子可以意为增减?若江西此项税银不应征收,则白潢应奏请于圣祖仁皇帝施恩豁免;若系地方应征之项,则自应令商民完纳,何得将公捐银两代商完课,曲市私恩,以博无知小人之称颂,并不计及将来之可永行与否?且此端一开,他省督抚何以催办国赋?似此沽名邀誉、大奸大诈之行为,岂人臣事君之道?汪漋身为巡抚,凡事不能据理而行,乃将白潢所行悖理之事奏闻于朕,冀朕批示。朕若批令将税银豁免,则是国家之经费,圣祖仁皇帝六十馀年所未免者,而朕安能任意轻免之耶?若批令仍向商民征收,则是白潢已免之项,而朕复行征收,无知愚民,岂不归怨于朕乎?若批令照白潢之例,以公捐银两代商完课,则国体何在,有此治天下之道乎?"寻补光禄寺少卿。六年八月,升光禄寺卿。九月,复授内阁学士,兼礼部侍郎衔。十月,升工部左侍郎。

七年十一月,命前往两淮协同河臣孔毓珣修理高家堰堤工。十二月,调户部右侍郎。八年,缘事革职。十年,起为大理寺卿。十一年,以浙江海宁、仁和海塘危险,应行修筑,经总督程元章奏入,命汪漋前往承办工程。十三年,海塘冲决处甚多,上以汪漋不得辞责,下部议处。寻议降一级调用,上加恩宽免,仍命督工效力,照司道例,听大学士总理海塘工程嵇曾筠节制委用。

乾隆二年正月,召来京。五月,奏:"考试新进士时,应令其将本处当行之事,各据所见明白陈奏。"下王大臣等议,寻议历科考试进士具有成式,无庸更张。谕曰:"朕思古来帝王为治,不弃刍荛。况伊等既成进士,皆系读书之人,于地方利弊,或有确见,亦未可定。今年考试进士,仍照旧例出题;若伊等有愿将地方事件敷陈者,准其据实条奏,阅卷大臣等择其言有可采者,进呈朕览。"三年,两江总督那苏图奏请于淮、扬一带开筑河道闸坝,上以工程重大,汪漋本籍江南,情形自能熟悉;且曾监修浙江海塘,于水利工程谅亦谙练,命往江南总办此工,会同督、抚、河臣妥议。四年正月,汪漋尚未赴江南,上御乾清宫,赐廷臣等宴,赋柏梁体诗,汪漋与焉。

寻命偕通政使德尔敏办理江南水利工程。三月,奏言:"淮、扬河道请先将就近工程疏浚,其馀挑挖引河,修建闸坝。俟逐段挨勘,陆续估办。"得旨:"不可惜费,亦不可冒费,必期一劳永逸,于民生有益,方为善举。"五年二月,偕德尔敏奏称:"咸水东来之患,惟天妃口与白驹三闸为甚。天妃口向无闸座,应建;白驹三闸颓坏,应并拆建。其沿范堤一带之丁溪等闸,内有上冈、北草堰二闸,俱颓坏,更在串场河里口,开闸则不免咸水内灌,闭闸则盐艘不能遄行,应移建串场河外口。其馀各闸损坏者,应修葺完密。又盐城之东塘河及上冈、北草堰二闸内外河道,并阜宁、山阳、宝应、兴化、泰州各属河道俱淤浅,应一并疏浚。高邮、宝应现议添建三闸之处,宽阔散漫,应将河头略为挑浚,引入下游河道。至串场河及溱潼河、新河、旧河俱浅阻,应一律挑浚。

其沿串场河之范堤及拼茶、角斜二场堤工,〔二〕俱近海滨,残缺处多,应加宽厚,坚筑夯碪。又扬州之芒稻闸,下抵通州,河道浅涩,应挑浚。城东沙坝闸河淤垫,应疏浚。其闸板损坏者,应修筑。城南扬子桥闸底过高,不能通流,应落低三尺;其闸墙坍卸,底石冲动,亦应收小修葺。又九属田亩,毗近河渠地方,应于两岸修筑田圩,各高四尺,底宽八尺,顶宽二尺,以作堤防。该管地方官实力董劝居民,每年于农隙时,如式修筑。如有俸满应升之员,准以升衔留任,俾得专力修筑。限于三年内一律告成,〔三〕将各员劳绩,分别具题,量加议叙。”从之。五月,江南河道总督高斌奏:“汪瀿年逾七旬,动履维艰,办事实属老成,请令驻扎适中地方,就近察理;以德尔敏各处履勘,则两有裨益。”上允之。八月,奏言:“上江地方滨临江、淮,地多山冈,其间河渠形势,变迁不一。各项工程,自当量地制宜,酌定缓急。查有合肥县城内之金斗河,及泄水越河,虹县之枯河头,亳州之乾溪沟,俱久淤塞,难资灌溉,请急为挑浚。和州之太洋河、姥下河、牛屯河,含山之铜城闸河,来安县之龙尾坝河,亦俱淤垫,百姓未便,请急为挑浚。又滁州之孟公石坝,〔四〕已经冲颓,今即原有石料,改建石闸,则蓄泄由人,实于地方有益。再合肥县城东原有石闸一座,年久颓废,水无收束,请照旧建造。又五河县城南有蒋家土坝一道,当浍、淮二水顶冲,历年冲漫,为害甚巨。请建竹篓石坝一道,长九十丈,以资捍御。其馀各州县陂塘、沟渠、圩埂、土坝,共六十二处,向系民修,应令督抚转饬地方官,随时劝导,次第办理。”九月,奏称:“豫省地居上游,其水总以江南为归,第入淮入涡,稍有分别。今贾鲁河入淮之水,既分泄入涡,则涡河之水,亦当分泄入淮,庶上下游两得均平。请将两河南岸分流之漳河,[五]并乾溪沟淤垫之处,开浚宽深,使涡河水大可泄;又涡河经由之亳州城北石桥,有碍水道,应改建木桥,以畅河流。"均下大学士九卿议行。寻以下河沿海河道各闸座,向系盐场及佐杂官带管,势难兼顾,奏请添设闸官:天妃、石礓二闸设一员,白驹南、北、中三闸设一员,上冈、北草堰二闸各一员,专司启闭;仍令盐务分司并该管州县统辖稽查,下部议行。

　　六年二月,谕曰:"汪漋、德尔敏奉差江南,办理水利工程,已经数年之久,至今未竣。从前尚将情形奏报,自去秋以后,并无陈奏之折。今又于泰州、江都、山阳等处,奏请动帑兴工,共计六疏。朕不知现在工程若何,何时可以竣局,通计需费若干,岂有漫无起止、徒事迁延、虚糜国帑之理?令明白回奏!"三月,覆奏:"水利、盐河工程,共需银六十七万两,前经奏请遵办。动工以来,所用钱粮,俱系于原奏项下支用,并非数请动项兴工,各工亦将次告竣。其题估题销各案,应俟汇齐会疏奏报。"谕曰:"即前经题定之数,亦岂可漫无稽察、听众人之分肥冒销乎?近布政使萨哈谅、学政喀尔钦皆以贪赃之故,朕将置之重典,以警其馀。汝二人亦宜慎之,即己无所染指,而毫无觉察,将来水落石出,恐汝二人之身家,不能抵众人之欠项也。速行整理察办为是。"四月,疏言:"泰州、如皋下游等处,因春雨连绵,闸座未开,以致停工。"谕曰:"观此事汝等与督抚不和衷之处显然,何不明奏而为是隐语乎?"寻奏:"到工之日,凡兴浚修筑等事,俱会同督抚和衷办理。惟泰州、如皋盐河系盐运总汇之所,行令通州知州王师旦将下游之盐仓、唐家二闸开放泄水,该州并未开放。机宜坐失,工程未能及早完竣,皆王师旦偏执所致。"上以王师旦偏执,何不告之督抚,谕将所奏与署两江总督杨超曾阅看。会汪漋等奏刁顽商民因开盐仓闸放水罢市,寻杨超曾覆奏:"德尔敏等勘估开挑淮、扬运盐河道,议开通州之盐仓、唐家二闸,泄水入江,王师旦请只将唐家闸开放,并于出水之地,及该州迤北各筑一坝,拦截盐仓并各支河之水,不使旁泄。正在会同筑坝,乃乡市愚民以播种时资水灌溉,同声呼吁,求免开闸,以致居民罢市。"命杨超曾秉公查办。

　　七月,吏部侍郎杨嗣璟奏参汪漋、德尔敏不谙地方情形,罔恤民间疾苦,或短发夫价,或任意放水,或将挑河之土堆入民田,耗帑累民,请交督抚查核。命杨超曾会同河臣高斌归案奏结,并询问汪漋等是否别有不妥之处。寻杨超曾覆奏:"汪漋等在河工二年有馀,颇为安静谨饬,惟汪漋年老多病,诸事不能专主,德尔敏未免矜才自用,不能和衷共济。"得旨:"此公论也!"九月,上以汪漋等所办江南水利,大局俱已告竣,召回京。七年正月,以原品休致。八月,卒。

【校勘记】

〔一〕其旧有收税大使等官仍设立如前接任巡抚王企埥　原脱"仍"字,又"埥"误作"靖"。耆献类征卷六五叶三六下同。今据宪录卷五三叶二六下补改。

〔二〕其沿串场河之范堤及拼茶角斜二场堤工　"二"原误作"三"。耆献类征卷六五叶三八下同。今据纯录卷一一一叶八下改。

〔三〕限于三年内一律告成　"三年"原误作"二月"。耆献类征卷六五叶三八下同。今据纯录卷一一一叶九上改。

〔四〕又滁州之孟公石坝　原脱"公"字，又"石"下衍一"口"字。耆献类征卷六五叶三九上同。今据纯录卷一二五叶一一上补删。

〔五〕请将两河南岸分流之漳河　"漳"原误作"涤"。耆献类征卷六五叶三九下同。今据纯录卷一二七叶一四下改。

杨超曾

杨超曾，湖南武陵人。康熙五十四年进士，改庶吉士，散馆授编修。雍正四年，入直南书房，充湖北乡试正考官，寻提督陕西学政。五年五月，迁司经局洗马。六月，迁左庶子。六年，疏言："商州之镇安、山阳、商南，兴安州之平利、紫阳、石泉、白河等县童生甚少，文艺荒疏，每将西安、汉中各属顶名冒考诸童，取入足额，谓之寄籍，相沿既久，诸弊丛生。请嗣后就本籍童生文艺量取，不必勉强足额，俟人文渐盛补足。寄籍诸生改归原籍，廪增俱作附生应试。"下部议行。寻调顺天学政。八年，迁侍讲学士。

九年，擢奉天府尹，疏言："各属一切公务，均有陋规摊派，已严饬永禁。"疏入，上是之，将所奏宣示，令永禁遵行。十年，疏言："奉属自光禄寺卿王符奏准商运，贩粜过多，价难平减。本年秋收稍歉，明春商船云集，势必腾贵，请停禁商运。"部议准行。十一年，疏请州县所收，加一耗羡。除锦、宁远二属外，俱免提解，留充州县养廉。其府尹等官养廉，于中江等税羡馀银内拨给；首领、佐杂等官，于锦县、宁远县酌派。部议如所请，以雍正十一年为始，永为例。时内务府议准御史八十条奏，于锦州增庄头百户,将旧交代民种荒馀地拣给。超曾奏:"民种地立业已久,今增庄头百户,户给六百五十晌。六亩为一晌,计需三十九万亩。以民间每户耕数十亩论,给万户无地可耕,断难一时安辑。且正值春耕,清丈动须时日,旧户、新庄俱不能播种,本年赋必两悬。臣以谕民耕种,毋妨农业,应给庄头地亩,缓俟秋收查丈。"下部议行。又言:"复州、安州近年户繁垦广,请裁复州通判,改设知州一、吏目一;裁金州巡检,改设知县一、典史一。义州接壤边境,微员不足弹压,请裁巡检,增设知州一、吏目一。自广宁牵马岭以西,锦县齐家堡以北,归义州辖。土默特耕地民就近附义州民籍。"又请将奉天治中照各府管粮厅例,分管粮务;理事通判照各府督捕厅例,专司督缉。又请改奉天各州县要中简缺,量才补用;又承德、锦州、宁远、广宁四州县冲要,解犯络绎,请各增步快二十,奉天府狱监犯多,增禁卒八。均议行。寻定金州新改县曰宁海。四月,擢总督仓场侍郎。十二年九月,擢刑部额外侍郎,仍办仓场事务。十一月,授右侍郎。十三年,充文颖馆、八旗通志馆副总裁。乾隆元年,充律例馆总裁。

寻命署广西巡抚,二年正月,实授。二月,疏言:"桂林等府州、县,各墟杂税,弯远难查,请豁除;其贺县花麻地租杂税,有额无征,亦应全裁。"下部议行。十二月,疏言:"泗城、镇安二府及东兰、荔波、宁明各州县,应试者少。前抚臣金鉷令外省人入籍考试,即为土著童子之师。但冒籍者挂名学宫,并未久居土著,何从受益?今乡试三科,外省人已中式数名,若至十科,势将占去过半。又其人皆行险侥幸,中式后设获罪逃脱,居官亏空,籍贯与里居不符,从何追究?请将外省入籍例停止。"部议从之。

先是,抚臣金鉽奏令粤西废员及外省官生,借垦荒报捐,后捏报者多,每搜有馀熟田,量给工本,即作新垦数。云南布政使陈宏谋原籍广西,力陈其弊,部议令超曾秉公确查。至是,同督臣鄂弥达会奏从前捐垦不实田亩应减应豁,及各官生短给工本各款,部议巡抚金鉽、布政使张钺革职,私派加征各官论罪如律。其田分别减则豁除。三年,奏言:"宾州原直隶州,辖上林、迁江二县,近俱改隶思恩府,请裁分驻上林县州同,改设县丞,专司捕盗。"又言右江镇增设中营,请将思恩营原拨防田州汛之外委一、兵五十,移驻适中之马平汛;又言苗疆各官养廉不敷,请将桂林、平乐、浔州三厂税课盈馀银,酌繁简增给;又言泗城、镇安二府俱改土归流,地广俗悍,以知府兼县事,未免顾此失彼,请增附郭知县各一、典史各一,撤回驻天峨之泗城经历,改设县丞一,裁去泗城原设之同知、照磨。均下部议准行。十月,擢兵部尚书。四年八月,充明史纲目副总裁。十一月,署吏部尚书,充经筵讲官。寻以任巡抚时,滥举贪酷知府饶鸣镐,部议降调,得旨宽免。

　　五年五月,署两江总督。九月,授吏部尚书,仍署总督事。先是,苏州织造兼管浒墅关海保以贪婪参革,部议海保管关九年,其守口家人衙役等需索商民数多,并着追。超曾奏言:"此等人役,向系一月一换,转徙无常,得赃甚零星,年远难查,请免追。"从之。是月,奏劾南昌知县沈宏靖贪婪不法各款,寻革宏靖职,诏超曾严讯,论绞候。十一月,奏劾江西巡抚岳濬与知府董文伟、刘永锡朋比作奸,徇情纳贿,命户部侍郎阿里衮会同江南河道总督高斌鞫实,得旨,褫岳濬职,从宽免罪,馀论如律。十二月,疏言:"今秋徐、海二属偏灾,应纳粟米,奉旨改征折色,照部定价，每石七钱五分。内赣榆一县，向系民折官办，本年折征已议定每石征银一两，陆续完纳。今照部价溢银二钱五分，若以完纳在前，使急公良民转不如未完之户得沐皇恩，似未均平。请将溢银即抵该户本年未完或明年未完之数，其旧欠折漕缓征各州县，亦多已征银米，均作次年分征之数。"得旨允行。

六年四月，疏言："松江府二里泾系黄浦江宣泄要道，[一]前两浙盐臣佟吉图恐沙随潮进，淤积盐河，于泾口筑坝拦截。坝内民田蓄泄无备，舟楫出入迂回。抚臣张渠请开坝建闸，但建闸或害盐运。请开坝后，即于坝基设立木栅，中留宽阔栅门，每届六月十二日掣盐时，依期封闭，以防偷漏。平时听商民往来，庶为两便。"又言："松江、太仓沿海土石塘工，计占压及挖废田不下百馀顷。抚臣许容奏请挖零田，原令业户领种，定额输租，臣思此田皆民间恒产，并未给还原价。若以钱粮既经豁免，又必按亩征租，似非情理之平，且半作沟潭，不成阡陌，将来岁修，取土正无底止，在旧户亦不能长为己有。请听耕种免租。"均如所请议行。又言："崇明一邑，向系苏松巡道统辖。雍正八年因其孤悬海外，文职仅县令，增驻太通道，辖太仓、通州两属。但道员于地方案件，不过一加覆核，原不亲驻办理。况增设以来，该道惮于过海，俱驻太仓，此缺无关轻重可见。又扬州三江营原设同知一，巡缉私盐，雍正十年改为盐务道要缺。查两淮盐务，有运司经理，运判大使分地稽察，且地方官俱有禁缉私贩之责。该道不过据文转详，全无关系，请俱裁汰。通州就近归并常镇道辖，馀如旧管理。"部议从之。

六月，兼署安徽巡抚。时提督南天祥声名平常，超曾奉旨访察,奏言:"天祥明于水陆营制,爱憎任情。诸子及家人丁弁藉端营私,漫无约束。"寻命南天祥原官休致。先是,乾隆元年、三年安徽各属赈济银米数溢例,屡经部驳,布政使托庸请以司库节年盈馀,照数支补,奉旨令督抚查奏。至是,超曾奏言:"此项银米并无捏报,以不应着赔之项设法弥补,不可为平,应即照数销结。"疏入,报闻。八月,谕令回部办事,疏言:"本年七月间,风雨大作,上江临淮、凤台等二十四州县,下江上元、江宁等二十六州县,及山阳、盐城等处,沿江沿海田禾被淹灾重,急应抚恤者,已将本州县所存银米动用。又于上江酌拨司库银八万,解宿州、灵寿、虹县,将邻近不被水州县仓米,分拨十万备赈,动支司库银二十万,买米麦以供赈粜。下江各县谷现存及动买者约百馀万,又拨司库银十馀万,解徐、海二属;拨银三千,解六合、江浦二县,分别赈恤。馀银放给籽种。"疏入,谕曰:"料理赈恤事宜,颇为得法,务令属员咸知朕视民如伤之意,以至诚恻怛之心为之,庶可稍救灾黎耳!"

　　时通州盐河工,因春涨不能速竣,办理水利大理寺卿汪漋、副都御史德尔敏议开唐家闸宣泄,商民以外港水无去路,必淹麦田,纷集欲罢市。吏部侍郎杨嗣璟奏开闸错谬,命超曾查核。超曾奏言:"事皆出入因公,民实切于为己,并无挟制阻挠,且未竣工程稍迟数月,亦无贻误,似可无庸深究。"又言:"通州知州王师旦深知唐家闸不可开,因汪漋等檄谕严切,不能坚执,失在依违,并非偏谬;汪漋年老多病,不能专主,德尔敏矜才自用,未能和衷,此外并无不妥之处。"上曰:"此公论也。"十二月,丁父忧,回籍。七年,卒。赐祭葬如例,谥文敏。

【校勘记】

〔一〕松江府二里泾系黄浦江宣泄要道　"里"原误作"属"，又脱末
　　"江"字。耆献类征卷七三叶二四上同。今据纯录卷一四二叶二
　　一上改补。按汉传卷二一叶三九下"里"、"江"两字均误，又"系"
　　误作"县"。

喀尔吉善　　子定长

喀尔吉善，满洲正黄旗人，姓伊尔根觉罗氏。祖喀齐兰，官
副都统。父凯音布，初袭其祖克宜福所遗三等轻车都尉世职。
康熙十年，授御史，兼世管佐领。二十六年，擢光禄寺卿，累迁吏
部侍郎。三十一年，改正黄旗汉军副都统。三十三年，调正黄旗
满洲副都统。三十九年，授礼部侍郎，命偕学士硕穆布赴广东查
审雷琼道成泰慎、游击詹伯豸扰黎激变事，得实，论罪如律。四
十年，擢户部尚书。四十五年，调吏部尚书。四十七年，以老病
致仕。雍正元年，卒，赐祭葬如例。

喀尔吉善降袭骑都尉，授上驷院员外郎，充浒墅关监督。雍
正元年正月，迁郎中。三月，调工部，仍兼上驷院行走。五年，袭
世管佐领。七年，以前偕通政使留保会鞫广东署知州杨以宁勒
索耗谷案，误拟罪。部议革职，得旨从宽留任，寻予开复。八年，
擢兵部额外侍郎。九年，授左侍郎。十年，充八旗通志馆副总
裁。十三年三月，以验马不实，议革职留任。六月，诏革任。九
月，往盛京收粮。乾隆元年三月，奉旨仍留任佐领。五月，以废
员引见，命管理圆明园八旗兵丁。九月，复往盛京收粮。十二
月，奏言："向来八旗台站兵，二、八月于中江与朝鲜人贸易，每减

价勒买牛,或借索海参,请严禁。"谕曰:"朕思八旗台站官兵,有看守巡查之责,原无暇贸易,且不谙贸易之事。嗣后着改令内地商民与朝鲜贸易,中江税官实力稽查,务均平交易,毋得勒掯滋扰。"三年五月,擢内阁学士。七月,迁户部左侍郎,协办步军统领衙门刑名事务。十二月,调吏部左侍郎。四年,兼管三库事务。

五年闰六月,授山西巡抚。六年正月,疏言:"晋省各属自理赃赎银两,未有详报上司者,亦有因公动用无案可稽者,请令按季册报。"二月,又言:"汾水经太原府城西,旧有土堤卑薄。每夏山水骤发,城郭堪虞,应培坚厚,并于顶冲处随时抢护。"诏均如所请。三月,疏劾布政使萨哈谅贪婪及学政喀尔钦纳贿营私各款,命侍郎杨嗣璟往会鞫,得实,论罪如律。谕曰:"此二案朕先有访闻,降旨询问。喀尔吉善不能隐匿,始行参奏。着该部严议。"寻部议革职,上念其到任未久,诏从宽留任。八月,疏言:"晋省偶遇水旱,米价辄腾贵,请令各属照时价及时平买。"从之。九月,疏劾河东盐政白起图贪鄙婪索,白起图亦以喀尔吉善挟私诬参奏辩,命副都统塞楞额往鞫,论白起图罪如律。十二月,疏言:"煤为兵民日用必需,口外更资御寒。归化城等处驻满洲兵,商民辏集,附近无薪可采,请多开煤,仍禁内地煤出口,杜带禁物之弊。"下部议行。七年三月,疏言:"归化城土默特蒙古不谙耕种,以地典给民人,生计窘迫。请将民人所输银征解将军,分给蒙古用度;如尚有可耕地,一体招民垦种。"大学士等议行。

十二月,调安徽巡抚。八年三月,调山东巡抚。六月,疏言:

"本年东省雨泽愆期,秋成失望。民人多外出谋生,而邻省贫民亦有转入东省觅食者。请饬地方官劝令各回故土,以待本处自有之恩。"谕曰:"所见甚为得体。各省督抚须当留心,于平居无事之时,委曲开导,使知敦本,务实力田。逢年若轻弃其乡,则本业抛荒,失所依倚,即国家收养资送,亦不得已之计,非可恃为长策也。"七月,又言:"济、武、东三府属遇旱,济东有漕运,又有府仓及临、德二仓存谷,缓急可相通;惟武定无仓,请于登、莱二府仓拨运接济。"九月,又言:"仓粮买补,贵有权衡。济、武、东三府属现办灾赈,仓谷请暂停买,还其丰收,价平处令及时买补。"上嘉之。九年二月,疏言:"春月粮价腾贵,贫民艰食,请酌量减粜。"三月,又言:"东省兵米,例系按季本折兼支。春季青黄不接,米价昂贵,兵支折色,秋收米价平减,转支本色,请以春秋二季本折更换。又德州、海丰、惠民、乐陵各州县应修城工以代赈,及时举行。"四月,又言:"济、武二属麦秋复被旱灾,现虽赈、借、粜三者兼行,而继此亦宜广筹。请饬各州县于丰收之曹、沂等府采买接济,并请于豫省沿河州县麦收丰稔处,量为采买运贮。"五月,请于司库借支一季饷银,给济武营兵,于冬季为始,分四季扣还,以纾兵困。均得旨嘉允。先是,有直隶藁城知县高斚者,山东人,请试开临淄、即墨、平阴、泰安、沂、费、滕、峄等县山场银铜铅铁各矿,事下山东巡抚勘奏。至是,喀尔吉善奏言:"神京拱卫,矿洞久经封禁。东省其地跨四府八县,形势远近联属,开采殊多未便。且利之所在,众必共趋,恐济、武灾区,沂、曹盗薮,别生事端,应照旧封禁。"上韪其言。十年二月,谕曰:"前因外省兵粮缺出,惟马粮系督、抚、提、镇亲行拨补;至步粮则由营员验放。往往徇情市恩,滥行收录,虚縻粮饷,曾降旨令直省督、抚、提、镇亲自验放。今据喀尔吉善奏称东省各营棋布星罗,散处十郡。若概送提镇衙门考拔,不惟道路跋涉,且恐久悬名缺。请嗣后将臣标所属二营,登州镇属济南城守一营,及附近省城之大小营汛,遇有兵丁缺出,臣俱亲加考拔。其登兖镇,臣均照此办理。至副将乃武职大员,其同城本营及附近营汛之兵丁,亦即饬令该将慎重选拔,秉公验放,仍造册呈报。提镇于按年巡视各营时,照册查对。此奏亦属有见,着照所请行,并通谕各省督、抚、提、镇知之。”十二月,以幕友吴芳猷掣选广东县丞,疏请留东补用,为御史张孝挺所纠。谕曰:“张孝挺奏称喀尔吉善身为大臣,嫌疑俱不必避,则当咨部铨选,何必竟以留东奏请,而于吴芳猷掣选广东远省,始起办公需人之见,难免规避,此奏亦是。吴芳猷着仍补广东原缺。”

十一年九月,迁闽浙总督。十一月,命开复前革职留任案。十二年五月,疏言:“台湾汉民流寓日众,匪类肆窃,更有闯棍恶徒恣行不法。请嗣后窃案计赃在徒罪以下,并眷属在台者,初犯刺臂,责惩交属收管;再犯则刺面,按律治罪,并眷属逐回内地安置。其闯棍扰害地方者,审明治罪,无论有无眷属,概行逐回,仍行知原籍地方官交保邻族正管束,不许私渡过台。”六月,又言:“台湾地狭民稠,奸伪百出。请自本年五月为始,定限一年,在台民人迎取家眷,及的属欲往就养者,确查给照过台,仍饬内外汛口员弁详察,逾限不准给照。”诏均如所请。寻偕巡抚陈大受合疏言:“闽省仓谷出陈易新,不难于出粜而难于买补。春夏碾米给兵,秋冬民间碾米完纳,官又易谷补仓。事多周折,不若即令粮户交谷，官民两便。"从之。七月，议覆浙江处州总兵苗国琮储材备用一疏，言："闽、浙战船桅木非巨材不可，若如国琮所奏，于无税官山种树，令地方官培养，则须先发工本，未免糜帑；且必百十馀年始中绳墨，恐日久稽查匪易，不若许民自种纳课。种树之初，得收花息，成材之后，仍给价值，民视为己业，培护自勤。在官不费经营，而良材可获实用。"下部议行。九月，疏劾浙江巡抚常安贪婪各款，即命大学士讷亲往鞫，得实，论罪如律。十三年四月，谕曰："闽浙总督喀尔吉善镇静和平，练习吏治，其参奏常安一事，不以同官稍为隐护，公直可嘉！乃督抚中所少者，斯实不负朕倚任之意。着加太子少保。"十四年二月，偕巡抚潘思榘条奏："海防三事：一、内地民往来外洋，勾结滋事，应令保甲、族长于编查门牌时，将户内所有往贩外洋之人或为舵水，或为客商，逐一登明，倘久客不归，及倏来倏去，形迹可疑，并外番人往来其家，即报明详究；一、洋船舵水人等给照时，应逐名亲验，即客商跟役亦亲验取结，至出口如有更易，许船户呈明，守口各员于总照内填注，不能远赴原籍取结者，即取具行保及同船客商甘结，俟入口时验明原照，方准回籍；一、洋船回棹之六、七、八、九等月及出行之十二、正、二、三等月，责沿海汛弁兵丁昼夜巡查，渡载外洋人货者，以私越论。"谕实力行之。又言："台州府属之宁海县旧有东湖，地势平衍，与海相通。宋、元洎明失修。臣谕守令等察形势土性，导士民输赀合筑，拨为世业，以出赀轻重定分地多寡，堤成酌定限期，照例分别升科。虽国家增赋无多，民人实有攸赖。"谕曰："劝课农桑，兴修水利，正务本之图也。欣悦览之！"十五年，加兵部尚书衔。

　　十六年三月，上南巡，恩免江南积逋二百馀万，而浙省向无逋欠，亦特蠲本年正赋三十万两。奖赐喀尔吉善诗曰："巡吴于越便中过，恐误农桑候正和。完赋自缘民俗美，不须重勉善催科。"七月，疏言："浙省温、台一带被旱，储积空虚，应自闽拨运台谷接济。但重洋往返需日，一面先拨厦门厅及莆田县仓，由厦门乘南风运往。所拨台湾谷，厦门就近归还。至台湾备贮谷，亦应及时买补，无俟温、台解还粜价，即先借款于秋成收买。"得旨嘉允。十七年二月，以浙江巡抚永贵办赈乖谬，喀尔吉善不能匡正，且附和，部议革职，诏从宽留任。七月，又以失察司库吏侵冒帑项，议革任，仍诏免。十月，奏年老恳回京供职，温谕慰留；又奏闽省产米谷少，向来采买俱预先公平给价，与各省买自市集、徒昂市价者不同。本年丰稔，宜收买储备，请将现存仓谷不足五分者买足，即已足五分而本地谷价平减，亦动支原存粜价买补。又闽省山险，就近通融拨运，无庸赴邻省采买。上是之。

　　十八年正月，以督擒福建漳州奸民蔡荣祖等迅合机宜，谕部议叙，加一级。十九年四月，加太子太保。闰四月，条奏："更改浙省海塘六事：一、南北两岸工程，各不相及，海防道员宜裁，北岸仁和、海宁、海盐、平湖四县塘工归杭嘉湖道辖，南岸萧山、山阴、会稽三县塘工归宁绍台道辖，各增养廉银五百两；一、海防同知、通判宜更定分管之界，北岸土石柴塘巩固，无事兴筑，八仙石桥至戴家石桥归东防同知，戴家石桥至谈仙岭归西防同知，谈仙岭至江南金山界归乍浦同知，统听杭嘉湖道辖，南岸塘工向系绍兴府通判兼管，究非专责，应将北岸通判改为南塘，移驻绍兴府之三江城，听宁绍台道辖；一、塘兵宜改堡夫，海防营额兵一千，内有仅谙修防、不习技艺者,应挑四百名作为堡夫,照南河例在堡看守,堡房及钱粮,于裁撤兵饷内动拨;一、裁撤之兵宜分拨杭、乍两营,海防额兵一千内既改堡夫四百,再将谙晓技艺者,拨入杭协城守营二百,谙晓水务者,拨入乍浦水师营一百,馀均裁汰,或归农,或补附近各营缺额;一、杭、乍两营宜增设备弁,杭协城守营仅一都司,应将海防左营守备改为杭协城守营中军守备,乍浦水师应分左、右两营,将原设守备改为左营,海防右营守备改为乍浦左营,其千把总、外委各员分别酌拨;一、官兵裁剩经费,宜归并塘工备用,海塘每年额设引费万馀两备岁修,不敷仍题动正项,今官兵既撤,节省各项银两,应归入海塘经费项下,遇有工程,无须复动正项。”部议从之。

先是,上以八旗生齿日繁,恩许京城汉军人等改归民籍,各谋生计,各省驻防汉军一体准行,所遗缺即派京城满洲兵往补,命喀尔吉善会同福州将军新柱筹议。七月,会奏:“应办事宜六条:一、愿为民之汉军,无论世族、闲散,准入民籍;一、愿为民而别无生计,惟借粮饷赡养者,分派近省绿营,坐补粮缺;一、汉军甲兵尽马甲先改一半,以便满洲兵坐补;一、汉军原住房屋,均留给新派满洲兵;一、汉军水师兵,令满洲兵渐次学习顶补;一、派出京城满洲兵,应分次分路行走。”又言:“福州驻防兵既改满洲,则协、参、防、校等缺,应改用满洲人员。请于八旗满洲现在任佐领以下等官,及随旗世职内拣发来闽,与汉军人员交代任事。”大学士等议行。二十一年,以查审前任浙江巡抚鄂乐舜勒派盐商银一案,论拟失实,部议革任,诏宽免。寻奏:“浙江省海塘为杭、嘉、绍三府田庐攸关,年来水势南趋,北塘巩固,南岸绍兴所属尤险。请于朱家楼、杨树下一带,照海宁鱼鳞、条石等塘建石塘四百丈,其平稳处接筑土塘二十丈,塘后帮筑土戗,以护塘身。其原有之土塘及镶修之柴塘,留资外护,不致频修糜费。"如所请行。

二十二年二月,上南巡时,喀尔吉善子定长任贵州巡抚,赐喀尔吉善诗曰:"海疆泽国久声腾,坐镇宣风嘉汝能。连帅威仪今陶侃,一家父子昔韩弘。行春惠化吾方览,作雨平章民久称。供顿何须事华饰,山川韶秀此邦胜。"七月,谕曰:"喀尔吉善奏现患疳疾,不能视事,将关防暂交将军新柱护理。披阅之下,深为轸念!着太医院派外科一员,令伊子员外郎定敏带同驰驿前往诊视,并加赏人参一斤,以为药饵之用。仍传谕喀尔吉善伊年老患病,不妨宽以时日,从容调理。全愈后再行视事,不必遽请解任,副朕优眷至意。"是月,喀尔吉善卒。遗疏入,谕曰:"闽浙总督喀尔吉善品行端重,练达老成,久任封疆,勤劳懋著。前闻偶患热疳,特命伊子定敏同御医驰驿前往诊视,并赐参饵,以冀速痊。乃计程尚未到闽,遽尔溘逝,朕心深切轸悼!喀尔吉善着入祀贤良祠,以昭眷念贤臣之意。应得恤典,该部察例具奏。"寻赐祭葬如例,谥庄恪。

长子定长,由监生于雍正十三年授内阁中书。乾隆三年,迁侍读。五年,袭世管佐领。九年,授江南徐州府知府。十二年,迁淮徐道。十三年,迁山东按察使。十四年,迁陕西布政使。十五年,擢安徽巡抚。十六年,调广西巡抚。十七年,调山西巡抚。十八年二月,调署贵州巡抚,九月,实授。十一月,条奏武科不许本省文武官员子弟顶食名粮应试,又奏:"现经调任湖广总督永常条奏邻省会哨事宜,奉旨筹议。臣查贵州与邻省联界,幽僻之地,苗、夷环处。从前未加兵威,若与邻省酌办会哨,虽不必张皇其事,而苗性多猜,保无别生事端,应请停止。"大学士等均议如所请。十二月,疏劾提督丁士杰以书嘱调知县马中骥,上嘉定长据实陈奏,持正得体,降士杰为广西左江镇总兵。十九年九月,请以节省棚马公费银,交地方官平价买谷,借给抚标两营兵,以资接济;又言:"黎平府属之古州城东北江水泛涨为患,乾隆九年城北已筑石堤,而城东未及兴举,请接筑。"报闻。二十年四月,题请原任黔西州知州黄秉忠入祀名宦,谕曰:"定长此本甚属错谬。黄秉忠乃黄廷桂之父,计其宦黔以来,六十馀载,该州士民身亲见之者尚馀几人?今日之合词呈请,岂出舆情公论?且果有遗爱在人,何以久未题达?明系因黄廷桂现任总督,且又与伊贵州连界,瞻徇市恩耳。定长着严加议处。"寻议降二级调用,诏革职,从宽留任。二十一年,疏言:"本年云南厂运铜愆期,黔省积铜现足供铸,通融筹办。请将上年所买滇铜五十万斤,停运来黔,先尽解京备用。"得旨嘉允。二十二年二月,上南巡,定长请入觐,命便道至浙江省其父喀尔吉善,赐诗曰:"迎銮当入觐,述职并宁亲。此意原嘉尔,推恩讵一人?西南门户固,礼乐僮苗新。抚远惟安静,庶因福及民。"五月,谕偕尚书刘统勋往鞫云贵总督恒文勒属员买金短价,及纵容家人收门礼一案,得实,论罪如律。即署云贵总督。

六月,调山西巡抚,未赴任,寻丁父忧。十一月,授副都统衔,命赴西路军营督办屯田。二十三年,以委员擒贼未获,部议革职,命以现在品级,仍留屯所办事。二十五年,补兵部右侍郎。

二十六年,授福建巡抚。二十七年,疏言:"常平额谷例,原借粜兼行,应于青黄不接时,先尽积贮最久之谷定价出粜,秋成买补,农民愿借者听。"诏如所请。二十九年三月,请移泉州府西仓同知驻就近之石狮街,又言新例禁丝出洋,丝价低昂总视蚕事丰啬,徒禁出洋无益,请照旧弛禁,从之。七月,以提督黄仕简奏参总督、巡抚收受厦门洋行规礼事解任,寻谕曰:"前以此案关系督抚婪索多赃,因命舒赫德等前往查办。今所奏既无确据,定长发价购物,亦沿习旧例,初无不可轻贷之处,着从宽仍留原任。"十月,疏言:"闽省常平仓谷,较他省数本充裕,而递年收捐监谷,额贮益增。现值平粜时,请以积存溢谷,遇应行买补各邑一水可达者,通融抵补,不必粜价解司。"上嘉允之。

　三十一年二月,迁湖广总督。十月,疏言:"缉匪惟在地方官文武员弁认真留意,申明赏罚,楚省各属现派眼目,不下七十馀名,徒多无益,应概撤回。"上是其言。先是,湖南桂阳州民侯七郎殴毙大功服兄侯岳添,知州张宏燧误以七郎之亲兄学添为正凶,按察使宫兆麟驳审,宏燧护原招禀辨,布政使赫升额力庇宏燧,瓛久不决。至是,事发,命侍郎期成额往会定长严鞫,得宏燧及赫升额执拗党庇状,均请革职。上以赫升额身任藩司,命案非其专责,何以偏袒宏燧,必别有结交情弊,谕再研鞫。三十二年正月,究出前任巡抚李因培与赫升额曾授意宏燧为已革武陵县冯其柘弥补亏缺事,因培、赫升额、宏燧、其柘均拟斩如律。二月,部议定长失察应革任,诏免。四月,疏言:"云南现在用兵需人造船,廷议于湖南水师营内选送。查向来水师营船,系雇工成造。今云南需船孔亟,若仅于水师营内选送,恐有贻误。现飞饬洞庭协及岳州营尽数发往,仍于巴陵觅谙练工匠续送。"六月,以滥用竹兜送过境兵役,议革任,仍诏免。三十三年,卒,谕部议恤。三十四年,署总督高晋奏荆州副都统石亮老病,请勒休。谕曰:"石亮衰庸恋栈,已非一日。定长在任时,岂竟毫无闻见? 而一味姑容徇庇,其膜视公务,不问可知。前此朕念其平日尚属勤慎,降旨加恩予恤。今观其阘茸若此,恤典应即敕部停止,使封疆大臣知不实心奉公之咎,虽身后已邀宽典,亦当亟行追正,以示惩创。"

定长长子台布,袭骑都尉职,曾任乾清门侍卫;次子台斐音,现官山海关副都统。

方观承

方观承,安徽桐城人。雍正十一年,由监生加中书衔,随定边大将军平郡王福彭赴北路军营,为书记。十三年,回京,补内阁中书。乾隆二年,军机处行走。三年,迁兵部主事,累迁吏部郎中。七年七月,授直隶清河道。十二月,署总督史贻直奏勘永定河工。谕曰:"永定河实关紧要,卿于明春协同方观承详酌为之。此人想宜于河务,为其不穿凿而亦有条理也。"八年,迁按察使。九年二月,命随大学士讷亲履勘河道并海塘工。十月,迁布政使。

十一年,署山东巡抚,奏稽察漕弊、严缉盗匪二事。谕曰:"足见留心地方,实力行之可也。"十二年正月,疏言:"安山湖地拨民认垦升科一案,臣饬属确勘湖中尚有积水。但二麦布种于水已涸之后,收获于水未发之先,且湖田多沃壤,而麦收足抵秋禾。故虽有水患,民愿认垦升科。但升科之后,官征民纳,例重秋收。如秋禾被水[一],请蠲、请赈、请豁,徒致纷烦,即如南旺湖前经台臣条奏给民认垦。其时臣随讷亲履勘,虽最洼之处亦俱干涸。贫民于中取土熬碱,高处则如屋如岩,意以为水必不能及。上年臣抵东,询知夏秋运河、汶水暴涨,赖有南旺及独山湖同时分减,运道得保无虞;而两湖之水,则一望弥漫,无分高下。以此观之,凡大川经由及众水所注,其宣泄潴蓄之区,尝阅数年、数十年有若闲置,而一旦用之,乃知其见功为不小,未可以目前之形而忘久远之虑也。安山、南旺二湖同为运河泄水之地,南旺现准报垦征租,安山请一例办理,并照直隶淀泊河滩地亩分季征收之法,其专种夏麦者,于麦后征收,兼种秋禾者,分麦禾两季征收,则租额毫无减于升科,而除去升科名色,官地民种,应征应免,可以随宜办理。”上是其言。又言:“委积相调,义仓称便,与社仓仿佛。但社仓例惟借种,义仓则借与赈兼行,而取重尤在猝然之赈。大要设仓宜在乡,不宜在城;积谷宜在民,不宜在官。秋获告丰,劝导输纳。年底将捐过谷数奏明,不必开具管收除在,则其数仍不在官,法可行久。捐输及典守年久者,照社仓例议叙。”报闻。二月,回直隶布政使任。

　　十三年三月,擢浙江巡抚。九月,疏言:“海塘引河,现由中小亹安流弭节。其北大亹北抵石塘根,沙涨如平地。臣沿塘查勘,自仁和县之观音堂起,至海宁县东之淡水岭止,丈出地三十五万四千八百馀亩,民灶五千七百五十户。臣为认垦者核编字号,以十号为一甲,每十甲选老农一人,司劝课,按其土宜,分年升科。仁和、海宁二县岁征杂粮十万石,小民咸资生业。”谕曰:

"垦田乃务民之本图，所宜留心劝相者也。"又言："中小瞿贫民应拨补地亩，俾安耕作。查附近中瞿之许村、西仓，独山脚河庄，山北各地共二万七千馀亩，堪以拨补。现除将万八千馀亩拨给四百七十三户，馀八千馀亩留为续至各户之用。再所拨地必俟咸气尽除，始可种植，贫民岂能悬末以待？查有乾隆十一年各灶户报垦升科之地，附近西仓灶户不能全种。今即令各户佃种交租，灶户得租，贫民得地，两受其益。又各户前于被水时，有就灶户课地内造屋，而居者不便屡移，令即拨出二百亩划界安居，应纳钱粮，改归各户名下完纳。"得旨嘉允。十四年二月，疏言："定海县之普陀山远在大洋，每年正、二月间，有所谓香头者，领众进香，男女逼处一船，住山寺经旬始返。既于风化有关，而海洋关汛，例应稽查禁物。因妇女在船，或致疏懈。恐奸民乘机夹带偷漏，臣已饬查严禁。"上是其言。三月，请纂辑两浙海塘通志以备参稽，许之。五月，疏言："臣于上年奏请将豆麦杂粮私运出洋者，照私运米谷例治罪，经部议准。嗣闽浙总督喀尔吉善、奉天将军阿兰泰等奏请酌筹彼此流通，敕部议定豆麦杂粮出口，俱给印照验放。臣查沿海情形，各省不一。浙省如宁波属之定海、象山二县，定海属之岱、秀二山，温、台属之玉环山，向许流通；至嘉兴属之乍浦，杭属仁和县之通口一带海道，又温、台连界之蒲岐所海港，向俱不通商贩，即本处米谷亦禁出入，以杜影射。偶遇歉岁，暂一弛禁。旧例或经奏明办理，或临时仅据属员详请，遽准通融，易滋流弊。请嗣后办理时，必将确实情形奏明请旨，则就流通之中仍严维制之道。"下部议行。七月，疏言："浙省征收钱粮，原有颁发官戥，听粮户称较完纳，以杜捉补短封之弊；而所制官戥当花户丛集时,势不能逐一称较,官吏藉词捉补,弊窦实多。现照部颁样戥,多为制造,发各州县令乡保当堂具领,使一里甲之内足供轮用。花户投粮时,赍戥赴柜交纳,柜书查给印串。如短少即系柜书剪边换锭,不得于给串后向花户捉补。违者以重耗严参。"报闻。

寻擢直隶总督,兼理河道。十一月,疏言:"永定河身自六工以下,旧有高仰之形。乾隆二年,大学士鄂尔泰会同督臣李卫、河臣顾琮议于半截河堤北改挑新河,移北堤为南堤,另筑北大堤。乾隆五年,顾琮续请接筑北埝,与北大堤相连而下,然只系下口入河之保障,非为改河之用。近年来,六工淤垫日甚,水流不下,情形又异。今就旧有之北大堤,于六工改移下口,庶水由地中畅下无阻。惟北大堤内田庐坟墓多,请俟来年汛后,将改移事宜筹酌办理。至臣现议应修堤坝,俱在六工以上,量加培补,以防浸溢。将来下口改移上游,亦得刷深,尚非专恃加高,致复淤垫为害。"谕曰:"改移下口之处,不可轻言。即鄂尔泰之原勘,亦未可即信为尽善不易之策。使改移而数年后复致淤塞,又将何所改移乎?"十五年二月,上阅永定河堤,谕观承以下口宜畅,使易趋下。御制诗示之,曰:"水由地中行,行其所无事。要以禹为师,禹贡无堤字。后世乃反诸,只惟堤是贵。无堤免冲决,有堤劳防备。若禹岂不易,今古实异势。上古田庐稀,不与水争利。今则尺寸争,安得如许地?为堤已末策,中又有等次。上者御其涨,归漕则不治。下者卑加高,堤高河亦至。譬之筑宽墙,于上置沟渠。行险以徼幸,几何其不溃? 胡不筹疏浚,功半费不赀。因之日迁延,愈久愈难试。两日阅未定,大率病在是。

无已相咨询,为补偏救弊。下口略更移,取其趋下易。培厚或可为,加高汝切忌。多为减水坝,亦可杀涨异。取土于河心,即寓疏淤义。河中有居民,究非长久计。相安姑弗论,宜禁新添寄。条理尔其覆,大端吾略示。桑乾岂巨流,束手烦计议。隐隐闻河南,与此无二致。未临先怀忧,永言识吾意。"是月,赐人参三斤。三月,加太子少保。六月,永定河南岸三工淤沟夺溜,命将江南总河高斌豆瓣集漫口图钞寄酌办。观承疏言:"豆瓣集漫口,系中河馀水泛溢,故可择便于水缓处施工。其涨溜全归正河,照旧下注,不虞堵截。今永定三工南为月堤缺口,北为大堤漫口,南北相对里许。若将月堤堵筑,其已过漫口之全溜并无去路,实与南湖情形不同。现在新开引河附近漫口,请仍堵筑,逼溜归入引河,以复故道。"上是其言。

十六年正月,疏言:"喀喇沁、土默特等处种地民人渐多,奉旨查禁。廷议照署督陈大受所请,将有力者按三年、五年之限交地回籍;若原系民垦,不能即回者,按亩交租,俟一二年后,再行给还本人。上年六月,理藩院咨称土默特贝子欲不问年限,概行驱逐。臣思此等贫民无家可归,即使甘受驱逐,而数万男女概入内地,亦觉安置为难。今既蒙恩从宽查办,自应行之以渐。请简公正大臣前往查办,俾蒙古、民人俱各安辑。"命侍郎刘纶、侍读学士麒麟保会同贝勒罗卜藏往勘。寻议仍照三年、五年限撤还,嗣后不得私典;至领地开荒民与价典不同,俟年满先将原主需种地退还,馀地仍许租种:从之。

三月,疏言:"上年增建冰窖减水草坝,贴近从前永定河下口。近因水大,全河于此掣溜,冰窖以上河身自四工至七工吸刷深通，比冰窖以下河身骤低至五六尺，其水仍由金门，而坝台并无冲刷。至三十里外即已澄清，竟由坦坡埝、汪尔淀一带出水，可无淤垫之虞。但坦坡埝之设，原为格淀起见，如遇淀水内漾，不免阻遏河流，应培筑高厚，以别清浑。即请于坦坡埝尾东北斜穿三角淀，开引河归入叶淀，由凤河转输入大清河。"疏下廷臣议，以此时甫过凌汛，与伏秋情形迥异，一经盛涨，挟沙直注，恐致污淀，未可因一时水由坝出，遽议更张，令详查再议。观承复疏言："冰窖坝口掣溜在上七工尾，当旧下口旁，地面低于正河丈二三尺，南岸距南坦坡埝较北岸距北大堤宽又加倍，有漫衍而无冲溢，此地势之顺也。水由坝出，非冲决，亦非开放，民情不怨，此人事之顺也。凌汛改移，经理有暇，此天时之顺也。臣今日敢以必应改移为请，不复稍存歧见。查河身北高南下，水势偏侧，竟成通河之病。自七工出水后，去路甚畅，上游吸刷倍益宽深，自数尺至丈馀不等。今即倍用人力，将七工、八工旧河挑与相等，而出口不顺，已刷深之上游，转眼停淤如故。是水归故道虽属守经之论，然不乘此就下偏南之势，仍强使北，不但机会可惜，窃恐伏秋盛涨，南岸经理非易。至原议内有一经盛涨，挟沙直注，恐致污淀之语。臣以浑水至三十里外即已澄清，虽盛涨多挟泥沙，而水涣沙停，必无直注污淀之虞。臣因虑及浑水或致入淀，故不使东，循龙尾直入凤河。议于王庆坨之南开引河二十里，东北入叶淀，迂其途而广其地，更可经久无患。"命尚书舒赫德、河东总河顾琮会勘，如观承议。

五月，疏言："理藩院尚书纳延泰条奏，以多伦诺尔铺司占蒙古游牧，请毁屋另用蒙古人递送文移。查自设铺司以来，文移资其邮送,解饷藉以栖止,即行旅商贾亦堪投宿,并无碍游牧。近因民人于铺司之外,增建坊店,该处总营达锡等恐增建渐多,侵占游牧。是以呈明理藩院具奏,但数百里荒漠,公务往来,栖托无所,商贾等野宿堪虞;而蒙古人不谙内地文移,难免舛错。今查明南茶棚等六处,每处上有屋一二所,无庸拆毁,上渡酌留屋一所,转山子、水泉子两处各留屋三所,如有多建,容留奸匪者,责成地方官究治。"军机大臣议行。

十一月,上以豫省黄河两岸大堤外,旧有古堤多残缺,黄水近自阳武灌入直隶之长垣、东明,冲开月堤三口,命观承往勘。十七年二月,疏言:"长垣、东明二县太行古堤在防堤外,其地南高北下,豫省阳武等县沥水北注长垣,全赖此堤捍卫。康熙六十年后,屡被冲击,口门刷深,难于施工。惟王家堤以东旧有引河入运,故近东堤工可无恙,而堤西沥水汇至,屡被冲堤。今宜为沥水筹其去路,请于堤西开引河,导入旧引河,使容纳东注,即将所起土自堤西村起,另筑新堤,则堤外有河以疏沥水,河内有堤以防漫溢,事半功倍。且堤西八村皆得新堤为外障,民情更为欣跃。"诏如所议。七月,谕曰:"直省钱价昂贵,由于富户囤积。山东布政使李渭请定以五十串之限,但骤行之不无滋扰,应先行明切晓谕各富户出易,勿令壅滞。"九月,观承疏言:"富户积钱,类皆深藏固闭,势难逐户稽查。与其定以所积之限,纷扰而难行,不若稽其所入之数,显明而有据。应令交易买卖,价在三十两以下,许其用钱;如逾三十两,即令用银。违者照官价易之。旧积钱文,遵旨晓谕早为出易,加以奖赏;如仍敢多积,以十之二入官。至寻常出入之钱,拘以官收,不免滋弊。似应各从民便。"

奏至,上以所办过迟,询问成效若何,有无平减。观承覆奏:"富户自谕后,不敢多积钱文,价俱以平减。"报闻。十月,廷议:"各省采买粮石,委员赍银赴米船停泊处所收买,而牙行转运,藉名昂价。嗣后沿河听商贩自行转运,停隔省采买。令各督抚动项,交本地方官采办,委员运送。则操纵随时,牙侩不得抗本地方官教令,较隔省委员坐待群得把持者,难易迥别。是需米虽在邻省,仍如本省自为采买,无碍商贩流通。其弊除而其利自见。"下部议行。

十一月,疏言:"满城县之奇村河发源一亩泉,汇鸡距泉流入保定。〔二〕春夏之交,每虞微弱。臣委员于满城东孙家堂勘得申泉,又东得连宝泉,〔三〕夏家庄南得五花泉,龙泉寺西得红花泉,俱为苇草湮闭,而渠形可寻,一经浚治,合流并注,可增治稻田多顷,商贩亦得通行。"奉旨嘉奖。十八年正月,疏言:"热河地方辽阔,请编立烟户,定文武各官稽查,责成其附近之敖汉、奈曼、翁牛特、土默特等处,令副都统每年巡查一周,补营汛所不及。"如所议行。二月,奏设义仓告成,凡千馀仓,贮谷二十八万五千三百馀石,酌筹条规,绘图以进。谕曰:"诸凡周详妥当,尔惟实力行之。"三月,疏言:"子牙河支河,请自杨家口至阎儿庄八里改为正河,以收因势利导之益。再于阎儿庄尾北通蔡家洼,沿留儿庄东堤,抽挑河槽,下接黑龙港旧河,〔四〕俱于子牙桥北归入正河。"诏如所请。十月,请将保定、雄县二处驻防兵米,停向各县采买,以省派累,照天津等处兵米例,截拨豫省漕米。部议从之。十二月,疏言:"永定浑流善于移徙,而下口形势尤变迁靡常。年来下口渐淤,请于北岸六工尾开堤放水,作为下口,至五道口东南导归沙家淀,仍由凤河入大清河。"廷议以甫自南岸冰窖改移下口,何以又请于北岸六工开堤放水,令据实覆奏。观承言:"自冰窖改移之后,水势畅顺,上年汛水盈丈,挟沙直注下口,十里以内,旧积新淤,阻塞去路。至南埝中下地面,尚可以资容蓄。今请于北岸六工放水,循南埝导归河淀,照旧以凤河为尾闾,虽有向南向北之分,其实水道本属相通。北埝至南埝三十馀里,弥漫一片,或分或合,原足任其荡漾。臣逐细查勘,向北改移水道,仍以南埝下汛为归宿,实于现在情形为便。"十九年,疏言:"凤河堤工分隶永定、天津两道,责成不专,请将东堤并韩家北埝改隶永定道,增弁兵,画一查办。"均得旨允行。二十年四月,〔五〕加太子太保。

　　九月,命署陕甘总督,由肃州至哈密,抵巴里坤,筹办军营粮马诸务。十月,疏言:"军营所需马,臣现解送万三千馀匹。合之军营原存五千四百馀匹,已敷一兵三马之数。但恐军营积用,复宽为挑备,拨往安西候调;如不用,即以补实安西营缺。"又言:"准军营咨,约需马三万。臣查索伦、察哈尔、厄鲁特兵,跟役无多,官员分例等马,尚有可减。又哈密回兵三百,只派一半,亦有可减之马。计实需用二万七八十匹,臣陆续督饬解送。至军驼共需四千四百馀,现已解送足数,馀供哈密运粮之用。"十一月,又言:"哈密贮茶三万封,驼到即运往军营,仍拨五万封补贮。哈密旧存粮十万馀石,就近拨运。嗣后所贮,以此数为率,随时动拨,庶缓急有备。至饷银先后已拨三十万两,请再由藩库拨四十万两贮哈密及西安、甘肃两道库备用。"谕以妥速为要。十二月,疏言:"哈密至巴里坤中隔大坂积雪,兵三百名在彼铲除,用力勤苦,恳恩日加给面四两。"允之。

　　二十一年正月,回直隶任。三月,疏言:"臣前奏准于永定河北岸挑引河,改作下口。今行水之北埝,即向之遥埝。请于北埝外,更作遥埝,预行展拓,以为匀沙散水之图。凤河东堤亦接筑至遥埝之尾,以资稳固。"从之。二十二年八月,奏遵旨赴东西两淀,督办民船赴天津剥运漕粮。谕曰:"甚好。卿自能妥办也。"又谕曰:"今岁粮船迟缓,虽经剥船起运,若令旗丁运送抵通,仍于回空有碍,且恐剥船未能同时毕集,旗丁不免守候。为今之计,莫若即在天津交兑,令漕船及早南回,不误明年起运。着传谕方观承,并行知仓场侍郎双庆等,派员赴津收兑。除剥船脚费照例听旗丁出给外,其旗丁将本船应交粮石,如数交卸,即令催趱回空。其如何设法稽查,该督等当悉心妥办。此原系漕督杨锡绂职守,但伊不过寻常循分供职,于应机集事,一筹莫展。方观承肆应裕如,可协助办理,期于漕运有济。"观承奏言:"天津北仓馀廒可贮粮三十万石,围墙内设席囤可贮十数万石。臣饬办大席二万片,并麻绳秫秸应用。事竣仍可变价归款,所费无多。至交兑之船,悉令泊北仓以南,起剥之船悉泊北仓以北。北仓东岸分钉桩界,每二里泊船一帮,同时起米,不相妨碍。西岸留为河道,令空船行走。复咨饬南来各船并帮遄进,毋拘衔尾常例,迅速抵津,及早告竣。"又言:"向来起剥系抵杨村以北,酌视水势深浅。所剥不过十之三四,脚价旗丁自给。今自天津全数起剥运通,脚价多至两倍,丁力较为拮据。仰恳圣恩,于直隶藩库内借动公项,交地方官代给,不须更经旗丁之手,仍移咨漕臣于明岁新漕内扣解归款。"均得旨嘉奖。寻命同山东巡抚鹤年筹勘南运河宣泄事宜。二十三年二月，疏言：“永定河淤滩地，请于堤内外共留十丈，为种柳取土之用，馀拨给永清等七州县守堤贫民，领种输租。”从之。

二十四年正月，奏：[六]“遵旨酌定陵寝兵役规条四事：一、大臣官员及各项当差人等雇用人役，责成地方官查明造具来历，实系守分乡民，册结方准充役；一、赁住官房之人，照雇工人例一体查造册结，分别去留；一、树夫、草夫、更夫、扫院夫及各衙门役隶，照定例行文地方官募送验充；一、马兰、泰宁两镇属绿营馀丁，每年清查一次，造册送地方官稽查，其因事革退兵归入民籍，严加管束。”谕曰：“所定甚妥，如所议，永久实力行之。”二月，疏言：“理藩院议领票赴恰克图、库伦贸易商民，不得私住喀尔喀各旗贩卖，致蒙古赊欠，将牲畜抵偿，有碍生计。臣查商民多在张家口设铺，奉禁以来，赴恰克图、库伦者甚少，盖有力之商，始能远赴恰克图、库伦一带，若中途粮乏，不能不易货接济，而先已蹈例禁之罪，因此商民强半改图。惟是蒙古驼马、羊只、皮张，资用内地者甚广，即蒙古所需茶烟及布，今商贩稀少，有无不能相通，亦未见其有益。可否于例禁之中，加以区别，领票赴恰克图、库伦之商，仍准经过喀尔喀各旗交易货物，如有盘据日久，抬价放债，致碍蒙古生计，仍严行查禁。”上是其言。

四月，上以北运河水势微弱，命将先到粮艘截留四十万石贮天津北仓，将来水长续到之船直抵通仓，令观承等详悉奏闻。观承疏言：“前帮截留，后帮继进必速，其间为日无多。若北运之水未长，则续进之船仍不免起剥，请就先到各帮，视每船应剥若干，[七]即得轻便。今于北仓按应剥之数截留原船之米，馀仍抵通交兑,以剥为截,则应截五六百船全米者,匀于千数百数之半米,以次起卸。俟河水长发,继进之船浮送无阻。"谕奖其妥协,如议行。九月,因滹沱河以束鹿改流南徙,由宁晋县入滏阳河,地方官详请导由旧路。观承勘奏言:"改流之晋州张岔山口新河系滹沱旧道,非平地,另有冲啮,且原近束鹿城南颇费捍御。今改道晋州宁晋皆距城三十馀里,近河邨庄多在高阜,可筑堤防护,不须浚复。[八]十二月,又言:"漳河向由豫省临漳东北流入山东馆陶,与卫河合。本年秋汛盛涨,改流东南直趋大名府城,水退后分为二支:一经府城之北,一趋河南府城,适当其冲。请于改流淤塞处,浚河身六百八十丈,接入旧河。其新冲河口,坚筑拦河大坝一百十丈,以断南流,坝外加筑土堤,作为重障,使水无旁泄,仍归故道,大名积水自消。"均如所议行。是年,涿州拒马河河流北徙,旧桥倾圮,观承奏改建石桥,从之。二十六年正月,御史七十五条奏派员于多伦诺尔收税,命观承议奏。观承因疏言:"多伦诺尔粮米皆资运贩贸易货物,较前虽增、而情形与八沟迥别。内地茶布,俱自张家口贩往,毋庸重征,惟恰克图、库伦各处贸易货物及克什克腾木植,其在多伦诺尔售卖者,应一律征收课税,以杜私贩。"下廷臣议行。

二十七年三月,疏请寓赈于工,凡河渠堤埝,应修应筑,如千里长堤、格淀大堤、大清、滹沱、子牙、牤牛、猪龙、海河、凤河、北运河、两淀各处之减河、叠道等,凡三十二州县地方银米,皆归确实。四月,同大学士刘统勋、山东巡抚阿尔泰会勘山东四女寺、哨马营两处减水引河,应加疏通,并请将两岸堤工,归德州与恩县分管,其两坝支河入海绵长,将德州州判移驻交汇之边陵镇专司河捕,责成德州粮道、天津道辖。均得旨允行。十一月,上以河南巡抚胡宝瑔现办豫省民田,道路沟洫甚善,令观承仿而行之。寻疏言:"正定、顺德、广平、大兴等处民力易集,上下游并皆协取,略与豫省相仿。近年漳、漆、滏、洺在在疏通,是其明验。河间府属河渠消水,较前为速。保定四境开沟种树,已定章程,其馀各处俱先后开工。至田间沟洫与道沟,或分或合,要使沥水有归,农田杜患,以期事不劳而民不扰。"报闻。先是,易州城北白杨岭有安国河,观承奏准开渠导之灌田,渠成,赐名安河。二十八年三月,上以天津等属积水未涸,观承不能设法疏消,模棱玩误,交部严议。寻议革职,命从宽留任。是月,观承疏言:"安河现凿子渠,建大小闸以时启闭,并分上下游,按日轮启。如上游单日用水,即闭闸导入上游子渠;下游双日用水,即闭闸导入下游子渠。设渠长二,专司其事。两旁隙地,量予种艺。"从之。四月,御史吉梦熊疏劾观承玩视民瘼,徇纵天津道那亲阿启闸迟延,不早筹宣泄。六月,御史朱续经复劾直隶胥役派车船,勒索贿放,观承不能督属锄奸。谕曰:"方观承在直年久,每存息事宁人之见。前此办理疏消积水事宜,不能及时整顿,经朕特派大臣履勘,业将该督严加议处,以示惩儆;而言者动以为归过之地。直隶通省事务殷烦,又值灾歉之后,措置自不无竭蹶。持论者置身局外,坐言易而起行难。使易地以处,恐其施展或未必能如该督之勉力支持也。方观承如自愧悔,湔涤前非,正宜稍假时日,以观后效。倘其因循玩愒,复蹈前辙,断不能逃朕洞鉴,又何能屡邀宽典乎?"二十九年五月,[九]疏言:"直隶水道沟渠,田间浍洫,遵旨查勘入于以工代赈案内办理。兹查自大兴、宛平东至抚

宁,西至易、涿,西南至望都,东南至阜城,又运河大道自武清至
吴桥,一路共二十二州县,叠道开渠,一律完竣。"谕曰:"沟渠即
河道之脉络也,应联为一气,方得宣泄之宜。"

十月,疏请严麦田牧羊之禁,令羊贩赴津属荒洼地牧放,[一〇]
毋许至京西、京南,以卫民息事。上是其言。十二月,疏言:"右
卫兵移驻张家口,其岁支粟米,通计协领等官四十四员、兵千一
百二十名。此内有张家口原设官三员、兵三百名,即在新移官兵
应支数内,实不敷米一万四百馀石。宣属产米本少,商贩不通,
本地无可拨给。请将宣化、怀来、怀安三县现支半豆,照二十六
年改折之例,停支额豆,八折改征粟米拨运。又于蔚州、西宁二
处酌拨屯豆六千六百石,亦照前例折征粟米,但道远运烦,恐多
糜费,请即于本地出粜收价,至张家口买米交仓。以上可得米八
千馀石,再于移驻之领催、前锋、马兵岁支米十五石,每名改折三
石,以准筹拨之数;惟张家口米价较右卫昂贵,所有新改折色,每
石加给银二钱。如此通融,则兵食有资而转输可省。"下廷臣
议行。

三十年正月,上南巡,观承迎驾,赐诗曰:"棨戟依京国,隼旟
镇冀门。中丞近张鋆,大尹昔王遵。任久民情悉,心恒吏治敦。
幸哉连稔后,元气复堪论。"四月,条举木棉事十六则,绘图说以
进,御题诗十六章,并命将观承所作诗句书于每幅之末。十二
月,疏请将栾城、柏乡、内丘、定兴、安肃、望都等县改建砖城。三
十一年二月,又奏:"淀泊河滩淤地,向系拨给贫民认种完租,每
户不得过三十亩。近因胥役豪强,诡列多名,影射兼并。今俱查
明撤回,请归留养局为养赡贫民之用。"八月,筹办居庸关城及关

沟叠道。十月，奏永定河苇地已成高滩，请改种禾收租。均诏如所请。十一月，奏衡水县西重建石桥成，赐名安济桥。三十二年，疏言："现奉部议准，将宣化镇所属之张家口副将作为都统标营，以严隘口。查该副将所辖，其在边外者，系张家口中营及万全营、膳房堡、新河口堡、洗马林堡、柴沟堡、西阳河堡七处；在腹内者，系左卫、怀安二处。左卫西连山西天城营，怀安东连宣化城守营，系通山、陕军站大路，并无隘可查，而以上下联络之营汛，分隶两标，一切差务，实虞歧误。请将边口七处归都统辖，左卫、怀安仍隶宣化镇，两得其宜。"军机大臣议行。

三十三年，卒。谕曰："方观承老成历练，任直隶总督，兼理河务。二十年来，奉职恪勤，方资倚任。昨该督至石槽迎銮，见其病后气弱，即令回任，安心静养。继因其患疟增剧，特赐经验药丸，遣医诊视，以冀速痊。今闻溘逝，朕心深为轸恤！应得恤典，该部察例具奏。"寻赐祭葬如例，谥恪敏。四十一年，谕曰："原任直隶总督方观承宣力畿辅，二十馀载，懋著勤劳。其身后，每深轸念。伊惟方维甸一子，彼时尚在幼稚。今年已及岁，前赴良乡接驾，着加恩照裘曰修之子裘行简之例，授为内阁中书，并准其一体会试。"四十二年，直隶总督周元礼题准入祀直隶名宦祠。四十四年，御制怀旧诗，列入五督臣中，诗曰："以书记见用，古有今则无。有之只一人，曰惟观承夫。夙称习政事，铨曹尤著誉。出而为监司，荐升督与抚。在直二十年，勤干实有馀。永定筹补苴，难为永逸图。然仅能如此，诚亦蒿目予。徒以莅任久，稍与姑息俱。未至大狼藉，何必吹求吾。成全良臣多，讵非佳士乎！"五十一年，命入祀贤良祠。

【校勘记】

〔一〕如秋禾被水　原脱“如”字。汉传卷二九叶二下及耆献类征卷一
　　　七五叶一下均同。今据纯录卷二八三叶二一下补。

〔二〕汇鸡距泉流入保定　原脱“鸡”字，又“流”误作“以”。汉传卷二
　　　九叶一四下及耆献类征卷一七五叶八下均同。今据纯录卷四二
　　　七叶一六下补改。

〔三〕又东得连宝泉　“宝”原误作“室”。汉传卷二九叶一四下及耆献
　　　类征卷一七五叶八下均同。今据纯录卷四二七叶一六下改。

〔四〕下接黑龙港旧河　原脱“龙”字。汉传卷二九叶一五下及耆献类
　　　征卷一七五叶九上均同。今据纯录卷四三五叶二五上补。

〔五〕二十年四月　“二”原误作“三”。汉传卷二九叶一六下同。今据
　　　纯录卷四九七叶二一下改。按耆献类征卷一七五叶一〇上不误。

〔六〕二十四年正月奏　原脱“奏”字。汉传卷二九叶二〇上及耆献类
　　　征卷一七五叶一二上均同。今据纯录卷五七九叶二三下补。

〔七〕视每船应剥若干　“视”原误作“内”。汉传卷二九叶二一下及耆
　　　献类征卷一七五叶一二下均同。今据纯录卷五八四叶二一下改。

〔八〕不须浚复　“浚复”原颠倒作“复浚”。汉传卷二九叶二二上及耆
　　　献类征卷一七五叶一三上均同。今据纯录卷五九七叶四二上
　　　改正。

〔九〕二十九年五月　原脱“二十九年”四字，但下文“十月”上衍“二十
　　　九年”四字。汉传卷二九叶二五上及耆献类征卷一七五叶一五
　　　上均同。今据纯录卷七二一叶一八上下补删。

〔一〇〕令羊贩赴津属荒洼地牧放　“属”原误作“沧”。汉传卷二九叶
　　　二六上及耆献类征卷一七五叶一五下均同。今据纯录卷七二
　　　一叶一八下改。

吴达善

吴达善,满洲正红旗人,姓瓜尔佳氏。乾隆元年进士,授户部主事。六年,迁员外郎。十三年,迁国子监祭酒。十五年六月,迁光禄寺卿。十二月,擢内阁学士。十七年,授盛京礼部侍郎,寻调刑部。十八年,调兵部侍郎。十九年,调工部侍郎,兼镶红旗满洲副都统。

二十年五月,授甘肃巡抚。七月,以查办军台无误,军功加一级。二十一年,谕奖其宣力军营,赏戴孔雀翎。二十二年,议叙军功,加一级。二十三年六月,疏言:"军粮由肃州运至哈密,转运军营,每石需费十二三两。向来凯旋官兵,盐菜口粮,长支者按口抵扣,少领者按日补给。兵丁藉以枭卖,制办衣履。请嗣后酌以二成本色、八成折价支给,既得随时支用,亦可稍省运费。"下部议行。七月,加太子少保。二十四年正月,授陕甘总督。四月,命以总督衔管甘肃巡抚事。十一月,奏言:"宁夏府属横城堡滨河,涨塌西南角楼墙垣。请于东岸筑草坝以御河流,城下堆碎石六十四丈护城垣,接修草坝防风三十馀丈,砌西岸游嘴,俾大溜北行,庶可化险为平。"诏如所议行。

十二月,调河南巡抚。二十六年四月,奏:"改营制四条:一、延津县向设千总一隶开封营,封丘县驻卫辉营,外委把总一,查延津现属卫辉府,封丘县属开封府,请撤协防封丘之外委、把总回卫辉营,移原驻延津之开封营千总驻封丘兼防阳武县为专汛,归开封营都司辖,移卫辉营千总一驻延津为专汛,归卫辉营参将辖;一、胙城系新乡县专汛,今延津既拨卫辉营千总移驻巡防,请仍将胙城外委为协防,以延津千总为胙城专汛;一、王禄营驻扎荥泽,向设守备一、马步兵百三十,应改归河北镇标中军兼辖,改原武汛外委把总为王禄营协防,同荥泽、获嘉二县均以王禄营守备为专汛,归河北镇游击兼管;一、卢氏县汛属嵩县营守备辖,河南府参将兼辖,请移嵩县城守备驻伏牛山之孙家店,移陕州营协防灵宝县之外委千总一、陕州营马兵三、步兵二十二驻卢氏,归陕州都司兼辖,其嵩县营原设卢氏汛把总,马步兵拨归孙家店营守备辖。"下部议行。

四月,调云贵总督。二十七年二月,奏言:"滇、黔各标协营,每兵千设藤牌兵百。提督抚标兵多藤牌兵,尚成队伍,至各镇协营兵有分防汛守及护解饷鞘等差,藤牌兵少,又不适用。请以七成改鸟枪手,三成改弓箭手。"部议从之。六月,兼署云南巡抚。二十九年六月,奏言:"贵州都匀协、铜仁协兵马钱粮向无专司中军,请裁都匀协分防独山州之右营游击,改设中军都司,兼管左营事,随都匀协副将同往都匀府城,移左营守备驻独山汛。更八寨左营游击名右营,以符营制。裁铜仁协驻府城之左营游击,改设中军都司,兼管右营事。裁铜仁协副将驻松桃,其原驻松桃之左营守备,应移驻铜仁府城。"部议从之。是月,调湖广总督。七月,兼署湖北巡抚。

三十一年二月,调陕甘总督。十二月,奏言:"木垒一带,地广沃,请将招集户民编里,一里分十甲,每里选里长一,每百户选渠长、乡约、保正各一,以资钤束。户民垦地,请均匀丈拨。凡讼狱各案,由守备审理命盗案,守备验实讯供,巴里坤同知审拟招解。"[一]从之。三十三年,调湖广总督。三十四年十月,命赴贵州,同钦差内阁学士富察善、侍郎钱维城等会鞫,威宁知州刘标亏空铜本,并巡抚良卿、按察使高积营私骫法案得实,论罪如律。三十五年,兼署湖南巡抚。三十六年四月,调陕甘总督。时土尔扈特全部归顺,谕赏给羊只皮衣,吴达善办理妥速,议叙加一级。十月,卒。谕曰:"陕甘总督吴达善久任封疆,老成练达。近于陕甘任内,办理诸务,更见周详妥协。兹闻溘逝,深为轸惜! 着加恩晋赠太子太保,入祀贤良祠。应得恤典,该部察例具奏。"赐祭葬如例,谥勤毅。

【校勘记】

〔一〕巴里坤同知审拟招解　原脱"坤"字。满传卷四八叶五四上及耆献类征卷一七七叶二七上均同。今据纯录卷七七五叶二七上补。

陈惪华

陈惪华,直隶安州人。雍正二年一甲一名进士,授修撰。四年,丁父忧,七年,服阕,充日讲起居注官。九年,迁赞善。旋擢侍读学士、提督广东肇高学政。十年,调广韶学政。十一年,丁母忧。十二年,特命来京,充一统志馆副总裁官。十三年,充浙江乡试正考官。乾隆元年三月,充会试同考官。十月,迁詹事府詹事,充经筵讲官,入直上书房。十一月,擢刑部右侍郎。三年,充江南乡试正考官。四年正月,赐群臣宴,赋柏梁体诗,惪华与焉。

寻迁户部尚书。三月,充殿试读卷官。五年,京师有富室俞君弼者死,九卿俱往吊。事闻,饬查,未往者惟惪华等数人。七年三月,充殿试读卷官。四月,奏言:"闻近日民人踵至<u>山海关</u>者,皆诎然而返。恐有留难勒掯情事,请行令<u>直隶</u>总督饬查。近关三百里内居民,出关种地者,即给印票,并令该关副都统转饬验放。"下大学士等议行。七月,调兵部尚书。八年,以弟<u>憙正</u>任<u>陕西</u>按察使,审讯<u>王之博</u>幼女被勒身死一案,任性酷刑,经巡抚<u>塞楞额</u>疏劾,<u>憙正</u>具密折申辨,并带部科揭帖,与<u>憙华</u>先行酌商,<u>憙华</u>以<u>憙正</u>既经被劾,理宜候勘,将原折等寄回,并未入奏。事闻,谕曰:"<u>陈憙正</u>以密奏之折,及用印之文,赍送来<u>京</u>,与伊兄<u>陈憙华</u>相商投递与否。伊既欲驳回,岂有不奏知于朕之理?况伊身为大臣,既深知其非,即当据实奏参,乃隐匿不发。及朕询问,始行奏出。大臣事君,岂容如此诈伪?夫父为子隐,子为父隐,直在其中。朕非不知以此风示天下,然君臣之伦,实在弟兄之上。着交部严察议处。"寻议革职,命降补右侍郎。十二年,以议处<u>江西</u>总兵<u>高琦</u>武备废弛一案,违例邀誉,应革职。圣驾由<u>汤泉</u>回至行宫,<u>憙华</u>不偕九卿侍班,指名寻觅,良久始至,上切责之,遂褫职。

十四年正月,起为都察院左副都御史,仍在上书房行走。七月,谕曰:"诸皇子等扈跸行围,武备固当讲肄,而经书亦岂可暂荒?即不必日课新编,亦应温理旧业。<u>陈憙华</u>身为师傅,自起程以来,从未一至诸皇子读书处。及经询问,乃以腹疾为词,岂途次每日皆患腹疾耶?其旷职之咎,实无可逭,着交部察议。"寻议革职,命从宽留任。二十年,谕曰:"上书房行走诸臣,理宜勤谨供职,乃朕今日甫及未初,偶至上书房,并不闻皇子读书声,行走各员多半不到。不意平日怠惰,不能尽心课读至此,毓德养正之谓何?"夺惠华俸三年。二十二年,升工部侍郎。二十四年,迁礼部尚书。二十九年,以病乞致仕,允之。三十六年,恭祝孝圣宪皇后八旬万寿,上命绘九老图,宴游香山,惠华列致仕九人中,并予优赉。四十四年,卒。

子箴,兵部主事。

王安国

王安国,江苏高邮人。雍正二年一甲进士,授编修。十一年,擢司业。十二年,迁侍讲。九月,提督广东肇高学政。十月,擢侍读学士。十三年,迁佥都御史,仍留学政任。乾隆二年,疏言:"丁忧官员回籍守制,亲赴省会,易衣冠,拜院司,送礼赴席,恬不知怪。请严行禁止。"下部议行。

四年五月,迁左副都御史。十一月,擢刑部右侍郎,五年三月,转左。九月,擢左都御史。会两江总督马尔泰覆奏广东巡抚王謩徇纵各款,命安国审讯得实,召謩还,着安国以左都御史衔管广东巡抚事。七年,奏裁大埔坪、大官田同知二员,高廉运判一员,三水县西南清远、安远、曲江县芙蓉,英德正阳驿丞四员,阳江县那龙司、澄迈县新安司巡检二员,崖州、陵水、感恩、昌化等州县训导四员,部议从之。八年十月,疏言:"江西应拨广东漕粮十万石,水陆所经,溯滩逾岭,挽运维艰。请改于湖南拨运,一水可通,实为便利。"议如所请。又言:"广东之钦州与安南接界,商贩出洋贸易,贫民业操舟者不可数计。小汊甚多,最难稽查。请将濒海船只报官印烙,船户水手出洋人给身照一纸,归时缴查。暂羁者准于三年内附载归港,并行文安南王必有印照方准收留,即有事不得过三年。从前出洋之人,生长彼地者,听其勒限三年附载回籍。违者拿送正法。"疏入,上曰:"如此立法,亦稽查之一端,但须实力妥为之。"九年正月,晋兵部尚书。寻丁父忧,广州将军策楞奏言:"安国孤介廉洁,归葬无赀,与护巡抚托庸等助银回籍。"报闻。

　　十年十一月,授礼部尚书。十四年六月,谕曰:"前日召见尚书王安国,伊面陈目下正届科试,各省学臣尚有未除积弊,朕以事关学政,令其缮折具奏,候朕降旨。今伊奏称'上科乡试之后,颇闻学臣中因录科例严,转开侥幸之门,或于省会书院博督抚之欢,或于所属义学徇州县之请,或市恩于朝臣故旧,或纵容子弟家人乘机作弊,以致取录不尽公明'等语。朕思岁科试为士子进身之阶,果有前项诸弊,岂可不严加惩饬?但各省学政多员,未必悉系如此,自宜据实举出,庶几惩一儆百,若漫无指名,即行降旨,或传谕督抚查察,亦不过文告故事,其真实作弊之人,转以指摘未及,不知儆畏;而谨慎自持者,又因无所区别,不足以服其心。乃面询王安国,迟延观望者久之,始举尹会一之向督抚求送遗才,陈其凝之营私,孙人龙之滥取,昌炽明知邓钊子弟冒籍直隶不为稽查改正。此数人者,如陈其凝已经败露,孙人龙因考规避已经处分,尹会一、邓钊均经物故,而邓钊亦不可谓之朝臣。王安国身为大臣,奉旨询问,而所举皆参革病故之员,于学臣之现任者,第诿为无从指实,不知人臣事君大义,凡所陈奏,宜本公忠,既不可有市恩之心,亦不可存避怨之见。王安国市恩之心纵无,避怨之见不免。朕自临御以来,何事不由乾断?又谁能庇护私人,倾排异己者,而必畏首畏尾,瞻徇退缩,乃至于是耶?且市恩朝臣之处，最为关系。夫所谓朝臣者，如大学士张廷玉、史贻直，内廷办事尚书陈大受、梁诗正、汪由敦等，或足以当之。此数人者，果有恃势夤缘，各学臣果有徇情取录，王安国自应秉公指参。如不确凿指出，岂朝臣之子弟，皆不应循例与试，而该学臣以朝臣之故，转可故意裁抑，令不得与众人齿耶？朕用人行政，悉出于至中至正，不存成见，无所假借。王安国既有此奏，各御史宁无风闻，何以无一人奏及？着传谕申饬。伊等如有所见，不妨据实直陈，但不可又如王安国以儱侗浮泛之词塞责。并谕各督抚一体留心稽查，如学臣实有弊端，即宜纠劾，毋得徇隐。王安国之折，因朕问及而具奏，故不议处。"

二十年，迁吏部尚书。二十一年十一月，以疾乞解任，谕曰："尚书王安国夏间曾奏恳给假回籍迁葬，彼时以明春即届南巡，面谕俟期随往。今据奏旧病复发，难于行动，着准其给假，解任调理，俟可就道，自行从容回籍。"二十二年，卒。赏给内库银五百两，料理丧事，仍赐祭葬如例，谥文肃。

三十年，上南巡，赐其子念孙为举人。